仪式理论视域下的魏晋南北朝五礼用乐研究

李敦庆 著

中国社会科学出版社

图书在版编目(CIP)数据

仪式理论视域下的魏晋南北朝五礼用乐研究/李敦庆著. —北京:中国社会科学出版社, 2021.9

ISBN 978-7-5203-9003-3

Ⅰ.①仪… Ⅱ.①李… Ⅲ.①礼乐—研究—中国—魏晋南北朝时代 Ⅳ.①K892.9

中国版本图书馆CIP数据核字(2021)第172833号

出 版 人 赵剑英
责任编辑 杨 康
责任校对 杨 林
责任印制 戴 宽

出 版 中国社会科学出版社
社 址 北京鼓楼西大街甲158号
邮 编 100720
网 址 http://www.csspw.cn
发 行 部 010-84083685
门 市 部 010-84029450
经 销 新华书店及其他书店

印 刷 北京明恒达印务有限公司
装 订 廊坊市广阳区广增装订厂
版 次 2021年9月第1版
印 次 2021年9月第1次印刷

开 本 710×1000 1/16
印 张 30
插 页 2
字 数 508千字
定 价 168.00元

凡购买中国社会科学出版社图书, 如有质量问题请与本社营销中心联系调换
电话: 010-84083683

国家社科基金青年项目“仪式理论视域下的魏晋南北朝五礼用乐研究”（批准号：15CZW019）结项成果

目　录

绪　论

一　相关研究对象的界定

礼仪用乐是中国古代音乐文化的重要组成部分，国家制度中各礼仪用乐对于礼仪功能的实现具有重要的政治意义。国家礼仪及其用乐相互依存，不可分割，即所谓“礼乐相须以为用，礼非乐不行，乐非礼不举”①。在国家礼仪产生之前的原始乐舞时期，音乐与巫术、宗教仪式就已是不可分割的统一体，国家礼仪产生后，音乐仍然是配合礼仪的重要内容。音乐对于发挥、强化仪式的功能具有重要的作用。

在中国传统文化语境下，礼仪用乐的含义是非常广泛的，从内容构成上看，是诗、乐、舞的综合体，三者以其自身的属性促成仪式功能的实现。乐与舞作为时间艺术、空间艺术，与仪式的展演同时进行，以特定的节奏、旋律、舞容等渲染仪式的氛围，制造特定的情境，而歌辞②则以其所擅长的表意功能，将举行仪式的目的、情境等予以直接地传达，以一种更为直接的方式促进了仪式目的之达成。

“五礼”为吉礼、凶礼、宾礼、军礼、嘉礼，是依据《周礼》之规定而建立起来的礼仪制度及具体的仪式。魏晋南北朝时期，五礼制度正式付诸实践并逐渐成熟，这是国家制度变迁及学术思想发展所孕育出的新的礼制形式，其实施适应并强化了皇权专制制度。在魏晋南北朝时期，各政权礼制的建设基本是以五礼制度为框架，在五礼之下的各礼仪形式无不围绕确立皇权的独尊、论证政权的合法性等问题展开。这在郊祀、宗庙、元会等礼仪中表现得尤为突出，这三种礼仪形式在魏晋南北朝时期获得了充分的发展，表现出与两汉迥异的礼仪形态，而军礼、凶礼的发展虽不如前三

---

①（宋）郑樵撰，王树民点校：《通志二十略》，中华书局1995年版，第883页。

② 笔者按：在礼仪用乐中，歌辞、乐歌均指合乐之诗，在行文中根据上下文语境使用相应的名称。

者充分，但也不脱离确认皇权独尊及论证政权合法性这一核心功能。

魏晋南北朝五礼制度下的各种礼仪形式基本都有音乐、舞蹈及歌辞相配。这一时期正史的礼志、乐志等文献中有许多探讨五礼用乐的奏议，也有众多歌辞及乐舞使用方式的记载。可见，五礼制度下各礼仪的用乐也备受统治者重视，这是对自西周礼乐文化形成以来礼仪用乐传统的遵循。本书的主要研究对象就是魏晋南北朝时期五礼制度下各礼仪中所使用的乐、舞及歌辞。具体来说，包括吉礼之郊祀、宗庙用乐，宾礼、嘉礼之元会用乐，军礼及军事用乐，凶礼之丧礼挽歌等。从相关史料记载可以看出，这一时期的五礼用乐还处于探索时期，各个朝代既要“以今为体”，同时又要“以古为用”，努力探索适合本朝的用乐方式。我们在研究时，不仅要关注这一时期五礼制度下各仪式类型的用乐内容、方式，也要探讨礼仪用乐的功能及其受仪式的制约等情况，同时也要对礼仪用乐的发展做历时的探讨，在与先秦、两汉礼仪用乐对比中凸显魏晋南北朝礼仪用乐的新变化，并探寻这种变化的原因。

二　学术史梳理

（一）中外学者对音乐与仪式关系的探讨

本研究是建立在人类学仪式相关理论基础之上的。在仪式相关理论的研究中，音乐与仪式的关系历来是中外学者关注的热点，无论是从宏观上对音乐与政治关系的讨论，还是专论特定时代音乐与仪式的互动，都有一批丰硕的成果产生。一方面，作为艺术中的重要门类，音乐的起源及其功能备受国内外学者的关注。国外学者在论述音乐的起源时无不提及音乐与政治的关系，如格罗塞的《艺术的起源》探讨了音乐的性质和起源，并对音乐和舞蹈与诗歌的关系提出了自己的见解[①]；简·艾伦·哈里森的《古代艺术与仪式》重在揭示出仪式与艺术之间的密不可分的关系[②]。有的专论音乐在政治中发挥的功能，贾克·阿达利的《噪音——音乐的政治经济学》认为音乐是政治权力合法性的必要力量[③]，艾伦·帕·梅里亚姆的

① ［德］格罗塞：《艺术的起源》，蔡慕晖译，商务印书馆 1984 年版。

② ［英］简·艾伦·哈里森：《古代艺术与仪式》，刘宗迪译，生活·读书·新知三联书店 2008 年版。

③ ［法］贾克·阿达利：《噪音——音乐的政治经济学》，宋素凤、翁桂堂译，上海人民出版社 2000 年版。

《音乐人类学》在讨论音乐的用途和功能时论及音乐的象征含义[①]。国内学者如薛艺兵的论文《仪式音乐的符号特征》专门讨论了音乐作为一种符号在政治中的功能[②]。这些对音乐与政治关系的讨论为本论题的研究提供了相关理论基础。另一方面，也有学者专论中国古代音乐与仪式的关系，但重点在先秦两汉礼乐，尤其是《诗经》及汉代郊庙歌辞与相关仪式的互动关系，如葛兰言的《古代中国的节庆与歌谣》认为《诗经》中的诗歌原本是在仪式和庆典的场景中被创作和演唱的，这正是这些诗歌在后来时代能够继续拥有权威的历史原因[③]；高亨的《周代"大武"乐的考释》考证了《大武》乐章的章名与章次、作者与用途、舞容与音调、历史意义等问题，指出《大武》舞与仪式之间的关系[④]；孙作云《诗经与周代社会研究》中的《周初大武乐章考实》《说二雅》进一步探讨了《诗经》中部分诗篇与仪式的关系[⑤]；叶舒宪的《诗经的文化阐释——中国诗歌的发生研究》以人类学视角探讨了颂诗与原始祭仪的关系[⑥]；姚小鸥的《诗经三颂与先秦礼乐文化》系统考证了《诗经》中三《颂》的礼乐文化背景及蕴含的礼乐精神[⑦]；季旭昇的《〈诗经〉吉礼研究》一书"因《诗》补礼，引礼探《诗》"，探讨《诗经》中有关郊祀、雩祭、宗庙时享礼的诗篇及相关礼制[⑧]；杨华的《先秦礼乐文化》一书从礼乐文化的原始形态、礼乐文化的政治化、礼乐文化的主体结构、宗周雅乐的艺术构成、《诗》乐与古代社会礼俗生活等方面针对先秦礼乐文化进行了系统论述[⑨]；许兆昌的《先秦乐文化考论》较为系统地考察了乐舞与周代礼制生活的关系[⑩]；此外，赵敏俐的《汉代乐府制度与歌诗研究》讨论了祭祀仪式与汉乐府歌诗的关系[⑪]。

---

① ［美］艾伦·帕·梅里亚姆：《音乐人类学》，穆谦译，人民音乐出版社 2010 年版。

② 薛艺兵：《仪式音乐的符号特征》，《中国音乐学》2003 年第 2 期。

③ ［法］葛兰言：《古代中国的节庆与歌谣》，赵丙祥、张宏明译，广西师范大学出版社 2005 年版。

④ 高亨：《周代"大武"乐的考释》，《山东大学学报》1955 年第 2 期。

⑤ 孙作云：《诗经与周代社会研究》，中华书局 1966 年版。

⑥ 叶舒宪：《诗经的文化阐释——中国诗歌的发生研究》，湖北人民出版社 1994 年版。

⑦ 姚小鸥：《诗经三颂与先秦礼乐文化》，北京广播学院出版社 2000 年版。

⑧ 季旭昇：《〈诗经〉吉礼研究》，花木兰文化出版社 2010 年版。

⑨ 杨华：《先秦礼乐文化》，湖北教育出版社 1997 年版。

⑩ 许兆昌：《先秦乐文化考论》，黑龙江人民出版社 2010 年版。

⑪ 赵敏俐：《汉代乐府制度与歌诗研究》，商务印书馆 2009 年版。

（二）对魏晋南北朝五礼仪式与音乐关系的探讨

历代正史的礼志、乐志，各类政书如《通典》《通志》《文献通考》，乐府专书如郭茂倩《乐府诗集》，论乐专书如陈旸《乐书》等对这一时期的礼仪用乐的名称、用乐的场合、用乐的程序及歌辞都有比较完整的记载和整理，尤其是歌辞的收集、整理对保存相关文献有重要意义，为本课题的研究提供了第一手的材料。以上是古代学者对这一时期五礼用乐的研究。20 世纪以来，国内外学者对魏晋南北朝五礼用乐相关问题的研究已有很大进展，突破了文献整理的范畴，对五礼用乐中诗、乐、舞的使用及其源流、功能等各有论述，具体如下。

首先，学者在研究这一时期的礼制时论述了仪式与音乐的关系。金子修一的《古代中国与皇帝祭祀》梳理了魏晋南北朝隋唐时期的郊祀、宗庙礼制及其演变规律①；渡边信一郎的《元会的建构——中国古代帝国的朝政与礼仪》探讨了汉魏晋南北朝隋唐时期的元会制度②，其中有礼仪与音乐关系的论述；梁满仓的《魏晋南北朝五礼制度考论》一书中有《军礼鼓吹刍议》一节专论鼓吹乐转化为军礼鼓吹乐的过程，并讨论了军礼中鼓吹乐的使用方式及功能③；郭善兵的《中国古代帝王宗庙礼制研究》在讨论这一时期各代宗庙礼制时设置了专门的章节讨论宗庙乐舞制度④；徐迎花的《汉魏至南北朝时期郊祀制度研究》专论这一时期的郊祀制度，在论述郊祀礼制演变的轨迹及原因时也涉及郊祀用乐相关问题⑤。以上成果均是将五礼用乐作为礼仪制度的组成部分附带论及的，对仪式与音乐的关系缺乏深入探讨。其次，专论某一特定礼仪的用乐问题，主要集中在军礼、丧礼等礼仪形式上。如杨泓的《汉魏六朝的军乐——“鼓吹”和“横吹”》将出土文物和传世文献相结合，考察了作为军乐的鼓吹乐与横吹乐的起源、流传、形制、使用方式等问题⑥；刘斌的《六朝鼓吹乐及其与五

① ［日］金子修一：《古代中国与皇帝祭祀》，肖圣中、吴思思、王曹杰译，复旦大学出版社 2017 年版。

② ［日］渡边信一郎：《元会的建构——中国古代帝国的朝政与礼仪》，载［日］沟口雄三、小岛毅主编《中国的思维世界》，孙歌等译，江苏人民出版社 2006 年版。

③ 梁满仓：《魏晋南北朝五礼制度考论》，社会科学文献出版社 2009 年版。

④ 郭善兵：《中国古代帝王宗庙礼制研究》，人民出版社 2007 年版。

⑤ 徐迎花：《汉魏至南北朝时期郊祀制度研究》，黑龙江人民出版社 2009 年版。

⑥ 杨泓：《汉魏六朝的军乐——“鼓吹”和“横吹”》，《中国古兵器论丛》（增订本），文物出版社 1985 年版。

礼制度的关系研究》认为五礼制度对鼓吹乐的发展提供了强大的制度依托力，是鼓吹乐成熟的核心因素之一，同时鼓吹乐也是五礼制度化、现实化的重要引导力[①]；宋亚莉的《汉魏六朝挽歌研究》认为挽歌不仅广泛使用于从朝廷到民间的各种葬礼上，甚至是朝廷皇室宗亲、王公贵族借以显示身份、区别等级的重要标志[②]。这些成果重点关注音乐在某一种仪式中的使用方式、功能等问题，尤其是鼓吹乐、挽歌，缺少对这一时期五礼用乐的通盘考察，且对礼仪用乐歌辞的关注不够。

（三）对魏晋南北朝礼仪用乐歌辞的研究

有关魏晋南北朝礼仪用乐歌辞的研究成果也颇为丰硕，不少学者注意研究这一时期乐府制度的演变对礼仪用乐歌辞创作的影响。王运熙先生的《汉魏两晋南北朝乐府官署沿革考论》采用雅、俗二分的视角探讨这一时期乐府官署的沿革，明确了管理雅乐与俗乐的机构的分合、演变[③]；王志清的《论萧梁宫廷音乐文化建设与乐府诗发展》讨论了萧梁宫廷雅乐、俗乐的建设与乐府诗发展之间的关系[④]；曹贞华的《西周至唐宫廷雅乐研究》以西周到唐代的宫廷雅乐为研究对象，对历代雅乐进行了较为全面地考察，对宫廷雅乐的范围及其所具有的仪式功能、文化属性等问题作了剖析，以此探究雅乐体系背后所蕴含的“礼”的内核[⑤]；吴大顺的《魏晋南北朝乐府歌辞研究》将魏晋南北朝乐府歌辞置于当时音乐文化建构和具体音乐活动之中进行考察，并由此探讨歌辞的音乐意义和文学意义[⑥]；刘怀荣、宋亚莉的《魏晋南北朝乐府制度与歌诗研究》运用艺术生产理论，在厘清魏晋南北朝乐府制度演变轨迹的基础上，对这一时期歌诗艺术的生产和消费做了系统考察，其中涉及元会用乐、挽歌、鼓吹乐等礼仪用乐的生产、消费问题[⑦]；项阳的《以乐观礼》从乐的功能性视角，将中国传统音乐文化中与礼乐相关的诸种乐制类型和诸种礼制类型相对应，厘清乐与礼究竟有怎样的关联性，将礼乐界定为国家制度和民间礼俗仪式中共同使用

---

① 刘斌：《六朝鼓吹乐及其与五礼制度的关系研究》，硕士学位论文，河南大学，2006 年。

② 宋亚莉：《汉魏六朝挽歌研究》，硕士学位论文，青岛大学，2009 年。

③ 王运熙：《乐府诗述论》（增补本），上海古籍出版社 2006 年版。

④ 王志清：《论萧梁宫廷音乐文化建设与乐府诗发展》，《西南大学学报》（社会科学版）2010 年第 4 期。

⑤ 曹贞华：《西周至唐宫廷雅乐研究》，博士学位论文，中国艺术研究院，2009 年。

⑥ 吴大顺：《魏晋南北朝乐府歌辞研究》，上海古籍出版社 2009 年版。

⑦ 刘怀荣、宋亚莉：《魏晋南北朝乐府制度与歌诗研究》，商务印书馆 2010 年版。

的音乐类型，在此命题下把握礼乐的社会功能和实用功能意义[①]，对本课题研究颇有启发。除此之外，也有不少专论礼仪用乐歌辞的成果。如王福利的《郊庙燕射歌辞研究》，在郊庙歌辞方面，重点探讨了《安世房中歌》及《郊祀歌十九章》，提出了不少新见解；在燕射歌辞方面，对燕射歌辞的起源及《乐府诗集》所收录的燕射歌辞作了系统研究，但较少涉及歌辞与仪式之间的关系[②]。韩宁的《鼓吹横吹曲辞研究》一书从文献学、音乐学、文学三个层面讨论了鼓吹曲辞和横吹曲辞，分析了鼓吹曲、横吹曲的军乐属性，并对鼓吹曲的歌颂功德及赏赐等功能有所涉及[③]。梁海燕的《舞曲歌辞研究》讨论了《武德舞歌诗》与汉代祭仪文化的关系，重点对雅舞及雅舞歌的祭仪文化内涵进行发掘，同时对魏晋南北朝时期的《巴渝舞》《鞞舞》《拂舞》及其舞歌进行个案研究，从舞乐的创制实施、体制结构、渊源流变等方面，审视此期舞乐、舞歌中的雅、杂互渗现象[④]。以上三种研究成果对历代仪式用乐歌辞的命名、作者、创作时间、章句结构、风格特征等方面有所论述，但缺少对音乐与歌辞互动关系的关注。

综上所述，在目前的学术研究中，学者们对“礼”的研究已经较为充分，对与礼“相须以为用”的“乐”关注度明显不够，礼仪用乐在整个中国文化史上的地位还没有得到充分认识。学界对礼仪用乐的研究，重点在先秦两汉时期，对五礼制度日趋成熟的魏晋南北朝则较少涉及。因此，与五礼仪式相配的音乐是怎样使用的，其功能、影响如何，如何对其评价等问题都亟待回答。

基于中国传统音乐文化的独特属性及魏晋南北朝五礼制度施行的具体历史情境，我们以仪式的功能论为主要出发点，着重研究解决以下问题：其一，魏晋南北朝历代统治者对礼仪用乐的态度，其创制礼仪用乐所秉持的理念，礼仪用乐在历代的发展沿革情况以及影响礼仪用乐发展的各种因素；其二，这一时期五礼中的各类礼仪之仪式、仪节与音乐的关系，即在仪式的过程中音乐是如何配合仪式运作的；其三，从音乐的政治功能视角，探讨音乐在五礼中所发挥的作用；其四，讨论这一时期礼仪用乐的歌辞，即《乐府诗集》中所收录的郊庙歌辞、燕射歌辞、舞曲歌辞等，探讨

---

① 项阳：《以乐观礼》，北京时代华文书局2015年版。

② 王福利：《郊庙燕射歌辞研究》，北京大学出版社2009年版。

③ 韩宁：《鼓吹横吹曲辞研究》，北京大学出版社2009年版。

④ 梁海燕：《舞曲歌辞研究》，北京大学出版社2009年版。

这些歌辞的内容、风格、与礼仪的关系，从纵向考察其对先秦两汉礼仪乐歌的继承、发展及对后世礼仪乐歌创制的影响。

三　研究的基本思路与方法

本书是在人类学仪式理论视域下对魏晋南北朝五礼用乐所作的讨论，是以仪式的功能论为理论依据展开研究的。因此，本研究在一定程度上有别于传统的文学、史学研究，不仅仅对相关现象进行历史的或文学的剖析，而是将其纳入到仪式功能理论之下，既从横的方面对这一时期五礼制度下各种礼仪用乐的一般形态进行分析，也从纵的方面对近四百年中礼仪用乐的演变进行把握，梳理出五礼用乐在这一时期发展的总体趋势。从纵横两个维度对魏晋南北朝五礼用乐作较为全面的探讨。

因此，本书在全面系统梳理魏晋南北朝礼仪用乐相关文献的基础上，共分八个部分展开研究：第一章以人类学仪式相关理论探讨中国传统文化语境下的礼仪用乐所具有的功能。第二章中，我们通过对比制礼作乐前后仪式中所使用音乐的差异，来分析礼仪用乐政治功能的形成机制——这是明显区别于巫术、宗教乐舞的礼仪用乐形式，这成为中国礼乐文化的“大传统”，自周代制礼作乐之后，这一传统就具有了强大导向性，成为后世礼乐制作的规范。从第三章开始，我们转向对魏晋南北朝时期五礼用乐的研究，我们要讨论这一时期礼学的发展与制礼作乐的互动关系，也要探讨这一时期礼仪用乐的创制原则及影响其使用的内外部因素。第四章至第七章，我们要分别讨论魏晋南北朝时期的吉礼、宾礼、嘉礼、军礼、凶礼等五礼中的乐舞使用情况。在这几章中，我们既有对魏晋南北朝各礼仪用乐沿革的梳理，也有对其一般形态的概括，同时我们也兼顾了与之前，包括先秦两汉相关礼仪用乐的对比。更为关键的是，我们在这几章的研究中，始终坚持“以乐从礼”，紧紧围绕礼制的演变来探讨这一时期礼仪用乐中诗、乐、舞的演变，进而说明礼仪用乐在国家礼乐制度中所发挥的功能。第八章是我们对魏晋南北朝五礼用乐实践形态的概括，我们认为，这一时期的礼仪用乐是以服务于皇权政治为宗旨的，在礼仪实践的路径选择上体现出将传统和现实相结合的特点，一方面从传统中寻找依据——礼经及前代用乐传统具有很大的影响力，另一方面制礼作乐者又不会拘泥于传统，突破传统找到适合本朝的礼仪用乐是他们始终努力的方向。

从总体上看，本书在研究方法上最大的特点是综合性。我们对魏晋南北朝五礼用乐的研究既采用了文学研究的方法，也利用了人类学、政治学、历史学的相关理论与方法。从微观的研究方法上看，我们采用比较法，将魏晋南北朝时期礼仪用乐的发展情况与魏晋以前的礼仪用乐相比较，以探讨魏晋南北朝礼仪用乐的新特点；采用考论结合的方法，以厘清礼仪用乐在历代的沿革演变情况，在甄别史料的基础上提出自己的新观点。

四　本书的主要内容

（一）仪式理论与中国古代礼仪用乐

人类学仪式相关理论认为，仪式是人类的一种行为，它的举行总是带有特定目的，而这种目的指向或是物质功利性的，或是精神的满足，目的之达成要通过仪式过程的展演，而仪式过程中的各个组成部分背后所蕴含的意义是通过符号象征的方式传达的。对于中国古代礼仪来说，其符合以上对仪式的定义，尤其是中国古代较早就已经形成了具有强大惯性的礼仪传统，这一传统与国家的政治活动紧密相连，成为国家制度的重要组成部分。在国家礼仪中，礼仪用乐是一个重要的构成要素，其构成呈现为诗、乐、舞三位一体的形态；在国家礼仪中，音乐发挥着再现统治者的功绩、确认长幼尊卑的等级关系及协调宗族和统治阶层内部关系等作用。

（二）魏晋南北朝五礼制度的建设及其用乐

魏晋南北朝是五礼制度的重要发展时期，《三礼》学的发展在魏晋南北朝五礼制度的建设中发挥了重要作用。礼乐具有极强的实践品格，其在思想层面是对亲亲、尊尊等级秩序的探讨，其在实践层面则是维护当朝统治者所建立的政治秩序，与国家政治紧密相关。无论是证明政权的合法性还是维护既有的统治秩序，它必须与现实政治发生紧密的关系。就魏晋南北朝来说，这一时期的礼学家直接或间接地参与了制礼作乐活动，统治者以其现实政治的需要对各种礼说加以选择，而礼学家也会以其学说的强大影响力对制礼作乐活动产生直接的影响。

魏晋南北朝五礼制度中主要的礼仪形式都有音乐的使用。各政权在建立自己的礼仪用乐体系时都不遗余力，体现在以下几个方面：第一，乐器的制作；第二，乐舞的创作；第三，歌辞的撰写。这一时期礼仪用乐一方面重视对前代用乐的模仿，将前代用乐规范作为本朝礼乐建设的依据；另一方面在模仿基础上对前代乐舞进行损益变革，有的朝代甚至别出心裁自作乐，最终创制出适合本朝的礼仪用乐，体现出复古与创新并举的创制倾向，我们将这一特点概括为“以古为雅，不相沿乐”。政权的更替及战乱、俗乐的加入等是影响这一时期礼仪用乐创制的外部因素。

（三）魏晋南北朝五礼用乐的方式、功能

从总体上看，在魏晋南北朝时期的五礼体系中，国家礼仪有乐相配已经成为一种惯例：五礼中较为重要的礼仪展演，尤其是在吉礼及嘉礼、宾礼中，用乐成为礼仪的一个重要组成部分，即使在礼仪属性不是特别明显的军事活动中也有音乐的使用，用乐在礼仪中或者作为礼仪的一个环节而单独存在，或者与其他礼仪环节相配合而存在，诗、乐、舞三位一体是其基本形态。

在本书的第四章至第七章中，我们分别讨论了魏晋南北朝时期的吉礼、宾礼、嘉礼、军礼、凶礼等五礼中乐、舞的使用。在横的方面，重点关注了各重要礼仪类型中礼仪用乐的一般形式，其与仪式环节的关系及其在礼仪用乐中所承担的功能等问题；在纵的方面，结合这一时期政权的更替及每一政权礼制的变迁，考察了各礼仪用乐在历代的流传演变情况，并尝试揭示导致这种变化的政治、思想文化方面的原因。

（四）魏晋南北朝礼仪制度规范下的歌辞思想内容及风格特点

对魏晋南北朝五礼用乐歌辞的研究也贯穿于第四章至第七章的论述中。在五礼用乐中，与音乐和舞蹈相比，歌辞呈现意义的方式是明示性的，具有其他两个因素不可比拟的优势，歌辞通过直接表达的方式以促成礼仪功能的实现，这主要表现在郊祀、宗庙等吉礼中用“以神道设教”的方式歌颂天神及祖先，在嘉礼、宾礼中对参加礼仪的宾主进行赞美，在军礼中用以歌颂战功，在凶礼中表达哀悼。可以说，歌辞所要表现的思想内容及歌辞的风格特点完全由礼仪的功能预设决定。

对于魏晋南北朝时期的五礼用乐歌辞来说，其创制与使用也围绕这一时期礼制建设的需要进行，并进一步适应了秦汉以来国家制度的转变及政权禅代的现实需求，充分发挥了歌辞在论证政权合法性、维护皇帝独尊、建构等级秩序等方面的作用。魏晋南北朝的郊庙歌辞继承了《诗经·周颂》的“以神道设教”创作思维方式，将颂祖与颂天相结合，构建了统治权力合法性的来源；元会乐歌一改先秦宾礼、嘉礼以歌辞娱乐嘉宾的创作取向，歌颂功德成为元会乐歌的主题，诗歌风格也由欢欣和悦转变为尊君抑臣的紧张压抑；汉代鼓吹曲辞以描写战斗场面为主，但在魏晋南北朝时期，歌颂功德成为鼓吹曲辞的主旨；挽歌本以表达哀戚情感为主，这一时期的挽歌辞也倾向于对死者功绩的歌颂。我们认为，魏晋南北朝时期的五礼用乐歌辞尽管呈现出模式化的创作特点，但与先秦时期的礼仪用乐歌辞相比有了较大的变化，这种变化与礼仪制度的变化相一致，而从根本上说是社会制度的变迁导致的。

（五）魏晋南北朝五礼用乐的实践形态

魏晋南北朝礼仪用乐具有极强的实践性。对这一时期的礼仪及其用乐来说，影响甚至决定其实践形态的既有传统因素也有现实因素。从传统上来说，前代的礼仪实践形成了既定的传统，而更为重要的是以文本形态存在的经典以及礼学家对这些经典的阐释。这些经典及其阐释成为这一时期统治者制礼作乐的重要依据，并被不断地付诸实践；就现实需要来说，论证皇权的合法性及维护其独尊地位是第一要义。在秦代皇权专制政体确立以后，历经两汉，围绕“皇权至上”问题的论证一直没有止息，同时对政权合法性的论证也不断以新的形式进行着。

在政权更替频繁的魏晋南北朝，这些更是统治者需要思考的现实问题。因此，以礼经为依据，不断做出新的阐释并将其付诸制礼作乐的实践之中，以使其符合现实政治的需要，成为魏晋南北朝时期制礼作乐者的重要任务。魏晋南北朝时期礼仪用乐的实践路径可以概括为“以今为体，以古为用”，“以今为体”是其实践特性的现实表现，而“以古为用”则是经典及以往的礼乐传统所形成的“范型”效应在发挥作用，其指向仍是现实中的礼仪实践。

总之，魏晋南北朝礼仪用乐实践形态的第一要义为维护及证明皇权合法、尊君抑臣，礼制建设及其用乐均是围绕此点展开的，郊庙乐、元会乐、鼓吹乐、挽歌等的创制及使用无不如此。

第一章　中国传统文化语境中礼仪用乐的结构及功能

第一节　仪式与礼仪

一　仪式概念的辨析

首先我们来进行几个概念的辨析，即仪式、礼仪、仪式音乐、礼仪用乐。

先说仪式。仪式及仪式理论是人类学的一对重要概念，自这一学科产生至今，仪式理论对仪式概念的界定就不断发生变化，从最初的“神话—仪式学派”到“心理学派”，再到后来的“结构—功能学派”“现象学派”“符号学派”“实践—表演学派”[①]，其侧重点经历了从宗教神话到世俗社会的转变，仪式的概念及研究重点已经不再局限于宗教之一隅，广阔的社会生活都被纳入其中，这尤其以“结构—功能学派”“实践—表演学派”的理论为代表。

我们以后两种理论为依据，谈一下在本书中我们对仪式的认识。首先，仪式是人类的一种行为方式。目前学术界普遍赞同对人类文化的范畴划分：即观念、行为、物质[②]。作为人类文化重要组成部分的仪式，尽管在其构成中，存在着三种范畴的交集，但从本质上说，仪式不是只存在于观念中的东西，“信仰也只有通过表达它的仪式，才能够清楚地表露出来”[③]，也不是固化于外在的实体，而是人类的一种行为方式，实践性是其最本质的特征。仪式行为又不同于日常生活中人的各种行为，仪式总是要刻意与人的日常行为

---

① 彭文斌、郭建勋：《人类学仪式研究的理论学派述论》，《民族学刊》2010 年第 2 期。

② 薛艺兵：《对仪式现象的人类学解释》（上），《广西民族研究》2003 年第 2 期。

③ ［法］爱弥儿·涂尔干：《宗教生活的基本形式》，渠东、汲喆译，商务印书馆 2011 年版，第 137 页。

有所区别，从发生频率上说，仪式行为明显是较为少见的，是特定时间和场合中的人类行为，如在重大节庆、纪念日或者重大事件发生时。

其次，仪式的举行是按照既定的方式进行的，即程序化，而不是随意的。程序是预先设计安排的，在正式的仪式举行之前可能经过若干次的排演，因此仪式的举行带有很强的表演性质，所以仪式被称为“仪式表演”。维克多·特纳曾概括仪式与戏剧的共同特征，如在角色、观众、知识和对一组单项规则的接受、修辞风格语言的应用、高潮等方面仪式与戏剧有着很大的相似性①。王国维在《宋元戏曲史》中也指出戏剧的产生与祭祀仪式之间的关系②。因此，我们说仪式的过程就是一种展演。

再次，仪式是有功能的，也就是说仪式的举行必然伴随着特定的目的。涂尔干较早提出仪式的功能，即一方面作用于个体，另一方面具有维护社会秩序的功能③；布罗克特也在其《戏剧史》中将仪式的功能总结为五个部分④。就本课题的研究来说，我们更倾向于采纳“结构—功能学派”的学说作为我们的理论支撑，中国传统祭祀礼仪，尤其是在周公制礼作乐，将殷人礼仪中的宗教成分大大消除之后，礼仪的“功能性”变得尤为突出，所谓“圣人以神道设教而天下服”，在宗教外衣掩盖下的主要是其政治功能。其他礼仪形式，如嘉礼、军礼，更是以人事为主，而较少涉及宗教、鬼神的因素，其“功能性”更为显著。

最后，仪式目的之达成是通过仪式过程的展演实现的，而展演过程中所传达出的意义建立在既定的符号编码基础之上。仪式的功能是在仪式的展演过程中实现的，而这些功能的实现也必须依靠一套为观众和表演者共同接受的仪式符号系统，仪式符号在仪式过程中所具有的意义是仪式表演者赋予的，而这些意义也被仪式的观看者所掌握（尽管有些仪式的表演者也是观众）。维克多·特纳通过对恩丹布人仪式的研究指出：“这一文化群在擅长木头雕刻和形塑艺术的同时，还为仪式进一步赋予了细致而详尽的象征意义。”⑤ 仪式中的形式，包括举行仪式所用器物、参与仪式的人员

---

① 薛艺兵：《对仪式现象的人类学解释》（上），《广西民族研究》2003 年第 2 期。

② 王国维：《宋元戏曲史》，载谢维扬等主编《王国维全集》（第三卷），浙江教育出版社 2009 年版，第 4—6 页。

③ 彭兆荣：《人类学仪式的理论与实践》，民族出版社 2007 年版，第 25—26 页。

④ 胡志毅：《神话与仪式：戏剧的原型阐释》，学林出版社 2001 年版，第 23 页。

⑤ ［英］维克多·特纳：《仪式过程：结构与反结构》，黄剑波、柳博赟译，中国人民大学出版社 2006 年版，第 4—5 页。

构成、仪式动作、仪式过程等方面，与形式背后所蕴含的意义，二者是一对紧密的相关体，就如符号学中的能指与所指，前者是承载意义的符号而后者则是符号背后的意义。因此，在仪式中，仪式过程的各个组成部分，并非仅仅呈现于人们面前的单纯动作、声音或器物，而是具有超越这些物质实存的丰富含义。且这些含义与各组成部分之间意义的转换也必须为仪式的表演者与观众同时掌握，构成一种意义转换的通道，否则仪式的举行就无法实现其既定的功能。

通过以上分析，我们可以得出如下结论：仪式是人类的一种行为，它的举行总是带有特定目的，这种目的指向是物质功利性的或是精神的满足，目的之达成要靠仪式过程的展演来完成，仪式过程中的各个组成部分背后所蕴含的意义是通过符号象征的方式传达的。

二　礼仪概念的辨析

我们看一下礼仪的概念。人类学家格莱姆斯根据仪式的实际用途，将仪式划分为六种类型：仪式化行为、礼节、典礼、巫术、礼拜、庆祝①。这六种仪式类型的划分是以其用途为标准的，所谓仪式化行为是指具有仪式意味的动作或姿态，是构成仪式的普遍行为方式，礼节偏向于个人交往中的仪式行为，典礼侧重于大型群体间的政治互动，庆祝则是游戏性、喜剧性的仪式行为，巫术是技术性的、因果关系的和终极手段导向的仪式行为，礼拜则强调仪式的神圣性、宗教性。可见，如果按照格莱姆斯的分类方法来衡量中国传统的国家礼仪，则不能从中找到一个完全与之匹配的类型。

中国传统文化语境中的礼仪与格莱姆斯分类中的礼仪存在很大差异，中国传统礼仪，尤其是国家礼仪，与其说对应格莱姆斯分类中的礼节，毋宁说对应这一分类中的典礼，但又不仅仅局限于这二者，也有仪式化行为的构成与巫术及礼拜的性质。我们下面对其进行具体分析。

美国人类学家罗伯特·芮德菲尔德在《农民社会与文化：人类学对文明的一种诠释》中提出了“大传统与小传统”这一对文化概念，所谓“大传统”是与国家权力、上层社会、知识阶层有关的文化传统，而“小传统”

---

① ［美］罗纳尔德·格莱姆斯：《仪式的分类》，何少波译，载王霄冰主编《仪式与信仰：当代文化人类学新视野》，民族出版社 2008 年版，第 15 页。

则是指代表乡村的，由乡民通过口传等方式传承的大众文化传统[1]。中国传统文化语境中的礼仪，既有属于“大传统”的国家礼仪，也有属于“小传统”的下层百姓所遵行的平民之礼，但中国传统礼仪观念中有“礼不下庶人”之说[2]，因此，在中国传统文化中的礼仪，偏重于指向国家之礼，即后世最为常见的分类法中的“吉、凶、宾、军、嘉”五礼。这种分类法几乎将国家之礼囊括殆尽，吉礼为祭祀鬼神之礼，凶礼为应对人的死亡、自然灾害等事件之礼，军礼为军事所用，宾礼、嘉礼为宴会、人际交往之礼。

如果以格莱姆斯的分类法来衡量中国传统文化语境中的礼仪，我们会发现，其中既有属于大型群体间的政治活动的典礼，如吉礼中的郊祀、宗庙、社稷之礼，这些祭祀之礼中又杂糅着巫术、宗教仪式的成分。如在郊祀、宗庙之礼中的致神仪式，很明显是原始巫术仪式的遗存，而祭祀中对天神、地示及人鬼的尊崇与礼拜则是具有神秘宗教气息的仪式。有些礼仪则具有庆祝的性质，如属于嘉礼、宾礼的元会、乡饮酒礼、婚礼、冠礼。以元会为例，此礼行于三元之日，其中既有群臣朝贺的仪式，也有群臣飨宴的环节，是岁时节庆的重要部分。

通过以上分析，我们可以看出，中国传统文化语境中的礼仪是一个复杂的综合体，因此，其在功能的表现形态上也体现出多元化的特点。多元化的礼仪被统一在“礼”的名义之下，围绕着一个核心发挥作用，即服务于国家政治[3]。

在中国传统文化语境中，“礼仪”既可作为一个合成词，也可作为两个词来看待。所谓礼，是以尊卑有别、长幼有序为核心的文化系统，它既包括各种制度、仪节、礼乐，也包括举行仪式时使用的器物、服饰等，仪式是礼的一个组成部分。《礼记·乐记》云：“铺筵席，陈尊俎，笾豆，以升降为礼者，礼之末节也。”[4] 即这些器物、仪式等作为礼的组成部分，与礼背后所蕴含的精神相比，只不过是细枝末节，真正的“本”是用以调和社会秩序、使尊卑长幼有序的文化精神。也可以说，呈现在我们面

① ［美］罗伯特·芮德菲尔德：《农民社会与文化：人类学对文明的一种诠释》，王莹译，中国社会科学出版社 2013 年版，第 94—95 页。

② （清）阮元校刻：《十三经注疏·礼记正义》，中华书局 1980 年版，第 1249 页中栏。中国古代礼制中未专门为平民制定礼法，平民从士礼或等而下之。

③ 在后文的论述中，我们也常使用“仪式”一词，所强调的是礼仪活动的仪式特性，也是为了行文方便，所指的仍然是中国传统文化语境中的礼仪。

④ （清）阮元校刻：《十三经注疏·礼记正义》，中华书局 1980 年版，第 1538 页上栏。

前的礼仪就是符号学中所谓的“能指”，其“所指”隐藏在这些符号背后，需要对其做出必要的解读。因此，在我们的探讨中，礼仪作为一个合成词，是“礼”的具体呈现，我们需要寻找隐藏在符号后面那真正的礼的精神。

第二节　仪式音乐与礼仪用乐

一　仪式音乐

首先，我们讨论一下仪式音乐。前文已述，仪式是通过仪式过程的展演来实现其功能的，而仪式过程的展演又是依靠仪式化的符号表达构成的，各种仪式动作、器物等都作为仪式化的符号而存在。同样，音乐作为仪式过程中不可缺少的因素已被人类学研究者们所认可，也被现存的仪式实践及保存的文字记载所证实。

音乐作为人类的一种创造，其意义的产生是由人类确定和认可的，脱离了人类社会，音乐便失去了存在的依据。作为音乐，节奏、旋律、音色等只是其外在的表现形态，离开了人类的解读，音乐便失去了意义，因此伦纳德·迈尔认为：“要询问一个音符或一系列音符的内在意义是什么，是无意义的，作为纯粹的物质存在，它们是没有意义的，只有当它们指向、表明或暗示某些自身以外的其他事物的时候，才具有意义。”① 同时，音乐中的意义是人类，即音乐的创作者和欣赏者赋予的，即艾伦·帕·梅里亚姆所指出的：“音乐不能仅仅被界定为一种声音现象，因为它涉及到个人和由个人组成的群体的行为，而且它的特定构造需要那些音乐和非音乐的判定者们的社会认可。”② 因此，以“结构—功能学派”仪式理论的观点来看，音乐在仪式中的使用是必然伴有特定目的、发挥相应作用的，而音乐在仪式中所具备的功能、所蕴含的意义是人类赋予的。以此观点来衡量人类文明时期的仪式音乐是行得通的，但对于史前时期的原始巫术与宗教来说，在原始仪式中使用的音乐可能并未被特意赋予某种含义，先民将音乐用于仪式可能是因为音乐的节奏和旋律给他们带来感官刺激。

我们已经明确，音乐是仪式的一个重要组成部分，那么，为什么音乐

---

① ［美］伦纳德·迈尔：《音乐的情感与意义》，何乾三译，北京大学出版社 1991 年版，第 51 页。

② ［美］艾伦·帕·梅里亚姆：《音乐人类学》，穆谦译，人民音乐出版社 2010 年版，第 28 页。

和仪式能够达成一种自然的结合，为什么仪式离不开音乐的参与？仪式作为人类的一种行为方式，它的功利性并非仅仅体现为求得自我身心的满足，无论是原始巫术与宗教仪式中对神灵的祈求或压制，抑或举行现代仪式时的或隐或显的功利性诉求，都离不开信息的传递。音乐作为人类内在情感的表达方式，在一开始就具备了语言的性质，斯宾塞认为音乐是情感兴奋时的特殊语言，斯图姆夫认为音乐起源于原始人用作交际信号的呼唤声①。现代学者也从语源学角度证实了语言与音乐的同源性②。也就是说，音乐与语言一样，具备了表意符号的性质。因此，音乐的语言性质使其能够充当仪式中的信息传递工具。正如《诗大序》所云："诗者，志之所之也。在心为志，发言为诗，情动于中而形于言。言之不足，故嗟叹之。嗟叹之不足，故咏歌之。咏歌之不足，不知手之舞之足之蹈之也。"③ "志"可以理解为所要传达信息的意义，"诗""言""歌""手舞足蹈"等都是这些信息的表达形式。这则材料也解释了为什么在仪式中，音乐往往不是以单纯的旋律和节奏等呈现，而是伴有舞蹈和歌辞，因为三者同时都具有信息传递的功能，当然传递的信息内容具有相当的复杂性，我们将在下文具体论述。同时，音乐、歌辞、舞蹈作为一种时间艺术（舞蹈是一种时空艺术），能够与同样在时空中展演的仪式达到一种完美的配合。因此，仪式在一开始就与音乐有着天然的结合可能。

此外，音乐的一些其他功能，如其对仪式参加者生理和心理的影响，则是艺术心理学研究的重要课题，这些影响有强化仪式功能的作用。薛艺兵曾这样对仪式音乐进行定义："仪式音乐是在形式和风格上与特定仪式的环境、情绪、目的相吻合的，可对仪式参与者产生生理和心理效应的音乐。"④ 这一定义强调了仪式音乐对参与者心理和生理的影响，而且也强调了仪式音乐的形式、风格及其与特定仪式之间的协调关系。的确，仪式音乐对仪式过程的参与及发挥作用，所依靠的是音乐与仪式过程的协调与配合，并为仪式的进行创造出一种异于常态的仪式情境。如中国上古时期的蜡祭，这是一种带有很强巫术性质的仪式类型，《礼记·杂记》载子贡

① 俞建章、叶舒宪：《符号：语言与艺术》，上海人民出版社1988年版，第112页。

② 郭沫若：《甲骨文字研究》，《郭沫若全集·考古编》（第一卷），科学出版社1982年版，第100页。

③ （清）阮元校刻：《十三经注疏·毛诗正义》，中华书局1980年版，第269页下栏—270页上栏。

④ 薛艺兵：《仪式音乐的概念界定》，《中央音乐学院学报》2003年第1期。

观蜡的感受："子贡观于蜡。孔子曰：'赐也乐乎？'对曰：'一国之人皆若狂，赐未知其乐也。'"[①] 仪式的参加者和观看者都被狂热的蜡祭活动所感染。《礼记·郊特牲》载《伊耆氏蜡辞》："土反其宅，水归其壑，昆虫毋作，草木归其泽。"[②] 蜡祭的祝辞，类似于后世之礼仪用乐歌辞，我们推测，在这祝辞之外当有音乐和舞蹈与之相配，这种举国若狂的仪式效果的实现，在很大程度上要依靠音乐的参与。

二　礼仪用乐

我们再讨论一下礼仪用乐。上文我们已对中国传统文化语境中的礼仪进行了界定，作为属于中国文化"大传统"的礼仪文化，是与国家政治密切相关的文化综合体，而"乐"则是与这一文化综合体并生的，自古礼乐相须，礼乐并举，不可分割，从周公制礼作乐开始，中国传统文化中的礼乐已经逐渐摆脱原始巫术与宗教的束缚，成为与政治密切相关的符号体系。

因此，有"制礼"必有"作乐"，所谓"礼乐相须以为用，礼非乐不行，乐非礼不举。"[③] 这已成为中国古代政治生活的既有规范。在记载礼仪规范与制度的古代典籍，如儒家经典《三礼》中，行礼与用乐往往交织在一起，共同构成完整的礼乐活动，"礼"与"乐"在制度、物质、行为、思想诸层面达到了高度的协调一致。史书在记载历代王朝的礼乐制作时，也往往将礼乐并举，或是礼志、乐志单行（如《晋书》），或是礼乐合志（如《汉书》），呈现出既定的历史叙事话语模式。

现代学者对礼与乐的关系也做过不少探讨，如从其源头寻找二者之间的关系，指出其在源头上的共生共存状态："用现代人类学的眼光来看，所谓'礼'，乃是自史前社会的部落宗教仪式发展而来的礼仪——一种象征性的符号行为；而所谓'乐'，最初也不过是配合宗教仪式行为而进行的另一种象征性的符号行为。"[④] 或从其功用方面探讨二者的关系，认为中国古代礼仪中的乐舞在现实中发挥着政治评论、参政语言、政治沟通、

---

① （清）阮元校刻：《十三经注疏·礼记正义》，中华书局 1980 年版，第 1567 页中栏。

② （清）阮元校刻：《十三经注疏·礼记正义》，中华书局 1980 年版，第 1454 页上栏。

③ （宋）郑樵撰，王树民点校：《通志二十略》，中华书局 1995 年版，第 883 页。

④ 叶舒宪：《中国神话哲学》，中国社会科学出版社 1992 年版，第 3 页。

风教百姓等功能[①]，而这些功能本来就是礼仪所要承担的。

从宏观上看，在中国传统文化语境中的礼仪，本身就是礼与乐的合体，无论是制度层面的礼乐还是实践形态的礼乐，其在价值导向上都是一致的。从微观上看，在礼仪中，礼与乐又有着明显的区别，礼即仪式，它的执行者往往在地位上处于绝对优势，综观吉、凶、宾、军、嘉五礼，几乎每一种仪式都需要有一个核心人物，即仪式的实际执行者。以吉礼的祭祀天地、宗庙为例，所谓"不王不禘，王者禘其祖之所自出"[②]，所谓"祭不越望"[③] 等都说明，这些仪式具有明显的专属性质，它们的举行需要一位主祭者，并且这位主祭必须是唯一的、不可僭越的，他是仪式的实际操作者，各仪式环节必须以他为中心，他要在仪式中执行大部分的仪节。相比之下，乐则明显处于从属地位，在宫廷中专门有一批人负责仪式用乐，即乐师、舞师之类，尽管他们也是仪式的参加者，但只是按规定配合仪式的展演。因此，从这一角度看，"礼""乐"是一对具有明显主从关系的概念，在实践上也是如此。那么"礼"与"乐"在礼仪中的构成形态及发挥作用的机制又是如何呢？我们将在下文专门予以讨论。

第三节　礼仪用乐的结构形态及功能

前文已述，在中国文化的"大传统"中，礼仪是指与国家政治密切相关的吉、凶、宾、军、嘉五种仪式及其相关的话语系统。音乐作为礼仪的重要组成部分，其结构形态是什么？如何发挥作用？

一　礼仪用乐的结构形态

（一）礼仪用乐的结构形态：诗、乐、舞三位一体

就目前人类学对仪式的研究来看，仪式用乐的结构形态绝不是单一的乐器演奏、歌辞吟唱或者舞蹈表演，而是三者的并存状态，即诗、乐、舞的三位一体。所谓"诗"，是合乐之诗，而非徒诗，因此又称乐歌、歌辞，突出其音乐性；所谓"乐"，指乐器演奏出的节奏、旋律，是仪式用乐的主体；所谓"舞"，即人体按照音乐的节奏与旋律而做出的动作，是仪式

---

① 许兆昌：《先秦乐文化考论》，黑龙江人民出版社 2010 年版，第 322 页。

② （清）阮元校刻：《十三经注疏·礼记正义》，中华书局 1980 年版，第 1506 页上栏。

③ （清）阮元校刻：《十三经注疏·春秋左传正义》，中华书局 1980 年版，第 2162 页上栏。

用乐中诉诸视觉的部分。在世界范围内，仪式用乐无不是诗、乐、舞三者的综合体，例如因纽特人常用唱歌和打鼓来伴舞，布须曼人跳舞时运动和着旁观者打鼓及唱歌的拍子，更不用说现代社会中的各种重要仪式。德国艺术理论家格罗塞认为："音乐在文化的最低阶段上显见得跟舞蹈、诗歌结连得极密切。没有音乐伴奏的舞蹈，在原始部落间很少见，也和在文明民族中一样。"[①] "舞蹈、诗歌和音乐就这样形成为一个自然的整体，只有人为的方法能够将它们分析开来。"[②] 而在中国古代典籍及出土文物中也有证据证明原始仪式中的音乐是诗、乐、舞三者并存的构成形态[③]，因此柳诒徵在《中国文化史》中认为："盖乐之为用，全在声容兼备，有声而无容，不得谓之乐。"[④] 在礼仪用乐中，充当"声"的是歌辞与音乐，充当"容"的是舞蹈。

礼仪用乐的"三位一体"，既可以从礼仪用乐的制度规范，也可以从历代王朝礼仪用乐的实践中找到证据。我们先看历代礼仪用乐的制度规范，在作为儒家经典同时也是历代王朝制礼作乐理论依据的《三礼》中，对礼仪用乐的构成情况或是从理论构想，或是从实际应用出发，做了系统的规定。《周礼・春官》载大司乐之职："以六律、六同、五声、八音、六舞大合乐，以致鬼神示，以和邦国，以谐万民，以安宾客，以说远人，以作动物。"孙诒让云："'以六律、六同、五声、八音、六舞大合乐'者，通论乐官总调众乐，以备宾祭之用。"[⑤] 在这里，所谓律、声、舞，即分别对应乐、诗、舞，三者是祭祀用乐的组成部分；《周礼・春官》又云："凡乐，圜钟为宫，黄钟为角，太蔟为徵，姑洗为羽，雷鼓雷鼗，孤竹之管，云和之琴瑟，《云门》之舞，冬日至，于地上之圜丘奏之，若乐

① ［德］格罗塞：《艺术的起源》，蔡慕晖译，商务印书馆 1984 年版，第 214 页。

② ［德］格罗塞：《艺术的起源》，蔡慕晖译，商务印书馆 1984 年版，第 214—215 页。

③ 上古仪式用乐有乐、有歌、有舞，如《吕氏春秋・古乐》："昔葛天氏之乐，三人操牛尾，投足以歌八阙：一曰载民，二曰玄鸟，三曰遂草木，四曰奋五谷，五曰敬天常，六曰建帝功，七曰依地德，八曰总禽兽之极。"很明显这是一次仪式活动中的音乐表演。孙文辉认为葛天氏之乐是在一场关于农业丰产祭祀的巫仪上的仪式用乐，见孙文辉《古乐〈葛天氏之乐〉的文化阐释》，《文艺研究》1997 年第 2 期。出土文物也证实仪式表演时使用的音乐是诗、乐、舞三者共存的，如 1973 年青海省大通县上孙家寨马家窑出土的舞蹈纹图案彩陶盆，五人一组，连臂踏歌，翩翩起舞，有学者认为是庆祝丰收仪式上所用，见王真《关于马家窑时期原始舞蹈的几个问题》，《史学月刊》1983 年第 6 期。

④ 柳诒徵撰，蔡尚思导读：《中国文化史》，上海古籍出版社 2001 年版，第 199 页。

⑤ （清）孙诒让撰，王文锦、陈玉霞点校：《周礼正义》，中华书局 1987 年版，第 1731—1732 页。

六变，则天神皆降，可得而礼矣。"① 此为祭祀天神时所用之乐，"圜钟为宫，黄钟为角，太蔟为徵，姑洗为羽"，此为"歌奏之通均"，即仪式用乐中的旋律与节奏；"雷鼓雷鼗，孤竹之管，云和之琴瑟"，为乐器，雷鼓、雷鼗为金奏环节所用之乐器，孤竹之管、云和之琴瑟为下管、升歌时所用之乐器。需要注意的是，升歌即登堂而歌，堂上之琴、堂下之瑟一起伴奏，此为乐、诗合奏；《云门》之舞，为大合乐时所奏，此时，诗、乐、舞三者齐发，是仪式高潮时的乐舞表演。又如《礼记·祭统》云："升歌《清庙》，下而管《象》，朱干玉戚以舞《大武》，八佾以舞《大夏》，此天子之乐也。"② 此乐亦为祭祀大合乐时所奏，堂上所歌为《清庙》，堂下所奏为《象》乐，此为声；《大武》为武舞，《大夏》为文舞，此为容。可谓声、容并具，诗、乐、舞齐备。《礼记·祭统》又云："夫祭有三重焉：献之属莫重于祼，声莫重于升歌，舞莫重于《武宿夜》。"③ 同样强调祭祀中声与容的地位。又《仪礼》中所记"乡饮酒礼""乡射礼"等仪式中，乐工在升歌、下管、间歌、合乐等阶段，或是配乐演唱，或是乐器独奏，或是诗、乐、舞三者合奏，声与容二者成为礼仪展演中不可缺少的因素，所以杜佑说："乐之在耳者曰声，在目者曰容。声应乎耳，可以听知；容藏于心，难以貌观。故圣人假干戚羽旄以表其容，发扬蹈厉以见其意，声容选和，则大乐备矣。"④

在历代王朝礼仪用乐的实践中，无论其创制思想还是具体表现形态，也是以诗、乐、舞三者作为一个整体来关照的，尤其是秦汉以后的礼仪用乐，更是自觉地利用前代文献资料或用乐实践来指导本朝的礼仪用乐创制，如汉末曹操平刘表后获乐人，令其创制雅乐："时又有散骑侍郎邓静、尹商善训雅乐，歌师尹胡能歌宗庙郊祀之曲，舞师冯肃、服养晓知先代诸舞，夔悉总领之。"⑤ 对诗、乐、舞的创制分工明确；又如晋室南渡之后，江左政权创制宗庙之乐，在创制思想上也是把诗、乐、

① （清）阮元校刻：《十三经注疏·周礼注疏》，中华书局1980年版，第789页下栏。

② （清）阮元校刻：《十三经注疏·礼记正义》，中华书局1980年版，第1607页下栏。

③ （清）阮元校刻：《十三经注疏·礼记正义》，中华书局1980年版，第1604页上栏。笔者按：祼与灌同为以酒灌地祭神的意思，古文献中往往混用。我们在引文中一依文献原文，行文中随引文使用相应的文字。

④ （唐）杜佑撰，王文锦、王永兴等点校：《通典》卷145《乐五》，中华书局1988年版，第3705页。

⑤ （唐）房玄龄等：《晋书》卷22《乐志上》，中华书局1974年点校本，第679页。

舞三者作为一个整体："江左初立宗庙，尚书下太常祭祀所用乐名。太常贺循答云：'魏氏增损汉乐，以为一代之礼，未审大晋乐名所以为异。遭离丧乱，旧典不存。然此诸乐皆和之以钟律，文之以五声，咏之于歌辞，陈之于舞列。'"① 贺循所谓"和之以钟律，文之以五声，咏之于歌辞，陈之于舞列"是礼仪用乐创制的重要理论依据，也是历代礼仪用乐实践的主要形态。最为明显的就是《乐府诗集》对历代歌辞的记载，我们知道，《乐府诗集》对十二类歌辞的划分是"兼容并包之广义分类"②，其中郊庙歌辞、燕射歌辞、舞曲歌辞等是按音乐之功用来划分的，而舞曲歌辞又分为雅舞、杂舞，郭茂倩云："雅舞用之郊庙、朝飨，杂舞用之宴会。"③ 雅舞与郊庙歌辞、燕射歌辞本属一类，因此这一分类受到后世学者的诟病④，这也说明，在这一时期的礼仪用乐实践中，诗、乐、舞基本是同时具备的。需要注意的是，在中国古代礼仪用乐中，并非所有的用乐均有舞蹈环节，舞蹈的使用主要在吉礼的郊祀、宗庙等仪式中。《诗经》中的三《颂》为祭祀乐歌，关于"颂"之本义，阮元曾做过探讨，证明其为中的"舞容"，并指出了《颂》歌有配舞而《国风》《小雅》《大雅》无配舞的事实：

> 《诗》分"风""雅""颂"，"颂"之训为美盛德者余义也。"颂"之训为"形容"者，本义也，且"颂"字即"容"字也。故《说文》："颂，皃也。从页公声。籀文作额。"是"容"即"颂"。……"容""養""羕"一声之转，古籍每多通借。今世俗传之"樣"字始于《唐韵》，即"容"字转声所借之"羕"字，不知何时再加"扌"旁以别之，而后人遂绝不知从"颂""容""羕"转变而来。岂知所谓"商颂""周颂""鲁颂"者，若曰"商之樣子""周之樣子""鲁之樣子"而已，无深意也。何以三《颂》有樣，而《风》《雅》无樣也？《风》《雅》但弦歌笙间，宾主及歌者皆不必因此而为舞容，惟三

---

① （唐）房玄龄等：《晋书》卷22《乐志上》，中华书局1974年点校本，第697页。

② 萧涤非著，萧海川辑补：《汉魏六朝乐府文学史》（增补本），人民文学出版社2011年版，第13页。

③ （宋）郭茂倩：《乐府诗集》，中华书局1979年点校本，第753页。

④ 在中华书局点校本《乐府诗集》之《出版说明》中，点校者说："如舞曲，分雅舞、杂舞，雅舞用之郊庙、朝飨，杂舞用之宴会那已经包括在郊庙、燕射中了……那末舞曲就不必另立一类了。"见（宋）郭茂倩《乐府诗集》，中华书局1979年点校本，第3页。

《颂》各章皆是舞容，故称为“颂”。若元以后戏曲，歌者舞者与乐器全动作也。[①]

在此段分析中，阮元认为“颂”即为“容”，容即是“舞容”，因为这些乐歌是与舞蹈相配，故称“颂”，而《国风》《小雅》《大雅》只与音乐相配，并无舞蹈。这的确是历代礼仪用乐的重要特征，在礼经记载及历代正史的乐志中，用舞的仪式多为郊祀、宗庙等吉礼，称为雅舞，具有相应的象征含义；飨宴[②]中的用舞多在仪式进入尾声之时，称为杂舞，以娱乐为主，或者直接省略用舞，这往往是由仪式的性质决定的。

可见，诗、乐、舞三者作为礼仪用乐的基本组成，不仅仅是一种创作理念，也是历代礼仪用乐实践的重要表现形态。如果将三要素作为三种符号形式，那么由于三者在各自的表意方式上存在的差异，歌辞、音乐与舞蹈在礼仪用乐的整体中所起的作用也存在差异，三者之间存在着一种互补共生的关系。

（二）礼仪用乐各构成要素的相互关系

符号学认为，人类是意义的创造者，也是意义的表达者。礼仪作为人类的一种行为方式，无疑具有表达特定意义的功能，人们对礼仪意义的获得，必须依靠构成礼仪的各要素，如行为动作、所用器物、礼仪的程序、所用乐舞等。人们感知符号的方式无疑只有视觉与听觉两种，对于礼仪活动来说，诉诸听觉者少而诉诸视觉者多，而礼仪中使用的音乐则是诉诸视听的综合仪式符号，诗与乐作用于人的听觉，而舞蹈作用于视觉。

诗、乐、舞在礼仪用乐的构成中各自扮演了不同的角色。我们先看“乐”，“乐”是礼仪用乐的核心，这里的“乐”是用乐器演奏出的旋律或节奏，贯穿于仪式过程的始终。中国传统乐器以材质分类，习称“八音”，即“金、石、土、木、丝、竹、革、匏”，在作为礼仪用乐的雅乐演奏中，主要使用以金、石为材质的编钟、编磬，以丝、竹为材质的笙、琴、瑟。钟、磬所演奏为“乐之节”，金石乐器的演奏从礼仪的参加者进入礼仪场所就已经开始，如《礼记·仲尼燕居》：“入门而悬兴，揖让而升堂，升

① （清）阮元：《释颂》，见（清）阮元撰，邓经元点校《揅经室集》，中华书局1993年版，第18—19页。

② 笔者按：在古籍中，飨燕、燕飨、飨宴、宴飨等常常混用，指招待宾客的宴会之礼，也特指君臣饮宴之礼。除引文外，本书行文中的飨燕、燕飨、宴飨等统一为“飨宴”。

堂而乐阕。”此为主人与宾行礼之节乐，孙希旦认为：“入门悬兴，谓大飨纳宾，金奏《肆夏》之三也。”[①] 也就是说，这些音乐在礼仪中起到指示仪式过程的作用。管弦等旋律乐器的演奏是在用乐的正乐环节，即升歌、下管、间歌、合乐时，此时也是礼仪展演的高潮。可以说，音乐贯穿于整个过程中。

从符号学角度来看，音乐是以声音的形式呈现的，在声音的能指背后必定蕴含特定的意义——即所指，要理解声音的所指不是一件容易的事。在礼仪用乐中，离不开歌辞的参与，如果在一场礼仪中，仅有单纯音乐的参与，可能会为礼仪营造出一种氛围、一种节奏感，但是礼仪的意图则很难明确地被礼仪的参加者和观看者所了解，因为音乐是时间中的存在，陆正兰认为：“音乐的对象意指，除了少数例外，大部分相当模糊，远不如语言那么明确，因此一旦有标题和歌词，语言就确立了意义，然而，音乐最主要的意义还是在于解释项，这是永远存在的。”[②] 因此，歌辞是礼仪用乐的另一个重要因素，它与礼仪中所奏音乐形成一种相互补充与解释的关系，增强礼仪的效果，礼仪用乐离不开歌辞的阐释。

歌辞的阐释功能源自歌辞是一种语言艺术，语言作为一种直接表达意义的工具，“是一种表达观念的符号系统”[③]，其符号性质最为直接和明显。但歌辞语言与标准语言之间是存在巨大差异的，是对标准语言的扭曲，因此歌辞中充满了象征、隐喻、陌生化等区别于标准语言的因素[④]。如果这样的话，歌辞的阐释功能也会大打折扣，因为我们需要破译歌辞中诸多的隐喻、象征，但对于中国古代礼仪用乐中的歌辞来说，其在语义的模糊性上要较一般文学意义上的诗歌为弱，其对标准语言的扭曲不是借助于象征、隐喻等修辞方式，而是追求形式上与古乐的协调一致。因此，这些歌辞多表现出句式整齐的特点，在语义的表达上也是相当明确。我们来看一下《诗经·周颂》中的祭祀诗，参考朱熹《诗集传》中的标注，《诗经·周颂》三十一篇全为“赋”体，与《国风》及《小雅》中的部分民歌形成鲜明对比，《国风》及《小雅》中的部分民歌多用比、兴。“比”

---

① （清）孙希旦撰，沈啸寰、王星贤点校：《礼记集解》，中华书局 1989 年版，第 1270 页。

② 陆正兰：《音乐表意的符号学分析》，《南京社会科学》2014 年第 1 期。

③ ［瑞士］费尔迪南·德·索绪尔：《普通语言学教程》，高名凯译，商务印书馆 1980 年版，第 37 页。

④ ［捷］扬·穆卡洛夫斯基：《标准语言与诗歌语言》，竺稼译，载赵毅衡编选《符号学文学论文集》，百花文艺出版社 2004 年版，第 15—17 页。

为比喻，或明喻，或暗喻；“兴”为“先言他物，以引起所咏之辞”，这“他物”和“所咏之辞”之间并非毫无关联，而是存在意义上的联结，最终“兴”成为“一种深刻的象征形式”[①]，而“赋”为直接铺陈：“诗文直陈其事，不譬喻者，皆赋辞也。”[②] 因此，在《诗经·周颂》及《小雅》《大雅》的礼仪用乐歌辞中存在着一种陈述、祈求、祝福的语言表达模式，因为其表达对象为神灵（尸）或者宾客，配以歌辞的目的就是将仪式举行者的本意加以明确传达，所以在歌辞中不会或者较少使用隐喻、象征等有陌生化效果的表达方式，但礼仪用乐的歌辞毕竟不同于普通语言，这种改变主要是由与之配合的音乐的束缚引起的[③]。从总体上来说，诗与乐在礼仪用乐中是一种相互制约与促进的关系，由歌辞完成对音乐主题或礼仪主题的阐释，而音乐又对歌辞的外在形式构成了制约，促成了歌辞体式的定型。

诗与乐是礼仪用乐中的“声”，而舞则是“容”，因此它必定成为整个礼仪进程的重要内容。舞蹈诉诸视觉，也就是说，在礼仪中，舞蹈不能与其他仪式环节同时进行，有舞蹈表演时，礼仪的参加者必须停止仪式行为来观赏舞蹈。不如此则失去了观赏的对象，这就与音乐、歌辞与礼仪的展演同时进行存在很大的区别。舞蹈是视觉的艺术，但从根本上说舞蹈与音乐不可分离，“舞蹈和音乐之间的关系更为明显……无论舞蹈是否有音乐伴奏，它总是在音乐时间中运动；这两种艺术之间的天然关系是它们普遍亲和的基础。”[④] 舞蹈的节奏感必须要靠音乐来加以突出，而其意义要靠歌辞加以说明，因此礼仪用乐中的“大合乐”是这三种艺术形式的集中体现，诗、乐、舞三者在此时达到了完美的结合。

从符号学上来说，舞蹈的“能指”是其动作，而“所指”正蕴含在舞蹈的动作之中。在礼仪中，正是靠舞蹈的动作、舞蹈的行列和规模等在空间中呈现的象征性符号完成其表意作用的。舞蹈的动作具有指示功能，甚至在一定程度上具有叙事的功能，从而将礼仪的主题加以表现。周代宗庙祭祀中表演《大武》舞，就是通过舞蹈动作的安排将周代建国历史加以

---

① 傅道彬：《诗可以观：礼乐文化与周代诗学精神》，中华书局 2010 年版，第 168 页。

② （清）阮元校刻：《十三经注疏·毛诗正义》，中华书局 1980 年版，第 271 页上栏。

③ 王国维：《观堂集林·说周颂》，载谢维扬等主编《王国维全集》（第八卷），浙江教育出版社 2009 年版，第 59 页。

④ ［美］苏珊·朗格：《感受与形式：自〈哲学新解〉发展出来的一种艺术理论》，高艳萍译，江苏人民出版社 2013 年版，第 203 页。

述说："且夫《武》，始而北出，再成而灭商，三成而南，四成而南国是疆，五成而分周公左，召公右，六成复缀以崇。"[①]《大武》舞由六成组成，所谓"成"，即"舞之一终也"[②]，每成包括不同的舞蹈动作、方位，也表达不同的意义，由舞之六成将武王灭商建国的历史完整勾勒出来。将周之开国史在祭祀宗庙的仪式中展演，其发挥的是证明权力合法性的重要作用，这也就是舞蹈背后的"所指"。在古代礼仪中，舞蹈的行列、规模、服饰等作为外在的形式，其背后所隐藏的也是政治权力的等级划分，我们将在下文详细阐释。

礼仪用乐中的诗、乐、舞是以综合体的形式出现的，我们很难将它们截然分开做单一的要素分析，它们保持了原始艺术的形态，但在儒家礼乐思想的改造下，已经变成了一种具有象征意义的符号。在礼仪用乐的三种构成要素中，对意义阐释的明确性可以按诗、舞、乐的顺序排列。音乐的节奏与旋律决定了歌辞与舞蹈的节奏，并为礼仪创造一种氛围；歌辞作为语言的形式又对乐、舞甚至是整个礼仪做出较为直接的阐释，使乐舞的象征意义更为明晰；舞蹈则以视觉的形式将礼仪的象征含义做形象化的展演，进一步增强礼仪参加者对用乐含义的理解。三者在礼仪用乐中并没有地位的主次之分，只是发挥作用的方式存在差异，正如布莱金（John Blacking）所说："在大多数仪式中，诗学的形式（poetic forms）和非言语（nonverbal）的象征符号（尤其是音乐和舞蹈）是至关重要的，这些是仪式中'动人的展示'（affecting presence），而'动人的展示'似乎能帮助人们超越言语的解释。"[③] 总之，礼仪的意义因为乐舞的参与得以明确、强化。

二　礼仪用乐的主要政治功能：再现、确认、凝聚

礼乐并称，自古而然，有礼必有乐，在中国传统文化语境中的礼仪用乐，主要是指与吉、凶、宾、军、嘉五种礼仪类型相配的音乐，"五礼"是在国家政治层面对礼进行的类型划分，"礼乐相须以为用"，那么礼仪用乐在功能上，也是与国家政治密切联系在一起的。所谓"六经之道同归，

---

① （清）阮元校刻：《十三经注疏·礼记正义》，中华书局1980年版，第1542页中栏。

② （清）孙希旦撰，沈啸寰、王星贤点校：《礼记集解》，中华书局1989年版，第1024页。

③ John Blacking, *Problems in the Documentation and analysis of Ritual*，转引自薛艺兵《仪式音乐的符号特征》，《中国音乐学》2003年第2期。

而《礼》《乐》之用为急"[①] "揖让而天下治者，礼乐之谓也"[②]，均就其政治功能而言，而"声音之道与政通"更是中国传统乐论中的重要观点。在这一部分，我们着重探讨作为礼仪重要组成部分的乐舞演奏在仪式中发挥何种作用。

（一）乐以道古：再现功能

著名美术史家巫鸿用"纪念碑性"（Monumentality）来研究中国古代的建筑及艺术，这一概念对我们研究礼仪用乐的再现功能也颇具启发意义，巫鸿先生认为："'纪念碑性'这一概念的首要意义就是把艺术与政治和社会生活紧紧地联系在一起。"[③] "一座有功能的纪念碑，不管它的形状和质地如何，总要承担保存记忆、构造历史的功能，总力图使某位人物、某个事件或某种制度不朽……"[④] 这种观点已经打破了艺术的界限，不仅那些能为我们视觉所欣赏的实体艺术可以具有纪念碑性，不具有实体性的艺术种类同样可以具备"纪念碑性"，礼仪用乐就是其中重要的一种。简言之，礼仪用乐的"纪念碑性"就是通过乐舞的表演再现历史，而再现是通过乐音的组织、动作编排与组织等相对抽象化的手段实现的。礼仪用乐的"纪念碑性"也就是其再现历史的功能，其目的是再现，实现再现的手段则是相对抽象的表现。具体来说，礼仪用乐的再现功能是指，通过诗、乐、舞的展演，将统治者的历史功绩以一种截然不同的、艺术的方式表现出来，再现正是礼仪的举行者确认自己地位的重要方式，是礼仪用乐确认功能的前提。

我们先看《礼记·乐记》中一段关于古乐的讨论："今夫古乐，进旅退旅，和正以广，弦匏笙簧，会守拊鼓，始奏以文，复乱以武，治乱以相，讯疾以雅。君子于是语，于是道古，修身及家，平均天下，此古乐之发也。"[⑤] 此为子夏与魏文侯谈论古乐之事，涉及古乐的表现形态及功能。在这里，所谓表现形态为"进旅退旅"至"讯疾以雅"；所谓功能为"于是语，于是道古，修身及家，平均天下"。据郑玄注，此为大祭祀所奏之

① （汉）班固：《汉书》卷22《礼乐志》，中华书局1962年点校本，第1027页。

② （汉）班固：《汉书》卷22《礼乐志》，中华书局1962年点校本，第1028页。

③ ［美］巫鸿：《中国古代艺术与建筑中的"纪念碑性"》，李清泉、郑岩等译，上海人民出版社2009年版，第3页。

④ ［美］巫鸿：《中国古代艺术与建筑中的"纪念碑性"》，李清泉、郑岩等译，上海人民出版社2009年版，第5页。

⑤ （清）阮元校刻：《十三经注疏·礼记正义》，中华书局1980年版，第1538页中栏。

乐，此处“始奏以文，复乱以武”孔颖达认为：“文，谓鼓也。始奏乐之时，先击鼓也。武，金铙也。舞毕，击金铙而退。”即文、武为乐器，而孙希旦认为“文”为《文》舞，“武”为《大武》舞，其云：“始奏以文，谓乐始作之时，升歌《清庙》，以明文德也。……复乱以武，谓乐终合舞，舞《大武》以象武功也。”① 而后文云“于是道古”，则将文、武理解为《清庙》之歌、《大武》之舞较为合理，所谓“道古”，即“道古之事”“道古昔之事”。从文献记载中我们可以发现《清庙》《大武》二乐具有再现历史的功用。又《礼记·乐记》云：“夫乐者，象成者也。”郑玄训“成”为“已成之事”，孙希旦训“成”为“所成之功”，二者均可作功业讲。也就是说，乐的一项重要作用是对王者功业进行模仿：“负载了重大的历史记事职能——纪念改朝换代的历史史实”②，并在礼仪中进行表演。

《礼记·乐记》有云：“王者功成作乐，治定制礼，其功大者其乐备，其治辩者其礼具。”③《清庙》为《诗经·周颂》首篇，为祀文王之乐歌；《大武》为祀武王之乐歌，是祭祀宗庙大合乐所用，其构成目前说法不一，从歌辞上来看，基本篇章包括了《诗经·周颂》中的《武》《酌》《赉》《般》《桓》诸篇，其含义十分明确，叙述武王伐纣、经营南国及周、召二公分陕而治的历史，从而“把周初开国的景象，完全烘托了出来”④。从舞蹈的编排上看，其舞蹈动作、行列于《礼记·乐记》中有所记载，共六成：“始而北出，再成而灭商，三成而南，四成而南国是疆，五成而分，周公左，召公右，六成复缀以崇。”后世学者对这一段话的注解可以使我们建构起《大武》舞的基本表演方式，也使我们了解这种表演方式实现再现历史功能的机制。

关于此段，郑玄注：“成，犹奏也。每奏《武》曲一终为一成。始奏，象观兵盟津时也。再奏，象克殷时也。三奏，象克殷有余力而反也。四奏，象南方荆蛮之国侵畔者服也。五奏，象周公召公分职而治也。六奏，象兵还振旅也。复缀，反位止也。”⑤ 郑玄对六成用乐的含义，均以“象”

---

① （清）孙希旦撰，沈啸寰、王星贤点校：《礼记集解》，中华书局1989年版，第1014页。

② 傅道彬：《诗可以观：礼乐文化与周代诗学精神》，中华书局2010年版，第61页。

③ （清）阮元校刻：《十三经注疏·礼记正义》，中华书局1980年版，第1530页下栏。

④ 孙作云：《诗经与周代社会研究》，中华书局1966年版，第241页。

⑤ （清）阮元校刻：《十三经注疏·礼记正义》，中华书局1980年版，第1542页中栏。

字作解，所谓“象”就是一种模仿，通过舞蹈者在祭祀仪式中舞列的转移与音乐节奏的变换，达到再现历史的目的，每奏均有历史史实与之对应，整个舞蹈完整地构建了武王伐纣建国的历史。我们再看孔颖达正义引熊安生对郑玄注的补充：“作乐一成而舞，象武王北出观兵也。‘再成而灭商’者，谓作乐再成，舞者从第二位至第三位，象武王灭商，则与前文再始以著往为一也。‘三成而南’者，谓舞者从第三位至第四位，极北而南反，象武王克纣而南还也。‘四成而南国是疆’者，谓《武》曲四成舞者，从北头第一位却至第二位，象武王伐纣之后，南方之国于是疆理也。‘五成而分周公左、召公右’者，从第二位至第三位，分为左右，象周公居左，召公居右也。‘六成复缀以崇’者，缀，谓南头初位，舞者从第三位南至本位，故言复缀以崇。崇，充也。谓六奏充其《武》乐，象武王之德充满天下。”① 我们认真分析熊氏对此段的注解会发现，舞蹈的制作者不仅利用不同的舞蹈动作来再现历史，还在舞蹈中通过方位的变化模仿了武王伐纣建国的路线图，将在广阔地域中发生的政治军事行动浓缩到舞蹈之中，实现了对历史事件的再现，而再现正是祭祀乐舞所需要的。《诗大序》解“颂”：“颂者，美盛德之形容，以其成功告于神明者也。”对历史的再现正是为满足将先祖功业告于神明的需要，同时对证明自己权力的合法性也有重要意义，通过对先祖功业的再现以及建国历史的追溯，以形象化的方式向世人昭示政权所具有的合法性基础。

（二）观舞知德：确认功能

礼仪用乐的确认功能是指由音乐在礼仪中的使用方式、规模等外在形式实现对礼仪举行者身份的确认。

1. 礼仪用乐的确认功能体现在以乐来确认身份与地位的贵贱、尊卑

礼仪用乐的这一功能是由“乐”从属于“礼”，“乐”作为礼仪的组成部分这一事实决定的。“礼”具有“定亲疏，决嫌疑，别同异，明是非”之功用，即《礼记·坊记》所说：“夫礼者，所以章疑别微，以为民坊者也。故贵贱有等，衣服有别，朝廷有位，则民有所让。”② 这一功用的实现以严格的礼制规范为依据，具体到礼仪之中，是通过“别异”来体现的，即以使用的礼器、仪仗、乐器、乐舞等的差异来彰显其身份与地位

① （清）阮元校刻：《十三经注疏·礼记正义》，中华书局1980年版，第1542页中栏。

② （清）阮元校刻：《十三经注疏·礼记正义》，中华书局1980年版，第1619页上栏。

的差异。也就是说，在礼仪中，参加者身份、地位及权威的确认是通过外在的物质化的符号来实现的。在礼仪中所呈现的一切有形与无形的符号，都以此为目标，大凡仪式过程中的器物、服饰、仪节，当然包括用乐，都成为实现礼仪确认功能的重要因素。在众多具有确认功能的要素中，音乐所发挥的作用是非常重要的。

首先是舞列，以舞蹈的规模作为区分等级的标准。最为典型的例子即为《论语·八佾》孔子所云："八佾舞于庭，是可忍也，孰不可忍也?"朱熹注："佾，舞列也，天子八、诸侯六、大夫四、士二。每佾人数，如其佾数。或曰：'每佾八人。'未详孰是。季氏以大夫而僭用天子之乐，孔子言其此事尚忍为之，则何事不可忍为。"① 礼仪用乐中不同等级所用舞蹈的规模、佾数有着严格的规定，这是确认等级、区分尊卑的重要标志，一旦确定，任何等级都不能打破，季氏以大夫之位而僭用天子之舞，打破了礼仪用舞的等级规定，是对舞蹈确认功能的破坏，也是对既有礼制规范的僭用，故受孔子贬斥。

其次为乐器规格，作为演奏乐曲的乐悬，是礼仪用乐中的物质因素，其规模的大小同样起到确认尊卑等级的作用。《周礼·春官》记小胥之职："正乐悬之位。王宫悬，诸侯轩悬，卿大夫判悬，士特悬。辨其声。"② 从天子至士，随着身份由尊而卑，所用乐悬也相应由丰入俭，这表明，作为礼仪用乐中的物质因素，乐器是确认等级的重要因素，如果僭用则打破既有的规定，扰乱礼制。《左传》成公二年载卫大夫孙良夫救鲁伐齐，归国后，孙良夫请"曲悬繁缨以朝"，卫侯许之，孔子闻之曰："惜也！不如多与之邑。唯器与名，不可以假人，君之所司也。名以出信，信以守器，器以藏礼，礼以行义，义以生利，利以平民，政之大节也。若以假人，与人政也。政亡，则国家从之，弗可止也已。"③ 孙良夫以大夫之位而受诸侯所享有之曲悬，明显是对既有礼制的破坏，故孔子非之。

再次为所用乐歌，根据受享者的等级地位而定，有着明显的差异。《左传》襄公四年载："穆叔如晋，报知武子之聘也，晋侯享之。金奏《肆夏》之三，不拜。工歌《文王》之三，又不拜。歌《鹿鸣》之三，三拜。"④

---

① （宋）朱熹：《四书章句集注》，中华书局 1983 年版，第 61 页。

② （清）阮元校刻：《十三经注疏·周礼注疏》，中华书局 1980 年版，第 795 页上栏。

③ （清）阮元校刻：《十三经注疏·春秋左传正义》，中华书局 1980 年版，第 1894 页上栏。

④ （清）阮元校刻：《十三经注疏·春秋左传正义》，中华书局 1980 年版，第 1931 页下栏。

金奏、工歌属于礼仪用乐中的“声音”，同样具有确认等级尊卑之功用。穆叔对晋侯所奏之《肆夏》《文王》不敢答拜，而《鹿鸣》三拜，是他自觉认同了礼仪用乐所具有的确认等级尊卑的功能，穆叔这样解释其拜与不拜的原因：“三《夏》，天子所以享元侯也，使臣弗敢与闻。《文王》，两君相见之乐也，使臣不敢及。《鹿鸣》，君所以嘉寡君也，敢不拜嘉？《四牡》，君所以劳使臣也，敢不重拜？《皇皇者华》，君教使臣曰‘必谘于周’。臣闻之，访问于善为咨，咨亲为询，咨礼为度，咨事为诹，咨难为谋。臣获五善，敢不重拜？”[①] 可见，在礼仪用乐中，以声音形式存在的乐曲、歌辞同样具有确认功能。

2. 礼仪用乐的确认功能体现为音乐是统治者“德行”的确证

礼仪用乐的确认功能还体现为它是礼仪举行者“德行”的确证。“声音之道与政通”是中国古代乐论的重要观点，因此“审音以知政”成为衡量、评价各级官吏的重要手段，而那些为政有德有行者也被赏赐以乐，这些乐舞成为他们德行的确证。《礼记·乐记》云：“故天子之为乐也，以赏诸侯之有德者也。德盛而教尊，五谷时熟，然后赏之以乐。故其治民劳者，其舞行缀远；其治民逸者，其舞行缀短。故观其舞，知其德；闻其谥，知其行也。”[②] 臣子的政绩成为其受赏舞乐人数、规模的依据，如郑玄注所说：“民劳则德薄，酇相去远，舞人少也。民逸则德盛，酇相去近，舞人多也。”[③] 德行厚薄是从民劳、民逸的外部表现上获知的，这也是判断臣子功绩的重要方式，也就是说，德行厚薄是受赏乐舞多寡的重要标准，反之，通过在礼仪中使用乐舞的规模我们可以判断使用者德行之厚薄。

因德行赐乐的事例在史料中比较常见，在《礼记·祭统》《礼记·明堂位》中均有周公以勋劳受赏天子之乐的记载，《礼记·祭统》云：“昔者周公旦，有勋劳于天下。周公既没，成王、康王追念周公之所以勋劳者，而欲尊鲁，故赐之以重祭：外祭则郊、社是也，内祭则大尝禘是也。夫大尝禘，升歌《清庙》，下而管《象》，朱干玉戚以舞《大武》，八佾以舞《大夏》，此天子之乐也。康周公，故以赐鲁也。子孙纂之，至于今不废，所以明周公之德，而又以重其国也。”[④]《礼记·明堂位》云：“成王以周

---

① （清）阮元校刻：《十三经注疏·春秋左传正义》，中华书局1980年版，第1932页上栏。
② （清）阮元校刻：《十三经注疏·礼记正义》，中华书局1980年版，第1534页上栏。
③ （清）阮元校刻：《十三经注疏·礼记正义》，中华书局1980年版，第1534页上栏。
④ （清）阮元校刻：《十三经注疏·礼记正义》，中华书局1980年版，第1607页下栏。

公为有勋劳于天下，是以封周公于曲阜，地方七百里，革车千乘，命鲁公世世祀周公以天子之礼乐。”① 凭借功绩获得乐舞赏赐的事例在后世的礼乐实践中并不少见，魏晋南北朝时期的权臣、将帅常凭拥立、军功等获赐鼓吹乐，或一部，或二部，或羽葆鼓吹，或前部鼓吹，或后部鼓吹，不一而足。鼓吹乐是用于道路仪仗的重要音乐形式，是身份地位与功绩的重要标志，时移世易，尽管赏赐乐舞的形式发生了改变，但其确认被赐者德行、功绩的作用仍然存在。

（三）乐者为同：凝聚功能

礼仪用乐的再现功能与确认功能以“别异”的方式在礼仪中发挥作用，从乐舞的外在规定性和表现形式来实现其功能，“乐”在礼仪中所突出的是尊卑有别、长幼有序的礼制规定性，通过一种既有的规范或象征符号来实现这一功能，这两种功能的发挥依赖于不同的用乐形式，从礼仪展演的角度来看，它们与仪节共同构成礼仪的外部形式。

礼仪用乐不但以其外在的规定性服务于礼仪，起到“别异”的作用，它还能以内在的心理属性发挥凝聚宗族及统治阶层内部关系的作用。在礼经中经常将礼与乐对举，如：“乐者为同，礼者为异；同则相亲，异则相敬。”“乐者，天地之和也；礼者，天地之序也。”“大乐与天地同和，大礼与天地同节。”“乐由中出，礼自外作。”“乐也者，动于内者也；礼也者，动于外者也。”在这诸多对举中，均强调“乐”所具有的“和”“同”属性，而这些属性有凝聚宗族及统治阶层内部关系的功能，《礼记·乐记》云：“是故乐在宗庙之中，君臣上下同听之，则莫不和敬；在族长乡里之中，长幼同听之，则莫不和顺；在闺门之内，父子兄弟同听之，则莫不和亲。”② 也就是说，乐不但能以形式的差异区别尊卑、贵贱，而且能够诉诸情感，发挥协调内部关系的作用，尤其是在用于人际交往的礼仪，如宾礼、嘉礼中，使威严、紧张的气氛得以缓和，变紧张严肃为和乐融融，使礼仪的参加者不但在外部形式上确认尊卑有别的身份地位，在内心也获得真正的自觉认同。

自觉认同是“礼仪用乐”凝聚宗族及统治阶层内部关系的最理想状态，它与外在的“礼”一起构成了维护封建制度“尊尊”“亲亲”的主要

① （清）阮元校刻：《十三经注疏·礼记正义》，中华书局1980年版，第1488页中栏—下栏。
② （清）阮元校刻：《十三经注疏·礼记正义》，中华书局1980年版，第1545页上栏。

形式。中国古代乐论认为，音乐是人内心情感的表达，存在一种“情—声—乐”的音乐生成模式，即：“乐者，音之所由生也，其本在人心之感于物也。”情感的状态决定了音乐的表现形式。同样，中国古代乐论也认为由声音可以判断人之情感，进而起到伦理教化的作用。因此，礼仪用乐的凝聚功能是建立在对“乐”的特殊规定性上的，即符合封建伦理道德规范者才具有合同之效。其最基本要求是“审一以定和”①，“一”为人声，“审一以定和”就是：“作乐者详审人声，以定调和之音。但人声虽一，其感有殊，或有哀乐之感，或有喜怒之感，当须详审其声，以定调和之曲矣。”② 此调和之曲即为“中和之音”“德音”，其表现形式是：“使其声足乐而不流，使其文足论而不息，使其曲直、繁瘠、廉肉、节奏，足以感动人之善心而已矣，不使放心邪气得接焉。”在此基础上“比物以饰节，节奏合以成文”，进而达到“合和父子君臣，附亲万民”的功用，这成为统治者的“立乐之方”③。因此，我们可以看出，在礼仪用乐实现“合同”功能时是沿着“和—同—亲”的模式：由声音之和达成凝聚上下的功能。

礼仪用乐的确认、再现、凝聚等功能的共同指向是礼仪的政治功能，礼仪用乐是作为礼仪的构成要素参与其中的，离开了礼仪，音乐就失去了其存在的意义。音乐在礼仪中所体现出的诸种功能，必须依靠特定的意义生成机制，中国古代的礼仪用乐，不是单纯音声的演奏，其诗、乐、舞的构成方式就决定了其意义生成方式的多样化。

作为国家礼仪层面的音乐，所要表达的不是个人情感，而是群体情感，这种群体情感就是秩序感，是对一种共同情感诉求的表达，其归宿也是使礼仪参加者完成对这种共同情感的体认。因此，庄重、典雅是基本要求，这是音色、旋律、节奏与情感的同构。从单纯乐的层面来说，其意义的表达是依靠音色、节奏与旋律来完成的，而音色、节奏与旋律的形成在很大程度上依赖于乐器的声音表现力，尤其是音色，“作为一个特殊的符号功能，有时也被认为有它基本的意义——符号的外延意义——它们相当于语言的词汇”④。乐器的音色所具有的符号学意义在中国古代乐论中有明确的记载，《礼记·乐记》：“钟声铿，铿以立号，号以立横，横以立

---

① （清）阮元校刻：《十三经注疏·礼记正义》，中华书局1980年版，第1545页上栏。

② （清）阮元校刻：《十三经注疏·礼记正义》，中华书局1980年版，第1545页上栏。

③ （清）阮元校刻：《十三经注疏·礼记正义》，中华书局1980年版，第1545页上栏。

④ 陆正兰：《音乐表意的符号学分析》，《南京社会科学》2014年第1期。

武，君子听钟声，则思武臣。石声磬，磬以立辨，辨以致死，君子听磬声，则思死封疆之臣。……君子之听音，非听其铿锵而已也，彼亦有所合之也。"[①] 所谓"有所合"即"以声合成己之志"[②]，是从音乐符号中解读出的价值含义。中国古代礼仪用乐对乐器及其演奏方式的选择是音乐符号学意义生成的重要机制，如祭祀、飨宴的金奏，这是以编钟为主要乐器的用乐形式，"早期的编钟，并不用来演奏完整的曲调，主要是用来演奏旋律中的骨干音，以加强节奏、烘托气氛。"[③]《国语·周语下》单穆公论乐一段，说明乐器的制作首先要符合"中和"之要求，方能在音乐的演奏中奏出"和平之声"："是故先王之制钟也，大不出钧，重不过石。律度量衡于是乎生，小大器用于是乎出，故圣人慎之。"[④] 在乐器制作的标准上首先要符合"中和"的要求，因为只有做到乐律上的"大不出钧，重不过石"才能避免音声太巨、太小、太清、太浊[⑤]，才能称得上是"适音"。只有在礼仪中演奏的音乐为"适音"才能将礼仪参加者的情感限定在既定的范围之内，避免淫、过、凶、慢之声扰乱人的意志，因此子夏告诉魏文侯郑、卫、宋、齐之音不能用于祭祀，因为这些音声非中和之音，会"淫于色而害于德"[⑥]。

从歌辞角度来看，礼仪用乐的功能在很大程度上是由歌辞来加以明确的，"当词进入音乐之后，它们便不复是散文或诗，而成为了音乐的元素。"[⑦] 作为以语言形式存在的音乐元素，歌辞具备语言的一般特点，是人类表达意义的符号形式，而其所表达的意义既具有明示性意义，又具有暗示性意义。中国古代礼仪用乐的歌辞与原始巫术、宗教中所使用的咒语有明显的差异，原始巫术或宗教中的咒语往往意义模糊、难以理解[⑧]，对于礼仪用乐歌辞来说，在创制与使用时往往以意义明确的语词作为构成要素，因此在歌辞中较少有暗示性意义。前文已述，如《诗经》中与礼仪有

---

① （清）阮元校刻：《十三经注疏·礼记正义》，中华书局1980年版，第1541页上栏—中栏。

② （清）阮元校刻：《十三经注疏·礼记正义》，中华书局1980年版，第1541页中栏。

③ 王子初：《中国音乐考古学》，福建教育出版社2003年版，第575页。

④ 徐元诰撰，王树民、沈长云点校：《国语集解》，中华书局2002年版，第108页。

⑤ 许维遹撰，梁运华整理：《吕氏春秋集释》，中华书局2009年版，第115页。

⑥ （清）阮元校刻：《十三经注疏·礼记正义》，中华书局1980年版，第1540页下栏。

⑦ ［美］苏珊·朗格：《感受与形式：自〈哲学新解〉发展出来的一种艺术理论》，高艳萍译，江苏人民出版社2013年版，第155页。

⑧ ［法］列维·布留尔：《原始思维》，丁由译，商务印书馆1981年版，第173—174页。

关的歌辞，在意义的表达上无不具有简洁、明确的特点。以礼仪用乐之诗、乐、舞的构成形态来看，乐与舞作为音声与动作的组合，可以通过节奏、旋律、动作等为礼仪的举行营造特定的氛围，使礼仪参加者能够进入或庄敬、或肃穆、或和乐的情感状态，但这只能使人对礼仪的参与停留在情感状态，而缺少一种明确的认同，很难与礼仪目的形成一种共鸣，因此还需要将能够明示意义的歌辞引入礼仪之中。歌辞加入音乐，成为音乐的元素，必须与音乐、舞蹈的节奏、旋律相协调，即在语言形式上达到与音乐节奏旋律的一致，但在意义的陈述上，歌辞受到的影响并不太大，仍然能够发挥其表达明示性意义的作用。

从根本上说，礼仪用乐歌辞的这种特点是由音乐的使用场合及礼仪使用者对音乐功能的预设决定的，这与周初的宗教人文化有着密切关系。周代初年制礼作乐的改革已将原始巫术、宗教的神秘面纱揭去，走上了具有政治理性的礼制化道路，有学者称之为宗教的政治化[①]。在礼仪中，音乐的使用者不是追求神秘化的宗教效果，而是为了实现“尊尊”“亲亲”这个封建礼法的核心精神[②]。在祭祀天地、鬼神的吉礼中，礼仪的举行者同时是历史的叙述者，将祖先的功绩以诗歌的形式呈现出来，作为礼仪用乐组成部分的歌辞，成为政权合法性的自我证明手段，也在客观上构成了礼仪用乐“诗、乐、舞”三位一体的形式。在三种艺术形式中，歌辞的语言特性决定了其意义的模糊性与多义性较其他两种为弱，加之以陈述的方式展示功德且少象征、比喻等修辞手法，使得祭祀歌辞具有明确表达意义的功能，如《大武》乐之一《武》：“于皇武王，无竞维烈。允文文王，克开厥后。嗣武受之，胜殷遏刘，耆定尔功。”[③] 全篇仅仅七句，并不分章，通篇是对文王及其继承人武王的颂赞，有直接地歌颂也有对功绩的陈述。很明显，乐舞之意义、功能的明确与达成要依靠以语言形态呈现的符号体系——歌辞。

① 谢谦：《中国古代宗教与礼乐文化》，四川人民出版社1996年版，第86—94页。

② 尽管在五礼中，只有吉礼属于国家宗教层面，凶、宾、军、嘉诸礼不涉及宗教或宗教色彩较淡，但在追求礼仪的政治效果上是一致的。

③ （清）阮元校刻：《十三经注疏·毛诗正义》，中华书局1980年版，第597页下栏。

第二章　巫术、宗教与礼制

——先秦两汉仪式用乐的表现形态及功能

先秦作为中国礼乐文化的发生与成熟期，经历了从巫觋文化到礼乐文化的漫长历史，原始巫术、宗教仪式与“以神道设教”的礼乐仪式是这一时期的几种主要仪式类型，这几种仪式类型分属不同的历史时期，如殷商时期的仪式带有明显的巫术、宗教色彩，自西周初年周公制礼作乐之后，仪式中的巫术、宗教只是作为一种形式而存在，其核心乃是指向其背后的宗法与等级制度。我们也应该看到，周代礼制的建立并非一蹴而就，在西周之前的传说时代及夏、商时期，已经孕育着西周礼乐文化的雏形，所以孔子说“周监于二代”，正是之前仪式中礼乐内涵的孕育才为周代礼制的变革提供了思想与实践基础。之前学者的研究往往以周公制礼作乐为界限，将视角放在周礼与之前礼仪的差异上，这忽视了周代礼乐仪式与之前巫术、宗教仪式之间的联系。因此，我们对先秦礼仪用乐的探讨，大体以周公制礼作乐为界限，分为两个阶段进行考察，在突出殷周革命过程中对礼仪及其用乐改造的同时，也要注意周代礼乐变革对夏、商礼仪的继承。

第一节　巫术、宗教思想主导下的仪式用乐

一　以巫术、宗教思想为主导的原始仪式

（一）原始仪式中巫术与宗教因素的杂糅

在人类文明发展的蒙昧阶段，人类仪式的举行大多表现为巫术与宗教的形式，巫术与宗教思维是此时期仪式举行及发挥作用的主导因素。巫术与宗教观念作为人类文化的重要组成部分，在人类文明的早期二者常常表现出一种相互交融的状态，在仪式中共同发挥作用。事实上，巫术与宗教二者有着明确的区分界限，弗雷泽在《金枝：巫术与宗教之研究》中指出区分二者的标准：即对统治世界力量的认识及对待他们的态度。在巫术那

里，世界是取决于“机械进行着的不变法则”，而宗教则是“由那些其意志可以被说服的、有意识的行为者加以引导的”[①]。在此基础上形成了对待这两种力量的不同态度，对于巫术来说，在仪式中采用技术性的方式压制或强迫神灵按照人类的意愿行事，而宗教仪式则是通过取悦或讨好神灵来取得他们的赐福[②]。国内外不少学者则将巫术视为宗教的一种形式，罗伯逊认为：“古代的宗教实是由巫术、图腾制度、祖先崇拜、自然崇拜和合理化的但又互相矛盾的神话所构成的一种不调和的混合物。”[③] 陈来先生认为：“巫术是人类最原始的宗教形式。”[④] 谢谦先生认为：“与图腾崇拜同样久远而普遍的另一原始宗教现象是巫术信仰。”[⑤] 将巫术视为宗教的观点，在很大程度上是基于二者在仪式的展演中常常交融于一体。这种情形在世界各民族文化发展中都是存在的：“在其较早阶段，祭司和巫师的职能是经常合在一起的。……为了实现其愿望，人们一方面用祈祷和奉献祭品来求得神灵们的赐福，而同时又求助于仪式和一定形式的话语，希望这些仪式和言词本身也许能带来所盼望的结果而不必求助于鬼神。简言之，他同时举行着巫术和宗教的仪式。”[⑥] 如果以弗雷泽的划分标准来衡量西周宗教礼制化之前的原始仪式，我们可以发现，在这一时期的各种仪式类型较少有纯粹的巫术仪式，也较少有纯粹的宗教仪式，常常表现出一种巫术与宗教交融的情况。因此，在中国古代文明发展的早期阶段，仪式活动的各种构成要素，如仪式参加者、仪式动作、仪式过程、仪式歌舞、仪式用具等往往具有巫术与宗教的双重含义。

在先秦时期，“巫”作为职业的巫术与宗教活动者，其所从事的既有弗雷泽所定义之巫术，也有其所定义之宗教行为。这从“巫”字的意思及

---

① ［英］詹姆斯·乔治·弗雷泽：《金枝：巫术与宗教之研究》，徐育新等译，大众文艺出版社 1998 年版，第 79 页。

② ［英］詹姆斯·乔治·弗雷泽：《金枝：巫术与宗教之研究》，徐育新等译，大众文艺出版社 1998 年版，第 78—79 页。

③ ［英］罗伯逊：《基督教的起源》，宋桂煌译，生活·读书·新知三联书店 1958 年版，第 11 页。

④ 陈来先生认为：“从古史数据和人类学理论来看，三代以上，三皇五帝时代的巫觋已比较接近于沟通天地人神的萨满。而夏商周三代的古巫虽带有上古巫觋的余迹，但已转变为祭祀文化体系中的祭司阶层，其职能也主要为祝祷祠祭神灵，而非巫术。”参见陈来《殷商的祭祀宗教与西周的天命信仰》，《中原文化研究》2014 年第 2 期。

⑤ 谢谦：《中国古代宗教与礼乐文化》，四川人民出版社 1996 年版，第 42 页。

⑥ ［英］詹姆斯·乔治·弗雷泽：《金枝：巫术与宗教之研究》，徐育新等译，大众文艺出版社 1998 年版，第 80—81 页。

其所司之职事中可以察之。“巫”字的意思，《说文解字》解释为：“巫，祝也。女能事无形，以舞降神者也。象人两褎舞形。与工同意。古者巫咸初作巫。凡巫之属皆从巫。”①《国语·楚语》载观射父对楚王云：“古者民神不杂。民之精爽不携贰者，而又能齐肃衷正，其智能上下比义，其圣能光远宣朗，其明能光照之，其聪能听徹之，如是则明神降之，在男曰觋，在女曰巫。”②很明显，巫的重要职事在于沟通天人，这与现代人类学对巫师职能的研究是一致的，那么巫使神灵下降到自己身上的目的是什么呢？通过对相关研究的梳理，我们发现，降神一方面是将神灵作为强迫、打压的对象，使其为人类服务；另一方面，如《说文解字》所释：“祝也”，即对所降之神有所祈求。在对“巫”的解释上，可以说许慎兼顾了巫术及宗教的双重含义，而段玉裁《说文解字注》则没有看到这一点：“祝，祭主赞辞者。《周礼》祝与巫分职，二者虽相须为用，不得以祝释巫也。”③段玉裁只看到了祝与巫之差异，而忽视了祝之起于巫。事实上，巫之原始功用是兼降神、占卜、祈请、压制强迫神灵于一体的，只不过在后来其职事出现分化，被其他人员所取代。这从上古时期巫之职事中可以看出。对于巫之职事，学者们已多有论述，陈梦家在《商代的神话与巫术》中总结出巫之职事有五：“祝史”“预卜”“医”“占梦”“舞雩”④，张光直认为巫之职事主要在于通天地⑤，而李零先生则将巫术归纳为十六种，这十六种巫术中有与后世国家祭祀密切相关的方向之祭，也有属于后世方术的巫蛊、卜筮、星算等⑥。由此，我们也可以认定先秦时期的巫，是巫术和宗教的具体执行者。陈来先生指出：

> 中国文献记载的古巫的主要活动，是以舞降神，以救灾祛病。这些活动，与人类学家所说的巫术有两点重要的差异：第一，中国古巫

---

① （汉）许慎撰，（清）段玉裁注：《说文解字注》，上海古籍出版社1981年版，第201页下栏。

② 徐元诰撰，王树民、沈长云点校：《国语集解》，中华书局2002年版，第512—513页。

③ （汉）许慎撰，（清）段玉裁注：《说文解字注》，上海古籍出版社1981年版，第201页下栏。

④ 陈梦家：《商代的神话与巫术》，《陈梦家学术论文集》，中华书局2016年版，第91页。

⑤ 张光直：《商代的巫与巫术》，《中国青铜时代》，生活·读书·新知三联书店2013年版，第266页。

⑥ 李零：《先秦两汉文字史料中的“巫”》（下），《中国方术续考》，中华书局2006年版，第52—57页。

> 的活动是神灵观念为基础的，这与弗雷泽所记述的许多蒙昧社会的无神灵的自然巫术，是不同的。第二，中国古巫的活动，主要地不是像自然巫术那样“强迫或压制神灵”，而是谄媚和取悦神灵。这两点，使得中国古代巫觋活动更像弗雷泽所说的宗教，而不是巫术。[①]

通过以上分析可知，巫作为上古时期的重要神职人员，其所从事的职事即各种类型的仪式，以现代人类学的观点来看表现为巫术与宗教的杂糅，而这些仪式的各构成要素也发挥着巫术与宗教的双重功用，这种情况在构成仪式的主体——原始乐舞中表现得尤为明显，乐舞作为仪式的重要组成部分，其巫术与宗教功能的发挥有着不同的机制并表现出相异的状态，我们将在后文对此进行论述。

（二）从古代文献、出土资料看原始仪式的用乐

1. 原始仪式的公共性

在上古时期，原始的巫术及宗教活动是仪式的主要构成内容，特别是在人类文明产生的早期，由于原始巫术思维、宗教思想作为人们认识人与世界关系的重要方式，使这一时期的仪式活动体现出“家为巫史”的特点。《国语·楚语》记载观射父对楚王问时所描述的民神杂糅的场景，当是对上古时期仪式生活的生动再现：

> 及少皞之衰也，九黎乱德，民神杂糅，不可方物。夫人作享，家为巫史，无有要质。民匮于祀，而不知其福。烝享无度，民神同位。[②]

观射父的描述反映了上古仪式生活中人人可以为巫史，即原始巫术与宗教仪式举行的普遍性及仪式执行者的广泛性，及至颛顼时代的“绝地天通”则使与神灵沟通的权力为少数人所掌握，通神及祭祀的权力被垄断。由“家为巫史”到“绝地天通”，从一个侧面反映了巫术及宗教活动从个体到群体的转变，这也说明了在人类发展过程中族群、部落联盟甚至国家的出现导致了“公共”巫术或宗教的出现。马林诺夫斯基在《巫术科学宗教与神话》一书中认为：“在原始社会以内，崇拜典礼所有的公共性质，

---

① 陈来：《古代宗教与伦理：儒家思想的根源》，生活·读书·新知三联书店 1996 年版，第 39—40 页。

② 徐元诰撰，王树民、沈长云点校：《国语集解》，中华书局 2002 年版，第 514—515 页。

宗教信仰与社会组织之间所有的交互影响，至少是与高等文化同样显著的，试看我们提到的各种宗教现象……无一不是公共的、集合的。”① 个体所从事的巫术及宗教活动，其指向为个体自身或少数成员，而在部落或早期建立的国家中所举行的巫术或宗教仪式，必定是指向部落成员或政权中的特定阶层，是对群体利益的维护。因此，与个体所从事的巫术或宗教活动相比，具有公共性质的巫术或宗教活动就显得更为重要②。

公共巫术或宗教仪式的举行对群体的利益至关重要，尤其是在面对重大自然灾害甚至关系群体存亡的事件时。同时，尽管这些公共仪式发生作用的机制从本质上说与个体仪式基本一致，但因其仪节的复杂性及仪节背后所具有的含义都远远超过个体巫术与宗教仪式，当原始的部落或部落联盟向国家过渡之后，这些本为部落利益服务的仪式转而被国家统治者所利用，成为国家礼仪的重要组成部分，实现了“由巫到礼”的转变③。实现这种转变的一个重要前提即这些仪式的公共性，如“雩祭”，其原型应为原始农业出现以后所举行的求雨仪式；又如“藉田”，其原型本是原始土壤巫术，在统一国家建立、礼仪制度逐渐确立之后它们发展成为国家祭祀体系的一部分，被统治者所垄断，并被赋予全新的政治含义，在上层建筑中发挥相应的功能。正是基于公共巫术或宗教仪式与后世国家礼仪的密切关系，本书在论述礼乐文化确立之前的仪式乐舞时，选择几种与后世国家礼仪密切相关的原始仪式进行论述，主要是求子仪式、农业仪式，以此作为探讨原始仪式与乐舞关系的切入点。

2. 作为求子仪式的高禖祭祀及其乐舞

高禖祭祀中存在巫术及宗教观念。在生产力低下的原始时期，人口再生产成为维持部落群体延续的重要方式，因此生殖崇拜仪式是原始巫术及宗教仪式中非常重要的一种：“生殖崇拜直接生发于原始先民对于作为社会生产力的人的再生产的严重关切。”④ 对子嗣的祈求是生殖崇拜仪式的核心内容，高禖祭祀是先秦典籍中最具代表性的求子仪式，关于“禖”，

---

① ［英］马林诺夫斯基：《巫术科学宗教与神话》，李安宅译，上海社会科学院出版社 2016 年版，第 51—52 页。

② 弗雷泽认为：“巫术既可用来为个人也可为全社会服务，根据这两个不同的服务目标，可分别称之为个体巫术和公共巫术。”见［英］詹姆斯·乔治·弗雷泽《金枝：巫术与宗教之研究》，徐育新等译，大众文艺出版社 1998 年版，第 93 页。

③ 李泽厚：《由巫到礼　释礼归仁》，生活·读书·新知三联书店 2015 年版，第 83—102 页。

④ 赵国华：《生殖崇拜文化略论》，《中国社会科学》1988 年第 1 期。

《说文解字》："禖，祭也。从示，某声。"[①]《玉篇·示部》："禖，求子祭。"[②]《礼记·月令》及《吕氏春秋·仲春纪》载："是月也，玄鸟至。至之日，以大牢祠于高禖。天子亲往，后妃率九嫔御。乃礼天子所御，带以弓韣，授以弓矢，于高禖之前。"[③]《诗经·生民》："厥初生民，时维姜嫄。生民如何，克禋克祀，以弗无子。履帝武敏歆，攸介攸止。载震载夙，载生载育，时维后稷。""克禋克祀，以弗无子"，毛传："古者必立郊禖焉，玄鸟至之日，以太牢祠于郊禖。"[④] 可知高禖即"郊禖"。"高禖"之义，毛传、郑笺并以为祓除无子之祭。那么高禖祭祀起源于何时，其祭祀方式如何体现其巫术与宗教色彩？陈梦家先生认为高禖之祭起于商族[⑤]，但作为一种求子仪式，是远古生殖崇拜的重要表现形式，其发生必然要早于商代，这在考古中已多有证明。近年来在史前考古中，新石器时代的裸体孕妇石雕、陶塑屡有出土，内蒙古林西县西门外出土的两尊兴隆洼文化石雕像、河北滦平后台子出土的六尊石雕像、辽西喀左县东山嘴红山文化建筑群址出土的两件小型裸体孕妇塑像、陕西扶风案板遗址四座仰韶文化灰坑中出土的八件小型陶塑，这些雕塑无一例外地是外形丰满的孕妇造型，研究者认为这些雕塑应与祈求子息有关[⑥]。陈梦家先生的论断为我们提供了一个重要的研究思路。商代统治者崇信巫鬼，我们通过对有关文献记载的商代资料进行考察，能进一步明确高禖仪式在商代已经成为一种较为成熟的祈子仪式，并明确了这一仪式的祭祀地点、祭祀对象、祭祀方式及其性质。

首先是关于高禖祭祀的地点，前文已述，高禖即"郊禖"，而郊禖即国之郊社与祖庙[⑦]，商之高禖为桑林，《墨子·明鬼》："燕之有祖，当齐

---

① （汉）许慎撰，（清）段玉裁注：《说文解字注》，上海古籍出版社 1981 年版，第 7 页上栏—下栏。

② （梁）顾野王：《玉篇》，中国书店 1983 年据张氏泽存堂本影印，第 13 页。

③ 分别见许维遹撰，梁运华整理《吕氏春秋集释》，中华书局 2009 年版，第 34—35 页；（清）阮元校刻《十三经注疏·礼记正义》，中华书局 1980 年版，第 1361 页下栏。

④ （清）阮元校刻：《十三经注疏·毛诗正义》，中华书局 1980 年版，第 528 页上栏。

⑤ 陈梦家：《高禖郊社祖庙通考》，《陈梦家学术论文集》，中华书局 2016 年版，第 151 页。

⑥ 李锦山：《史前生殖崇拜及其信仰》，《中原文物》2004 年第 2 期。

⑦ 陈梦家：《高禖郊社祖庙通考》，《陈梦家学术论文集》，中华书局 2016 年版，第 151—168 页；闻一多：《高唐神女传说之分析》，《闻一多全集·神话编》，湖北人民出版社 1993 年版，第 1—26 页。

之社稷，宋之有桑林，楚之有云梦也，此男女之所属而观也。”[①] 宋为商后，据《史记》：“封微子于宋，以奉殷祀。”[②] 宋承殷祀，祭祀之地为桑林，而这桑林即位于商都商丘，商丘在有商一代都城屡迁的情况下一直作为宗教中心，重要原因就在于商的宗庙设于商丘[③]。所以桑林为商代郊社宗庙之祭所，且为祈子之祭的场所。周代对商代这种以宗庙为禖宫的祭祀传统有所继承，《鲁颂·閟宫》中之“閟宫”，即为姜嫄庙，乃祈子之所，毛传：“閟，闭也。先妣姜嫄之庙在周，常闭而无事；孟仲子曰‘是禖宫也’。”[④]

其次，关于高禖祭祀的对象。从后世，尤其是《礼记·月令》及《吕氏春秋·仲春纪》关于高禖祭祀的描述中我们很难看出祭祀的对象为谁，闻一多认为，夏、商、周都以其先妣为高禖，夏人涂山氏，殷人简狄，周人姜嫄[⑤]。涂山氏、简狄、姜嫄为夏、商、周三代之女性祖先，从文化人类学视角来看，这是母系氏族社会女性生殖崇拜的遗留，这已为前文所引出土资料所证实，而简狄与姜嫄作为高禖神与其被视为商、周始祖有密切关系，二人是商、周能够追溯的最早祖先，且为女性：

> 契母简狄者，有娀氏之长女也。当尧之时，与其妹娣浴于玄丘之水，有玄鸟衔卵，过而坠之，五色甚好。简狄与其妹娣竞往取之。简狄得而含之，误而吞之，遂生契焉。[⑥]
>
> 弃母姜嫄者，邰侯之女也。当尧之时，行见巨人迹，好而履之，归而有娠，浸以益大，心怪恶之，卜筮禋祀，以求无子。[⑦]

这两则神话均与生殖有关。也就是说，先民有意将对种族繁衍有过重要贡献的祖先作为祭祀对象，希望他们能够继续保佑种族的繁衍。商、周的高禖祭祀是有明确文献记载的祈子仪式，在此之前的漫长历史时期内，祈子

---

① （清）孙诒让撰，孙启治点校：《墨子间诂》，中华书局 2001 年版，第 229 页。

② （汉）司马迁：《史记》卷 33《鲁周公世家》，中华书局 1959 年点校本，第 1518 页。

③ 张光直：《夏商周三代都制与三代文化异同》，《中国青铜时代》，生活·读书·新知三联书店 2013 年版，第 43—70 页。

④ （清）阮元校刻：《十三经注疏·毛诗正义》，中华书局 1980 年版，第 614 页下栏。

⑤ 闻一多：《高唐神女传说之分析》，《闻一多全集·神话编》，湖北人民出版社 1993 年版，第 18 页。

⑥ （清）王照圆撰，虞思徵点校：《列女传补注》，华东师范大学出版社 2012 年版，第 7 页。

⑦ （清）王照圆撰，虞思徵点校：《列女传补注》，华东师范大学出版社 2012 年版，第 5 页。

仪式必定已经存在，并且简狄、姜嫄也不是最早的禖神。《礼记·月令》孔颖达疏：

> 蔡邕以为禖神是高辛已前旧有。高者尊也，谓尊高之禖，不由高辛氏而始有高禖。又《生民》及《玄鸟》，《毛诗传》云："姜嫄从帝而祠于郊禖。"又云："简狄从帝而祈于郊禖。"则是姜嫄、简狄之前先有禖神矣。①

孔颖达疏指出，在三代之前即已存在禖神，三代的高禖祭祀只不过是前代高禖祭祀的延续和变形。

再次，关于高禖祭祀的方式。我们综合各种关于高禖祭祀的资料可以发现，牲祭、乐舞祭及祓禊、模拟巫术等是高禖祈子仪式的重要构成要素。在高禖祭祀中存在牺牲及乐舞的使用，前文引《吕氏春秋》及《礼记·月令》，天子率九嫔至高禖祭祀禖神，目的是祈求嫔妃生子，这是毫无疑问的。其祈子所用之方式，从引文中可以看出，一是太牢，为神灵歆享之物；一是乐舞，亦为取悦于神灵。太牢与乐舞二者的重要作用是献祭，即取悦于神灵，以期得到神灵的庇佑，很明显这属于宗教的范畴。带弓韣、授弓矢则属于巫术中的模拟巫术，郑玄注云："求男之祥"，"授弓矢，示服猛，得男象也。"弓矢为男子所用，在祭祀仪式中授以弓矢，意在求得男子，属于原始巫术中的模拟巫术，这应是以渔猎为主要生产方式的原始时期高禖仪式的遗存。

因此，高禖之祭的性质为巫术与宗教的合体，是生殖崇拜与生殖巫术共同发挥作用的仪式。我们在总结前人研究的基础上提出自己的观点：高禖祭祀即先妣祭祀，带有女性生殖崇拜的明显特征，禖神即女性祖先，祭祀地点为郊社宗庙，在进入父权社会之后，高禖与宗庙出现分化，成为专门的祈子场所。

高禖仪式中使用乐舞，前文已述，但其乐舞如何？对于高禖祭祀中的乐舞，闻一多在讨论《生民》时曾有过这样的推测：

> 上云禋祀，下云履迹，是履迹乃祭祀仪式之一部分，疑即一种象

---

① （清）阮元校刻：《十三经注疏·礼记正义》，中华书局1980年版，第1361页下栏。

征的舞蹈。所谓“帝”实即代表上帝之神尸。神尸舞于前，姜嫄尾随其后，践神尸之迹而舞，其事可乐，故曰“履帝武敏歆”，犹言与尸伴舞而心甚悦喜也。“攸介攸止”，介林义光读为愒，息也，至确。盖舞毕而相携止息于幽闲之处，因而有孕也。[①]

如按闻一多的推测，则在原始高禖仪式中全民参与乐舞的表演，区别于后世的官方高禖祭祀。闻一多在这里只是笼统地推测高禖仪式中有乐舞的存在，我们认为先秦文献中经常出现的《桑林》即是商代高禖仪式使用的乐舞。

“桑林”在先秦文献中经常出现，一为地名，一为乐名。首先是地名。《墨子·明鬼》将“桑林”与祖、社稷、云梦等各国祭祀地点并列，当为地名。在史籍中也有不少关于桑林之地的记载，《吕氏春秋·顺民篇》：“昔者汤克夏而正天下，天大旱，五年不收，汤乃以身祷于桑林……雨乃大至。”[②]《后汉书》卷41注引《帝王纪》曰：“成汤大旱七年，斋戒剪发断爪，以己为牺牲，祷于桑林之社，以六事自责。”[③] 可见桑林为祭祀求雨之所。据前引《墨子·明鬼》，桑林为“男女之所属而观也”，与《礼记》“仲春之月，令会男女”的意思相同，即桑林同时是男女相会之所。这同样是上古风俗的遗存，《诗经·郑风·溱洧》等诗篇就是对这种上古仪式的记载，而“令会男女”实是作为古代人口再生产的一种重要手段，因此将桑林视为男女相会之所是可信的。为什么桑林既为求雨之所又为男女相会之所？陈梦家认为：“神话中男女相合可以影响天雨，在《吠陀经》中有以下一个故事……这故事与我国的《高唐》《神女》赋有些相似之处，高唐的神女旦为朝云暮为行雨，则神女即云雨；高唐在云梦，楚之云梦即宋之桑林，其地当如桑林为求雨并男女相会之所，男女野合也许是使天下雨的感应巫术。”[④] 如果陈氏所推测成立的话，那么桑林同时又是商之高禖祭祀仪式举行之地。

“桑林”亦为乐名。《庄子·养生主》：“庖丁为文惠君解牛，手之所

---

① 闻一多：《姜嫄履大人迹考》，《闻一多全集·神话编》，湖北人民出版社1993年版，第50页。

② 许维遹撰，梁运华整理：《吕氏春秋集释》，中华书局2009年版，第200页。

③ （宋）范晔撰，（唐）李贤等注：《后汉书》卷41《钟离意传》，中华书局1965年点校本，第1408页。

④ 陈梦家：《商代的神话与巫术》，《陈梦家学术论文集》，中华书局2016年版，第120—121页。

触，肩之所倚，足之所履，膝之所踦，砉然响然，奏刀騞然，莫不中音。合于《桑林》之舞，乃中经首之会。"[①] 是《桑林》为乐名。对《桑林》之舞的性质，古今学者意见分歧较大，最为通行的观点认为《桑林》为殷天子之乐，《左传》襄公十年："宋公享晋侯于楚丘，请以《桑林》。"孔颖达疏："若非天子之乐，则宋人不当请，荀罃不须辞。以宋人请而荀罃辞，明其非常乐也。宋是殷后，得用殷乐，知《桑林》是殷天子之乐名也。经典言殷乐为《大濩》，而此复云《桑林》者，盖殷家本有二乐，如周之《大武》《象舞》也。名为《大濩》，则传记有说。汤以宽政治民，除其邪虐，言能覆濩下民，使得其所，故名其乐为《大濩》。其曰《桑林》，先儒无说，唯《书传》言汤伐桀之后，大旱七年，史卜曰：'当以人为祷。'汤乃剪发断爪，自以为牲，而祷于桑林之社，而雨大至，方数千里。或曰祷桑林以得雨，遂以《桑林》名其乐也。"[②] 晋皇甫谧、今人高亨认为《桑林》是六代乐《大濩》的别名[③]，孙诒让则认为《桑林》既非《大濩》，亦非商天子之乐，而是后世因汤曾祷旱于桑林之社而对在桑林之社表演之舞蹈的统称：

> 杜预、司马彪并以《桑林》为汤乐。《左传》孔疏引皇甫谧说，又以《桑林》为《大濩》别名。以此书及《淮南》书证之，桑林盖大林之名，汤祷旱于彼，故宋亦立其祀。《左》昭二十一年《传》云"宋城旧鄘及桑林之门"，当即望祀桑林之处。因汤以盛乐祷旱于桑林，后世沿袭，遂有《桑林》之乐矣。[④]

《桑林》既然作为在桑林这一祭祀地点奏演的歌舞的统称，那么其中必定有用于高禖祭祀的舞蹈，这些舞蹈的具体形态如何，现在已不得而知，但其舞蹈的主要特征是可以从《诗经》中的《桑中》《溱洧》等诗的相关描写推测出来，充满了热烈奔放的情调。

3. 农业仪式：社祭及其用乐

除求子仪式之外，另一种比较能体现原始仪式巫术与宗教性质的仪式

① （清）郭庆藩撰，王孝鱼点校：《庄子集释》，中华书局 1961 年版，第 117—118 页。

② （清）阮元校刻：《十三经注疏·春秋左传正义》，中华书局 1980 年版，第 1947 页中栏。

③ 高亨：《上古乐曲的探索》，《文史述林》，清华大学出版社 2004 年版，第 77 页。

④ （清）孙诒让撰，孙启治点校：《墨子间诂》，中华书局 2001 年版，第 229 页。

为社祭，属于农业祭祀。考古发现证明，社祭也具有较为悠久的历史，西周之前就已存在，是在农业文明出现以后，先民因对土地崇拜而举行的一种祭祀仪式①，据考古资料，社祭之出现最早可追溯到新石器石期，此时土地崇拜仪式的原型已经出现。半坡遗址中曾发掘出两个盛满粟米的陶罐，学者认为这是先民为祈求丰收而将粟米奉献给土地之神的祭祀活动遗存②。在文献记载中，关于土地之神与社祭的资料也较为丰富。夏禹死后因平水土之功被祀为土地之神，《淮南子·汜论训》载："禹劳天下而死为社。"③ 大禹治水，疏通水道，使土地免于水灾，保障了农业生产，被祀为社神并不奇怪，这是英雄崇拜和土地崇拜相结合的产物。商汤有祷雨于桑林的传说，而桑林则是商的社祭之所，《帝王世纪》记载："汤自伐桀后，大旱七年……遂斋戒剪发断爪，以己为牺牲，祷于桑林之社。"④ 在甲骨卜辞中也有大量求雨于社的记载，如：

乙亥卜，燎于土，雨。
其又燎亳土，又雨。
王求雨于土。
乎舞亡雨；乎舞㞢雨。⑤

此类记载在甲骨卜辞中较为常见，"土"与"社"可以相通，《商颂·玄

① 郑玄依《孝经纬》认为社为五土之总神，社祭是对土地之神的祭祀，是在土地崇拜基础上发展而来的祭祀形式；王国维提出甲骨文中"土"乃"社"之假借，实一字；傅斯年指出社祀的祭祀对象即为土地。但也有不少学者认为社祭本来并非祭祀土地神，而是从高禖仪式发展而来。据郭沫若、闻一多等学者的研究，社祭的源头应更加向前追溯，起源于高禖仪式，是女性生殖崇拜的一种形式。分别见王国维《戬寿堂所藏殷墟文字考释》，载谢维扬等主编《王国维全集》（第五卷），浙江教育出版社 2009 年版，第 322 页；傅斯年《新获卜辞写本后记跋》，《安阳发掘报告》1930 年第 2 期；郭沫若《释祖妣》，《郭沫若全集·考古编》（第一卷），科学出版社 1982 年版，第 54 页；闻一多《高唐神女传说之分析》，《闻一多全集·神话编》，湖北人民出版社 1993 年版，第 17—26 页。

② 中国科学院考古研究所、陕西省西安半坡博物馆编：《西安半坡》，文物出版社 1963 年版，第 220—221 页。

③ （汉）刘安撰，何宁集释：《淮南子集释》，中华书局 1998 年版，第 985 页。

④ （晋）皇甫谧：《帝王世纪》，见刘晓东等点校《二十五别史》，齐鲁书社 2000 年版，第 30 页。

⑤ 曹锦炎、沈建华编著：《甲骨文校释总集》，上海辞书出版社 2006 年版，以上四条分别见本书第 2516、3152、3590、6685 页。

鸟》："宅殷土茫茫。"[①]《史记·三代世表》作"殷社茫茫"[②]，甲骨卜辞中的"土"为求雨之所，与商汤祷雨于桑林之社的传说相互印证，可见甲骨文中的"土"为殷社的可能性很大。

社祭的祭祀对象为土地之神，祭祀的目的是要获得土地之神的保佑，使作物获得生长、丰收。从现有资料来看，社祭大多是由政权的掌控者作为代表向土地之神祈福。在这一祭祀仪式中，献祭的物品除了牺牲之外，还有乐舞，以之飨神、乐神。我们可从后代资料中找到大量社祭用乐的线索。《礼记·乐记》载："若夫礼乐之施于金石，越于声音，用于宗庙社稷。"[③]《周礼·鼓人》云："以灵鼓鼓社祭。"注："灵鼓，六面鼓也。"[④]此为社祭有音乐演奏之明证。《礼记·郊特牲》云："唯为社事，单出里；唯为社田，国人毕作；唯社，丘乘供粢盛：所以报本反始也。"[⑤]《诗经·甫田》云："以我齐明，与我牺羊，以社以方。我田既臧，农夫之庆。琴瑟击鼓，以御田祖，以祈甘雨，以介我稷黍，以谷我士女。"[⑥] 此诗朱熹、王先谦等均认为是祭祀土地之神、四方神和农神的乐歌。此为社祭有歌辞之明证。《周礼·大司乐》："乃奏太蔟，歌应钟，舞咸池，以祭地示。"[⑦]《周礼·舞师》："教帗舞，帅而舞社稷之祭祀。"[⑧] 帗舞即"翇"，《说文解字》释"翇"："乐舞，执全羽以祀社稷也。"[⑨] 此为社祭有舞蹈之明证。以上所列为国家社祭中的乐舞情况，诗、乐、舞齐备，是仪式用乐较为成熟的状态。

在作为"小传统"的乡村社祭中，亦有乐舞相配，而乡村社祭可能比较好地保存了原始社祭的乐舞使用情形。《淮南子·精神训》："今夫穷鄙之社也，叩盆拊瓴，相和而歌，自以为乐矣。"[⑩] 在乐器的使用和歌唱方式上带有民间宗教仪式较为鄙野的特点及节日狂欢色彩，而这种状态可能

---

① （清）阮元校刻：《十三经注疏·毛诗正义》，中华书局1980年版，第622页下栏。

② （汉）司马迁：《史记》卷13《三代世表》，中华书局1959年点校本，第505页。

③ （清）阮元校刻：《十三经注疏·礼记正义》，中华书局1980年版，第1530页下栏。

④ （清）阮元校刻：《十三经注疏·周礼注疏》，中华书局1980年版，第720页下栏。

⑤ （清）阮元校刻：《十三经注疏·礼记正义》，中华书局1980年版，第1449页中栏。

⑥ （清）阮元校刻：《十三经注疏·毛诗正义》，中华书局1980年版，第474页中栏。

⑦ （清）阮元校刻：《十三经注疏·周礼注疏》，中华书局1980年版，第788页下栏。

⑧ （清）阮元校刻：《十三经注疏·周礼注疏》，中华书局1980年版，第721页中栏。

⑨ （汉）许慎撰，（清）段玉裁注：《说文解字注》，上海古籍出版社1981年版，第140页上栏。

⑩ （汉）刘安撰，何宁集释：《淮南子集释》，中华书局1998年版，第541页。

是原始社祭的本真形态。

综上所述，原始仪式多是围绕着先民的生产、生活展开，在仪式的展演方式中体现了原始先民的巫术思维方式与宗教情感，这是礼乐制度建立之前仪式的常态。乐舞作为礼乐制度建立之前仪式的重要组成部分，在许多仪式中都发挥着重要的作用，有的甚至贯穿仪式的全部过程，那么原始仪式与乐舞的具体关系如何，乐舞又是如何在仪式中发挥作用的？

二　原始仪式中乐舞的表现形态与功能

礼乐制度建立之前，或者在更为久远的原始村社时期，原始仪式是围绕先民的生产与生活展开的，以协调人与自然的关系进而为人类带来福祉为旨归。如前文所述，在原始仪式中，巫术与宗教的成分相互叠加，成为推动仪式进行的最主要因素。因此，乐舞在仪式中既充当了巫术活动的技术性手段，同时又作为宗教仪式活动中的献祭品而存在。由于中国文化对巫的认识和现代文化人类学对巫及巫术的定义存在偏差，所以在中国原始仪式中的乐舞归属哪一方面很难分清，兹根据中国文化对巫术及宗教的认识，将原始仪式中乐舞的表现形态及功能总结如下。

（一）原始乐舞本身就是巫术仪式的主体，是仪式发挥作用的技术性手段

据弗雷泽的理论，宗教与巫术的分野在于，宗教是对超自然力量和神灵的迎合，而巫术则是对自然或神灵的控制①。如果我们将乐舞作为一种控制自然的技术手段，那么乐舞中就不能有对神灵及自然祈求或者迎合的因素。事实上，原始仪式在实际的操作过程中，在仪式环节的制定上将控制与安抚两种因素融合在一起。因此，一项原始仪式中，既可能有对神灵的控制又可能有对神灵的取悦。对于前者，比较有代表性的是《吕氏春秋·古乐》中所记载的朱襄氏之乐、葛天氏之乐、陶唐氏之乐以及藉田仪式中所使用的乐舞。我们以陶唐氏之乐为例：

> 昔陶唐氏之始，阴多滞伏而湛积，水道壅塞，不行其原，民气郁阏而滞著，筋骨瑟缩不达，故作为舞以宣导之。②

---

① ［英］詹姆斯·乔治·弗雷泽：《金枝：巫术与宗教之研究》，徐育新等译，大众文艺出版社1998年版，第78—79页。

② 许维遹撰，梁运华整理：《吕氏春秋集释》，中华书局2009年版，第119页。

此处舞蹈作为一种技术性手段是无可争议的，舞蹈的作用在于“宣导”阴气，阴气、阳气在这里应属控制水旱的自然之气，舞蹈能宣导阴气，即对自然的控制。能控制自然的不仅有舞蹈，歌辞、乐律、乐器同样具有控制自然的功能。原始仪式中的歌辞，我们也可以将其视为仪式中的咒语，通过述说的方式将仪式的目的表达出来，《礼记·郊特牲》中的《蜡辞》即为代表：“土反其宅，水归其壑，昆虫毋作，草木归其泽。”这首歌辞既可视为祝词，亦可视为对所祭之物的命令。

作为巫术的技术手段者还有藉田仪式中的音乐。藉田本为土壤巫术，在礼乐制度建立之后成为帝王独享的祭祀形式，作为祈求丰收的土地祭祀仪式，在其中也存在大量原始巫术的成分。我们看一则例证：《国语·周语上》载周宣王即位后“不藉千亩”，虢文公进谏，向其陈述藉田的重要意义及古代藉田之法：

> 古者，太史顺时䚡土，阳瘅愤盈，土气震发，农祥晨正，日月底于天庙，土乃脉发。……先时五日，瞽告有协风至，王即斋宫，百官御事各即其斋三日，王乃淳濯飨醴。及期，郁人荐鬯，牺人荐醴，王祼鬯，飨醴乃行，百吏、庶民毕从。……是日也，瞽帅音官以风土。①

虢文公所述的古代藉田之法应该属于周代礼乐制度，其祭法包括祭前的斋戒、荐鬯、荐醴、祼鬯、飨醴以及天子的象征性耕作，其根本目的是祈求农业丰收，但在祭法上，采取了献祭与巫术并用的方式。其献祭之法“能媚于神”，而瞽等音官的参与则是以音乐作为技术手段直接促进农业的增产，瞽等音官在仪式中的作用是“风土”，所谓“风土”，据韦昭注：“以音律省土风，风气和则土气养也。”② 在这里“风土”是针对春天地气“阳气俱蒸，土膏其动”而采取的措施，如果对上升的地气“弗震弗渝”，则“脉其满眚，谷乃不殖”。可见，这里以音律省风土与《吕氏春秋·古乐》中陶唐氏以舞宣地气在原理上是一致的，都是一种具有巫术功能的技术性手段。

---

① 徐元诰撰，王树民、沈长云点校：《国语集解》，中华书局2002年版，第16—19页。

② 徐元诰撰，王树民、沈长云点校：《国语集解》，中华书局2002年版，第19页。

（二）原始乐舞作为献祭品参与仪式

乐舞作为原始仪式中的献祭品，用以“事神致福”，这是一般宗教仪式中乐舞的基本功能，即使在礼乐制度建立之后的国家礼乐仪式中，乐舞同样起到降神与献祭的功能。乐舞作为原始仪式的“事神致福”手段，从字源上就能找到直接的证据。原始仪式多由巫师掌控，《说文解字》对“巫”的解释是：“巫，祝也。女能事无形，以舞降神者也。像人两褎舞形。”[①] 陈梦家认为：“舞、巫既同出一形，故古音亦相同，义亦相合，金文舞、無一字，《说文》舞、無、巫三字分隶三部，其于卜辞则一也。”[②] 杨向奎认为：“巫当然不仅是女人，而舞的确是巫的专长，在甲骨文中‘無’（舞）字本来就是巫，也正是一种舞蹈的姿态。”[③]

在原始仪式中，“事神致福”的手段很多，张光直先生统计商代巫师通神的工具和手段共有八种，乐舞为其一[④]。在原始仪式中乐舞一般由巫师掌控，最具代表性者为“禹步”，“禹步”即为巫舞，商代有焚巫祈雨的祭祀仪式，称为“烄”，其甲骨文字形为“[illegible]”，象交胫之人立于火上；又，焚巫祈雨仪式中所焚之巫往往为残疾人，《礼记·檀弓》：“岁旱，穆公召县子而问然，曰：‘天久不雨，吾欲暴尫而奚若？’曰：‘天久不雨，而暴人之疾子，虐，毋乃不可与。’”[⑤] 此“尫”字，从“尢”，“王”声，“尢”，《玉篇·尢部》：“尢，跛曲胫也。”[⑥]《说文解字》：“尢，跛也，曲胫也，从大，象偏曲之形。”[⑦] 可见“尫”是跛足一类的残疾人，此类残疾人常常充当巫师，因其跛足，其舞蹈动作是一种“蹇跛步法”，又因夏禹有偏枯之疾，遂将此舞步附会到夏禹身上，称为“禹步”[⑧]。巫师以歌舞降神、娱神在进入礼乐文明之后仍然存在。王逸《楚辞章句》：“昔楚

---

① （汉）许慎撰，（清）段玉裁注：《说文解字注》，上海古籍出版社 1981 年版，第 201 页下栏。

② 陈梦家：《商代的神话与巫术》，《陈梦家学术论文集》，中华书局 2016 年版，第 93 页。

③ 杨向奎：《中国古代社会与古代思想研究》，上海人民出版社 1962 年版，第 163 页。

④ 张光直：《商代的巫与巫术》，《中国青铜时代》，生活·读书·新知三联书店 2013 年版，第 288 页。

⑤ （清）阮元校刻：《十三经注疏·礼记正义》，中华书局 1980 年版，第 1317 页。

⑥ （梁）顾野王：《玉篇》，北京市中国书店 1983 年据张氏泽存堂本影印，第 398 页。

⑦ （汉）许慎撰，（清）段玉裁注：《说文解字注》，上海古籍出版社 1981 年版，第 495 页上栏。

⑧ 李剑国、张玉莲：《“禹步”考论》，《求是学刊》2006 年第 5 期。

南郢之邑，沅湘之间，其俗信鬼而好祀，其祠必作乐鼓舞以乐诸神。”[①]所以，王国维认为：“歌舞之兴，其始于古之巫乎？巫之兴也，盖在上古之世。……是古代之巫，实以歌舞为职，以乐神人者也。”[②] 在上古时期，巫师不仅在仪式中表演舞蹈以降神，而且也常以牺牲自身的方式祈求神灵的降临，商汤自焚以祈甘雨的举动就属这一情形，这种焚巫的方式与舞蹈一样，也是一种媚神的手段。

以歌舞降神是基于万物有灵观念，先民在头脑之中虚构出了各种神灵，这些神灵有着与人类相同的嗜欲，要想获得神灵的庇佑，必须先招致神灵，进而取悦神灵，于是就以人类所认为的甘食美味、声色歌舞来作为献祭神灵的物品。这是原始仪式施行献祭的基本思维方式，也是歌舞用于仪式的原因之一。

第二节　制礼作乐与乐舞在仪式中功能的新变

一　制礼作乐——周初礼乐制度的建立

据传世文献及考古资料，原始社会及夏、商时期所举行的仪式大都属于巫术、宗教仪式，是与鬼神相关联的仪式类型，而用于人际交接的仪式类型较少。促使这一情形发生改变的重要事件是周初的制礼作乐，周初礼乐制度的建立不仅将礼乐提升到国家政治的层面，大大丰富了古代仪式的种类，也促使国家礼仪的施用对象发生分化，鬼神之祭与人际交接之礼成为并列的两大仪式类型。殷周革命不仅是一次政权的转移，也是一场文化变革。王国维在《殷周制度论》中说：“中国政治与文化之变革，莫剧于殷周之际。……殷、周间之大变革，自其表言之，不过一姓一家之兴亡与都邑之转移；自其里言之，则旧制度废而新制度兴，旧文化废而新文化兴。”[③] 这“旧制度废而新制度兴”就是周初统治者为维护政权所采取的一系列措施，王国维在《殷周制度论》中对此有所总结：

---

① （宋）朱熹撰，黄灵庚点校：《楚辞集注》，上海古籍出版社 2015 年版，第 42 页。

② 王国维：《宋元戏曲史》，载谢维扬等主编《王国维全集》（第三卷），浙江教育出版社 2009 年版，第 4 页。

③ 王国维：《观堂集林·殷周制度论》，载谢维扬等主编《王国维全集》（第八卷），浙江教育出版社 2009 年版，第 302—303 页。

欲观周之所以定天下，必自其制度始矣。周人制度之大异于商者，一曰立子立嫡之制，由是而生宗法及丧服之制，并由是而有封建子弟之制，君天子、臣诸侯之制。二曰庙数之制。三曰同姓不婚之制。此数者，皆周之所以纲纪天下。其旨则在纳上下于道德，而合天子、诸侯、卿、大夫、士、庶民以成一道德之团体。①

其根本性的制度就在于嫡长子继承制以及以此为基础的宗法、封建、君臣、庙数、婚姻等制度。这些制度成为周朝“纲纪天下”的重要手段。有周一代，统治者施行的政治制度无非为了维护以嫡长子继承制为核心的各项制度，而礼乐制度就是众多制度中效果最为显著的一种。西周礼乐制度的建立始于周初，即史料中记载的周公“制礼作乐”，一直为后世所称道，《礼记·明堂位》载：

武王崩，成王幼弱，周公践天子之位以治天下。六年，朝诸侯于明堂，制礼作乐，颁度量，而天下大服。七年，致政于成王。②

除此之外，《史记》《逸周书》等文献中也记载了周公制礼作乐的情况③。事实上，西周初年的制礼作乐不能归于周公一人，其完成也并非于一时，学者认为，周初礼乐制度的制作不是在短时期内完成的，完善的礼乐制度最早在周穆王时才得以建立④。周礼是损益前代之礼创制而成的，支持这一说法的信息在古史中甚夥，最为可信者是《论语》中孔子曾两次提到周对夏、殷之礼的继承：“殷因于夏礼，所损益，可知也；周因于殷礼，所损益，可知也；其或继周者，虽百世，可知也。”⑤“夏礼，吾能言之，杞不

---

① 王国维：《观堂集林·殷周制度论》，载谢维扬等主编《王国维全集》（第八卷），浙江教育出版社 2009 年版，第 303 页。

② （清）阮元校刻：《十三经注疏·礼记正义》，中华书局 1980 年版，第 1488 页中栏。

③ 《史记》卷 4《周本纪》载：“成王自奄归，在宗周……兴正礼乐，度制于是改，而民和睦，颂声兴。”（汉）司马迁：《史记》卷 4《周本纪》，中华书局 1959 年点校本，第 133 页；《逸周书·明堂解》载：“朝诸侯于明堂之位，制礼作乐，颁度、量，而天下大服，万国各致其方贿。七年，致政于成王。”见黄怀信等撰《逸周书汇校集注》（修订本），上海古籍出版社 2007 年版，第 715—716 页。

④ 杨华：《先秦礼乐文化》，湖北教育出版社 1997 年版，第 64—68 页。

⑤ （清）阮元校刻：《十三经注疏·论语注疏》，中华书局 1980 年版，第 2463 页中栏。

足征也；殷礼，吾能言之，宋不足征也。文献不足故也，足，则吾能征之矣。”[①] 根据相关史料，五帝时期即已有礼乐文明产生，《尚书·尧典》载舜“修五礼”[②]，《史记·五帝本纪》载舜“摄行天子之政……修五礼”[③]，考古资料也证实了周居西方时就已经与东方的商有较多的交流[④]，在祭祀仪式上受商代影响较大，如祭祖礼，刘源认为：“殷周之际，周人祭祖仪式内容多有与商人相似之处，但亦保持自身之特点，这很可能是殷代以降商周文化交流的结果。”[⑤] 由此可知，在夏、商二代甚至更早的原始时期，所施行的各种巫术及宗教仪式类型是周初制礼作乐的依据，为周代礼乐制度的确立做好了准备。

总之，周初所创制的礼乐制度是为了维护以嫡长子继承制为核心的宗法制、分封制，西周统治者对夏、商及之前的仪式加以改造，将夏、商时期以巫术及宗教为主要内容的淫祀改造为政治化、伦理化的礼乐制度。

考察周初制礼作乐问题，要从被称为《三礼》的儒家经典中寻找资料。《三礼》即《仪礼》《礼记》《周礼》，虽然目前学界对《三礼》的成书年代及其中的记载是否是对周代礼制的反映存在争议[⑥]，但书中所保存的礼乐资料必定有西周时期礼乐制度的遗存，可以作为分析周代礼乐施行情况的较为可靠的资料。在儒家经典《三礼》中记载的礼仪形式有“三礼”“五礼”“六礼”“九礼”等名目[⑦]，是根据仪式的使用对象进行的划分，用于人际交接与神灵祭祀是最为重要的两类。如《周礼》中的“五礼”实包括吉、凶、宾、军、嘉，在“五礼”之中，吉礼主要以郊祀、封禅、宗庙为代表，其作用对象为鬼神，其余则是涉及君臣、父子、夫妻、朋友、生死等人间政事、伦理的礼仪。

---

① （清）阮元校刻：《十三经注疏·论语注疏》，中华书局1980年版，第2466页下栏。

② （清）阮元校刻：《十三经注疏·尚书正义》，中华书局1980年版，第127页下栏。

③ （汉）司马迁：《史记》卷1《五帝本纪》，中华书局1959年点校本，第24页。

④ 杨志刚：《中国礼仪制度研究》，华东师范大学出版社2000年版，第11—13页。

⑤ 刘源：《商周祭祖礼研究》，商务印书馆2004年版，第155页。

⑥ 关于《三礼》成书年代，请参见钱玄《三礼通论》，南京师范大学出版社1998年版，第10—11、44页；彭林《〈周礼〉主体思想与成书年代研究》，中国人民大学出版社2009年版，第3—7页。

⑦ “三礼”见于《尚书·舜典》，为天、地、宗庙之礼，“五礼”见于《周礼·大宗伯》，为吉、凶、宾、军、嘉；“六礼”见于《礼记·王制》，为冠、婚、丧、祭、乡饮酒、相见；“九礼”见于《大戴礼记·本命》，为冠、昏、朝、聘、丧、祭、宾主、乡饮酒、军旅。分类的依据与标准不同，所包括的内容也各不相同。

与夏、商时代的巫术、宗教仪式相比，周代礼乐制度中的仪式使用范围与含义有了很大的拓展，仪式不仅仅局限于巫术鬼神及事神祈福的狭隘范围。制礼作乐者将之前主要围绕鬼神而举行的巫术与宗教仪式加以改造，使其成为宗教性、政治性与伦理性相融合的国家礼仪，即《周易》所谓“圣人以神道设教而天下服”，这些礼仪发挥的功能已经大大超越了原始仪式单纯的技术性或娱神性的层面，成为政治化、伦理化的礼仪，礼与乐成为体现等级有序、彰显尊卑有别的外在标志。这与商、周易代而造成的世界观的转变有着不可分割的关系：“商周世界观的根本区别，是商人对‘帝’或‘天’的信仰中并无伦理的内容在其中，总体上还不能达到伦理宗教的水平。而周人的理解中，‘天’与‘天命’已经有了确定的道德内涵，这种道德内涵是以‘敬德’和‘保民’为主要特征的。”[①] 笼罩在这一世界观下的周人在祭祀时无疑会将政治、伦理功用放在首位。对用于人际交接的礼仪，则以一种更为直接的方式将政治与伦理内涵在仪式中展现出来。

礼的含义极为广泛，从广义上说，它是以实现礼治为根本目的，以礼制、礼仪、礼教、礼学、礼乐、礼器等为辅翼的复杂体系。“礼治”作为“礼”的核心内容[②]，其他各项均围绕它展开。在这里，我们主要讨论由行为动作所构成的具体仪式过程——它还应该包括仪式的参加者、礼器、乐器、乐舞等要素，如《礼记·中庸》所说：“礼仪三百，威仪三千”[③]，所谓“威仪三千”应指繁复的仪式规范，既包括仪式进行的程序，也包括仪式的动作、用乐等。这些规范成为礼乐制度得以推行的基本前提。与夏、商时期的巫术、宗教仪式相比，周代的礼仪制作与施行体现出以下特点。

（一）礼仪的程式化及仪式过程象征意义的确立

1. 仪式动作的程式化

《三礼》中，尤其是《仪礼》一书中有对仪式程式的明确规定。钱玄先生在《三礼通论》中总结了《三礼》中的礼仪通例，共有向位之仪、跪拜之仪、脱屦之仪、盥洗之仪、授受之仪、迎送之仪、饮食之

① 陈来：《殷商的祭祀宗教与西周的天命信仰》，《中原文化研究》2014 年第 2 期。

② 杨志刚：《中国礼仪制度研究》，华东师范大学出版社 2000 年版，第 21 页。

③ （清）阮元校刻：《十三经注疏·礼记正义》，中华书局 1980 年版，第 1633 页下栏。

仪、用乐之仪等八种[①]。如向位之仪："古礼向位，每依阴阳而定。东、南、左为阳；西、北、右为阴。人以阳为上；神、鬼以阴为上。行礼时堂上设席，南向北向，神以西为上，人以东为上。"[②] 此向位之仪用于区分人、鬼在仪式中所处的方位。这些程式化的行为构成礼仪活动的核心要素，仪式的展演必须遵循既定的程式。以上八种礼仪通例，仅饮食之仪是单纯用于人际交接的，其余为祭祀鬼神与人际交接两类仪式兼用。仪式的程式化是仪式参加者既定关系的体现，无论是祭祀鬼神之礼还是人际交接之礼，在程式化的仪式行为背后体现的是仪式参加者的伦理与政治关系。

《三礼》中所记载的礼仪，如大射、乡射、乡饮酒、燕诸礼的操作程式十分复杂。以乡饮酒礼为例，据胡培翚《仪礼正义》，其仪式过程共有四阶段，乡饮酒礼举行之前，包括谋宾、戒宾、陈设、速宾、迎宾、拜至；第一阶段，包括主人献宾、宾酢主人、主人酬宾、主人献介、介酢主人、主人献众宾；第二阶段，包括升歌三终及献工、笙奏三终及献笙、间歌三终、合乐及告乐备。对于以上两个阶段，郑玄称之为"礼乐之正"，接下来的第三、第四阶段则为无算爵及无算乐。在这里，仪式的参加者都被置于一种程式化的仪式过程之中，各司其职，完成仪式的展演。对于这些程式化的安排，任何参加者都不能违背，如有违背则被视为"非礼"。礼仪的程式化是仪式行为的外在形式，其核心还在于仪式所要传达的伦理与政治含义，正是借助于程式化的仪式行为，仪式所要表达的含义才能得以确立，这也正是统治者制礼作乐的根本目的。

2. 仪式过程象征意义的确立

仪式动作是礼仪的外在形式，其背后隐藏的伦理与政治含义是其内核。第一章中我们已经指出仪式行为具有符号功能，即仪式行为能传达特定的含义。作为一种符号，其传达意义的能力并不弱于文字等较为明确的符号类型，仪式行为与意义的结合并且固定化就是仪式象征意义的建立。在礼仪的施用中，各种仪式行为与相关的含义被以一种人为的方式结合起来，从而使其成为具有象征意义的符号。象征符号一旦形成就具有了与文字或其他符号一样约定俗成的性质，其背后蕴含的意义就会以一种较为

① 钱玄：《三礼通论》，南京师范大学出版社 1998 年版，第 515—553 页。

② 钱玄：《三礼通论》，南京师范大学出版社 1998 年版，第 515 页。

固定的方式传达出来。这些固定化的、具有象征含义的仪式行为符号在此后举行的仪式中反复出现，通过具体仪式过程的展演，反复向仪式的参加者传达其特定的含义。由于仪式参加者事先对仪式行为含义的熟知，他们对仪式的功能、过程及效果再次进行接收、阐释，进而达到礼仪的预设效果。

周初的制礼作乐就是将仪式行为固定化、程式化，从而赋予仪式行为以较为确切的含义。仪式行为的固定化、程式化将仪式的象征含义发挥到极致，程式化的礼仪也使得其所传达的含义具有唯一性与确定性。此外，仪式行为的程式化与仪式行为的象征性是密切相关的：仪式行为的象征含义要寻求相应的表达方式；程式化的仪式作为一种外在的表现形式，其特质也符合仪式制定者表达特定象征意义的需要。

“尊”与“敬”是各种礼仪形式所要传达的重要象征含义，我们可以通过相关文献加以说明。在宗庙祭祀中，“尸”具有举足轻重的地位，这是由其在仪式中的身份设定决定的。这一职位常常由臣子担当，在祭祀之前有“筮尸”的环节，一旦“尸”的人选确定，他就具有了神性，但凡与祭者，无论君王还是臣子都要对尸持恭敬态度，《礼记·祭统》：

> 君迎牲而不迎尸，别嫌也。尸在庙门外则疑于臣，在庙中则全于君。君在庙门外则疑于君，入庙门则全于臣，全于子。是故不出者，明君臣之义也。①

这里的仪式为宗庙祭祀，经文说“迎牲而不迎尸”，其原因在于“臣”与“尸”之间存在着一种身份的转移，而这种转移的界限在空间上是庙门，在时间上是仪式的开始，郑玄注：“不迎尸者，欲全其尊也。尸，神象也，鬼神之尊在庙中。人君之尊出庙门则伸。”② 也就是说，尸从进入庙门、仪式开始之时，就成为最尊贵者，这种等级秩序颠倒的状态与宗庙祭祀中尸的象征含义有关。在宗庙祭祀中设“尸”作为神灵下降后的凭附，在尊祖敬宗的宗法文化中，尸就获得了超越现实等级秩序的神圣性，可以凌驾于君主之上。祭祀者出于对神灵的尊敬，进而对其凭附的尸格外

① （清）阮元校刻：《十三经注疏·礼记正义》，中华书局1980年版，第1605页上栏。
② （清）阮元校刻：《十三经注疏·礼记正义》，中华书局1980年版，第1605页上栏。

尊敬，尸在祭祀仪式中获得了象征意义。在用于人际交接的仪式中，仪节的制定同样也以突出其背后的象征意义为出发点。如冠礼的仪式程序，《礼记·冠义》：

> 故冠于阼，以著代也。醮于客位，三加弥尊，加有成也。已冠而字之，成人之道也。[①]

此处为嫡长子冠礼，冠、醮的方位，加冠的次数、顺序等都被赋予了独特的含义。如“冠于阼”，郑玄注：“嫡子冠于阼”，为何嫡子冠于阼，孙希旦认为：“阼阶乃主人之阶，冠于阼阶之上，明其将代父而为主也。”[②] 在人际交接的仪式活动，如乡饮酒、乡射、大射等仪式中，阼阶为主人之位，嫡长子要继承父业为家长，加冠为成人礼，在阼阶加冠很明显是对其在家族中身份与地位的确认。在加冠方位的背后，所蕴含的却是接续家族权力的深刻内涵，是周代嫡长子继承制在仪式中的具体体现。在其他礼仪中，各种政治、伦理及道德观念大多是通过仪式行为的象征特性加以表达的。

在古人观念中，仪式行为与其背后的象征含义地位悬殊，属于仪式行为的各种仪节被视为“礼之末节”，受重视的是蕴含在“礼之末节”中的象征含义。《礼记》将这种具有象征含义的仪式行为称为“礼之文”：“簠簋俎豆，制度文章，礼之器也；升降上下，周还裼袭，礼之文也。”[③] “礼之器”是以器物形式出现于仪式中的物态符号，“礼之文”则是以动作、方位等形态存在的行为符号。从根本上来说，二者都是为传达礼之精神而设。外在的器物、仪节与礼之精神分别被称为“礼之粗”“礼之精”。由此可知，仪式行为作为一种礼之精神的外在表现，其象征意义是在仪式过程中实现的，只有进入仪式的时空之后，各种行为及器物背后的象征含义才会得以建立，同样只有进入仪式的时空之后，礼之精神内核才会得以呈现。当然，仪式背后的象征含义必须被礼仪参加者所熟知。否则，依靠仪式的展演来表达礼之精神的意图就不可能实现。

① （清）阮元校刻：《十三经注疏·礼记正义》，中华书局 1980 年版，第 1679 页下栏。

② （清）孙希旦撰，沈啸寰、王星贤点校：《礼记集解》，中华书局 1989 年版，第 1413 页。

③ （清）阮元校刻：《十三经注疏·礼记正义》，中华书局 1980 年版，第 1530 页中栏。

（二）周初制礼作乐的内涵：政治与伦理的实现方式

周初制礼作乐的根本目的在于维护周王朝的统治，而周王朝统治的核心是建立在血缘基础上的嫡长子继承制及以此为基础的宗法制、分封制等，维护宗法制与分封制成为制礼作乐的直接目的。因此，西周初年的制礼作乐实质上是一种为维护统治而采取的政治与伦理的实现方式。仪式具有政治性、伦理性并非从周代开始。据张光直先生的研究："龙山期的宗教仪式，除了祭社以外，出现制度化的祭祖与专业性的巫师。这种仪式不是以全村的福祉为念，而是以村内一部分人的福祉为念。这一部分人的范围界限的标准可能是与亲属制度有关。"①

仪式的政治性与伦理性并非截然分离，二者总是交织在一起，因为周代所实行的宗法制与分封制在政治上表现为君臣关系，在伦理上表现为父子关系，二者互相照应，君臣、父子融合在一起。对周代礼仪来说，政治是最终目的而伦理是实现这一目的之手段。因此，维护尊卑有别、长幼有序的等级关系，进而以这种等级关系作为其统治的基础成为制礼作乐的出发点。在这一关系的确立过程中，仪式以及礼之器、礼之文等礼的"外壳"无疑发挥了关键作用，使礼仪成为一种政治与伦理的实现方式。

据《三礼》及其他先秦时期的礼制资料，周代举行的各种礼仪形式均注重通过乐舞形式的设置实现尊卑等级秩序的确认，这在吉、凶、宾、军、嘉五礼中都有所反映。在五礼中，仪式过程对尊卑等级的区分主要是通过有差别的仪式行为来实现的，用仪式的繁简程度来区分礼仪参加者或主持者的等级。这一标准依仪式的类型而有所不同，主要表现为以下两种情形。

第一，从仪式作用的对象上看，地位尊崇者所使用仪式的作用对象广，随着仪式使用者的地位逐渐降低，仪式作用对象渐趋狭窄。这种情况在五礼仪式中都有所体现。如在吉礼中，礼经规定了天子、三公、诸侯的祭祀范围，天子祭祀的范围最广，诸侯祭祀范围变小，《礼记·王制》载："天子祭天下名山大川，五岳视三公，四渎视诸侯。诸侯祭名山大川之在其地者。"② 这是以祭祀范围的差异折射出自天子至诸侯对天下控制权的不同。就祭祀天地诸神来说，周代宗教观念中，"天帝"作为至上神从祖

---

① 张光直：《中国远古时代仪式生活的若干资料》，《中国考古学论文集》，生活·读书·新知三联书店2013年版，第127页。

② （清）阮元校刻：《十三经注疏·礼记正义》，中华书局1980年版，第1336页。

先中分化出来，天子受天命而生，成为天帝意志的代言人，因此祭祀天帝的特权必然被周天子所垄断，三公、诸侯等不得举行祭祀至上神的仪式。对祭祀至上神权力的垄断实是周天子在人间控制力的象征，通过祭祀权的垄断彰显天子与诸侯的地位差异，同时实现对诸侯的控制，来维护以血缘关系为基础的宗法制、分封制，这成为后世统治者证明权力合法性的最常用手段。在吉礼中，区别尊卑等级的方法除规定不同等级者祭祀范围不同，在一些祭祀仪式中，还存在具体仪式规范上的差别，从祭品、仪节到仪式中使用的乐舞等都是区分尊卑等级的重要标准。

第二，从仪式的繁简程度上来看，在祭祀仪式中，仪式使用者地位越尊崇，使用的仪式仪节越简单、质朴，而在人际交接的仪式中，仪节的繁复程度与仪式使用者的地位成正比。在周代，甚至周代之后的所有祭祀活动，尤其是证明君权合法的郊祀仪式，其仪式仪节崇尚简单、质朴。祭祀仪式在先秦就被认为是国之大事，《左传》云："祀，国之大事也。"① "国之大事，在祀与戎。"② 相关史料的记载表明，郊祀仪式作为天子所行之礼，其仪式仪节具有"尚质"的特点，《礼记·郊特牲》：

> 郊之祭也，迎长日之至也，大报天而主日也。兆于南郊，就阳位也。扫地而祭，于其质也。器用陶匏，以象天地之性也。于郊，故谓之"郊"。牲用骍，尚赤也。用犊，贵诚也。③

所谓"扫地而祭""器用陶匏"是指祭祀时不必筑祭坛，祭祀所用器具为瓦罐与葫芦所制之瓢，与燕礼、射礼、乡饮酒礼的繁复仪节及用具相比，这种"扫地而祭""器用陶匏"的祭祀方式显得十分简略，与郊祀仪式的规格似乎不太相称，对此，郑玄解释说："观天下之物，无可以称其德。"④ 因天下之物无法与上天比德，所以选取扫地而祭的方式与陶匏一类简单的器物来进行祭祀，这种简略的祭祀仪式所凸显的是对天地之性的象征，当然这种朴素的祭祀方式也保留了上古时期原始祭仪的基本特点。在这类仪式中，对诚、敬等的推崇是主祭者处理天人关系的一种态度，是

---

① （清）阮元校刻：《十三经注疏·春秋左传正义》，中华书局1980年版，第1839页上栏。

② （清）阮元校刻：《十三经注疏·春秋左传正义》，中华书局1980年版，第1911页中栏。

③ （清）阮元校刻：《十三经注疏·礼记正义》，中华书局1980年版，第1452页中栏。

④ （清）阮元校刻：《十三经注疏·礼记正义》，中华书局1980年版，第1452页中栏。

统治者借用仪式的形式进行的一种政治化的自我表达。

除吉礼外，在人际交接的仪式中，各种仪节也都是以体现尊卑等级为目的来设置的，仪式的繁复程度与仪式使用者的尊卑等级往往成正比。以宾礼为例，《周礼·秋官》大行人之职为“掌大宾之礼及大客之仪，以亲诸侯”。在为来朝诸侯行宾礼时并非一视同仁，而是“以九仪辨诸侯之命，等诸臣之爵，以同邦国之礼，而待其宾客。”[①] 宾礼的规格是按照公、侯、伯、子、男五等封爵的次序依次递减，这种递减既表现在仪式中所用礼器上，也表现在具体仪节的繁复程度上，由九而七而至三，逐次降低，礼仪的繁简与用礼者的地位相匹配。

总之，自周初开始，礼仪成为维护封建宗法制的手段，礼仪活动中各种因素的设置均被作为一种政治思想与伦理观念的表达方式，共同发挥着再现、确认等功用。

二　周初制礼作乐与乐舞在仪式中功能的新变

如第一节所论，音乐在原始仪式中具有重要的地位，作为一种仪式中的技术性手段，二者不存在主从之分，有时音乐作为仪式的主体部分而存在，有时乐舞即仪式、仪式即乐舞，呈现出一种相互交融的状态。礼乐制度的建立将礼仪的主体地位凸显出来，音乐则成为礼仪的附属品，在功能上也由一种实用化的巫术、宗教手段演变为政治思想与伦理观念的表达方式。

《吕氏春秋·古乐》中记载了上古直至周公时期的音乐使用情况，可谓一代有一代之乐，其述周代之乐：

> 武王即位，以六师伐殷。六师未至，以锐兵克之于牧野。归，乃荐俘馘于京太室，乃命周公为作《大武》。成王立，殷民反，王命周公践伐之。商人服象，为虐于东夷。周公遂以师逐之，至于江南，乃为《三象》，以嘉其德。[②]

《古乐》的作者在文中重点讨论了音乐的起源及其功能，反映了从上古传说时代到周代音乐的产生及其功能的演变情况，这种演变也反映了从原始

---

① （清）阮元校刻：《十三经注疏·周礼注疏》，中华书局1980年版，第890页下栏。
② 许维遹撰，梁运华整理：《吕氏春秋集释》，中华书局2009年版，第127—128页。

乐舞到礼仪乐舞的转变。在这种转变中，音乐的功能及统治者对音乐的态度也发生着变化，由最初将音乐作为干预自然或祈求神灵的手段，转变为彰显统治者功德的重要标志，从而确立了礼仪用乐在仪式中发挥作用的重要机制，所谓“功成作乐，治定制礼”，礼乐与政治从此确立了非常密切的关系。

（一）音乐在礼仪中政治功能的确立

礼乐制度建立之后的音乐，无论是用于吉礼还是用于人际交接的礼仪，其作为实现仪式目的的技术性手段的功能已退居次要地位，而传达政治含义成为首要功能。概括来说，音乐政治功能的确立是借助以下方式实现的。

1. 选择具有政治含义的乐舞作为礼仪用乐

为实现、发挥音乐的政治功能，统治者在礼仪用乐的选择上，特别注意选择具有特定政治含义的乐舞。周天子是唯一享有祭祀天神、地示及人鬼这一三元神权力的人，周天子在祭祀三元神时选择的乐舞是众所周知的“六代之乐”，据《周礼·大司乐》记载，这“六代之乐”是《云门》《咸池》《大韶》《大夏》《大濩》《大武》，《周礼·大司乐》载：

> 乃奏黄钟，歌大吕，舞《云门》，以祀天神；乃奏太蔟，歌应钟，舞《咸池》，以祭地示；乃奏姑洗，歌南吕，舞《大韶》，以祀四望；乃奏蕤宾，歌函钟，舞《大夏》，以祭山川；乃奏夷则，歌小吕，舞《大濩》，以享先妣；乃奏无射，歌夹钟，舞《大武》，以享先祖。[①]

这是《周礼》对“六代之乐”用于何种祭祀仪式的规定。在这六种乐舞中，只有《大武》为周代之乐，其他则为夏、商及远古传说时代的乐舞，但这些乐舞均被纳入周代吉礼用乐的范围，《云门》为黄帝之乐，郑玄注：“此周所存六代之乐，黄帝曰《云门》《大卷》。黄帝能成名万物，以明民共财，言其德如云之所出，民得以有族类。”[②] 对《咸池》的所属则存在争议，《吕氏春秋·古乐》认为《咸池》是黄帝之乐：“黄帝又命伶伦与荣将铸十二钟，以和五音，以施《英韶》，以仲春之月乙卯之日日在奎始

---

① （清）阮元校刻：《十三经注疏·周礼注疏》，中华书局 1980 年版，第 788 页下栏—789 页上栏。

② （清）阮元校刻：《十三经注疏·周礼注疏》，中华书局 1980 年版，第 787 页下栏。

奏之，命之曰《咸池》。”[①] 而郑玄注《周礼》则认为是帝尧之乐，对此我们不打算进行辨析[②]。我们发现，在《周礼》中将属于前代的乐舞依次用于天、地、四望、山川、先妣、先祖等由自然神到祖先的祭祀仪式中，而在《礼记》中却有“五帝殊时，不相沿乐；三王异世，不相袭礼”[③] 的记载，似乎与《周礼》规定相矛盾，但郑玄之注为我们提供了较为合理的解释，使两种规定看似不是那么矛盾：“不相沿乐”“不相袭礼”是“言其有损益也”[④]，即对前代乐舞加以改造，为本朝所采用。为何不广泛制作本朝乐舞，用于三元神祭祀，反而大量使用前代乐舞？

《周礼》之所以将前代乐舞作为本朝礼仪用乐，其根本原因是这些乐舞都是由建立丰功伟绩的先王创制，可以为本朝所效法，《白虎通义》卷3《礼乐》载：

> 黄帝曰《咸池》者，言大施天下之道而行之，天之所生，地之所载，咸蒙德施也。……尧曰《大章》者，大明天地人之道也。舜曰《箫韶》者，舜能继尧之道也。禹曰《大夏》者，言禹能顺二圣之道而行之，故曰《大夏》也。汤曰《大濩》者，言汤承衰，能濩民之急也。周公曰《酌》者，言周公辅成王，能斟酌文武之道而成之也。武王曰《象》者，象太平而作乐，示已太平也。[⑤]

黄帝、尧、舜为上古传说时代的贤王，而禹、汤、武王则是夏、商、周三代的开创者。“功成作乐，治定制礼”[⑥]，这六首乐歌是对六代君王功绩的反映，从这一点来看六代乐舞本身就是政治乐舞，而将六代之乐用于本朝祭祀则有效法圣王之意，礼仪的制定者显然是想通过这一方式将其效法之意传达给神灵。这一做法与周代的“天”“帝”观念有密切关系。在周人观念中“天”“帝”是一种人格化的神灵，先祖死后则配天，二者均可以对人间帝王降福或降祸。如《周颂·思文》就是周人祭祀最高神昊天上帝时所使用的乐歌：

---

① 许维遹撰，梁运华整理：《吕氏春秋集释》，中华书局2009年版，第123页。
② 相关辨析见许兆昌《先秦乐文化考论》，黑龙江人民出版社2010年版，第28—36页。
③ （清）阮元校刻：《十三经注疏·礼记正义》，中华书局1980年版，第1530页下栏。
④ （清）阮元校刻：《十三经注疏·礼记正义》，中华书局1980年版，第1530页下栏。
⑤ （清）陈立撰，吴则虞点校：《白虎通疏证》，中华书局1994年版，第101—103页。
⑥ （清）阮元校刻：《十三经注疏·礼记正义》，中华书局1980年版，第1530页下栏。

思文后稷，克配彼天。立我烝民，莫匪尔极。贻我来牟，帝命率育。无此疆尔界，陈常于时夏。①

毛传："《思文》，后稷配天也。"孔颖达《毛诗正义》："《思文》诗者，后稷配天之乐歌也。周公既已制礼，推后稷以配所感之帝，祭于南郊。既已祀之，因述后稷之德可以配天之意而为此歌焉。"②《大戴礼记·朝事》："率而祀天于南郊，配以先祖，所以教民报德不忘本也。"③《礼记·明堂位》："祀帝于郊，配以后稷，天子之礼也。"④后稷能够配天的根据是其作为周先祖的身份以及功业的卓著："立我烝民""贻我来牟"，在祭祀上帝时一方面用后稷配祀，另一方面在仪式使用的乐歌中对后稷之功德加以歌颂，于是这首诗就成为具有"纪念碑"性质的政治乐歌，这首乐歌在创作之时将宗教性与政治性融合在一起，而政治性始终是主要的方面。因此，在郊祀仪式中将具有政治含义的乐舞进行展演，是人王向天帝及祖先的一种祈求，同时在这种具有连贯性、稳定性的乐舞继承中向世间展示其权力继承的合法性。

2. 以用乐方式传达政治思想与伦理观念

周初制礼作乐的结果是形成了系统化、等级化的礼乐制度。在这一礼乐制度中，仪式展演是政治思想与伦理观念表达的最主要途径，只有通过仪式展演，才能将仪式活动的各个环节呈现在仪式参加者眼前，仪式的参加者通过对仪式活动的参与及观看，通过对仪式活动各环节含义的解读，仪式行为中所蕴含的政治思想及伦理观念才得以呈现，进而被社会成员所接受、承认。通过仪式展演来传达政治思想与伦理观念的方式是人类学仪式常用的手段。

在礼仪活动中，仪式及其用乐方式以制度的形式固定下来，乐舞作为礼仪的组成部分，在发挥作用的机制上与仪式中的仪节并没有本质区别。从根本上说，乐舞与仪节一样也是被赋予了特殊含义的符号体系。乐舞在仪式中的表演方式实际上就是表达、呈现这种符号含义的重要手段，它不但可以确立仪式使用者的身份与等级，也是传达政治思想与伦理观念

① （清）阮元校刻：《十三经注疏·毛诗正义》，中华书局1980年版，第590页上栏。
② （清）阮元校刻：《十三经注疏·毛诗正义》，中华书局1980年版，第590页上栏。
③ （清）王聘珍撰，王文锦点校：《大戴礼记解诂》，中华书局1983年版，第231页。
④ （清）阮元校刻：《十三经注疏·礼记正义》，中华书局1980年版，第1488页下栏。

的重要方式。

以用乐方式区分礼仪使用者的等级是乐舞在礼仪中的重要功能，即以有差别、有等级的乐器及用乐方式呈现礼仪参加者的尊卑等级关系。在乐器与乐舞的使用上，周代礼仪中所使用的乐器与乐舞规格是严格按照等级来划分的，地位不同，乐器与乐舞规格不同。《周礼·小胥》中记载了自天子至于士所使用的乐器规格："王宫悬，诸侯轩悬，卿大夫判悬，士特悬。"[①] 所使用的舞蹈也以等级来划分，《左传》隐公五年载："九月，考仲子之宫，将万焉。公问羽数于众仲。对曰：'天子用八，诸侯用六，大夫四，士二。夫舞，所以节八音而行八风，故自八以下。'公从之。"[②] 从天子至诸侯直到士，乐器、乐舞的规格依次降低，可见在礼仪中，乐器与乐舞的数量是等级划分的一个重要标准，这是以器物的数量确认等级差异，是维护等级秩序的重要方式，但这种既定规则的有效性与其执行情况即这一等级秩序是否被遵守有着密切关系。在王权强有力的时期，等级秩序被遵守，在礼仪中这一标准也被严格执行，一旦等级秩序被破坏，这一用乐规则就不复存在。春秋时期，周天子的权威不断下降，诸侯、卿大夫僭用天子礼乐，《论语·八佾》："孔子谓季氏：'八佾舞于庭，是可忍也，孰不可忍也？'"[③] 八佾为周天子所用之舞蹈规格，被季氏僭用，说明天子的权威已经不复存在，等级秩序已经被破坏，在维护封建礼制的孔子那里这是不可容忍的。

在乐舞的演奏方式上同样能体现政治思想与伦理观念。乐器、乐舞数量之外，乐歌的使用方式也是以等级的差别来划分的。燕礼、大射礼是君臣交接中常用的礼仪形式，这些礼仪本身就以体现尊卑长幼秩序为目的："燕礼者，所以明君臣之义也；乡饮酒之礼者，所以明长幼之序也。"[④] 大射礼之目的在于选士："诸侯岁献贡士于天子，天子试之于射宫。其容体比于礼，其节比于乐，而中多者，得与于祭；其容体不比于礼，其节不比于乐，而中少者，不得与于祭。"[⑤] 以礼仪参加者的动作是否合礼、是否合于乐节作为甄选、考核人才的依据。《礼记·射义》中记载大射礼时用

① （清）阮元校刻：《十三经注疏·周礼注疏》，中华书局 1980 年版，第 795 页上栏。

② （清）阮元校刻：《十三经注疏·春秋左传正义》，中华书局 1980 年版，第 1727 页下栏—1728 页上栏。

③ （清）阮元校刻：《十三经注疏·论语注疏》，中华书局 1980 年版，第 2465 页下栏。

④ （清）阮元校刻：《十三经注疏·礼记正义》，中华书局 1980 年版，第 1686 页下栏。

⑤ （清）阮元校刻：《十三经注疏·礼记正义》，中华书局 1980 年版，第 1687 页中栏。

乐的规则：

> 其节，天子以《驺虞》为节，诸侯以《狸首》为节，卿大夫以《采蘋》为节，士以《采蘩》为节。《驺虞》者，乐官备也。《狸首》者，乐会时也。《采蘋》者，乐循法也。《采蘩》者，乐不失职也。是故天子以备官为节，诸侯以时会天子为节，卿大夫以循法为节，士以不失职为节。故明乎其节之志，以不失其事，则功成而德行立。德行立则无暴乱之祸矣，功成则国安。故曰：射者，所以观盛德也。[①]

在这段记载中，用于大射礼的四首乐歌均有其政治含义，通过乐歌的演奏可以“观盛德”，即可以考察与祭者的德行，同时这四首乐歌的演奏方式也是划分天子至士四个等级的依据。孙希旦认为：“天子大射，歌《驺虞》以为射者之节；诸侯大射，歌《狸首》以为射者之节；大夫大射，歌《采蘋》以为射者之节；士大射，歌《采蘩》以为射者之节。而其节之多寡，则各以尊卑为差，如《射人》之所言也。”[②] 在这里“节之多寡”当指《周礼·射人》所载之“九节五正”“七节三正”“五节二正”：

> 以射法治射仪。王以六耦，射三侯，三获，三容，乐以《驺虞》，九节，五正。诸侯以四耦，射二侯，二获，二容，乐以《狸首》，七节，三正。孤、卿、大夫以三耦，射一侯，一获，一容，乐以《采蘋》，五节，二正。士以三耦，射豻侯，一获，一容，乐以《采蘩》，五节，二正。[③]

据孙诒让观点，所谓“节”指乐节，是指乐曲演奏完一遍，而“正”指在准备射箭的活动中所奏的乐曲，王大射时分为两段，其中一段为准备，这段时间的用乐称为“正”[④]，即“在审听乐节，准备射箭时，端正观念

---

① （清）阮元校刻：《十三经注疏·礼记正义》，中华书局 1980 年版，第 1686 页下栏—1687 页上栏。

② （清）孙希旦撰，沈啸寰、王星贤点校：《礼记集解》，中华书局 1989 年版，第 1439 页。

③ （清）阮元校刻：《十三经注疏·周礼注疏》，中华书局 1980 年版，第 845 页上栏—中栏。

④ 据金鹗观点，参见（清）孙诒让撰，王文锦、陈玉霞点校《周礼正义》，中华书局 1987 年版，第 2431 页。

与姿势的意思”[①]。大射礼用乐：“五正、三正、一正，皆降杀以两，尊卑之差等也。”[②] 即地位尊者的准备时间较长，而卑者准备时间较短。从上引大射礼的用乐方式我们可以看出，音乐与礼仪是紧密配合的，在用乐方式中蕴含着相关的政治或伦理意义，又如《礼记·仲尼燕居》：“入门而金作，示情也；升歌《清庙》，示德也；下而管《象》，示事也。是故古之君子，不必亲相与言也，以礼乐相示而已。”[③]

总之，制礼作乐者通过礼仪用乐的方式传达尊卑有别的政治观念与长幼有序的伦理观念：首先是根据礼仪使用者的地位来确定礼仪用乐。其次，根据礼仪使用者的地位来确定用乐时间的长短，地位尊者时间长而卑者短。这种礼仪用乐方式是周代等级制、分封制在具体礼仪活动中的反映。在整个礼仪活动中，音乐、歌舞、演唱已经不再是巫术、宗教的技术性手段，也不是一种单纯的娱神娱人方式，而是被赋予了很强的政治含义。

礼乐制度建立后的礼仪用乐是礼制精神的反映，必须依照礼制中的等级划分作为用乐依据，包括所使用乐器、乐舞的规格、内容及演奏方式。在礼仪中，用乐是确保礼仪功能实现的手段，其核心就是以形象化的方式将政治思想与伦理观念传达出来。自从西周礼乐制度建立后，礼仪用乐就以传达政治思想与伦理观念作为首要目的，礼与乐成为不可分割的统一体，“礼乐相须以为用”成为历代制礼作乐的首要法则。

（二）制礼作乐与礼、乐关系的新变——礼、乐主从关系的确立

在制礼作乐之后，礼与乐之间的关系与之前相比发生了较大变化。二者的关系正如郑樵在《通志·乐略》中的概括：“礼乐相须以为用，礼非乐不行，乐非礼不举。”[④] 礼与乐呈现出一种相互依存的状态，二者相互依存并不意味着二者地位平等，在礼乐活动中，礼永远都处在主导地位，而乐则处于从属地位，礼与乐在礼仪活动中是以一种主从关系相互依存的。

1.“礼非乐不行”——礼仪活动需要乐舞

我们先看一下“礼非乐不行”，礼仪中的乐舞是保证礼仪活动顺利进行并取得既定效果的必要条件。首先，乐舞是礼仪顺利进行的辅助因素，

---

① 许兆昌：《先秦乐文化考论》，黑龙江人民出版社2010年版，第229—230页。

② （清）孙诒让撰，王文锦、陈玉霞点校：《周礼正义》，中华书局1987年版，第2431页。

③ （清）阮元校刻：《十三经注疏·礼记正义》，中华书局1980年版，第1614页上栏。

④ （宋）郑樵撰，王树民点校：《通志二十略》，中华书局1995年版，第883页。

乐舞在礼仪活动中起着指示仪式过程的作用。在礼仪活动中，用乐具有区分仪式环节的作用，如果缺少用乐，仪式过程的阶段性特征就会被忽略，而这种阶段性特征是礼仪的一种重要属性，礼仪由一个阶段进入另一个阶段是仪式过程的递进，也是礼仪功能趋于达成的体现，礼仪活动中音乐的演奏使仪式过程呈现出非常明显的阶段性特征。有学者将礼仪用乐的功能归纳为行步之节、行礼之节、指示仪式过程等方面[①]。这在礼经中有所体现，《周礼·乐师》云："教乐仪，行以《肆夏》，趋以《采荠》，车亦如之，环拜以钟鼓为节。"[②] 郑玄注："教乐仪，教王以乐出入于大寝朝廷之仪。"贾公彦疏："教乐以节仪，仪与乐必相应也。"[③] 此为王迎宾客时所用仪注，其行、趋、环拜等仪式环节都配以音乐。这与《周礼·大司乐》"王出入，则令奏《王夏》，尸出入，则令奏《肆夏》，牲出入，则令奏《昭夏》"[④] 的用乐方式是相同的。这一用乐方式在魏晋之后的各种礼仪中一直存在，郑樵注意到这一点，《通志·乐略》云："魏、晋则不然，但即事而歌，如夕牲之时则有《夕牲歌》，降神之时则有《降神歌》。"[⑤] 这里郑樵本意是批评魏晋之后的礼仪乐歌未沿用汉郊祀歌"因一时之盛事"的创制原则，但也道出礼仪与音乐间的相互关系，礼仪的功用及其环节决定了用乐的内容及方式。

其次，在礼仪活动中，通过礼仪用乐的展演，音乐自身的象征含义得以彰显，进而促成仪式意义的实现，达到既定的仪式目的。乐舞所具有的象征含义是仪式能够实现既定目的的前提之一。见于经典的礼仪活动大都有音乐相配，在祭祀及人际交接仪式中，乐舞都是其中重要的组成部分，《礼记·祭统》云："夫祭有三重焉：献之属莫重于祼，声莫重于升歌，舞莫重于《武宿夜》。此周道也。"[⑥] 祭祀的三个最重要因素：献、声、舞，即礼仪中的献祭、以音声形式呈现的歌与乐、以动作形式呈现的舞蹈三个部分。其中献祭是祭祀仪式的核心，以酒祼地献祭于神灵，是仪式的主体，除此之外还有其他各种仪式动作，它们与祼一起构成了礼仪活动的框架，声与舞则作为仪式的从属，在礼仪活动中以乐舞的符号特性为礼仪

① 许兆昌：《先秦乐文化考论》，黑龙江人民出版社 2010 年版，第 186—204 页。
② （清）阮元校刻：《十三经注疏·周礼注疏》，中华书局 1980 年版，第 793 页中栏—下栏。
③ （清）阮元校刻：《十三经注疏·周礼注疏》，中华书局 1980 年版，第 793 页下栏。
④ （清）阮元校刻：《十三经注疏·周礼注疏》，中华书局 1980 年版，第 790 页下栏。
⑤ （宋）郑樵撰，王树民点校：《通志二十略》，中华书局 1995 年版，第 926—927 页。
⑥ （清）阮元校刻：《十三经注疏·礼记正义》，中华书局 1980 年版，第 1604 页上栏。

功能的达成发挥作用。

制礼作乐的目的在于维护统治阶级政治权力的合法性。合法性的获得一方面来自神灵祭祀，另一方面来自人与人之间关系的协调。在礼乐文化语境当中，构成礼仪活动的各因素都具有符号的性质，概括而言有“语言形式的符号”“物件形式的符号”“行为符号”以及“声音形式的符号”①。“权力是必须借由礼仪符号以展示”②，这些符号在礼仪中主要呈现为仪式动作、乐舞、礼乐器等形式，符号的所指即隐藏在这些因素之中。这些因素相互配合，构成一场完整的礼仪活动。礼仪用乐作为以声音、动作为形式的符号，在礼仪活动中也具有符号意义，尤其是制礼作乐后的各种礼仪用乐，其本身就包含了丰富的信息。如周代宗庙用乐《大武》舞本身就包含了丰富的历史信息，而这些信息是蕴含在乐舞符号之中的，据《礼记·祭统》：

> 昔者周公旦，有勋劳于天下。周公既没，成王、康王追念周公之所以勋劳者，而欲尊鲁，故赐之以重祭：外祭则郊、社是也，内祭则大尝禘是也。夫大尝禘，升歌《清庙》，下而管《象》，朱干玉戚以舞《大武》，八佾以舞《大夏》，此天子之乐也。康周公，故以赐鲁也。子孙纂之，至于今不废，所以明周公之德，而又以重其国也。③

《大武》舞是周天子之乐，鲁侯因周公之勋劳才得以使用，这一舞蹈的权威性来自其中所蕴含的政治含义，作为祭祀宗庙的乐舞，《大武》舞实际上是对周代历史事件的模仿。《礼记·乐记》载孔子与宾牟贾论乐：“夫乐者，象成者也。总干而山立，武王之事也。发扬蹈厉，太公之志也。《武》乱皆坐，周、召之治也。且夫《武》，始而北出，再成而灭商，三成而南，四成而南国是疆，五成而分，周公左，召公右，六成复缀以崇。”④ 乐乃“象成”，所谓“象成”就是对成功之事的模仿，具体到周代

---

① 薛艺兵：《仪式音乐的符号特征》，《中国音乐学》2003 年第 2 期。

② 甘怀真：《自序：兼论中国政治史研究的展开》，《皇权、礼仪与经典诠释：中国古代政治史研究》，华东师范大学出版社 2008 年版，第 4 页。

③ （清）阮元校刻：《十三经注疏·礼记正义》，中华书局 1980 年版，第 1607 页下栏。

④ （清）阮元校刻：《十三经注疏·礼记正义》，中华书局 1980 年版，第 1542 页中栏。

来说就是对周伐纣、建国、分封等重要历史事件的模仿，上引《大武》舞的六成舞容中每段都对应着特定的历史事件。也就是说，《大武》舞是将周灭商、建国、分封的历史符号化，以舞蹈的形式展现出来。孔子曾对《大武》和《韶》进行比较："子谓《韶》，'尽美矣，又尽善也'；谓《武》，'尽美矣，未尽善也'。"[①]《大武》之所以未能尽善，是因为它是对周灭商战事的模仿，是商、周战争的符号化，战争杀伐在以仁为本的孔子那里自然受到排斥。

在祭祀仪式（吉礼）以及用于人际交接的仪式（军礼、宾礼、嘉礼）中，仪式行为的主体依据既定的规则参与到仪式中，每一个仪式构成因素在仪式过程中的展演都是其符号意义的传达。只有在礼仪中加以表演，其中所蕴含的深刻含义才能得到体现。乐舞作为仪式的组成部分，以其本身所具有的符号象征含义，与仪式仪节相配合，或以歌辞所蕴含的明示性意义，或以音乐的节奏性功能，或以舞蹈动作的暗示性意义[②]，按照礼仪制定者所设定的意图一步步呈现、凸显仪式的意义，在礼与乐的协作下仪式的目的得以实现。

除此之外，音乐还具有渲染仪式氛围的功能。不同的礼仪需要有不同的仪式氛围，或庄重肃穆，或和谐融洽。《礼记·少仪》记载了不同礼仪场合的仪式氛围："朝廷之美，济济翔翔；祭祀之美，齐齐皇皇；车马之美，匪匪翼翼；鸾和之美，肃肃雍雍。"[③] 音乐可以起到渲染仪式氛围的作用，《礼记·郊特牲》："宾入大门而奏《肆夏》，示易以敬也。"[④]《礼记·乐记》："是故乐在宗庙之中，君臣上下同听之，则莫不和敬。在族长乡里之中，长幼同听之，则莫不和顺。在闺门之内，父子兄弟同听之，则莫不和亲。"[⑤] 用乐在不同的仪式场合营造了相应的仪式氛围，这对礼仪目的之达成也有重要意义。

2. "乐非礼不举"——乐舞的演奏受仪式的制约，任何音乐的使用都要以实现仪式功能为前提

在制礼作乐之后，乐舞作为礼仪活动的重要组成部分，与仪式行为一

---

① （清）阮元校刻：《十三经注疏·论语注疏》，中华书局1980年版，第2469页上栏。
② 舞蹈中蕴含的意义不容易理解，《大武》就是显例。
③ （清）阮元校刻：《十三经注疏·礼记正义》，中华书局1980年版，第1513页上栏。
④ （清）阮元校刻：《十三经注疏·礼记正义》，中华书局1980年版，第1446页下栏。
⑤ （清）阮元校刻：《十三经注疏·礼记正义》，中华书局1980年版，第1545页上栏。

起促成仪式功能的实现，音乐的价值是在仪式过程中实现的。音乐在仪式活动中的展演并非随意、不受制约的，它必须受所用仪式的制约，以实现仪式功能为前提。

这主要表现在仪式对乐舞的选择上。不同的礼仪类型要求使用不同的乐舞，如吉礼与君臣飨宴两种仪式在乐舞的选用上就存在很大差异，主要表现在乐舞的内容、节奏、风格等方面。在祭祀天神、地示、人鬼的礼仪中，所选择的乐舞以先王之乐为主，前引《周礼·大司乐》载周代祭祀所用六代之乐：《云门》《咸池》《大韶》《大夏》《大濩》《大武》，这六代之乐为先王之乐，吉礼以祖先配天、以成功告于神明等基本原则决定了要选择使用这些乐曲。

仪式对音乐的选择标准不仅表现在内容上，还包括音乐的风格、节奏等。吉礼是致敬于鬼神的仪式，“敬”是仪式所要求的氛围，仪式动作的缓慢、表情的肃穆等均是营造“敬”这一仪式氛围的手段，具体到仪式用乐上，乐舞的动作、节奏的创制或选择也以营造“敬”为出发点。我们以周初祭祀乐舞《大武》舞为例，据王国维等考证，《诗经·周颂》中的《昊天有成命》《武》《酌》《桓》《赉》《般》是与《大武》舞相配合的乐歌[①]，可见《大武》舞是诗、乐、舞合一的综合艺术。这一乐舞具有如下特点：第一，这些舞蹈在舞容上是整齐划一的集体表演，即《礼记·乐记》中所说的“进旅退旅”，同时用乐器控制舞蹈动作：“治乱以相，讯疾以雅”，“相”“雅”乃节乐之器，是控制音乐演奏以免舞蹈与音乐脱节的乐器，这些措施使得《大武》舞的表演达到了整齐划一的效果；使用的乐器多质木无文：“弦匏笙簧，会守拊鼓”，只有质朴的音乐才能致敬于鬼神。第二，在歌辞上，与乐舞相配的歌辞为“颂”，其特点是发声缓慢[②]，目的是与仪式中的舞蹈动作相协调。由此可见，在吉礼中使用的乐舞在内容上体现了祖先的功绩，风格庄严、凝重，节奏缓慢，这均是雅乐的典型特征，这些特点的形成均是由吉礼对“敬”的要求决定的。

礼仪对乐舞的决定作用也表现在飨宴等用于人际交接的礼仪中。以乡

---

① 魏源、王国维、高亨、孙作云等学者对《礼记》中与《大武》舞相配合的歌诗顺序及篇名存在歧见，孙作云在《周初大武乐章考实》中对此有详细的总结，参见孙作云《诗经与周代社会研究》，中华书局1966年版，第258页。

② 王国维：《观堂集林·说周颂》，载谢维扬等主编《王国维全集》（第八卷），浙江教育出版社2009年版，第59页。

饮酒礼为例，乡饮酒礼是乡大夫飨一乡之贤者、能者的仪式[①]，《仪礼》贾公彦疏引郑玄《目录》云："诸侯之乡大夫，三年大比，献贤者能者于其君，以礼宾之，与之饮酒，于五礼属嘉礼。"[②] 举行乡饮酒礼是对乡之贤者、能者的慰问，也是对贤者、能者的礼仪训练，使其在献于君后能熟知礼仪，我们通过这一仪式过程中两个阶段的划分可知，其政治功利目的居于首位，而娱乐次之。

在这一仪式中，所用乐歌与仪式的目的是相符的，先为正乐，即升歌、下管、间歌、合乐，在升歌阶段"工歌《鹿鸣》《四牡》《皇皇者华》"，这三首歌诗都是《诗经·小雅》中的作品，据郑玄注，《鹿鸣》是"君与臣下及四方之宾燕，讲道修政之乐歌也"[③]，《四牡》是"君劳使臣之来之乐歌也"[④]，《皇皇者华》是"君遣使臣之乐歌也"[⑤]。如郑玄之注，这三首均为国君所用之乐歌，而为何用于乡饮酒礼中？这是由仪式的目的决定的，乡饮酒礼中的宾最终是要推荐给君主的贤者、能者，以后必定要参加朝廷的各种仪式活动，掌握相关的朝廷礼仪是进入朝廷的必备技能，乡饮酒礼的用乐蕴含着作为贤者、能者的宾将来要成为国君之臣的意义。贾公彦疏云：

> 此时贡贤能拟为卿大夫，或为君所燕食以《鹿鸣》诗也，或为君出聘以《皇皇者华》诗也，或使反为君劳来以《四牡》诗也，故宾贤能而预歌此三篇使习之也。[⑥]

贾公彦疏指出乡饮酒礼升歌所用之《鹿鸣》《四牡》《皇皇者华》是对贤者、能者入仕之前的训练。这进一步说明礼仪用乐的选择是由仪式的目的决定的，当乐舞有助于仪式目的实现时才能成为礼仪用乐。

总之，在礼乐关系上，礼永远处于主导地位，乐处于从属地位。郑樵

---

① 乡饮酒内容，其义有四：一则乡大夫三年宾贤能，二则乡大夫饮国中贤者，三则州长习射饮酒，四则党正蜡祭饮酒。见（清）孙希旦撰，沈啸寰、王星贤点校《礼记集解》，中华书局1989年版，第1424页。此处取其第一、二义。

② （清）阮元校刻：《十三经注疏·仪礼注疏》，中华书局1980年版，第980页上栏。

③ （清）阮元校刻：《十三经注疏·仪礼注疏》，中华书局1980年版，第985页中栏。

④ （清）阮元校刻：《十三经注疏·仪礼注疏》，中华书局1980年版，第985页中栏。

⑤ （清）阮元校刻：《十三经注疏·仪礼注疏》，中华书局1980年版，第985页中栏。

⑥ （清）阮元校刻：《十三经注疏·仪礼注疏》，中华书局1980年版，第985页下栏。

虽然强调礼乐的不可分割、相互依存，但他未注意到在礼乐相互依存背后所隐藏的主从关系。无论是吉礼用乐还是用于人际交接的宾礼、军礼、嘉礼用乐，其对仪式的依附是不可避免的，仪式对音乐具有绝对的选择权。从根本上说，各种礼仪都将维护尊卑有别、长幼有序作为出发点，礼仪用乐也必须遵循这一原则，二者殊途而同归。从另一个角度说，只有当礼仪用乐围绕这一出发点进行展演时，其在仪式中的价值才能够实现，否则就失去了存在的意义。

（三）“圣人以神道设教而天下服”——礼仪用乐中的巫术及宗教文化因素

如上文所述，周初制礼作乐之后，礼乐的功能发生了很大的转变，维护以宗法制为核心的封建制度成为礼乐的核心任务。在春秋战国时期，随着中国“轴心突破”① 时代的到来，天人关系进一步明确，知识阶层的理性沉思与礼乐的人文精神取代了原始仪式无节制的巫术与宗教狂热，在对周代礼乐最为推崇的儒家思想创始人孔子那里，对鬼神的态度已经发生了变化，不再将其视为无所不能的至上存在，而只是强调祭祀时的态度要恭敬。划分鬼神与人之间的界限，是实用理性的体现，《论语·八佾》：“祭如在，祭神如神在。子曰：‘吾不与祭，如不祭。’”② 《论语·雍也》：“樊迟问知，子曰：‘务民之义，敬鬼神而远之，可谓知矣。’”③《论语·述而》：“子不语怪、力、乱、神。”④ 《论语·先进》：“季路问事鬼神，子曰：‘未能事人，焉能事鬼？’”⑤ 均表明了孔子对鬼神的态度，但周代的制礼作乐并非与原始仪式乐舞完全分离，在五礼中，众多的礼仪形式仍然与原始乐舞有着千丝万缕的联系，而其联系的最核心之处表现为：在礼乐仪式中原始的巫术与宗教思维仍然发挥着作用，故《周易·观》云：“圣人以神道设教而天下服矣。”⑥ 神道与教化二者在仪式中找到了很好的结合点。

---

① “轴心突破”是德国哲学家雅斯贝尔斯在《历史的起源与目标》一书中提出的概念，指世界古代文明在发展过程中的精神大跃动，最后导致系统性的哲学史或思想史的正式发端。关于中国的“轴心突破”情况，参见余英时《论天人之际：中国古代思想起源试探》，中华书局2014年版，第1—62页。

② （清）阮元校刻：《十三经注疏·论语注疏》，中华书局1980年版，第2467页上栏。

③ （清）阮元校刻：《十三经注疏·论语注疏》，中华书局1980年版，第2479页中栏。

④ （清）阮元校刻：《十三经注疏·论语注疏》，中华书局1980年版，第2483页上栏。

⑤ （清）阮元校刻：《十三经注疏·论语注疏》，中华书局1980年版，第2499页上栏。

⑥ （清）阮元校刻：《十三经注疏·周易正义》，中华书局1980年版，第36页中栏。

借助于巫术、宗教实现政治教化目的的情况在以郊祀、宗庙、藉田、社祭等为代表的吉礼中体现得最为明显，在丧礼、荒礼等凶礼中也有所体现。祭祀仪式源于原始巫术及宗教活动已经成为学术界普遍承认的观点，原始巫术、宗教仪式与吉礼在内容与形式上存在不少相通之处。从发生学上说，原始祭祀仪式与吉礼中都设定了一个祭祀的对象——神灵，或是自然神，或是祖先，神灵是祭祀仪式的中心，没有神灵祭祀仪式不可能发生；从祭祀的方式上说，两种祭祀仪式既存在对神灵祈求的宗教方式，也存在对神灵进行强制干预的巫术方式。音乐是吉礼中的重要组成部分，音乐在原始仪式中的巫术与宗教功能我们已经在上文做了阐述，在制礼作乐之后，音乐在吉礼中的这一功能不但没有消失，用乐反而成为与神灵关系最为密切的仪式环节，这主要体现在仪式中的致神环节与飨神环节，在这两个环节中，音乐充分发挥了“以神道设教”的功能。

1. 以乐致神与礼仪用乐的巫术、宗教性质

在祭祀中，神灵是仪式的核心。祭祀仪式中的各个环节均是围绕神灵设置的，用乐也不例外。神灵作为一种想象的存在，在各种祭祀类型中以不同的面貌出现。在人类思维的万物有灵时期，祭祀种类繁多，蜡祭就是其中的代表：“蜡也者，索也。岁十二月，合聚万物而索享之也。”所谓“索享”，即将神灵召至祭所，进而祭祀。在制礼作乐之后，礼仪中祭祀的神灵，在自然神方面开始由万物有灵向天地二元神转化，在天地二元神之下包含了数量有限的神灵，自然神之外为祖先。祭祀仪式就是围绕天神、地示、人鬼这三元神展开的。在三元神祭祀中，音乐在仪式中首先发挥的是致神功能，《尚书·益稷》：“夔曰：‘戛击鸣球，搏拊琴瑟以咏。祖考来格。虞宾在位，群后德让。下管鼗鼓，合止柷敔，笙镛以间。鸟兽跄跄。箫韶九成，凤皇来仪。”[①]《周礼·大司乐》：“以六律、六同、五声、八音、六舞大合乐，以致鬼神示。”[②] 夔之乐所致为祖考之神，大合乐所致为天神、地示、人鬼。在音乐的致神功能中，存在着巫术的思维法则，即通过客观的手段来干预神灵，促使神灵的降临。《周礼·大司乐》中有另一段致神的文字：

---

① （清）阮元校刻：《十三经注疏·尚书正义》，中华书局 1980 年版，第 144 页上栏。

② （清）阮元校刻：《十三经注疏·周礼注疏》，中华书局 1980 年版，第 788 页上栏。

凡乐，圜钟为宫，黄钟为角，太蔟为徵，姑洗为羽……若乐六变，则天神皆降，可得而礼矣。凡乐，函钟为宫，太蔟为角，姑洗为徵，南吕为羽……若乐八变，则地示皆出，可得而礼矣。凡乐，黄钟为宫，大吕为角，太蔟为徵，应钟为羽……若乐九变，则人鬼可得而礼矣。①

在这里，圜钟、函钟、黄钟“三者为宫，用声类求之”，所谓“以声类求之”与古人对五声十二律来源的认识有关，据郑玄注，圜钟生于房心之气，房心为大辰，属天帝之明堂；函钟生于未之气，未为坤位，乃地示之居所；黄钟生于虚危之气，虚危为宗庙，乃人鬼之居所。这三者为宫，是用乐中的主音，产生这三律的“气”来源于天神、地示、人鬼所居之处，这种关系就决定了音乐与鬼神示之间具有同类相感的关系，属于巫术思维中的交感巫术。只不过这种交感巫术思维发生作用并不是在一种原始仪式的语境中，而是在祭祀的神灵体系已经建立的前提下，音乐在仪式中发挥致神功用借助了宗教的形式，即以献祭的方式对神灵进行祈求，以期其降临祭所。

在西周之后，天神、地示、人鬼的三元神系建立，整个祭祀仪式就是围绕神灵而展开的，祭祀中的三个重要环节：致神、歆神、陈馔，《礼记·郊特牲》疏引熊氏：“凡大祭并有三始，祭天以乐为致神始，以烟为歆神始，以血为陈馔始。祭地以乐为致神始，以血为歆神始，以腥为陈馔始。祭宗庙亦以乐为致神始，以灌为歆神始，以腥为陈馔始。”② 在三元神祭祀中，致神的环节均以音乐为起始，音乐在这里发挥的是献祭功能，是对神灵的祈请与供奉，仪式音乐的演奏是以虔敬的态度进行的，带有明显的宗教情感色彩。巫术与宗教二者融合在“致神”这一仪式环节之中，以看似同一的形式表现出来。

2. 以乐飨神与礼仪用乐的宗教性质

吉礼作为国家礼制之一，也是国家宗教，是天子或帝王为天、地、人三元世界的最高神灵举行的仪式。致神、飨神、祈请、送神构成了吉礼祭

① （清）阮元校刻：《十三经注疏·周礼注疏》，中华书局1980年版，第789下栏—790页上栏。

② （清）阮元校刻：《十三经注疏·礼记正义》，中华书局1980年版，第1457下栏—1458页上栏。

祀的基本模式，这也是一般宗教仪式的基本模式。三元世界的最高神灵均具有人格化色彩，也是人间帝王权威在神灵世界的投射，在三元神身上集中了宗教中神灵的神性与现实国家政治中帝王的权威性。因此，国家礼制中的祭祀仪式在表面上看是对神灵的祈求，实则是一种政治权力确认。这一功能的实现，必须要借助于宗教的形式，尤其是作为仪式主要环节的献祭。

在神灵祭祀中，飨神是仪式的主体，它是祭祀仪式的核心部分。在飨神中，音乐仍然作为宗教仪式的构成要素参与了仪式，所发挥的作用仍然是对神灵的献祭，但在制礼作乐后的仪式活动中，献祭是借助了“礼”的形式。在吉礼中的飨神又称为“礼神”，从上段《周礼》引文中的“可得而礼”可知，仪式中音乐的演奏还有礼神之功用，郑玄注：“天神则主北辰，地祇则主昆仑，人鬼则主后稷，先奏是乐以致其神，礼之以玉而灌焉，乃后合乐而祭之。”[①] 这一称谓表明了音乐从原始仪式发展到礼乐仪式过程中功能的转变，即使如此，也不能改变乐在“礼神”环节所具有的宗教性质。

音乐在礼仪中的功用由“致神”而“礼神”，其作为仪式献祭（Sacrifice）的属性更趋明显，献祭“是为了向神祈求当前与未来的福而供奉的礼品”[②]，是包括原始宗教在内的早期宗教的重要内容，它在仪式中既以物品，也以行为的形式出现。其存在的前提是仪式中有一个人格化的神灵，并且这一神灵能够影响甚至左右仪式参加者的命运。献祭作为对神灵的供奉，以神与人有同样的嗜欲为前提，因此，献祭活动就是一种人与神灵的交流，是一种以物为手段的祈请。在降神环节，音乐作为献祭品吸引或祈求神灵的降临，在礼神环节，乐舞与牺牲、玉帛、酒醴等一起构成了献祭的主要内容。

音乐在吉礼中的功用，从其宗教属性来说是娱神。在宗教仪式中，神灵被想象成为具有人格的存在，那么它也就具有了人的属性，仪式举行者若想神灵对其祈求有所回应，必须使神灵在饮食及视听等方面得到满足。作为仪式中最富于感性色彩的部分，音乐在仪式中无疑是视听的因素。在制礼作乐之后的礼乐活动中，乐之用于仪式以飨神，除作为献祭之物这一

---

① （清）阮元校刻：《十三经注疏·周礼注疏》，中华书局1980年版，第790页上栏。

② 吴泽霖总纂：《人类学词典》，上海辞书出版社1991年版，第596页。

较为普遍的功用外，还作为民族历史记忆的载体，将统治者的历史功绩转化为一种形象的乐舞符号，借仪式的过程进行展演，使自己的功绩上达神明，即《毛诗序》所谓“颂者，美盛德之形容，以其成功告于神明者也”[①]。音乐在这里充当了统治者与神灵交流的媒介。

可见，音乐在飨神环节，无论是作为献祭品还是作为人神交流的媒介，其发挥作用总是有赖于人类的宗教思维，虽然在周初制礼作乐之时进行了改革，但仍然无法摆脱其所具有的宗教性质，这正是“以神道设教”对仪式各因素产生的客观影响。

3. 对礼仪及其用乐的巫术与宗教性质之评价

周初的制礼作乐借助了巫术、宗教的形式，这主要体现在祭祀天神、地示、人鬼的仪式中，这种改革后的祭祀仪式，礼是内核、是根本，巫术、宗教是礼乐仪式借以实现其功能的外在形式。这一外在形式不但是必要的，而且是不可缺少的。

从源头上说，吉礼是原始巫术及宗教仪式的延续。礼仪用乐的巫术及宗教性质本身就是从原始巫术、宗教仪式中继承而来，被改造为具有政治功能的符号形式，在这个过程中实现了由原始乐舞到礼仪用乐的转变，最有力的证据就是原始仪式中的乐舞往往转变为礼仪用乐。上古传说时期的音乐往往具有原始巫术及宗教的属性，如《大章》，传说中本为帝尧之乐，是带有巫术色彩的乐舞，《吕氏春秋·古乐》中载《大章》的创作过程及功效：

> 帝尧立，乃命质为乐。质乃效山林溪谷之音以歌，乃以麋鞈置缶而鼓之，乃拊石击石，以象上帝玉磬之音，以致舞百兽。瞽叟乃拌五弦之瑟，作以为十五弦之瑟，命之曰《大章》，以祭上帝。[②]

《大章》之乐在制作时是对自然声音的模仿，在乐成之后用于仪式并达到了“致舞百兽”的效果，具有明显的巫乐性质。此乐作为传说时代产生并使用的乐舞，带有比较浓厚的巫文化色彩。在礼乐制度建立之后，《大章》

---

① （清）阮元校刻：《十三经注疏·毛诗正义》，中华书局 1980 年版，第 272 页下栏。

② 据郑玄注，《大章》为帝尧之乐。相关辨析见（清）孙希旦撰，沈啸寰、王星贤点校《礼记集解》（中华书局 1989 年版，第 996 页）及许维遹撰，梁运华整理《吕氏春秋集释》（中华书局 2009 年版，第 125—126 页）。

被纳入礼仪用乐之中，用于地示之祭祀，成为六代乐之一，获得了神圣的地位。可见，原始乐舞与礼仪乐舞二者并非毫无联系、完全割裂。原始乐舞之宗教性是其进入礼乐仪式的前提，这种宗教性与吉礼本身的宗教性是相一致的，舍弃了这种宗教性，由原始乐舞到吉礼用乐的转变不可能实现。只是这一转变过程中，鉴于夏、商亡国的历史教训以及迫于周初的政治形势，制礼作乐者已经将原始仪式中的巫术及宗教加以改革，使其脱离了原始仪式的淫祀状态，转向对政治与伦理的关注，形成了政治化、伦理化的用乐规范。同时，由于本身所具有的历史文化内涵①，这些乐舞成为统治权力合法性的证明及维护封建秩序的工具。乐舞的政治化、伦理化是周代宗教礼乐政治化、伦理化的内容之一，也成为后世礼乐创制的一个基本传统。

吉礼中的先王或先祖之乐与原始巫术、宗教仪式中的乐舞在发挥作用的机制上存在差异。如上文所述，乐舞在这些仪式中仍然发挥其娱神之功用，这是由祭祀仪式的宗教属性决定的，但在周初制礼作乐之后，吉礼中乐舞的首要功能是以前代之乐进行自我证明，一方面向天神、地示、人鬼传达周的建立基础是“德”，这种“德”也是国家政治顺利运行的保证。“德”这一思想在仪式及其用乐中的出现是由巫术、宗教仪式向礼仪转变的重要标志，而“德”这一思想的表达及实现又必须依附于“神道”的外衣，只有这样才能够实现“天下服”的最终目的，正如余英时先生所论：“周初‘德’的观念的流行，‘天道’向‘人道’方面移动，确是礼乐史上一个划时代的变化。其具体的后果之一便是‘礼乐’（或简称之为‘礼’）从早期‘事神’或‘礼神’的媒介至春秋时期已扩大为一套‘人道’的秩序，不过这个‘人道’秩序则依然被理解为‘天道’的模本。”②另一方面，对先王乐舞的选择也是向三元神传达以先王作为效法准则治理国家的政治理念，因为这些乐舞是先王“功成”之后制作的，在周代制礼作乐者那里已经成为功绩的象征符号。

因此，吉礼乐舞的使用理念、方式与原始宗教乐舞相比有了很大变化。同为向神灵传达信息，二者传达的内容存在差异：一为娱神或对神灵的祈求，这种祈求是以保障个体或小群体的利益为目的；一为向神灵表达

① 在儒家经典中，乐的使用有“一代有一代之乐”“王者功成作乐”的规定，但在实践中往往将前代之乐为本朝所用。

② 余英时：《论天人之际：中国古代思想起源试探》，中华书局2014年版，第84页。

治理国家的态度，这是以国家立场所做的政治宣言。在吉礼中，乐舞的政治功利目的成为首要的取向，乐舞的娱神、乐神功能被削弱，成为次要的仪式目的。

制礼作乐中的“以神道设教”主要是对祭祀仪式而言，“神道”与“教化”在仪式中成为一对紧密的结合体。事实上，在礼制实践中，并非周代之后的任何朝代都是按照这种理想的图式去建立本朝的祭祀礼制的，即使在儒家思想成为统治思想之后，在礼制建设上仍然体现出重“神道”而轻“教化”的现象。

西周末至秦汉时期祭祀礼乐制度建设中就存在“神道”与“教化”错位，有时礼乐中的宗教因素被抛弃得无影无踪，有时统治者却忽视教化而单纯追求宗教感的获得。周代所建立的礼乐制度，在西周末年就有崩坏的趋势，春秋战国的诸侯纷争破坏了礼乐制度推行的基础，僭越用乐等级的现象比比皆是，以致孔子对僭越天子乐舞的季氏发出了“是可忍孰不可忍”的愤慨。此时的礼仪用乐在使用者那里已经失去了其所具有的宗教性质，纯粹成为各位权贵展示自我地位的道具。尤其是春秋战国时期各自为政的政治局势对之前的宗教体系产生了巨大的破坏，强国纷纷将称呼天神的“帝”号用之于人间君主，而祭祀神灵的体系也是根据自己所处地域来确立，形成了“各有所祭”的神灵体系。

秦统一六国，由于国祚短促，并未完成礼乐制度的建设，并且秦始皇受神仙方术思想影响，在礼制建设上表现出明显的神仙方术化倾向，在其统治期间所举行的封禅等仪式活动与周代礼乐精神大异其趣，更未建立起相应的仪式用乐规范。汉代祭祀礼乐的建设也并非一蹴而就，其郊祀、宗庙礼制的建设经历了一个长期的过程，尤其是在汉武帝之前的郊祀、宗庙、封禅等祭祀仪式与政治化、伦理化的礼乐制度相比存在着相当大的差距。

秦代及汉武帝之前的国家礼制建设中，“神道”仍然是重要的内容，但并未将其作为实现教化的手段，他们“对各地原有的宗教和民间宗教都是采取兼收并蓄，分级设等”① 的方式，在很大程度上与个人对神仙方术、长生不老思想的迷恋有关，与其说是国家礼制建设，毋宁说是由皇帝个人的宗教信仰决定的宗教整合。这些仪式的用乐也体现出相同的特点，

---

① 李零：《秦汉礼仪中的宗教》，《中国方术续考》，中华书局2006年版，第140页。

西汉祭礼用乐《郊祀歌十九章》及《安世房中歌》被后世评价为“非全雅什”[①]，就是针对这些乐歌中的神仙方术思想而言的。西汉宣帝、元帝时期的儒学复古及整顿杂祠祀使礼制建设开始走向正轨，王莽的复古改制进一步使礼制建设走向儒家经典所规定的方向，但是这一举措还未施行西汉就宣告灭亡。东汉光武帝因谶纬起家，在礼制建设上又带有明显的谶纬神学色彩，而谶纬神学本身就是“以神道设教”的一种方式，其礼仪用乐也带有明显的谶纬神学特征[②]。

因此，西周末至汉代的礼乐发展情况说明，国家礼制中的乐舞并非都能发挥制礼作乐时设定的功能——政治教化，统治者的个人喜好、“小传统”文化、传统风俗惯性等都会成为影响乐舞发挥功能的因素，但从整个中国历史的发展来看，乐舞的政治教化功用一直都是中国古代礼乐文化的“大传统”。

---

① （唐）魏征、令狐德棻：《隋书》卷13《音乐志上》，中华书局1973年点校本，第286页。

② 东汉时期的郊庙上陵之乐“太予乐”即永平年间依谶文而改，显见其受谶纬神学之影响。

第三章　魏晋南北朝五礼制度的建设及其用乐

第一节　魏晋南北朝礼学发展与制礼作乐的互动关系

一　礼学经典地位的确立及成为制礼作乐的依据

（一）儒学独尊地位及礼学经典地位的确立

魏晋南北朝时期的礼仪用乐已被纳入五礼制度之下，成为一种带有规律性、节奏性的礼乐实践活动，这些礼乐活动是在作为国家制度的礼制规范之下举行的，而礼制规范的形成大体有两条路径，其一为适应社会制度的变迁，统治者据此制定适宜的礼制规范；其二是对已存在的古礼进行阐释，这些古礼被有选择地加以改造，成为制礼作乐的指导性材料。

礼乐具有极强的实践性，脱离实践就会丧失生命力。礼乐的外在形态表现为仪式、仪节及礼仪制度，是礼乐存在的实践形态；从周初制礼作乐开始，礼乐主要以这种形态存在，西周末年的“礼崩乐坏”就是指礼乐的实践形态遭到破坏。与这种实践形态相对应，还存在礼乐的理论形态，即以文字等形式对礼乐活动的记载，礼经及其阐释为主要形式，就是我们通常所说的“礼学”。从时间上来说，礼乐的理论形态应晚于礼乐的实践形态，“仪式是礼乐文献的一个重要来源”[①]，礼乐理论形态的产生正是以制礼作乐的实践形态为条件的。

礼乐的理论形态将前代礼乐活动用文字形式保存，这种文字形式就产生了阐释的可能性，礼经及其阐释又成为后世制礼作乐实践活动的指导。礼学对制礼作乐的实践发挥指导作用是在礼学以经典的形式成为官方意识形态话语之后。礼学的经典化与儒家思想被作为官方意识形态有着密切的

① 过常宝：《制礼作乐与西周文献的生成》，中国社会科学出版社 2015 年版，第 322 页。

关系，随着儒学的经学化，作为儒家经典的“六经”逐步与皇权政治相结合，开始确立起经典的地位，《汉书·武帝纪》载：“孝武初立，卓然罢黜百家，表章六经。”颜师古注曰：“百家，谓诸子杂说，违背六经。”[①]礼学作为儒家思想的重要内容也自然成为经典。同时，在汉武帝时设立五经博士，各有弟子员，《汉书·百官公卿表》：“武帝建元五年初置五经博士，宣帝黄龙元年稍增员十二人。”[②] 专门对经典进行研习。此时的经典师说较为单一，一经往往只有一家学说被立为博士，随着儒学经学化进程的演进[③]，关于五经的更多师说被立为官学，形成了同一经典有众多家法的局面，据《汉书·儒林传》载：“自武帝立五经博士，开弟子员，设科射策，劝以官禄，讫于元始，百有余年，传业者寖盛，支叶蕃滋，一经说至百余万言，大师众至千余人，盖禄利之路然也。初，《书》唯有欧阳，《礼》后，《易》杨，《春秋》公羊而已。至孝宣世，复立《大小夏侯尚书》《大小戴礼》《施孟梁丘易》《穀梁春秋》。至元帝世，复立《京氏易》。平帝时，又立《左传》《春秋》《毛诗》、逸《礼》、古文《尚书》，所以网罗遗失，兼而存之，是在其中矣。”[④] 西汉经学历经武帝、宣帝、元帝、成帝直至平帝，在儒家经典学说上形成了今、古文学派并立，师法众多的局面。作为一种具有较强实践特点的学说，礼学的经典化必然会对汉代礼乐文化的建设起到重要的推动作用，礼学经典及其阐释从汉代开始就在制礼作乐的活动中发挥指导作用。

（二）汉代开始礼学经典对礼仪用乐的规范

以礼经作为制礼作乐的指导其来有自。礼仪的施行是礼文献出现的前提，脱胎于周代礼官的儒是礼文献的最早整理者，对礼的记载在先秦时期已经出现，《论语·八佾》：“子曰：‘夏礼，吾能言之，杞不足征也；殷礼，吾能言之，宋不足征也。’”[⑤] 孔子所谓“能言”之礼，当然不是实践形态的礼，而是对夏、商二代之礼的一种记忆性保存，其中既有对礼乐规范的记载，也有对礼乐精神的阐释。孔子曾“以诗书礼乐教”，这些传授弟子的内容应来自周代之礼，是否以文本形态存在则不得而知。在汉代成

① （汉）班固：《汉书》卷6《武帝纪》，中华书局1962年点校本，第212页。

② （汉）班固：《汉书》卷19《百官公卿表》，中华书局1962年点校本，第726页。

③ 关于儒学的经典化进程参见李振宏《汉代儒学的经学化进程》，《中国史研究》2013年第1期。

④ （汉）班固：《汉书》卷88《儒林传》，中华书局1962年点校本，第3620—3621页。

⑤ （清）阮元校刻：《十三经注疏·论语注疏》，中华书局1980年版，第2466页下栏。

为儒家经典的《仪礼》很可能是由孔子的弟子、后学编订，其依据也是周代礼乐实践[①]。在《三礼》成为经典之前，孔子、孟子等儒家学者及统治阶级上层都已认识到礼在国家政治中的重要作用，先秦儒家已对礼乐精神及其实践形态在国家政治中的重要作用做过相关论述。这种认识在秦汉时期得到进一步强化。班固在《汉书·礼乐志》中说："六经之旨同归，而《礼》《乐》之用为急。"[②] 班固认为《礼》《乐》作为儒家经典，其价值在"用"，也就是说《礼》《乐》不是一种仅具理论价值的学术，而是以其实践性具有与现实政治相结合的可能，在服务于现实政治这一点上是其他经典无法比拟的。秦汉时期，统治者对礼的态度是明确的，如秦时对礼的态度，《史记·礼书》载："至秦有天下，悉内六国礼仪，采择其善，虽不合圣制，其尊君抑臣，朝廷济济，依古以来。"[③] 而汉初定"拨乱反正，日不暇给，犹命叔孙通制礼仪，以正君臣之位"[④]。之后汉文帝时的贾谊及汉武帝时的公孙弘等儒者均有制礼之议，但此时的议礼或制礼尚停留在对前代具体仪制的模仿上，通过礼容的传授进行礼乐仪式的制作。这一传统自叔孙通开始，叔孙通制礼的依据是"采古礼与秦仪杂就之"[⑤]，应为当时所存之礼仪[⑥]，是先秦古礼礼容的遗存；其后徐生以善礼容而为礼官，形成了以礼容作为制礼规范的师法传统："孝文时，徐生以颂为礼官大夫，传子至孙延、襄。襄，其资性善为颂，不能通经；延颇能，未善也。襄亦以颂为大夫，至广陵内史。延及徐氏弟子公户满意、桓生、单次皆为礼官大夫。而瑕丘萧奋以《礼》至淮阳太守。诸言《礼》为颂者由徐氏。"[⑦] 在后世礼学家看来，这种方式只涉及"礼之粗"，礼乐仪式的精义还需要礼学著作的阐释。

汉武帝立五经博士，《仪礼》成为官方学说，汉成帝之前，被立为官学者唯《仪礼》一家，当时其名为《士礼》，传自汉高堂生，《汉书·儒

---

① 沈文倬：《略论礼典的实行和〈仪礼〉书本的撰作》，《宗周礼乐文明考论》，浙江大学出版社 1999 年版，第 1—54 页。

② （汉）班固：《汉书》卷 22《礼乐志》，中华书局 1962 年点校本，第 1027 页。

③ （汉）司马迁：《史记》卷 23《礼书》，中华书局 1959 年点校本，第 1159 页。

④ （汉）班固：《汉书》卷 22《礼乐志》，中华书局 1962 年点校本，第 1030 页。

⑤ （汉）班固：《汉书》卷 43《叔孙通传》，中华书局 1962 年点校本，第 2126 页。

⑥ 秦末汉初鲁国尚存古礼，高祖攻破鲁国时儒生尚演古礼，而叔孙通制礼时曾征鲁儒生三十余人。

⑦ （汉）班固：《汉书》卷 88《儒林传》，中华书局 1962 年点校本，第 3614 页。

林传》："汉兴，鲁高堂生传《士礼》十七篇。"[①] 由于《仪礼》实为士礼，其在指导国家礼乐实践时仍然存在很大缺陷，为何如此说？汉武帝在建元五年（前136）设立五经博士，而其统治时期的封禅、郊祀仪式及用乐的制作大都是在燕齐神仙方术思想的指导下完成的，如汉武帝时欲立明堂而苦于无制度可依，最终依据的是济南人公玉带所献明堂图，而非礼经[②]。又如汉武帝时"议欲放古巡守封禅之事，诸儒对者五十余人，未能有所定"[③]。可见，礼经并未在这些礼仪的制作中发挥作用，尽管汉武帝时已经确立了儒学的独尊地位，《仪礼》也成为经典，但此时尚未形成一种以礼学经典为指导的、涉及国家政治生活方方面面的礼乐体系。

汉代礼学的官方化与经典化使礼学的地位不断提高，这与汉代统治者对经学的重视密切相关。汉武帝之后，官方直接参与到礼学等经典的建构之中，甘露三年（前51）的石渠阁会议中，汉宣帝以帝王的权威参与了经典的确立，最终，《仪礼》《礼记》都被立为官学，这一会议使得"《礼》学和礼治得到了极大发展"[④]。礼经作为官方学说地位的确立是其成为制礼作乐理论指导的重要前提，但在汉宣帝时，制礼作乐的活动仍然未以礼经为指导，《汉书·礼乐志》载宣帝谏大夫王吉疏："愿与大臣延及儒生，述旧礼，明王制。"[⑤] 最终宣帝不纳其言。

礼经成为王朝制礼作乐依据的另一个条件是儒者进入统治阶级行列，对国家礼制的制定发挥作用。这一条件在汉宣帝、汉元帝之时也开始具备，从汉武帝开始任用儒者为官，宣、元之世儒者在朝廷为官者已大有人在，《汉书·匡张孔马传》："自孝武兴学，公孙弘以儒相，其后蔡义、韦贤、玄成、匡衡、张禹、翟方进、孔光、平当、马宫及当子晏咸以儒宗居宰相位。"[⑥] 这两个条件使得儒者以其所掌握的礼学理论参与现实政治，并按照符合儒家礼乐精神的形式制定礼乐，开启了以礼学经典及其学说指导礼乐建设的先河。

以礼经作为制礼作乐的依据在汉元帝时有较大突破。以郊祀礼制为例，在汉元帝之前，郊祀仪式及其乐歌与经典所载相去甚远，所祭神灵纷

① （汉）班固：《汉书》卷88《儒林传》，中华书局1962年点校本，第3614页。
② （汉）班固：《汉书》卷25《郊祀志》，中华书局1962年点校本，第1243页。
③ （汉）班固：《汉书》卷58《兒宽传》，中华书局1962年点校本，第2630页。
④ 金春峰：《汉代思想史》，中国社会科学出版社1987年版，第330页。
⑤ （汉）班固：《汉书》卷22《礼乐志》，中华书局1962年点校本，第1033页。
⑥ （汉）班固：《汉书》卷81《匡张孔马传》，中华书局1962年点校本，第3366页。

繁复杂，不成体系，祭祀地点及祭法也与传统有较大差异。马端临《文献通考》云："盖西都之所谓郊祀，若雍五畤，若甘泉泰一，皆出于方士祈福之说，而非有古人报本之意。"[①] 在乐歌的使用上也与传统雅乐相背离，体现出浓郁的楚地文化色彩。直到汉元帝时，才在匡衡等儒者的坚持下对郊祀仪式进行改革，依据礼经，罢除汉武帝时的甘泉泰畤、雍五畤等祭祀，整齐祭祀对象，分别祭祀天、地于长安南北郊：

> 右将军王商、博士师丹、议郎翟方进等五十人以为《礼记》曰"燔柴于太坛，祭天也；瘗埋于大折，祭地也。"兆于南郊，所以定天位也。祭地于大折，在北郊，就阴位也。[②]

这是以礼经作为制礼依据的例证之一。

关于宗庙祭祀，儒者也以礼经为依据提出具体措施：汉元帝时贡禹以为天子七庙，汉惠帝、汉景帝庙皆亲尽，宜毁，其依据为《礼记·王制》的"天子七庙，三昭三穆，与太祖之庙而七"。汉成帝死后，汉哀帝即位，孔光、何武奏先帝宗庙迭毁之议，以为祖宗之下，五庙而迭毁，虽有贤君，不得与祖宗并列。王舜、刘歆反对，他们争论的焦点是汉武帝之庙是存是毁，所引经典包括《礼记》《左传》《穀梁传》，最终结论是汉武帝之庙不宜毁，这一建议为汉哀帝采纳。可见，儒家经典的确立与其对现实政治的影响并不是同步的，各种复杂因素在其中起着作用。在礼经确立后，如果君主对礼经采取主动吸纳的态度，经典自然会与现实政治相结合，如汉成帝时期的制礼作乐活动；在皇权强有力的时期，如果君主无视经典对现实政治的指导，加之别有喜好，则礼经无法参与制礼作乐的政治活动，如汉武帝时的礼乐活动大都是在神仙方术思想影响下进行的；在皇权衰弱时，精通儒家经典的大臣会主动将经典、政治理想与现实政治相结合，发挥礼经对礼乐活动的规范作用，汉哀帝、汉平帝时期的礼乐活动就是显例。

王莽篡汉以后，推崇古文经，置《周礼》博士，以《周礼》作为其政治改革的依据，在礼乐制度建设上自然也以《周礼》为蓝本。东汉中期，古文经学兴起，并逐渐在整个经学体系中占据了统治地位，今文经学"专明

---

① （元）马端临：《文献通考》卷 68《郊社二》，中华书局 1986 年影印本，第 630 页上栏。
② （汉）班固：《汉书》卷 25《郊祀志》，中华书局 1962 年点校本，第 1254 页。

大义微言”，而古文经学则是以章句训诂为主，同时也注重经世致用，一方面保存了古代礼说的本意，另一方面也注重经学与现实政治的关系。这就使得古文礼学在与国家政治结合这一层面上远远超过了今文礼学，成为统治者乐于接受的学问。尤其是郑玄融合今古文之说，注《三礼》，试图弥合二者的差别。《后汉书·儒林传》：“中兴，郑众传《周官经》，后马融作《周官传》，授郑玄，玄作《周官注》。玄本习《小戴礼》，后以古经校之，取其义长者，故为郑氏学。玄又注小戴所传《礼记》四十九篇，通为《三礼》焉。”[①] 郑玄之注《三礼》，使礼学发展进入了一个新时代，此后《三礼》学成为显学。郑玄关于《三礼》的注释也成为历代制礼作乐的重要依据，与王肃礼学共同影响着魏晋南北朝时期的礼制建设。

二　魏晋南北朝礼学的发展与礼乐制度建设的互动

（一）礼经及其注解在礼乐建设中的应用

皮锡瑞在《经学历史》中称魏晋时期为“经学中衰时代”[②]，南北朝为“经学分立时代”[③]。由魏晋到南北朝，经学经历了由汉代家法众多向魏晋时期的郑王之争的转变，进而发展成为南北朝时期南北经学分立的状态。经学理论在这一时期并未形成一家之说一统天下的局面，经学的这种发展状态实是这一时期国家政治发展在意识形态上的反映。经学的中衰与分立并不代表这一时期经学发展的停滞，各学说争鸣齐放，被立为官学，并为国家政治提供理论依据。梁满仓先生在其《魏晋南北朝五礼制度考论》一书中对魏晋南北朝五礼制度发展的学术文化背景做了探讨，指出《三礼》学的发展对魏晋南北朝五礼制度的建设发挥了重要作用[④]。需要指出的是，礼学在制礼作乐中发挥作用的一个重要前提是礼学家参与政治活动或者礼经被立为官学成为官方承认的理论。以经学取士起于汉武帝之设五经博士，之后汉代一直沿用，即《梁书》所谓“自两汉登贤，咸资经术”，经学与政治的结合既是经学自身发展的外部动力，也是其向外参与礼乐建设的重要原因。

---

① （宋）范晔撰，（唐）李贤等注：《后汉书》卷79下《儒林列传》，中华书局1965年点校本，第2577页。

② （清）皮锡瑞著，周予同注释：《经学历史》，中华书局1959年版，第141页。

③ （清）皮锡瑞著，周予同注释：《经学历史》，中华书局1959年版，第170页。

④ 梁满仓：《魏晋南北朝五礼制度考论》，社会科学文献出版社2009年版，第58页。

魏晋南北朝时期，由于战乱及朝代更替，经学博士时设时废，加之魏晋时期所施行的选官制度使儒学并不受重视，造成“公卿士庶，罕通经业”的局面，《南史》对魏晋以讫于梁的儒学发展情况做过如下描述：“洎魏正始以后，更尚玄虚，公卿士庶，罕通经业。时荀顗、挚虞之徒，虽议创制，未有能易俗移风者也。自是中原横溃，衣冠道尽。逮江左草创，日不暇给，以迄宋、齐，国学时或开置，而劝课未博，建之不能十年，盖取文具而已。是时乡里莫或开馆，公卿罕通经术，朝廷大儒，独学而弗肯养众，后生孤陋，拥经而无所讲习，大道之郁也久矣乎。”[①] 梁武帝萧衍重视儒学，史载“天监四年，乃诏开五馆，建立国学，总以五经教授，置五经博士各一人”[②]。当时“馆有数百生，给其饩禀，其射策通明经者，即除为吏，于是怀经负笈者云会矣”[③]。这一举措使梁的儒学获得长足发展，而梁代五礼仪注的撰定也由五经博士合力完成。北朝尽管为少数民族政权，但其对礼学的重视甚于南朝，北魏、北齐、北周的统治者大都重视官学，儒学获得大发展，《北史·儒林传》多次记载北朝诸政权儒学兴盛的局面，如北魏孝文帝、宣武帝时儒学发展达到“比隆周、汉”“经术弥显”“学业大盛”的程度，北齐“兴和、武定之间，儒业复盛”，北周文帝、明帝、武帝均重儒学，礼遇儒者，“征沈重于南荆”“待熊安生以殊礼”，均使礼学获得长足发展，而儒学的发展，尤其是礼学的发展为制礼作乐提供了直接的理论依据。

魏晋南北朝《三礼》学的发展成就尤其突出，吕思勉先生说：“南北朝儒家，最为后人所推服者，曰勤于《三礼》之学。议郊庙典礼，辨丧服精粗，果有益民生乎?”[④] 魏晋南北朝时期礼学名家辈出，魏晋时期的明经之注，如汉末的郑玄、曹魏的王肃遍注《三礼》，对后世影响深远；南朝以义疏之学见称于后世，整理编纂了大量的《三礼》文献，并且将《三礼》及其旧注的解释运用于制礼作乐的实践之中。南朝之儒者，于经学中尤长于礼学，《南史》之《儒林传》中的儒者，如贺玚“为儒者宗”“兼五经博士”“于《礼》精”，何佟之“好《三礼》”，严植之“遍习郑氏《礼》”，司马筠“尤明《三礼》”，司马寿“明《三礼》”，崔灵恩“尤

---

① （唐）李延寿：《南史》卷71《儒林传》，中华书局1975年点校本，第1730页。

② （唐）李延寿：《南史》卷71《儒林传》，中华书局1975年点校本，第1730页。

③ （唐）李延寿：《南史》卷71《儒林传》，中华书局1975年点校本，第1730页。

④ 吕思勉：《两晋南北朝史》，上海古籍出版社2005年版，第1229页。

精《三礼》"，孔佥"尤明《三礼》"，孔淑玄"善《三礼》"，沈峻"尤长《三礼》"，沈文阿"通《三礼》"，皇侃"尤明《三礼》"，沈洙"通《三礼》"；北朝如熊安生、刘献之、沈重、李铉等，在《三礼》学上也都颇有建树。由于《三礼》之学的繁荣，在议礼活动中称引礼经及其旧注，并且参以己意的情况在魏晋南北朝各史书中屡见不鲜。统治者在制礼作乐时已经自觉地将礼学经典及其注释用于本朝礼乐仪式的制作，这既体现在本朝开国之后的"功成作乐，治定制礼"上，也体现在对旧礼的变革上，礼经及其注解都成为制礼作乐的依据，如果某朝所采用的礼制与经典相违背则被礼学家称为"非礼"，而在用乐上如果违背中正平和的总体风貌则被儒者斥为"非全雅什"。

礼乐具有极强的实践品格，其在思想层面是对亲亲、尊尊等级秩序的探讨，其在实践层面则是为了维护当朝统治者所建立的政治秩序，与国家政治紧密相关。无论是证明政权的合法性还是维护既有的统治秩序，它必须与现实政治保持紧密的关系。就魏晋南北朝来说，这一时期的礼学家直接或间接地参与了制礼作乐活动，统治者以其现实政治的需要对礼说加以选择，而礼学家也会以其学说的影响力对制礼作乐活动产生直接影响。魏晋时期的礼乐建设，尤其是礼制建设是围绕郑玄和王肃礼说展开的。郑玄为汉末大儒，遍注群经，今古文兼采，王肃反郑玄学说，其礼说与郑玄学说相左，二人对魏晋礼乐建设的影响颇大。曹魏制礼采郑玄说，而西晋制礼采王肃说[①]。《三国志·王朗传附王肃传》载："初，肃善贾、马之学，而不好郑氏，采会同异，为《尚书》《诗》《论语》《三礼》《左氏》解，及撰定父朗所作《易传》，皆列于学官。其所论驳朝廷典制、郊祀、宗庙、丧纪、轻重，凡百余篇。"[②] 又皮锡瑞《经学历史》："肃以晋武帝为其外孙，其学行于晋初，《尚书》《诗》《论语》《三礼》《左氏》解及撰定父朗所作《易传》，皆立学官。晋初郊庙之礼，皆王肃说，不用郑义。"[③] 郑玄、王肃之争是礼学史上的一段公案，这与郑玄、王肃二人的解经方式有关，此处不多论。

东晋之后的江左政权更替频繁，以礼乐来证明或维护统治权力的合法

---

① 见下文《统治者制礼作乐时对不同学派的择从——以郑玄、王肃礼说与魏晋礼制的关系为例》部分的分析。

② （晋）陈寿撰，（宋）裴松之注：《三国志》卷13《王朗传附王肃传》，中华书局1959年点校本，第419页。

③ （清）皮锡瑞著，周予同注释：《经学历史》，中华书局1959年版，第160页。

性成为迫切的需求，东晋、宋、南齐、梁、陈[1]无不遵循“功成作乐，治定制礼”的既定法则。北方历经十六国的乱世之后，先后由北魏、北齐、北周等少数民族政权轮流控制，南北对立的政治局势以及少数民族入主中原的特殊情形使得北朝统治者对制礼作乐的活动格外重视，史书中对北朝统治者制礼作乐活动的记载要远多于南朝，其对儒学及制礼作乐的重视，无非为处于南北对立中的政权寻求正统性及权力合法性的依据。在南北朝的历次制礼作乐活动中，尊古之法与适用于今是基本的原则，而礼经及其经典阐释成为制礼作乐活动的直接理论依据。

在制礼作乐活动中，将礼经与仪式连接在一起的中间环节是仪注，仪注是本朝礼乐活动的蓝本。如两晋的仪注，先有荀顗、郑冲所撰《五礼》，被称为新礼，后有挚虞所撰《决疑注》及咸宁（275—280）年间的《咸宁注》，东晋又有荀嵩、刁协据挚虞《决疑注》所补缉之仪注，这些仪注为朝廷礼乐的施行提供了具体的指导。仪注的编订就是依据礼经及其注解，其编订的途径，一是由大臣采择礼说加工而成，如晋代仪注；一是由专门的礼学家完成，如梁仪注，在梁武帝置五经博士之后，平原明山宾、吴兴沈峻、建平严植之、会稽贺玚补博士，各主一馆，分工负责仪注的编撰，最终完成《五礼仪注》共计 1176 卷[2]。这些礼学家所撰定之仪注，成为各代制礼作乐之蓝本。

这一时期著名的礼学家对朝廷礼乐建设的贡献，除了撰定仪注外，还直接对制礼作乐活动提出自己的建议，如南齐何佟之，少好《三礼》，仕齐时受王俭推重，他“明习事数，当时国家吉凶礼则，皆取决焉”，仕梁后“佟之依《礼》定议，多所裨益”[3]；又如贺玚，精通《三礼》，梁武帝天监初制礼作乐，“玚所建议，多见施行”[4]；又如司马褧，于《三礼》素有家学，在梁天监初年的制礼中也甚有功绩，《南史·司马褧传》载：“诏通儒定五礼，有举褧修嘉礼，除尚书祠部郎。时创定礼乐，褧所建议，多见施行。兼中书通事舍人，每吉凶礼，当时名儒明山宾、贺玚等疑不能断者，皆取决焉。”[5] 而北朝政权的礼制建设也离不开礼学家的参与，北

---

① 笔者按：南北朝诸政权的名称依据方诗铭《中国历史纪年表》，上海辞书出版社 1980 年版。

② （唐）姚思廉：《梁书》卷 25《徐勉传》，中华书局 1973 年点校本，第 382 页。

③ （唐）姚思廉：《梁书》卷 48《儒林传》，中华书局 1973 年点校本，第 664 页。

④ （唐）姚思廉：《梁书》卷 48《儒林传》，中华书局 1973 年点校本，第 672 页。

⑤ （唐）李延寿：《南史》卷 62《司马褧传》，中华书局 1975 年点校本，第 1514 页。

魏太和十二年（488）孝文帝亲筑圜丘于南郊，十三年（489）孝文帝亲祭圜丘，并以郑玄、王肃二人对郊禘之义的解释诏问于群臣，据尚书游明根、左丞郭祚、中书侍郎封琳、著作郎崔光等议，孝文帝最终调和二家之说："今互取郑、王二义。禘祫并为一名，从王；禘是祭圜丘大祭之名，上下同用，从郑。"[①] 以礼经及其注释指导礼乐建设，在这次议礼活动中，礼学家对经义的理解为礼制的最终确定起了非常关键的作用。北周以《周礼》作为本朝制度建设的指南，而众多精通《三礼》的儒者也直接参与了礼乐建设，《周书·儒林传》记载卢景宣、长孙绍远、熊安生等或"修五礼之缺"，或"正六乐之坏"，或"参议五礼"[②]，使北周礼乐制度初具规模。

儒家经典与礼乐实践的结合并非偶然，春秋战国的礼崩乐坏，破坏了既有的礼制秩序；秦代的焚书坑儒、连年战乱使礼乐文献及习礼仪者或毁或亡，这使得周代以实践形态存在的礼乐传承受到严重破坏，也使礼乐文献变得残缺不全。加之秦汉所建立的皇权专制政体，强调皇权的至高无上，中央的三公九卿制度及地方所实行的郡县制、封国制并存的制度与西周的分封制有着根本的区别。这一变化要求为政治服务的礼乐仪式不能照搬周代旧制，必须建立与新形势相适应的礼乐制度。在此背景下，秦汉时期的礼乐制度建设经历了一个较为漫长的探索时期，如《晋书·礼志上》所说："汉兴，承秦灭学之后，制度多未能复古。历东、西京四百余年，故往往改变。"[③] 就西汉来看，直到宣帝时期才开始走上郊庙礼乐的礼制化道路，而之前的郊祀礼制则是在地方杂祠祀、神仙方术思想影响下建立的，并且很大程度上是为了满足皇帝的个人私欲。

儒学独尊地位的确立及礼经被立为官学是礼乐实践与经典相结合的前提。礼经中有对先秦礼制的记载，既包括具体的仪式、仪节，如《仪礼》，也包括对礼乐精神的阐释，如《礼记》，也有反映国家政治结构、建国经邦之蓝图的《周礼》，在其中都能找到为现实礼乐实践服务的依据。在重儒术的环境中，如果由好儒术的帝王或精通礼学的大臣主导，礼学自然就会被直接用于指导礼乐建设，汉元帝时的儒者、大臣匡衡就以礼学指导郊祀礼制建设。

---

① （北齐）魏收：《魏书》卷108《礼志一》，中华书局1974年点校本，第2743页。

② （唐）令狐德棻等：《周书》卷45《儒林传》，中华书局1971年点校本，第806、813页。

③ （唐）房玄龄等：《晋书》卷19《礼志上》，中华书局1974年点校本，第581页。

在礼学自身的发展过程中，解经方式的差异、师传的不同等都会导致对经典中同一记载的不同解释，这些解释可能会给礼乐建设造成障碍，但也为礼乐建设提供了更多的选择，如魏晋南北朝时期的郑玄、王肃之争，郑玄和王肃均为礼学大家，在对礼经的注释上二人观点相左之处颇多，如对庙制、郊丘、禘祭、三年丧、婚期等问题的认识二人不尽相同，这种差异是由礼经记载的模糊及二人解经方式的不同造成的，这种差异却能适合不同制礼作乐者的现实需求。在制礼作乐过程中，统治者并非泥古不化地照搬礼经，礼经及其注解在制礼作乐活动中均可能被采纳，能否适用于当下政治成为统治者选择不同的礼学学派观点的一条最基本的标准。

（二）统治者制礼作乐时对不同学派的择从——以郑玄、王肃礼说与魏晋礼制的关系为例

1. 礼制的实践性决定了制礼作乐时要对各家礼说加以选择

为现实政治服务是礼制实践性的一个重要特点，在礼学成为官方学说之后，能否指导制礼作乐的实践活动取决于各家礼说是否符合统治者现实政治的需求，如果不能，礼学也就失去了生机和活力。秦汉之后的国家礼制，其创制的原则基本是围绕“尊尊”“亲亲”展开的，“尊尊”尤其受重视。西晋号称以孝治天下，但在父母丧和天地祭祀二者的重要性上，明显偏向于后者，仪注规定：“天子父母之丧，未葬，越绋而祭天地社稷。”[①]“尊尊”大体包括两方面的含义，其一是证明权力存在的合法性，这在王朝建立之初尤为迫切；其二是维护既有的等级秩序，尤其是维护帝王的权威，这贯穿于整个王朝统治期间。

统治者对本朝礼制调整时会考虑各家礼说是否符合礼制建设的需要。秦汉之后各政权建立的方式存在差异，或以战争方式实现易代，或通过所谓“禅让”方式获得君权，而在获得政权后内部所面临的问题又不尽相同，这就决定了要以各政权的现实情况来确定礼乐的使用方式，且在礼乐的运行中要不断调整以适应现实政治的需要。从总体上说，维护“尊尊”“亲亲”的基本原则是不变的。以“尊尊”“亲亲”为本的制礼作乐原则与礼经的记载是一致的，所谓“亲亲父为首，尊尊君为首也。”[②]“王者祖有功而宗有德，尊尊之大义也；存亲庙四，亲亲之至恩也。”[③]但

① （唐）房玄龄等：《晋书》卷20《礼志下》，中华书局1974年点校本，第628页。

② （汉）司马迁：《史记》卷130《太史公自序》，中华书局1959年点校本，第3291页。

③ （汉）班固：《汉书》卷73《韦贤传》，中华书局1962年点校本，第3120页。

礼学家对礼经作注解时，尤其是对相关礼制的具体形式进行解释时出现了龃龉，在魏晋南北朝时期，郑玄、王肃的礼说在庙制、郊丘、禘祭、三年丧、婚期等问题的解释上都存在分歧，成为影响这一时期礼制建设的两种最为重要的理论。统治者采纳何种建议取决于他们的理论是否适合本朝的礼制建设，如在郊祀仪式上曹魏用郑玄义，西晋用王肃义，这都不是随意的选择，能否最好地体现“尊尊”“亲亲”的制礼作乐原则是主要的衡量标准。

2. 郑玄、王肃在对礼学重大问题上解释的差异及魏晋礼制建设对郑玄、王肃学说的择从

郑玄与王肃的礼学在魏晋南北朝时期影响最大，二者在礼学的重大问题上都存在着明显的分歧，这是经学史上历来探讨的重点问题。关于二人在礼学观点上的争论，刘丰在《王肃的三〈礼〉学与“郑王之争”》一文中做了详尽的概述，主要集中在几点：其一，对祭天礼仪中圜丘与郊的理解以及由此衍生的禘郊孰轻孰重的问题；其二，对禘祫之义的理解；其三，对天是一还是六的理解；其四，关于三年丧期的理解[①]。对二人礼学观点的争论及背后的原因已有学者做过讨论，此不赘述[②]，我们主要讨论郑玄、王肃礼说对魏晋南北朝制礼作乐活动的影响及统治者采择不同礼说作为理论依据的原因。

在魏晋南北朝时期的礼乐实践中，受郑玄、王肃学说影响最为明显的是魏晋二代，而在这两代的礼制建设中，受二人礼说影响且表现出巨大差异的仪式类型当属郊祀仪式。

(1) 郑玄、王肃郊祀礼说之差异

郑玄、王肃是汉魏时期的大儒，二人在礼学上的差异表现在吉礼的郊祀、宗庙以及丧礼的丧服等方面，这在二人的礼学著作中有明显的体现。二人对郊祀仪式的分歧主要集中在郊祀是一祭还是二祭以及由此衍生出来的祭祀对象、祭祀地点及祭祀时间上，他们主要关注的是天神祭祀，对于地示之祭则不甚关注，相关论述较少。

郑玄主张天神祭祀有二，一为圜丘祭，一为南郊祭，此观点与郑玄观

---

① 刘丰：《王肃的三〈礼〉学与“郑王之争”》，《中国哲学史》2014 年第 4 期。

② 关于王肃反对郑玄礼说背后原因的探讨，详见刘丰《王肃的三〈礼〉学与“郑王之争”》（《中国哲学史》2014 年第 4 期）对相关学术史的梳理。笔者更赞同二者的差异是解经方式的不同造成的，是经学发展中一个必然的趋势。

念中的天神系统有着直接关系。在对《礼记·祭法》的注释中，郑玄对这一主张做了明确阐述，《礼记·祭法》："祭法，有虞氏禘黄帝而郊喾，祖颛顼而宗尧。"郑玄注："禘、祫、祖、宗，谓祭祀以配食也。此禘谓祭天于圜丘也，祭上帝于郊谓之郊，祭五帝五神于明堂曰祖宗，祖宗通言尔。"孔颖达正义："有虞氏禘黄帝者，谓虞氏冬至祭昊天于圜丘，大禘之时，以黄帝配祭；而郊喾者，谓夏正建寅之月，祭感生之帝于南郊，以喾配也。"[①] 从二人注疏中可以看出，对天神的祭祀存在两个系统，即圜丘祭与南郊祭。圜丘所祭为天[②]，祭祀时间在冬至日；南郊所祭为上帝，祭祀时间在夏正建寅之月，即正月。对于地神的祭祀则与天神祭祀相对应，郑玄注《周礼·大司乐》"夏日至，于泽中方丘奏之，若乐八变则地祇皆出，可得而礼矣"云："地祇则主昆仑。"而郑玄注《周礼·大司乐》"乃奏太蔟，歌应钟，舞《咸池》，以祭地祇"云："地示所祭于北郊，谓神州之神及社稷。"[③] 亦为两种祭祀方式，即方丘与北郊，北郊所祭为神州地祇，方丘所祭为昆仑地示。

王肃认为郊丘不二，实为一祭，即孔颖达所云："肃又以郊与丘是一，郊即圜丘。"[④]《郊特牲》疏引王肃说则云："郊则圜丘，圜丘则郊。所在言之则谓之郊，所祭言之则谓之圜丘。于郊筑泰坛象圜丘之形，以丘言之，本诸天地之性。"[⑤] 在王肃那里，天神祭祀的对象不存在昊天上帝与感生帝的区别，只以一"天"代之，郊祀天神是在位于南郊的圜丘上举行的祭天仪式，而于地示之祭则阙如。

通过郑玄、王肃二人郊祀礼说的比较可知，关于郊丘是一还是二的分歧，源于二人天神观念的差异，这也是由二人注礼经的方式决定的。郑玄注礼力求保存文献，使《三礼》中抵牾之处得到合理的解释，故融合今古文经于一体，甚至征引纬书中的材料，这就使其礼学体系庞杂繁复。具体到郊祀仪式的对象上，郑玄的天神系统"将从《月令》到王莽以及纬书的五帝说来了一番综合加工改造，从而创造出一套更为完整复杂的宗教神

① （清）阮元校刻：《十三经注疏·礼记正义》，中华书局1980年版，第1587页中栏。

② 昊天上帝又名天皇大帝耀魄宝，《周礼·大宗伯》："以禋祀祀昊天上帝。"郑玄注："玄谓昊天上帝，冬至于圜丘所祀天皇大帝。"由此可知。

③ （清）阮元校刻：《十三经注疏·周礼注疏》，中华书局1980年版，第789页上栏。

④ （清）阮元校刻：《十三经注疏·礼记正义》，中华书局1980年版，第1587页中栏。

⑤ （清）阮元校刻：《十三经注疏·礼记正义》，中华书局1980年版，第1452页下栏。

学系统，这就是‘六天说’和‘五精感生说’。”[①] 正是有此天神系统才会出现郊祀分为二祭的情况。王肃主“一天”说，将郑玄的“六天”说大大简化，是对郑玄学说的反动，从王肃“所论驳朝廷典制、郊祀、宗庙、丧纪、轻重，凡百余篇”[②] 的事实可以看出，其注礼不为融通《三礼》，不是单纯地为解经而注礼，而是为服务于国家礼制建设的现实需要，故切合实用是一条重要原则。正如乔秀岩所说：“郑玄的目标在建立一套能够完整解释一切经文的理论体系，王肃欲使理论体系更适合礼制的实践，这是经学研究的两个最重要的目标以及研究方法，对后代学者有最深远的影响。”[③]

郑玄与王肃的郊祀礼说在魏晋南北朝礼制实践中均被采用，曹魏郊祀礼制用郑玄说，圜丘与南郊并立；王肃礼说更加符合这一时代政权更替的现实需要，从西晋到陈一直占据主导地位，而由于郑玄礼说的庞杂，与这一时期的客观政治形势不相适应，很少被采纳，如郑玄礼说中的禘与郊，需要在祭祀时以祖先配祭，以周代郊礼为例，举行禘礼时，以冬至日祭于圜丘，配祭以帝喾；举行郊礼时，以正月祭于南郊，配祭以后稷。也就是说，如以郑玄礼说为依据来制定郊祀礼制，必须要有能配食于圜丘与南郊的祖先，这些祖先应该像帝喾、后稷一样对家族的发展具有里程碑式的贡献，或者像文王、武王一样直接创立了基业，且这样的祖先必须有两个，即马克斯·韦伯所说的传统型权力来源[④]。对于魏晋南北朝这样一个政权更替频繁的时代，各政权建立者多“起自匹夫”，不像西周、秦一样在政权建立之前就已存在众多功勋卓著的祖先。王肃主“一天说”，正好解决了这一难题，至少减少了一位配食的祖先，即便如此，也要等该政权第二任统治者即位后才能确认配祭祖先。总之，这一时期各政权建立的方式导致郑玄礼说不切实用，因而在礼制实践中不被重视采纳。

（2）郑玄礼说影响下的曹魏郊祀礼制

汉末是儒学发展受到严重破坏的时期，群雄割据、战乱频仍及统治者

---

① 杨天宇：《〈周礼〉之天帝观考析》，《经学探研录》，上海古籍出版社 2004 年版，第 227 页。

② （晋）陈寿撰，（宋）裴松之注：《三国志》卷 13《王朗传附王肃传》，中华书局 1959 年点校本，第 419 页。

③ ［日］乔秀岩：《论郑王礼说异同》，载北京大学历史学系编《北大史学》（13），北京大学出版社 2008 年版，第 16 页。

④ ［德］马克斯·韦伯：《经济与社会》（第一卷），阎克文译，上海人民出版社 2010 年版，第 322 页。

对儒学的淡漠使儒学的发展一度沉寂，《三国志》裴松之注引《魏略》曰："从初平之元至建安之末，天下分崩，人怀苟且，纲纪既衰，儒道尤甚。"① 这种局面在三国鼎立形成后有所改变。由军事割据发展而来的政治鼎立使天下局势相对稳定，尤其是各政治集团内部相对稳定的局面对儒学发展有所促进："至黄初元年之后，新主乃复始扫除太学之灰炭，补旧石碑之缺坏，备博士之员录……太学始开，有弟子数百人。"② 儒学的复兴为各政权，尤其是曹魏礼制的建立提供了保障。其中，郑玄礼说被作为制礼依据付诸实践。郑玄生活时代为汉末，他兼采今古文，遍注《三礼》，其《三礼》注中的一些观点在曹魏礼制建设中得到应用。

曹丕在受汉禅之后并未建立起完整的祭祀体系，其所用多为东汉礼制，《宋书·礼志三》载："魏文帝黄初二年正月，郊祀天地明堂。是时魏都洛京，而神祇兆域明堂灵台，皆因汉旧事。"③ "明帝太和元年正月丁未，郊祀武皇帝以配天，宗祀文皇帝于明堂以配上帝，是时二汉郊禋之制具存，魏之损益可知也。"④ 曹丕只是在规范祭祀上做了一些工作，如即位后曾颁布诏令："先王制礼，所以昭孝事祖，大则郊社，次则宗庙，三辰五行，名山大川，非此族也，不在祀典。"⑤

曹魏郊祀礼制的最终确立在魏明帝景初元年（237），《宋书·礼志三》记载："景初元年十月乙卯，始营洛阳南委粟山为圜丘。……十二月壬子冬至，始祀皇皇帝天于圜丘，以始祖有虞帝舜配。"⑥ 于冬至祭祀圜丘很明显是对郑玄郊祀礼说的采纳。曹魏为何选择郑玄学说作为制定郊祀仪式的依据？马端临认为是郑玄说此时胜过王肃说："其时康成所注二《礼》方行，王子雍虽著论以攻之，而人未宗其说。"⑦ 卢弼认为王肃学说此时尚未流行，故从郑义："是时王学尚未行，故郊丘、明堂、宗庙之大

---

① （晋）陈寿撰，（宋）裴松之注：《三国志》卷13《王朗传附王肃传》，中华书局1959年点校本，第420页。

② （晋）陈寿撰，（宋）裴松之注：《三国志》卷13《王朗传附王肃传》，中华书局1959年点校本，第420页。

③ （梁）沈约：《宋书》卷16《礼志三》，中华书局1974年点校本，第419—420页。

④ （梁）沈约：《宋书》卷16《礼志三》，中华书局1974年点校本，第420页。

⑤ （晋）陈寿撰，（宋）裴松之注：《三国志》卷2《文帝丕》，中华书局1959年点校本，第84页。

⑥ （梁）沈约：《宋书》卷16《礼志三》，中华书局1974年点校本，第420页。

⑦ （元）马端临：《文献通考》卷70《郊社考三》，中华书局1986年影印本，第631页上栏。

礼皆从郑义。"[①] 这两种观点均未触及问题的实质，因在此之前曹魏已采用东汉郊祀礼制，据日本学者古桥纪宏研究，郑玄说与东汉实际礼制存在较大差距[②]。为什么有现成的规范可用而转用新出的郑玄学说？笔者认为最主要的原因在于郑玄学说可以证明曹魏代汉的合法性。

曹魏代汉的依据是"五德终始说"，据《三国志》裴松之注引《献帝传》："魏之氏族，出自颛顼，与舜同祖，见于《春秋》世家。舜以土德承尧之火，今魏亦以土德承汉之火，于行运，会于尧舜授受之次。……今汉期运已终，妖异绝之已审，陛下受天之命，符瑞告征。"[③] 将曹氏视为舜后。其实曹操并非出自世家大族，甚至曾祖以上各代祖先的名讳都难以追溯，"莫能审其生出本末"[④]，曹氏以其卑贱的出身而受汉禅为帝，缺乏足够的权威性和说服力，必须以高贵的出身文饰其家世。曹丕即位以谶纬思想为依据，在当时应该是一种惯例，卢弼《三国志集解》引《两汉金石记》："东汉之儒竞言谶纬，卒致三分之际，曹魏受禅，孙吴封山，皆托谶以为文。"[⑤]《三国志》裴松之注：

> 蒋济《立郊议》称《曹腾碑文》云"曹氏族出自邾"，《魏书》述曹氏胤绪亦如之。魏武作《家传》，自云曹叔振铎之后。故陈思王作《武帝诔》曰："于穆武王，胄稷胤周。"此其不同者也。及至景初，明帝从高堂隆议，谓魏为舜后，后魏为《禅晋文》，称"昔我皇祖有虞"，则其异弥甚。寻济难隆，及与尚书缪袭往反，并有理据，文多不载。济亦未能定氏族所出，但谓"魏非舜后而横祀非族，降黜太祖，不配正天，皆为缪妄"。然于时竟莫能正。[⑥]

时人已对曹氏的出身表示怀疑，并且质疑曹魏郊祀配祭的合理性，但事实

---

① （清）卢弼：《三国志集解》，中华书局 1982 年影印本，第 126 页下栏。

② ［日］乔秀岩：《论郑王礼说异同》，载北京大学历史学系编《北大史学》（13），北京大学出版社 2008 年版，第 3 页。

③ （晋）陈寿撰，（宋）裴松之注：《三国志》卷 2《文帝丕》，中华书局 1959 年点校本，第 70—71 页。

④ （晋）陈寿撰，（宋）裴松之注：《三国志》卷 1《武帝操》，中华书局 1959 年点校本，第 1 页。

⑤ （清）卢弼：《三国志集解》，中华书局 1982 年影印本，第 85 页上栏。

⑥ （晋）陈寿撰，（宋）裴松之注：《三国志》卷 14《蒋济传》，中华书局 1959 年点校本，第 455—456 页。

上这正是曹魏制礼者有意为之，郊丘二分的祭法是与曹魏的政治实际相适应的一种不二之选。曹魏在圜丘祭祀中将其“始祖”舜配至上神“皇皇帝天”，以舜妃伊氏配“皇皇后地”，将虚构的氏族在祭祀仪式中表现出来，以证明其获得权力的合法性，又以南郊祭天，以曹操配，突出曹魏实际建立者曹操的功绩。如果在郊祀中采用郊丘合并的方法就无法突出其身世的高贵与悠久或无法突出曹魏实际建立者曹操的功绩，郑玄礼说恰恰满足了曹魏郊祀礼制的这一需要。

（3）王肃郊祀礼说影响下的两晋郊祀礼制

司马氏建立政权后在郊祀礼制上舍郑玄说而取王肃说。事实上，在司马炎称帝之前就已经制定出以王肃说为基础的新礼：“及晋国建，文帝又命荀顗因魏代前事，撰为新礼，参考今古，更其节文，羊祜、任恺、庾峻、应贞并共刊定，成百六十五篇，奏之。”[①] 此新礼在郊祀上多依据王肃的建议，《晋书·礼志上》引挚虞议：“汉魏故事，明堂祀五帝之神。新礼，五帝即上帝，即天帝也。”“《庚午诏书》，明堂及南郊除五帝之位，惟祀天神，新礼奉而用之。”[②]《庚午诏书》及新礼中的天神观正是王肃与郑玄“六天说”相对抗的“一天说”。很明显，在西晋建立之前，王肃郊祀礼说就已经成为其制礼的依据。泰始二年（266），以王肃礼说为依据创制郊祀礼制：正月，从群臣议，明堂、南郊废除五帝祭祀，只祭昊天上帝，这是对郊祀祭祀对象的进一步确认；十一月，从群臣议，并圜丘、方丘于南北郊：“有司又奏，古者郊丘不异，亦并圜丘、方丘于南北郊，更修立坛兆，其二至之祀合于二郊。”[③] 这是郊祀对象改变后祭祀地点的改变：郊丘合一；此年冬至，以王肃礼说为依据的郊祀礼制付诸实施：“是月庚寅冬至，帝亲祠圜丘于南郊，自是后圜丘方泽不别立。”[④] 皇帝的亲祠是对这一礼制形态的最终认可，即将圜丘、方泽与南、北二郊别立改为郊丘合一，改革后的郊祀礼制是冬至日于南郊圜丘祭天，夏至日于北郊方泽祭地[⑤]。金子修一认为，“古者郊丘不异，宜并圜丘方泽于南北郊”就是废除圜丘、方泽，只置南北郊坛的意思，但在《晋书·礼志上》中有

① （唐）房玄龄等：《晋书》卷19《礼志上》，中华书局1974年点校本，第581页。
② （唐）房玄龄等：《晋书》卷19《礼志上》，中华书局1974年点校本，第587页。
③ （唐）房玄龄等：《晋书》卷19《礼志上》，中华书局1974年点校本，第583—584页。
④ （唐）房玄龄等：《晋书》卷19《礼志上》，中华书局1974年点校本，第584页。
⑤ 史料中无西晋北郊祭地的记载。

“是月庚寅冬至，帝亲祠圜丘于南郊”的记载，则冬至祭祀圜丘的礼制在改革后仍然得到保留[①]。我认为对这句话应该作如下理解：圜丘与南郊所行之处本来即为国都之南，在郊丘合并之后，二祭变为一祭，但就其祭祀之场所来说，仍为地上之圜丘。因此，上述所说“南郊”为地名，“圜丘”为祭祀坛场，即王肃所云“所在言之则谓之郊，所祭言之则谓之圜丘”[②]。因此在西晋时期所行之郊祀礼制，只是借用了原来的圜丘坛场，或者在南郊另筑坛场称为“圜丘”，其实只有一祭，即冬至于南郊圜丘举行祭天，“祠圜丘于南郊”是晋武帝完全以王肃礼说为依据建立的。

王肃礼说被采用可能与王肃的身份有关，史家对此有较为相似的观点，《资治通鉴》卷79：“帝，王肃外孙也，故郊祀之礼，有司多从肃议。”[③]《文献通考》认为：“以圜丘即郊，五帝即同一天，王肃之说，武帝，肃外孙也，故祀礼从其说。”[④] 但西晋对王肃礼学的择从背后更多地反映的是学术与政治的关系，向世陵认为：“王肃反郑学，实际上反映了司马氏的兴起和代魏所必须要进行的思想学术上的更新与礼仪典章的相应变换。”[⑤] 这是在制礼依据上刻意与曹魏相区别，以应儒家“三王异世，不相袭礼”之说。泰始二年（266）的郊祀仪式在持续一段时间后便不得不在祭祀对象上有所改动，太康十年（289）十月，恢复了南郊及明堂的五帝祭祀。这次恢复源于王肃礼说在祖配问题上的缺陷，王肃以五帝同为天，在郊祀及明堂祭祀中废除五帝而只保留昊天上帝一神，这就导致了远祖配与近考配的矛盾，因《孝经》中有“郊祀后稷以配天，宗祀文王于明堂，以配上帝”[⑥] 之说，此为礼经所载，如按此说，则一个政权的始祖与近考都要在祭祀中作为配祭，远祖（创业祖先）与近考的地位不同，所配也应不同。如果按“一天”说来制定郊礼，则导致远祖与近考同时配天，不符合儒家伦理。晋武帝也认识到这一矛盾，故泰始十年（274）的

---

① ［日］金子修一：《关于魏晋到隋唐的郊祀、宗庙制度》，载刘俊文主编《日本中青年学者论中国史》（六朝隋唐卷），上海古籍出版社1995年版，第379页。

② （清）阮元校刻：《十三经注疏·礼记正义》，中华书局1980年版，第1452页下栏。

③ （宋）司马光编著，（元）胡三省音注：《资治通鉴》卷79《晋纪一》，中华书局1956年点校本，第2495页。

④ （元）马端临：《文献通考》卷69《郊社考二》，中华书局1986年影印本，第631页中栏。

⑤ 张立文主编，向世陵著：《中国学术通史》（魏晋南北朝卷），人民出版社2004年版，第391页。

⑥ （清）阮元校刻：《十三经注疏·孝经注疏》，中华书局1980年版，第2553页上栏。

诏书中说："宣帝以神武创业，既以配天，复以先帝配天，于义亦所不安，其复明堂及南郊五帝位。"① 由此诏书可以看出，五帝位的恢复只是在郊祀中增加了祭祀对象，郊丘合一的状态仍然得到维持，可以说是对郑玄说与王肃说的折中。可见，在祭祀对象与祖配出现龃龉时，只有调整前者以适应后者。因为祖先是既定的，而天神的布置可以按统治者的需求安排，即钱锺书所谓"解因人而异，释随心所欲，各以为代兴张本"②。诏书中的这一规定可能未被施行。

永嘉之乱，晋室南迁之后，依然举行郊祀仪式："元帝中兴江南，太兴元年，始更立郊兆。其制度皆太常贺循依据汉、晋之旧也。三月辛卯，帝亲郊祀，飨配之礼，一依武帝始郊故事。"③ 所谓"武帝始郊故事"，即是在泰始二年二月丁丑举行的五帝废除之后、郊丘合并之前的祭祀。因此，东晋的祭祀基本上是南郊祭天、北郊祭地，但当时并无北郊祭坛，地示众神共在天郊，直到晋明帝太宁三年（325）七月才下诏设立北郊，未及建成明帝即崩。北郊真正设立在咸和八年（333）正月，至此确立了南郊祭天、北郊祭地的祭祀制度，形成了各自的配神体系：

> 天郊则五帝之佐、日月、五星、二十八宿、文昌、北斗、三台、司命、轩辕 、后土、太一、天一 、太微、句陈、北极、雨师、雷电、司空、风伯、老人，凡六十二神也。地郊则五岳、四望、四海、四渎、五湖、五帝之佐、沂山、岳山、白山、霍山、医无闾山、蒋山、松江、会稽山、钱唐江、先农，凡四十四神也。江南诸小山，盖江左所立，犹如汉西京关中小水皆有祭秩也。④

需要注意的是，晋室南迁之后就以正月上辛作为郊祀的日期，这是对王肃说的重大改变，《宋书·礼志三》："江左以来，皆用正月，当以传云三王之郊，各以其正，晋不改正朔……不以冬至，皆以上辛，近代成典也。"⑤ 另外，东晋郊祀还采用先后配祀的方式，是对汉魏郊祀旧制的继承。通过上面的

---

① （唐）房玄龄等：《晋书》卷19《礼志上》，中华书局1974年点校本，第584页。
② 钱锺书：《管锥编》，生活·读书·新知三联书店2008年版，第1083页。
③ （梁）沈约：《宋书》卷16《礼志三》，中华书局1974年点校本，第424页。
④ （唐）房玄龄等：《晋书》卷19《礼志上》，中华书局1974年点校本，第584—585页。
⑤ （梁）沈约：《宋书》卷16《礼志三》，中华书局1974年点校本，第430页。

分析可以看出，晋室南迁后，在郊祀礼制上开始出现脱离王肃礼说的趋势。

第二节　五礼制度下的魏晋南北朝礼仪用乐

一　魏晋南北朝礼仪制度的系统化——以《周礼》为依据的五礼制度的建立与发展

国家礼仪活动涉及的对象主要有天地、鬼神、人事，在此范围之内，针对每一对象的仪式又分若干种类，以“五礼”之名来涵盖国家礼仪活动的各种仪式类型始于《周礼》，《周礼》以吉、凶、宾、军、嘉作为分类标准，兼顾了仪式对象与仪式功用两方面。从仪式对象上来说，吉礼为天地、鬼神，宾礼、军礼、嘉礼为人事。凶礼则较为复杂，其中丧礼的仪式对象是介于鬼神与人之间的新死者，荒礼等则是统治者面对自然灾害时在礼乐方面采取的措施，从根本上说，凶礼的对象也是人事的。从功用上来说，各礼仪形式本质上都以证明或确立礼仪施行者的身份地位及维护其统治为目的。

《周礼》作为儒者所构想的建国蓝图，其在礼制建设上的构想，很明显是依据前代及当时所施行的各种礼仪。《周礼》的五礼体系，并未在礼仪形式或内容上有重要创新，而是在国家礼仪的划分方法上有所突破。这种划分方法，为统治者的礼仪建设提供了更为条理与实用的礼学体系，随着《周礼》成为官学，尤其是经过郑玄等学者的注释，这一礼学体系的划分方式日益为统治者所接受，五礼体系成为国家礼制建设的既定模板，无论在礼制实践还是在礼学思想中，五礼都成为一种被广泛认同的礼学体系。这一礼制系统的确立既体现在历代制礼作乐的实践中，也体现在后世史家对这一时期礼制建设的记载上。

首先，在历代制礼作乐的实践中，五礼逐渐成为划分礼仪类别的重要方法。在魏晋南北朝之前的两汉时期，国家礼仪中也存在着与天地、鬼神、人事有关的各种礼仪，但并未将这些礼仪纳入一个既定的系统，礼仪的制定仍然存在着盲目性和杂乱无章的特点。汉朝初定，高祖命叔孙通制礼，据《史记》《汉书》所载，主要是关于君臣揖让的朝廷仪节，而非祭祀鬼神之礼；从文帝、景帝直至宣帝，国家礼仪的建设一直缺乏系统理论的指导，未被纳入特定的礼仪体系之中，统治者的制礼往往根据个人喜好，间或顾及政治需要，在具体礼仪的制定与实践上，秦代旧仪与燕齐神仙方术思想都起了很大的作用，礼学对现实礼制的影响主要停留在士礼层面。班固在《汉书·礼乐志》中概括西汉礼制建设的依据为“推士礼以及天子”，即将先秦时期士阶层所用之礼加以改造折中，作为创制国家礼仪的依据，但这种做法并未取得理想效果：“今学者不能昭见，但推士礼以及天子，说义又颇谬异，故君臣长幼交接之道寖以不章。”① 朱熹也认为秦汉时期的国家礼仪是由士礼推演而来：“今《仪礼》多是士礼，天子诸侯丧祭之礼皆不存，其中不过有些小朝聘燕飨之礼。自汉以来，凡天子之礼皆是将士礼来增加为之。”② 当然，朱熹将秦汉以后五礼制度发展、成熟之后的礼仪制作也归为对士礼的推演则过于笼统，在秦汉以后的天子之礼中，既有对士礼的保留，也有全面超越，对此我们将在后文详述。

出现这一现象，究其根源，是由礼学发展的自身缺陷所决定，即在秦灭学之后，礼学文献缺失，缺少一种能够涵盖国家各种礼仪活动的礼学文献作为制礼的指导。汉初影响最大的是以《仪礼》为主的礼学体系，《仪礼》为先秦古礼，其包含的礼仪种类为《王制》所载的“冠、婚、丧、祭、乡、相见”六礼，而从具体实践上来说，这一体系所涵盖的各种礼仪类型主要是士礼而非王礼。以士礼作为国家礼仪制定的依据必然会造成礼学与礼仪之间的脱节，甚至龃龉矛盾。

首先，用于国家层面的仪式类型要比用于“士”这一阶层的仪式类型多得多，士礼不能涵盖王礼。如《左传》云：“国家大事，在祀与戎”，祭礼和军礼是国家礼仪中的两种重要仪式，军礼在鼓舞士气、奖励军功等方面的重要性不待多言，而士礼中阙如。祭祀天地、鬼神在于证明君权合法，士礼中更不可能涉及。士礼体系在汉代作为主要的礼学体系，使国家的礼制建设缺乏充分理论依据，造成礼制建设与礼学发展的脱节，刘歆《移让太常博士书》对汉时礼制建设无所依据的情形有过描述：“至于国家将有大事，若立辟雍封禅巡狩之仪，则幽冥而莫知其原。”③ 辟雍、封禅、巡狩本属于天子之礼，在士礼中当然不可能找到关于这些礼仪的记载，在制礼时“幽冥

① （汉）班固：《汉书》卷22《礼乐志》，中华书局1962年点校本，第1035页。

② （宋）黄士毅编，徐时仪、杨艳汇校：《朱子语类汇校》，上海古籍出版社2016年版，第2221页。

③ （汉）班固：《汉书》卷36《楚元王传附刘歆传》，中华书局1962年点校本，第1970页。

而莫知其原”是自然之事。以士礼为依据制定天子之礼受到后世礼学家指摘，如对天子冠礼，《宋书·礼志一》中说：

> 《周礼》虽有服冕之数，而无天子冠文。《仪礼》云：“公侯之有冠礼，夏之末造。”王、郑皆以为夏末上下相乱，篡弑由生，故作公侯冠礼，则明无天子冠礼之审也。大夫又无冠礼。古者五十而后爵，何大夫冠礼之有？周人年五十而有贤才，则试以大夫之事，犹行士礼也。故筮日筮宾，冠于阼以著代，醮于客位，三加弥尊。皆士礼耳。然汉氏以来，天子诸侯，颇采其议。①

可见，汉代在天子（或太子）的冠礼制定上是以士礼为依据的，“筮日筮宾”“冠于阼”“醮于客位”“三加弥尊”等基本仪式过程是与士礼一致的，这就无法凸显帝王与其他阶层之间的差别，是不符合统治者制礼作乐基本精神的。因此，从这一点上看，士礼体系自身的局限性使其不能适应现实政治的需要，既不能涵盖国家礼制中所有的礼仪类型，也不能为某些特定仪式的创制提供现实依据，因此，统治者急需寻找一种新的理论作为制礼的依据，以补士礼之不足。

魏晋南北朝是五礼制度的建立及定型期②，从这一时期开始，五礼体系才将国家礼制的各种礼仪纳入其统辖的各类礼目之中。这一变革源自礼学中《周礼》地位的提高及众家对《周礼》的注释，《周礼》所构想的五礼体系正符合国家礼制建设的需要。《周礼》为古文经，王莽时被列为学官作为改制篡汉的依据。东汉前、中期，《周礼》的学术地位并不高，也不作为礼制建设的理论依据。东汉末年，郑玄融合今古文及谶纬思想注《周礼》，此后《周礼》学术地位不断提高，成为制礼甚至是规划整个国家制度的依据。《周礼》中的五礼体系与士礼相比有很大的优势，“五礼”为吉、凶、宾、军、嘉，在范围上已远远超过《仪礼》的士礼体系，《春官·大宗伯》载“五礼”：“以吉礼事邦国之鬼神示”“以凶礼哀邦国之忧”“以宾礼亲邦国”“以军礼同邦国”“以嘉礼亲万民”③。《周礼》中的

---

① （梁）沈约：《宋书》卷14《礼志一》，中华书局1974年点校本，第334页。

② 梁满仓：《魏晋南北朝五礼制度考论》，社会科学文献出版社2009年版，第129页。

③ 分别见（清）阮元校刻《十三经注疏·周礼注疏》，中华书局1980年版，第757页下栏、第759页上栏、第759页下栏、第760页上栏、第760页中栏。

五礼体系“提供了一种把礼仪制度与国家制度相结合的理论模式”①，将国家礼制中所涉及的各种礼仪囊括在内，但凡涉及天地、鬼神、人事的礼仪形式都能在五礼体系中找到位置。

魏晋时期国家礼制建设已经开始以五礼划分礼仪。《晋书》载，西晋初期荀顗曾受命撰定《五礼》，被称为新礼，是为西晋礼制建设所做的理论准备，后来挚虞曾奉命讨论新礼，《决疑注》是讨论的结果，荀顗所撰《五礼》虽未正式用于制礼实践之中②，但对西晋礼制建设产生了很大影响。大臣在奏议当中也曾以“五礼”称当时礼制，如《晋书·礼志上》：“且夫吉凶哀乐，动乎情者也，五礼之制，所以叙情而即事也。”③ 也有单称其中一礼者，如称婚礼为嘉礼，《晋书·魏舒传》：“今选六宫，聘以玉帛，而旧使御府丞奉聘，宣成嘉礼，贽重使轻。”④ 可见，在魏晋时期，出自《周礼》的五礼体系已经在礼制实践中得到应用并产生了一定的影响。

南北朝时期五礼制度进一步完善，南北方政权在礼制建设时都将礼仪纳入五礼的框架之中，五礼作为国家礼制基本架构的倾向进一步明确。突出的表现是在国家礼制规划时所撰定的仪注以五礼为基本划分标准。仪注是对仪式的具体施行所作的规定，包括仪式的服饰、方位、次序、动作、乐舞等内容，仪注是一场礼仪活动的蓝本，是礼仪由观念到实践的中间环节，其所规定的仪节是礼仪实践的指南，仪注的撰定是重要的礼仪实践，对国家礼制的施行意义重大。南朝时制礼实践活动频繁，在宋，徐爰、王准之、徐广、山谦之等曾奉命撰定仪注；在南齐，王俭等人在前代的基础上撰定《五礼》，据《南齐书》载：“于是诏尚书令王俭制定新礼，立治礼乐学士及职局，置旧学四人，新学六人，正书令史各一人，干一人，秘书省差能书弟子二人。因集前代，撰治五礼，吉、凶、宾、军、嘉也。”⑤

---

① 梁满仓：《魏晋南北朝五礼制度考论》，社会科学文献出版社 2009 年版，第 129 页。

② 据《晋书·儒林传》：“（应贞）后迁散骑常侍，以儒学与太尉荀顗撰定新礼，未施行。”可知荀顗等所撰《五礼》并未真正付诸实践。

③ （唐）房玄龄等：《晋书》卷 19《礼志上》，中华书局 1974 年点校本，第 639 页。

④ （唐）房玄龄等：《晋书》卷 41《魏舒传》，中华书局 1974 年点校本，第 1187 页。又，在《晋书》中也有称婚礼为吉礼者，似乎又将婚礼划归吉礼，如挚虞上表时曾说：“盖冠婚祭会诸吉礼，其制少变”，见（唐）房玄龄等《晋书》卷 19《礼志上》，中华书局 1974 年点校本，第 581 页。事实上挚虞所列诸礼的内容均是表现和乐向上情感的，其意为“吉利，吉祥”，如《左传》载“娶者大吉，非常吉。”

⑤ （梁）萧子显：《南齐书》卷 9《礼志上》，中华书局 1972 年点校本，第 118 页。

在梁武帝时期，何佟之、贺玚、严植之、明山宾等“覆述制旨，并撰吉、凶、军、宾、嘉五礼，凡一千余卷。”[①] 在北朝，统治者也进行了大量的制礼实践，北魏太和十七年（493）王肃投魏，“朝仪国典，咸自肃出”，王肃所撰朝仪很可能是吸收了南朝王俭所撰新《五礼》的内容；北魏明帝时，“敕侍中西河王、秘书监常景选儒学十人缉撰五礼。”[②] 东魏天平四年（537），“诏右仆射高隆之及诸朝士与业兴等在尚书省议定五礼”[③]。北齐武平（570—576）初，诏薛道衡“与诸儒修定五礼”[④]。据《隋书·经籍志二》载，隋朝之前共有仪注59部，2029卷，通计亡书，合69部，3094卷[⑤]。由个别仪注的编纂到如此卷帙浩繁的五礼仪注的撰定说明，在魏晋南北朝时期的礼制建设中五礼体系已经得到统治者的普遍认同。

仪注的撰定能为礼仪的实施提供依据，在这一时期的礼仪实践中，仪注也的确起到指导礼仪实践的作用。如《宋书·乐志一》载，孝建二年（455）朝廷议定元会及二庙斋祠的用乐方式：“有司又奏：‘元会及二庙斋祠，登歌依旧并于殿庭设作。寻庙祠，依新仪注，登歌人上殿，弦管在下；今元会，登歌人亦上殿，弦管在下。’并诏可。”[⑥] 又如《隋书·礼仪志四》载陈元会要求：“陈制，先元会十日，百官并习仪注，令仆已下，悉公服监之。”[⑦] 可见，仪注已经成为国家礼仪实践的重要依据。魏晋南北朝时期五礼仪注的撰定及其在现实礼制实践中的指导作用表明，在国家礼制中，相对成熟的五礼体系已经形成，五礼体系下的各礼仪类型相互配合，发挥着“经国家，定社稷”[⑧] 的重要政治功能。

在史书对礼制的记载上，由于魏晋南北朝时期五礼制度的实施，史书对各代礼制的书写也发生较大变化，史家明确将各类礼仪纳入五礼范围之中。与《史记》《汉书》《后汉书》等对礼制史料的记载相比，魏晋南北朝诸史礼制资料的安排基本是在五礼的框架下展开的。以两汉史书为例，《汉书》中既有《郊祀志》，又有《礼乐志》，郊祀、封禅等祭祀天地、鬼

---

① （唐）姚思廉：《梁书》卷3《武帝本纪》，中华书局1973年点校本，第96页。
② （唐）李百药：《北齐书》卷29《李浑传附弟绘传》，中华书局1972年点校本，第395页。
③ （北齐）魏收：《魏书》卷84《李兴业传》，中华书局1974年点校本，第1864页。
④ （唐）李延寿：《北史》卷36《薛道衡传》，中华书局1974年点校本，第1337页。
⑤ （唐）魏征、令狐德棻：《隋书》卷33《经籍志二》，中华书局1973年点校本，第971页。
⑥ （梁）沈约：《宋书》卷19《乐志一》，中华书局1974年点校本，第545页。
⑦ （唐）魏征、令狐德棻：《隋书》卷9《礼仪志四》，中华书局1973年点校本，第183页。
⑧ （清）阮元校刻：《十三经注疏·春秋左传正义》，中华书局1980年版，第1736页下栏。

神之礼并未出现在《礼乐志》当中，而是单列为《郊祀志》，并且在《礼乐志》中并未对各礼仪进行详细记载。在《后汉书》中这一情况并未发生根本改变，用于鬼神与用于人事之礼仍未被纳入统一的礼制体系。首先，《祭祀志》单列，包括郊祀、封禅、明堂、辟雍、灵台等，并未归入《礼仪志》的范畴；其次，在《礼仪志》中也有祭祀的内容，如上陵、高禖、先蚕、请雨、祠星等，且与冠礼、朝会之礼错杂。这反映了在两汉时期，对祭祀天地、鬼神之礼与用于人事之礼并未进行明确区分，未将两种礼仪类型纳入一个与国家政治密切相关的礼制体系中。魏晋时期开始施行并在南北朝时期逐渐定型的五礼体系反映在史书的记载中，就是史书将不同类型的礼仪纳入各自所属的礼仪类别之中，如《晋书・礼志》在对两晋的礼制叙述时所采用的就是吉、凶、宾、军、嘉五礼的分类方式，《宋书》《南齐书》《隋书》等在叙述历代礼制建设时基本也是按照吉、凶、宾、军、嘉五礼的框架展开的。需要注意的是，这些史书在对两汉时期的礼仪进行追述时，将原本在《汉书》《后汉书》等史书中无明确归属的礼仪也分门别类地纳入五礼体系中。这说明，史书编纂者的意识中已经明确存在着五礼体系，这是国家礼制建设中五礼体系得到切实推行的结果，也进一步明确了五礼体系在魏晋南北朝国家礼制中的确立。

魏晋南北朝所施行的五礼体系与《周礼》中的五礼体系并不完全相同，《周礼》的五礼体系是以分封制为政治基础，而从秦代开始，分封制已为皇权专制政体所取代，所保留的只是形式上的分封。因此，由于现实条件的改变，《周礼》中以分封制为基础的各种礼仪形式在这一时期不能原原本本地施行，而是要做出适当的调整。关于此点，当时的礼学家已经有了比较明确的认识，如沈约《宋书・礼志一》有云："任己而不师古，秦氏以之致亡，师古而不适用，王莽所以身灭。"[①] 这就是对国家礼制建设中遵从礼学经典与适应现实变革之间关系的深刻见解，"师古"与"适用"成为这一时期礼乐建设的基本原则。师古而不拘泥于古，适用而不违背礼乐的基本精神，使魏晋南北朝的五礼体系表现出新的特点。

其一，为适应祭祀对象的变化，礼仪内容得到扩充。在《周礼》中，吉礼为五礼之首，其祭祀对象为天神、地示、人鬼，不同祭祀对象所用祭法各异："以禋祀祀昊天上帝，以实柴祀日、月、星、辰，以槱燎祀司中、

① （梁）沈约：《宋书》卷14《礼志一》，中华书局1974年点校本，第327页。

司命、风师、雨师。"[①] "以血祭祭社稷、五祀、五岳。以埋沉祭山、林、川、泽，以疈辜祭四方、百物。"[②] "以肆、献、祼享先王，以馈食享先王，以祠春享先王，以禴夏享先王，以尝秋享先王，以烝冬享先王。"[③]魏晋南北朝时期的吉礼并未超出天神、地示、人鬼的范围，只不过在各自范围内祭祀对象有所增加，如晋代为了表彰儒学而立孔子祠，为正廷狱而设立皋陶祠，还增加了许多杂祠祀，如老子祠等。由于和国家政治的关联，许多历史人物不断被纳入祭祀体系之中，使吉礼的祭祀对象得以扩充。

其二，在礼仪的具体施行上，历代也都加以损益变革，礼学家对相关问题的解释也成为重要的制礼依据，而非完全遵从《周礼》之规定。如郊丘祭祀，其祭祀时间、地点、对象、展演方式等在魏晋南北朝各代都存在差异：一方面，郑玄、王肃对郊丘祭祀的解释成为重要的参考；同时，制礼者也要根据本朝的实际情况来采用相应的祭祀仪式[④]，"适用"在某种程度上更为关键。

其三，在魏晋南北朝，政治制度的改变使一些礼制失去了存在的基础，在具体礼仪实践时只能在古礼之名下注入新的内容，五礼中的宾礼是一显例。针对宾礼，杜佑指出："自古至周，天下封建，故盛朝聘之礼，重宾主之仪。"[⑤] 杜佑注意到宾礼施行的基础是封建制，而秦汉以来名存实亡的封建制使朝聘、宾主之仪失去了存在的基础，因此《周礼》中规定的朝、宗、觐、遇、会、同、问、视诸礼在秦汉之后基本消失，宾礼的重要性大大降低。据《通典》，所保留下来的宾礼，仅为天子受诸侯藩国朝宗觐遇、三恪二王后、天子上公及诸侯卿大夫士等贽三种，并且这三种礼仪也只是在少数政权的特定时期得到施行。在皇权专制的政治制度中，《周礼》所设定的宾礼诸功能被元会部分地代替。元会，是三元之日文武百官对皇帝的朝见及宴会，兼具宾礼与嘉礼的双重性质。在《晋书·礼志》中，元会被视为宾礼，但后来这一礼仪逐渐被纳入嘉礼的范畴。其原因在于，元会具有宾礼与嘉礼的双重性质，朝聘是宾礼的重要内容，而朝

---

① （清）阮元校刻：《十三经注疏·周礼注疏》，中华书局1980年版，第757页上栏。

② （清）阮元校刻：《十三经注疏·周礼注疏》，中华书局1980年版，第758页上栏。

③ （清）阮元校刻：《十三经注疏·周礼注疏》，中华书局1980年版，第758页下栏。

④ 李敦庆：《郑玄、王肃学说影响下的魏晋郊祀礼制》，《湖南人文科技学院学报》2013年第1期。

⑤ （唐）杜佑撰，王文锦、王永兴等点校：《通典》卷74《宾一》，中华书局1988年版，第2015页。

聘后所举行的飨宴却又属于嘉礼。而在元会中，既有文武百官及四方藩国对帝王的朝见，又有朝见后举行的飨宴，这就出现了元会既属于嘉礼又属于宾礼的现象，将其划入哪一类别要依据制礼者对这一礼仪的认识。

综上所述，在魏晋南北朝时期，已经确立了比较成熟的五礼制度，在吉、凶、宾、军、嘉的大框架下，各种具体的礼仪形式依作用对象的不同而各归其类，共同构成了比较完整的礼制体系[①]，而各礼仪类别之下的用乐也是礼制的有机组成，对发挥礼仪的功能有不可替代的作用。五礼用乐的仪式类型、五礼用乐的创制原则、影响五礼用乐的因素等问题是下文着重讨论的内容。

二　魏晋南北朝五礼制度中各类礼仪的用乐情况

魏晋南北朝时期五礼制度已经建立并逐渐定型。礼的施行必然要有乐相配，所谓"礼乐相须以为用，礼非乐不行，乐非礼不举"[②]，这就要求必须创制与各种礼仪相匹配的音乐来构建国家礼乐体系，这也是魏晋南北朝各政权的迫切要求，如蔡谟所云："凡敬其事则备其礼，礼备则制有乐。"[③] 因此，除北方少数民族政权十六国外，各代大都重视礼仪用乐的制作：或沿袭前代用乐并加以变革，如晋初用魏乐，后根据本朝实际加以变革；或无复依傍，自创新乐，如梁武帝尽弃宋、南齐旧乐，自造十二《雅》，在郊祀、宗庙、朝会等礼仪中使用。从总体上看，在这一时期的五礼体系中，礼仪有乐相配成为一种惯例，吉、凶、宾、军、嘉五礼中较为重要的礼仪展演，都有乐舞相配，用乐或作为仪式的一个环节单独存在，或与其他仪式环节相配合。我们对魏晋南北朝各类礼仪用乐的情况做一宏观概括。

（一）吉礼之用乐

吉礼的对象是"邦国之鬼神示"，即天神、地示、人鬼。在这一三元

---

① 现依据《通典》的统计，将魏晋南北朝五礼中各种礼仪的具体情况罗列如下：吉礼：郊祀、明堂、宗庙、藉田、社稷、封禅、山川江河湖海之祀、杂祠祀；嘉礼：婚礼、冠礼、会礼、事亲养老之礼；宾礼：天子受诸侯藩国朝宗觐遇、三恪二王后、天子上公及诸侯卿大夫士等贽、与其他政权间的使臣往来；军礼：出征、类、宜、造、祃并祭所过山川、軷祭、四时田猎、出师、名将出征、大射乡射、合朔伐鼓。凶礼：丧礼（葬法、丧服）、荒礼（禁乐、罪己诏等）、恤礼等。

② （宋）郑樵撰，王树民点校：《通志二十略》，中华书局1995年版，第883页。

③ （唐）房玄龄等：《晋书》卷21《礼志下》，中华书局1974年点校本，第660页。

神的祭祀序列中，如进一步划分，天神、地示均为神灵，属于一个序列，其祭祀仪式有南北郊、圜丘、方泽、明堂、雩祭、社稷等，其用乐为祀神雅乐，如南北郊乐、圜丘乐、雩祭乐等，大都是以诗、乐、舞三位一体的形式呈现出来，现只存其歌辞，即郭茂倩所编《乐府诗集》中的郊祀歌辞。人鬼即祖先，宗庙祭祀为其表现形式，其用乐亦为诗、乐、舞的结合，宗庙之用乐可上溯到《诗经》时代，三《颂》中的诗篇大都是宗庙乐歌，而文献中记载的《文》《舞》二舞实是其舞蹈之名。魏晋南北朝时期的宗庙乐歌也被《乐府诗集》收录，名为宗庙歌辞，与郊祀歌辞统称为“郊庙歌辞”。除见于礼经的仪式有配乐之外，还有用于杂祠祀的音乐，如东吴时期的《神弦歌》，很可能就是祭祀地方神灵的乐歌①。

与这一时期吉礼中施行的众多仪式类型相比，有音乐相配的仪式数量并不多，主要集中在郊祀、宗庙、明堂、社稷等比较重要的国家仪式中，山川等从属神灵的祭祀用乐不见于史料记载。除十六国外，各政权大都比较重视吉礼用乐，在乐器、乐调、乐舞、歌辞的创制上不遗余力，其乐器、乐调、乐舞大部分已经亡佚，保留下来的歌辞是我们研究这一时期吉礼用乐的重要依据。

（二）宾礼、嘉礼之用乐

在国家礼仪中，宾礼、嘉礼是用于人事的两种重要礼仪形式。宾礼主要是针对外国使臣举行的礼仪。嘉礼中的冠礼、婚礼是涉及个体人生成长的重要礼仪形式，但作为帝王或皇太子的冠礼、婚礼则具有非凡的政治意义；饮宴之礼是人际交往与娱乐的综合礼仪形式，在国家礼仪中，其功能在于沟通君臣之关系、使君臣上下和睦相处，也起到区分等级、确立帝王权威的作用。魏晋南北朝施行的宾礼主要针对所封同姓或异姓藩王的朝见及外国使节的来访，嘉礼主要有冠、婚、会、尊老养老之礼②。

魏晋南北朝时期的宾礼、嘉礼用乐最具代表性的是元会用乐。就元会来说，它融合了宾礼的朝见与嘉礼的宴会等因素，是秦汉以来新的政治制度之下出现的礼仪形式。魏晋南北朝诸史的礼志、乐志中对元会的仪式规

---

① 萧涤非著，萧海川辑补：《汉魏六朝乐府文学史》（增补本），人民文学出版社2011年版，第215—216页。

② 以上诸礼不是帝王独享的礼仪形式，作为一种人生仪式，这些礼仪自上而下普遍存在，既存在于官方，也存在于民间。

范及用乐情况有较详细的记载。这一时期的元会继承了汉代的元会传统，并且在仪式的内容、用乐的形式以及歌辞方面都有所创新，其乐舞已失传，所存者只有歌辞，大都收录于《乐府诗集》的“燕射歌辞”中，“舞曲歌辞”中也有一部分是元会舞曲的歌辞。除元会之外，皇太子冠礼也用乐。还有各种形式的飨宴活动，其中往往有乐，但多为俗乐，体现出这些仪式的娱乐性质。

（三）军礼之用乐

魏晋南北朝时期战争频繁，军礼广泛用于战前的遣将、蒐狩，战中的奋威杀敌以及战后的奖励军功。军礼的作用在于振奋士气、激励将士，与吉礼、宾礼、嘉礼相比，其行礼地点多为军中，仪式参加者多为将帅士卒，在仪式风格上表现为场面的激烈、振奋与宏大。这与其他礼仪类型的庄严肃穆或和平融洽有明显的区别。与此相适应，在军礼中使用音乐也以鼓舞士气为主要目的。

这一时期的军礼用乐有两种主要形式，一是以节奏为主、不成曲调的金、鼓乐；一是乐队所演奏的鼓吹乐。金、鼓乐在军礼或战争中主要起信号的作用；就鼓吹乐来说，这一汉代出现的音乐类型应用范围广泛，可在多种礼仪中使用，它既可作为朝廷飨宴用乐、皇帝和官员出行的卤簿仪仗用乐，又可以作为丧礼送葬之用乐，可以说，鼓吹乐是使用范围最为广泛的一种音乐形式。这主要由鼓吹乐的乐器构成、曲调及其表演特征等因素决定。军礼用乐中有鼓吹乐，即《文心雕龙・乐府》中所说：“至于轩岐鼓吹，汉世铙挽，虽戎丧殊事，而并总入乐府。”① 所谓的“戎丧”是指的军礼和丧礼，鼓吹乐用于戎事，体现的是其军礼用乐的属性。军礼鼓吹乐的功能决定了它与其他仪式中的鼓吹乐相比，在所用乐器、旋律以及歌辞方面都存在较大差异。在魏晋南北朝时期，以鼓吹乐赏赐将领已经制度化②，广泛用于军礼之中：或赏赐于出征之前以振奋军威，或奖励于战后以表彰军功。赏赐鼓吹乐已经成为表彰将领军功与体现将领地位的重要方式。随着鼓吹乐赏赐与使用的泛化，其与军礼的相关度也越来越低，最终演变成为识别各级官员身份的标识③。

---

① 范文澜：《文心雕龙注》，人民文学出版社 1958 年版，第 103 页。

② 梁满仓：《魏晋南北朝五礼制度考论》，社会科学文献出版社 2009 年版，第 385 页。

③ 项阳：《重器功能，合礼演化——从金石乐悬到本品鼓吹》，《以乐观礼》，北京时代华文书局 2015 年版，第 155—168 页。

（四）凶礼之用乐

在礼经中有凶礼不作乐的规定，举行丧礼、荒礼等仪式时都有明确的禁乐规定。《礼记·曲礼》载："望柩不歌……邻有丧，舂不相。里有殡，不巷歌。适墓不歌。哭日不歌。"[①]《礼记·丧大记》云："九月之丧，食饮犹期之丧也，食肉饮酒，不与人乐之。"[②]《周礼·春官》也有丧礼藏乐器的规定："笙师掌教吹竽、笙、埙、籥、箫、篪、笛、管，舂牍、应、雅，以教《祴》乐。……大丧，廞其乐器，及丧，奉而藏之。"[③] 事实上，从秦末汉初开始，无论是民间还是官方都有丧礼用乐的实践。周勃为平民时"常为人吹箫给丧事"，对吹箫的作用，《史记集解》引如淳注："以乐丧家，若俳优。"引臣瓒说："吹箫以乐丧宾，若乐人也。"[④] 按照他们的观点，在丧礼中吹箫，一为乐宾、一为乐丧家。丧礼应主悲哀，在丧礼中用乐是为了渲染悲伤气氛，汉代有丧歌《薤露》《蒿里》，就是悲哀凄凉的风格。

从汉代直到魏晋南北朝，在丧礼中用乐已经成为普遍的现象。丧礼中的用乐形式，一为鼓吹乐，一为挽歌，即刘勰所谓"汉世铙挽"。这些丧葬音乐的使用，其本意是增加仪式的悲凉感，也可以借助丧葬音乐的规模来表明死者及丧主的身份地位。

通过对魏晋南北朝时期五礼仪式用乐的宏观描述，我们可以发现，这一时期五礼体系中的主要礼仪形式都有音乐的使用。各政权在建立自己的礼仪用乐体系时都不遗余力，体现在以下几个方面：第一，乐器的制作；第二，乐、舞的创作；第三，歌辞的撰写。总体来说，这一时期吉礼、宾礼、嘉礼的用乐与礼制的配合最为紧密，在大多数朝代中，这三种礼仪类型的用乐都获得了较为充分的发展，呈现出礼乐"相须以为用"的理想形态，并依据本朝实际，形成了"复古"与"适用"相协调的用乐格局。

礼仪用乐所具有的时间艺术特性决定了它很难以文字、图像的形式传承，而是依靠乐人之间的世代相传，且需长时间的训练；乐器的制造、乐理的阐释也需要专门音乐人才方能完成。因此，就一朝礼仪用乐的建设来说，存在众多的制约因素。

---

① （清）阮元校刻：《十三经注疏·礼记正义》，中华书局 1980 年版，第 1249 页中栏。
② （清）阮元校刻：《十三经注疏·礼记正义》，中华书局 1980 年版，第 1576 页下栏。
③ （清）阮元校刻：《十三经注疏·周礼注疏》，中华书局 1980 年版，第 801 页上栏。
④ （汉）司马迁：《史记》卷 57《绛侯周勃世家》，中华书局 1959 年点校本，第 2065 页。

首先，在于礼制自身的演变。从内部来说，礼仪用乐的建设受制于礼制的结构性质及完善与否。礼仪的变革是影响礼仪用乐创制的关键因素，由礼仪的变革带来的礼仪用乐的变化是这一时期雅乐建设中常见的现象。如秦汉以来新出现的礼仪形式——元会，这一仪式明显分为两个阶段，而用乐也相应分为金石雅乐与民间俗乐两个部分，呈现出礼乐相协的状态。

其次，政治环境也是决定礼仪用乐建设的重要因素。统治阶级的重视是礼仪用乐建设的保障，这一时期大部分政权都重视礼仪用乐建设，尤其是在礼仪制度建立之初迫切需要仪式乐舞与之相配，以构建完整的礼乐体系。但音乐人才的缺乏、乐器的散失、古乐的失传等使得礼仪用乐的制作往往比较滞后，这是由这一时期的政治环境决定的。魏晋南北朝政治动荡，战争不断，朝代更替频仍。战乱导致乐人、乐器大量流失，使礼仪用乐的创制失去了稳定的环境，统治者有心制定礼仪用乐却毫无凭借。如晋末永嘉之乱，乐人、乐器多为前赵、后赵所获，使南迁的东晋政权迟迟不能建成雅乐体系，直到东晋末年才稍有改观，用于元会的四厢乐悬初具规模，但吉礼中的郊祀、宗庙之礼一直未有配乐。由于政治的动荡，在这一时期，许多礼仪未用乐，如藉田、雩祭之有乐仅限于南齐等少数政权，而先农、朝日、夕月、蜡祭等低级别的仪式更是无乐相配。因此，魏晋南北朝的五礼仪式用乐受外在因素的影响，并未能全面展开，只在一些较为重大的礼仪中得到应用。

三　魏晋南北朝五礼用乐的创制原则

就礼仪用乐在仪式中的地位来看，它是礼仪活动的构成环节，从属于礼仪；就其自身构成形式来看，礼仪用乐包含了乐曲、舞蹈、歌辞三种因素，是诗、乐、舞三位一体的音乐形式。礼仪用乐与一般意义上的音乐相比具有自身的特点，而这些特点也要求其创制之时遵循特定的原则，那就是以先秦雅乐为典范，最大限度发挥音乐的仪式效果，以实现证明君权合法及确认皇权独尊的政治功能。这一原则贯穿于历代礼仪用乐制作中，在魏晋南北朝时期体现得尤为明显。

秦汉以来，由于分封制让位于皇权专制，礼经中所记载的礼仪及其用乐失去了存在的基础，历代在制礼作乐时，都在寻找一种既能体现礼乐的古典传统又能符合本朝实际的用乐形式。班固在《汉书·礼乐志》中对汉代礼仪用乐的制作特点有如下总结："盖乐已所自作，明有制也；乐先王之乐，明有法也。"所谓"明有制"，颜师古注："言自制作也。"所谓"明有法"，颜师古注："遵前代之法。"[①] 也就是说，汉代礼仪用乐的制作是两种价值取向或者说是两种理论形态的复合及实现。"有制"体现的是本朝的实际需求，"有法"体现的是对前代用乐传统的继承，二者殊途而同归，共同服务于国家礼制。魏晋南北朝时期的礼仪用乐创制也是如此，一方面重视对前代用乐的模仿，将前代用乐规范作为本朝礼乐建设的依据；另一方面在模仿基础上对前代乐舞进行损益变革，有的朝代甚至别出心裁自作乐，最终创作出适合本朝的礼仪用乐，体现出复古与创新并举的礼仪用乐创作倾向，我们将这一特点概括为"以古为雅，不相沿乐"。

（一）以古为雅——魏晋南北朝礼仪用乐制作向传统的复归

符合传统是政权来源合法性的重要条件，也是政权治理合法性的重要表现。因此，在国家政治的各个层面，向传统复归，尤其是向历史上出现的、被视为典范的政权及其治理模式复归是一个政权取得合法性需采取的重要措施。具体到礼仪用乐上，这种复归包括两个层面，一是向经典中用乐规范的复归，一是向前代具有代表性的用乐方式复归。

1. 在礼仪用乐的制作上以礼经中的用乐规范为依据，表现出"以古为雅"的思想倾向，这是魏晋南北朝时期礼仪用乐制作的基本特点

"功成作乐，治定制礼"，魏晋南北朝各政权建立之初，在制礼的同时，也重视礼仪用乐的问题，礼仪用乐的制作思想与使用规范往往采自礼经，这在魏晋南北朝时期已经成为一种自觉的选择，而这种选择又与统治者对儒学的推崇有着密切的关系，如西晋初年、宋武帝、梁武帝、北魏道武帝、北魏孝文帝等时期的礼仪用乐制作无不与这时期统治者对儒学的重视与复兴有着密切的关系。

西晋代魏之前，荀顗曾奉司马昭之命撰定新礼，其中有不少礼仪用乐的规定就是以礼经为依据的。以凶礼用乐为例，在汉魏时期丧礼用乐已形成一种规范，即将葬之时的用乐"设吉凶卤簿，皆以鼓吹"[②]，新礼认为："礼无吉驾导从之文，臣子不宜释其衰麻以服玄黄，除吉驾卤簿。又，凶事无乐，遏密八音，除凶服之鼓吹。"[③] 在此规定中，所变革者一是吉驾

① （汉）班固：《汉书》卷22《礼乐志》，中华书局1962年点校本，第1044页。
② （唐）房玄龄等：《晋书》卷20《礼志中》，中华书局1974年点校本，第626页。
③ （唐）房玄龄等：《晋书》卷20《礼志中》，中华书局1974年点校本，第626页。

导从，二是鼓吹乐的使用。就吉驾导从来说，所依据当为《仪礼·既夕礼》中的相关规定，而禁乐所依据当为《尚书·舜典》的记载："帝乃殂落，百姓如丧考妣，三载，四海遏密八音。"①

宋孝武帝孝建二年（455），群臣讨论郊祀、宗庙用乐与否的问题，在宗庙有乐上群臣观点一致，但关于郊祀是否有乐，形成截然相反的两派，所据均为礼学经典。竟陵王刘诞等五十一人认为郊祀有乐，其依据是《周礼·大司乐》之"作乐于圜丘之上，天神皆降。作乐于方泽之中，地祇皆出。"《礼记·祭统》之"夫祭有三重焉，献之属莫重于祼，声莫重于升歌，舞莫重于《武宿夜》，此周道也。"颜竣却认为郊祀不应有乐，其依据亦为《周官》《孝经》等经典，认为"考之众经，郊祀有乐，未见明证"。宗庙之有乐则是经典所载："宗庙之礼，事炳载籍。"两方关于郊祀、宗庙用乐与否的依据均来自经典②。

梁武帝称帝之后，思弘古乐，但苦于无所依据，沈约建议说："陛下以至圣之德，应乐推之符，实宜作乐崇德，殷荐上帝。而乐书沦亡，寻案无所。宜选诸生，分令寻讨经史百家，凡乐事无小大，皆别纂录。乃委一旧学，撰为乐书，以起千载绝文，以定大梁之乐。使《五英》怀惭，《六茎》兴愧。"③沈约的意思是将历代论乐的相关资料进行整理，作为本朝制定礼乐的参考，乐书的编纂表现了礼仪用乐制作理论上的自觉。

在北朝，礼仪用乐的制作也以礼经中的用乐规范为依据，而对这些规范理解的偏差则会导致所制之乐形式上的差异。据《魏书·乐志》载，北魏建立之后，统治者对雅乐制作不遗余力，从道武帝天兴元年（398）命邓渊定律吕、协音乐到孝文帝太和（477—499）年间，雅乐制作尚未取得明显成效。宣武帝正始（504—508）年间礼仪用乐的制作才始见成效。在礼乐制作者中，以公孙崇、刘芳成就最大，他们制定雅乐的依据即为礼经。永平二年（509），尚书令高肇等人上宣武帝的奏折中认为公孙崇所制雅乐不合礼经，其云："案太乐令公孙崇所造八音之器并五度五量，太常卿刘芳及朝之儒学，执诸经传，考辨合否，尺寸度数悉与《周礼》不同。

---

① （清）阮元校刻：《十三经注疏·尚书正义》，中华书局1980年版，第129页下栏。

② 关于这次讨论，见（梁）沈约《宋书》卷19《乐志一》，中华书局1974年点校本，第541—545页。

③ （唐）魏征、令狐德棻：《隋书》卷13《音乐志上》，中华书局1973年点校本，第288页。

问其所以，称必依经文，声则不协，以情增减，殊无准据。"[①] 可见，公孙崇的雅乐制作与刘芳等人对其创制雅乐所做的考辨依据均为礼经，但二者出现明显的不合。这说明，在没有明确的礼乐制作规范时，将礼经中的记载作为制定礼仪用乐的依据本身就存在着不可避免的缺陷，不同的制乐者对经典理解的偏差必然会导致用乐形态的差异。

在魏晋南北朝礼仪用乐的制作中，向经典复归是一种重要趋势，是否合于礼经规定已经成为制定及评价礼仪用乐的标准。在这一标准下的礼仪用乐在某些方面呈现出复古的面貌，但因受制于礼仪及制乐者对礼经记载理解的差异，各种用乐形式并未达到理想的复古状态，合于古乐这一标准从未真正实现。梁武帝依据先秦典籍制作十二《雅》，在郊祀、宗庙、元会等仪式中使用，自以为合于古乐，但在使用这十二《雅》时忽视了使用对象的差别，人神同用，后世称此举为礼亡之始[②]，这也说明礼乐的复古是一种永远不能实现的理想。

2. 魏晋南北朝的礼仪用乐在依据经典的同时，也承袭前代雅乐

承袭前代雅乐，尤其是承袭前代比较符合礼经规范的雅乐，也是魏晋南北朝时期礼仪用乐制作的一种重要方式。这是由政权建立之初礼乐制作条件缺乏决定的，反映了新兴政权制礼作乐的迫切需求同礼乐建设能力滞后之间的矛盾。尤其是战乱所导致的乐人的流失、乐器的散佚，使雅乐建设不具备基本条件，礼仪用乐的制作者只能以复古的名义将前代雅乐体系作为现实礼乐制作时的参考，这种方式能快速创制出各种礼仪所需要的乐舞，以满足礼仪活动的需要，这种情况以曹魏与东晋为代表。东汉末年的董卓之乱及西晋末年的永嘉之乱，对雅乐造成了空前的破坏，使得曹魏及东晋两个政权创制雅乐的工作异常艰难，统治者必须从前代雅乐那里寻找恢复礼仪用乐的依据和规范。

汉末董卓之乱，乐人、乐器毁于兵燹。曹操平定北方之后就开始礼仪用乐的制作，其雅乐体系所承袭的就是东汉雅乐，即《隋书·音乐志上》所载之四品乐：

> 汉明帝时，乐有四品：一曰太予乐，郊庙上陵之所用焉。……二

① （北齐）魏收：《魏书》卷109《乐志》，中华书局1974年点校本，第2832页。

② （宋）郑樵撰，王树民点校：《通志二十略》，中华书局1995年版，第886页。

> 曰雅颂乐，辟雍飨射之所用焉。……三曰黄门鼓吹乐，天子宴群臣之所用焉。……其四曰短箫铙歌乐，军中之所用焉。[①]

这四品乐主要用于祭祀、朝会、飨宴及军中，分属于五礼体系的吉礼、嘉礼、宾礼及军礼，是覆盖面广且较为完善的雅乐体系。这一雅乐体系的传承依靠的是战乱中仅存的几位乐人，《晋书·乐志上》载：

> 汉自东京大乱，绝无金石之乐，乐章亡缺，不可复知。及魏武平荆州，获汉雅乐郎河南杜夔，能识旧法，以为军谋祭酒，使创定雅乐。时又有散骑侍郎邓静、尹商善训雅乐，歌师尹胡能歌宗庙郊祀之曲，舞师冯肃、服养晓知先代诸舞，夔悉总领之。远详经籍，近采故事，考会古乐，始设轩悬钟磬。[②]

杜夔、邓静、尹商、尹胡、冯肃、服养等乐人为曹魏雅乐的恢复做出了巨大贡献，对汉代雅乐的保存也是功绩甚伟，使汉代所传先秦旧乐，如《鹿鸣》等得以流传后世。据《三国志·杜夔传》，杜夔为汉雅乐郎，汉末避难荆州，曾奉刘表之命为汉主合雅乐，曹操破荆州之后，回到北方，转为军谋祭酒，参太乐事。曹魏政权建立后，于黄初中任太乐令。实际上杜夔在黄初时所担任的官职名称应该为太予乐令，据《宋书·乐志一》载，太予乐改为太乐是在魏明帝之时：

> 明帝太和初，诏曰："礼乐之作，所以类物表庸而不忘其本者也。凡音乐以舞为主，自黄帝《云门》以下，至于周《大武》，皆太庙舞名也。然则其所司之官，皆曰太乐，所以总领诸物，不可以一物名。武皇帝庙乐未称，其议定庙乐及舞，舞者所执，缀兆之制，声歌之诗，务令详备。乐官自如故为太乐。"太乐，汉旧名，后汉依谶改太予乐官，至是改复旧。[③]

陈寿的记载可能是以晋代的乐官名称为据，官名虽异，但所司之职相同。

---

① （唐）魏征、令狐德棻：《隋书》卷13《音乐志上》，中华书局1973年点校本，第286页。

② （唐）房玄龄等：《晋书》卷22《乐志上》，中华书局1974年点校本，第679页。

③ （梁）沈约：《宋书》卷19《乐志一》，中华书局1974年点校本，第535页。

在东汉时期太予乐令的执掌，据《通典·职官七》："后汉永平三年，改太乐为太予乐令，掌伎乐人，凡国祭飨，掌诸奏乐。"[①] 孙尚勇先生认为汉乐四品都是官方仪式用乐，他说："这四种音乐之间不存在等级、雅俗之辨的问题，它们都属于仪式用乐。""（汉乐）四品乐皆仪式乐，非宴私之乐也。"[②] 而太予乐令所掌正是祭飨用乐，可见这四品乐均为太予乐令所执掌，作为仪式用乐，这四品乐涵盖了郊庙、元会及军礼等礼仪用乐，是传统意义上的雅乐。

杜夔在创制曹魏雅乐时采取的主要方式是"远详经籍，近采故事"，既从礼经中寻找依据，也注重对前代乐舞的继承，尤其是在礼仪用乐的曲调及舞容上更是依靠对前代的继承。杜夔对雅乐的恢复包括几个方面：一是雅乐曲调，如汉代飨宴仪式使用的四曲雅乐《鹿鸣》《驺虞》《伐檀》《文王》，为周代飨宴用乐，其曲调一直流传到汉代，汉末战乱中一度失传，因杜夔等人的努力才得以恢复，成为飨宴仪式的曲调；其次是乐器的制作，杜夔在恢复雅乐时依礼经记载及东汉旧制重新制作了一些乐器，使礼仪用乐的乐器初步完备，即《晋书·乐志上》所说的"始设轩悬钟磬"；再次，他又对汉代礼乐仪式中所使用的舞蹈进行重新编排[③]。至此，曹魏已经初步具备了在仪式中使用乐舞的条件。可见，曹魏的礼仪用乐建设对汉代雅乐继承的成分居多，独创性较少，这种"远详经籍，近采故事"的制乐原则经常为后世所采用，而曹魏所传雅乐、所创乐器及所编排的舞蹈奠定了两晋南朝礼仪用乐的基本格局。

东晋时期的礼仪用乐制作也是依靠战争劫余之乐人、乐器才得以完成。西晋末年的永嘉之乱，使乐人、乐器为前赵、后赵等少数民族政权所得。晋元帝初渡江后，因为缺少乐人、乐器而无法完成礼仪用乐的创制，郊祀、宗庙等重要的国家礼仪均不设乐。经东晋明帝、成帝直到孝武帝太元（376—396）时才初备四厢乐悬，礼仪用乐的制作才得以展开。东晋雅乐的恢复，得益于庾亮、谢尚等大臣对乐人、乐器的搜求及淝水之战后从北方俘获的乐人："太元中，破苻坚，又获其乐工杨蜀等，闲习旧乐，于

① （唐）杜佑撰，王文锦、王永兴等点校：《通典》卷25《职官七》，中华书局1988年版，第695页。

② 孙尚勇：《黄门鼓吹考》，《黄钟》（武汉音乐学院学报）2002年第4期。

③ 《三国志》杜夔本传及《宋书·乐志》中都有关于杜夔带领众乐人恢复雅乐的记载，见（晋）陈寿撰，（宋）裴松之注《三国志》卷29《杜夔传》，中华书局1959年点校本，第806—807页；（梁）沈约《宋书》卷19《乐志一》，中华书局1974年点校本，第534页。

是四厢金石始备焉。"[①] 此处的"旧乐"当为西晋时期使用的礼仪用乐，他们在东晋雅乐的恢复中发挥了巨大作用。东晋雅乐的创制，继承多于创新，并且仅仅涉及郊祀、宗庙等少数仪式，涵盖五礼的、系统化的礼仪用乐终东晋之世也未曾建立。

在政权初建之时，往往也会全盘照搬前朝礼仪用乐，在条件成熟后再加以改造。西晋礼仪用乐的制作就是显例，《晋书·乐志中》载："及武帝受命之初，百度草创。泰始二年，诏郊祀明堂礼乐权用魏仪，遵周室肇称殷礼之义。"[②] 显然，晋初的雅乐体系是对曹魏用乐的直接继承。对于南朝礼仪用乐创制的这一特点，郭茂倩在《乐府诗集》中总结为："宋文帝元嘉中，南郊始设登歌，庙舞犹阙。乃诏颜延之造天地郊登歌三篇，大抵依仿晋曲，是则宋初又仍晋也。南齐、梁、陈，初皆沿袭，后更创制，以为一代之典。"[③] 这些对前代雅乐沿用的一个特点是"权"，是应对政权草创的暂时之举。在政权稳定后，再根据本朝礼仪施行的实际情况，在遵循经典或继承前代的前提下进行创新，制作出适合本朝的礼仪用乐。

（二）不相沿乐——魏晋南北朝礼仪用乐的创新

1. 损益旧乐——对礼仪用乐名称、曲调、乐章及舞容的改变

在魏晋南北朝时期，音乐能"象物昭功"[④] 的功能论思想一直贯穿在礼仪用乐的创制中。所谓"象物昭功"，是指礼仪用乐在乐曲、歌辞及舞容上要表现本朝统治者的功德，这是儒家礼乐思想的重要方面。《诗经》的三《颂》基本为宗庙祭祀歌辞，《诗大序》释"颂"云："颂者，美盛德之形容，以其成功告于神明者也。"[⑤] 作为礼仪中使用的歌舞，其功能在于向神明"宣告"功德，这种观念在魏晋南北朝仍然受到重视，《宋书·乐志一》载魏明帝太和（227—233）年间群臣所上变革庙祭用乐的奏折："臣闻德盛而化隆者，则乐舞足以象其形容，音声足以发其歌咏。故荐之郊庙，而鬼神享其和；用之朝廷，则君臣乐其度。使四海之内，遍知至德之盛，而光辉日新者，礼乐之谓也。"[⑥] 该奏折与《诗大序》观点如出一辙，是对礼仪用乐功能的概括，指出礼仪用乐表层之下"象其形

---

① （唐）房玄龄等：《晋书》卷23《乐志下》，中华书局1974年点校本，第698页。
② （唐）房玄龄等：《晋书》卷22《乐志中》，中华书局1974年点校本，第679页。
③ （宋）郭茂倩：《乐府诗集》，中华书局1979年点校本，第2页。
④ （唐）房玄龄等：《晋书》卷22《乐志中》，中华书局1974年点校本，第675页。
⑤ （清）阮元校刻：《十三经注疏·毛诗正义》，中华书局1980年版，第272页下栏。
⑥ （梁）沈约：《宋书》卷19《乐志一》，中华书局1974年点校本，第535页。

容”“发其歌咏”的深层内涵，而此类乐舞用于郊祀、宗庙、飨宴等仪式中就能达到沟通人神、合和君臣的效果。

音乐在国家礼仪中，尤其是郊祀、宗庙等仪式中，“宣告”的作用尤为明显。统治者要在礼仪用乐中反映出本朝的功德及寻求政权合法性的依据，就必须突破对先代之乐的单纯模仿而创制出适合本朝的用乐。在魏晋南北朝的礼仪用乐创制中，古为用，今为体，作为一种具有较强实践品格的音乐形式，其生命力必须建立在现实礼仪的基础上。因此要损益旧乐，创制出适合本朝使用的礼仪用乐，以达成“宣告”之目的，这成为每个朝代制乐遵循的重要规则之一。

礼仪用乐是诗、乐、舞三位一体的艺术形式，其功能的实现依赖于三者的协调，魏晋南北朝时期的统治者在创制礼仪用乐时大都注意到了这一点，因此对前代用乐的损益基本是围绕诗、乐、舞三者展开的。

首先是乐名、舞名的变易。这是在乐舞名称上将本朝礼仪用乐与前朝用乐相区别，较易操作。在魏晋南北朝时期，部分政权在乐曲与舞蹈上虽然承袭了前代，但也注意更改乐舞的名称，以示“不相沿乐”。

第一，在保证用乐曲调不变的情况下变易乐曲名。这种方式在南朝，尤其是南齐最为常用。史书中无南齐新创礼仪用乐曲调的记载，据《隋书·音乐志上》：“齐氏承宋，咸用元徽旧式，宗祀朝飨，奏乐俱同。”[①] 其礼仪用乐可能是全部承袭宋用乐的曲调。据《南齐书》，宋代的礼仪用乐已经发展到相当大的规模：“太乐雅、郑，元徽时校试千有余人，后堂杂伎，不在其数。”[②] 宋、南齐政权更替的禅代模式及宋代末年礼仪用乐的发展规模可以使南齐坐享其成，完全继承了宋的礼仪用乐，这其中乐曲是核心要素之一。宋、南齐毕竟是两个政权，在礼仪用乐上必须做出相应的改变，以符合“不相沿乐”的雅乐创制思想，而最简单有效的方式就是变易乐名，我们可以从宋、南齐郊祀乐歌名称的对比上看出这一点。宋代郊祀仪式用乐：“祠南郊迎神，奏《肆夏》。皇帝初登坛，奏登歌。初献，奏《凯容》《宣烈》之舞。送神奏《肆夏》。祠庙迎神，奏《肆夏》。皇帝入庙门，奏《永至》。皇帝诣东壁，奏登歌。初献，奏《凯容》《宣烈》之舞。终献，奏《永安》。送神，奏《肆夏》。”[③] 南齐将宋所使用的乐名做了变

---

① （唐）魏征、令狐德棻：《隋书》卷13《音乐志上》，中华书局1973年点校本，第306页。
② （梁）萧子显：《南齐书》卷28《崔思祖传》，中华书局1972年点校本，第519页。
③ （梁）沈约：《宋书》卷19《乐志一》，中华书局1974年点校本，第545页。

易，如郊祀仪式的迎神、送神，宋奏《肆夏》，南齐改为《昭夏之乐》；宋初献奏《凯容》《宣烈》之舞，而南齐改为《文德宣烈之乐》《武德宣烈之乐》。显然，南齐刻意将乐名加以区分，避免两代仪式用乐的雷同，以符合“不相沿乐”的原则。

第二，礼仪中所使用的舞蹈也存在改易名称的情况。以产生于西汉初年的《巴渝舞》为例，此舞创制于汉高祖平定三秦之后，共包括四曲，分别是《矛渝本歌曲》《安弩渝本歌曲》《安台本歌曲》《行辞本歌曲》，从产生到西晋，舞名共经历了三次变易。曹魏初年将这四曲舞蹈改名为《矛渝新福歌曲》《弩渝新福歌曲》《安台新福歌曲》《行辞新福歌曲》；黄初三年（222），又将这四曲总称为《昭武舞》；至西晋时又将其改为《宣武舞》。在用乐曲调、舞容上，《昭武舞》《宣武舞》与产生于西汉初年的《巴渝舞》并没有根本区别，仍属于《文》《武》二舞中的《武》舞系列，表演上也是以击刺杀伐为主要特征，只是在舞蹈名称上发生了变化。

其次，在变易乐名的同时改制曲调。曲调的创制涉及声律、乐器等复杂因素，因此统治者一般不会轻易改变既定的礼仪用乐曲调，《乐府诗集》卷52《雅舞》题解引《古今乐录》：“自周以来，唯改其辞，示不相袭，未有变其舞者也。”[①]《隋书·音乐志下》引牛弘奏议云：“乐名虽随代而改，声韵曲折，理应常同。”[②] 所谓“声韵曲折”当指曲调而言，这体现了国家礼仪用乐在乐曲使用上的相对稳定性，只有在旧乐亡佚或者有新声加入时才会改制新曲。如汉末董卓之乱，乐人、乐器亡佚，周乐《鹿鸣》《驺虞》《伐檀》《文王》四曲赖杜夔得以保存。这四曲乐歌在曹魏时期由乐人改制，先是明帝太和（227—233）年间由左延年等人“自作声节”，改制旧曲，所改为《驺虞》《伐檀》《文王》三篇，即改变古乐曲调声节，导致“其名虽存，而声实异”[③]，在这三曲古乐名下是全新的曲调；此后又改作本来与古乐配合的乐名、歌辞，其中《鹿鸣》改为《于赫篇》，咏武帝，“声节与古《鹿鸣》同”；《驺虞》改为《巍巍篇》，咏文帝，“用延年所改《驺虞》声”；《文王》改为《洋洋篇》，咏明帝，“用延年所改《文王》声”[④]。很显然，从辞、乐两方面看，左延年改制后的这三首乐

---

① （宋）郭茂倩：《乐府诗集》，中华书局1979年点校本，第754页。

② （唐）魏征、令狐德棻：《隋书》卷13《音乐志下》，中华书局1973年点校本，第351页。

③ （唐）房玄龄等：《晋书》卷22《乐志上》，中华书局1974年点校本，第684页。

④ （唐）房玄龄等：《晋书》卷22《乐志上》，中华书局1974年点校本，第684页。

歌的曲调、歌辞与古乐已经有了很大的差异，导致汉以来所传周乐曲调趋于式微，最终仅余《鹿鸣》一曲，在永嘉之乱后，汉所传周乐全部亡佚[①]。

除了曲调、乐名的改制，魏晋南北朝创制礼仪用乐时对前代变革最彻底的就是礼仪用乐歌辞。礼仪用乐歌辞又称“乐章”“乐歌”，其最大的特点在于合乐演唱。礼仪用乐中的曲调作为旋律的组合，属于时间艺术，对缺少专门音乐修养的仪式参加者来说难以辨别其是否合古、能否实现“作乐崇德”的仪式目的。这一缺陷可以通过礼仪用乐歌辞来弥补，歌辞通过语言、文本的形式直接表达意义或诉求，宣告统治者的功德或权威。礼仪用乐作为诗、乐、舞三位一体的综合艺术，歌辞在仪式中的使用明晰了乐曲、舞容中所蕴含的意义，使这三位一体的艺术形式成为富有意蕴的符号体系，进一步强化了礼仪的意义表现功能。

正是由于歌辞的这一特点，魏晋南北朝各政权在创制礼仪用乐时都格外重视更新礼仪用乐的歌辞，“郊庙乐章，每随世改”[②] 的创作惯例最能反映统治者对歌辞的态度。对《乐府诗集》所收录的魏晋南北朝时期的礼仪用乐歌辞进行全面考察，我们会发现，很少有朝代使用前朝歌辞，即使由于仓促而无法备乐不得不照搬前代乐曲时，也会创作新的歌辞以区别于前朝。西晋初期就是如此，《晋书·乐志上》载：“泰始二年（266），诏郊祀明堂礼乐权用魏仪，遵周室肇称殷礼之义，但改乐章而已。”[③] 南齐承袭宋用乐，所改者只是乐名、歌辞；陈朝初建，其宗庙乐“并用梁乐，唯改七室舞辞”，也是从改作歌辞入手，使其用乐有别于前代，毕竟宗庙祭祀的对象为统治者自己的祖先。

2. 自作新乐——以梁武帝时期的礼仪用乐创制为例

魏晋南北朝礼仪用乐的乐名、乐章各代少有沿袭，各政权都会变易乐名及创制新乐章以别于前代，但在曲调和乐器上少有变革，大多直接承袭前代，抑或在继承的基础上稍加改变。也有作乐者完全不顾前代用乐而自作新乐的情况，梁就是显例。梁代初建时也是借用南齐乐，据《隋书·音

---

① 王国维：《观堂集林·汉以后所传周乐考》，载谢维扬等主编《王国维全集》（第八卷），浙江教育出版社2009年版，第63—66页。

② （梁）沈约：《宋书》卷11《志序》，中华书局1974年点校本，第204页。

③ （唐）房玄龄等：《晋书》卷22《乐志上》，中华书局1974年点校本，第679页。

乐志上》："梁氏之初，乐缘齐旧"[①]，但这只是政权建立之初的权宜之计。天监元年（502）在萧衍的推动下开始创制本朝礼仪用乐："武帝思弘古乐，天监元年，遂下诏访百僚曰：'夫声音之道，与政通矣……魏晋以来，陵替兹甚。遂使雅郑混淆，钟石斯谬，天人缺九变之节，朝宴失四悬之仪。"[②] 萧衍不顾传统，自作新乐，这与其对雅乐的理解及自身较高的音乐修养有关。萧衍认为，先王雅乐的本来面目已不复存在，尤其是魏晋以来的战乱及胡乐的掺入，造成雅乐与俗乐的混杂，界限不明。现存的雅乐体系与合天人、飨鬼神的先秦古乐相去甚远，变革礼仪用乐，使其合古显得尤为迫切。对礼仪用乐"合于古"的追求决定了梁武帝创制礼仪用乐必然要从礼经中寻求依据。梁武帝的自创新乐涉及乐律、乐器、曲调、乐章、舞容等多个方面，与前代礼仪用乐相比变化较大。

第一，梁武帝对古乐的恢复从乐律开始。这一工作起初由朝臣承担，朝臣在恢复古乐时只知征引先代论乐文献，而不知如何将其付诸实践。因梁武帝"素善钟律，详悉旧事，遂自制定礼乐"[③]，他以典籍所载资料为据制作了"四通"："立为四器，名之为通"[④]，作为律准，分别为青阳通、朱明通、白藏通、玄英通。梁武帝制作"四通"的方法为：先确定黄钟之弦长为九尺，再根据三分损益率得出其他律吕的弦长，再以弦长确定每弦的粗细，即该弦的用丝之数是弦长的三十倍，此外他还依据"四通"创制了十二律笛。梁武帝创制的"四通"是用来校正礼仪用乐演奏时乐器发声的高低，以确保乐器演奏精准，这是对京房以来以弦定律乐律思想认识的深化[⑤]。梁武帝创制的"四通"在梁代礼仪用乐实践中得到验证，据载，由于"四通"的规范作用，经过新的律准校正后的乐器"被以八音，施以七声，莫不和韵"[⑥]。

第二，新的乐准的确定必然导致梁代乐器的变化，以此为标准梁武帝在乐器的制作上也多有创新，既表现在乐器的形制上，也表现在乐器的发音上，但其所创制乐器的具体情况，由于资料缺乏我们不得而知。在创新

① （唐）魏征、令狐德棻：《隋书》卷13《音乐志上》，中华书局1973年点校本，第287页。

② （唐）魏征、令狐德棻：《隋书》卷13《音乐志上》，中华书局1973年点校本，第287—288页。

③ （唐）魏征、令狐德棻：《隋书》卷13《音乐志上》，中华书局1973年点校本，第289页。

④ （唐）魏征、令狐德棻：《隋书》卷13《音乐志上》，中华书局1973年点校本，第289页。

⑤ 王光祈编：《中国音乐史》，广西师范大学出版社2005年版，第49页。

⑥ （唐）魏征、令狐德棻：《隋书》卷13《音乐志上》，中华书局1973年点校本，第289页。

乐器的同时，梁武帝还对乐器的数量及排列方式加以变革。首先，增加乐悬中乐器的数量，将编钟、编磬由晋、宋、南齐时的十六架增加为三十六架，因此导致整个乐悬中乐器总量的剧增，对此杨荫浏先生有统计：“镈钟和编钟、编磬，各自备具符合于十二律的十二架……这里若以乐器的件数计算，则凡建鼓四件，镈钟十二件，编钟和编磬各 252 件，换言之，除管弦乐器和其他击乐器都不计外，光这四种击乐器，已有 520 件之多。”[①]规模可谓庞大。其次，改变了传统乐悬的排列方式。在郊祀、宗庙等祭仪中一改传统宫悬的乐器排列方式：“于是不备宫悬……即设悬，则非宫非轩，非判非特，宜以至敬所应施用耳。”[②] 其依据是“事人礼缛，事神礼简”，这种乐器的设置方式是对礼经中“王宫悬”这一规定的突破，也必然使用乐效果发生改变。据杨荫浏先生研究，其乐悬布置图示如下[③]：

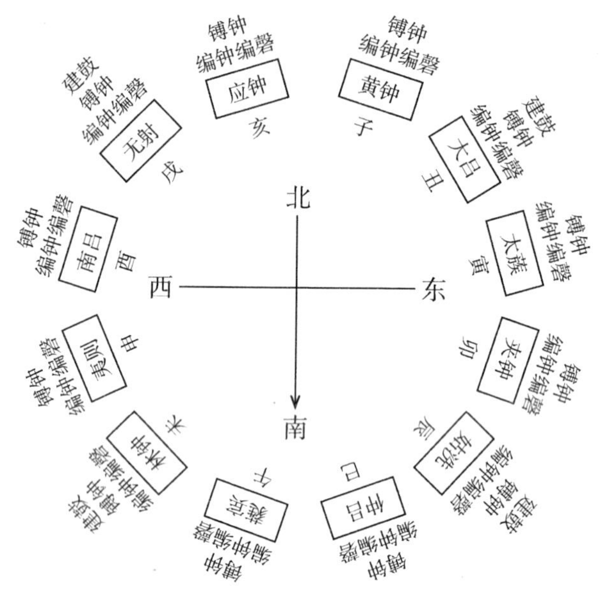

图 1　梁武帝乐悬图

第三，与其他政权一样，梁代也对乐名进行了变易并且创作了新的歌

① 杨荫浏：《中国古代音乐史稿》，人民音乐出版社 1981 年版，第 156—157 页。

② （唐）魏征、令狐德棻：《隋书》卷 13《音乐志上》，中华书局 1973 年点校本，第 291 页。

③ 笔者据杨荫浏《中国古代音乐史稿》重新绘制，参见《中国古代音乐史稿》，人民音乐出版社 1981 年版，第 156 页。

辞。其对礼仪用乐的命名尤其值得一提，梁代郊庙、朝飨等礼仪用乐均以“雅”为名，这是梁武帝的新创，也是其礼乐复古的重要表现。以“雅”作为乐名，乃取其雅正之义，据《隋书·音乐志上》：“国乐以‘雅’为称，取《诗序》云：‘言天下之事，行四方之风，谓之雅。雅者，正也。”[①] 即这些用乐乃为正乐，而非俗乐、胡乐，是严格遵从礼经中的雅俗分界的。梁武帝以“雅”命名礼仪用乐，表明其用乐思想自觉向礼经复归。这些乐名使其用乐在表面上已经符合，至少是接近了古乐的标准。郑樵《通志·乐略》谓：“惟梁武帝自晓音律，又诏百司各陈所闻，帝自纠擿前违，裁成十二《雅》，付之太乐，自此始定。虽制作非古，而音声有伦。”[②] 在后世礼学家看来，梁武帝的改革并不理想，但梁武帝的变革乐名将郊庙乐的创制纳入一种新模式，开创了礼乐命名的新传统。这就为后世郊庙乐的制作提供了范本：“准十二律，以法天之成数，故世世因之，而不能易也。”[③] 从陈到五代，不少朝代的礼仪用乐均以“十二”为数，陈乐以“韶”为名，北周乐以“夏”为名，唐乐之十二《和》，五代后汉、后周的十二《成》、十二《顺》，均是对梁武帝礼仪用乐命名方式的继承。可以说这是梁武帝在礼仪用乐创制上对后世影响最大的地方。

梁代在乐歌的使用上也多有创新，与前代大不相同。在梁代之前，郊祀、宗庙使用的乐歌多与神灵祖宗、帝王功德有关，三朝的元会用乐则主要是反映君臣关系、四海归附的内容，这是由礼仪的作用对象决定的。梁武帝将所制十二《雅》在郊祀、宗庙、元会三种礼仪中同时使用，忽视了用乐对象的差异。这种乐歌的使用方式受到后世学者批评，郑樵认为礼仪乐歌的使用要区分仪式的对象，“有宗庙之乐，有天地之乐，有君臣之乐”[④]，对象不同用乐则异，并列举了历代郊祀、宗庙、元会不同乐，指出梁武帝所创的乐歌使用方式使神人之礼混杂，造成礼乐的失序：“至梁武十二曲成，则郊庙、明堂、三朝之礼，展转用之，天地、宗庙、君臣之事，同其事矣，此礼之所以亡也。”[⑤] 这一批评可谓切

---

① （唐）魏征、令狐德棻：《隋书》卷13《音乐志上》，中华书局1973年点校本，第292页。
② （宋）郑樵撰，王树民点校：《通志二十略》，中华书局1995年版，第930页。
③ （宋）郑樵撰，王树民点校：《通志二十略》，中华书局1995年版，第930页。
④ （宋）郑樵撰，王树民点校：《通志二十略》，中华书局1995年版，第928页。
⑤ （宋）郑樵撰，王树民点校：《通志二十略》，中华书局1995年版，第928页。

中肯綮。

梁武帝凭借对先秦经典的博通和对声律的娴熟，以其对雅乐的理解作为创制礼仪用乐的指导，在某些方面打破了礼仪用乐传统，形成了梁代独特的礼仪用乐风格，他的某些创制成为后世礼仪用乐的规范。客观地看，梁武帝在礼仪用乐的创制中尽管存在许多为后世诟病的地方，但不能否定其创新之处及其在中国音乐文化史上的地位。

魏晋南北朝礼仪用乐的创制是在复古前提下的创新，复古与创新的统一成为这一时期礼仪用乐制作理论与实践的鲜明特色。首先，这一时期礼学的发展，使得统治者在礼乐建设中普遍将经典作为礼乐制作的依据。具体到礼仪用乐的制作中，一方面，在创制礼仪用乐时依据经典中的相关记载，另一方面，又常常参考两汉时期形成的雅乐传统，表现出复古的倾向。其次，作为实践性很强的音乐形式，其创制必须符合“作乐崇德”的用乐思想，尤其是郊祀、宗庙、元会等礼仪的用乐必须服务于现实政治，也就是说必须将本朝实际作为礼仪用乐创制的立足点，而不能死守经典的记载。再次，这一时期的战乱对礼仪用乐所需乐人、乐器带来的破坏，迫使制乐者不得不在无任何依据的情况下创制本朝用乐。这就使得在礼仪用乐的创制过程中要根据本朝的特点或统治者的喜好加以损益，在参考经典记载的同时，对礼经规定与本朝礼仪实际相龃龉之处进行弥合，创制出适合本朝的礼仪用乐，最终形成“历代损益，每有不同，非务相改，随时之宜”[①] 的礼仪用乐创制传统。

总而言之，在魏晋南北朝时期，符合礼经规范的雅乐是礼仪用乐的理想状态，只有这样才能为政权的合法性提供依据，但在复古基础上的创新也是“别异”的必要手段。复古与创新相结合的礼仪用乐创制原则在后世一直被遵循，成为中国古代雅乐创制的一个重要传统。

第三节 制约魏晋南北朝五礼用乐建设的外部因素

一 政权更替及战争对魏晋南北朝礼仪用乐建设的负面效应

如果说社会制度的变迁、礼学自身的发展等是制约魏晋南北朝礼仪用乐建设的内部因素的话，那么战乱所带来的乐人、乐器的流失以及俗乐的

① （梁）沈约：《宋书》卷14《礼志一》，中华书局1974年点校本，第327页。

渗透等则是制约魏晋南北朝礼仪用乐的外部因素。这两个因素明显地影响着这一时期礼仪用乐的外在表现形式。

（一）礼仪用乐建设对政权稳定的依赖

在礼仪用乐建设的操作层面，熟悉乐事的乐人及齐备的乐器在雅乐建设中占有重要的地位。礼仪用乐的展演需要精通乐律的乐人，这与音乐本身的性质有关："盖六艺之中，其他皆赖有文字记载而得永传。独乐仪乐舞，重在演习；弦歌声律，尤贵口授；非可求之于书也。其师亡则其道绝，乐之不传于后，非无故矣。"[①] 乐器的制作程序之复杂及礼仪用乐对乐器的依赖，使其在礼仪用乐体系中不容忽视，在任何朝代，乐器的健全与否直接决定着此朝代能否建立起完整的礼仪用乐体系。

熟悉乐事的乐人及乐器的齐备依赖于政权的稳定。政治动荡，尤其是战争往往对雅乐建设造成巨大破坏，使乐人流失、乐器损坏、雅乐不存，而魏晋南北朝正是一个政治动荡，战争频仍的时期。在这种政治环境之下，礼仪用乐的建设往往是破坏与建设交织在一起，破与立同时存在。这一时期对礼仪用乐建设带来巨大破坏的战乱有三次，其一为东汉末年的董卓之乱，其二为西晋末年的永嘉之乱，其三为梁末侯景之乱。这三次大乱对礼仪用乐的破坏主要集中在乐人及乐器上，使战乱之后的政权在很长时期内无法创制出与礼仪相配的仪式用乐。战乱之后的政权做了很多恢复雅乐的工作，使得传统雅乐在内在特质与表现形态上与前代保持接续，而战争中乐人的流动及文化的交流又在一定程度上为礼仪用乐建设注入新的元素。

（二）汉末董卓之乱对礼仪用乐的破坏及曹魏政权对雅乐的恢复

东汉雅乐是对西汉哀帝时期雅乐的继承，哀帝之时曾大规模罢除乐府，将杂有街陌讴谣、不应经法的郑卫之音清除出乐府，只保留"郊祭乐及古兵法武乐，在经非郑卫之音者"[②]，所保留者基本为礼仪用乐；掌管俗乐及竽、瑟等乐器的乐人都在罢除之列，而掌钟、磬等金石乐器者大都被保留。东汉明帝时乐分四品，大都为朝廷礼仪用乐，用于郊庙、飨宴、军中，与西汉末年雅乐应用范围基本一致，应是对西汉的继承。这些乐器在汉末董卓之乱中损毁殆尽，但其用乐曲调借乐人

---

① 张舜徽：《汉书艺文志通释》，湖北教育出版社 1990 年版，第 57 页。

② （汉）班固：《汉书》卷 22《礼乐志》，中华书局 1962 年点校本，第 1073 页。

得以保存。

东汉时期礼仪用乐所使用的乐器大部分在战乱中损毁，据《晋书·乐志下》载："汉自东京大乱，绝无金石之乐，乐章亡缺，不可复知。"[①]《宋书·乐志一》亦曰："汉末大乱，众乐沦缺。"[②] 所谓"东京大乱""汉末大乱"，是指董卓专权所引发的战乱。在此次大乱中，礼仪用乐的乐器遭到空前破坏，《三国志》载："初平元年二月，乃徙天子都长安。焚烧洛阳宫室。"[③] 裴松之注引《续汉书》曰："卓步兵烧洛阳城外面百里。又自将兵烧南北宫及宗庙、府库、民家，城内扫地殄尽。"[④] 在迁都长安之后，董卓命"悉椎破铜人、钟虡，及坏五铢钱"[⑤]。董卓破坏乐器的目的是防止这些象征政权合法性的礼乐之器被异己力量获得，而其所破坏的正是演奏礼仪用乐的乐器。

东汉乐器在战乱中损毁殆尽，掌管礼仪用乐的乐人也流散四方，后来他们成为恢复汉代雅乐的重要力量。关于董卓之乱中朝廷乐人的流向，以当时较少受战乱影响的荆州为主。荆州在董卓之乱中未遭兵燹，又因为"南郡襄阳位于荆州北部，毗邻汉末人才繁盛的汝南、颍川一带的中原地区，而且襄阳处于南北要道，交通便捷，易于接纳中原避乱士人"[⑥]。除此之外，荆州刺史刘表招贤纳士，吸引了众多避难者，《后汉书·袁绍刘表列传》载："遂起立学校，博求儒术……爱民养士，从容自保。"[⑦] 又《三国志·和洽传》载："荆州刘表无他远志，爱人乐士，土地险阻，山夷民弱，易依倚也。"[⑧] 因此，饱受战乱的中原人士前往荆州避乱者甚夥，比较著名者如王粲、邯郸淳、毛玠、司马芝等人，他们都曾在刘表幕下为官，参与文化建设，形成了著名的荆州学派。在众多流亡的乐人中，以雅

---

① （唐）房玄龄等：《晋书》卷23《乐志下》，中华书局1974年点校本，第679页。

② （梁）沈约：《宋书》卷19《乐志一》，中华书局1974年点校本，第534页。

③ （晋）陈寿撰，（宋）裴松之注：《三国志》卷6《董卓传》，中华书局1959年点校本，第176页。

④ （晋）陈寿撰，（宋）裴松之注：《三国志》卷6《董卓传》，中华书局1959年点校本，第177—178页。

⑤ （晋）陈寿撰，（宋）裴松之注：《三国志》卷6《董卓传》，中华书局1959年点校本，第177页。

⑥ 宋展云：《汉末荆州流寓士人学术文化与文学考论》，《中国文化研究》2014年夏之卷。

⑦ （宋）范晔撰，（唐）李贤等注：《后汉书》卷74下《袁绍刘表列传》，中华书局1965年点校本，第2421页。

⑧ （晋）陈寿撰，（宋）裴松之注：《三国志》卷23《和洽传》，中华书局1959年点校本，第655页。

乐郎杜夔对汉代雅乐的保存与恢复贡献最大，据《三国志·杜夔传》记载："杜夔字公良，河南人也。以知音为雅乐郎，中平五年，疾去官。州郡司徒礼辟，以世乱奔荆州。"[①] 杜夔在中平五年（188）辞官，次年董卓之乱起，"世乱"，即是董卓之乱。杜夔在避乱荆州之时就已开始恢复雅乐，史载其曾奉刘表之命"为汉主合雅乐"。但笔者认为，结合刘表在荆州时曾行郊祀天地之礼的记载，刘表"为汉主合雅乐"说似不可信，裴松之注引《先贤行状》："嵩避难南方，刘表逼以为别驾，转从事中郎，表郊祀天地，嵩正谏不从，渐见违忤。"[②] 又引《零陵先贤传》："先字始宗，博学强记，尤好黄老言，明习汉家典故。为刘表别驾，奉章诣许，见太祖。时宾客并会，太祖问先：'刘牧如何郊天也？'先对曰：'刘牧托汉室肺腑，处牧伯之位，而遭王道未平，群凶塞路，抱玉帛而无所聘頫，修章表而不获达御，是以郊天祀地，昭告赤诚。'"[③] 由此可知，刘表在荆州任上的确行过郊祀天地之礼，史载刘表在杜夔合雅乐毕后要观看雅乐的演奏，遭杜夔驳斥后才罢，其令杜夔、孟曜等人合雅乐应是为配合私自举行的郊祀仪式。

在汉末战乱中，荆州为朝廷流亡乐人提供了一个安定的生存环境，可以专心进行雅乐恢复，加之刘表的重视，使行将灭亡的汉代乐器得以保存，为曹魏雅乐建设奠定了基础。曹操破荆州，刘琮纳降，杜夔归操，最终成为曹魏礼仪用乐制作的关键人物："后表子琮降太祖，太祖以夔为军谋祭酒，参太乐事，因令创制雅乐。"[④] 杜夔对曹魏雅乐建设的贡献一是乐器的创制，一是乐舞的创制与恢复，而歌辞创作的任务则落在与杜夔交游甚密且深受其影响的王粲身上[⑤]。杜夔在制作曹魏雅乐时不仅凭借对汉雅乐的熟知，还参考了儒家经典中的音乐理论。参与曹魏雅乐建设的乐人还有邓静、尹商、尹胡、冯肃、服养等人，或歌或舞，

① （晋）陈寿撰，（宋）裴松之注：《三国志》卷 29《杜夔传》，中华书局 1959 年点校本，第 806 页。

② （晋）陈寿撰，（宋）裴松之注：《三国志》卷 6《刘表传》，中华书局 1959 年点校本，第 215 页。

③ （晋）陈寿撰，（宋）裴松之注：《三国志》卷 6《刘表传》，中华书局 1959 年点校本，第 216 页。

④ （晋）陈寿撰，（宋）裴松之注：《三国志》卷 29《杜夔传》，中华书局 1959 年点校本，第 806 页。

⑤ 胡小林：《荆州学派王粲与杜夔交游师承考论》，《中国文化研究》2013 年冬之卷。

各有专长。通过努力，曹魏的雅乐建设取得了一定成绩，《三国志》称杜夔："远考诸经，近采故事，讲习教肄，备作乐器，绍复先代古乐，皆自夔始也。"[①]《晋书·乐志下》称："远详经籍，近采故事，考会古乐，始设轩悬钟磬。"[②] 这就使董卓之乱中几乎失传的雅乐以新的面貌呈现出来，使雅乐传统得以延续。

（三）永嘉之乱对礼仪用乐的破坏及东晋对雅乐的恢复

魏晋南北朝时期对礼仪用乐造成重大破坏的还有永嘉之乱，这次战乱导致乐人、乐器再度流失，雅乐的传承再次中断。晋末八王之乱及由此引起的永嘉之乱，迫使晋室南迁，乐人、乐器尽归胡虏。史载："永嘉之乱，海内分崩，伶官乐器，皆没于刘石。"[③] 永嘉之乱没于胡虏的乐人、乐器在北方历经多次转移，虽间或有乐人流入南方，但大部分最终为北魏政权所得，《魏书·乐志》中对此有详细记载：

> 永嘉已下，海内分崩，伶官乐器，皆为刘聪、石勒所获，慕容儁平冉闵，遂克之。王猛平邺，入于关右。苻坚既败，长安纷扰，慕容永之东也，礼乐器用多归长子，及垂平永，并入中山。自始祖内和魏晋，二代更致音伎；穆帝为代王，愍帝又进以乐物；金石之器虽有未周，而弦管具矣。逮太祖定中山，获其乐悬，既初拨乱，未遑创改，因时所行而用之。世历分崩，颇有遗失。[④]

这些乐人、乐器对北魏建国初期的礼仪用乐建设贡献甚夥，如北魏天兴元年（398）确定的郊丘、宗庙、元会等礼仪用乐，已经具备宫悬乐器及八佾之舞，与东晋雅乐建设的曲折相比，北魏的雅乐建设可谓神速。作为少数民族建立的政权，在国祚初建时就能备乐，如果没有永嘉之乱中没入前赵、后赵政权的"伶官乐器"是不可能实现的。

晋室渡江之初，由于乐人及乐器的沦亡，导致无晓知礼仪用乐者，正如当时掌管礼仪的太常贺循所奏："旧京荒废，今既散亡，音韵曲折，又

---

① （晋）陈寿撰，（宋）裴松之注：《三国志》卷29《杜夔传》，中华书局1959年点校本，第806页。

② （唐）房玄龄等：《晋书》卷23《乐志下》，中华书局1974年点校本，第679页。

③ （唐）房玄龄等：《晋书》卷23《乐志下》，中华书局1974年点校本，第697页。

④ （北齐）魏收：《魏书》卷109《乐志》，中华书局1974年点校本，第2827页。

无识者，则于今难以意言。”[①] 在举行国家礼仪时面临无乐可配的局面，甚至连分掌雅乐及俗乐的太乐及鼓吹二令也被省，据《晋书·乐志下》：“于时以无雅乐器及伶人，省太乐并鼓吹令。是后颇得登歌，食举之乐，犹有未备。”[②] 在晋成帝咸和（326—334）以前，统治者一直为恢复礼仪用乐不遗余力，但东晋雅乐建设并未取得实质性进展：“成帝咸和中，乃复置太乐官，鸠集遗逸，而尚未有金石也。”[③] 此时距晋室南迁已近二十年，乐器仍然处于“未备”的状态。需要注意的是，永嘉之乱中乐人、乐器的流亡与损毁，较之汉末东京之乱的程度为小，因为在此次战乱中，乐人、乐器只是从一个政权转移到另一政权，在北方少数民族政权那里，乐人及乐器得到了很好的保存。南北地域的限隔及常年的军事对峙造成乐人、乐器交流的困难，这是东晋无金石之响、礼仪活动无乐可配的主要原因。因此，打破这种南北限隔，使乐人、乐器重归晋室是恢复雅乐的关键。

晋室南迁后，南方政权相对稳定而北方则战乱不断，这就为乐人归晋提供了有利条件，而南北政权的大规模军事冲突又为大批乐人、乐器南归创造了契机。东晋郊庙雅乐的恢复主要是在成帝（326—342）、穆帝（344—361）时，甚至在淝水之战后仍然将所获乐人、乐器补入太乐，可见东晋雅乐恢复历时之漫长。这段时间内，永嘉之乱中归于北方的乐人、乐器不断为东晋所得，成为制作礼仪用乐的基础。庾亮、谢尚在东晋乐器的恢复中发挥了重要作用。首先是庾亮在荆州修复雅乐。史载：“庾亮为荆州，与谢尚修复雅乐，未具而亮薨。”[④] 庾亮与谢尚修复雅乐的时间，《晋书》之《成帝纪》《庾亮传》《谢尚传》，并无详载，《资治通鉴·晋孝武帝太元八年》胡三省注曾对东晋雅乐制作情况进行概述，但未提及庾亮与谢尚在荆州修复雅乐之事。庾亮为荆州在陶侃死后，陶侃死于咸和九年（334），他接替陶侃：“都督江、荆、豫、益、梁、雍六州诸军事，领江、豫、荆三州刺史，镇武昌。”[⑤] 之后未再迁镇。因此，庾亮与谢尚在荆州恢复雅乐的时间当在咸和九年（334）至咸

① （唐）房玄龄等：《晋书》卷23《乐志下》，中华书局1974年点校本，第697页。

② （唐）房玄龄等：《晋书》卷23《乐志下》，中华书局1974年点校本，第697页。

③ （梁）沈约：《宋书》卷19《乐志一》，中华书局1974年点校本，第540页。

④ （唐）房玄龄等：《晋书》卷23《乐志下》，中华书局1974年点校本，第697页。

⑤ （宋）司马光编著，（元）胡三省音注：《资治通鉴》卷95《晋纪十七》，中华书局1956年点校本，第2996页。

康六年（340）之间。此时，荆州处于南北政权的交界，是对北方作战的前沿[①]，且荆州北接河洛，中间并无大山、大河阻隔，是北人尤其是中原河洛地区流人南归的首选。庾亮、谢尚正是利用了荆州这一独特的优势，网罗乐人，制作乐器，成为东晋雅乐恢复的拓荒者。其后荆州由庾翼、桓温掌控，二人致力于北伐以收复中原，对恢复雅乐用力颇少，导致“乐器在库，遂至朽坏”[②]，使稍有起色的雅乐创制再陷沉寂。

东晋时期另一次礼仪用乐的创制是在穆帝永和十一年（355），谢尚在寿阳“采拾乐人，以备太乐，并制石磬”。寿春亦为东晋的北方边境，此次雅乐的恢复同样是依靠北方南下的乐人，据《资治通鉴》载：“冬，十月，以豫州刺史谢尚督并、冀、幽三州，镇寿春。”[③] 谢尚所采拾之乐人当来自冉魏政权。永和八年（352），慕容儁灭冉魏，因战乱乐人颇有南下者，寿春亦为南渡必经之地，而此时镇寿春者正是素重雅乐建设的谢尚[④]，南下乐人正好有所归处，谢尚将此前在荆州未竟之业接续下来，制作石磬等乐器，以备礼仪使用，史称其努力使晋室礼仪用乐初具规模。

太元八年（383）秦、晋淝水之战，苻坚大败。在这次大战中东晋获乐人杨蜀，《晋书·乐志下》载：“太元中，破苻坚，又获其乐工杨蜀等，闲习旧乐，于是四厢金石始备焉。”[⑤] 《资治通鉴》对此事的记载更为详细：“丁亥，谢石等归建康，得秦乐工，能习旧声，于是宗庙始备金石之乐。”[⑥] 如果根据北方政权的更替向前追溯，从前秦那里所俘获的乐人杨蜀很可能就是西晋末年没于前赵、后赵政权的西晋乐人的传人。经过几代人的努力，历时六十余年，至此东晋始建立起较为完备的雅乐体系，遗憾的是由于晋室的衰微及各种礼仪的时兴时废，终东晋之世，在郊祀等大型礼仪中仍然未有乐舞相配，但东晋的雅乐恢复为宋的雅乐创制打下了坚实

---

① 《资治通鉴》成帝咸和三年：“侃怒曰：‘……今数战皆背，良将安在！荆州接胡、蜀二虏，当备不虞。’”见（宋）司马光编著，（元）胡三省音注《资治通鉴》卷94《晋纪十六》，中华书局1956年点校本，第2961页。

② （唐）房玄龄等：《晋书》卷23《乐志下》，中华书局1974年点校本，第697页。

③ （宋）司马光编著，（元）胡三省音注：《资治通鉴》卷100《晋纪二十二》，中华书局1956年点校本，第3150页。

④ （唐）房玄龄等：《晋书》卷23《乐志下》，中华书局1974年点校本，第698页。

⑤ （唐）房玄龄等：《晋书》卷23《乐志下》，中华书局1974年点校本，第698页。

⑥ （宋）司马光编著，（元）胡三省音注：《资治通鉴》卷105《晋纪二十七》，中华书局1956年点校本，第3314页。

的基础，使雅乐传统得到延续。

（四）侯景之乱对梁代雅乐的破坏

梁代末年的侯景之乱对梁代雅乐破坏严重，使萧衍自创的雅乐体系几近毁灭，其情形在《隋书·音乐志上》有载："其后台城沦没，简文帝受制于侯景。……自此乐府不修，风雅咸尽矣。及王僧辩破侯景，诸乐并送荆州。经乱，工器颇阙，元帝诏有司补缀才备。荆州陷没，周人不知采用，工人有知音者，并入关中，随例没为奴婢。"① 从此记载中我们也可看出梁代乐人及梁武帝创制的乐器并未尽毁，而是流落于北朝。《隋书·音乐志中》又载："周太祖迎魏武入关，乐声皆缺。恭帝元年，平荆州，大获梁氏乐器，以属有司。"② 由此可知，梁代乐人、乐器的流播路线：建康→荆州→长安，这些乐人、乐器最终流入北周，并对北朝雅乐建设起了巨大推动作用，上文中我们提到北周乐以"夏"为名，很可能就是对梁武帝以"雅"命名礼仪用乐的模仿。

通过以上论述可知，魏晋南北朝时期的战乱是影响这一时期雅乐建设的一个重要因素。一方面，战乱对各朝的雅乐建设造成了巨大破坏，导致乐人与乐器的流播，使各代暂时失去制作雅乐的依据，使礼仪无乐相配；另一方面，战争也是一种重要的文化交流方式，战争所造成的乐人及乐器的流动客观上又促进了流入地的雅乐建设，尤其是对北方少数民族所建立的政权来说，这些乐人、乐器成为其雅乐制作的重要基础。由战乱所造成的乐人及乐器的流动，特别是乐人与乐器的反复流动，使俗乐渐渐进入雅乐系统，成为影响礼仪用乐建设的又一重要外部因素。

二　俗乐的雅化与魏晋南北朝礼仪用乐的建设

在魏晋南北朝时期，除了战乱外，影响礼仪用乐的还有当时流行的俗乐，雅乐与俗乐以一种互动的形态存在于国家礼仪中，共同构建这一时期的五礼用乐体系。这一时期的俗乐，如鼓吹乐，尽管也是礼仪用乐的一部分，但是在不断被雅化后，其在礼仪中的作用已经开始改变，与政治的关系更加密切，具有了歌颂功德的政治功能。在有些朝代，地方俗乐直接进

① （唐）魏征、令狐德棻：《隋书》卷13《音乐志上》，中华书局1973年点校本，第304页。

② （唐）魏征、令狐德棻：《隋书》卷14《音乐志中》，中华书局1973年点校本，第331页。

入礼仪中，与雅乐合奏，表现为雅俗混杂的状态。

（一）国家礼仪用乐中雅俗互动的理论探讨

在传统乐论中，雅乐与俗乐二者有着根本的区别。首先在于其音声特征的不同，俗乐多淫、过、凶、慢之声，而雅乐音声则缓慢、肃穆、庄严、广大且曲直得当[①]。其次在于其使用的场合及目的不同。正是雅乐、俗乐不同的音声特征，决定了二者有不同的使用场合及目的。俗乐多用于飨宴仪式，尤其是私宴，以娱乐嘉宾为目的；雅乐则主要用于庄重的礼仪场合，以体现尊卑、证明权力合法等为目的。俗乐多为地方乐曲，用丝竹乐器进行演奏，而雅乐则主要用金石乐器演奏。

雅乐与俗乐的界限并非绝对和不可逾越，在雅乐制度建立的背景下，多民族互动交往的客观存在、统治阶级的喜好及特定历史条件下古乐的散失与消亡，必然要求俗乐不断跨过雅俗二分的藩篱，进入雅乐的演奏序列，成为国家礼乐制度的有机构成。此外，同属于国家礼仪层面的吉、凶、宾、军、嘉五礼，由于各礼仪展演内容及其所体现礼乐精神的差异，必然吸引或排斥具有不同风格和表现力的音乐形式进入国家礼仪用乐之中。

国家祭祀仪式对俗乐是排斥的，在五礼之中，吉礼为祭祀天地、宗庙之礼，所谓“国之大事，在祀与戎”[②]，作为在盛大祭祀仪式中使用的音乐类型，在本质上要做到“礼乐相须以为用”，也就是用乐的节奏要与仪式展演的节奏相一致，用乐所营造出的氛围要与仪式的“庄”“敬”相一致，所谓“祷祠，祭祀，供给鬼神，非礼不诚不庄”[③]。这一类型的礼仪，要求雅乐与之相配，金石乐器的发音特点决定了其能够演奏出中正平和的旋律，与祭祀仪式庄严肃穆的氛围相契合。从祭祀仪式的性质来看，对俗乐的排斥似乎是不可避免的，故孔子“恶紫之夺朱也，恶郑声之乱雅乐也”[④]，郑声即郑地土风，是民间俗乐，正如朱熹所言：“又欲从而奏之（笔者按：指郑卫之声）宗庙之中，朝廷之上，则未知其将以荐之何等之鬼神，用之何等之宾客？”[⑤] 明确指出其与祭祀仪式不合。

① 何涛：《论先秦俗乐、雅乐的音声特征》，《江海学刊》2007 年第 2 期。
② （清）阮元校刻：《十三经注疏·春秋左传正义》，中华书局 1980 年版，第 1911 页中栏。
③ （清）阮元校刻：《十三经注疏·礼记正义》，中华书局 1980 年版，第 1231 页中栏。
④ （清）阮元校刻：《十三经注疏·论语注疏》，中华书局 1980 年版，第 2525 页下栏。
⑤ （元）马端临：《文献通考》卷 178《经籍五》，中华书局 1986 年影印本，第 1539 页中栏。

在以协调人际关系为主的飨宴仪式中，对俗乐有着一种客观的需求。祭祀仪式的对象为天神、地示、人鬼，而飨宴仪式面对的则是现实中的人，是协调君臣上下等级关系的仪式。如在先秦时期的飨宴仪式中，政治功利目的被放在首位，飨宴的作用在于体现“长幼之序”“君臣之义”。尽管如此，在飨宴中也存在着比较纯粹的娱乐嘉宾的环节，这些环节多以歌舞的面貌呈现。在飨宴的献酬环节结束后有“无算乐”，郑玄注《仪礼·乡饮酒礼》之“无算乐”：“燕乐亦无数，或间或合，尽欢而止也。”① 这一环节的乐舞旨在娱乐嘉宾。因此，无论是君臣相见的朝会礼还是宾朋相会的飨宴中，在“别异”，即体现等级差异与身份之别的同时，乐舞也发挥着“合同”的作用。对于俗乐来说，由于其自身的性质，无论是歌辞，还是曲调、舞容，都会使人产生强烈的感官刺激，正如魏文侯所言：“吾端冕而听古乐，则唯恐卧；听郑卫之音，则不知倦。”② 喜、怒、哀、乐为人情之所必不能免，尤其是在人际交往中以音乐侑酒，以充满娱乐性的歌舞将整个仪式推向高潮，加深与会者的交流，使嘉宾之间的关系更加融洽，这也正符合举行飨宴仪式的初衷。可以说，俗乐在这类仪式中发挥着不可或缺的作用。军礼用乐同样如此，军事活动中使用的音乐重视对士气的振奋作用，节奏感强的俗乐自然会被吸纳进来。

（二）魏晋南北朝俗乐雅化的途径

1. 魏晋南北朝俗乐雅化的途径之一——变俗为雅

魏晋南北朝时期，有许多俗乐被雅化，具备了雅乐的功能。如在汉代流行的鼓吹铙歌，其曲调应是从西域传入中原而非中原正声，常任侠从使用乐器的角度分析，认为鼓吹铙歌受到西域音乐的影响③，而薛克翘则认为鼓吹铙歌“吸收了印度音乐的影响”④，同时其歌辞也“多采民间谣曲”⑤，内容比较杂乱。尽管这些歌曲曾经用于朝会、道路、给赐等仪式场合，但是其曲调及歌辞的特点都表明鼓吹铙歌属于俗乐。

从曹魏开始，鼓吹铙歌逐渐走上雅化的道路，这主要表现在歌辞上。魏晋之前的《汉鼓吹铙歌十八曲》歌辞内容驳杂，风格也不相同，如

① （清）阮元校刻：《十三经注疏·仪礼注疏》，中华书局1980年版，第989页中栏。

② （清）阮元校刻：《十三经注疏·礼记正义》，中华书局1980年版，第1538页上栏。

③ 常任侠：《汉唐间西域音乐艺术的东渐》，《音乐研究》1980年第2期。

④ 薛克翘：《佛教与中国文化》，昆仑出版社2006年版，第198—199页。

⑤ 王运熙：《乐府诗述论》（增补本），上海古籍出版社2006年版，第187页。

《上之回》写汉武帝幸回中，《将进酒》写飨宴，《有所思》《上邪》写男女爱情，与歌颂功德并无太大关系。至曹魏时期，“改其十二曲，使缪袭为词，述以功德代汉”①。各曲改作情况如下：

> 改《朱鹭》为《楚之平》，言魏也。改《思悲翁》为《战荥阳》，言曹公也。改《艾如张》为《获吕布》，言曹公东围临淮，擒吕布也。改《上之回》为《克官渡》，言曹公与袁绍战，破之于官渡也。改《雍离》为《旧邦》，言曹公胜袁绍于官渡，还谯收藏死亡士卒也。改《战城南》为《定武功》，言曹公初破邺，武功之定始乎此也。改《巫山高》为《屠柳城》，言曹公越北塞，历白檀，破三郡乌桓于柳城也。改《上陵》为《平南荆》，言曹公平荆州也。改《将进酒》为《平关中》，言曹公征马超，定关中也。改《有所思》为《应帝期》，言文帝以圣德受命，应运期也。改《芳树》为《邕熙》，言魏氏临其国，君臣邕穆，庶绩咸熙也。改《上邪》为《太和》，言明帝继体承统，太和改元，德泽流布也。其余并同旧名。②

在这里改作的是鼓吹铙歌的歌辞而非曲调。据《隋书·音乐志上》载：“鼓吹，宋、齐并用汉曲”③，此处之“曲”所指为曲调，而非歌辞，原因如下。首先，在《宋书·乐志》中著录有宋代鼓吹曲辞，因声辞合写，意不可解，可见宋代是有自己的鼓吹曲辞的，南齐辞不见记载，可能亡佚，抑或只有乐曲并未作辞，因此不存在宋、南齐并用汉辞的情况。其次，宋、南齐之前的曹魏、东吴、晋都改汉辞来称述本朝功德，这已经形成一种传统，宋、南齐不可能再用汉辞作为本朝鼓吹乐的歌辞。因此，“宋、齐并用汉曲”当指宋、南齐二代用汉代鼓吹铙歌的曲调进行演奏，那么，历代对鼓吹铙歌的改作可能仅限于歌辞，曲调则较少变化④。

自曹魏开始，历代鼓吹曲辞的制作都将歌颂功德作为主要内容，《宋书·乐志》中所收录的缪袭《魏鼓吹曲》、傅玄《晋鼓吹曲》、韦昭《吴鼓吹曲》、何承天《宋鼓吹铙歌》无不是沿袭此种创作方式，或承袭旧

---

① （唐）房玄龄等：《晋书》卷23《乐志下》，中华书局1974年点校本，第701页。

② （唐）房玄龄等：《晋书》卷23《乐志下》，中华书局1974年点校本，第701页。

③ （唐）魏征、令狐德棻：《隋书》卷13《音乐志上》，中华书局1973年点校本，第304页。

④ 韩宁：《鼓吹横吹曲辞研究》，北京大学出版社2009年版，第50—51页。

题，或全用新题，但在歌辞内容上均是对朝廷功德的称道与颂扬。事实上，改变歌辞的“变俗为雅”在今天看来已经完全实现了俗乐雅化之目的：将之前杂乱无章的《汉鼓吹铙歌十八曲》在内容上做了统一，以一种最为明确、最为直白的形式来歌颂功德，而歌颂功德在传统的礼乐语境之中自然属于雅乐的题中应有之义。

2. 俗乐雅化的另一种方式——以俗入雅

在这一时期，俗乐除了被改造雅化之外有时也直接运用于礼仪当中，充当礼仪用乐，这种情况较多地出现在娱乐性较强的礼仪中。同时，在少数民族建立的政权以及许多政权衰亡之时也常常有大量的俗乐被运用于礼仪中。

（1）少数民族政权对俗乐的运用

魏晋南北朝时期，北方少数民族建立的政权有前赵、后赵、前秦、后秦、南燕、北燕、前燕、后燕、北魏、北齐、北周等，许多政权建立之初礼乐制度并不完善，这些政权往往将属于异域的俗乐用于礼仪之中。如这一时期的元会使用的乐舞百戏大多是异域之乐，前秦“太元中，苻坚败后，得关中檐橦胡伎，进太乐”[①]。北魏“世祖破赫连昌，获古雅乐，及平凉州，得其伶人、器服，并择而存之。后通西域，又以悦般国鼓舞设于乐署”[②]。北周“太祖辅魏之时，高昌款附，乃得其伎，教习以备飨宴之礼。及天和六年，武帝罢掖庭四夷乐。其后帝娉皇后于北狄，得其所获康国、龟兹等乐，更杂以高昌之旧，并于大司乐习焉。采用其声，被于钟石，取《周官》制以陈之。”[③] 这些异域之乐被太乐保存，进而用于礼仪。

同时，在南方政权中被视为俗乐的乐曲及歌辞也被少数民族政权作为礼仪用乐：“初，高祖讨淮、汉，世宗定寿春，收其声伎。江左所传中原旧曲，《明君》《圣主》《公莫》《白鸠》之属，及江南吴歌、荆楚四声，总谓《清商》。至于殿庭飨宴兼奏之。”[④] 除此之外，统治者的喜好也能影响礼仪用乐的选择，《北齐书·文苑传》论君主对音乐风尚的影响说：“原夫两朝叔世，俱肆淫声，而齐氏变风，属诸弦管，梁时变雅，在夫篇什。莫非易俗所致，并为亡国之音；而应变不殊，感物或异，何哉？盖随

---

① （梁）萧子显：《南齐书》卷11《乐志》，中华书局1972年点校本，第195页。

② （北齐）魏收：《魏书》卷109《乐志》，中华书局1974年点校本，第2828页。

③ （唐）魏征、令狐德棻：《隋书》卷14《音乐志中》，中华书局1973年点校本，第342页。

④ （北齐）魏收：《魏书》卷109《乐志》，中华书局1974年点校本，第2843页。

君上之情欲也。"[①] 君主的个人喜好也促进了俗乐向雅乐的渗透。

(2) 汉族政权对俗乐的运用

这一时期的汉族政权同样注重俗乐在礼仪中的运用，事实上，在元会等礼仪中用俗乐作为助兴手段在汉代已经广为流行，在国家礼仪中表演地方俗乐已经成为既定的传统：汉武帝在郊祀仪式中使用地方俗乐曲调演唱《郊祀歌十九章》[②]；东汉在元会中也大量使用俗乐，《后汉书志·礼仪志中》注引蔡质《汉仪》中有对东汉时期正旦元会的详细描述，其中乐舞百戏的使用是在仪式结束之后："作九宾散乐。舍利兽从西方来，戏于庭极，乃毕入殿前，激水化为比目鱼，跳跃嗽水，作雾障日。毕，化成黄龙，长八丈，出水遨戏于庭，炫耀日光。以两大丝绳系两柱间，相去数丈，两倡女对舞，行于绳上，对面道逢，切肩不倾，又蹋局出身，藏形于斗中。钟磬并作，倡乐毕，作鱼龙曼延。"[③] 张衡《西京赋》也有元会中表演乐舞百戏的描述："巨兽百寻，是为曼延。"[④] 这些乐舞百戏，多具杂伎性质，与礼仪的典雅庄重不相符，显然是在元会结束时用来娱宾。

元会为魏晋南北朝时期嘉礼之首，基本上继承了东汉这一用乐方式，在元会结束时都有娱宾乐舞的表演，其中也大量使用俗乐："晋中朝元会，设卧骑、倒骑、颠骑，自东华门驰往神虎门，此亦角抵杂戏之流也。"[⑤] 西晋元会仪注规定，乐舞百戏的奏作是在食毕、太乐演奏完成以后，为整个元会的倒数第二个环节。这与先秦飨宴仪式中的无算乐在性质与功能上应该是有相似之处的，但是二者的内容却有所不同。东晋时，在元会中表演乐舞百戏曾遭到大臣的反对，顾臻上表说："末世之伎，设礼外之观，逆行连倒，头足入筥之属，皮肤外剥，肝心内摧……诸伎而伤人者，皆宜除之。"晋成帝接受其建议："于是除《高絙》《紫鹿》《跂行》《鳖食》及《齐王卷衣》《笮儿》等乐，又减其廪。"[⑥] 梁武帝笃信佛法，自制《灭过恶》《除爱水》《断苦轮》等十篇，虽然名为正乐，但都是以讲述佛法为旨归，与雅乐歌颂功德之作相去甚远。梁武帝以己之所好制作佛曲并

---

① (唐) 李百药:《北齐书》卷45《文苑传》，中华书局1972年点校本，第602页。

② 王长华、许倩:《汉〈郊祀歌〉与汉武帝时期的郊祀礼乐》，《文学评论》2007年第1期。

③ (晋) 司马彪撰，(梁) 刘昭注补:《后汉书志》第6《礼仪志中》，中华书局1965年点校本，第3131页。

④ (梁) 萧统编，(唐) 李善注:《文选》，中华书局1977年版，第48页下栏。

⑤ (梁) 萧子显:《南齐书》卷9《礼志上》，中华书局1972年点校本，第150页。

⑥ (唐) 房玄龄等:《晋书》卷23《乐志下》，中华书局1974年点校本，第719页。

不为享乐，但大多数爱好俗乐的帝王都是为了享乐，这些君主多处季世，被史家斥为亡国之君，他们并不留心于雅乐制作，许多礼仪应使用雅乐却以俗乐代替：

> 后主亦自能度曲，亲执乐器，悦玩无倦，倚弦而歌。别采新声，为《无愁曲》，音韵窈窕，极于哀思，使胡儿阉官之辈，齐唱和之，曲终乐阕，莫不殒涕。虽行幸道路，或时马上奏之，乐往哀来，竟以亡国。①
>
> 及宣帝即位，而广召杂伎，增修百戏。鱼龙漫衍之伎，常陈殿前，累日继夜，不知休息。②

在元会中所奏多为异域之乐，即“四夷乐”。奏四夷乐有体现君主德泽被四夷之意，这很大程度上也是对礼经用乐精神的继承。《周礼》中有鞮鞻氏，掌四夷之乐舞及其声歌，在祭祀与飨宴中歌唱；《礼记》也记载有蛮夷之乐用于鲁国太庙，《礼记·明堂位》：“纳夷蛮之乐于大庙，言广鲁于天下也。”③《白虎通义》引《乐元语》曰：“兴四夷之乐，明德广及之也。……合欢之乐舞于堂，四夷之乐陈于右，先王所以得之顺命重始也。”④ 外国音乐在这里也被赋予了相关的政治含义。两汉时期元会中就有四夷君主或使臣的参与，宣帝时“呼韩邪单于款五原塞，愿朝三年正月。……单于正月朝天子于甘泉宫，汉宠以殊礼，位在诸侯王上，赞谒称臣而不名”⑤。《后汉书志·礼仪志中》注引蔡质《汉仪》中有蛮、貊、胡、羌诸夷的朝贡。魏晋南北朝时期，这种情况依然存在，西晋《咸宁注》关于元会的仪节中有“昼漏上水六刻，诸蛮夷胡客以次入，皆再拜讫，坐”⑥，此为少数民族参与元会之例。北朝元会亦有“四夷”参加，据《南齐书·东南夷传》载：“永明七年，平南参军颜幼明、冗从仆射刘思敩使虏。虏元会，与高丽使相次。”⑦ 魏晋南北朝时期的元会中使用大

① （唐）魏征、令狐德棻：《隋书》卷14《音乐志中》，中华书局1973年点校本，第331页。
② （唐）魏征、令狐德棻：《隋书》卷14《音乐志中》，中华书局1973年点校本，第342页。
③ （清）阮元校刻：《十三经注疏·礼记正义》，中华书局1980年版，第1489页上栏。
④ （清）陈立撰，吴则虞点校：《白虎通疏证》，中华书局1994年版，第107—108页。
⑤ （汉）班固：《汉书》卷94下《匈奴传下》，中华书局1962年点校本，第3798页。
⑥ （唐）房玄龄等：《晋书》卷21《礼志下》，中华书局1974年点校本，第650页。
⑦ （梁）萧子显：《南齐书》卷58《东南夷传》，中华书局1972年点校本，第1009页。

量的异域音乐，一方面是对汉代元会用乐方式的继承，另一方面由于这一时期元会中有四夷使臣的参与，演奏异域之乐就不仅仅是为了娱乐，也具有特定的政治功能。胡乐杂伎尽管非乐之正，但在各朝元会中依然演奏不衰，很重要的一个原因就是其兼有的娱乐与政治功能。

就整个魏晋南北朝来看，在元会中使用乐舞百戏已经成为一种定制，这些乐舞在元会中除了用来娱乐外，也能发挥特定的政治功能。俗乐作为礼仪用乐往往只是暂时的，在雅与俗二者的角逐中，雅乐或者最终取代俗乐，或者俗乐进入雅乐的行列，成为能够承担相关礼仪功能的音乐形式，但无论如何，只有当音乐在礼仪中发挥政教功能时才会被统治者接受，否则就始终是被排斥的对象。

（三）魏晋南北朝俗乐雅化的价值形态

1. 变俗为雅——对仪式意义的强化与凸显

魏晋南北朝的鼓吹曲辞以歌颂功德为主，每首歌辞都反映一定的历史事件，如魏鼓吹曲辞《克官渡》，就是对曹操与袁绍官渡大战的凝练概括：

> 克绍官渡，由白马。僵尸流血，被原野。贼众如犬羊，王师尚寡。沙塠傍，风飞扬。转战不利，士卒伤。今日不胜，后何望！土山地道，不可当。卒胜大捷，震冀方。屠城破邑，神武遂章。[①]

此诗写官渡之战的整个过程，从白马斩颜良、文丑开始，中经惨烈的战斗而最终获胜。其他各曲也都是对曹魏建国过程中一系列重大事件比较真实的反映。从现存歌辞上来看，曹魏以后，东吴、晋、梁、陈、北齐、北周鼓吹曲辞的制作都沿袭了曹魏的传统，都是对本朝建立历史的回顾与歌颂，尽管所作歌曲数目不同，但都未超出《汉鼓吹铙歌十八曲》的范围，这也从侧面证明了鼓吹铙歌的雅化可能只是限于歌辞，而曲调仍沿用汉旧曲。

曹魏时期对鼓吹曲辞的改造，促进了本来作为俗乐的鼓吹铙歌的雅化，使其能够进入雅乐系统，最重要的是其雅化后具备了相应的政治功能，即“变为宣扬王朝权力正统性来源的工具”[②]。在这一时期，各朝代

---

① （梁）沈约：《宋书》卷22《乐志四》，中华书局1974年点校本，第645页。

② ［日］渡边信一郎：《曹魏俗乐的政治意识形态化——从鼓吹乐所见》，牟发松译，《襄樊学院学报》2010年第10期。

的统治者已明确了鼓吹曲辞的这一功能：曹魏是“述以功德代汉”，东吴是“述以功德受命”，西晋是“亦述以功德代魏”，梁是“更治新歌，以述功德”，《魏书·乐志》载刘芳上言：“窃观汉魏已来，鼓吹之曲亦不相缘。今亦须制新曲，以扬皇家之德美。”[①] 而北齐是“皆改古名，以叙功德”。对功德的强调与颂美是对这一类型乐歌之仪式意义的强化与凸显，鼓吹曲辞在仪式中的功能由汉代单纯的威严、警戒、激励到魏晋南北朝时期的歌颂功德，发生了实质性的改变，这一改变使其与礼仪的关系更加密切，成为与金石乐具有同等地位的雅乐。

需要注意，鼓吹乐的娱乐功能并未消失，在娱乐性较强的仪式场合，鼓吹乐依然以俗乐的面目出现。晋代元会中有娱宾的环节，在食毕奏雅乐这一仪式环节后“鼓吹令又前跪奏‘请以次进众伎’”，鼓吹令执掌具有娱乐功能的俗乐，这就说明鼓吹乐仍发挥娱乐功能。

2. 以俗入雅——补国家礼仪用乐之不足

由于雅乐建设的不完备，俗乐也常直接作为礼仪用乐使用。在一个朝代建立初期，尤其是少数民族建立的政权初期，受本民族音乐及胡乐的影响，在礼乐仪式中所使用的乐歌带有很浓厚的俗乐色彩，如北魏，《隋书·音乐志》载：“天兴初，吏部郎邓彦海，奏上庙乐，创制宫悬，而钟管不备。乐章既阙，杂以《簸逻回歌》。”[②]《魏书·乐志》曰：“掖庭中歌《真人代歌》，上叙祖宗开基所由，下及君臣废兴之迹，凡一百五十章，昏晨歌之，时与丝竹合奏。郊庙宴飨亦用之。”[③]《簸逻回歌》与《真人代歌》均为鲜卑族民歌，以传统雅乐的标准来衡量，其属于俗乐无疑，以本民族的民歌作为礼仪用乐的歌辞，在很大程度上是因为北魏建立之初“乐操土风，未移其俗”，即本民族强大的音乐传统仍然在起作用，且本政权的用乐规范尚未确立，这是俗乐直接作为礼乐的明显一例。选择本民族传统民歌作为庙祭之乐实是不得已而为之，对于这些政权来说，汉化本来就是一个漫长的过程，礼乐制度的建设本身就是汉化的组成部分，将本民族的乐歌纳入礼仪用乐之中，既补国家礼仪用乐之不足，也在一定程度上保持了两种文化转换过程的连续，对于整个政权的汉化无疑是有推动作用的。

---

① （北齐）魏收：《魏书》卷109《乐志》，中华书局1974年点校本，第2832页。

② （唐）魏征、令狐德棻：《隋书》卷14《音乐志中》，中华书局1973年点校本，第313页。

③ （北齐）魏收：《魏书》卷109《乐志》，中华书局1974年点校本，第2828页。

（四）结语

在中国传统礼乐文化语境下，雅乐与俗乐是相互对立的音乐系统。由于儒家传统音乐观的影响，在属于国家制度层面的礼仪用乐中，俗乐往往成为被排斥的对象。事实上雅与俗之间并没有完全不可逾越的界限，在魏晋南北朝的礼乐实践中，由于礼乐制度的不完善、统治者的个人喜好、民族传统等因素的影响，俗乐一方面直接充当了雅乐的角色，另一方面被改造，成为雅乐，在特定的礼仪中发挥着“合同”的政治功用，体现了俗乐与雅乐的互动关系。无论是“以俗入雅”还是“变俗为雅”，这种雅与俗的互动丰富了中国礼乐文化的表现形态，对后世礼乐制度建设无疑具有重要的借鉴意义。

第四章　魏晋南北朝以郊庙乐为主的吉礼用乐

吉礼为五礼之首。何为吉礼？吉礼之名见于《周礼·大宗伯》：“以吉礼事邦国之鬼神示”，郑玄注：“事，谓祀之、祭之、享之。”[①] 祀、祭、享为针对不同祭祀对象的三种献祭方式，祀的对象是以昊天上帝为首的天神系列，祭的对象是以地示为首的地神系列，郊丘之祭为最主要的礼仪形式；所享者则为先王，宗庙祭祀为最主要的礼仪形式。这些祭祀对象多为超现实世界的神灵，对其祭祀的主要目的是祈福。所谓吉乃“善”义，引申为事神致福，所以孙诒让云：“礼以事神致福为本义，故五礼首吉礼。”[②] “祭祀之礼，取以善得福，是谓之吉礼。”[③] 许慎在《说文解字》中用“事神致福”[④] 来解释“礼”字；王国维以“豐”释“礼”，他说：“盛玉以奉神人之器谓之‘𧯛’若‘豐’，推之而奉神人之酒醴，亦谓之‘醴’，又推之而奉神人之事通谓之‘礼’。”[⑤] 可见“礼”字在起源上就与祭祀有着密不可分的关系，其对象为天神、地示、人鬼的三元神系列。

需要注意的是，吉礼所谓的“事神致福”是从国家政治的层面讲的，而非个体所从事的事神致福活动，前者为中国传统礼乐文化的“大传统”，而后者为民间性的“小传统”[⑥]。吉礼不仅仅对虚拟的神灵进行献祭，如果仅仅是献祭，那么它与原始巫术和宗教仪式并没有太大区别，在吉礼中的仪式更多地被赋予了“以神道设教”的政治功能，我们在讨论吉礼时应

---

① （清）阮元校刻：《十三经注疏·周礼注疏》，中华书局 1980 年版，第 757 页上栏。

② （清）孙诒让撰，王文锦、陈玉霞点校：《周礼正义》，中华书局 1987 年版，第 1297 页。

③ （清）孙诒让撰，王文锦、陈玉霞点校：《周礼正义》，中华书局 1987 年版，第 1297 页。

④ （汉）许慎撰，（清）段玉裁注：《说文解字注》，上海古籍出版社 1981 年版，第 2 页下栏。

⑤ 王国维：《观堂集林·释礼》，载谢维扬等主编《王国维全集》（第八卷），浙江教育出版社 2009 年版，第 191 页。

⑥ 当然，二者之间也存在紧密关联，笔者拟另撰文进行讨论。

关注的是其中的政治功能与伦理价值。作为一种为天神、地示、人鬼这一三元神系列举行的仪式，仪式的祭祀对象、献祭方式与“以神道设教”的功能等因素使不同时期的仪式过程大体相似，即基本上包括迎神（降神）、飨神、送神几个主体环节。魏晋南北朝时期所施行的吉礼包括郊祀、宗庙、山川、明堂等，还有各种杂祠祀。从这些仪式的用乐情况来看，用乐者主要是郊祀及宗庙，其他吉礼基本不用乐，因此郊祀、宗庙两种祭仪的用乐是本章讨论的重点。

前文我们已经指出，由于礼学观点及各代政治形势等存在差异，这一时期礼仪用乐的创制和使用表现出“以古为雅，不相沿乐”的特点，即一方面将礼学经典中的用乐规定作为礼仪用乐制作的基本准则，同时又依据本朝礼仪施用的实际加以改制。我们通过对相关文献的研究发现，这一时期吉礼用乐创制所遵循的思想在礼学经典及其注释中基本都能找到原型，因此我们在研究魏晋南北朝郊祀、宗庙用乐时首先要梳理礼经及其阐释中吉礼用乐的一般模式，在此基础上从吉礼乐舞的沿革、吉礼乐舞的使用、吉礼歌辞的内容与形式等方面对本时期的吉礼用乐进行全方位研究。

第一节　礼经及其阐释中吉礼用乐的一般情形

一　吉礼的仪式过程

吉礼主要为郊丘之祭与宗庙之祭。郊丘之祭在秦汉之后的历代礼制中都居于首位，宗庙次之，这从历代礼志、乐志的记载顺序上可以得知。在中国古代国家礼制中，天神为最高神灵，地示次之，对其祭祀是天子之礼，他人不得僭越；宗庙之祭为天子至士都可举行的仪式，不同等级所用规格不一。在礼经当中并无关于天、地祭祀的专门礼仪规范，“郊丘及日月诸天神之祀，礼经无专篇”①，而是散见于各种礼经，以《礼记》及《周礼》为多。天子的宗庙之祭礼经也无专门记载。

如何来探求郊庙仪式的过程？首先，吉礼作为一种献祭仪式，其源于原始祭仪，因此，它必然具备一般祭祀仪式的结构；其次，吉礼作为一种“以神道设教”的方式，在相同的功能预设背后所采取的仪式过程必然也

---

① （清）孙诒让撰，王文锦、陈玉霞点校：《周礼正义》，中华书局1987年版，第1301页。

有一致之处，只是因使用者的等级差异而表现出繁简之别，如在《仪礼》中有关于宗庙祭仪形式的记载，见于《特牲馈食礼》《少牢馈食礼》，但此二礼为诸侯之卿大夫、士四时祭祀宗庙之礼，而非周天子祭祖所用，虽有等级之别，从中我们也可以得知祭祀的一般程序。因此，对于吉礼的仪式过程，我们只能通过礼经对各等级祭祀之礼的记载、后世儒者的解释及历代礼仪实践的梳理来获得。

（一）为举行吉礼所做的准备：占卜、斋戒、夕牲及礼器、乐器的准备

吉礼的对象虽为虚幻的神灵，但古人“事死如事生”及“祭神如神在”的观念将所祭神灵视为与人类有相似情感与意志的存在。因此，在仪式举行前就已开始周密准备，为仪式举行做好心理及物质上的准备。

1. 祭祀时间的确定

先秦时期的郊祀时间需通过占卜确定，称为“卜郊”，如在《春秋》中多次记载鲁公卜郊之事[①]。礼经中对郊祀仪式的举行时间则有着明确规定，南郊祭天在冬至日，北郊祭地在夏至日[②]。宗庙仪式的举行时间则需占卜，称为“筮日”。《仪礼·少牢馈食礼》规定在祭祀前十天进行占卜：“少牢馈食之礼，日用丁、己。筮旬有一日。筮于庙门之外。”[③] 以本月之下旬筮来月之上旬之丁日或己日，如不吉则用来月中旬之丁日或己日。祭祀本为沟通鬼神，而卜筮本身也是一种沟通鬼神的手段，卜筮的结果是鬼神意志的反映，因此卜筮在这里主要是用以确定何日适宜祭祀。

2. 筮日之外，还要筮尸

祭祀有尸，皮锡瑞《经学通论》云：“古祭礼必有尸，自天子至于士，皆有筮尸、宿尸之礼。”[④] 在宗庙之祭中立尸的目的非常明确，其在仪式中是作为被祭祖先的替代者接受祭祀的：“祭祀之有尸也，宗庙之有主也。”[⑤] “尸”往往由受祭者之嫡孙或同姓者之嫡孙担任，宗庙祭祀之外，天地之祭亦立尸[⑥]。在祭祀中，尸为神灵所依附的对象，主祭者十分

---

① 《春秋》中只对卜郊不从的史实加以加载，从“三卜郊，不从，乃免牲”的记载来看，卜郊次数为两次，第一次不吉尚能占卜一次。

② 由于后世对经典理解的差异出现了郊祀仪式实践中的纷争，以郑玄的“六天说”和王肃的“一天说”为代表。

③ （清）阮元校刻：《十三经注疏·仪礼注疏》，中华书局 1980 年版，第 1196 页上栏。

④ （清）皮锡瑞著，吴仰湘点校：《经学通论》，中华书局 2018 年版，第 298 页。

⑤ （清）阮元校刻：《十三经注疏·礼记正义》，中华书局 1980 年版，第 1620 页中栏。

⑥ 钱玄：《三礼通论》，南京师范大学出版社 1998 年版，第 625—626 页。

重视尸的选择，因此要以卜筮的方式来确定尸的担任者，《仪礼·特牲馈食礼》载："前期三日之朝，筮尸如求日之仪。"[①] 秦汉以后，在祭祀中"尸"一般不再由生人来充当，而是设立木主作为神灵的凭附接受祭祀，这与以生人代替祖先受祭的原理及功能是大致相同的。

3. 斋戒

吉礼是与鬼神的沟通，庄静是祭祀参加者应有的基本态度，这种庄静的态度需要在祭祀前通过斋戒的方式进行培养。《礼记·表记》："子曰：斋戒以事鬼神。"[②] 斋戒是对主祭者而言的，对郊祀仪式来说为君王，对宗庙仪式来说是受祭者的嫡子或嫡孙。这与祭祀前其他准备由专人负责不同，因为在仪式中与鬼神沟通者为主祭者一人，其态度的虔敬与否直接关系到仪式效果的好坏。斋戒除了向鬼神表明庄敬、虔诚的态度外，还在于为后面的主祭仪式做好心理准备。《礼记·祭统》对此有比较明确的说明：

> 及时将祭，君子乃齐。……不齐则于物无防也，嗜欲无止也。及其将齐也，防其邪物，讫其嗜欲，耳不听乐。故《记》曰："齐者不乐。"言不敢散其志也。心不苟虑，必依于道。手足不苟动，必依于礼。是故君子之齐也，专致其精明之德也。故散齐七日以定之，致齐三日以齐之。定之之谓齐，齐者，精明之至也，然后可以交于神明也。[③]

这段文字是针对士人的祭祖而言的，它强调主祭者——"君子"在斋戒时应采取的方式及其功用。在时间上，斋戒共进行十天，分为两个阶段：散斋七日与致斋三日，这两个阶段对主祭者的要求是不同的。所谓散斋，斋戒者控制欲望、禁止作乐，但行动自由不受限制；所谓致斋，斋戒者行动自由受到严格限制，日夜居于室内，且内心思念先人生时的种种情形[④]。

---

① （清）阮元校刻：《十三经注疏·仪礼注疏》，中华书局 1980 年版，第 1179 页中栏。

② （清）阮元校刻：《十三经注疏·礼记正义》，中华书局 1980 年版，第 1638 页下栏。

③ （清）阮元校刻：《十三经注疏·礼记正义》，中华书局 1980 年版，第 1603 页中栏—下栏。笔者按：齐同"斋"。

④ 《祭义》："致齐于内，散齐于外。齐之日，思其居处，思其笑语，思其志意，思其所乐，思其所嗜。齐三日，乃见其所为齐者。"专指宗庙祭祀，但在祭祀天神、地示的仪式中仍然有致斋的过程，在这些过程中，斋戒者所做的虽然不一定与宗庙祭祀完全相同，但致斋过程无疑是在心理上为仪式的举行做好充分的准备。参见陈戍国《魏晋南北朝礼制研究》，湖南教育出版社 1995 年版，第 121 页；徐迎花《汉魏至南北朝时期郊祀制度研究》，黑龙江人民出版社 2009 年版，第 132 页。

这段文字还阐明了斋戒对于祭祀的重要作用：斋戒可以消除嗜欲，进而使主祭者在仪式中保持庄敬的态度——这是实现与鬼神交接的必要条件。对于仪式的主祭者来说，斋戒是整个仪式的过渡阶段，在此阶段主祭者由日常生活状态进入仪式情境。由散斋到致斋，斋戒者不但实现了态度的庄敬，与鬼神之距离也进一步拉近。

4. 礼器、乐器等器物的准备

礼器、乐器等器物也是吉礼的重要组成部分，主要包括主祭者及其他参与者所穿用的服饰，用于献祭鬼神的祭品、祭器，用于降神、飨神的乐器、乐舞。这些器物既是主祭者身份与地位的象征，也是献祭的重要内容。器物的准备主要由有司负责。祭祀前器物的准备在《周礼·大宗伯》中有详细记载，我们可以对此作一大体了解：

大宗伯之职：

> 以玉作六瑞，以礼天地四方。以苍璧礼天，以黄琮礼地，以青圭礼东方，以赤璋礼南方，以白琥礼西方，以玄璜礼北方。……凡祀大神，享大鬼，祭大示，帅执事而卜日，宿，视涤濯，莅玉鬯，省牲镬，奉玉粢，诏大号，治其大礼，诏相王之大礼。①

小宗伯之职：

> 辨六彝之名物，以待祼将。辨六尊之名物，以待祭祀宾客。……掌四时祭祀之序事与其礼。……大祭祀，省牲，视涤濯。祭之日，逆粢，省镬，告时于王，告备于王。②

肆师之职：

> 大祭祀，展牺牲，系于牢，颁于职人。凡祭祀之卜日、宿、为期，诏相其礼，视涤濯亦如之。祭之日，表粢盛，告洁；展器陈，告

① （清）阮元校刻：《十三经注疏·周礼注疏》，中华书局1980年版，第762页中栏—763页中栏。

② （清）阮元校刻：《十三经注疏·周礼注疏》，中华书局1980年版，第766页下栏—767页上栏。

备；及祼筑鬻。[1]

郁人之职：

掌祼器，凡祭祀、宾客之祼事，和郁鬯以实彝而陈之。凡祼玉，濯之陈之，以赞祼事。[2]

鬯人之职：

掌共秬鬯而饰之。凡祭祀社壝用大罍，禜门用瓢赍，庙用脩，凡山川、四方用蜃，凡祼事用概，凡疈事用散。[3]

司尊彝之职：

掌六尊、六彝之位，诏其酌，辨其用，与其实。[4]

天府之职：

掌祖庙之守藏，与其禁令。凡国之玉镇、大宝器藏焉，若有大祭、大丧，则出而陈之，既事，藏之。[5]

典瑞之职：

掌玉瑞玉器之藏。……四圭有邸，以祀天、旅上帝。两圭有邸，以祀地、旅四望。[6]

---

① （清）阮元校刻：《十三经注疏·周礼注疏》，中华书局1980年版，第768页下栏—769页上栏。

② （清）阮元校刻：《十三经注疏·周礼注疏》，中华书局1980年版，第770页中栏。

③ （清）阮元校刻：《十三经注疏·周礼注疏》，中华书局1980年版，第771页上栏。

④ （清）阮元校刻：《十三经注疏·周礼注疏》，中华书局1980年版，第773页上栏。

⑤ （清）阮元校刻：《十三经注疏·周礼注疏》，中华书局1980年版，第776页上栏。

⑥ （清）阮元校刻：《十三经注疏·周礼注疏》，中华书局1980年版，第776页下栏—777页中栏。

司服之职：

> 掌王之吉凶衣服，辨其名物，与其用事。王之吉服：祀昊天上帝，则服大裘而冕，祀五帝亦如之；享先王则衮冕；享先公、飨射则鷩冕；祀四望、山川，则毳冕；祭社稷、五祀则希冕；祭群小祀，则玄冕。①

大司乐之职：

> 大祭祀，宿悬，遂以声展之。②

典庸器之职：

> 掌藏乐器、庸器。及祭祀，帅其属而设筍虡，陈庸器。③

在吉礼中，礼器、乐器及牺牲的齐备、整洁是仪式顺利展演及取得预期效果的必要条件。因此，在有司完成礼器、乐器等器物的准备之后有“告洁”“告备”之礼，是对礼器、乐器准备情况所做的最后确认，这一仪节由肆师负责。需要注意的是，通过对《春官·大宗伯》各官职职责的梳理可见，除地位较高的礼官和负责乐舞的乐官，地位较低的职官大都从事礼仪前的准备工作，仪式一旦开始，他们便较少参与仪式。

（二）吉礼的主体环节——正祭

吉礼的祭祀对象虽存在天神、地示、人鬼的区别，但作为一种献祭仪式④，是人与鬼神的沟通，因此在吉礼的主体环节——正祭中，其仪式过程是基本相同的，所有的仪式过程都是以“事神”为核心，将鬼神视为一种人格存在，通过效仿人事的方式来处理与鬼神的关系，即模拟人间主客礼仪之法，将仪式环节分为降神（迎神）、飨神及送神三个部分。

---

① （清）阮元校刻：《十三经注疏·周礼注疏》，中华书局1980年版，第781页中栏。

② （清）阮元校刻：《十三经注疏·周礼注疏》，中华书局1980年版，第790页下栏。

③ （清）阮元校刻：《十三经注疏·周礼注疏》，中华书局1980年版，第802页上栏—中栏。

④ 昂利·于贝尔、马塞尔·莫斯将献祭的图式分为进入、牺牲、退出三个环节，见［法］昂利·于贝尔、马塞尔·莫斯《献祭的性质与功能》，梁永佳、赵丙祥译，广西师范大学出版社2007年版，第187—206页。这一图式与中国古代吉礼的献祭环节是基本一致的。

降神又称迎神。神灵是仪式的献祭对象，神灵的处所或在天，或在地，或居无定所，只有以特定的方式将神灵招至仪式场所，才能使仪式中的人神沟通成为可能。因此，降神成为仪式正祭的首要环节。一般宗教活动中的降神主要通过酒、食等祭品及音乐对神灵取媚、讨好，是以“同类相感”思维为基础的巫术行为方式[①]。周人的祭祀改变了原始祭仪对神灵的淫祀，赋予了祭祀以政治与伦理含义[②]，降神、飨神环节对神灵取媚、讨好的意味变得非常淡薄，但在吉礼中以酒、食、音乐、言辞等降神的方式仍然被保留着。《礼记·礼运》的一条记载就包含了降神的这几种方式：“故玄酒在室，醴、醆在户，粢醍在堂，澄酒在下。陈其牺牲，备其鼎、俎，列其琴、瑟、管、磬、钟、鼓，修其祝嘏，以降上神，与其先祖。”[③]这是就祭祀的一般情形而言，具体到不同的礼仪中则有所区别，《周礼·大宗伯》有对吉礼中不同祀神方式的记载：“以禋祀祀昊天上帝，以实柴祀日、月、星、辰，以槱燎祀司中、司命、风师、雨师。”[④]“以血祭祭社稷、五祀、五岳。以埋沉祭山、林、川、泽，以疈辜祭四方、百物。”[⑤]“以肆、献、祼享先王，以馈食享先王，以祠春享先王，以禴夏享先王，以尝秋享先王，以烝冬享先王。”[⑥]在这里，祭祀昊天上帝为首的天神的仪式称为“禋祀”“实柴”“槱燎”，三种祭祀方式的一个共同点是祭祀时借助了烟气，即所谓的“禋”，对此郑玄注云：“禋之言烟，周人尚臭，烟，气之臭闻者。……三祀皆积柴实牲体焉，或有玉帛，燔燎而升烟，所以报阳也。”[⑦]即在行祭礼时置牺牲或玉帛等祭品于积柴之上焚烧[⑧]，希望上升的烟气抵达上天以吸引神灵的到来。郑玄此注并未明言这一祭祀方式之目的，但南北朝时期的礼学家皇侃、崔灵恩等认为燔燎之目的为降神[⑨]。祭地仪式中的瘗血、宗庙祭祀中的灌鬯等同为降神之法，《通典》载许敬

---

① 这实际上是原始思维在后世的遗存，体现了列维·布留尔的“互渗律”，认为神灵与人类具有同样的嗜欲，见许兆昌《先秦乐文化考论》，黑龙江人民出版社 2010 年版，第 246 页。

② 谢谦：《中国古代宗教与礼乐文化》，四川人民出版社 1996 年版，第 92 页。

③ （清）阮元校刻：《十三经注疏·礼记正义》，中华书局 1980 年版，第 1416 页中栏。

④ （清）阮元校刻：《十三经注疏·周礼注疏》，中华书局 1980 年版，第 757 页上栏。

⑤ （清）阮元校刻：《十三经注疏·周礼注疏》，中华书局 1980 年版，第 758 页上栏。

⑥ （清）阮元校刻：《十三经注疏·周礼注疏》，中华书局 1980 年版，第 758 页下栏。

⑦ （清）阮元校刻：《十三经注疏·周礼注疏》，中华书局 1980 年版，第 757 页上栏。

⑧ 有儒者认为在降神环节并不加牲体于其上，有学者认为加牲，参见（清）孙诒让撰，王文锦、陈玉霞点校《周礼正义》，中华书局 1987 年版，第 1297 页。

⑨ （清）孙诒让撰，王文锦、陈玉霞点校：《周礼正义》，中华书局 1987 年版，第 1301 页。

宗等云："祭祀之礼，必先降神。周人尚臭，祭天则燔柴，祭地则瘗血，祭宗庙则焫萧灌鬯，皆贵气臭，同以降神。"① 许敬宗认为《周礼·大宗伯》所载三种祭祀方式均为降神，其理论依据为《礼记·郊特牲》的"周人尚臭"，三种祭法均以气味为主：

> 周人尚臭，灌用鬯臭，郁合鬯，臭阴达于渊泉。灌以圭璋，用玉气也。既灌，然后迎牲，致阴气也。萧合黍稷，臭阳达于墙屋。故既奠，然后焫萧合膻芗。凡祭慎诸此。②

据礼经记载，以气味献祭鬼神并非周代专有祭法，传说中的有虞氏之祭亦尚臭味，与周之祭法相类似：

> 有虞氏之祭也，尚用气。血、腥。焰祭，用气也。③

也有礼学家认为，"禋祀""实柴""槱燎"等焚烧牲体的祭法并不能降神，可用演奏音乐的方式降神。此观点见《旧唐书·礼仪志三》载张说、徐坚等人驳许敬宗议："案礼，迎神之仪，乐六变则天神降，八变而地祇出，九变而人鬼可得而礼矣。则降神以乐，《周礼》正文，非谓燔柴以降神也。"④ 二人否定了燔燎的降神功能，这一观点的依据为《周礼·大司乐》的规定：

> 凡乐，圜钟为宫，黄钟为角，太蔟为徵，姑洗为羽，雷鼓雷鼗，孤竹之管，云和之琴瑟，《云门》之舞，冬日至，于地上之圜丘奏之，若乐六变，则天神皆降，可得而礼矣。⑤

此段文字中，乐奏六变，则天神皆降，其降神功能不言自明。事实上，以乐降神其来有自，据礼经记载，在殷代已用音乐事神："殷人尚声，臭味

① （唐）杜佑撰，王文锦、王永兴等点校：《通典》卷43《吉礼二》，中华书局1988年版，第1194页。

② （清）阮元校刻：《十三经注疏·礼记正义》，中华书局1980年版，第1457页上栏。

③ （清）阮元校刻：《十三经注疏·礼记正义》，中华书局1980年版，第1457页上栏。

④ （后晋）刘昫等：《旧唐书》卷23《礼仪志三》，中华书局1975年点校本，第894页。

⑤ （清）阮元校刻：《十三经注疏·周礼注疏》，中华书局1980年版，第789页下栏。

未成，涤荡其声。乐三阕，然后出迎牲。声音之号，所以诏告于天地之间也。”[①] 以声音诏告天地，即为传递信息，使神下降。因此，演奏音乐也是一种重要的降神方式。

除燔燎、演奏音乐等方式外，读祝词也是一种重要的降神方式。读祝词是与燔燎、演奏音乐相配合的降神方式，即所谓“修其祝嘏，以降上神”，在后世，读祝词之职由太祝令完成，《宋书·百官志上》载：

> 太祝令，一人。丞一人。掌祭祀读祝迎神、送神。太祝，周旧官也。汉西京置太祝令、丞，武帝太初元年，更名曰庙祀。汉东京改曰太祝。[②]

总之，礼学家对降神方式的认知出现差异是由于所据礼经不同。惠士奇综合众说指出：“燔燎升烟，以达精意，当在祭初，天神之柴，犹人鬼之祼。……盖奏乐致神，而人鬼礼之以玉而灌鬯，地示礼之以玉而荐血，天神礼之以玉而燎柴。”[③] 认为演奏音乐为降神之始，燔燎、瘗埋、灌鬯诸法是降神之后对神的献祭，此说较为合理。以上所述降神方式，无论是燔燎、演奏音乐还是读祝词，都是以气味、声音等可感触的形式作用于神灵，气味、声音乃常人所好，神灵也不例外，当气味、声音达于神灵之所时，神灵自然会被吸引降临祭所享用祭品，这应当是迎神的思维原则。这几种不同的迎神方式在各朝都有所采用，只是侧重点不同而已。

迎神以后，神灵进入坛场，献祭开始。献祭是吉礼的主体环节，吉礼作为国家礼仪，是帝王对天神、地示、人鬼的祭祀，祭祀权掌握在帝王一人之手，他人不得祭祀，其中天地之祭在于证明君权的合法性及至高无上，而宗庙之祭则是证明权力继承的合法性，祭天时以祖先配祀的方式则将二者有机结合起来。可见，在郊祀、宗庙的宗教形态之后隐藏的是政治功能。妹尾达彦在《唐长安城的礼仪空间——以皇帝礼仪的舞台为中心》中对国家礼仪，尤其是祭祀礼仪的功能做了如下概括：“国家礼仪（1）将宣扬宇宙秩序和地上秩序相对应的观念论，以生动的形式视觉化；（2）

① （清）阮元校刻：《十三经注疏·礼记正义》，中华书局1980年版，第1457页上栏。
② （梁）沈约：《宋书》卷39《百官志上》，中华书局1974年点校本，第1229页。
③ （清）孙诒让撰，王文锦、陈玉霞点校：《周礼正义》，中华书局1987年版，第1304页。

是造成国民支持并促成统治正统化的重要手段……”① 在吉礼中，献祭实际上是以酒食、牺牲、音乐等飨神，在飨神时也伴有主祭者与鬼神的交流，包含祈求与报答的内容，所谓“祭有祈焉，有报焉”②，祈求天降祥福，往往通过祝词的形式，《周礼·大祝》：“大祝掌六祝之辞，以事鬼神示，祈福祥，求永贞：一曰顺祝，二曰年祝，三曰吉祝，四曰化祝，五曰瑞祝，六曰策祝。”③ 也对鬼神的赐福予以报答，《礼记·祭义》：“郊之祭也，迎长日之至也，大报天而主日，配以月。”《礼记·郊特牲》：“唯为社事，单出里；唯为社田，国人毕作；唯社，丘乘共粢盛；所以报本反始也。”这些都是对鬼神的生养之功予以报答。

据经典记载和后世礼学家的意见，吉礼对天神、地示的献祭次数与对祖先的献祭次数有所不同，天地之祭为七献④。皇侃认为：“祭天无祼，惟七献。朝践，王酌泛齐以献。后无祭天之事。大宗伯次酌醴齐以献。次荐熟，王酌盎齐以献，宗伯次酌醍齐以献。次尸食之讫，王又酌朝践之泛齐以献，宗伯次酌馈食之醍齐以献，次诸臣为宾长酌泛齐以献，是七献也。”⑤ 这一献祭方式是从宗庙献祭方式演化而来，黄以周认为：“祀天献酒之礼，经无明文。皇氏所言，仿庙祫之礼言之尔。”⑥ 指出了郊祀天地的七献祭法是改革宗庙献祭方式而成，即将宗庙之礼中的灌礼省去，祭天无灌，孙希旦认为：“祭天所以不灌者，以其以燔柴降神也。”⑦

宗庙之祭为九献，九献的具体内容礼学家观点各异，其中以郑玄与崔灵恩的观点最具代表性⑧，现将二人之说摘引如下：

郑玄说之九献：

---

① ［日］妹尾达彦：《唐长安城的礼仪空间——以皇帝礼仪的舞台为中心》，载［日］沟口雄三、小岛毅主编《中国的思维世界》，孙歌等译，江苏人民出版社 2006 年版，第 467 页。

② （清）阮元校刻：《十三经注疏·礼记正义》，中华书局 1980 年版，第 1457 页下栏。

③ （清）阮元校刻：《十三经注疏·周礼注疏》，中华书局 1980 年版，第 808 页。

④ 对天地祭祀是否行灌礼，在祭祀实践中存在着很多争议，依据《宋书·礼志》所载郊祀仪注，陈戍国认为，古礼中郊祀不应有灌，郊祀行灌礼始于晋。事实上，《宋书》所载灌礼是在降神之前，而非献祭环节，在降神之前行灌礼，很明显是用来降神，而在献祭环节只有三献之礼而无灌礼。参见陈戍国《魏晋南北朝礼制研究》，湖南教育出版社 1995 年版，第 126 页；徐迎花《汉魏至南北朝时期郊祀制度研究》，黑龙江人民出版社 2009 年版，第 145—146 页。

⑤ （清）黄以周撰，王文锦点校：《礼书通故》，中华书局 2007 年版，第 633 页。

⑥ （清）黄以周撰，王文锦点校：《礼书通故》，中华书局 2007 年版，第 633 页。

⑦ （清）孙希旦撰，沈啸寰、王星贤点校：《礼记集解》，中华书局 1989 年版，第 689 页。

⑧ 钱玄：《三礼通论》，南京师范大学出版社 1998 年版，第 630—632 页。

祼，谓以圭瓒酌郁鬯，始献尸也。后于是以璋瓒酌亚祼。朝践，谓荐血腥、酌醴，始行祭事。后于是荐朝事之豆笾，既又酌献。其变朝践为朝献者，尊相因也。朝献，谓尸卒食，王酳之。再献者，王酳尸之后，后酌亚献，诸臣为宾，又次后酌盎齐，备卒食三献也。于后亚献，内宗荐加豆笾，其变再献为馈献者，亦尊相因。馈献，谓荐熟时，后于是荐馈食之豆笾。此凡九酌，王及后各四，诸臣一，祭之正也。①

崔灵恩说之九献：

祭日之旦，王服衮冕而入，尸亦衮冕，祝在后侑之。王不出迎尸，尸入室，乃作乐降神，当灌之时，众尸皆同在太庙中，依次而灌，所灌郁鬯。是为一献也。王乃出迎牲，后从灌，二献也。迎牲而入，至于庭，王亲执鸾刀，启其毛，而祝以血毛告于室，凡牲则庙各别牢，祝乃取牲膟膋，燎于炉炭，入以诏神于室，又出以堕于主前，王乃洗肝于郁鬯而燔之，以制于主前，所谓制祭。次乃升牲首于室中，置于北墉下。后荐朝事之豆笾，乃荐腥于尸主之前，谓之朝践，王乃以玉爵酌著尊泛齐以献尸，三献也。后又以玉爵酌著尊醴齐以亚献，四献也。乃退而合亨，至荐熟之时陈于堂，乃后延主入室，大祖东面，昭在南面，穆在北面，徙堂上之馔于室内坐前，祝以斝爵酌，奠于馔南，既奠之后，又取肠间脂，焫萧合馨芗，当此大合乐也。自此以前谓之接祭，乃迎尸入室，举此奠斝，主人拜以妥尸，后荐馈献之豆笾，王乃以玉爵酌壶尊盎齐以献尸，为五献也。后又以玉爵酌壶尊醴齐以献尸，是六献也。于是尸食，十五饭讫，王以玉爵因朝践之尊泛齐以酳尸，为七献也。朝献，谓此王酳尸因朝践之尊也。后乃荐加豆笾，尸酌酢主人，主人受嘏，王所以献诸侯。于是后以瑶爵，因酌馈食壶尊醍齐以酳尸，为八献也。再献后酳尸。献谓馈食时后之献也。于时王可以瑶爵献卿也。诸侯为宾者，以瑶爵酌壶尊醍齐以献尸，为九献。九献之后，谓之加爵。②

① （清）阮元校刻：《十三经注疏·周礼注疏》，中华书局1980年版，第773页中栏。

② （清）阮元校刻：《十三经注疏·礼记正义》，中华书局1980年版，第1416页下栏—1417页上栏。

礼学家关于郊祀、宗庙之礼的“七献”“九献”之说在现实礼仪实践中并未得到真正施行，如魏晋南北朝时期的郊祀、宗庙之礼大都是以“三献”为主，即皇帝初献、太常亚献、光禄终献的三献之礼。有的朝代只行一献之礼，如梁：

> 七年，帝以一献为质，三献则文，事天之道，理不应然，诏下详议。博士陆玮、明山宾，礼官司马褧，以为“宗祧三献，义兼臣下，上天之礼，主在帝王，约理申义，一献为允”。自是天地之祭皆一献，始省太尉亚献，光禄终献。[①]

这在很大程度上是由制礼者对礼经的理解及帝王的喜好决定的，也间接反映了礼经及礼学观与礼仪实践之间并不能总是保持一致。

最后为送神。在献祭结束以后，仪式的主体部分已经完成，但要从仪式所营造的神圣情景退回到凡俗情景也必须借助仪式过程，此即昂利·于贝尔和马塞尔·莫斯所总结的“献祭仪式中的退出”：“退出献祭的仪式恰恰就是我们进入献祭中看到的仪式的翻版。”[②] 在吉礼中，进入献祭的过程为迎神，那么主体仪式完成后的送神则是结束仪式的一个必不可少的环节。在礼经中并没有郊祀、宗庙仪式送神的记载，但通过历代郊庙歌辞中所保留的《送神歌》可知，以乐送神是历代礼仪实践中比较通行的做法，有时也采取灌祭的方式送神[③]。

---

① （唐）魏征、令狐德棻：《隋书》卷6《礼仪志一》，中华书局1973年点校本，第110页。

② ［法］昂利·于贝尔、马塞尔·莫斯：《献祭的性质与功能》，梁永佳、赵丙祥译，广西师范大学出版社2007年版，第205页。

③ 梁代礼学家何佟之认为：“又送神更祼经记无文，宜依礼革。”说明以灌送神是一种使用比较普遍的方式。又《宋书·礼志三》载，孝建二年正月庚寅，有司奏：“……又庙祠行事之始，以酒灌地；送神则不灌。而郊初灌，同之于庙，送神又灌，议仪不同，于事有疑。辄下礼官详正。”……太常丞朱膺之议：“……又寻灌事，《礼记》曰：‘祭求诸阴阳之义也。殷人先求诸阳。’‘乐三阕，然后迎牲’。则殷人后灌也。‘周人先求诸阴’，‘灌用鬯，达于渊泉。既灌，然后迎牲’。则周人先灌也。此谓庙祭，非谓郊祠。案《周礼·天官》：‘凡祭祀赞王祼将之事。’郑注云：‘祼者，灌也。唯人道宗庙有灌，天地大神至尊不灌。’而郊未始有灌，于礼未详。渊儒注义，炳然明审。谓今之有灌，相承为失，则宜无灌。”通关八座丞郎博士，并同膺之议。尚书令建平王宏重参议，谓膺之议为允。诏可。见（梁）沈约《宋书》卷16《礼志三》，中华书局1974年点校本，第427—428页。由以上材料可知，宋人认为郊祀送神无灌，而庙祀送神有灌。

二　吉礼正祭中各环节的用乐

（一）礼学经典及礼学家阐释中的吉礼用乐

吉礼有乐相配，载于礼学经典。这些记载成为后世制定礼仪用乐的重要依据，由于礼学家的阐释，经典所载礼仪用乐被解释出更多的版本。概而言之，用乐作为一种献祭方式，在仪式中与其他献祭一样，其根本目的也在于“事神”。《礼记·祭统》认为祭祀时有三件事最重要：

> 夫祭有三重焉：献之属莫重于祼，声莫重于升歌，舞莫重于《武宿夜》，此周道也。①

所谓“献”单纯指正祭中献祭环节的以酒祼地，此处应指宗庙祭祀中的“九献”，其他两件为“声”与“舞”，即配合仪式之乐。“声”乃人声，是在仪式中的歌唱，当然这种歌唱并非徒歌，而是配乐演唱。“舞”则为仪式将要完成时大合乐中表演的舞蹈。升歌奏于主祭者登坛之时，为歌唱之始，《武宿夜》为大合乐所用舞蹈《大武》舞的第一成，故二者最为重要。

在礼学经典中，并无吉礼用乐的具体仪节，涉及吉礼用乐的经文大都语焉不详，而涉及郊庙用乐的记载则更为简略，远不如乡射礼、大射礼、乡饮酒礼、燕礼等用于人事的礼仪记载详细。如对郊庙用乐的规定，《礼记·祭统》载：

> 昔者周公旦，有勋劳于天下。周公既没，成王、康王追念周公之所以勋劳者，而欲尊鲁，故赐之以重祭：外祭则郊、社是也，内祭则大尝禘是也。夫大尝禘，升歌《清庙》，下而管《象》，朱干玉戚以舞《大武》，八佾以舞《大夏》，此天子之乐也。②

由《礼记·祭统》这段文字，我们尚能看出用乐的基本程序，而从《周礼·大司乐》的记载中则很难看出音乐与仪式是如何相配的，如其载天神

---

① （清）阮元校刻：《十三经注疏·礼记正义》，中华书局1980年版，第1604页上栏。

② （清）阮元校刻：《十三经注疏·礼记正义》，中华书局1980年版，第1607页下栏。

之祭的用乐："乃奏黄钟，歌大吕，舞《云门》，以祀天神。"[①] 地示之祭的用乐："乃奏太蔟，歌应钟，舞《咸池》，以祭地示。乃奏姑洗，歌南吕，舞《大韶》，以祀四望。乃奏蕤宾，歌函钟，舞《大夏》，以祭山川。"[②] 礼经记载的疏略必然导致礼学家解释众说纷纭，对于《周礼·大司乐》的记载，孙诒让曰："此奏黄钟者，为迎尸之乐，所谓先乐金奏也。歌大吕者，为降神之乐。舞《云门》者，为荐献后之合乐，合乐则兴舞也。降神之乐不得有舞。"[③] 认为祭祀天神时的几个基本的用乐程序为金奏、升歌、合乐，崔灵恩所持观点与此稍有不同，《隋书·牛弘传》载牛弘上书引崔灵恩《三礼义宗》："《周官》奏黄钟者，用黄钟为调；歌大吕者，用大吕为调。奏者谓堂下四悬，歌者谓堂上所歌。但一祭之间皆用二调。"[④] 认为堂下之金奏与堂上之升歌同时进行，二调同用，且舞蹈也同时表演。孙诒让综合礼学家观点，对吉礼用乐的过程概括如下：

> 盖古乐大节凡五，先金奏，次升歌，次下管笙入，次间歌，而终以合乐，合乐则兴舞，此宾祭大乐之恒法也。[⑤]

所谓"宾祭大乐之恒法"，即金奏、升歌、下管笙入、间歌、合乐这五个环节是飨宴、祭祀用乐的基本程序。通过对礼经及历代用乐实践的考察，我们发现这五个环节能与仪式过程较为密切地配合在一起。因此，我们将对这五个环节分别进行考察，重点探讨每一用乐环节与仪式过程的关系，并厘清音乐在仪式中的功能。这五个环节，除金奏用于正祭开始之前和结束之后的出入仪节外，其他用于正祭。

金奏是吉礼用乐的开始。顾名思义，其演奏方式是敲击金属乐器编钟及镈钟。《周礼·钟师》："掌金奏。"郑玄注："金奏，击金以为奏乐之节，金谓钟及镈。"金奏环节所用乐曲为《九夏》，这需要鼓乐的配合："凡乐事，以钟鼓奏《九夏》。"贾公彦疏云："以钟鼓者，先击钟，次击鼓，以奏《九夏》。……杜子春云：'……王出入奏《王夏》，尸出入奏

---

① （清）阮元校刻：《十三经注疏·周礼注疏》，中华书局1980年版，第788页下栏。

② （清）阮元校刻：《十三经注疏·周礼注疏》，中华书局1980年版，第788页下栏—789页上栏。

③ （清）孙诒让撰，王文锦、陈玉霞点校：《周礼正义》，中华书局1987年版，第1739页。

④ （唐）魏征、令狐德棻：《隋书》卷49《牛弘传》，中华书局1973年点校本，第1308页。

⑤ （清）孙诒让撰，王文锦、陈玉霞点校：《周礼正义》，中华书局1987年版，第1732页。

《肆夏》，牲出入奏《昭夏》，四方宾来奏《纳夏》……客醉而出奏《陔夏》，公出入奏《骜夏》。’”[①] 认为《九夏》皆为乐章名，类似于《诗经·周颂》；杜预认为《九夏》为乐曲名，而非乐章[②]。无论如何，《九夏》都是与吉礼用乐第一环节的钟鼓乐相配合的，如为乐章，则以歌唱的方式配合钟鼓乐；如为曲调，则是直接由钟鼓奏出。同时，通过郑玄注可知，金奏主要是用于正祭前后的“王出入”“尸出入”“牲出入”等环节，是正祭之前准备阶段的用乐。

金奏是钟与镈等金属乐器的合奏，可以起到加强节拍的作用，也可以演奏音节或调式的骨干音[③]。同时，以金奏《九夏》，王、尸、牲等出入所用各不相同，其分别、标志仪式过程的作用明显。因此，金奏一是用于礼仪之始，以其明显的节奏作为主祭者及祭祀参加者的出入行动节拍，并标志仪式过程；二是在仪式中起调节、规范其他乐器演奏的作用，即“凡乐皆先奏钟以均诸乐也”[④]。

吉礼用乐诸环节，从升歌始至大合乐终都为降神、飨神而设。升歌又称登歌，是以乐降神、飨神之始，故《礼记·祭统》认为：“声莫重于升歌。”《周礼·大师》：“大祭祀，帅瞽登歌。”郑玄注引郑司农：“登歌，歌者在堂也。”贾公彦疏云：“谓凡大祭之时，大师有此一事。言‘帅瞽登歌’者，谓下神、合乐，皆升歌《清庙》。故将作乐时，大师帅取瞽人登堂于西阶之东，北面坐，而歌者与瑟以歌诗也。”[⑤] 由上可知，所谓升歌即乐工升堂而歌，就升堂这一点来说，在吉礼中只有宗庙祭祀有堂，郊祀有坛无堂，因此，在郊祀仪式中，升歌之奏可能是在主祭者登坛之时，至于歌者登坛与否则不得而知。

在吉礼中，升歌的作用主要是降神、飨神。在宗庙祭祀时，升歌环节是瞽与奏瑟的乐工一起登堂，在瑟的配合下，由瞽歌唱《清庙》一诗，而郊祀仪式中如何用乐及所用何乐礼经无载。《清庙》一诗，据毛传：“祀文王也，周公既成洛邑，朝诸侯，率以祀文王焉。”孔颖达疏：“《清庙》诗者，祀文王之乐歌也。……周公摄王之政，营邑于洛，既已成此洛邑，

---

① （清）阮元校刻：《十三经注疏·周礼注疏》，中华书局1980年版，第800页中栏—下栏。

② 详见（清）孙诒让撰，王文锦、陈玉霞点校《周礼正义》，中华书局1987年版，第1886—1892页的相关辨析。

③ 方建军：《中国古代乐器概论（远古—汉代）》，陕西人民出版社1996年版，第79页。

④ （清）阮元校刻：《十三经注疏·周礼注疏》，中华书局1980年版，第788页下栏。

⑤ （清）阮元校刻：《十三经注疏·周礼注疏》，中华书局1980年版，第796页中栏。

于是大朝诸侯，既受其朝，又帅之而至于清庙，以祀此文王焉，以其祀之得礼，诗人歌咏其事而作此《清庙》之诗，后乃用之于乐，以为常歌也。"① 这首歌辞描写的是周公营洛邑之后大会诸侯祭祀文王的情景，后来用于宗庙祭祀的升歌环节，其歌辞为：

> 于穆清庙，肃雍显相。济济多士，秉文之德，对越在天，骏奔走在庙，不显不承，无射于人斯。②

主要表达了对文王之德的歌颂并描写了与祭者的恭敬态度，尤其是前二句："于穆清庙，肃雍显相"，将宗庙肃穆清静之貌呈现出来，与宗庙祭祀的仪式氛围相符合。将《清庙》作为升歌，乃为昭示受祭者之德行，据《礼记·仲尼燕居》："升歌《清庙》，示德也。"所谓"示德"指"《清庙》以发文王之德"，即在仪式一开始就将文王德行加以陈示，因为"乐者，所以象德也"③。在祭法中唯有德之君主才有资格享受盛乐。据上引贾公彦疏，在合乐环节仍有升歌，所歌亦为《清庙》。由此可知，在升歌结束之后、合乐结束之前乐工可能并不下堂。

"下管笙入"为吉礼用乐的第三个环节，升歌结束后，堂下乐工以乐器演奏音乐，此环节中只有乐器演奏而无人声。《周礼·大师》："下管，播乐器，令奏鼓朄。"孙诒让认为："此奏堂下之乐，谓升歌之后，笙师率众笙及瞽矇，在堂下以管播诗而不歌也。"④ 据《礼记·祭统》，这一用乐环节中尚有舞蹈表演："升歌《清庙》，下管《象》，朱干玉戚，冕而舞《大武》。皮弁素积，裼而舞《大夏》。"⑤ 所舞为《大武》《大夏》，舞蹈与器乐的演奏应该是同时进行的，据孔颖达疏："'下管《象》，舞《大武》'者，谓登歌之后，笙入，立于堂下。《象》谓象武王伐纣之乐，堂下管中奏此《象》《武》之曲，庭中舞此《大武》之舞，《大武》即《象》也，变文耳。"⑥《象》《武》为《大武》舞组曲之乐章，在此环节中，一方面奏《象》《武》之曲，一方面表演舞蹈，是乐舞的合奏。

---

① （清）阮元校刻：《十三经注疏·毛诗正义》，中华书局 1980 年版，第 583 页上栏。
② （清）阮元校刻：《十三经注疏·毛诗正义》，中华书局 1980 年版，第 583 页中栏—下栏。
③ （清）阮元校刻：《十三经注疏·礼记正义》，中华书局 1980 年版，第 1534 页下栏。
④ （清）孙诒让撰，王文锦、陈玉霞点校：《周礼正义》，中华书局 1987 年版，第 1849 页。
⑤ （清）阮元校刻：《十三经注疏·礼记正义》，中华书局 1980 年版，第 1489 页上栏。
⑥ （清）阮元校刻：《十三经注疏·礼记正义》，中华书局 1980 年版，第 1410 页中栏。

下管笙入的用乐环节应是在吉礼的献祭过程中进行的，在主祭者对神灵献祭时，位于宗庙堂下或者郊社祭坛之下的乐工一直在演奏音乐、表演舞蹈。在祭祀中，献祭是对祭祀对象的祈求，陈述祖先功德是重要的方式。从下管笙入环节的用乐内容来看，所奏为《象》《武》二乐，所舞为《大武》舞，这一乐舞反映的是武王的功业，其中《大武》舞由六部分构成，是武王伐纣、建国及巩固政权措施的象征，《礼记·乐记》中孔子对宾牟贾讲述《大武》舞的象征含义：

> 且夫《武》，始而北出，再成而灭商，三成而南，四成而南国是疆，五成而分，周公左，召公右，六成复缀以崇。[①]

在祭祀仪式中表现祖宗功德与周代礼乐文化中“美盛德之形容，以其成功告于神明”[②]“先王以作乐崇德，殷荐上帝，以配祖考”[③]的祭祀观念相一致。对于宗庙祭祀仪式，这种对祖先功德，尤其是开国君主功德的陈述是对当下政权合法性的直接肯定。对于郊祀仪式来说，以祖先配天或以祖先之功德告于神明则是以天命的形式确认祖先的功绩，进而间接证明当下权力的合法性。总之，在礼仪用乐中歌颂祖先之盛德，与献祭的目的相一致，其根本指向是维护当下统治。

间歌为堂上歌唱与堂下演奏音乐相间而进行，是在下管笙入之后。堂上的乐工先演唱乐章，堂下众笙继而演奏乐曲，上下间作，称之为间歌：“间者，谓堂上堂下，一歌一吹，更递而作。”[④]《仪礼·乡饮酒礼》载其具体演奏形式：“乃间歌《鱼丽》，笙《由庚》；歌《南有嘉鱼》，笙《崇丘》；歌《南山有台》，笙《由仪》。”[⑤]孙诒让认为：“凡大师、小师掌鼓琴瑟歌《诗》，笙师掌吹管笙奏《诗》，二职不同，故间歌合乐，堂上、堂下或迭奏，或同奏，两不相妨。”[⑥]在《仪礼》中，间歌只出现在乡饮酒礼与燕礼等仪式用乐中，祭祀用乐无间歌，此处不再多论。

合乐为祭祀仪式用乐最后一环，堂上（坛上）之歌与堂下（坛下）

---

① （清）阮元校刻：《十三经注疏·礼记正义》，中华书局1980年版，第1542页中栏。
② （清）阮元校刻：《十三经注疏·毛诗正义》，中华书局1980年版，第272页下栏。
③ （清）阮元校刻：《十三经注疏·周易正义》，中华书局1980年版，第31页下栏。
④ （清）阮元校刻：《十三经注疏·礼记正义》，中华书局1980年版，第1447页上栏。
⑤ （清）阮元校刻：《十三经注疏·仪礼注疏》，中华书局1980年版，第986页。
⑥ （清）孙诒让撰，王文锦、陈玉霞点校：《周礼正义》，中华书局1987年版，第1850页。

之乐并奏："间歌讫，乃合乡乐。《周南》：《关雎》《葛覃》《卷耳》，《召南》：《鹊巢》《采蘩》《采蘋》。……合者，上下之乐并作，此其所以异也。"[1] 以上为乡饮酒礼之合乐。至于祭祀时之合乐称为"大合乐"，此时诗、乐、舞三者并奏，《周礼·大司乐》：

> 以六律、六同、五声、八音、六舞大合乐。以致鬼神示，以和邦国，以谐万民，以安宾客，以说远人，以作动物。[2]

关于大合乐的问题，历代学者观点不同，一是郑玄、王肃等学者，认为大合乐是遍奏六代之乐，即演奏包括《大武》在内的黄帝、尧、舜、禹、汤六代之乐；一是梁武帝，认为大合乐只是"使六律与五声克谐，八音与万舞合节"，而非在祭祀时遍奏六代之乐。孙诒让也对郑玄、王肃二人观点提出疑问："大祭礼节繁重，禋燎祼献，其事已多，而郑、王谓遍作六乐……信如其说，则六乐多者九变，少者亦有六变，假令六乐备作，至少亦有三四十变，此岂一日之能竟乎？"[3] 这一质疑是针对乐舞的具体表演而提出的，不无道理。同时他认为，在大祭祀仪式中所用的乐舞并非六代舞，只有《文》《武》二舞而已。这一观点从祭祀用乐的实际情况出发，是较为合理的。另外，在汉代所存周代乐舞中，只有《文》《武》二舞，而先代之乐都未曾保存下来，这或许也可以说明，周代祭祀仪式的大合乐环节根本就未曾遍奏六代之舞，只有《文》《武》二舞而已。

在大合乐环节，堂上之升歌、堂下之音乐演奏与舞蹈表演同时进行，只不过堂上之升歌内容发生了改变[4]。孙诒让认为，在仪式用乐中，有两个环节存在升歌，一为升歌环节，一为合乐环节，他也指出，在这两个环节中歌者所演唱的歌辞是不相同的："合乐时，堂上虽亦有歌，而与先之升歌复不同，并非一祭之乐前后重举也。"[5] 在升歌阶段所唱为《清庙》，而在大合乐阶段所唱则应是《文》《武》二舞的歌辞，即在大合乐时，下管笙入时的音乐演奏、舞蹈表演有所变化，遍奏《文》《武》二舞的曲调，加上

① （清）阮元校刻：《十三经注疏·礼记正义》，中华书局 1980 年版，第 1447 页上栏。

② （清）阮元校刻：《十三经注疏·周礼注疏》，中华书局 1980 年版，第 788 页上栏。

③ （清）孙诒让撰，王文锦、陈玉霞点校：《周礼正义》，中华书局 1987 年版，第 1735 页。

④ 贾公彦认为所歌未发生改变，仍为《清庙》。

⑤ （清）孙诒让撰，王文锦、陈玉霞点校：《周礼正义》，中华书局 1987 年版，第 1739 页。

堂上乐工的歌唱，堂上乐工所唱为《文》《武》二舞所配之歌辞。

总之，大合乐是正祭仪式的最后一部分，是在献祭完毕之后演奏乐曲，同时演唱乐章、表演舞蹈，其在仪式中所起的作用亦为飨神，其所歌所舞都是与周代政治生活密切相关的内容。

（二）礼经及其阐释者所认为的用乐程序与吉礼仪式环节的矛盾

以上所论为礼经中所规定的用乐程序，孙诒让认为这一用乐程序为“宾祭大乐之恒法”。结合礼经考察，此一程序的确是祭祀、飨宴等仪式所遵循的一般用乐顺序。许兆昌先生认识到了《周礼》中飨神之乐与乐宾之乐的一致性，他列举了《周礼》对乐官及其职责的记载[①]：

> 韎师：祭祀则帅其属而舞之。大飨亦如之。镈师：凡祭祀，鼓其金奏之乐。飨食、宾射亦如之。鞮鞻氏：祭祀，则吹而歌之。燕亦如之。籥师：祭祀则鼓羽籥之舞。宾客飨食，则亦如之。笙师：凡祭祀、飨射，供其钟笙之乐。燕乐亦如之。

即在《周礼》的乐官系统中，很多乐官在祭祀与飨宴、宾射等礼仪活动中所承担的用乐任务是相同的，如镈师，在祭祀、飨宴、宾射等礼仪中所执掌的都是金奏工作。但是，如果将这一用乐程序与祭祀的仪式环节相对比则会发现，这一用乐程序并不是特别适用于吉礼，尤其是天、地、山川的祭祀。下面结合礼经的相关记载讨论这种不一致的情况。

首先，礼仪用乐的五个环节只是用乐的一般程序，不同仪式中的用乐环节即使相同，所用乐的内容也不同。乡饮酒礼、乡射礼与宗庙祭祀之礼在用乐程序上基本相同，都具备升歌、下管笙入、合乐的环节[②]，但是飨宴与祀神的用乐内容并不相同。以升歌为例，乡饮酒礼的升歌的乐章，据《仪礼·乡饮酒礼》为《鹿鸣》《四牡》《皇皇者华》三诗，而在宗庙祭祀中则是《清庙》，前者属于《诗经·小雅》中的作品，而后者是属于《诗经·周颂》的乐章。在第三个环节下管笙入时，两种仪式演奏的乐曲也是不同的，前者所奏为《南陔》《白华》《华黍》，后者所奏为《象》。可见作为“宾祭大乐之恒法”的五个用乐环节，在祭

① 许兆昌：《先秦乐文化考论》，黑龙江人民出版社2010年版，第252页。

② 金奏属于王、诸侯所举行礼仪中的用乐环节，乡饮酒为乡大夫举行的礼仪，不具备金奏环节。

祀、飨宴等仪式中，可能其用乐的形式或名称基本相同，但用乐内容有很大差异。

其次，《三礼》中所记载的用乐大多是在室内，而非室外。作为祭祀天、地神灵的郊祀仪式及山川之祭，其祭坛多建于野外，距离国都较远。就其出入之仪节而言，在金奏环节有“王出入奏《王夏》，尸出入奏《肆夏》，牲出入奏《昭夏》”的规定，贾公彦疏：“王出入，谓王将祭祀，初入庙门，升祭讫，出庙门，皆令奏《王夏》也。尸出入，谓尸初入庙门及祭祀讫出庙门，皆令奏《肆夏》。牲出入者，谓二灌后，王出迎牲，及爓肉，与体其犬豕，是牲出入，皆令奏《昭夏》。先言王，次言尸，后言牲者，亦祭祀之次也。”① 这是宗庙祭祀的用乐规定，显然是为在室内举行的特定仪式而设定的。但在祭坛上进行的郊祀仪式及山川之祭，都是在露天举行，不存在所谓的“庙门”，那么在这些礼仪中何为“出入”，礼经并未作出解释，其具体操作应与宗庙祭祀有所差别。

此外升歌、下管等用乐环节是与祭（燕）于堂上这种仪式场合密切相关的。升歌，为乐工（瞽）在“相”的帮助下升堂而歌；升歌之后，堂下乐人演奏乐器，是为下管，属于室内的音乐演奏，而在室外祭祀的郊祀仪式及山川之祭，并不存在“堂”，升歌的环节是如何安排的，礼经也没有明确的规定，这就使后世制礼时可能对升歌这一用乐环节进行变革。

礼经中所规定的五个用乐环节，有些环节在吉礼中并不存在，如间歌。作为堂上歌唱与堂下奏乐交互进行的方式，间歌只出现在乡饮酒礼及燕礼中，其他礼仪形式中并无这一环节。这与礼经中对吉礼，尤其是郊祀仪式的记载较少有关：“郊丘及日月诸天神之祀，礼经无专篇。”② 在礼经中，除宗庙之礼外，并无专门讨论吉礼如何操作的内容，在用乐上更是阙如。这种模糊性使后世学者对用乐方式作出多种解释，也使得学者将祭祀之礼的用乐程序，尤其是天神、地示祭祀的用乐规范，向用于人事礼仪的用乐规范靠拢，使得祭祀用乐的环节与乡射礼、燕礼的用乐环节大致相同。尤其是在后世的国家祭祀仪式中，用乐程序必须根据本政权的实际情况做出改变，这在汉代及以后的祭祀仪式中体现得尤为明显。

---

① （清）阮元校刻：《十三经注疏·周礼注疏》，中华书局 1980 年版，第 790 页下栏。

② （清）孙诒让撰，王文锦、陈玉霞点校：《周礼正义》，中华书局 1987 年版，第 1301 页。

第二节　魏晋南北朝的郊庙祭仪用乐

魏晋南北朝时期的郊祀、宗庙等礼仪是对汉代祭礼的继承与发展。随着这一时期礼学的发展，出现了众多的注礼者，对《三礼》中许多语焉不详之处进行了注解，这些注解就成为历代制礼作乐的依据。统治者在制礼作乐时，因采纳不同礼学家的注解而出现不同的祭祀形态及用乐方式。如魏晋时期对郑玄、王肃不同郊祀礼说的采纳，出现了圜丘、南郊是一祭还是二祭的争论[①]，这必然导致用乐方式随礼制而变化；同时历代在制定仪注时也依据礼经进行增益，使礼仪更加完善、系统，这也必然会导致礼仪用乐的改变。

魏晋南北朝的郊祀、宗庙用乐方式较礼经之规定有很大不同，这种改变可以说始于西汉初年的叔孙通制定宗庙礼乐，中经两汉时期复杂的礼仪实践，吉礼及其用乐逐渐步入正轨，为魏晋南北朝时期的礼仪用乐实践奠定了基础。郭茂倩在《乐府诗集·郊庙歌辞》之前的小序中总结魏晋南北朝礼乐制作的基本思路："两汉已后，世有制作。其所以用于郊庙朝廷，以接人神之欢者，其金石之响，歌舞之容，亦各因其功业治乱之所起，而本其风俗之所由。"[②] 下文我们将依据史料记载先对汉魏以来郊庙祭仪用乐中的相关问题进行讨论，以厘清这一时期吉礼用乐的发展脉络。

一　两汉郊庙祭仪用乐的规范与定型

在礼经中，对宗庙之礼的用乐规定比较明确。依仪式过程，从迎神仪式开始，主祭者（王）入庙门，直到送神仪式结束，整个仪式用乐分为金奏、升歌、下管笙入、合乐四个基本环节。礼经对郊祀仪式的用乐却无明确规定，从礼经的注解及后世郊祀仪式用乐的实践中可以看出，其用乐是对宗庙礼仪用乐的借鉴。

汉代郊庙祭仪用乐的发展经历了不同的路径，对宗庙之礼来说，汉初叔孙通制定的宗庙礼乐已经具备了后世礼仪用乐的基本形态，而郊祀仪式用乐的定型则经历了一个比较漫长的过程，下面分而述之。

---

① 梁满仓：《魏晋南北朝五礼制度考论》，社会科学文献出版社 2009 年版，第 178—191 页。

② （宋）郭茂倩：《乐府诗集》，中华书局 1979 年点校本，第 1 页。

（一）汉代宗庙祭仪用乐的发展与定型

通过对礼经相关记载的梳理，我们发现礼经所载用乐环节似乎与仪式过程相互独立，如果没有后世礼学家的阐释，我们很难弄清金奏、升歌、下管笙入、合乐四个用乐环节的相关问题：每一环节与仪式的哪一过程相对应？乐舞在仪式中是如何展演的？乐舞在仪式中的功能是什么？乐舞与礼仪过程关系的明确始于西汉初年叔孙通所制定的宗庙礼乐，此次制礼作乐将用乐环节与宗庙祭祀的仪式过程紧密联系在一起，乐舞在祭仪中的功能得到更加明确的呈示。

郭茂倩在《乐府诗集·郊庙歌辞》之前的小序中总结了历代郊庙祭仪用乐方式的变化情况："按郊祀明堂，自汉以来，有牺牲、迎神、登歌等曲。宋齐以后，又加祼地、迎牲、饮福酒。"[①] 此处是就祭祀仪式笼统而言，确切地说郭茂倩所指应为宗庙祭仪，所谓"自汉以来"当指汉初叔孙通制定宗庙礼乐。

西汉初建，"日不暇给，犹命叔孙通制礼仪，以正君臣之位。"[②] 叔孙通在秦时为博士，通礼乐，由于秦火及楚汉之争，在汉初制定礼乐时可谓"旧章沦缺，无可准据"。叔孙通在制定宗庙礼乐时所据为先秦古礼及秦时之仪，即史书所谓"采古礼与秦仪杂就之"[③]"因秦乐人制宗庙乐"[④]。叔孙通制定宗庙礼乐并未一味继承，后世对其评价是"参用先代之仪，然亦往往改异焉"[⑤]，体现出与前代礼乐的差别，是在继承礼经及前代用乐实践基础上的创新。其宗庙用乐方式如下：

> 大祝迎神于庙门，奏《嘉至》，犹古降神之乐也。皇帝入庙门，奏《永至》，以为行步之节，犹古《采荠》《肆夏》也。乾豆上，奏《登歌》，独上歌，不以管弦乱人声，欲在位者遍闻之，犹古《清庙》之歌也。《登歌》再终，下奏《休成》之乐，美神明既飨也。皇帝就酒东厢，坐定，奏《永安》之乐，美礼已成也。[⑥]

---

① （宋）郭茂倩：《乐府诗集》，中华书局1979年点校本，第2页。
② （汉）班固：《汉书》卷22《礼乐志》，中华书局1962年点校本，第1030页。
③ （汉）班固：《汉书》卷43《叔孙通传》，中华书局1962年点校本，第2126页。
④ （汉）班固：《汉书》卷22《礼乐志》，中华书局1962年点校本，第1043页。
⑤ （唐）房玄龄等：《晋书》卷21《礼志下》，中华书局1974年点校本，第649页。
⑥ （汉）班固：《汉书》卷22《礼乐志》，中华书局1962年点校本，第1043页。

这段话将仪式与用乐的关系述说得非常明确，用乐环节包括：迎神乐（《嘉至》）—皇帝入门乐（《永至》）—登歌（《登歌》）—下管（《休成》）—礼成乐（《永安》）。每一用乐环节都与相应的仪式过程相对应，与“迎神—飨神—送神”的祭祀仪式过程紧密配合。在祭祀仪式中，飨神环节往往要有九献，所占时间最长，因此飨神环节的《登歌》乐演唱两遍，即“《登歌》再终”，以实现与仪式过程的配合。飨神完毕之后奏《休成》之乐，是飨神结束的标志，也起到送神的作用。最后的《永安》是整个宗庙祭仪结束的标志。叔孙通制定宗庙礼乐突出仪式与其用乐之间的关系，将礼经中的用乐规范进一步与仪式过程相结合，用乐成为区分仪式过程的标志。这一创制成为后世宗庙祭仪用乐的蓝本，其后历代所制定的宗庙祭祀用乐仪注，基本上是在此基础上做的补充或调整。

后世对叔孙通制定的宗庙礼乐进行的变革，是随宗庙祭仪的变革而作出的改变。在庙祭礼仪上，最为重要的一点是天子庙制的变化，天子七庙，见于《礼记·王制》：“天子七庙，三昭三穆，与太祖之庙而七。”[①]但在七庙的具体安排上汉代有过一次较大的变革，是在东汉明帝之时。明帝之前的宗庙是“一帝一庙，异地而处”[②]，即七庙分处七处；从明帝开始，藏神主于世祖庙，形成“一庙七室”的宗庙布置方式，并作为一种传统被后世继承。西晋太康六年（285）太庙陷，群臣主张恢复“七庙异所”之制，但此议最终被否定，仍然以“一庙七室”为制：

> 群臣又议奏曰：“古者七庙异所，自宜如礼。”诏又曰：“古虽七庙，自近代以来，皆一庙七室，于礼无废，于情为叙，亦随时之宜也。其便仍旧。”[③]

由“七庙异所”到“一庙七室”的变化必然导致宗庙祭仪用乐的变化，这主要表现在用乐的内容上。宗庙祭祀是一种针对性很强的仪式，据祭法，除太祖之庙百世不迁，其他昭穆要“迭毁”，即新的庙主加入，旧的庙主退出，作为仪式颂歌，宗庙乐之目的在于“美盛德之形容”，因此

---

① （清）阮元校刻：《十三经注疏·礼记正义》，中华书局1980年版，第1335页中栏。

② 姜波：《汉唐都城礼制建筑研究》，文物出版社2003年版，第49页。

③ （梁）沈约：《宋书》卷16《礼志三》，中华书局1974年点校本，第447页。

“宗庙宜各奏乐，不应相袭，所以明功德也”[1]，即对受祭者有针对性地创制乐歌。由“七庙异所”到“一庙七室”的变化在宗庙乐歌上有所反映，在西汉时期，宗庙祭祀所用舞蹈庙各不同，而从东汉开始宗庙中奏舞趋向统一，形成了适用于七庙的乐舞——《文》《武》二舞，只是针对七位庙主各制歌辞，北魏时祖莹曾上表讨论宗庙用乐，他认为：

> 古之神室，方各别所，故声歌各异。今之太庙，连基接栋，乐舞同奏，于义得通。[2]

由“声歌各异”到“乐舞同奏”是对两汉时期七庙处所的变化导致所用乐舞变化的恰当概括。我们分析一下西汉的宗庙乐舞就会对这一变化有更明确的认识。汉高祖庙奏《武德》《文始》《五行》之舞，文帝庙奏《昭德》《文始》《四时》《五行》之舞，武帝庙奏《盛德》《文始》《四时》《五行》之舞。其中《文始》《五行》为西周所传《文》《武》二舞，诸庙同奏，其他诸庙各舞要针对庙主单独制作：高祖之《武德》、文帝之《昭德》、武帝之《盛德》就是专门针对庙主的，东汉明帝时仍沿袭此法，为光武帝之庙制作《大武》之舞及歌辞，兼奏《文始》《五行》：

> 至明帝初，东平宪王苍总定公卿之议，曰：“宗庙宜各奏乐，不应相袭，所以明功德也。承《文始》《五行》《武德》为《大武》之舞。”又制舞歌一章，荐之光武之庙。[3]

汉明帝时庙制发生变化，明帝临终遗诏：“遵俭无起寝庙，藏主于世祖庙更衣。孝章即位，不敢违，以更衣有小别，上尊号曰显宗庙，间祠于更衣，四时合祭于世祖庙。”[4] 这在东汉成为定制。在新庙制中，光武帝为世祖，百世不迁，其地位最尊，故不能再像西汉时，每庙均创制乐舞以明其功德，因此“光武庙祭乐仪遵循了西汉庙祭既有先王之乐又有自作新乐

---

① （梁）沈约：《宋书》卷19《乐志一》，中华书局1974年点校本，第534页。

② （北齐）魏收：《魏书》卷109《乐志》，中华书局1974年点校本，第2841页。

③ （梁）沈约：《宋书》卷19《乐志一》，中华书局1974年点校本，第534页。

④ （晋）司马彪撰，（梁）刘昭注补：《后汉书志》第9《祭祀志下》，中华书局1962年点校本，第3196页。

的旧制。不过，自此以后，东汉统治者因不再为前代君主另立新庙，也不再为各宗庙重制乐舞了”[①]。形成了“众庙共舞，无所新制”的宗庙乐舞演奏方式，这被魏晋南北朝制礼作乐者继承[②]，成为宗庙乐舞创制的通用方式。这一局面的出现是宗庙礼制的变化造成的，在“一庙七室”的祭祀格局下，各神主祫祭于太祖之庙，若为每一神主创制一套乐舞以明功德，则整个仪式中就会有多套乐舞，仪式就会冗长不堪，且这种方式有损于太祖的权威，解决的办法只能是众庙共舞《文》《武》，太祖特享颂其功德之乐。

（二）郊祀仪式在汉代的礼制化过程及其用乐的规范化

叔孙通在汉初所制礼乐并未涉及郊祀仪式。在汉代，郊祀仪式及其用乐的规范化滞后于宗庙礼乐。这是因为，自汉初至武帝之前，郊祀并不受重视，皇帝并不亲祠，而是让有司代为行事。武帝重视郊祀，多次参与其事，但武帝时的郊祀仪式受神仙方术思想影响较大，在祭祀目的及表现形式上与传统祭仪有很大差异。也就是说，武帝时符合礼经的郊祀礼制尚未建立，汉代郊祀礼制及其用乐的规范化、礼制化历经了一个较为漫长的过程。

汉初的郊祀承袭秦的区域性神灵祭祀格局，并做了一定程度的整合与补充，主要是祭祀对象的增加与完善，据《汉书·郊祀志》：“二年，东击项羽而还入关，问：‘故秦时上帝祠何帝也?’对曰：‘四帝，有白、青、黄、赤帝之祠。’高祖曰：‘吾闻天有五帝，而四，何也?’莫知其说。于是高祖曰：‘吾知之矣，乃待我而具五也。’”[③] 汉初建，国家礼制只是承袭秦之旧，白、青、黄、赤四帝是秦时雍六畤的祭祀对象，刘邦将雍六畤并为四畤，分祭四帝，在四畤之外加一黑畤，祭祀黑帝，形成了与五方、五色相配的五帝祭祀格局，这是对秦代神灵祭祀的整合。除此之外，汉初直到武帝时天神祭祀并未取得至尊地位，主要表现在以下几个方面。

第一，没有确立一个与人间帝王权力相对应的至上神。刘邦在四帝畤的基础上增加了黑帝畤，凑成五帝，与五方、五色相配。这与战国、秦末汉初流行的“五行说”关系密切，天帝虽具五方，但缺少一个与统一帝国

---

① 梁海燕：《舞曲歌辞研究》，北京大学出版社 2009 年版，第 124 页。

② 南齐、陈、北齐、北周等朝的宗庙舞与登歌相互结合，在舞辞上每一神室各异，但在舞容上仍是《文》《舞》二舞，请见本节的相关论述。

③ （汉）班固：《汉书》卷 25《郊祀志》，中华书局 1962 年点校本，第 1210 页。

及帝王权力相对应的至上神。

第二，皇帝并不亲自参加对天神的祭祀。皇帝亲祠是重视郊祀仪式的体现，而在汉初的天神祭祀中帝王罕有亲祠者。翻检《汉书·郊祀志》，自高祖刘邦至景帝刘启的几十年时间中，只有文帝两次亲祠天神，一为郊祀雍五畤，一为郊见渭阳五帝庙，后因方士新垣平的欺诈，“怠于改正服鬼神之事，而渭阳、长门五帝使祠官领，以时致礼，不往焉。”① 可见，在汉初，统治者对郊祀仪式并未给予足够的重视，其重要性与汉帝国及独尊的皇权是不相称的。

第三，汉初郊祀仪式受神仙方术思想影响比较明显。文帝时，在望气者赵人新垣平的鼓动下，创建渭阳五帝庙，其建构形制是：“同宇，帝一殿，面五门，各如其帝色。”② 无论是史料还是礼经，其中记载的祭祀天神都于坛上，立庙祭祀天神实属罕见，这种祭祀方式可能是方士的独创。

综上所述，汉初郊祀仪式仍承秦之旧制，刘邦曾说：“吾甚重祠而敬祭”，但又说：“今上帝之祭及山川诸神当祠者，各以其时礼祠之如故。”③对秦代祭仪未做根本性的变革。同时由于杂祠祀的存在，此时的郊祀并未成为国家礼制的核心，统治者似乎更加重视杂祠祀，如高祖家乡的枌榆社。

这一时期，郊祀的重要性与汉朝的统一及皇权的独尊是不相称的，郊祀天地还未能成为统治者证明权力合法性的重要手段，有学者认为：“这种情况正反映秦汉之际还没有真正实现封建制的中央集权主义与天子的至上权威，因而在超现实的世界中上帝与诸神还没有统一。”④ 除此之外，汉初的经济、政治形势也制约了郊祀礼制的实施。《汉书·食货志》载：“天下既定，民无盖藏，自天子不能具醇驷，而将相或乘牛车。”⑤ 又，汉初政治动荡不已，异姓诸侯叛乱、诸吕之乱、七国之乱，使统治者无暇关心郊祀礼制建设。汉初的郊祀仪式用乐创制则更加滞后，目前史料中难以找到相关的用乐资料。随着汉武帝时期大一统国家的建立，中经宣帝、元帝时期的儒学复古，儒学在指导国家礼仪建设上发挥着日益重要的作用，至成帝、哀帝时期，郊祀仪式用乐已经开始以礼经规定为创制依据，逐渐

---

① （汉）班固：《汉书》卷25《郊祀志》，中华书局1962年点校本，第1214—1215页。

② （汉）班固：《汉书》卷25《郊祀志》，中华书局1962年点校本，第1213页。

③ （汉）班固：《汉书》卷25《郊祀志》，中华书局1962年点校本，第1210页。

④ 侯外庐等：《中国思想通史》（第二卷），人民出版社1957年版，第88页。

⑤ （汉）班固：《汉书》卷24《食货志》，中华书局1962年点校本，第1127页。

走上规范化的道路，先看汉武帝时期的郊祀仪式用乐建设。

首先，从汉武帝开始，皇帝亲祠天神，这说明郊祀作为国家礼仪已经受到皇权的充分重视。以汉武帝时期为例，统计《汉书·郊祀志》的记载，汉武帝在位期间，共十七次亲祠。与汉高祖、汉景帝不亲往，汉文帝仅两次亲祠相比，武帝亲祠的次数说明他已将郊祀作为一项重要的礼仪来对待。

其次，在郊祀的对象上，汉武帝时期逐渐形成以太一为至上神、五帝从祀的天神体系。这一天神体系的形成经历了由雍五畤为中心向甘泉泰畤为中心的转变过程，燕齐方士在这一转变过程中起了巨大作用。"太一"原为地方性神祇，而非统一帝国的至上神，其身份众说纷纭，有楚国上帝、齐国至上神、宋先祖成汤大乙诸说[①]。方士在将太一提升为至上神的过程中起了关键作用。首先将太一引入汉代祭祀系统者为缪忌，《汉书·郊祀志》载亳人缪忌奏祠太一方曰："天神贵者太一，太一佐曰五帝，古者天子以春秋祭太一东南郊。"[②] 此时，太一地位还不高，汉武帝只是"令太祝立其祠于长安东南郊，常奉祠如忌方"[③]。高祖时期形成的雍五畤仍是祭祀的重心，据《汉书·郊祀志》，元光二年（前133）"上初至雍，郊见五畤，后常三岁一郊。"[④] 可见，在太一刚被引入汉代国家祭祀系统的时候只是作为一般神灵接受祭祀，其地位的提升及被奉为至上神离不开燕齐方士的鼓吹。

汉武帝宠信方士，一个重要原因就是方士所言神仙却老长生方[⑤]。武帝时的方士大都官至高位，如李少翁被封文成侯，栾大被封五利将军，配六印。此外李少君、公孙卿、缪忌等也或封或赏，于是"海上燕齐之间，莫不搤腕而自言有禁方能神仙矣。"[⑥] 方士基本控制了汉武帝时期的祭祀

---

① 这几种观点分别见于以下文献：闻一多：《什么是九歌》，《闻一多全集·楚辞编》，湖北人民出版社1993年版，第342页；周勋初：《九歌新考·东皇太一考》，《周勋初文集》（第一卷），江苏古籍出版社2000年版，第47—57页；王青：《〈九歌〉新解》，《文学遗产》1991年第1期。

② （汉）班固：《汉书》卷25《郊祀志》，中华书局1962年点校本，第1218页。

③ （汉）班固：《汉书》卷25《郊祀志》，中华书局1962年点校本，第1218页。

④ （汉）班固：《汉书》卷25《郊祀志》，中华书局1962年点校本，第1216页。

⑤ 王青先生将汉武帝宠信方士的原因归纳为三点：其一，与汉武帝时期的政治形势有关；其二，汉武帝个人的宗教信仰；其三，儒家思想在汉武帝看来有很大的缺陷。见王青《先唐神话、宗教与文学论考》，中华书局2007年版，第118—120页。

⑥ （汉）班固：《汉书》卷25《郊祀志》，中华书局1962年点校本，第1224页。

仪式。在太一进入西汉郊祀体系后，方士就不断鼓吹，力图置太一于五帝之上："或曰：'五帝，太一之佐也，宜立太一而上亲郊之'。上疑未定。"① 可见汉武帝在定太一为至上神这一问题上也是有所犹豫的，但他最终还是接纳了方士建议：立甘泉泰畤，郊祀太一。自从汉武帝承认太一的至上神地位后，就形成了太一为主，五帝从祀的天神体系。这一体系在祭坛的布置上也有所反映："令祠官宽舒等具太一祠坛，祠坛放薄忌太一坛，三陔。五帝坛环居其下，各如其方。黄帝西南，除八通鬼道。泰一所用，如雍一畤物，而加醴枣脯之属，杀一氂牛，以为俎豆牢具。"② 太一祠坛的设立是方士祭祀思想的实施，在祭坛中诸神位次的排列表现出强烈的尊卑观念，呈现出明显的体系化特点。自从立甘泉泰畤后，雍五畤的地位明显下降，这从汉武帝祭祀甘泉泰畤的次数要远远多于雍五畤就可以看出，这种来自秦人传统的畤祭被来自东方燕齐的太一祭祀所代替，在汉代国家祭祀中终于确立了地位独尊的至上神，这是西汉国家郊祀体系正式形成的标志。

汉武帝时所确立的郊祀体系是方士理论影响下的产物，尽管其在亲祠、确立至上神等问题上与礼经的规定并无太大差别，但从郊祀仪式的展演方式上看，汉武帝所建立的郊祀体系并不是为了证明其统治权力的合法性，在很大程度上是为了实现求仙长生之目的，这从太一祭祀的仪节中可以看出。《汉旧仪补遗》记载了甘泉祭祀仪式的过程：

> 皇帝祭天，居云阳宫，斋百日，上甘泉通天台，高三十丈，以候天神之下，见如流火。舞女童三百人，皆年八岁。天神下坛所，举烽火。皇帝就竹宫中，不至坛所。甘泉台去长安三百里，望见长安城，皇帝所以祭天之圜丘也。③
>
> 武帝祭天，上通天台。舞八岁童女三百人，置祠具，招仙人。祭天已，令人升通天台，以候天仙。天神既下祭所，若大流星，乃举烽火，而就竹宫望拜。④

---

① （汉）班固：《汉书》卷25《郊祀志》，中华书局1962年点校本，第1227页。

② （汉）班固：《汉书》卷25《郊祀志》，中华书局1962年点校本，第1230页。

③ （清）孙星衍等辑，周天游点校：《汉官六种》，中华书局1990年版，第97—98页。

④ （清）孙星衍等辑，周天游点校：《汉官六种》，中华书局1990年版，第98页。

由以上两段材料可知，汉武帝所确立的太一祭祀仪式，在仪节上与后世差异很大，其中通天台的设立、望祭而不登坛等都表明甘泉祭祀之目的在于求仙长生，这是燕齐神仙方术思想影响下的产物。

汉武帝时期的郊祀仪式，皇帝虽亲祠，但并不登郊坛，这种祭祀方式与前述礼经所载主祭者降神、献祭、送神的祭祀方式是不一致的，这就使得郊祀仪式中的用乐不可能具备金奏、升歌、下管笙入、合乐的程式，因为这一演奏程式的每一环节都是围绕主祭者的仪式行为而展开的。在乐舞演奏上，甘泉祭祀太一时“舞八岁童女三百人”，在规模上已经远远超出了礼经所规定的天子用乐规模——八佾之舞。而在曲调与歌辞的使用上则是“延年以曼声协律，朱马以骚体制歌”①，在诗与乐两方面都背离经典。李延年所创为新声曲，而非雅音，《汉书·佞幸传》：“延年善歌，为新变声。是时上方兴天地诸祠，欲造乐，令司马相如等作诗颂。延年辄承意弦歌所造诗，为之新声曲。”② 司马相如、朱买臣所创歌辞受楚歌及神仙方术思想影响巨大，其内容并非以祖先之成功告于神明，而是歌咏神仙及祥瑞，冀求长生不老，正如沈约所评：“汉武帝虽颇造新歌，然不以光扬祖考、崇述正德为先，但多咏祭祀见事及其祥瑞而已。商周《雅》《颂》之体阙焉。”③ 总之，在汉武帝时期，符合礼经规范的郊祀仪式用乐仍未建立。

西汉元帝、成帝时期的儒学复古及整顿杂祠祀使郊祀礼制建设开始走上正轨。史载：“元帝好儒，贡禹、韦玄成、匡衡等相继为公卿。禹建言汉家宗庙祭祀多不应古礼，上是其言。”④ 而至成帝即位，对郊祀的改革正式开始：“成帝初即位，丞相衡、御史大夫谭奏言：‘帝王之事莫大乎承天之序，承天之序莫重于郊祀，故圣王尽心极虑以建其制。’”⑤ 匡衡等所奏郊祀仪式主要围绕三点：其一为郊祀地点，其二为郊坛设置，其三为杂祠祀的罢除。首先，匡衡引《礼记》之“燔柴于太坛，祭天也；瘗埋于大折，祭地也。”并引《尚书》《诗经》等经典，认为郊祀之地应为长安城南北郊，罢除甘泉泰畤。其次，匡衡认为，汉武帝时所确立的太一祭坛过于繁复，而祭祀尚质，因此“紫坛伪饰女乐、鸾路、骍驹、龙马、石坛

① 范文澜：《文心雕龙注》，人民文学出版社1958年版，第101页。
② （汉）班固：《汉书》卷93《佞幸传》，中华书局1962年点校本，第3725页。
③ （梁）沈约：《宋书》卷19《乐志一》，中华书局1974年点校本，第550页。
④ （汉）班固：《汉书》卷25《郊祀志》，中华书局1962年点校本，第1253页。
⑤ （汉）班固：《汉书》卷25《郊祀志》，中华书局1962年点校本，第1253—1254页。

之属，宜皆勿修”[①]。再次，匡衡认为“王者各以其礼制事天地，非因异世所立而继之”[②]，因此汉初承秦而来的杂祠祀及地方诸侯妄造之祠祀都应罢除。郊祀礼制经过匡衡等改革开始走上礼经规范的道路，尽管匡衡死后有所反复，但这种以经典作为制定礼乐依据的做法在后世成为一种传统。匡衡的郊祀改革使郊祀与宗庙等吉礼的用乐方式渐渐成为传统，即在用乐程序上，遵循降神—飨神—送神的仪式环节；在乐舞使用上，从周代传承下来的《文》《武》二舞在郊祀、宗庙等国家大祭祀中成为通用的乐舞，而仪式所用乐曲与歌辞也逐渐开始规范。

二　魏晋南北朝的郊庙祭仪及其用乐

魏晋南北朝号称经学的中衰时代[③]，但礼学并非停滞不前，注礼者纷纷出现。礼学家对礼经的注解为统治者创建礼乐制度提供了依据。统治者在制礼时，以适应现实政治的需要为第一原则[④]，礼经及其注解往往不是制礼的唯一依据，前代的礼仪实践及现实的政治形势成为制定礼仪时的重要参考，尤其是郊祀、宗庙等吉礼在礼经规定与现实政治需求之间游移。不论祭祀仪式如何变化，作为礼仪的组成部分，吉礼用乐在制定与展演上都是以礼仪为中心的，仪式过程及其象征含义的改变对用乐影响显著，体现了乐对礼的依附。

东晋贺循曾总结魏晋时期礼仪用乐的一般模式：“魏氏增损汉乐，以为一代之礼，未审大晋乐名所以为异。遭离丧乱，旧典不存，然此诸乐，皆和之以钟律，文之以五声，咏之于歌词，陈之于舞列，宫悬在下，琴瑟在堂，八音迭奏，雅乐并作，登歌下管，各有常咏，周人之旧也。自汉氏以来，依放此礼，自造新诗而已。”[⑤] 可见，曹魏礼仪用乐乃接续汉代用乐传统而来，且这一传统在魏晋时期得到保持，尽管永嘉之乱使“旧典不存”，但就礼仪用乐方式来说基本保持了诗、乐、舞三位一体的表演模式。贺循在奏议中只是肯定了魏晋以来礼仪用乐方式对两汉的继承，认为历代用乐除改变歌辞之外并无甚大变革。事实上，魏晋以后，随着吉礼仪式过

① （汉）班固：《汉书》卷25《郊祀志》，中华书局1962年点校本，第1256页。
② （汉）班固：《汉书》卷25《郊祀志》，中华书局1962年点校本，第1257页。
③ （清）皮锡瑞著，周予同注释：《经学历史》，中华书局1959年版，第141页。
④ 梁满仓：《魏晋南北朝五礼制度考论》，社会科学文献出版社2009年版，第146页。
⑤ （梁）沈约：《宋书》卷19《乐志一》，中华书局1974年点校本，第540页。

程的不断完善，仪式用乐也在不断发生变化，其创制的基本原则为“以古为雅，不相沿乐”。

魏晋南北朝时期的吉礼用乐因朝代、祭祀内容等方面的差异，其具体形态各不相同，但基本上具备降神、飨神及送神三个用乐环节，正如《乐府诗集》所云：“按郊祀明堂，自汉以来，有夕牲、迎神、登歌等曲。宋、齐以后，又加祼地、迎牲、饮福酒。”[①] 这是一个不断丰富与发展的过程。与礼经的用乐规定相比，仪式过程与各用乐环节的关系更为明确，形成了以乐舞指示仪式过程的用乐规则——“随事立名”，即不同仪节的用乐被冠以该仪节之名。随事立名用乐规则的建立更加明确了仪式和乐舞的关系，此规则在魏晋南北朝时期被普遍遵从。

魏晋南北朝时期的郊庙祭祀仪注，目前所见较为完整的为《宋书·礼志》中所载西晋南郊仪注。此仪注将郊祀仪式的所有进程基本囊括在内，由此我们可以了解吉礼的详细过程，同时此仪注的仪式过程具有代表性，魏晋南北朝各代祭祀，无论是宗庙还是郊祀，其在细节之处尽管存在差异，但其基本过程无出于此。因此我们将探讨此仪注中各仪式环节的用乐情况，而宗庙与郊祀在飨神环节的用乐存在差异，我们将分别进行探讨。现将其仪式过程概括如下：

斋戒：南郊，皇帝散斋七日，致斋三日，官掌清者亦如之。致斋之朝，御太极殿幄坐。著绛纱袍，黑介帻，通天金博山冠。

夕牲：先郊日未晡五刻，夕牲。公卿京兆尹众官悉坛东就位，太祝史牵牲入。到榜，禀牺令跪白：“请省牲。”举手曰：“腯。”太祝令绕牲，举手曰：“充。”

奠毛血[②]：太祝令牵牲诣庖。以二陶豆酌毛血，其一奠皇天神座前，其一奠太祖神座前。郊之日未明八刻，太祝令进馔，郎施馔。牲用茧栗二头，群神用牛一头。醴用秬鬯，藉用白茅。玄酒一器，器用匏陶，以瓦樽盛酒，瓦圩斟酒。璧用苍玉，蒯席各二，不设茵蓐。古者席槁，晋江左用蒯。

皇帝入门：上水一刻，御服龙衮，平天冠，升金根车，到坛东门

① （宋）郭茂倩：《乐府诗集》，中华书局1979年点校本，第2页。

② 按：该仪式过程，文献记载中或作“荐毛血”，或作“奠毛血”，在行文时与相关文献中的用法保持一致。

外。博士、太常引入到黑攒。

灌地：太祝令跪执匏陶，酒以灌地。皇帝再拜，兴。群臣皆再拜伏。治礼曰："兴。"

升坛：博士、太常引皇帝至南阶，脱舄升坛，诣罍盥。黄门侍郎洗爵，跪授皇帝。执樽郎授爵，酌秬鬯授皇帝。

初献：跪奠皇天神座前，再拜，兴。

配享：次诣大祖配天神座前，执爵跪奠，如皇天之礼。南面北向，一拜伏。

饮福酒：太祝令各酌福酒，合置一爵中，跪进皇帝，再拜伏。饮福酒讫，博士、太常引帝从东阶下，还南阶。

亚献：谒者引太常升坛，亚献。

终献：谒者又引光禄升坛，终献。讫。各降阶还本位。

送神：太祝送神，跪执匏陶，酒以灌地。兴。直南行出坛门。治礼举手白，群臣皆再拜伏。皇帝盤，治礼曰："兴"。

燎：博士跪曰："祠事毕，就燎。"博士、太常引皇帝就燎位，当坛东阶，皇帝南向立。太祝令以案奉玉璧牲体爵酒黍饭诸馔物，登柴坛施设之。治礼举手曰："可燎。"三人持火炬上。火发。太祝令等各下坛。坛东西各二十人，以炬投坛，火半柴倾。博士仰白："事毕。"

还便殿：皇帝出便坐。解严。

天子有故，则三公行事，而太尉初献，其亚献、终献，犹太常、光禄勋也。

北郊斋、夕牲、进熟，及乘舆百官到坛三献，悉如南郊之礼；唯事讫，太祝令牲玉馔物诣坎置牲上讫，又以一牲覆其上。治礼举手曰："可埋。"二十人俱时下土。填坎欲半，博士仰白："事毕。"帝出。①

从西晋南郊仪注我们可以看出，整个仪式严格遵循了准备、迎神、飨神、送神的程序：斋戒、夕牲为正祭前的准备；奠毛血、灌地均为迎神；升坛到终献为飨神；送神到还便殿为礼仪的结束。需要注意的是，魏晋南北朝的吉礼形成了制度化的特征，郊祀及宗庙仪式都在确定的时间举行②。因

---

① （梁）沈约：《宋书》卷14《礼志一》，中华书局1974年点校本，第347—348页。

② ［日］金子修一：《关于魏晋到隋唐的郊祀、宗庙制度》，刘俊文主编《日本中青年学者论中国史》（六朝隋唐卷），上海古籍出版社1995年版，第351—352、354页。

此，属于准备阶段的卜日、筮日环节被省略。下面，我们将以此仪注所规定的仪式过程为框架，分析每个仪式环节的用乐情况。

（一）前往祭祀地点车驾行进过程中的卤簿用乐

郊庙祭祀用乐除了在祭坛上围绕祭祀仪式过程的演奏外，我们认为，由于郊庙祭祀场所的特殊性，在前往祭祀场所途中的用乐也应包括在内。礼经所载郊祀地点位于都城之南北郊，宗庙位于都城之内。事实上，就汉代以来的礼仪实践来说，真正将郊祀的祭祀地点置于南郊、北郊是从汉宣帝时期开始的，而宗庙往往建于都城之内，按“左宗庙，右社稷”布置。问题是，无论是都城之南郊还是都城之内，这些祭祀场所往往距帝王所居之处甚远，即使位于都城的宗庙、社稷也是如此。以东晋南朝为例，这一时期的郊祀场所多为历代沿用，史载南郊坛位于都城之午地，牛首山（今南京江宁区牛首山）之西，而北郊坛则位于覆舟山（今南京九华山）南；另据相关史料，南朝宗庙也并不在都城之内，而是位于南郊之地，《建康实录》卷5引《图经》：“晋初置宗庙，在古都城宣阳城外，郭璞卜迁之。左宗庙，右社稷，去今县东二里。玄风观即太社西偏，对太社右街，东即太庙地。”① 此外，这一时期对名山大川的祭祀也在都城之南北郊。

魏晋时期，帝王亲自参加祭礼已经成为一种定制②。无论郊祀、宗庙还是山川、社稷，举凡国之大祀帝王都要亲自参加。帝王在前往祭坛的途中所使用的仪仗队伍称为卤簿。天子卤簿有三种规格：“天子车驾次第谓之卤簿。有大驾、法驾、小驾。大驾公卿奉引，大将军参乘，太仆御，属车八十一乘，备千乘万骑，侍御史在左驾马，询问不法者。”③ 卤簿的作用主要在于通过浩大的声势展现皇权的威势，在前往南北郊祭坛时，卤簿的规格是“大驾”，这在汉代已成为一种传统：“祭南郊，乘大驾，奉引如故，其余群司百官大出。祭北郊，乘大驾，奉引如故。”④ 乐队是卤簿中的重要组成部分。卤簿用乐与祭祀时的各环节用乐有很大区别：后者是服务于祭祀仪式各环节，以增强仪式效果，乐舞的演奏受制于仪式，而前者则是为了展现皇帝卤簿的威势。

---

① （唐）许嵩撰，张忱石点校：《建康实录》卷5《中宗元皇帝》，中华书局1986年版，第127页。

② 徐迎花：《西晋郊祀制度研究》，《福建师范大学学报》（哲学社会科学版）2008年第3期。

③ （清）孙星衍等辑，周天游点校：《汉官六种》，中华书局1990年版，第184页。

④ （清）孙星衍等辑，周天游点校：《汉官六种》，中华书局1990年版，第184页。

卤簿用乐必须要适应卤簿移动、行进的特点，金石乐器自不能承担此任，而管弦之乐又不能营造浩大的声势，因此传自西域的鼓吹乐成为首选。鼓吹乐本为军乐，自汉代以来，鼓吹乐在君臣的出行仪仗中充当礼仪用乐："汉魏以降，鼓吹乐从军中走向宫廷，参与了诸多的礼仪用乐。"[①]《西京杂记》载汉武帝前往甘泉、汾阴祭祀太一、后土时的卤簿用乐："汉大驾祠甘泉、汾阴，备千乘万骑，有黄门前后部鼓吹。"[②] 可谓声势浩大。

魏晋南北朝时期，在举行郊庙祭祀等吉礼时，仍有卤簿，郭璞的《南郊赋》曾对郊祀卤簿的盛大场面有过描写，其云："乃改步而鸣玉，升金轩，抚太仆。扬六鸾，齐八騄。列五幡于一元兮，靡日月乎黄屋。矫陵乌以侦侯兮，整豹尾于后属。武骑仡以清道兮，被练焕以波烛。尔乃造广场，戾坛庭。百僚山立，万乘云屯。"[③] 可谓车驾云集、百官影从，场面壮观。鼓吹乐在卤簿用乐中自然也得到应用。关于大驾卤簿的构成，《晋书·舆服志》有所记载，由此我们可以看出鼓吹乐在卤簿中所处的位置及规模，我们将大驾卤簿以车驾的行进次序罗列如下：

> 先象车，鼓吹一部，十三人，中道。……次司空引从，驾驷，中道。三公骑令史戟各八人，鼓吹各一部，七人。次中护军……鼓吹一部，七人。次步兵校尉在左，长水校尉在右……鼓吹各一部，七人。次射声校尉在左，翊军校尉在右……鼓吹各一部，七人。次骁骑将军在左，游击将军在右……鼓吹各一部，七人。……次左将军在左，前将军在右……鼓吹各一部，七人。……次黄门前部鼓吹，左右各一部，十三人，驾驷。……次黄门后部鼓吹，左右各十三人。……次领军将军，中道……鼓吹如护军。次后军将军在左，右将军在右，各卤簿鼓吹如左军、前军。次越骑校尉在左，屯骑校尉在右，各卤簿鼓吹如步兵、射声。骑将军四人……鼓吹一部，七骑。[④]

由以上所引材料可知，在此卤簿中，鼓吹乐队是与仪仗中各职官的车驾相

---

① 项阳：《礼乐·雅乐·鼓吹乐之辨析》，《以乐观礼》，北京时代华文书局2015年版，第19页。

② （宋）郭茂倩：《乐府诗集》，中华书局1979年点校本，第224页。

③ （清）严可均：《全上古三代秦汉三国六朝文》，中华书局1958年影印版，第2149页上栏。

④ （唐）房玄龄等：《晋书》卷25《舆服志》，中华书局1974年点校本，第757—760页。

配合的，除象车及黄门前后部鼓吹外，其他鼓吹乐队都与武将的车驾相配合，这符合鼓吹乐的军乐性质[①]，同时体现了卤簿用乐是为了宣扬仪式的盛大及皇权的威势。在卤簿中演奏鼓吹乐还具有警戒、威严的功用[②]。与汉代卤簿用乐只有黄门前后部鼓吹乐相比，此时的卤簿用乐规模要大得多。总之，卤簿用乐是在仪式之前的行进道路中演奏的，为郊祀、宗庙等祭礼营造出威严的仪式氛围，也宣扬了祭祀在国家政治中的重要性。

（二）夕牲用乐

夕牲也是祭前的准备，是对飨神祭品的准备，这一过程有用乐。在礼经中，并无“夕牲”之名，郑玄认为，夕牲就是《周礼·地官》中的“展牲”。《周礼·地官》“充人”之职：“展牲则告牷，硕牲则赞。”[③] 郑玄注：“展牲若今夕牲也，《特牲馈食》之礼曰：‘宗人视牲告充，举兽尾告备’近之。”[④] 贾公彦认为，郑玄之注是以今况古，是对东汉祭仪的比附：“玄谓展牲若今夕牲也者，此举汉法以况之。又引《特牲礼》者，以其天子礼亡，故举以言焉。”[⑤] 事实上二者并不相同，郑玄时代的夕牲礼与后世所行较为一致，与礼经所载有较大出入。《后汉书志·礼仪志上》注载夕牲仪轨如下：

> 又郊仪，先郊日未晡五刻夕牲，公卿京尹众官悉至坛东就位，太祝吏牵牲入，到榜，禀牺令跪曰：“请省牲。”举手曰：“腯。”太祝令绕牲，举手曰：“充。”太祝令牵牲就庖，以二陶豆酌毛血，其一奠天神坐前，其一奠太祖坐前。今之郊祀然也。[⑥]

由此段引文可知，东汉时期，夕牲是在祭前距晡时五刻之时举行，其过程包括群臣进入祭坛之东、牺牲进入祭坛、省牲、杀牲取血、奠血于天神及

① 魏晋南北朝时期鼓吹乐使用范围极广，不仅用于战阵，也用于朝廷飨宴，而且朝廷对有功的武将动辄就赐以鼓吹乐，请参考第六章军礼用乐的相关论述。

② 项阳：《重器功能，合礼演化——从金石乐悬到本品鼓吹》，《以乐观礼》，北京时代华文书局 2015 年版，第 155—168 页。

③ （清）阮元校刻：《十三经注疏·周礼注疏》，中华书局 1980 年版，第 724 页下栏。

④ （清）阮元校刻：《十三经注疏·周礼注疏》，中华书局 1980 年版，第 724 页下栏。

⑤ （清）阮元校刻：《十三经注疏·周礼注疏》，中华书局 1980 年版，第 724 页下栏。

⑥ （晋）司马彪撰，（梁）刘昭注补：《后汉书志》第 4《礼仪志上》，中华书局 1965 年点校本，第 3106 页。

所配神座之前。这一过程并不同于《周礼·地官》之“展牲”，即单纯查验牺牲是否符合祭祀用牲要求，其核心点在于杀牲并以牲血献于神灵，可以说，夕牲在一定程度上具有降神、飨神的性质。因此，围绕夕牲仪式的三个环节，其用乐主要由三种部分构成：一为群臣进入祭坛用乐，一为牺牲进入祭坛用乐，一为杀牲荐豆酌毛血用乐，这三个部分统称为“夕牲乐”。

魏晋时期，夕牲环节很受重视。东晋之前，皇帝多亲自参与夕牲仪式，以示对祭仪的重视，如：“晋泰始七年四月，世祖将亲祠于太庙。庚戌，车驾夕牲。”[①] 从朝臣的奏议中也可看出此点，《隋书·礼仪志二》引何佟之议：“案《礼》未祭一日，大宗伯省牲镬，祭日之晨，君亲牵牲丽碑。后代有冒暗之防，而人主犹必亲奉，故有夕牲之礼。”[②] 东晋之后，皇帝多不再亲自参与夕牲，而使公卿代行，但此仪式环节依然受到重视。梁武帝后期，笃信佛教，受佛教戒律影响，祭祀中不再用牲，而是以蔬果代替。尽管如此，祭祀时夕牲这一环节仍然得到保留，群臣以为：“既停宰杀，无复省牲之事，请立省馔仪。其众官陪列，并同省牲。”[③] 只是更改名称，将“省牲”改为“省馔”，以示对神灵祭品的重视。

在礼经中，“展牲”属于祭祀前的准备环节，此时并未开始正祭，又由于“展牲”并非天子亲自参与，故不用乐。从汉代开始，由于夕牲时皇帝往往亲自参加，且夕牲具有降神、飨神的性质，所以夕牲用乐成为一种定制。夕牲用乐在一定程度上和降神、飨神、送神用乐具有同样的地位，成为吉礼用乐的重要环节。在西晋及宋的南北郊及宗庙乐歌中，与仪式环节有关的用乐只有四个：夕牲、迎神、飨神、送神。夕牲能够单独用乐，体现了制礼者对这一仪节的重视程度。也要注意，魏晋南北朝各代的夕牲用乐繁简不同，如西晋时期的夕牲用乐通名为《夕牲歌》，无法区分各乐章与仪式环节的对应关系。南齐以后，夕牲用乐则更为具体化，与仪式相对应分为群臣出入、引牲、奠毛血等三个用乐环节，是这一时期夕牲用乐的典型状态，我们对此进行重点分析。

首先，群臣出入用乐。《隋书》载宋、南齐、梁时期群臣进入祭坛时的用乐：“众官出入，宋元徽三年仪注奏《肃咸乐》，齐及梁初亦同，至

① （梁）沈约：《宋书》卷17《礼志四》，中华书局1974年点校本，第466页。

② （唐）魏征、令狐德棻：《隋书》卷7《礼仪志二》，中华书局1973年点校本，第132页。

③ （唐）魏征、令狐德棻：《隋书》卷7《礼仪志二》，中华书局1973年点校本，第134页。

是改为《俊雅》。”梁代群臣出入之乐《俊雅》为梁武帝所作十二《雅》之一，其为群臣出入之专门用乐，不但在郊祀、宗庙等吉礼中使用，在元会中群臣出入亦用之。在北齐，群臣出入奏《肆夏》，是对《周礼》“宾入大门，奏《肆夏》”的遵从。

其次，引牲用乐。这是对礼经中牺牲进入祭坛时用乐的遵从，即《周礼·春官》所载“牲出入，则令奏《昭夏》”。这一时期的制礼作乐者大都注意到了《周礼》的这一规定。南齐时，牲入祭坛所奏为《引牲乐》，此乐名直接从仪式之名而来，与仪式环节的关系一目了然。梁代以后，特别是北齐、北周时期，郊祀、宗庙等祭仪中所使用的乐舞多有复古的倾向。在引牲环节，北齐所奏为《昭夏》：“牲出入，荐毛血，并奏《昭夏》。”[①] 采用的就是上引《周礼》乐名，体现了这一时期制礼作乐者主动向礼经复归的倾向。

最后，奠毛血用乐。在引牲之后，还有奠毛血之礼，即宰杀牺牲，以陶豆酌血荐于神灵：“太祝令牵牲诣庖。以二陶豆酌毛血，其一奠皇天神座前，其一奠太祖神座前。”[②] 这一环节的用乐带有降神、飨神的性质。其用乐情况，南齐南郊、明堂、宗庙奠毛血奏《嘉荐乐》，梁代奏《牷雅》，北齐奏《昭夏》，同样也体现出向礼经复归的倾向。

总体来说，夕牲之礼是为正祭所做的准备，是围绕献祭所用祭品展开的，对这一环节的重视是为了更好地实现献祭的功能。这一时期有些政权的祭礼中，并无夕牲用乐，其用乐以降神始，忽略了准备环节的用乐。

（三）正祭用乐——迎神、飨神、送神用乐

1. 皇帝祭祀时的行步之乐

郊庙仪式作为国之大典，是与皇权相联系的，所谓“国之大事，在祀与戎”。魏晋南北朝时期各代都非常重视郊庙仪式，一个重要的表现就是此时期所确立的皇帝亲祠制度[③]。这一制度的确立将皇权与郊庙仪式紧密联系在一起，皇帝作为主祭者，是仪式中与神灵的主要沟通者，其仪式行为成为祭祀中最具仪式意义的部分。因此，围绕皇帝仪式行为的用乐也成为吉礼用乐的核心内容。这主要包括两个部分，一为皇帝祭祀时的行步之乐，包括出入祭祀场所的行步之乐、登坛（登堂）行步之乐；一为皇帝献

---

① （唐）魏征、令狐德棻：《隋书》卷14《音乐志中》，中华书局1973年点校本，第314页。

② （梁）沈约：《宋书》卷14《礼志一》，中华书局1974年点校本，第347页。

③ 徐迎花：《西晋郊祀制度研究》，《福建师范大学学报》（哲学社会科学版）2008年第3期。

祭时的用乐。下面我们先对行步之乐作一探讨。

皇帝出入祭祀场所的行步之乐。礼经中有《九夏》之乐，前文已述。此《九夏》为行步之乐，用于配合仪式参加者的行步之节，如《周礼》中有“王出入奏《王夏》”之记载。也要注意，作为行步之节的用乐多是针对宗庙祭祀而言，而对郊祀行步奏何乐则无明确规定。魏晋南北朝郊祀、宗庙祭仪中并非均有行步之乐。在宋以前，如晋代，夕牲乐之后即为迎神及飨神用乐，无此用乐环节。帝王出入祭祀场所的行步用乐始于宋：“皇帝出入，宋孝建二年秋《起居注》奏《永至》，齐及梁初亦同。”[①] 又如南齐仪注规定，在郊祀仪式中，皇帝入坛东门，奏《永至》。这是对汉初宗庙用乐的模仿，叔孙通所制宗庙礼乐规定：“皇帝入庙门，奏《永至》，以为行步之节。”[②] 南齐将汉初用于宗庙祭祀的乐名用于郊祀仪式中，这是魏晋南北朝郊祀仪式用乐创制的常用方式。南齐郊祀仪式的牲出入、迎神环节的乐名却依据《周礼》确定，与皇帝行步用乐命名的标准并不一致，这种双重用乐标准受到后人批评：

> 今乐府之《夏》，唯变《王夏》为《皇夏》，盖缘秦、汉以来称皇故也。而齐氏仍宋仪注，迎神奏《昭夏》，皇帝出入奏《永至》，牲出入更奏引牲之乐。其为舛谬，莫斯之甚。[③]

梁、陈及北齐、北周，皇帝出入祭祀场所时，所奏之乐大致为《皇夏》[④]。这种将《王夏》改为《皇夏》的做法意在突出帝王在祭祀中的核心地位，即“盖缘秦、汉以来称皇故也”，也表明制礼作乐者逐渐以礼经记载为依据创制礼仪用乐，体现出“以古为雅”的特点。

皇帝登坛（登堂）用乐。皇帝作为主祭者，在进入祭祀场所之后登坛或登堂而祭，在登坛（登堂）时仍伴有行步用乐。这一时期皇帝登坛所用乐名为“登歌”。这里涉及登歌的问题，登歌即前文所述之“升歌”，在礼经中“登歌”的意思是“祭祀燕飨堂上所奏之歌”[⑤]，所谓“堂上所奏

---

① （唐）魏征、令狐德棻：《隋书》卷7《礼仪志二》，中华书局1973年点校本，第292页。

② （汉）班固：《汉书》卷22《礼乐志》，中华书局1962年点校本，第1043页。

③ （唐）魏征、令狐德棻：《隋书》卷13《音乐志上》，中华书局1973年点校本，第289—290页。

④ 梁代奏《皇雅》，陈及北齐、北周奏《皇夏》。

⑤ （宋）郭茂倩：《乐府诗集》，中华书局1979年点校本，第33页。

之歌”专指在宗庙祭祀及飨宴中乐工升堂之歌，而非室外之乐，并且也非郊祀所用之乐。登歌的演奏方式为乐工清唱而无曲调相配。可见登歌之名是专门针对乐工而言，与帝王登坛（登堂）的仪式环节无关。

祭祀仪式中登歌的功能在于降神合乐，即用于祭祀之初的降神及合乐环节的飨神。魏晋南北朝时期的祭礼中，登歌的用途变得更为广泛：一方面其作为祭祀中配合皇帝登坛（登堂）时的用乐：“郊庙舞乐，皇帝亲奉，初登坛及入庙诣东壁，并奏登歌。”① 不仅在郊祀、宗庙中奏登歌行步乐，在明堂祭祀中亦然：“皇帝升明堂，奏登歌”，可见在吉礼祭祀中，登歌成为皇帝登坛（登堂）时的标志性用乐。另一方面，登歌仍然保留了在祭祀中降神及飨神的功能，关于这一点我们在后文中详细讨论。

2. 迎神用乐

皇帝登坛（登堂）之后为迎神，又称降神，迎神之法或以酒食、臭味，或以乐舞，即“古者皆灌地降神，或有作乐以迎神”。魏晋南北朝时期的迎神以乐舞为主，除东晋之外②，各代祭礼都有迎神环节，《宋书·乐志一》载有一段关于迎神礼的讨论：

> 爰及东晋，太祝唯送神而不迎神。近议者或云庙以居神，恒如在也，不应有迎送之事，意以为并乖其衷。立庙居灵，四时致享，以申孝思之情。夫神升降无常，何必恒安所处？……此并言神有去来，则有送迎明矣。即周《肆夏》之名，备迎送之乐。古以尸象神，故《仪礼》祝有迎尸送尸，近代虽无尸，岂可阙迎送之礼？又傅玄有迎神送神歌辞，明江左不迎，非旧典也。③

此为建平王刘宏关于迎神的态度，他认为神灵居处无常、升降不定，因此在祭祀之前需要迎神，并指出傅玄曾创作迎神送神歌辞，证明西晋时期祭礼有迎神环节。他同时指出，秦以来祭祀虽不立尸，但仍行迎神之礼。“江左不迎”指晋室南迁之后祭礼中无迎神环节，这是东晋礼制建设不完

---

① （梁）沈约：《宋书》卷19《乐志一》，中华书局1974年点校本，第545页。

② 梁武帝时，省迎送之乐，其理由是：“宗庙省迎送之乐，以其閟宫灵宅也。”这是郊祀用乐中的一个特例，见（唐）魏征、令狐德棻《隋书》卷13《音乐志上》，中华书局1973年点校本，第291页。

③ （梁）沈约：《宋书》卷19《乐志一》，中华书局1974年点校本，第543页。

善的表现[①]。如果考察史书所载魏晋南北朝各代吉礼歌辞，几乎每一代都有迎神歌辞的创作，东晋无迎神环节只是特例。《隋书》记载了宋、南齐、梁三代迎神用乐情况：

> 降神及迎送，宋元徽三年《仪注》奏《昭夏》，齐及梁初亦同。至是改为《诚雅》，取《尚书》“至诚感神”也。[②]

在北朝祭礼中，北齐迎神所奏为《高明乐》，北周所用为《昭夏》。《昭夏》为《周礼》中所规定的“尸出入”用乐，秦汉以来，祭祀中不再用尸象神，而是以木主、神座等固定的牌位来代替尸，作为神灵附着之处，故不存在“尸出入”这一仪式环节。神主的固定并非神灵居处的固定，如前所引，神灵居处无常，必须将其迎至祭所，于是将用于“尸出入”的《昭夏》乐作为降神之乐。

这一时期的迎神主要依靠乐舞，而在迎神乐舞中歌辞所发挥的仪式功能最为显著。降神歌辞习惯采用三言句式，宋《明堂歌》下小注：“依汉郊祀迎神，三言，四句一转韵”[③]，三言句式节奏感强，转韵灵活，能够更加生动地描写神灵下降时的场面，如：

> 荐飨洽，礼乐该。神娱展，辰旆回。洞云路，拂璇阶。紫雰蔼，青霄开。眷皇都，顾玉台。留昌德，结圣怀。[④]

有时在歌辞中歌颂受祭者（或所配帝王）之功德，即“以其成功告于神明”，以求神灵的降临，如晋代《天地郊明堂降神歌》：

> 于赫大晋，应天景祥。二帝迈德，宣此重光。我皇受命，奄有万方。郊祀配享，礼乐孔章。神祇嘉享，祖考是皇。克昌厥后，保祚无疆。[⑤]

---

① 徐迎花：《东晋郊祀制度研究》，《福建论坛》（社科教育版）2008 年第 2 期。

② （唐）魏征、令狐德棻：《隋书》卷 13《音乐志上》，中华书局 1973 年点校本，第 292 页。

③ （梁）沈约：《宋书》卷 20《乐志二》，中华书局 1974 年点校本，第 569 页。

④ （梁）萧子显：《南齐书》卷 11《乐志》，中华书局 1972 年点校本，第 170 页。

⑤ （宋）郭茂倩：《乐府诗集》，中华书局 1979 年点校本，第 12 页。

此辞一方面歌颂二帝（晋景帝、晋文帝）之功德，一方面祈请神灵降临祭所飨食祭品，保佑晋朝“克昌厥后，保祚无疆”，道出了降神的根本目的。

3. 飨神之乐

（1）宗庙祭祀中飨神乐的“登歌奏舞，神乐其和”

首先，“登歌庙异其文，飨神七室同辞”[①]。登歌既是皇帝庙祭登堂时所用乐名，也是庙祭飨神时各神室所用乐名。如上文所述，在登堂环节所用登歌是为了配合皇帝行步之节，此为“即事而歌”，即登歌之名来自登堂仪节。在魏晋南北朝的宗庙用乐中，登歌也作为飨神之乐，就歌辞内容来说，多歌颂前代帝王之功业[②]，以《清庙》为创作的范本：“《礼记》每云‘升歌《清庙》’，然则祭宗庙之盛，歌文王之德，莫重于《清庙》。”[③]这里的登歌即为《礼记·祭统》之升歌。

魏晋南北朝时期的宗庙祭礼格局为“一庙七室”，这是自东汉明帝以来形成的庙祭传统。因此，宗庙祭祀仪式中，对同一庙宇中的七位神主均要创制相应的乐歌以赞颂之，每一神室所用之乐歌被称为登歌。众神室所用登歌各不相同，主要体现在歌辞上，即“登歌庙异其文”。这是魏晋南北朝宗庙飨神乐的一个重要特点。

形成这一用乐方式的原因在于，宗庙祭祀的对象为祖先，所谓飨神即歌颂祖先之盛德形容，而每位祖先的功业各不相同，故每一神室所用的歌辞必不能相同：“宗庙宜各奏乐，不应相袭，所以明功德也。”[④] 以晋代宗庙飨神用乐为例：西晋时期的宗庙制度为“一庙七室”，在同一庙宇中供奉七位神主。晋武帝太康六年（285）群臣讨论庙制：“古虽七庙，自近代以来皆一庙七室，于礼无废，于情为叙，亦随时之宜也。其便仍旧。”[⑤]最终确立了一庙七室制度[⑥]，所供奉的七位神主是：六世祖征西将军司马均、五世祖豫章府君司马量、高祖颍川府君司马俊、曾祖京兆府君司马防、祖宣皇帝司马懿、伯父景皇帝司马师、父文皇帝司马昭。与“一庙七室”相适应，宗庙飨神时的登歌就是根据这七位神主的功德而创作的。西

---

① （梁）萧子显：《南齐书》卷11《乐志》，中华书局1972年点校本，第179页。

② 《宋书·乐志》载：“自魏国初建，故侍中王粲所作登歌《安世诗》，专以思咏神灵及说神灵鉴享之意。”见（梁）沈约《宋书》卷19《乐志一》，中华书局1974年点校本，第536页。

③ （清）阮元校刻：《十三经注疏·毛诗正义》，中华书局1980年版，第582页上栏。

④ （梁）沈约：《宋书》卷19《乐志一》，中华书局1974年点校本，第534页。

⑤ （唐）房玄龄等：《晋书》卷19《礼志上》，中华书局1974年点校本，第603页。

⑥ 梁满仓：《魏晋南北朝五礼制度考论》，社会科学文献出版社2009年版，第239页。

晋时期为了凑足七庙之数，向前追溯到六世祖司马均，但从六世祖司马均至四世祖司马防三位祖先并无甚功德，对西晋政权并无开创之功，有开创之功者为司马懿。西晋庙祭祖先的情况在傅玄创作的宗庙歌辞中有所体现：从内容上看，征西将军司马均到京兆府君司马防的庙祭登歌并非对其功德的歌颂，而仅仅是祈求神灵能保佑大晋，而司马懿神室登歌则以歌颂功德为主，其歌辞如下：

> 于铄皇祖，圣德钦明。勤施四方，夙夜敬止。载敷文教，载扬武烈。匡定社稷，龚行天罚。经始大业，造创帝基。畏天之命，于时保之。[①]

同样，司马师及司马昭的神室登歌则歌颂他们“铲除异己”，进一步奠定大晋基业。

东晋时期的宗庙制度规定以昭穆为次而不以兄弟为数，因此，在同一庙宇中的神位数可能多于七个[②]，这种情况同样反映在宗庙登歌用乐中。从现存的东晋宗庙歌辞来看，共有宣帝、景帝、文帝、武帝、元帝、明帝、成帝、康帝、穆帝、哀帝九室登歌歌辞，为曹毗所作。这应为东晋孝武帝时期的宗庙祭祀用乐情况，体现出礼仪用乐随仪式而变、受仪式制约的特点。

在庙祭用乐中，登歌用乐庙异其文，各神室分别受飨。此外，尚有飨神之乐，七室共用，即“飨神七室同辞”，这是飨神乐与登歌在使用方式上的显著差异。《南齐书》载傅玄论宗庙乐歌创作：

> 晋泰始中，傅玄造《庙夕牲昭夏》歌一篇，《迎送神肆夏》歌诗一篇，登歌七庙七篇。玄云：“登歌歌盛德之功烈，故庙异其文。至于飨神，犹《诗经·周颂》之《有瞽》及《雍》，但说祭飨神明礼乐之盛，七庙飨神皆用之。”[③]

傅玄认为，在宗庙祭祀中除每一神室用乐歌颂功德之外，尚有七室庙主所

---

① （宋）郭茂倩：《乐府诗集》，中华书局1979年点校本，第112—113页。

② 梁满仓：《魏晋南北朝五礼制度考论》，社会科学文献出版社2009年版，第245页。

③ （梁）萧子显：《南齐书》卷11《乐志》，中华书局1972年点校本，第179页。

共用的飨神乐。从傅玄的描述可知，七室共用的飨神乐并非歌颂祖先之功德，而是描绘祭祀礼乐之盛况，是飨神环节中总结性的用乐。这一用乐方式在后世宗庙飨神时被普遍采用。

在南齐以后，宗庙飨神用乐仍然遵循七室各异的传统，但乐名发生变化，不再称“某某皇帝登歌”，而是以舞名来作为各神室用乐之名，以舞、乐一体的形式展演。如萧道成时，宗庙神室乐名为《凯容乐》《宣德凯容乐》。《凯容乐》为皇祖广陵丞、太中大夫、淮阴令、皇曾祖即丘令、皇祖太常卿、穆皇后六室同奏，《宣德凯容乐》为齐宣帝神室所奏。需要注意，以上七庙为萧道成在位时所立，其中有女性祖先合祀，这在之前是不多见的；又，除齐宣帝神室所奏为《宣德凯容乐》外，其他六室所奏相同，出现这一现象的一个重要原因是南齐建立者出身平民，无显赫家世，为凑齐七庙故将女性祖先合祀；另外，其祖先并无显赫功业，不能分别作乐以述功德，只好六室同乐。萧道成死，入太庙，为太祖，毁广陵府君主；齐文帝死，入太庙，毁太中主。庙主迭毁，相应的登歌歌辞也会发生变化，如太祖萧道成神室登歌为《高德宣烈乐》、高宗神室奏《明德凯容乐》，七室用乐随庙主的迭毁而改变。虽然南齐宗庙七室乐名大异于前代，但就仪式功能来说与晋、宋七室登歌无异。梁武帝时有宗庙登歌七首，总名为登歌，陈时亦有七室乐的创制，其使用方式则是将奏舞与登歌合为一体，这在魏晋南北朝时期是比较特殊的：

> 陈初并用梁乐，唯改七室舞辞。皇祖步兵府君、正员府君、怀安府君、皇高祖安成府君、皇曾祖太常府君五室，并奏《凯容舞》，皇祖景皇帝室奏《景德凯容舞》，皇考高祖武皇帝室奏《武德舞》。①

此为陈初所创制的宗庙飨神乐，因陈朝享国祚短，后主时期宗庙用乐情况史书无载。其他朝代，如北齐、北周时的宗庙祭祀都是施行“一庙七室”制度，在飨神用乐上也沿袭七室各异的登歌创制原则，并且在登歌之外创作飨神歌七室共用，与晋代以来宗庙飨神乐一脉相承。

其次，宗庙献飨环节中的奏舞。仪式用乐往往是诗、乐、舞三位一体的综合形态。正如我们上节所论，在礼经用乐规范中，舞蹈的表演是在

---

① （宋）郭茂倩：《乐府诗集》，中华书局1979年点校本，第129页。

“下管”及“合乐”环节中。魏晋南北朝时期，由于仪式与用乐关系的变化，仪式用乐已不再严格按照礼经规范进行，而是“即事而歌”，即以仪式的过程决定乐舞的展演，郑樵对这一时期仪式与用乐的关系有所认识，其《通志·乐略》云：“魏晋则不然，但即事而歌，如夕牲之时则有《夕牲歌》，降神之时则有《降神歌》。既无伟绩之可陈，又无题命之可纪，故其诗不可得而采。”[①] 根据仪式环节的需要而确定用乐的方式使仪式与用乐之间的关系更为密切，这在吉礼用乐中表现得尤为明显。

《乐府诗集》中有“郊庙歌辞”与“舞曲歌辞”，郊庙歌辞为吉礼用乐中所演唱的歌辞。又有舞曲歌辞，就舞曲歌辞原生状态来看，显然是诗、乐、舞的综合形态，舞曲歌辞只是其“诗”的语言部分。因其所用场合，又分为“雅舞”“杂舞”，“雅舞用之郊庙、朝飨，杂舞用之宴会”[②]。这种分法其实不甚合理，学者已经意识到这一点，中华书局点校本《乐府诗集》的“出版说明”指出：“雅舞用之于郊庙、朝飨，杂舞用之于宴会，那已经包含在郊庙燕射中了……那么舞曲就不必另立一类了。”[③] 我们不打算讨论郭茂倩将郊庙歌辞与舞曲歌辞分立的原因[④]，指出这一点是想说明，在祭祀仪式中，舞蹈是一个重要的组成部分，不能因郭茂倩未将舞曲列入郊庙歌辞而忽视之，下面主要就魏晋南北朝时期宗庙祭祀飨神环节舞蹈的使用情况作一探讨。

礼经中所载周代宗庙奏舞是以舞蹈“象其形容”。在这一综合艺术中，无论是舞容还是歌辞多是对所祭者功业的模仿与叙述，《礼记·乐记》中孔子与宾牟贾论乐是很好的说明。周代宗庙祭祀所奏舞蹈主要是《大武》，此外尚有周传六代之乐，周末礼崩乐坏，至秦时只存留《文》《武》二舞。《文》舞为舜乐《韶》舞，《武》舞为周乐《大武》。汉魏晋南北朝时期，《文》《武》二舞或用于宗庙，或宗庙、郊祀兼用；统治者在使用时或改其乐名、歌辞，或改其舞容，一直传承不绝。下文试梳理其演变并探讨其在宗庙仪式中的使用情况。

两汉时期，《文》《武》二舞只是用于宗庙祭祀，并不用于郊祀天地

---

① （宋）郑樵撰，王树民点校：《通志二十略》，中华书局 1995 年版，第 926—927 页。

② （宋）郭茂倩：《乐府诗集》，中华书局 1979 年点校本，第 753 页。

③ （宋）郭茂倩：《乐府诗集》，中华书局 1979 年点校本，第 3 页。

④ 对舞曲类目成因的考辨，见梁海燕《舞曲歌辞研究》，北京大学出版社 2009 年版，第 43—56 页。

神灵：

> 周存六代之乐，至秦唯余《韶》《武》而已。始皇改周舞曰《五行》，汉高祖改《韶》舞曰《文始》，以示不相袭也。又造《武德舞》，舞人悉执干戚，以象天下乐已行武以除乱也。故高祖庙奏《武德》《文始》《五行》之舞。……高祖又作《昭容乐》《礼容乐》。《昭容》生于《武德》，《礼容》生于《文始》《五行》也。……文帝又自造《四时舞》，以明天下之安和。……孝景采《武德舞》作《昭德舞》，荐之太宗之庙。孝宣采《昭德舞》为《盛德舞》，荐之世宗之庙。汉诸帝奏《文始》《四时》《五行》之舞焉。[①]

以上是西汉高祖刘邦至世宗刘彻诸庙所奏舞乐的演变情况。概而言之，这其中既有周代宗庙所用《文》《武》二舞，又有根据各庙主功业自创之舞，其舞名虽改为《文始》《五行》，但其实是从周代所用之《文》《武》二舞演变而来。到东汉时期，宗庙舞乐仍以《文》《武》二舞为主：

> 至明帝初，东平宪王苍总定公卿之议，曰："宗庙宜各奏乐，不应相袭，所以明功德也。承《文始》《五行》《武德》为《大武》之舞。"又制舞歌一章，荐之光武之庙。[②]

至东汉时，《文》《武》二舞只是宗庙合乐环节中的用乐，郊祀仪式未用此二舞。前文已述，在汉武帝之前，郊祀仪式并未受礼学经典的规范，汉武帝时所施行的郊祀仪式并非指向国家政治，而是为了个人的求仙长生，在仪式中虽也有奏舞，却非八佾之舞，而是"舞女童三百人，皆年八岁"，从舞蹈形制上看，与《文》《武》二舞差异甚大。东汉时期郊祀仪式所用舞乐为《云翘》《育命》之舞[③]，这二舞曾用于曹魏时期圜丘祭祀，《魏书·乐志》所载祖莹、长孙稚上表中有关于二舞的资料：

---

① （梁）沈约：《宋书》卷19《乐志一》，中华书局1974年点校本，第533—534页。

② （梁）沈约：《宋书》卷19《乐志一》，中华书局1974年点校本，第534页。

③ 梁海燕认为西汉的《云招》即《云翘》，此二舞西汉时期已存在，见梁海燕《舞曲歌辞研究》，北京大学出版社2009年版，第105页。

汉亦有《云翘》《育命》之舞，罔识其源，汉以祭天。魏时又以《云翘》兼祀圜丘天郊，《育命》兼祀方泽地郊。今二舞久亡，无复知者。[①]

可见时至两汉，宗庙祭祀与天地祭祀各有一套用于仪式的舞乐，互不相杂。从三国曹魏始，不但宗庙祭祀奏舞以《文》《武》二舞为主，并且郊祀仪式也用此二舞。魏明帝时，群臣讨论魏武帝、魏文帝庙乐舞及为群臣昭德纪功之乐舞，确定乐名为《武始》《咸熙》《章斌》，并建议将这三组舞蹈的应用范围扩展到郊祀仪式中："今有事于天地宗庙，则此三舞宜并以为荐享，及临朝大享，亦宜舞之。"[②] 最终这一建议得到实施，史载这三组乐舞同用于郊庙、朝飨，不同者在于舞蹈所服衣冠及配饰[③]。曹魏时期所使用的三组乐舞也与《文》《武》二舞有着密的关联，曹魏以后，《文》《武》二舞同用于郊祀、宗庙等吉礼[④]，成为魏晋南北朝郊庙乐舞使用的通例。西晋的《正德》《大豫》二舞，在舞容、服制上是对曹魏的承袭。宋宗庙乐舞同用于郊祀："郊祀之乐，无复别名，仍同宗庙而已。"[⑤] 南齐《文》《武》二舞是否用于郊祀，史书未载，但从南齐对宋《文》《武》二舞的继承来看，用于郊祀的可能性很大。梁武帝将《文》《武》二舞改为《大壮》《大观》，"二郊、明堂、太庙，三朝同用"[⑥]，是郊祀、宗庙同用《文》《武》二舞的显例。那么这两组舞乐在魏晋南北朝时期的沿革如何？

郭茂倩在《乐府诗集·舞曲歌辞》之序文中有对汉魏以来《文》《武》二舞沿革情况的总结，其云：

① （北齐）魏收：《魏书》卷109《乐志》，中华书局1974年点校本，第2839页。

② （梁）沈约：《宋书》卷19《乐志一》，中华书局1974年点校本，第536页。

③ 据《宋书·乐志一》："祀圜丘以下，《武始舞》者，平冕，黑介帻，玄衣裳，白领袖，绛领袖中衣，绛合幅袴，绛袜，黑韦鞮。《咸熙舞》者，冠委貌，其余服如前。《章斌舞》者，与《武始》《咸熙舞》者同服。奏于朝庭，则《武始舞》者，武冠，赤介帻，生绛袍单衣，绛领袖，皂领袖中衣，虎文画合幅袴，白布袜，黑韦鞮。《咸熙舞》者，进贤冠，黑介帻，生黄袍单衣，白合幅袴，其余服如前。"见（梁）沈约《宋书》卷19《乐志一》，中华书局1974年点校本，第536页。

④ 在朝会等嘉礼中也涉及《文》《武》二舞，即在《宋书》中所记载的"临朝大享"时使用。

⑤ （梁）沈约：《宋书》卷19《乐志一》，中华书局1974年点校本，第543页。

⑥ （唐）魏征、令狐德棻：《隋书》卷13《音乐志上》，中华书局1973年点校本，第292页。

> 汉魏已后，咸有改革。然其所用，《文》《武》二舞而已，名虽不同，不变其舞。故《古今乐录》曰："自周以来，唯改其辞，示不相袭，未有变其舞者也。"①

也就是说，曹魏以后，历代制礼作乐者对《文》《武》二舞在仪式中的使用，大多是承袭其舞容而变革其舞名、舞辞。如西晋所用的《正德》《大豫》二舞，宋所用的《前》《后》二舞（后改为《凯容》《宣烈》二舞），南齐所用的《前》《后》二舞②，梁所用的《大壮》《大观》二舞，陈所用的《凯容》舞，北魏所用的《文》《武》二舞③，都是对汉代所传《文》《武》二舞的继承与变革。在制作的方式上，大体遵从了"名虽不同，不变其舞"的原则，也就是说不论舞名、舞辞如何改变，都沿袭了原来舞容的基本形制。

在宗庙祭祀飨神环节，奏舞是重要的飨神方式。所奏之舞并非单纯的舞容，而是诗、乐、舞三位一体。《文》《武》二舞作为魏晋南北朝时期宗庙祭仪中通用的舞乐，史籍中只记载了各祭仪所用《文》《武》二舞的沿革情况，而对此二舞在仪式中如何展演言之不详。我们试通过对相关材料的梳理，来推测这一时期《文》《武》二舞是如何展演的。

首先，关于《文》《武》二舞的使用环节。我们认为，魏晋南北朝时期《文》《武》二舞的表演是在仪式的献祭环节进行的，奏舞之目的在于陈述祖先功绩，求得神灵赐福。前文已述，在宗庙祭祀的献祭环节，既有奏于各神室的登歌，又有七室同用的飨神乐。登歌为每一神室单独演奏的颂赞歌辞——登歌时乐工仅歌唱而无音乐演奏、舞蹈表演，可见登歌并不与《文》《武》二舞相配。那么是不是与飨神歌相配呢？我们认为不是，其理由如下。第一，飨神歌在《乐府诗集》中属于郊祀歌辞，列于登歌之后，而《文》《武》二舞歌辞则属于舞曲歌辞，两种用乐都有歌辞，很显然舞蹈的表演肯定是与飨神歌的演唱分开的。第

---

① （宋）郭茂倩：《乐府诗集》，中华书局1979年点校本，第753—754页。

② 南齐承宋，未改舞名，只是"微改革，多仍旧辞"。见（梁）萧子显《南齐书》卷11《乐志》，中华书局1972年点校本，第185页。

③ 虽定乐名，却未见施行。见（北齐）魏收《魏书》卷109《乐志》，中华书局1974年点校本，第2842页。

二，关于飨神歌在宗庙仪式中的使用情况，傅玄所作《飨神歌》二首中有“登歌奏舞，神乐其和”①，可以给我们提供一些线索。我们认为，飨神歌乃飨神环节中的总结性用乐。因为傅玄所论中有“至于飨神，犹《诗经·周颂》之《有瞽》及《雍》，但说祭飨神明礼乐之盛，七庙飨神皆用之”，是对祭祀盛况的描写，自然将整个飨神过程的所有用乐环节囊括在内。此外，傅玄所创制的《飨神歌》中有“登歌奏舞，神乐其和”两句，登歌、奏舞相继出现，这表明在宗庙祭祀中，舞蹈的表演很可能是在“庙异其文”的七室登歌演唱完毕之后。

其次，关于二舞的内容与演奏方式。从内容上看，历代所创作的《文》《武》二舞歌辞多是对一个政权建立者功绩的陈述与歌颂，与登歌的七室各异不同。这就决定了其演奏形式仍然要采取飨神歌七室共用的方式——即“众庙共舞”②。这一奏舞方式在魏晋南朝各代大体相同，而在北齐时则有所变化。北齐宗庙奏舞方式与南方政权有所不同，虽然仍采用七室分别用乐的方式，但其所用舞蹈已非汉代所传《文》《武》二舞：

> 其四时祭庙及禘祫皇六世祖司空、五世祖吏部尚书、高祖秦州刺史、曾祖太尉武贞公、祖文穆皇帝诸神室，并奏《始基》之乐，为《恢祚》之舞。高祖神武皇帝神室，奏《武德》之乐，为《昭烈》之舞。文襄皇帝神室，奏《文德》之乐，为《宣政》之舞。显祖文宣皇帝神室，奏《文正》之乐，为《光大》之舞。肃宗孝昭皇帝神室，奏《文明》之乐，为《休德》之舞。③

由上可知，北齐的宗庙祭祀与天地神灵祭祀所用舞蹈不同，宗庙祭祀中的奏舞方式也不再是南朝普遍施用的“众庙共舞”，而是采用“一庙一舞”的方式。北周明帝时期祭祀所用舞蹈乃依照《周礼·大司乐》所载六舞的模式：“南北郊、雩坛、太庙、禘祫，俱用六舞”④，六舞之名分别为《大夏》《大濩》《大武》《正德》《武德》《山云》。其中，有些舞名是照搬礼

---

① （唐）房玄龄等：《晋书》卷22《乐志上》，中华书局1974年点校本，第684页。

② 梁海燕：《舞曲歌辞研究》，北京大学出版社2009年版，第122—124页。

③ （唐）魏征、令狐德棻：《隋书》卷14《音乐志中》，中华书局1973年点校本，第314页。

④ （唐）魏征、令狐德棻：《隋书》卷14《音乐志中》，中华书局1973年点校本，第332页。

经，如《大夏》《大濩》《大武》；有的是借用后代所用乐舞之名，如《正德》《武德》；有的为自创，如《山云》。这六舞在仪式中轮番使用："太庙祫禘，则《大武》降神，《山云》献熟，次作《正德》《大夏》《大濩》《武德》之舞。时享太庙，以《山云》降神，《大夏》献熟，次作《武德》之舞。"[①] 到北周建德（572—578）时期，则不再使用以上方式，而是采用南朝的方式，七室各有登歌，通以《皇夏》为名，这可能是受梁代雅乐命名方式的影响[②]。其飨神所用舞蹈则于史无征，可能此时只有七室登歌而无舞蹈。

（2）郊祀仪式的飨神用乐

郊祀仪式与宗庙祭仪不同，在郊祀仪式中，至上神仅一位，其他神灵处于从祀或配祭的地位，一切仪式围绕至上神展开。因此，郊祀仪式的飨神用乐程序比宗庙祭仪简略。这一时期的郊祀飨神普遍施行三献之礼，初献由皇帝亲奉，我们以东晋初献为例：

> 跪奠皇天神座前，再拜，兴。次诣大祖配天神座前，执爵跪奠，如皇天之礼。南面北向，一拜伏。太祝令各酌福酒，合置一爵中，跪进皇帝，再拜伏。饮福酒讫，博士、太常引帝从东阶下，还南阶。[③]

在此过程中，皇帝共有三项仪式行为，依次为：献天神；献天神的配神太祖；献神之后饮福酒。皇帝在行这三项仪式时都用乐。在魏、晋、宋时期的郊祀仪式中，飨神环节所用之乐通名为飨神歌，并不针对飨神过程中的各仪式环节分别用乐。到南齐时，飨神环节的用乐方式开始改变，依照仪式行为细分为初献、配帝、饮福酒诸乐，《南齐书·乐志》载其仪节与用乐的内容云：初献奏《文德宣烈之乐》，次奏《武德宣烈之乐》，太祖高皇帝配飨奏《高德宣烈之乐》，饮福酒奏《嘉胙之乐》[④]。在用乐的程序及乐名的确定上完全遵从了初献时的仪式过程。梁代郊祀仪式的飨神初献用

① （唐）魏征、令狐德棻：《隋书》卷14《音乐志中》，中华书局1973年点校本，第332页。这一用乐方式，将舞蹈贯穿于整个祭祀仪式，并且在整个用乐过程中，诗、乐、舞三者一直处于同奏的状态。

② 北周现存郊祀、宗庙歌辞均为庾信所作。

③ （梁）沈约：《宋书》卷14《礼志一》，中华书局1974年点校本，第347页。

④ （梁）萧子显：《南齐书》卷11《乐志》，中华书局1972年点校本，第169页。

乐以《登歌》命名[①]：“梁南北郊、宗庙，皇帝初献及明堂遍歌五帝，并奏登歌。”[②] 需要注意，梁代郊祀仪式中皇帝初献环节所用乐为《登歌》，这与魏、晋、宋飨神时奏飨神歌是一种对应关系。也就是说，在郊祀仪式中，《登歌》的功能与飨神歌的功能是相同的。由此可见，本为宗庙祭祀飨神所用的《登歌》被用于郊祀天地的飨神环节，体现出宗庙祭祀用乐对郊祀仪式用乐的渗透影响。

魏晋南北朝时期的神灵祭祀，除南北郊飨神有配乐外，明堂、藉田等国家礼仪也有配乐，如这一时期明堂仪式的主要祭祀对象为五帝，五帝在神格上是平等的，因此其飨神用乐与南北郊专歌一神不同，对五帝都有歌颂，即“遍歌五帝”——青帝、赤帝、黄帝、白帝、黑帝——在用乐方式上与宗庙飨神的七室登歌颇为相似。

前文已述，这一时期郊祀仪式中的飨神施行的多为“三献”之礼。皇帝作为主祭者，其亲奉的初献之礼用乐最盛，由大臣所掌的亚献与终献环节也有用乐。这一时期，掌亚献、终献者各代有所不同。东晋时亚献、终献分别由太常、光禄执掌；宋以后，在太常丞的建议下改由太尉亚献、光禄勋终献[③]。《宋书·百官志上》：“太尉，一人。……掌兵事，郊祀掌亚献，大丧则告谥南郊。”“光禄勋郊祀掌三献。”[④] 亚献、终献中的用乐多与初献相同，南齐“皇帝初献及太尉亚献、光禄勋终献，并奏《宣烈》”。梁代行一献之礼，实为创举，这源于梁武帝对献祭的理解。《隋书·礼仪志一》载：

> 七年，帝以一献为质，三献则文，事天之道，理不应然，诏下详议。博士陆玮、明山宾，礼官司马褧，以为“宗祧三献，义兼臣下，上天之礼，主在帝王，约理申义，一献为允”。自是天地之祭皆一献，始省太尉亚献，光禄终献。[⑤]

---

① 魏晋南北朝时期，在郊祀等祭祀天地神灵的仪式中，登歌往往为皇帝登坛时所奏，这种在飨神时奏登歌的情况有异于这一时期天地之祭的一般情形。

② （宋）郭茂倩：《乐府诗集》，中华书局 1979 年点校本，第 34 页。按：天监七年开始，在吉礼中施行一献之礼。

③ （梁）沈约：《宋书》卷 16《礼志三》，中华书局 1974 年点校本，第 428 页。

④ （梁）沈约：《宋书》卷 39《百官志上》，中华书局 1974 年点校本，第 1218、1229 页。

⑤ （唐）魏征、令狐德棻：《隋书》卷 6《礼仪志一》，中华书局 1973 年点校本，第 110 页。

梁武帝所依据的是礼经中"祭祀尚质"的规定，将复杂的仪式过程简化，体现了礼经对礼仪用乐的指导作用。北齐郊祀飨神"三献"亦为"皇帝初献，太尉亚献，光禄终献"："迎神、送神及皇帝初献、礼五方上帝，并奏《高明》之乐，为《覆焘》之舞。"[①] 北周以《周礼》为据确立本朝用乐体系，郊祀用乐以其所创六代乐为主，其用乐方式如下：

> 天和元年，武帝初造《山云》舞，以备六代。南北郊、雩坛、太庙、禘祫，俱用六舞。南郊则《大夏》降神，《大濩》献熟，次作《大武》《正德》《武德》《山云》之舞。北郊则《大濩》降神，《大夏》献熟，次作《大武》《正德》《武德》《山云》之舞。雩坛以《大武》降神，《正德》献熟，次作《大夏》《大濩》《武德》《山云》之舞。[②]

如上所述，《文》《武》二舞在汉代之前仅用于宗庙仪式，从曹魏开始用于郊祀仪式，这与郊祀仪式及其用乐在礼经中无明确规定有关，礼仪的发展决定了其必须从与之类似的宗庙仪式中寻求借鉴。在前文中，我们已经提及魏晋以来的郊祀仪式及其用乐，多是借鉴宗庙礼乐而来。作为郊祀用乐重要组成部分的飨神奏舞也不例外，同样要从宗庙祭仪那里寻求借鉴。另外，郊祀天地、明堂五帝时所施行的祖先配享制度也密切了与宗庙祭仪之间的联系，使其向宗庙用乐寻求借鉴成为可能。因此，在魏晋以后，郊祀、宗庙等吉礼中所用舞乐基本相同就不难理解了。

关于郊祀仪式中奏舞的资料较少，我们根据史书中的片断记载可知，在郊祀仪式中的奏舞也是在献祭环节进行的，如：

宋时祭祀天地奏舞：

> 祠南郊迎神，奏《肆夏》。皇帝初登坛，奏登歌。初献，奏《凯容》《宣烈》之舞。送神奏《肆夏》。[③]

南齐时亦在献祭时奏舞：

---

① （唐）魏征、令狐德棻：《隋书》卷14《音乐志中》，中华书局1973年点校本，第314页。

② （唐）魏征、令狐德棻：《隋书》卷14《音乐志中》，中华书局1973年点校本，第332页。

③ （梁）沈约：《宋书》卷19《乐志一》，中华书局1974年点校本，第545页。

初献奏《文德宣烈之乐》，次奏《武德宣烈之乐》，太祖高皇帝配飨奏《高德宣烈之乐》。①

陈时奏舞：

皇帝初献及太尉亚献、光禄勋终献，并奏《宣烈》。②

以上乐舞的名称都是源自宋确立的《文》《武》二舞，这些舞名在南齐、陈得到沿用，只不过其乐名被加以修饰，以彰显用乐者之德行。

除《文》《武》二舞之外，在郊祀仪式中所用舞乐尚有其他种类，这主要集中在北齐、北周时期。这两朝在郊祀、宗庙仪式中所演奏的舞乐并非《文》《武》二舞，而是出自己创，如北齐郊祀所用舞乐，与宗庙不同：

迎神送神及皇帝初献、礼五方上帝，并奏《高明》之乐，为《覆焘》之舞。……以高祖配飨，奏《武德》之乐，为《昭烈》之舞。③

其舞蹈的使用也是在献祭环节。北周以《周官》所存六代乐舞为名建立本朝乐舞，在吉礼中轮番使用，既用于郊祀，又用于宗庙，上文已有详论，不再赘言。

4. 送神及祭祀者出祭祀场所用乐

飨神之后的仪节为送神及祭祀者出祭祀场所，是祭仪的最后环节，它与之前的迎神及飨神共同构成完整的仪式过程。

送神乐从性质上来说与迎神乐相似，神灵升降，有来有往，故祭礼中有迎有送。这一仪节是从礼经所载祭祀迎尸、送尸的仪式环节演变而来的。秦汉以后，祭祀中不再立“尸”，故将迎尸、送尸的仪节转化为迎神、送神。宋代群臣就曾对此进行讨论，最后肯定了祭祀中应设迎神、送神环节：“古以尸象神，故《仪礼》祝有迎尸送尸，近代虽无尸，岂可阙迎送之礼?”④

---

① （梁）萧子显：《南齐书》卷 11《乐志》，中华书局 1972 年点校本，第 169 页。

② 此为天嘉元年（560）陈文帝所定圜丘、明堂及宗庙乐。

③ （唐）魏征、令狐德棻：《隋书》卷 14《音乐志中》，中华书局 1973 年点校本，第 314 页。

④ （梁）沈约：《宋书》卷 19《乐志一》，中华书局 1974 年点校本，第 543 页。

在这一时期的大多数朝代，送神都被作为一个重要的仪式环节。

关于送神及出入用乐，西晋时期，迎神、送神所用乐曲相同，通名《迎送神歌》，歌辞也相同，东晋时期唯有送神而无迎神。到宋这种情况有所改变，迎神、送神各有专门的用乐。这种用乐方式在以后诸代得到延续，大部分情况是送神与迎神所用乐名相同，歌辞则异。这一特点的出现可能是受礼经中尸出入祭坛时用乐相同这一规定的影响①。

祭祀者出祭祀场所也有用乐，此用乐同入祭祀场所一样，为行步之乐。出祭祀场所分群臣出祭祀场所与皇帝还便殿两个部分。群臣出祭祀场所历代无用乐；皇帝还便殿，曹魏、晋无用乐，宋宗庙奏《休成之乐》，南齐南郊、宗庙奏《休成之乐》，北齐南北郊、明堂、宗庙奏《皇夏》，北周圜丘、宗庙奏《皇夏》，分为南北两个明显不同的用乐体系。

除送神、祭祀者出入之外，吉礼中的用乐尚有祭祀之后的焚燎、瘗埋祭品诸环节。在大多数朝代，这些仪节并未用乐，与前面所论述的迎神、送神、飨神相比，其缺失并不影响整个仪式的完整性。

第三节　魏晋南北朝郊庙乐舞创作沿革考论

在上节中，我们针对魏晋南北朝时期吉礼仪式过程的各环节与用乐的关系进行了讨论，我们的讨论是针对这一时期祭祀仪式的一般模式进行的。事实上，对这一时期各朝代吉礼用乐来说，无论是乐名、歌辞、舞名以及舞辞，都处于不断的沿革、变化之中，即使同一朝代不同时期的用乐也有可能不同。郭茂倩《乐府诗集·郊庙歌辞》的序文中对此有所概括，其云：

> 武帝始命杜夔创定雅乐。时有邓静、尹商，善训雅歌，歌师尹胡能习宗庙郊祀之曲，舞师冯肃、服养，晓知先代诸舞，夔总领之。魏复先代古乐，自夔始也。晋武受命，百度草创。泰始二年，诏郊庙明堂礼乐权用魏仪，遵周室肇称殷礼之义，但使傅玄改其乐章而已。永

① 在《周礼》中有“尸出入则奏《肆夏》”的记载，即尸进入祭坛与祭祀完毕走出祭坛所用乐均为《肆夏》，这种规定对应到迎神、送神中也是用乐相同，如南齐迎神、送神俱奏《昭夏乐》，北齐迎神、送神俱奏《高明乐》，前者将礼经中规定的牲出入乐名用于迎神、送神，曾受到当时礼学家的批评，但在歌辞中所表达的内容则是完全不同的。

嘉之乱，旧典不存。贺循为太常，始有登歌之乐。明帝太宁末，又诏阮孚增益之。至孝武太元之世，郊祀遂不设乐。宋文帝元嘉中，南郊始设登歌，庙舞犹阙。乃诏颜延之造天地郊登歌三篇，大抵依仿晋曲，是则宋初又仍晋也。南齐、梁、陈，初皆沿袭，后更创制，以为一代之典。元魏、宇文继有朔漠，宣武已后，雅好胡曲，郊庙之乐，徒有其名。①

虽然历代郊庙乐舞的创制与使用在不断变化，但其传承的脉络是很明显的，其基本模式都是“初皆沿袭，后更创制，以为一代之典”。因此，我们将循郭茂倩所提供的线索，进一步梳理魏晋南北朝吉礼用乐的沿革，以与上节内容相互印证，建构起魏晋南北朝吉礼用乐的完整图景。

一　汉末雅乐的沦丧与曹魏的郊庙用乐

东汉时期的雅乐毁于汉末大乱，对其情形，《晋书·乐志下》载：“汉自东京大乱，绝无金石之乐，乐章亡缺，不可复知。”②《宋书·乐志一》曰：“汉末大乱，众乐沦缺。”③这自然包括祭祀用乐。汉末大乱不但造成乐器损毁，也致使乐章亡缺及乐官、乐人流亡。曹魏雅乐，尤其是郊庙乐的恢复依靠曹操平荆州时所获汉雅乐郎杜夔，前文已述，此不赘论。

曹丕称帝以后，重视郊祀、宗庙等吉礼，采用郑玄学说建立圜丘、南郊及宗庙，且行祭祀之礼，史书对此多有记载，但对曹魏所行吉礼用乐的方式及内容则较少提及。根据相关史料，我们对曹魏用乐进行一下梳理。曹魏祭礼用乐主要为舞乐，概括来说，即《武》舞体系与《文》舞体系。

先看《武》舞，其《武》舞非承自汉所传周代《大武》舞，而是对西汉初《巴渝舞》的改造，史载：

魏初，乃使军谋祭酒王粲改创其词。粲问巴渝帅李管、种玉歌曲意，试使歌，听之，以考校歌曲，而为之改为《矛渝新福歌曲》《弩

① （宋）郭茂倩：《乐府诗集》，中华书局1979年点校本，第1—2页。
② （唐）房玄龄等：《晋书》卷23《乐志下》，中华书局1974年点校本，第679页。
③ （梁）沈约：《宋书》卷19《乐志一》，中华书局1974年点校本，第534页。

渝新福歌曲》《安台新福歌曲》《行辞新福歌曲》,《行辞》以述魏德。黄初三年,又改《巴渝舞》曰《昭武舞》。[①]

需要注意,此处之魏初当指曹操封魏王之后,而非曹丕称帝之后,王粲创辞及改曲当在217年之前,从这段史料看王粲所创之辞以歌颂魏德为主。黄初三年(222)将《巴渝舞》改为《昭武舞》,曹魏《武》舞体系建立。

再看《文》舞。《文》舞的创制主要是魏明帝时期的《武始》《咸熙》《章斌》三乐舞。《晋书·乐志上》载:"至景初元年,尚书奏,考览三代礼乐遗曲,据功象德,奏作《武始》《咸熙》《章斌》三舞,皆执羽籥。"[②]《隋书·音乐志下》载:"明帝初,公卿奏上太祖武皇帝乐曰《武始》之舞,高祖文皇帝乐曰《咸熙》之舞。又制乐舞,名曰《章斌》之舞,有事于天地宗庙,及临朝大飨,并用之。"[③] 从其"执羽籥"的舞容上看,应为《文》舞,魏明帝时所创之乐舞明显具有宗庙乐的性质,但其使用方式则是郊、庙同用,开后世郊、庙飨神同用舞乐的先河。

从总体上看,曹魏时期的郊庙祭祀用乐并未与仪节完全相配合,虽然具备了《文》《武》二舞的舞乐体系,但在具体的仪式用乐中,《武》舞并未真正施行。

二 西晋郊庙用乐的破坏与恢复

西晋所拥有的乐人及乐器达到了较大的规模。这一方面是建立在曹魏雅乐恢复的基础之上,西晋以禅代取得政权,基本上原封不动地继承了曹魏的乐人及乐器;另一方面,西晋的统一使原本分散在外的乐人、乐器重新聚集,如灭东吴后也获得了部分乐器,《晋书·礼志上》载:"太康平吴,九州共一,礼经咸至,乐器同归。"[④] 这就为西晋郊庙用乐的创制提供了条件。

西晋初建之时,所用郊庙乐基本是从曹魏承袭而来,所改者仅为歌辞,晋武帝时制定郊庙用乐规范:"泰始二年,诏郊祀明堂礼乐权用魏仪,

---

① (唐)房玄龄等:《晋书》卷22《乐志上》,中华书局1974年点校本,第693—694页。

② (唐)房玄龄等:《晋书》卷22《乐志上》,中华书局1974年点校本,第694页。

③ (唐)魏征、令狐德棻:《隋书》卷15《音乐志下》,中华书局1973年点校本,第350页。

④ (唐)房玄龄等:《晋书》卷19《礼志上》,中华书局1974年点校本,第580页。

遵周室肇称殷礼之义，但改乐章而已。"[①] 所谓"乐章"是指与用乐相配之歌辞，据郑樵《通志》："诗者乐章也，或形之歌咏，或散之律吕，各随所主而命。"[②] 其具体用乐情况，在郊祀仪式中奏《夕牲》《迎送神》《飨神》诸乐并其歌辞，宗庙乐则七室各异，各神室分别用乐并配以不同的歌辞。至于郊庙奏舞，西晋初建时是继承曹魏之《昭武》《羽籥》二舞，即曹魏所创立的《文》《武》二舞，并更名为《宣武》《宣文》。此二舞为曹魏所自创，非周乐传统，故后又在汉所传周代《文》《武》二舞的基础上改作，创为《正德》《大豫》二舞，并且为其制作歌辞："至晋武帝泰始九年，荀勖曾典乐，更文舞曰《正德》，武舞曰《大豫》，使郭夏、宋识为其舞节，而张华为之乐章。"[③] 泰始九年（273）以后《宣武》《宣文》二舞不再使用。

西晋郊庙用乐的建设离不开律学的发展，荀勖父子对此做出了一定的贡献。荀勖精通乐律，据《晋书・乐志上》，他曾经"以杜夔所制律吕校太乐、总章、鼓吹八音，与律吕乖错，乃制古尺，作新律吕，以调声韵"[④]。荀勖所作新律吕在当时颇受非议，如阮咸认为其声高而近于哀思，与郊庙用乐的"中和"之调相去甚远，张华等的雅乐观也与其异旨。徐师曾《文体明辨序说・乐府》云："逮及晋世，则有傅玄张华之徒，晓畅音律，故其所作，多有可观。然荀勖改杜夔之调，声节哀急，见讥阮咸，不足多也。"[⑤] 荀勖死后，其子荀藩曾在元康三年（293）奉命修订乐器以施于郊庙祭祀，但时逢八王之乱，其制作并没有取得实质进展。

由以上分析可见，曹魏及西晋郊庙用乐既有对前代的继承，即杜夔所做的"复先代古乐"，更有继承基础上的创新，创作出适合本朝的郊庙用乐是统治者制礼作乐的最终目的。

西晋末永嘉之乱，晋室南迁，从此开始了长达200多年的南北对峙。乐人、乐器在此次战乱中尽为胡虏所得，据《晋书・乐志下》载："永嘉之乱，海内分崩，伶官乐器，皆没于刘、石。"[⑥] 这导致南渡政权无雅乐可用，郊祀、宗庙用乐陷入空缺的局面，而这一时期郊祀、宗庙礼仪的建

① （唐）房玄龄等：《晋书》卷22《乐志上》，中华书局1974年点校本，第679页。
② （宋）郑樵撰，王树民点校：《通志二十略》，中华书局1995年版，第887页。
③ （宋）郑樵撰，王树民点校：《通志二十略》，中华书局1995年版，第935页。
④ （唐）房玄龄等：《晋书》卷22《乐志上》，中华书局1974年点校本，第692页。
⑤ （明）徐师曾著，罗根泽点校：《文体明辨序说》，人民文学出版社1962年版，第103页。
⑥ （唐）房玄龄等：《晋书》卷23《乐志下》，中华书局1974年点校本，第697页。

设也是较为缓慢的，这在一定程度上使郊庙用乐的创制更为滞后。尽管十六国部分政权拥有乐人、乐器，也曾行郊祀、宗庙之礼，但在史籍中并无北方政权吉礼用乐制作的记载。据相关史料，有的北方政权曾设立乐府机关，《晋书·刘曜载记》载："安善于抚接，吉凶夷险与众同之，及其死，陇上歌之曰：'陇上壮士有陈安……西流之水东流河，一去不还奈子何?'曜闻而嘉伤，命乐府歌之。"① 明确提到乐府，至于此乐府是否掌管礼仪用乐的制作则不得而知，直到北魏太武帝时期才开始以所传西晋乐人、乐器为基础制作礼乐。

在东晋时期，南迁政权一直努力恢复郊庙礼仪，也在探索创制与郊庙礼仪相配的雅乐，却受制于各种因素不能实现礼乐相协，乐人、乐器的不备是最大的障碍。晋室南渡之初，由于乐人、乐器不备，在行各种礼仪之时，礼仪用乐少有人解，正如太常贺循所奏："旧京荒废，今既散亡，音韵曲折，又无识者，则于今难以意言。"② 甚至连掌管雅乐的机关都被取消，《晋书·乐志下》载："于时以无雅乐器及伶人，省太乐并鼓吹令。"③ 太乐令掌管礼仪用乐，鼓吹令掌管鼓吹乐，鼓吹乐从曹魏开始已经成为礼仪用乐的重要组成部分，雅乐机关的缺省自然使郊庙礼仪无雅乐可奏。晋成帝咸和（326—334）年间，统治者对恢复雅乐用力颇多，其中一项工作就是试图恢复缺省已久的太乐，但由于乐人、乐器的缺乏而困难重重："咸和中，成帝乃复置太乐官，鸠集遗逸，而尚未有金石也。"④ 由此可知，晋成帝咸和之前吉礼中的乐舞演奏基本是空缺的。因此，东晋在很长一段时期内举行郊祀、宗庙仪式时并无乐相配。

东晋郊祀、宗庙用乐的恢复当于成帝、穆帝间，有两个因素促成了其雅乐的恢复：其一为朝臣的制作："庾亮为荆州，与谢尚修复雅乐，未具而亮薨。"其二是获得了北方政权所存西晋雅乐。直至东晋孝武帝太元（376—396）年间，钟、磬等乐器才初具规模，四厢乐始备。此时郊庙等吉礼用乐的制作及使用却较为滞后，唯太元年间曹毗及王珣创制宗庙乐歌十三

① （唐）房玄龄等：《晋书》卷 103《刘曜载记》，中华书局 1974 年点校本，第 2694 页。

② （唐）房玄龄等：《晋书》卷 23《乐志下》，中华书局 1974 年点校本，第 697 页。

③ （唐）房玄龄等：《晋书》卷 23《乐志下》，中华书局 1974 年点校本，第 697 页。"于时"当指成帝咸和（326—334）前。

④ （唐）房玄龄等：《晋书》卷 23《乐志下》，中华书局 1974 年点校本，第 697 页。

篇，而郊祀仪式终东晋之世未有用乐①。

三　郊庙用乐在南朝的继承与创新

（一）宋、南齐郊庙用乐的恢复

晋宋禅代，东晋所恢复的乐器未受损毁，全部为宋所得，成为宋雅乐的重要来源，据《南史·臧焘传附臧熹传》载："从宋武入京城，进至建邺。桓玄走，武帝便使熹入宫收图书器物，封府库。有金饰乐器，武帝问熹：'卿欲此乎？'熹正色曰：'主上幽逼，播越非所，将军首建大义，劬劳王室，虽复不肖，实无情于乐。'帝笑曰：'聊以戏耳。'"② 时刘裕将要代晋称帝，晋安帝司马德宗被桓玄挟持到江陵，由此记载可以推知，刘裕代晋之后，东晋乐器得到了完整的保存。与此同时，北方政权的乐人、乐器也因南北交战等原因南下，为南方政权所得，据《隋书·音乐志下》载："慕容垂破慕容永于长子，尽获苻氏旧乐。垂息为魏所败，其钟律令李佛等，将太乐细伎，奔慕容德于邺。德迁都广固，子超嗣立，其母先没姚兴，超以太乐伎一百二十人诣兴赎母。及宋武帝入关，悉收南渡。"③ 从乐人、乐器的源头上说，刘裕北伐所获依然是永嘉之乱中没入胡虏者。由以上两个渠道获得的乐人、乐器充实了宋的太乐机关，这为宋郊庙用乐的建设奠定了良好的基础，制礼作乐者对前代用乐进行补充完善，即所谓"调金石"，《宋书·乐志一》载："宋文帝元嘉九年，太乐令钟宗之更调金石。十四年，治书令史奚纵又改之。"④ 确定了雅乐乐律，同时依本朝郊庙祭祀的仪式规范制定相应的仪式用乐。

宋的吉礼用乐制作从宗庙乐开始，刘裕甫代晋登基，就开始创制宗庙乐："宋武帝永初元年七月，有司奏：'皇朝肇建，庙祀应设雅乐，太常郑鲜之等八十八人各撰立新歌。"⑤ 此次制乐声势颇大，共有朝臣 88 人创作宗庙歌辞，最终被采用者唯王韶之所创歌辞："黄门侍郎王韶之所撰歌辞七首，并合施用。"⑥ 宋初的宗庙祭祀飨神用乐为登歌，沿袭前代七室

---

① 《晋书·乐志下》载："乃使曹毗、王珣等增造宗庙歌诗，然郊祀遂不设乐。"见（唐）房玄龄等《晋书》卷 23《乐志下》，中华书局 1974 年点校本，第 698 页。

② （唐）李延寿：《南史》卷 18《臧焘传附臧熹传》，中华书局 1975 年点校本，第 513 页。

③ （唐）魏征、令狐德棻：《隋书》卷 15《音乐志下》，中华书局 1973 年点校本，第 350 页。

④ （梁）沈约：《宋书》卷 19《乐志一》，中华书局 1974 年点校本，第 541 页。

⑤ （梁）沈约：《宋书》卷 19《乐志一》，中华书局 1974 年点校本，第 541 页。

⑥ （梁）沈约：《宋书》卷 19《乐志一》，中华书局 1974 年点校本，第 541 页。

各奏登歌的用乐方式。王韶之所制歌辞即遵循这一用乐方式，其七室歌辞分别用于包括宋武帝在内的七位祖先[①]。在飨神舞乐的使用上，将晋代所用《正德》《大豫》改为《前舞》《后舞》，歌辞亦用王韶之所作。

在宋武帝、少帝及文帝前期郊祀仪式一直未用乐，直到宋文帝元嘉二十二年（445），郊祀仪式始用乐。其用乐模仿西晋，依祭祀环节“随事立名”，分为夕牲用乐、迎送神用乐、飨神用乐三部分。此时，宋的郊祀用乐并不健全，统治者内部对郊祀用乐与否存在争议，孝建二年（455）群臣就此问题进行讨论：颜竣以为郊祀有乐于史无征；刘诞、荀万秋等五十一人认为郊祀应该设乐，宋孝武帝最终肯定了郊祀设乐的观点。自晋室南迁，郊祀用乐一直未步入正轨，或用或否，未有定制，至此才对郊祀用乐有了明确的规定。此次讨论还确定了郊祀用乐的程序及《文》《武》二舞同用于郊祀、宗庙的原则。此时又将晋代所传《文》《武》二舞更名为《凯容》《宣烈》之舞，同用于郊祀仪式。其南郊用乐程序为：

> 祠南郊迎神，奏《肆夏》。皇帝初登坛，奏登歌。初献，奏《凯容》《宣烈》之舞。送神，奏《肆夏》。祠庙迎神，奏《肆夏》。皇帝入庙门，奏《永至》。皇帝诣东壁，奏登歌。初献，奏《凯容》《宣烈》之舞。终献，奏《永安》。送神奏《肆夏》。[②]

史载，宋废帝元徽五年（477），宋雅乐已经达到空前的规模，太乐所掌乐人数量已逾千人，《通典》云：“按废帝元徽五年，太乐雅郑共千余人，后堂杂伎不在其数。”[③] 虽然这千余人中有俗乐乐人，但掌吉礼用乐的乐人必不在少数。

元徽年间不但乐人、乐器达到空前的规模，此时所确立的郊祀、宗庙等礼仪用乐程式对之前的用乐方式也有所突破，被称为“元徽旧式”。这些用乐程式为南齐所继承，《隋书·音乐志上》：“陈初，武帝诏求宋、齐故事。太常卿周弘让奏曰：‘齐氏承宋，咸用元徽旧式，宗祀朝飨，奏乐

① 此时宋武帝尚在世，不知为何为其创制宗庙登歌，或提前创制，为武帝崩后入庙所用。

② （梁）沈约：《宋书》卷19《乐志一》，中华书局1974年点校本，第545页。

③ （唐）杜佑撰，王文锦、王永兴等点校：《通典》卷141《乐一》，中华书局1988年版，第3600页。

俱同，惟北郊之礼，颇有增益。’”[①] 因此，我们通过对齐代郊祀、宗庙乐舞使用方式的梳理就能获知元徽年间所确立的郊祀、宗庙用乐方式。首先是南郊用乐，《乐府诗集》载：“其南郊乐，群臣出入奏《肃咸之乐》，牲出入奏《引牲之乐》，荐豆呈毛血奏《嘉荐之乐》。凡夕牲歌，并重奏。迎神奏《昭夏之乐》，皇帝入坛东门奏《永至之乐》，升坛奏登歌，初献奏《文德宣烈之乐》，次奏《武德宣烈之乐》，太祖高皇帝配飨奏《高德宣烈之乐》，饮福酒奏《嘉胙之乐》，送神奏《昭夏之乐》，就燎位奏《昭远之乐》，还便殿奏《休成之乐》，重奏。”[②] 其宗庙乐，《乐府诗集》载：“其夕牲、群臣出入奏《肃咸乐》，牲出入奏《引牲乐》，荐豆呈毛血奏《嘉荐乐》，迎神奏《昭夏乐》，皇帝入庙北门奏《永至乐》，太祝祼地奏登歌，皇祖广陵丞、太中大夫、淮阴令、皇曾祖即丘令、皇祖太常卿五室，并奏《凯容乐》，皇考宣皇帝室奏《宣德凯容乐》，昭皇后室奏《凯容乐》，皇帝还东壁上福酒奏《永祚乐》，送神奏《肆夏乐》，皇帝诣便殿奏《休成乐》，太祖高皇帝室奏《高德宣烈乐》，穆皇后室奏《穆德凯容乐》，高宗明皇帝室奏《明德凯容乐》。”[③] 由南齐用乐可知，元徽年间所确立的用乐程序更为复杂，与宋孝武帝时相比增加了群臣出入、荐豆呈毛血、皇帝还东壁上福酒、皇帝还便殿等用乐环节，在飨神环节中，最重要的变化在于献祭时不奏登歌而是奏舞，无论是郊祀中的初献、次献及配飨还是宗庙中的七室用乐，都为舞乐[④]。

南齐在郊祀、宗庙用乐上是对宋元徽用乐仪注的实践，其变化者少而因循者多，变化较为明显者在北郊用乐，《乐府诗集》对此有所总结：

> 《南齐书·乐志》曰：“北郊乐，迎地神奏《昭夏之乐》，升坛奏登歌，初献奏《地德凯容之乐》，次奏《昭德凯容之乐》，送神奏《昭夏之乐》，瘗埋奏《隶幽之乐》，余辞同南郊。”《隋书·乐志》曰：“齐氏承宋，咸用元徽旧式，宗祀朝飨，奏乐俱同。惟增北郊之礼，乃元徽所阙，永明六年之所加也。唯送神之乐，宋孝建二年秋起

① （唐）魏征、令狐德棻：《隋书》卷 13《音乐志上》，中华书局 1973 年点校本，第 306 页。
② （宋）郭茂倩：《乐府诗集》，中华书局 1979 年点校本，第 18 页。
③ （宋）郭茂倩：《乐府诗集》，中华书局 1979 年点校本，第 123 页。
④ 可与上节内容相参照。

居注云奏《肆夏》，永明中改奏《昭夏》。”[①]

除此之外，南齐还有明堂、雩祭、藉田等仪式用乐，其用乐方式及内容与郊祀、宗庙仪式用乐基本相同，此处不再赘述。

（二）梁武帝时期郊庙用乐的变革

梁代雅乐的建设主要是在梁武帝时期完成的，宋、南齐二代雅乐的发展是梁代雅乐建设的重要基础，同时，梁武帝个人的儒学及雅乐修养成为梁代郊庙等礼仪用乐变革的直接动因。梁代雅乐的变革主要表现为各礼仪用乐的复古上。

梁武帝礼仪用乐复古始于天监元年（502），《隋书·音乐志上》载："梁氏之初，乐缘齐旧。武帝思弘古乐，天监元年，遂下诏访百僚曰：'夫声音之道，与政通矣……魏晋以来，陵替兹甚。遂使雅郑混淆，钟石斯谬，天人缺九变之节，朝燕失四悬之仪。'"[②] 萧衍认为，前代郊庙、朝飨用乐已不复先王雅乐的本来面目，魏晋以来尤甚，作为仪式用乐的雅乐已不具备合天人、飨鬼神的功能，已经与俗乐混淆，难于区分，因此对雅乐的变革成为必然之势。同时，梁武帝精于礼学，雅好《诗经》《尚书》等儒家经典，以正统儒者自居，这决定了梁武帝时期的雅乐变革必然要从儒家经典中寻找依据。

梁武帝对礼仪用乐的变革依据儒家经典并参以己意，不仅表现在乐舞名称及歌辞的改制上，在乐器制作及用乐理论等方面都有所突破，具体来说主要有三个方面：对吉礼用乐程序的简化；郊庙乐舞及歌辞的改制；乐舞使用方式的变革。下面我们分别进行讨论。

1. 对吉礼用乐程序的简化

梁武帝对礼仪用乐的变革首先体现在用乐程序的简化上，这基于他对"大合乐"这一用乐方式的理解。所谓"大合乐"，见于《周礼·大宗伯》："以六律、六同、五声、八音、六舞大合乐，以致鬼神示，以和邦国，以谐万民，以安宾客，以说远人，以作动物。"[③] 王肃认为"大合乐"就是在祭祀中遍用六代之乐，各种乐舞一时齐奏；梁武帝的理解与王肃不

---

① （宋）郭茂倩：《乐府诗集》，中华书局1979年点校本，第21页。

② （唐）魏征、令狐德棻：《隋书》卷13《音乐志上》，中华书局1973年点校本，第287—288页。

③ （清）阮元校刻：《十三经注疏·周礼注疏》，中华书局1980年版，第788页上栏。

同，他认为："大合乐者，是使六律与五声克谐，八音与万舞和节耳。岂谓致鬼神用六代乐也？其后即言'分乐序之，以祭以享'。此乃晓然可明，肃则失其旨矣。"① 在梁武帝看来，"夫祭尚于敬，无使乐繁礼黩"，简化祭祀用乐才能体现出对鬼神的尊敬，他强调的是祭仪中的态度而非形式，是对"礼之本"的强调。基于对"大合乐"的理解，梁武帝对郊庙乐舞的演奏方式做出变革："于是不备宫悬，不遍舞六代，逐所应须。……宗庙省迎送之乐，以其閟宫灵宅也。"② 将仪式用乐的过程大大简省。

2. 郊庙乐舞及歌辞的改制

梁武帝变革礼仪用乐的另一个表现是以"雅"来命名郊庙、朝飨用乐，以六律、六吕十二律确定用乐数，共有十二曲，通以"雅"为名。其所以名之为"雅"，是取"雅"乃"正"之意，这与梁武帝试图恢复久已沦丧的礼仪雅乐有关。据《隋书·音乐志上》："国乐以'雅'为称，取《诗序》云：'言天下之事，形四方之风，谓之雅。雅者，正也。'"③ 乐名的第一个字取自经典，并且与所施用的仪式过程相关，如："众官出入，宋元徽三年《仪注》奏《肃咸乐》，齐及梁初亦同。至是改为《俊雅》，取《礼记》：'司徒论选士之秀者而升之学，曰俊士也。'"④ 之所以将众官出入时的用乐命名为《俊雅》，是取自《礼记》"俊士"之名，即指参加仪式者为皇帝之能臣俊士。同时变革舞乐之名，《武》舞更名《大壮》舞，《文》舞更名《大观》舞，所依据亦为儒家经典。我们将梁武帝所制十二《雅》依据的经典及与仪节的对应关系总结如下表。

表1　　梁武帝所制十二《雅》使用情况表

仪节	众官出入	皇帝出入	皇太子出入	王公出入	上寿酒	食举	撤馔	牲出入	荐毛血	降神及迎送	皇帝饮福酒	燎埋
乐名	《俊雅》	《皇雅》	《胤雅》	《寅雅》	《介雅》	《需雅》	《雍雅》	《涤雅》	《牷雅》	《諴雅》	《献雅》	《禋雅》
经典	《礼记》	《诗经》	《诗经》	《周礼》《尚书》	《诗经》	《周易》	《礼记》	《礼记》	《左传》	《尚书》	《礼记》	《周礼》

① （唐）魏征、令狐德棻：《隋书》卷13《音乐志上》，中华书局1973年点校本，第290—291页。

② （唐）魏征、令狐德棻：《隋书》卷13《音乐志上》，中华书局1973年点校本，第291页。

③ （唐）魏征、令狐德棻：《隋书》卷13《音乐志上》，中华书局1973年点校本，第292页。

④ （唐）魏征、令狐德棻：《隋书》卷13《音乐志上》，中华书局1973年点校本，第292页。

这是梁武帝雅乐复古的重要表现，梁武帝以“雅”命名礼仪用乐至少在形式上已经符合了先王之乐的标准，郑樵《通志·乐略》云：“惟梁武帝自晓音律，又诏百司各陈所闻，帝自纠擿前违，裁成十二《雅》，付之太乐，自此始定，虽制作非古，而音声有伦。”[①] 在郑樵看来，梁武帝所创十二《雅》并不合古，但其对礼仪用乐命名方式的变革推动了礼仪用乐制作的进一步规范化，即他所说的“有伦”。梁武帝所创礼仪用乐的命名方式成为后世的范本：“准十二律，以法天之成数，故世世因之，而不能易也。”[②] 如陈乐通以“韶”为名，北周乐通以“夏”命名，唐乐名为十二《和》，五代后汉、后周乐名为十二《成》、十二《顺》，其命名方式与梁武帝所制的十二《雅》如出一辙。由于乐名的改变，歌辞的变化也是非常明显的，此不再赘述。值得注意的是，在梁武帝后期（普通以后），由于他笃信佛教，郊庙仪式中的牺牲等动物祭品由蔬果代替，于是将用于“牲出入”和“荐毛血”环节的《涤雅》《牷雅》二乐省去不用。

3. 乐舞使用方式的变革

在乐舞使用方式上，梁代较前代也有较大变革。在梁代之前，郊祀、宗庙乐舞使用的方式基本相同，依仪节而确立用乐顺序；三朝元会用乐为嘉礼用乐，其乐舞使用方式另属一个系列。梁武帝所制之十二《雅》打破了祭礼与飨宴之礼的差别和界限，并不依仪式的差异确定用乐内容及程序，将其在郊祀、宗庙、元会三种礼仪中同用。这一方式颇受后世非议，郑樵在《通志》中肯定武帝所创十二《雅》的同时，也指出这一方式的缺陷，他说礼仪用乐应因仪式而确立：“有宗庙之乐，有天地之乐，有君臣之乐。”并备举前代郊祀、宗庙、元会用乐各异以为例证，认为梁武帝确立的乐舞使用方式使人、神之礼混杂，致使礼仪失序：“至梁武十二曲成，则郊庙、明堂、三朝之礼，展转用之，天地、宗庙、君臣之事，同其事矣，此礼之所以亡也。”[③]

梁武帝末年发生侯景之乱，萧衍自创的礼仪用乐受到了严重破坏，《隋书·音乐志上》称：“其后台城沦没，简文帝受制于侯景。……自此乐府不修，风雅咸尽矣。及王僧辩破侯景，诸乐并送荆州。经乱，工器颇阙，元帝诏有司补缀才备。荆州陷没，周人不知采用，工人有知音者，并

---

① （宋）郑樵撰，王树民点校：《通志二十略》，中华书局 1995 年版，第 930 页。
② （宋）郑樵撰，王树民点校：《通志二十略》，中华书局 1995 年版，第 930 页。
③ （宋）郑樵撰，王树民点校：《通志二十略》，中华书局 1995 年版，第 928 页。

入关中，随例没为奴婢。”① 同书又载：“周太祖迎魏武入关，乐声皆阙。恭帝元年，平荆州，大获梁氏乐器，以属有司。”② 梁代雅乐的北传为北周的雅乐建设提供了借鉴。

（三）陈代郊庙用乐情况考索

陈郊庙用乐乐器的制作不见于史籍记载，大抵承袭梁旧。陈初，郊庙仪式用乐多杂用宋、南齐、梁所遗旧曲。《隋书》《通典》均有记载：“陈初，武帝诏求宋齐故事。太常卿周弘让奏曰：‘齐氏承宋，咸用元徽旧式，宗祀朝飨，奏乐俱同，唯北郊之礼，颇有增益……’帝遂依之。是时并用梁乐，唯改七室舞辞。”③ 到文帝天嘉元年（560），完全采用南齐乐。我们将《通典》中论南齐及陈天嘉郊庙用乐的两段文字进行对比，就能发现天嘉元年（560）所采用的郊庙用乐与南齐乐基本相同：

> 南齐乐：其祀南郊，群臣出入，奏《肃咸之乐》；牲出入，奏《引牲之乐》；荐笾豆，呈毛血，奏《嘉荐之乐》；迎神、送神，奏《昭夏之乐》；皇帝入坛东门，奏《永至之乐》；升坛，奏登歌；初献，奏《文德宣烈之乐》，次奏《武德宣烈之乐》；太祖高皇帝配享，奏《高德宣烈之乐》；饮福酒，奏《嘉胙之乐》；就燎位，奏《昭远之乐》；还便殿，奏《休成之乐》。④
>
> 陈乐：众官入出，皆奏《肃咸》。牲入出，奏《引牲》。荐毛血，奏《嘉荐》。迎神、送神，奏《昭夏》。皇帝入坛，奏《永至》。皇帝升陛，奏登歌。皇帝初献及太尉亚献、光禄勋终献，并奏《宣烈》。皇帝饮福酒，奏《嘉胙》；就燎位，奏《昭远》；还便殿，奏《休成》。⑤

这一情形一直持续到太建五年（573），尚书左丞刘平、仪曹郎张崖重

---

① （唐）魏征、令狐德棻：《隋书》卷13《音乐志上》，中华书局1973年点校本，第304页。

② （唐）魏征、令狐德棻：《隋书》卷14《音乐志中》，中华书局1973年点校本，第331页。

③ （唐）魏征、令狐德棻：《隋书》卷13《音乐志上》，中华书局1973年点校本，第306页；（唐）杜佑撰，王文锦、王永兴等点校：《通典》卷142《乐二》，中华书局1988年版，第3610页。

④ （唐）杜佑撰，王文锦、王永兴等点校：《通典》卷142《乐二》，中华书局1988年版，第3607页。

⑤ （唐）杜佑撰，王文锦、王永兴等点校：《通典》卷142《乐二》，中华书局1988年版，第3611页。

新制定南北郊及明堂仪注："改天嘉中所用齐乐，尽以'韶'为名。"① 以统一的乐名来命名郊庙用乐，很明显是受梁武帝以"雅"命名郊庙用乐的影响。陈代郊庙用乐大都承袭前代，无明显特色。陈后主即位之后，耽于酒色，喜好的不是典雅舒缓之朝廷正声，而是绮艳轻荡之俗曲，雅乐一度荒废。

四 北朝郊庙用乐的沿革

晋室南迁，北方及巴蜀前后共有十六个政权存在。北魏统一之前，这些政权一直处于争战之中，无暇制作礼乐。与同时期东晋制作礼仪用乐时无乐人、乐器可用相比，北方政权则拥有从西晋所获乐人、乐器，只是未能用于礼仪用乐的建设。这些乐人、乐器只能随着政权的频繁更替而不断发生转移。《魏书·乐志》有对这一时期的乐人、乐器流传情况的概述：

> 永嘉已下，海内分崩，伶官乐器，皆为刘聪、石勒所获，慕容儁平冉闵，遂克之。王猛平邺，入于关右。苻坚既败，长安纷扰，慕容永之东也，礼乐器用多归长子，及垂平永，并入中山。自始祖内和魏晋，二代更致音伎；穆帝为代王，愍帝又进以乐物；金石之器虽有未周，而弦管具矣。逮太祖定中山，获其乐悬，既初拨乱，未遑创改，因时所行而用之。世历分崩，颇有遗失。②

由于十六国时期各政权的存在时间较短，且政权之间征伐不断，很难顾及郊庙等仪式乐舞的创制，前秦曾行郊祀天地之礼，但并未见郊庙乐舞的制作与使用。虽然此一时期各政权礼乐废弛，但乐人、乐器因权力的兴替而得以在各个政权流动，西晋的乐人、乐器得到较好保存。南北交战使乐人、乐器南归，为南方的东晋甚至宋的雅乐建设提供了便利；同时，在拓跋氏统一北方之后，这些乐人、乐器为其所获，也使北魏的礼仪用乐制作有所依据。

（一）北魏郊庙用乐考察

北魏郊庙用乐的创制开始于道武帝拓跋珪之前，郊庙用乐建设条件较

---

① （唐）魏征、令狐德棻：《隋书》卷13《音乐志上》，中华书局1973年点校本，第309页。

② （北齐）魏收：《魏书》卷109《乐志》，中华书局1974年点校本，第2827页。

南朝更为有利。第一，前文已述，西晋的乐人、乐器经过流转最终大都归于北魏。道武帝破中山，太武帝破赫连昌，将十六国所传西晋乐人、乐器收归北魏所有，《魏书·乐志》："逮太祖定中山，获其乐悬，既初拨乱，未遑创改，因时所行而用之。"①《魏书·太祖纪》载："徙山东六州民吏及徒何、高丽杂夷三十六万，百工伎巧十万余口，以充京师。"②《北史·魏本纪》记载基本相同。有学者认为："从后燕获得的这些'百工伎巧'中无疑包括一批有较高修养的'伶官'。"③ 第二，北魏建立之前，拓跋鲜卑已与魏晋交流不断，据《魏书·乐志》："自始祖内和魏晋，二代更致音伎；穆帝为代王，愍帝又进以乐物；金石之器虽有未周，而弦管具矣。"④ 这里指的是神元帝拓跋力微及文帝拓跋沙漠汗时期就已经与魏晋在音乐上有过交流；北魏建立之后，南北交流仍在进行，"从《魏书》及《宋书》《齐书》诸帝纪可知，北魏从太武帝到孝文帝的七十余年间，南北虽时有干戈，但与宋、齐两国的使节往来一直没有中断过，交往频繁时每年都会互派使者。"⑤ 南朝郊庙用乐制作的思想和方式很可能影响了北魏，我们认为这种影响主要是北魏对南朝郊庙用乐制作思想的借鉴，即以儒家经典作为郊庙用乐制作的依据。第三，北魏之西北疆域与西域毗邻，西域的胡乐、胡舞进入北魏雅乐系统，进而影响郊庙用乐。《魏书·乐志》载："世祖破赫连昌，获古雅乐，及平凉州，得其伶人、器服，并择而存之。后通西域，又以悦般国鼓舞设于乐署。"⑥ 据此，北魏的雅乐中已经有较多胡乐的成分。以上是影响北魏郊庙用乐建设的三个重要因素。

北魏时期的郊庙用乐创制基本可以划分为两个阶段⑦，第一阶段是从道武帝拓跋珪天兴元年（398）至孝文帝拓跋宏太和十一年（487），共九十年左右；第二阶段从太和十一年（487）至北魏分裂，共五十多年，在这一阶段郊庙用乐创制成就较大。下面对这两个阶段分别论述。

第一阶段为北魏郊庙用乐的探索期，此时统治者一直在寻求一种适合

---

① （北齐）魏收：《魏书》卷109《乐志》，中华书局1974年点校本，第2827页。

② （北齐）魏收：《魏书》卷2《太祖道武帝》，中华书局1974年点校本，第32页。

③ 刘怀荣、宋亚莉：《魏晋南北朝乐府制度与歌诗研究》，商务印书馆2010年版，第22页。

④ （北齐）魏收：《魏书》卷109《乐志》，中华书局1974年点校本，第2827页。

⑤ 刘怀荣、宋亚莉：《魏晋南北朝乐府制度与歌诗研究》，商务印书馆2010年版，第23页。

⑥ （北齐）魏收：《魏书》卷109《乐志》，中华书局1974年点校本，第2828页。

⑦ 李方元、李渝梅《北魏宫廷音乐机构考》将其分为三个时期，见《音乐研究》1999年第2期。

本朝的用乐形式。道武帝天兴元年（398）定都平城后，命尚书吏部郎邓渊定律吕、协音乐，并初步制定郊庙用乐规范，此举意在将新创之乐用于这年秋天所行西郊和南郊祭祀："孟秋祀天西郊，兆内坛西，备列金石，乐具，皇帝入兆内行礼，咸奏舞八佾之舞。"① 西郊祀天是拓跋氏特有的祭祀方式②，与其民族信仰有关，而金石之乐、八佾之舞属儒家礼乐传统，在本民族传统祭仪中用金石之乐、八佾之舞，很明显是对汉族政权礼乐文化的借鉴。此年南郊祭天仪式所用乐舞，史书有明确记载：

> 乐用《皇矣》，奏《云和》之舞，事讫，奏《维皇》，将燎；夏至祭地祇于北郊方泽，乐用《天祚》，奏《大武》之舞。③

由此可见，无论是鲜卑本民族的西郊祭天还是南北郊，与南方政权郊庙仪式的繁杂用乐程序相比都显得较为简略。

另外，在这一时期，拓跋氏本民族的乐舞也以其强大的惯性保留在礼仪用乐之中，如《真人代歌》本为鲜卑民族的乐歌，实为俗乐，在北魏之初却用于郊庙、朝飨："掖庭中歌《真人代歌》，上叙祖宗开基所由，下及君臣废兴之迹，凡一百五十章，昏晨歌之，时与丝竹合奏。郊庙宴飨亦用之。"④ 由此可知，《真人代歌》共一百五十章，且表演时间较长，其规模较汉族的礼仪乐歌为大，其内容应是对鲜卑本民族历史的记载，在功能上与"以其成功告于神明"的宗庙颂歌有相似之处。这一用乐得以长期保留与拓跋鲜卑的汉化程度较低有关，本民族文化传统的强大影响力使之在较长时期内一直被作为礼仪用乐，《魏书·乐志》载："高宗、显祖无所改作。诸帝意在经营，不以声律为务，古乐音制，罕复传习，旧工更尽，声曲多亡。"⑤ 孝文帝太和初，曾下诏访求古乐，寻能识古音者，但"于时卒无洞晓音律者，乐部不能立，其事弥缺。然方乐之制及四夷歌舞，稍增列于太乐"⑥。其后朝臣屡有制作，但本民族的俗乐仍在郊庙祭仪中使用。这种情况直到太和十一年（487）孝文帝改革郊庙用乐后才发生变化。

---

① （北齐）魏收：《魏书》卷109《乐志》，中华书局1974年点校本，第2827页。
② 杨永俊：《论北魏的西郊祭天制度》，《兰州大学学报》（社会科学版）2002年第2期。
③ （北齐）魏收：《魏书》卷109《乐志》，中华书局1974年点校本，第2828页。
④ （北齐）魏收：《魏书》卷109《乐志》，中华书局1974年点校本，第2828页。
⑤ （北齐）魏收：《魏书》卷109《乐志》，中华书局1974年点校本，第2828页。
⑥ （北齐）魏收：《魏书》卷109《乐志》，中华书局1974年点校本，第2828页。

总之，在孝文帝太和十一年（487）之前的九十年中，北魏郊庙用乐一直处于胡汉杂糅、儒家礼乐与鲜卑民族俗乐并用的状态。

第二个阶段是北魏郊庙用乐的改革期。从孝文帝太和十一年（487）改革郊庙用乐直到北魏分裂。在这一阶段中儒家礼乐观念完全为统治者所接受，朝臣在制礼作乐时往往依据经典，礼学家的注解也成为重要的参考，本民族俗乐被排除在郊庙用乐之外。孝文帝对郊庙用乐的改革是北魏汉化的一个重要方面。太和十一年（487）孝文帝及文明太后的诏令标志着北魏郊庙用乐改革正式开始。从孝文帝太和十一年（487）到北魏灭亡，郊庙用乐屡有制作，主持者多为儒者，如高闾、公孙崇、刘芳、长孙稚、祖莹等人，大都是精通礼学及乐学者，他们的礼乐制作原则是“广程儒林，究论古乐，依据六经，参诸国志，错综阴阳，以制声律”[①]，与南朝以儒家经典为依据制作郊庙用乐是基本一致的。尽管如此，孝文帝以来的郊庙用乐改革成效却并不明显，直到北魏灭亡也未创制出一套适合本朝礼制的、完整的、可资施用的郊庙用乐来。在后世看来，几代儒者的创制都是乖于典制。永熙二年（533），祖莹、长孙稚在上表中比较清晰地勾勒出了太和十一年（487）以来郊庙用乐的创制过程：

> 太和中命故中书监高闾草创古乐，闾寻去世，未就其功。闾亡之后，故太乐令公孙崇续修遗事，十有余载，崇敷奏其功。时太常卿刘芳以崇所作，体制差舛，不合古义，请更修营，被旨听许。芳又釐综，久而申呈。时故东平王元匡共相论驳，各树朋党，争竞纷纶，竟无底定。[②]

高闾、公孙崇、刘芳等人[③]所注重的都是制作律吕，监修乐器。对郊庙仪式中使用的乐舞却并不太关注，只有刘芳在永平三年（510）与侍中崔光、郭祚、黄门游肇、孙惠蔚等人定舞名。探寻其中的原因，我们认为这与北

① （北齐）魏收：《魏书》卷109《乐志》，中华书局1974年点校本，第2831页。

② （北齐）魏收：《魏书》卷109《乐志》，中华书局1974年点校本，第2837页。

③ 其中包括安丰王延明及其门生河间信都芳，史载：“正光中，侍中、安丰王延明受诏监修金石，博探古今乐事，令其门生河间信都芳考算之。属天下多难，终无制造。”二人在监修金石过程中编纂了《乐说》及《诸器物准图》。见（北齐）魏收《魏书》卷109《乐志》，中华书局1974年点校本，第2836页。

魏政权的礼乐传统缺失有关，作为一个少数民族建立的政权，缺乏深厚的礼乐文化积淀，在制礼作乐的实践中，很难找到一种适应本朝实际的礼仪用乐形式。

关于这一时期郊庙仪式中使用何乐，史书无载，正如长孙稚、祖莹上表中所说："皇魏统天百三十载，至于乐舞，讫未立名，非所以聿宣皇风，章明功德，赞扬懋轨，垂范无穷者矣。"[①] 北魏最后一次进行雅乐制作是在普泰（531）年间，其主事者为长孙稚与祖莹，此次雅乐制作依据为《周礼》，并参考魏、晋雅乐传统制作乐器：

> 依高祖所制尺，《周官·考工记》凫氏为钟鼓之分、磬氏为磬倨句之法，《礼运》五声十二律还相为宫之义，以律吕为之剂量，奏请制度，经纪营造。依魏晋所用四厢宫悬，钟、磬各十六悬，埙、篪、筝、筑声韵区别。[②]

值得一提的是，在此次礼乐创制中长孙稚、祖莹为郊庙用乐命名，以《韶》舞为《崇德》，《武》舞为《章烈》，总名为《嘉成》。将郊庙乐定名为《成》，与六代舞总名为《大成》，从乐舞之命名上看，很明显受到了南朝郊庙用乐创制规范影响。

需要注意，终北魏之世，郊庙用乐的创制与使用一直未曾定型，因此与之相配的郊庙歌辞也未见记载。侍中崔光、临淮王拓跋彧曾创作过郊庙歌辞，但由于乐名不立一直未能施用。长孙稚、祖莹完成了乐器的制作并且为乐舞命名，北魏不久便分为东、西二魏，又为北齐、北周所代替，终北魏之世，统治者虽一直致力于郊庙用乐的制作，但与南朝相比始终未建立起一个完整的郊庙用乐体系。

（二）北齐、北周的郊庙用乐

北齐郊庙用乐基本上是对北魏的继承，独创之处不多，如祖珽在创制北齐雅乐时，其依据为北魏安丰王延明及信都芳所著《乐说》，之后才"定正声，始具宫悬之器"，在乐器使用上完全依据北魏旧制："宫悬各设十二镈钟，于其辰位，四面并设编钟磬各一簨虡，合二十架。设建鼓于四

① （北齐）魏收：《魏书》卷109《乐志》，中华书局1974年点校本，第2840页。
② （北齐）魏收：《魏书》卷109《乐志》，中华书局1974年点校本，第2839页。

隅。郊庙朝会同用之。"[①] 北齐国祚短促，其郊庙用乐的确定是在武成帝高湛时，史载其郊祀、宗庙等仪式用乐的一般程序如下：

> 群臣出入，奏《肆夏》。牲出入，荐毛血，并奏《昭夏》。迎神、送神及皇帝初献、礼五方上帝，并奏《高明》之乐，为《覆焘》之舞。皇帝入坛门及升坛饮福酒，就燎位，还便殿，并奏《皇夏》。以高祖配享，奏《武德》之乐，为《昭烈》之舞。裸地，奏登歌。其四时祭庙及禘祫皇六世祖司空、五世祖吏部尚书、高祖秦州刺史、曾祖太尉武贞公、祖文穆皇帝诸神室，并奏《始基》之乐，为《恢祚》之舞。高祖神武皇帝神室，奏《武德》之乐，为《昭烈》之舞。文襄皇帝神室，奏《文德》之乐，为《宣政》之舞。显祖文宣皇帝神室，奏《文正》之乐，为《光大》之舞。肃宗孝昭皇帝神室，奏《文明》之乐，为《休德》之舞。[②]

武成之世所定四郊、宗庙、三朝之曲，在用乐环节上要比北魏更为完善，所采用的也是"随事立名"的用乐方式，其祭祀用乐与宋、南齐基本一致。其实北齐郊庙用乐也受到了胡乐影响，此时所创制的郊庙用乐"杂《西凉》之曲，乐名《广成》，而舞不立号，所谓'洛阳旧乐'者也"[③]。《西凉》之曲乃北魏世祖平凉后所获，其源头为西域龟兹乐，《隋书·音乐志下》："《西凉》者，起苻氏之末，吕光、沮渠蒙逊等，据有凉州，变龟兹声为之，号为'秦汉伎'。魏太武既平河西得之，谓之《西凉乐》。"[④]《通典》载："其时郊庙宴飨之乐，皆魏代故西凉伎，即是晋初旧声，魏太武平凉所得也。"[⑤] 可见，胡乐对北齐郊庙用乐的影响较大，这就使模仿南朝礼乐制度而创制的郊庙用乐带有明显的异域色彩。

北周的郊庙用乐除了直接继承北魏之外，也受到梁礼仪用乐的影响。西魏恭帝元年（554）破梁荆州，在这次战争中梁代乐器大量流入

---

① （唐）魏征、令狐德棻：《隋书》卷14《音乐志中》，中华书局1973年点校本，第313页。

② （唐）魏征、令狐德棻：《隋书》卷14《音乐志中》，中华书局1973年点校本，第314页。

③ （唐）魏征、令狐德棻：《隋书》卷14《音乐志中》，中华书局1973年点校本，第314页。

④ （唐）魏征、令狐德棻：《隋书》卷15《音乐志下》，中华书局1973年点校本，第378页。

⑤ （唐）杜佑撰，王文锦、王永兴等点校：《通典》卷142《乐二》，中华书局1988年版，第3616页。

北方："恭帝元年，平荆州，大获梁氏乐器，以属有司。"① 这些乐器是侯景之乱后由建康输送而来，可能梁代乐器尽在于此。《资治通鉴》卷165载："于谨收府库珍宝及宋浑天仪、梁铜晷表、大玉径四尺及诸法物；尽俘王公以下及选百姓男女数万口为奴婢。"② 同卷又载宇文泰以雅乐一部赠于谨："泰亲至于谨第，宴劳极欢，赏谨奴婢千口及梁之宝物并雅乐一部。"③ 梁代乐器的获得为北周武帝制作六代乐提供了便利。

北周郊庙用乐的创制大体分为三阶段。第一阶段为周太祖时期。《通典·乐二》："及建六官，乃令乐官详定郊庙乐歌舞各有等差，虽著其文，竟未之行也。"④ 所定乐舞为"六舞""九夏"，"六舞"为《云门》《大咸》《大韶》《大夏》《大濩》《大武》，"九夏"为《皇夏》《肆夏》《昭夏》《纳夏》《章夏》《深夏》《族夏》《陔夏》《骜夏》。这些乐名，"六舞"为周传六代乐舞名，很明显是以礼经所载乐舞作为本朝礼仪用乐命名的依据；"九夏"是以梁的乐舞命名模式创制的本朝郊庙用乐。"六舞""九夏"最终都未能付诸实践，正如郑樵所云："虽曰本于成周宾揆之乐，亦取于梁氏十二《雅》，有其议而未能行。"⑤

第二个阶段为北周武帝天和元年（566）至建德元年（572）。此时确立"六舞"作为郊庙用乐："天和元年，武帝初造《山云》舞，以备六代。南北郊、雩坛、太庙、禘祫，俱用六舞。"⑥ 这"六舞"包括《大夏》《大濩》《大武》《正德》《武德》《山云》，将周传六代乐舞中的《云门》《大咸》《大韶》舞名更换成《正德》《武德》《山云》，用于南北郊、雩坛、太庙、禘祫等仪式中，六舞轮番演奏，其次序如下：

南郊则《大夏》降神，《大濩》献熟，次作《大武》《正德》

① （唐）魏征、令狐德棻：《隋书》卷14《音乐志中》，中华书局1973年点校本，第331页。

② （宋）司马光编著，（元）胡三省音注：《资治通鉴》卷165《梁纪二十一》，中华书局1956年点校本，第5123页。

③ （宋）司马光编著，（元）胡三省音注：《资治通鉴》卷165《梁纪二十一》，中华书局1956年点校本，第5124页。

④ （唐）杜佑撰，王文锦、王永兴等点校：《通典》卷142《乐二》，中华书局1988年版，第3617页。

⑤ （宋）郑樵撰，王树民点校：《通志二十略》，中华书局1995年版，第929页。

⑥ （唐）魏征、令狐德棻：《隋书》卷14《音乐志中》，中华书局1973年点校本，第332页。

> 《武德》《山云》之舞。北郊则《大濩》降神，《大夏》献熟，次作《大武》《正德》《武德》《山云》之舞。雩坛以《大武》降神，《正德》献熟，次作《大夏》《大濩》《武德》《山云》之舞。太庙禘祫，则《大武》降神，《山云》献熟，次作《正德》《大夏》《大濩》《武德》之舞。时享太庙，以《山云》降神，《大夏》献熟，次作《武德》之舞。拜社，以《大濩》降神，《大武》献熟，次作《正德》之舞。五郊朝日，以《大夏》降神，《大濩》献熟。神州、夕月、藉田，以《正德》降神，《大濩》献熟。①

从这一阶段奏舞的名称上看，仍以六为数，受礼经所载周传六代乐舞的影响；在六舞的使用上，依据仪式的重要程度，或六舞全用，如郊祀、宗庙仪式中依仪式过程轮番使用；或只用其中的一部分，如时享太庙、拜社等。这一时期创制的礼仪用乐，各仪式过程的用乐全部为舞乐，这种用乐方式是较为独特的。

第三个阶段为建德二年（573）至北周亡。此一时期的郊庙用乐将乐与舞相结合，重新确立了用乐程序。在郊祀仪式上，此时北周已行圜丘祭天、方泽祭地的仪式，据《隋书·音乐志中》，其圜丘、方泽的用乐方式如下：圜丘用乐，降神，奏《昭夏》，皇帝将入门，奏《皇夏》，俎入、奠玉帛并奏《昭夏》，皇帝升坛奏《皇夏》，初献及初献配帝并奏《云门》之舞，献毕奏登歌，饮福酒奏《皇夏》，撤奠奏《雍乐》，帝就望燎位、还便坐并奏《皇夏》；方泽用乐，降神及奠玉帛并奏《昭夏》，初献奏登歌，舞辞同圜丘，望坎位奏《皇夏》②。很显然，在用乐程序上与宋、南齐已经基本一致，而在乐名上则仍以礼经所载乐名为主，亦有自创者。北周宗庙乐：皇帝入庙门奏《皇夏》，降神奏《昭夏》，俎入、皇帝升阶，献皇高祖、皇曾祖德皇帝、皇祖太祖文皇帝、文宣皇太后、闵皇帝、明皇帝、高祖武皇帝七室，皇帝还东壁饮福酒、还便坐，并奏《皇夏》③。与郊祀用乐相比，在程序上更为简略。

---

① （唐）魏征、令狐德棻：《隋书》卷14《音乐志中》，中华书局1973年点校本，第332页。

② （唐）魏征、令狐德棻：《隋书》卷14《音乐志中》，中华书局1973年点校本，第333—336页。

③ （唐）魏征、令狐德棻：《隋书》卷14《音乐志中》，中华书局1973年点校本，第339—341页。

北周郊庙用乐的确立经历了一个比较曲折的过程，这说明，统治者一直在探索一种既符合礼经又适合本朝祭祀仪式的用乐方式。综合北朝郊庙用乐的创制情况可以看出，儒家经典是统治者创制郊庙用乐的重要依据，并在形式上模仿汉族制度，使用乐尽量趋于雅化，但由于本民族传统文化习俗的惯性及统治者个人爱好等多方面的原因，俗乐对北朝各政权郊庙用乐的创制与使用影响很大，致使郊庙用乐的创制并未做到完全与礼经相符合。因此，北朝郊庙用乐受到后世学者的批评，唐祖孝孙虽参考北朝雅乐制定唐乐，但他认为："周齐旧乐，多涉胡戎之伎。"[①]《旧唐书·音乐志一》亦云："元魏、宇文，代雄朔漠，地不传于清乐，人各习其旧风。虽得两京工胥，亦置四厢金奏，殊非入耳之玩，空有作乐之名。"[②] 郭茂倩《乐府诗集·郊庙歌辞》中也说："元魏、宇文，继有朔漠，宣武以后，雅好胡曲，郊庙之乐，徒有其名。"[③]

通过以上论述，我们认为，一方面，魏晋南北朝时期战争频仍，易代频繁，新政权建立之初，往往直接将前朝用乐拿来作为本朝用乐，但在本朝礼仪制度逐渐完善之后，建立与礼仪相适应的用乐规范成为各政权的迫切需求；另一方面，这一时期不同朝代的礼学家甚至帝王对礼经中的用乐规范做出不同解释，这些礼学思想往往成为影响吉礼用乐的重要因素，使各代在用乐方式、内容及风格上表现迥异。总体来说，魏晋南北朝历代吉礼用乐的创制与使用是"沿革"，而非"变革"，后代对前代的继承是非常明显的。

总之，这一时期政权的更替与礼学的发展，使作为礼仪附属的音乐一直变动不拘。政权的更替既使礼乐受到破坏，也使礼乐得以更新，围绕新建立政权的合法性这一问题，统治者总是在积极探寻符合本朝实际的礼仪用乐，而礼学的发展又促使制礼作乐者从礼经及其阐释中寻找依据，在政权更替与礼学发展的双重影响、制约下，这一时期的吉礼用乐表现出"师古"与"适用"的特点。

---

① （唐）杜佑撰，王文锦、王永兴等点校：《通典》卷143《乐三》，中华书局1988年版，第3654页。

② （后晋）刘昫等：《旧唐书》卷28《音乐志一》，中华书局1975年点校本，第1040页。

③ （宋）郭茂倩：《乐府诗集》，中华书局1979年点校本，第2页。

第四节　论魏晋南北朝的吉礼乐歌——郊庙歌辞

一　魏晋南北朝郊庙歌辞的思想内容

郊庙歌辞的创制始于《诗经·周颂》[①]，终于清代，历经两千余年而不衰。郊庙歌辞又称郊庙乐歌，具有鲜明的音乐属性，作为仪式用乐的重要组成部分，较乐、舞两个因素具有更加直接的表达效果——歌辞作为一种语言形式表达能力更强，能将仪式举行者的意愿、诉求更加清楚地向仪式的作用对象——天神、地示、人鬼传达，且“诗的物质载体——语言与思维的一致性，使其在礼的构成与施行中具有特殊重要的地位”[②]。因为祭祀仪式的展演所依靠的是仪式动作、祭器、祭品及乐、舞诸要素的协同一致，是一种仪式行为综合体。在这一综合体中，乐、舞及仪式动作含义的获得都依靠象征，与由语言文字构成的歌辞相比显得含混、模糊，而歌辞则能通过直接地陈述将仪式所要表达的意义明确地传递出来，这就是历代郊庙歌辞创制长盛不衰的原因。

我们知道，郊庙祭仪是古代最为重要的国家礼仪，也是一种重要的国家宗教仪式，其成立的基础就是“以神道设教”。郊庙歌辞向神灵传达的意愿、诉求必定是代表制礼作乐者意志的，个人化的、情感化的内容在歌辞中很难出现，这些特点是由祭仪的功能决定的。因此，郊庙歌辞所表达的思想内容易于雷同。另外，仪式的举行是为了证明统治的合法性，在郊庙歌辞创作时必然要将现实与历史相接续，在歌辞中呈现历史进程的连续性，歌辞创作的崇古、拟古、以古为雅便成为一种普遍现象。因此，决定郊庙歌辞思想内容的是仪式背后的政治因素，有时制礼作乐者的个人喜好也能影响郊庙歌辞的创制。

从《诗经·周颂》时代到魏晋南北朝，分封制的政治形态为皇权专制所代替，皇权政治成为政治权力的核心构成，这必然导致《诗经·周颂》与魏晋南北朝时期郊庙歌辞思想内容上的巨大差异。我们将从《诗经·周颂》、魏晋南北朝时期郊庙歌辞的对比分析中归纳出魏晋南北朝皇权政治

---

① 郊庙歌辞是郊庙礼仪的附属，在周代之前尽管有祭天、祭祖活动，但“以神道设教”的郊庙礼制正式确立是在周代，故郊庙歌辞的出现也应在周代，之前的仪式中也使用言语来辅助仪式的完成，但不能将其视为郊庙歌辞。

② 姚小鸥：《诗经三颂与先秦礼乐文化》，北京广播学院出版社2000年版，第5页。

下郊庙歌辞的主要思想内容。

（一）天地之祭：“郊祀后稷以配天”

西周时期的神灵观已经不再是殷商时期天、祖不分的状态：“时至周朝，上帝的观念有了很大的发展，具体表现为天、祖观念的分离。”① 其在祭祀上的表现就是祭天与祭祖的分离，郊祀仪式祭天，宗庙仪式祭祖，天神与祖先在郊祀仪式中仍存在密切关联，主要表现在郊祀仪式中以祖先作为配祭，即“郊祀后稷以配天”。这种关系在郊祀歌辞中有着非常明确的体现。

周人心目中的天是至高无上的存在，具有无上的威严。根据我们统计，在《诗经·周颂》中有 12 首颂诗提到“天”，但称呼不一，如《清庙》《维天之命》《天作》《我将》《敬之》径称“天”，《雝》称“皇天”“天”，《思文》称“天”“帝”，《昊天有成命》《时迈》称“昊天”，《执竞》《臣工》称“上帝”。这些对至上神的称呼已经非常抽象，并且在这几首诗中“天”的神性无所不能，它是不可抗拒的至上神：“唯天之威”；它能保佑周朝：“实右序有周”。也就是说，周王室统治权力的合法性来源于天神的赏赐，而天神之所以赏赐统治者以权力，在于统治者祖先之功业。因此，在郊祀仪式中，能将高高在上的天神与人间主祭者的周王联系在一起的就是开创基业的祖先。此外，天、祖在郊祀歌辞中共存还因为，在周代神灵观念中，天、祖已经分离，天成为高高在上不可触及的至上神，能与之沟通者只有西周的先祖、有德之王，如后稷、文王、武王，他们成了上天意志的代表。这样就将天神的意志与统治者的意志统一在一起，天子的一切权力都是受命于天，只有天子能祭天。

郊祀为天地之祭，但天、地神灵高高在上，不可触及，以祖先配祭则可以沟通神灵，也可以将神灵所赐祖先功业加以展示，“以其成功告于神明”。《诗经·周颂》中的歌诗总是以天神与祖先共存的面貌呈现，如其中的《思文》：“思文后稷，克配彼天，立我烝民，莫非尔极。”《诗经·周颂·昊天有成命》最能说明此点，毛传认为此乃郊祀天地之乐歌：

① 王青：《先唐神话、宗教与文学论考》，中华书局 2007 年版，第 12 页。关于殷周天帝观的变化可以参见郭沫若《先秦天道观之进展》，《郭沫若全集·历史编》（第一卷），人民出版社 1982 年版，第 317—376 页；张光直《商周神话之分类》，《中国青铜时代》，生活·读书·新知三联书店 2013 年版，第 383 页等。

“《昊天有成命》，郊祀天地也。”① 这一观点得到后世学者的普遍认同，郑玄笺云：“有成命者，言周自后稷之生而已有王命也。文王、武王受其业，施行道德，成此王功，不敢自安逸，早夜始顺天命，不敢懈倦，行宽仁安静之政，以定天下。”② 孔颖达正义云：“天地神祇佑助周室，文、武受其灵命，王有天下，诗人见其郊祀，思此二王能受天之命，勤行道德，故述之而为此歌焉。经之所陈，皆言文、武施行道德，抚民不倦之事也。”③ 我们看此诗：“昊天有成命，二后受之，成王不敢康，夙夜基命宥密。于缉熙，单厥心，肆其靖之。”此诗应为郊祀仪式中以后稷配祀时所用乐歌，在此歌中明确指出了周王室权力的来源为“昊天有成命”，即来源于天神的赏赐，文、武二王接受了这一赏赐。在郊祀仪式中歌颂先祖是宗法制度的必然要求，通过这些乐歌一方面确认了权力来源的合法性，也确认了权力继承的合理性，通过祖先这一中间环节将天神权力传递到现实统治之中。这在魏晋南北朝时期的郊祀歌辞中也有体现，如傅玄所创《晋郊祀歌》，其一为：

> 宣文惟后，克配彼天。抚宁四海，保有康年。于乎缉熙，肆用靖民。爰立典制，爰修礼纪。作民之极，莫匪资始。克昌厥后，永言保之。

此诗的创作模式完全是依仿《诗经·周颂·昊天有成命》，先是对晋宣帝、晋文帝开创晋朝之功的赞颂，继而祈求上天“克昌厥后”，表现出明显的“颂德—祈福”模式。当然，魏晋南北朝时期的郊祀歌辞，并非都采用此种模式，而是因所用仪节的不同而有所改变，如迎神、送神、夕牲等环节的乐歌常表现为“仪式叙述”的创作模式，对此后文将进行专门探讨。

（二）宗庙祭祀：“美盛德之形容，以其成功告于神明”

宗庙祭祀虽为祖先祭，但仍与天神有着密切联系，《孝经》云：“宗祀文王于明堂以配上帝”，所谓“明堂”乃太庙之别称，《春秋繁露·王道》：“立明堂，宗祀先帝，以祖配天。”苏舆云：

> 《春秋》家宗文王，是先帝即文王也。以明堂为文王庙，与许君

① （清）阮元校刻：《十三经注疏·毛诗正义》，中华书局 1980 年版，第 587 页下栏。
② （清）阮元校刻：《十三经注疏·毛诗正义》，中华书局 1980 年版，第 587 页下栏。
③ （清）阮元校刻：《十三经注疏·毛诗正义》，中华书局 1980 年版，第 587 页下栏。

> 所引古《周礼》《孝经》说同，《诗正义》引卢植注《礼记》云："明堂即太庙也。"《艺文类聚》引蔡邕《月令论》云："明堂者，天子太庙也。所以宗祀而配上帝，明天地统万物也。"高诱注《淮南》云："庙之中谓之明堂也。"并与董合。[①]

可见，明堂乃天子之庙。《诗经·周颂》中的大部分歌辞为宗庙乐歌[②]，这些乐歌中明显存在着"光扬祖考"的思想内容。学者对"颂"的解释，大多认为是歌颂功德之辞，用于宗庙祭祀。如《毛诗序》说："颂者，美圣德之形容，以其成功告于神明者也。"孔颖达《毛诗正义》曰："颂之言容，天子之德，光披四表，格于上下，无不覆焘，无不持载，此之谓容。"[③]《文章流别论》："古者圣帝明王，功成治定而颂声兴。于是史录其篇，工歌其章，以奏于宗庙，告于鬼神，故颂之所美者，圣王之德也。"[④]《文心雕龙·颂赞》："颂者，容也，所以美圣德而述形容也。"[⑤] 这些学者都强调"颂"乃"容"，所谓容，当为舞容，即与歌辞并行的舞蹈所呈现出的视觉效果，这些舞容是对祖先功绩的模仿。尽管后世之"颂"与《诗经》之"颂"概念不同，但后世之"颂"是由《诗经》之"颂"引申而来。由此可知，作为一种诗体，颂的功能在于将祖先功德借助仪式告于神灵，这种传达往往借助对祖先光辉历史的叙述。如被刘勰视为颂之"规式"的《时迈》，该诗所赞美者为武王，历述其威震天下，保护周朝的功绩。又如用于周宗庙祭祀的《大武》舞，其歌辞之一为《桓》诗[⑥]，其辞云："绥万邦，屡丰年。天命匪解。桓桓武王，保有厥士。于以四方，克定厥家。于昭于天，皇以间之。"此为歌颂武王之辞，但也对周受天命而来有所强调，即所谓"天命匪解"，朱熹《诗集传》云："天命之于周，久而不厌也。"[⑦] 因此，在《诗经·周颂》部分篇章中既存在着历史叙述，

---

① 苏舆撰，钟哲点校：《春秋繁露义证》，中华书局1992年版，第104页。

② 三《颂》中的大部分诗歌为宗庙乐歌，前人已有论述，如蔡邕《独断》认为："宗庙所歌，《诗》之别名三十一章。"朱熹认为："颂者，宗庙之乐歌。"

③ （清）阮元校刻：《十三经注疏·毛诗正义》，中华书局1980年版，第272页下栏。

④ （晋）挚虞：《文章流别论》，载郭绍虞等编《中国历代文论选》（第一册），上海古籍出版社2001年版，第190页。

⑤ 范文澜：《文心雕龙注》，人民文学出版社1958年版，第156页。

⑥ 王国维、高亨、孙作云、张西堂、杨向奎诸学者均认为此诗为《大武》舞之乐章。

⑦ （宋）朱熹撰，赵长征点校：《诗集传》，中华书局2017年版，第358页。

也有对福禄的祈求，如《执竞》："执竞武王，无竞维烈，丕显成康，上帝是皇。"郑玄笺曰："不强乎，其克商之功业！言其强也。丕显乎，其成安祖考之道！言其又显也。天以是故，美之子之福禄。"[①] 又如《思文》，《毛诗序》曰："《思文》，后稷配天也。"郑玄笺曰："周公思先祖有文德者后稷之功能配天。昔尧遭洪水，黎民阻饥。后稷播殖百谷，烝民乃粒，万邦作乂。"[②] 从以上两例看出，在《诗经·周颂》中，天、祖合一，通过歌颂祖先伟大的功绩来彰显天命，进而祈求天降福禄。也就是说，在《诗经·周颂》宗庙歌辞中有这样一个写作模式："颂德—祈福"，先颂祖先之德与周之历史，终祈神灵之保佑与降福，《我将》《时迈》《丰年》《潜》《雍》等皆如此。

这种模式成为后世宗庙歌辞创作的典范，歌颂祖先功绩成为歌辞的主要内容。如傅玄所创四言宗庙歌辞有明显模仿《诗经·周颂》的特点，《南齐书·乐志》引傅玄："登歌歌盛德之功烈，故庙异其文。至于飨神，犹《诗经·周颂》之《有瞽》及《雍》，但说祭飨神明礼乐之盛，七庙飨神皆用之。"[③] 所谓"登歌歌盛德之功烈"，是指登歌环节所用歌辞以歌颂庙主功业为主，而"庙异其文"则是指在天子所祭七庙中每一庙都创制相应的歌辞来歌颂庙主，这与西晋时期所施行的宗庙祭祀之制"七庙同室"有关，前文已述。这些歌辞不仅歌颂各位庙主的功业，也将庙主功业与天命相联，如傅玄所创宗庙歌辞中歌颂宣帝、景帝、文帝的三首：

> 于铄皇祖，圣德钦明。勤施四方，夙夜敬止。载敷文教，载扬武烈。匡定社稷，龚行天罚。经始大业，造创帝基。畏天之命，于时保之。
>
> 执竞景皇，克明克哲。旁作穆穆，惟祇惟畏。纂宣之绪，耆定厥功。登此隽乂，纠彼群凶。业业在位，帝既勤止。维天之命，于穆不已。
>
> 于皇时晋，允文文皇。聪明睿智，圣敬神武。万机莫综，皇斯清之。蛇豕放命，皇斯平之。柔远能迩，简授英贤。创业垂统，勋格皇天。[④]

---

① （清）阮元校刻：《十三经注疏·毛诗正义》，中华书局1980年版，第589页下栏。
② （清）阮元校刻：《十三经注疏·毛诗正义》，中华书局1980年版，第590页上栏。
③ （梁）萧子显：《南齐书》卷11《乐志》，中华书局1972年点校本，第179页。
④ （唐）房玄龄等：《晋书》卷22《乐志上》，中华书局1974年点校本，第683—684页。

每首歌辞均先述三人功业，进而将其功业与天命相联系——或他们的功业取得受命于天，或他们的勋劳达于上天。将天、祖相结合的颂祖模式很明显是对《诗经·周颂》中宗庙歌诗的模仿。在后世，这成为宗庙歌辞创作的固定模式。宋谢庄的明堂歌辞《歌太祖文皇帝》后就标明其创制乃“依周颂体”[①]。也要指出，因受魏晋南北朝各政权更替方式及政权取得者多为平民出身这一现实情况的制约，这种“颂德—祈福”模式的歌辞并不多，往往只限于宗庙祭祀登歌环节所使用的乐歌，迎神、送神、飨神诸歌辞模式与郊祀的迎神、送神、飨神歌辞基本相同，表现为“即事而歌”的仪式叙述模式，即歌辞内容主要是对仪式内容的描述。

二　魏晋南北朝郊祀歌辞对汉代祭祀乐歌的继承与突破

《诗经·周颂》之后的祭祀乐歌是汉初的《安世房中歌》及汉武帝时的《郊祀歌十九章》。但这两组乐歌，尤其是《郊祀歌十九章》并非接续《诗经·周颂》的传统，而是受楚文化影响，带有浓郁的楚风，表现出“非全雅什”的特点。在祭祀对象上，汉代郊祀乐歌所祭之至上神是源自神仙方术的“太一”，祭祀的目的不是指向国家政治，而是祈求长生；在创作方式上，更加关注仪式本身，在乐歌中较多地描绘了仪式过程中神灵的下降及歆享祭品等内容，可以称之为“仪式叙述”，在之前的乐歌中，关注仪式过程本身的情况较为少见，这被魏晋南北朝时期的祭祀乐歌继承，但也有重大突破，形成了魏晋南北朝祭祀乐歌创作的重要模式，我们在下文对此进行详论。

（一）汉代祭祀乐歌的“非全雅什”

最早以“郊祀歌”为名者是汉武帝时期所创制的《郊祀歌十九章》。郊祀为帝王祭祀天地的仪式，是国家礼制的重要组成部分，其内容和形式应该符合传统礼仪用乐“雅正”的要求，但就汉代《郊祀歌十九章》来说，礼学家都认为其“非全雅什”“非雅正”，如《隋书·音乐志上》云：“武帝裁音律之响，定郊丘之祭，颇杂讴谣，非全雅什。”[②] 这主要反映在《郊祀歌十九章》歌辞的内在精神上，歌辞中的非儒家文化因素是“非雅正”的重要原因，而歌辞所依附的郊祀仪式的“非雅正”最终决定了其内在形态。

---

① （梁）沈约：《宋书》卷20《乐志二》，中华书局1974年点校本，第569页。

② （唐）魏征、令狐德棻：《隋书》卷13《音乐志上》，中华书局1973年点校本，第286页。

西汉从高祖时期就开始筹建郊祀礼制，但在汉武帝之前尚未建立常态化的郊祀制度，这种状态持续到汉武帝前期。汉武帝即位后格外重视郊祀，亲祠郊祀仪式，并对郊祀方式进行改革，其依据主要是亳人缪忌所奏“祠太一方”：“‘天神贵者太一，太一佐曰五帝，古者天子以春秋祭太一东南郊，日一太牢，七日，为坛开八通之鬼道。’于是，天子令太祝立其祠长安城东南郊，常奉祠如忌方。”[①] 这一祭祀方式中有三点比较关键：一是至上神“太一”及其神系的确立；二是祭祀天神时帝王亲祠成为惯例；三是周期性祭祀的形成。这三点标志着汉武帝时期基本形成了较完整的郊祀体系。

汉武帝“罢黜百家，表章六经”，确立了儒家思想的独尊地位，但在郊祀问题上并未完全以儒家经典为指导，此时所建立的看似较为成熟的郊祀体系就其精神实质来看实非儒家正宗，与礼经所载相去甚远。表现在其所用乐歌上就是《郊祀歌十九章》中的不少歌辞，其所歌之神、歌辞主旨、歌辞风格等都有着明显的非儒家文化倾向，下面就这几个方面分别进行讨论。

第一，所歌之神。汉武帝确立的郊祀制度中，所祠至上神为“太一”，其源于亳人缪忌所奏“祠太一方”。“太一”作为祭祀系统中的至上神并不见于先秦典籍，对此，前辈学者已做过深入研究，其来源众说纷纭：闻一多认为太一为楚国之至上神[②]，周勋初先生认为是齐国之至上神[③]，王青先生认为是宋国之祖先成汤大乙[④]。总之，太一在进入汉代祭祀系统之前并非儒家祭祀体系中的神灵，在太一及其祭法被缪忌介绍到朝廷并被采纳后，才以至上神的身份出现在郊祀体系中。太一作为至上神在《郊祀歌十九章》中被直接歌颂，其中，《惟太元》《天地》《天马》中的“惟太元尊”“千童罗舞成八佾，和好效欢娱太一”“太一况，天马下”等都是针对至上神“太一”而言的。在歌颂祥瑞的部分篇章中，无明确的祀神主题，只是歌颂祥瑞及武帝功德而已。

第二，歌辞主旨。从歌辞主旨上来看，《郊祀歌十九章》很少歌颂祖先之德，祈求上天赐福，异于《诗经》及礼经的规定。正如王匇蒻所说：“汉帝以前郊祀诗歌阙如也。郊祀乐府，至武帝乃定。前后数十年间，自制凡十

---

① （汉）班固：《汉书》卷25《郊祀志上》，中华书局1962年点校本，第1218页。

② 闻一多：《什么是九歌》，《闻一多全集·楚辞编》，湖北人民出版社1993年版，第342页。

③ 周勋初：《九歌新考》，《周勋初文集》（第一卷），江苏古籍出版社2000年版，第43页。

④ 王青：《先唐神话、宗教与文学论考》，中华书局2007年版，第55页。

又九章，虽词旨异于《雅》《颂》，而煌煌一代之制亦有可观览焉。”[①]《郊祀歌十九章》侧重于神灵下降及祥瑞等物象的描写，这些描写所指向的是求仙长生的主题，明显是受到了神仙方术思想的影响，与礼经中规定的郊祀以祖先配祭大不相同。也就是说，汉武帝时期所创制的郊祀歌辞并未遵从儒家礼说，而是战国时期兴起的神仙方术思想影响下的产物。

汉武帝好求仙，多招纳方士，对此《史记》之《武帝本纪》《封禅书》，《汉书》之《武帝本纪》《郊祀志》皆有记载。其所招纳之方士多来自齐国方士集团，如缪忌、栾大、李少君、少翁、公孙卿之辈，他们多属安期生门徒，从事求仙问药、祭祀封禅等活动[②]。汉武帝招纳这些方士主要是为了求仙问药，以期长生不死。

海上有不死药之说，起源于滨海文化圈的燕国与齐国。战国时，齐威王、齐宣王、燕昭王等曾派使者入渤海访求，《史记·封禅书》载：“自威、宣、燕昭使人入海求蓬莱、方丈、瀛洲。此三神山者，其传在渤海中，去人不远；患且至，则船风引而去。盖尝有至者，诸仙人及不死之药皆在焉。”[③] 自此之后，关于海上不死药的传说流传开来，秦始皇也曾使人入海访求，无果。及至汉武帝，于海上访求仙药之举屡见于史书。众方士正是抓住汉武帝冀求长生这一心理，纷纷向其献求仙访药之策，其中一个重要的求药方式便是入海寻找蓬莱仙山，但往往无功而返：“入海求蓬莱者，言蓬莱不远，而不能至者，殆不见其气。”[④] 尽管方士们访蓬莱仙山、求不死之药的许诺未能实现，但也有不少人通过讲述怪迂、长生不老等事获得武帝的青睐，达到了政治目的[⑤]：少翁被封为文成将军，栾大获封天士将军、地士将军、大通将军、乐通侯，这使更多方士向汉武帝献求仙访药之计，以取富贵，《史记》载：“大见数月，佩六印，贵震天下，而海上燕齐之间，莫不搤腕而自言有禁方，能神仙矣。”[⑥]

---

① （清）陈本礼笺订，张耕点校：《汉诗统笺》，中华书局2020年版，第250页。

② 王青：《先唐神话、宗教与文学论考》，中华书局2007年版，第115页。

③ （汉）司马迁：《史记》卷28《封禅书》，中华书局1959年点校本，第1369—1370页。

④ （汉）司马迁：《史记》卷28《封禅书》，中华书局1959年点校本，第1393页。

⑤ 关于蓬莱、方丈、瀛洲等海上仙山的传说都来自燕齐方士，燕齐方术起源于邹衍的阴阳五行学说，方士、方术与政治的联姻也是始于此时：“邹衍以阴阳主运显于诸侯，而燕齐海上之方士传其术不能通，然则怪迂阿谀之徒自此兴，不可胜数也。”见（汉）司马迁《史记》卷28《封禅书》，中华书局1959年点校本，第1369页。

⑥ （汉）司马迁：《史记》卷28《封禅书》，中华书局1959年点校本，第1391页。

汉武帝时期方士充溢朝堂，其所言求仙长生及鬼神之事必然会影响到当时的郊祀仪式，使其方式及目的与礼经所载郊祀仪式的礼仪精神有较大偏差：由祈求神灵保佑国家统治的长久、稳定、繁荣转向帝王个体生命的延长。这在郊祀歌辞中有明显体现，试举例分析。在《郊祀歌十九章》中蓬莱与昆仑的意象多次出现，如《象载瑜》："神所见，施福祉。登蓬莱，终无极。"《华烨烨》："华烨烨，固灵根。神之游，过天门。车千乘，敦昆仑。""蓬莱"为燕齐方士口中仙人及仙药所在之处，而"昆仑"亦为仙山，在《山海经》《淮南子》等典籍中，"昆仑"为"帝之下都""百神之所在"，其性质与"蓬莱"相似，也是与长生密切相关的意象。另一首歌辞《日出入》的求仙长生主旨更加明确："日出入安穷，时世不与人同。……吾知所乐，独乐六龙，六龙之调，使我心若，訾黄其何不徕下。"应劭曰："《易》曰：'时乘六龙以御天'。武帝愿乘六龙，仙而升天，曰：'吾所乐独乘六龙然，御六龙得其调，使我心若'。"①此诗前半部分叹光阴迅速，后半部分乘六龙以御天，是一种典型的求仙诗的创作模式。

在《郊祀歌十九章》中，歌颂祥瑞亦是一大主题，这也与传统郊祀乐歌形成了鲜明对比，因此后世对此颇多指责："汉武帝虽颇造新歌，然不以光扬祖考、崇述正德为先，但多咏祭祀见事及其祥瑞而已，商周《雅》《颂》之体阙焉。"② 这与求仙长生构成了《郊祀歌十九章》的两大主题，正如清人所云：

> 汉乐府《郊祀歌十九章》。按先只有《练时日》《帝临》《青阳》《朱明》《西昊》《玄冥》《惟太元》《天地》《日出入》九章歌于祠坛。其后得天马，次为歌，亦用在郊祀。……其元鼎五年，得鼎汾阴，因有《景星》之作；元封二年，芝生甘泉，因有《斋房》《华烨烨》等作；元狩元年，获白麟，因有《朝陇首》之作；太始三年，获赤雁，因有《象载瑜》之作。前后二十年间事，后皆载入歌，可知十九章太始末年方论定。③

① （汉）班固：《汉书》卷22《礼乐志》，中华书局1962年点校本，第1060页。
② （梁）沈约：《宋书》卷19《乐志一》，中华书局1974年点校本，第550页。
③ （清）陈本礼笺订，张耕点校：《汉诗统笺》，中华书局2020年版，第251页。

祥瑞本身就与政治有密切的关系，是古代帝王承天受命、施政有德的征验或吉兆[①]，在郊祀歌辞中歌咏祥瑞也是带有明显政治色彩的，但从本质上说，其违背了传统祭祀乐歌以祖先配祭天神、歌颂祖德、祈求赐福的模式，自然受到后世礼学家的指责。

第三，歌辞风格。《郊祀歌十九章》作为祭祀天地之乐歌，与周代祭祀乐歌《诗经·周颂》相比，歌辞风格迥异：一为庄重严肃，一为轻快活泼。《诗经·周颂》中的祭祀诗风格板滞、语意艰涩，无甚灵气，其意在表现祭祀祖先时的虔敬心情与谨慎态度，其四言诗的结构形式及意象的使用是导致这一风格形成的重要因素，而《郊祀歌十九章》则表现为另一种风格，即灵动、活泼。沈德潜在《古诗源》中评价《练时日》云："古色奇响，幽气灵光，奕奕纸上，屈子《九歌》后另开面目。""'灵之游'以下，铺排六段，而变幻错综，不板不实，备极飞扬生动。"[②] 这首诗的风格也代表了整个《郊祀歌十九章》的总体风格。在这十九首歌诗中，以三言和杂言作为基本句式的有九首之多，这些三言句是将楚辞诗句中的"兮"字去掉得来的，另有部分篇章直接保留了"兮"字的句式结构，很显然，这是楚文化影响下的产物，对此前人多有论述[③]。楚文化影响下的楚辞从总体上来看是属于浪漫主义的，其句式是形成其浪漫风格的一个重要因素，汉郊祀歌句式直接借鉴于楚辞，自然会呈现出轻快活泼的风格。

《诗经·周颂》与《郊祀歌十九章》在祭祀对象方面的差异也导致了二者在歌辞风格上的巨大差异。《诗经·周颂》所祭为祖先或自然神，这些神灵在祭祀者心目中具有无上的权威，其在诗中的呈现状态多为如下形式："维天之命，于穆不已"（《维天之命》），"昊天有成命，二后受之"（《昊天有成命》），"我将我享，维羊维牛，维天其右之"（《我将》）。从这些对神灵的描写中可以看出，神灵对人来说是遥不可及的，神灵永远高高在上，并且具有掌控人间秩序的能力，因此祭祀者在神灵面前会"战战兢兢，如履薄冰，如临深渊"，其态度是谦恭的，这就使乐歌呈现为一种板滞的风格，读来有庄严、肃穆、虔诚之感。而在《郊祀歌十九章》中，所祠之神为太一及其从属神，如青阳、朱明、西昊、玄冥等，此外还有歌

---

① 龚世学：《论汉代的符瑞思想》，《文艺研究》2016 年第 2 期。

② （清）沈德潜：《古诗源》，中华书局 1963 年版，第 66 页。

③ 萧涤非著，萧海川辑补：《汉魏六朝乐府文学史》（增补本），人民文学出版社 2011 年版，第 44—45 页。

颂祥瑞者，如获天马作《天马歌》，得宝鼎作《景星》，获赤雁作《象载瑜》，得灵芝作《斋房》。在这些乐歌中，不再着重描写神灵的权威及人神之关系，而是就神灵下降及祭祀场景进行了详尽描绘，尤其是在描写神灵下降及飨神场面时，备极生动活泼，这就导致乐歌风格转向轻灵飘动，与西周祭祀乐歌的板滞、凝重形成鲜明对比。

由此可见，《郊祀歌十九章》在所祠之神、歌辞主旨及歌辞风格上都明显异于周代祭祀乐歌《诗经·周颂》中的诗篇，被后世视为非儒家正统，“非全雅什”的评价体现了其在中国古代郊祀歌辞创制史上的独特审美风貌。

（二）“即事而歌”——魏晋南北朝郊祀歌辞创制的新趋向

尽管魏晋南北朝是政权更迭频繁的乱世，但此时的皇权仍得到不断强化，在这一时期的思想领域中，儒家思想继续占统治地位且不断丰富完善，儒学开始逐渐摆脱谶纬神学思想的干扰，将关注点投向现实政治。郊祀仪式仍备受重视，但它只是作为证明权力合法性的象征仪式。天神观念已经变得比较淡薄，只是作为皇权的象征物而存在，郊祀仪式的思维基础已经有所改变。

魏晋南北朝时期的郊祀歌辞在整体上呈现出对周代祭祀乐歌的模仿，也表现出新的创制倾向，主要体现在郊祀歌辞内容的“即事而歌”上。“即事而歌”是郑樵对比《郊祀歌十九章》与魏晋时期的郊祀歌辞后得出的结论，他在《通志·乐略》中说：“按郊祀十九章，皆因一时之盛事，为可歌也而作是诗。各有其名，然后随其所用，故其诗可采。魏、晋则不然，但即事而歌，如夕牲之时，则有《夕牲歌》，降神之时，则有《降神歌》。既无伟绩之可陈，又无题命之可纪，故其诗不可得而采。”[①] 这的确是对魏晋南北朝郊祀歌辞创制特点的恰当概括。

所谓“即事而歌”，是指郊祀歌辞描写的内容多为仪式过程，在祭祀过程的每一环节，所用歌辞皆是对此环节仪式过程的描述。关于此点，韩高年先生在《颂为“仪式叙述”说》中提出“仪式叙述”的观点，他认为：“颂是用于祭祀及其他礼俗仪式，以言语唱颂侑神颂神、祈福求佑的歌舞活动。因为歌辞主要依附于仪式，又以唱诵的方式叙昭穆、述功德，

① （宋）郑樵撰，王树民点校：《通志二十略》，中华书局1995年版，第926—927页。

并陈述其他神圣的内容，故称其为‘仪式叙述’。”[1] 所谓“仪式叙述”，即叙述仪式，更准确地说应该是描述仪式，即仪式歌辞以描述仪式为主要内容，如果以此标准来考察《诗经·周颂》中的篇章，我们会发现《诗经·周颂》侧重于对祖德的歌颂及对祖先事迹的追溯，而少有对仪式过程的具体描述。汉郊祀歌辞中不少作品是“因事而作”，如得天马、宝鼎以及其他祥瑞，这些歌辞内容多与仪式过程无关。《郊祀歌十九章》中以求仙长生为主题的乐歌涉及仪式的描写，多为想象虚构之辞，如《练时日》中的描写多为神灵下降、受飨的过程，已开魏晋南北朝郊祀歌辞“即事而歌”“仪式叙述”之先河。

如果以“仪式叙述”的观点来衡量魏晋南北朝时期的郊祀歌辞，尤其是四言郊祀歌辞的内容[2]，不少作品的确是对仪式过程的直接描写。这既体现在郊祀歌辞的命名上，也体现在郊祀歌辞的内容上，如宋南郊《迎送神歌》：

> 维圣飨帝，维孝飨亲。皇乎备矣，有事上春。礼行宗祀，敬达郊禋。金枝中树，广乐四陈。陟配在京，降德在民。奔精照夜，高燎炀晨。阴明浮烁，沉禜深沦。告成大报，受釐元神。月御按节，星驱扶轮。遥兴远驾，燿燿振振。[3]

从歌辞名称上来看，点明了仪式环节，即“迎神、送神”；在内容上，有对郊祀地点、用乐、燎祭、告天等仪式行为的描写，尽管对这些仪式过程的描述并不属于严格的叙事手法，但是在歌辞中对迎神、送神仪式进行描写，勾勒出了仪式的基本过程。南齐以后，郊祀歌辞的标题不再是“即事而歌”，而是以礼经中的乐名来命名，歌名与乐名形成一致，这是礼学思想对吉礼乐歌创制起规范作用的体现，如梁武帝所制十二《雅》，北周之《昭夏》诸曲，歌名与乐名一致，也就是说从歌名中我们看不出其所指向的仪式环节，但这些歌辞的内容仍为“即事而歌”，如庾信所作圜丘歌辞《昭夏》：

---

[1] 韩高年：《颂为“仪式叙述”说》，《甘肃社会科学》2002年第5期。

[2] 三言郊祀歌辞在标题上也符合郑樵所谓的“即事而歌”，但所表现的内容多想象之辞，与“仪式叙述”无关，后文详论。

[3] （梁）沈约：《宋书》卷20《乐志二》，中华书局1974年点校本，第568页。

> 日至大礼，丰牺上辰。牲牢修牧，茧栗毛纯。俎豆斯立，陶匏以陈。大报反命，居阳兆日。六变鼓钟，三和琴瑟。俎奇豆偶，惟诚惟质。①

此诗描写了祭祀中所用的牺牲、祭器、乐器及乐舞的演奏，同时对祭祀过程中祭祀者的心理进行了描写，在动态描写与静态描绘中呈现出一幅庄严、肃穆的祭祀图景。

魏晋南北朝时期的郊祀歌辞多“即事而歌”，重在描写仪式过程，在内容表现上与《郊祀歌十九章》迥异。这种呈现方式是对《诗经》祭祀诗写作模式的突破，即由“颂德—祈福”模式变为单纯的“仪式描写—祈福”模式。出现这一转变的根本原因在于，这一时期政权更替频繁，且取得政权的统治者多无显赫的家世和高贵的远祖，其在沟通神人的方式上不宜再采取《诗经·周颂》的模式——“美盛德之形容，以其成功告于神明”，其高贵祖先的缺失必然导致歌辞内容发生变化，在歌辞中对仪式过程的描写代替了对祖先功德的歌颂，呈现出了“叙述仪式”的歌辞模式，从而与之前的祭祀歌辞表现出巨大的差异。然而也存在例外，在有些朝代，歌辞创制者们刻意向《诗经》学习，如晋代傅玄等人在创作郊祀歌辞时就将《诗经·周颂》作为模仿的对象，体现出较为明显的复古倾向。

西晋四言郊祀歌辞受《诗经·周颂》影响颇大，如傅玄所作《飨神歌》中有大量《诗经·周颂》中的语句，不少甚至直接从《诗经·周颂》摘取，如“燕及皇天”出自《雍》，“怀柔百神”“昊天子之”出自《时迈》，“畏天之威”出自《我将》，“克配彼天”出自《思文》，“永言保之”出自《载见》等。其他词汇如“奄有”“时迈”“夙夜”“缉熙”等也出自《诗经·周颂》。从内容上看，傅玄等人创作的郊祀歌辞基本上继承了《诗经·周颂》“颂德—祈福”的模式，即《毛诗序》所谓“美盛德之形容，以其成功告于神明”，其中存在着通过先祖将人间帝王与天神联系在一起的思维方式。从表达方式上看，西晋郊祀歌辞对天神、先祖的赞美及祈求多是一种直接表达，如“天祚有晋，其命惟新”“丕显遗烈，之德之纯”“宣文惟后，克配彼天”等。我们看《时迈》：

---

① （唐）魏征、令狐德棻：《隋书》卷14《音乐志中》，中华书局1973年点校本，第333页。

时迈其邦，昊天子之，实右序有周。薄言震之，莫不震叠。怀柔百神，及河乔岳。允王维后。明昭有周，式序在位。载戢干戈，载橐弓矢。我求懿德，肆于时夏。允王保之。[①]

其中的“时迈其邦，昊天子之，实右序有周。薄言震之，莫不震叠”与《飨神歌》中的“时迈其犹，昊天子之。祐享有晋，兆民戴之”何其相似！这很明显是《时迈》的翻版，只是将《时迈》中的五言句缩减为四言句。这说明，晋郊祀歌辞的创作，在形式上有着明确的要求，即句式整齐，所以在模仿《时迈》时才将五言中的虚字删去，形成紧凑的四言句。通过以上分析可知，在西晋的郊祀歌辞创制过程中诗人明确地将《诗经·周颂》视为写作范本，具体表现在歌辞创作的思维方式及语句的使用上，这导致了西晋郊祀歌辞典雅、庄重风格的形成。晋代郊祀歌辞的复古倾向使其在这一时期郊祀歌辞中具有独特的美学价值。

三　仪式理论视域下的魏晋南北朝宗庙祭祀歌辞

古代帝王的宗庙祭祀是建立在宗法制基础上的重要国家礼仪，发挥着证明国家权力来源合法性及维护皇权统治的重要作用。在中国传统文化语境下，“礼乐相须以为用”是对礼乐关系的一个重要的认识，尤其是宗庙祭祀作为一种重要的吉礼，其仪式意义的建构与功能的实现离不开音乐的参与。自周代以来，宗庙祭祀及其用乐已经成为一种重要的礼仪实践，尤其是在周初制礼作乐之后礼学著作形成，并逐渐成为一种具有权威的话语方式[②]，对后世礼仪用乐的创制产生了重要的规范作用。在秦及西汉元帝之前，礼经在规范仪式及其用乐上起的作用并不明显，随着经学的政治化，从西汉中后期开始，宗庙祭祀制度开始逐渐走向以礼经及礼学家的阐释为依据进行创制的道路，尤其是从东汉明帝开始，形成了“一庙七室”的祭祀格局，并且如金子修一所说：“宗庙制度从东汉以后到唐代为止基本上没有发生变化。”[③] 这一祭祀格局在此后延续了很长时间。

在政权更替频繁的魏晋南北朝，宗庙祭祀备受统治者的重视，这一时

---

① （清）阮元校刻：《十三经注疏·毛诗正义》，中华书局1980年版，第588页上栏—中栏。

② 过常宝：《西周制礼作乐与经典的生成》，《中国社会科学报》2015年3月4日第B05版。

③ ［日］金子修一：《古代中国与皇帝祭祀》，肖圣中、吴思思、王曹杰译，复旦大学出版社2017年版，第14页。

期各代皆有宗庙祭祀仪式的举行，在祭祀仪式环节的确定上更加重视礼经的规范作用，魏晋南北朝史书的乐志部分记载了各代宗庙仪式所用歌辞，《乐府诗集·郊庙歌辞》也有著录，通过对这些歌辞的分析并结合魏晋南北朝宗庙祭祀的一般程序，我们会发现，这一时期宗庙歌辞的形式特征及思想内容诸方面都受到了祭祀仪式的决定，下文我们将着重讨论这一问题。

（一）魏晋南北朝的宗庙祭仪与歌辞的形式特征

1. 魏晋南北朝宗庙组诗所反映出的仪式过程

魏晋南北朝宗庙歌辞在形式上有两个重要特点，其一，各代宗庙歌辞往往以组诗的形式呈现；其二，宗庙歌辞的句式以三言和四言为主。这两个特点与仪式的过程安排及特定仪式过程的功能有关，下面我们依次进行分析。

我们将仪式看作具有符号象征意义的行为方式组合，从音乐与整个仪式过程的关系来看，“礼仪中的音乐活动是礼仪行为模式的组成部分。因受礼仪模式的约束，礼仪音乐也就具有了模式化特点”①。就魏晋南北朝宗庙祭歌来看，最为主要的表现就是形成了与仪式过程紧密配合的祭祀组诗，并且这种在仪式规范下的诗歌组合形式与《诗经·周颂》及《安世房中歌》中的组诗有很大的不同。

与先秦、秦汉的礼乐实践及礼经的用乐规定相比，魏晋南北朝时期的宗庙仪式过程与其用乐的关系更为明确，形成了以仪节之名确定用乐之名的规则，我们称之为“随事立名”②。对于这一时期的宗庙祭仪来说，从史料记载来看，整个宗庙仪式活动由准备、迎神、飨神、送神的程序构成，程式化的仪式过程决定了其用乐也必须以程式化的方式进行，且要与仪式的每一过程紧密配合。宗庙祭仪所用之乐的名称依据各仪式环节来确定，不同仪节的乐名被冠以该仪节之名。“随事立名”用乐规则的建立更加明确了仪式和用乐的关系，此规则在魏晋南北朝时期得到普遍遵从。由于乐名的核心构成要素是曲调与歌辞——至于舞蹈，并非在每一环节都有表演，而在这诸多要素中，歌辞以其表意的明确性，对于实现仪式的功能具有最为重要的价值，在宗庙祭仪与其用乐之间形成了仪式—音乐—歌辞的

① 薛艺兵：《论礼乐文化》，《文艺研究》1997 年第 2 期。

② （唐）魏征、令狐德棻：《隋书》卷 15《音乐志下》，中华书局 1973 年点校本，第 357 页。

同构关系，宗庙歌辞的组诗特征反映出的是宗庙仪式展演的程式化。

现在我们看这一时期宗庙歌辞的组诗特性。所谓组诗，即宗庙祭祀乐歌由一组歌辞构成，在整个组诗中，又分为几个特定的小组，每一小组歌辞由至少一首歌辞组成，在小组内部，各首歌辞基本是并列的关系，而从小组与小组之间的关系上看，它们并非空间上的并列关系，而是时间上前后相继的关系，作为整个祭祀仪式的一个环节存在。我们以西晋时期傅玄所创制的宗庙歌辞为例，此乐歌为组诗，共十一首，包括（1）《祠庙夕牲昭夏歌》一首；（2）《迎送神肆夏歌》一首；（3）《登歌》七庙七首；（4）《飨神歌》二首，共十一首。我们很容易看出，傅玄的宗庙乐歌可以分为四小组，每一小组对应着相应的仪式环节，小组与小组之间是前后相继的关系；就每一组歌辞来看，（1）与（2）这两组由一首歌辞构成，暂且不论，（3）有七首歌辞，（4）有二首歌辞，在（3）中的七首歌辞，是针对宗庙祭祀中的七位庙主分别创作的，每首歌颂一位祖先，（4）中的两首《飨神歌》则是对七位庙主的共同颂赞。在具体仪式的展演中，（3）中的七首和（4）中的两首歌辞毫无疑问是以前后相继的方式展演，这与在宗庙中所供奉的七位庙主的神位排列顺序有关，但不可否认的是这七位庙主是处于同一空间——宗庙之中，这也使（3）与（4）中的歌辞在空间上存在一定程度的共时关系。因此，就这一时期的宗庙组诗来说，其在时间与空间的纵横交织中将宗庙祭祀的仪式场景呈现出来。除了西晋，各代宗庙歌辞的创制依然遵循“随事立名”的原则，但就具体歌辞的写作来说，会根据仪式程序的复杂程度作不同的分组，组与组之间及各组内部仍然保持了宗庙歌辞的组诗特性。

2. 魏晋南北朝宗庙祭祀歌辞体式与仪式过程

魏晋南北朝时期所使用的宗庙祭歌在歌辞体式上存在三言与四言的区别，一般认为三言的句式源自楚辞①，而四言的句式源于《诗经》，这其中的联系我们不拟详论，在这里我们想重点探讨一下仪式环节对歌辞的选择作用。我们认为，在宗庙祭祀组诗中，三言诗与四言诗的使用并非随意、无规律可循，而是受仪式环节制约，三言诗主要用于迎神、送神及飨神环节，而四言诗主要用于七庙登歌颂祖的环节。

---

① 萧涤非著，萧海川辑补：《汉魏六朝乐府文学史》（增补本），人民文学出版社 2011 年版，第 38 页。

（1）魏晋南北朝宗庙祭祀歌辞的三言诗与仪式过程

三言诗作为祭祀歌辞肇始于楚辞，《九歌》中描写神灵下降的诗句本身就已经蕴含三言的句式，正如萧涤非先生所言，“将句腰之‘兮’字省去”[①] 即为三言诗，这种三言诗在《郊祀歌十九章》及《安世房中歌》中大量存在，主要是对神灵下降、歆享祭品及离开祭所场面的描写，多想象之辞。我们来看一下魏晋南北朝时期使用三言诗的仪式环节，可以发现某种规律性。晋傅玄《飨神歌》二首中有三言诗的掺入，宋《章庙乐舞歌》之迎神、送神奏《昭夏乐》，全为三言；南齐送神奏《肆夏乐》，全为三言；北齐送神奏《高明乐》，全为三言；梁武帝造十二《雅》，郊祀、宗庙、三朝同用，其中“降神及迎送奏《諴雅》”，其所配歌辞为《怀忽慌》《地德溥》《我有明德》三首，其中三言诗二首，四言诗一首，对于所用仪节其下有说明：《怀忽慌》《地德溥》分别用于南北郊迎神，而《我有明德》是“南北郊、明堂、太庙送神同用”，这一组诗中并未注明宗庙迎神用何歌辞，但我们推测，受《諴雅》曲调的限制，其宗庙迎神歌辞应该为三言诗。

通过以上列举，我们发现，三言宗庙歌辞主要用于迎神、送神环节。魏晋南北朝时期的宗庙祭祀中已由神主代替尸作为神灵的凭附，面对这一变化，制礼者将古礼宗庙祭祀仪式的迎尸、送尸加以变革，形成了迎神、送神的宗庙祭祀仪节。宋建平王刘宏的建议比较具有代表性：“夫神升降无常，何必恒安所处？……此并言神有去来，则有送迎明矣。即周《肆夏》之名，备迎送之乐。古以尸象神，故《仪礼》祝有迎尸送尸，近代虽无尸，岂可阙迎送之礼？”[②] 原来宗庙祭祀中的迎尸、送尸，其对象为比较具体的神尸，之后神主代替神尸常居于庙堂，那么所迎送者则为一种升降无常的、虚幻的和想象中的神灵。因此，在这一环节需要有一种与神灵升降无常相符合的诗歌体式，这一体式在节奏上必须要足够灵活，并能够创造出相应的仪式情境。三言诗体式最符合这一要求，因为“三言诗体式夭矫而声气迫促踔厉的特点，比较适宜表达或轻快活泼，或情思沉潜而迫促的题材”[③]。节奏感强，转韵灵活，能够更为准确地描写神灵升降时

① 萧涤非著，萧海川辑补：《汉魏六朝乐府文学史》（增补本），人民文学出版社 2011 年版，第 37 页。

② （梁）沈约：《宋书》卷 19《乐志一》，中华书局 1974 年点校本，第 543 页。

③ 周远斌：《论三言诗》，《文学评论》2007 年第 4 期。

的场面。从汉初《安世房中歌》及《郊祀歌十九章》开始，三言诗已经成为专门描写神灵升降的诗歌体式。在迎神、送神环节使用三言诗在一定程度上已经成为这一时期祭祀歌辞创制者的刻意选择，宋谢庄造《迎神歌诗》，沈约于其下注云："依汉郊祀迎神，三言，四句一转韵。"[①] 在《送神歌辞》下亦注云："汉郊祀送神，亦三言。"[②] 从人类学仪式理论角度来看，宗庙祭祀中出现三言歌辞是由特定仪式环节的功能要求决定的，是通过特定仪式符号的构建以达成仪式的功能。

（2）魏晋南北朝宗庙歌辞的四言诗与仪式过程

四言诗向来被视为"音之正体"[③]，用于郊祀、宗庙、飨宴等较为典重的仪式场所。在宗庙祭祀中，其使用并不是随意的，同样受仪式环节的制约。魏晋南北朝时期的四言宗庙歌辞与仪式过程也有着特定的关系，通过对这一时期宗庙飨神仪式各环节所用的歌辞体式进行分析可以发现，这些歌辞无一例外地皆为四言诗，为什么会出现这一现象？我们认为，在登歌时使用四言歌辞与登歌仪式环节的功能有关。

众所周知，宗庙祭祀的对象为祖先，通过祭祀以达到证明政权合法的目的，在这一仪式中，最为重要的环节就是登歌；登歌又名升歌，在祭祀与飨宴仪式中皆有使用，其在宗庙祭祀中备受重视，故《礼记·祭统》认为"声莫重于升歌"。《周礼·大师》："大祭祀，帅瞽登歌。"郑玄注引郑司农："'登歌，歌者在堂也'者，《羊人》注云：'登，升也。'此即礼经之升歌，其节在金奏之后，下管之前，堂上鼓琴瑟以歌诗也。"贾公彦疏云："谓凡大祭之时，大师有此一事。言'帅瞽登歌'者，谓下神、合乐，皆升歌《清庙》。故将作乐时，大师帅取瞽人登堂，于西阶之东，北面坐，而歌者与瑟以歌诗也。"[④] 可见在礼经记载中，登歌是宗庙祭祀中最为隆重的环节，其歌唱方式是由瞽在宗庙堂上合琴瑟而歌。

魏晋南北朝时期的登歌是针对同一宗庙中的七位神主而奏，这与这一时期"一庙七室"的祭祀格局有关，前文已述，登歌作为宗庙用乐的主体，在内容上以对祖先功德的歌颂为主，即所谓"美盛德之形容"，要实

---

① （梁）沈约：《宋书》卷 20《乐志二》，中华书局 1974 年点校本，第 569 页。

② （梁）沈约：《宋书》卷 20《乐志二》，中华书局 1974 年点校本，第 571 页。

③ （唐）欧阳询撰，汪绍楹校：《艺文类聚》，上海古籍出版社 1982 年版，第 1018—1019 页。

④ （清）阮元校刻：《十三经注疏·周礼注疏》，中华书局 1980 年版，第 769 页中栏。

现这一目的，歌辞的创制者除了在歌辞中对祖先功德直接陈述外，还必须选择恰当的歌辞体式来强化表达效果，而四言是最为适合的形式，与三言诗的促迫及五言诗的清丽相比，四言诗被称为“音之正体”“最为平正”①，这种“正”是由其双音节词构成的“二二”节拍来达成的，“二二”节拍具有最为稳定的“格式塔质”②，体现为一种舒缓的节奏，而这与宗庙用乐的节奏恰相一致，符合仪式用乐歌辞以“成声为节”的要求，进而与整个颂赞环节所要营造的“肃雍”的仪式氛围相一致，音乐、歌辞与仪式氛围三者之间形成了一种同构的关系。可以说，在登歌环节使用四言诗最符合仪式用乐的要求。

（二）魏晋南北朝宗庙祭仪与歌辞内容的关系

1. 宗庙祭仪中的登歌辞与祖先功德的歌颂

宗庙祭仪将天命、功德相结合，是用“以神道设教”的形式证明国家权力合法性的礼仪形式，其中一项重要的内容就是对祖先功德的歌颂。对祖先功德的歌颂集中在宗庙祭祀的登歌，亦即组诗的（3）环节。我们认为，登歌既是皇帝庙祭登堂时的用乐名，也是庙祭各神室所用之乐名。在登堂环节奏登歌是为了配合皇帝行步之节，此为“即事而歌”，即登歌之名来自仪式中的登堂仪节。在魏晋南北朝的宗庙用乐中，登歌也作为各神室所用之乐而存在，就歌辞内容来说，多歌颂帝王之功业③，以《清庙》为创作的范本：“《礼记》每云‘升歌《清庙》’，然则祭宗庙之盛，歌文王之德，莫重于《清庙》。”④ 此登歌即为《礼记·祭统》之升歌。魏晋南北朝的宗庙祭祀格局为“一庙七室”，这是东汉明帝以来形成的庙祭传统，《南齐书·乐志》载：“太庙乐歌辞，《周颂·清庙》一篇，汉《安世歌十七章》是也。永平三年，东平生苍造《光武庙登歌》一章二十六句，其辞称述功德。”⑤《光武庙登歌》的创制与永平三年（60）的礼乐改革及祭光武庙有关，这种以登

---

① ［日］遍照金刚：《文镜秘府论》，周维德校点，人民文学出版社 1975 年版，第 158 页。

② 格式塔质，又称“完形质”。格式塔心理学认为，每一个格式塔（完形）都具有一定的质量，这种质的规定性使格式塔体现出某种稳定的特征。在这里，我们可以将一首四言诗歌看作一个格式塔，其所具有的“二二”节拍使这首四言诗具有一种稳定性，表现出舒缓、典雅的风格特征。关于“格式塔质”的定义，参见乐黛云、叶朗、倪培耕主编《世界诗学大辞典》，春风文艺出版社 1993 年版，第 171 页。

③ 《宋书·乐志一》载：“自魏国初建，故侍中王粲所作登歌《安世诗》，专以思咏神灵及说神灵鉴享之意。”见（梁）沈约《宋书》卷 19《乐志一》，中华书局 1974 年点校本，第 536 页。

④ （清）阮元校刻：《十三经注疏·毛诗正义》，中华书局 1980 年版，第 582 页上栏。

⑤ （梁）萧子显：《南齐书》卷 11《乐志》，中华书局 1972 年点校本，第 178 页。

歌歌颂功德的传统东汉时已形成，从西晋开始，宗庙祭祀中的登歌又形成了“登歌庙异其文”的传统：面对同一庙宇中的七位神主，要创制相应的乐歌以赞颂之，每一神室所用之乐及歌辞被称为登歌。每一神室所用登歌并不相同，主要体现在歌辞上，即“登歌庙异其文”①，这是魏晋南北朝宗庙祭祀歌辞的一个重要特点。关于这一问题，请参看本章第二节的相关论述。

2. 宗庙祭祀其他仪式环节所用祭歌的“仪式叙述”

对魏晋南北朝宗庙歌辞来说，登歌以祖先颂赞为主，而其他环节所使用的歌辞多是对仪式的描写：包括实的方面的描写，如在祭祀中用何祭品、具体仪节的操作等，多以写实的方式再现仪式场景；也包括从虚的方面描写想象中的神灵下降、歆享祭品的场面等，对宗庙歌辞的这一特点，我们称之为“仪式叙述”。

（1）飨神之辞：“但说祭飨神明礼乐之盛”

在庙祭中，各神室分别受飨，登歌用乐庙异其文。此外，有的朝代如晋、宋，尚有第（4）环节的飨神乐，飨神歌辞，七室共用，即“飨神七室同辞”，这是在登歌环节和飨神环节歌辞使用方式上的显著差异。《南齐书》中载傅玄论宗庙乐歌创作：

> 晋泰始中，傅玄造《庙夕牲昭夏》歌一篇，《迎送神肆夏》歌诗一篇，登歌七庙七篇。玄云：“登歌歌盛德之功烈，故庙异其文。至于飨神，犹《诗经·周颂》之《有瞽》及《雍》，但说祭飨神明礼乐之盛，七庙飨神皆用之。”②

傅玄认为，在宗庙祭祀中不但有针对各神室庙主的登歌用乐，尚有七位庙主所共用的飨神乐。从傅玄的描述可知，七室共用的飨神歌辞并非歌颂祖先之功德而是描绘祭祀礼乐之盛况，是飨神环节中总结性的歌辞。这一歌辞的创制方式在后世宗庙飨神用乐中被普遍地采用。

正如傅玄所云，在祭祀歌辞中描写祭祀礼乐之盛况的传统源自《诗经·周颂》，代表性的歌辞是傅玄所列举《诗经·周颂》中的《有瞽》及《雍》，其歌辞性质，毛传认为：“《有瞽》，始作乐而合乎祖也。”“《雍》，

---

① （梁）萧子显：《南齐书》卷11《乐志》，中华书局1972年点校本，第179页。

② （梁）萧子显：《南齐书》卷11《乐志》，中华书局1972年点校本，第179页。

禘大祖也。”后世儒者对这两首诗均为宗庙祭歌并无太多分歧，其辞分别为：

《有瞽》

有瞽有瞽，在周之庭。设业设虡，崇牙树羽。应田悬鼓，鞉磬柷圉，既备乃奏，箫管备举。喤喤厥声，肃雍和鸣，先祖是听。我客戾止，永观厥成。①

《雍》

有来雍雍，至止肃肃。相维辟公，天子穆穆。于荐广牡，相予肆祀。假哉皇考，绥予孝子。宣哲维人，文武维后。燕及皇天，克昌厥后。绥我眉寿，介以繁祉。既右烈考，亦右文母。②

这两首歌辞中有大量祭祀场景的描写，《有瞽》描写宗庙祭祀中用乐的盛况，《雍》描写周王祭祀文王之庙而诸侯咸来助祭的盛大场面。从内容上看，这类歌辞与登歌环节的祖先颂赞形成了非常明显的对比，似乎是以一种较为客观的视角对仪式进行描写，我们推测这两首歌辞可能是在仪式结束之后仪式参加者对仪式盛况所做的记录，进而被用作宗庙歌辞。在魏晋南北朝时期，第（4）环节中的飨神乐，其歌辞都采用这一模式，描写宗庙祭祀“祭飨神明礼乐之盛”，如西晋傅玄的《飨神歌》二首、宋王韶之的《七庙飨神歌》完全采用了这一模式。

（2）“即事而歌”：夕牲、迎神、送神等仪节所用歌辞对仪式场景的描写

魏晋南北朝宗庙歌辞的内容往往是对仪式过程的再现，祭祀某一环节所用歌辞是对此环节仪式过程、特定仪式场景的描写，主要集中在夕牲、迎神、送神等仪节中，我们称之为“即事而歌”。

郑樵《通志·乐略》提出的“即事而歌”确实是对魏晋南北朝时期祭祀歌辞特点的恰当概括，但郑樵是从祭祀歌辞题目与仪节的对应关系来看的，其实从歌辞内容来看也是如此，即在歌辞中有较多关于仪节场景的描写，与《七庙飨神歌》“祭飨神明礼乐之盛”的全景式的场景描写相比，“即事而歌”的歌辞所针对的是某一特定仪节的场景。这些描

① （清）阮元校刻：《十三经注疏·毛诗正义》，中华书局1980年版，第594页下栏—595页中栏。

② （清）阮元校刻：《十三经注疏·毛诗正义》，中华书局1980年版，第596页上栏—中栏。

写有的以写实的方式呈现，主要有夕牲、宾出入、牲出入、皇帝入庙门、荐豆呈毛血、祼地等，如宋章庙乐舞歌，据《乐府诗集》："章庙乐舞杂歌，悉同用太庙辞，唯三后别撰。夕牲、宾出入奏《肃咸乐》，牲出入奏《引牲乐》，荐豆呈毛血奏《嘉荐乐》。"[①] 其《肃咸乐》《引牲乐》《嘉荐乐》的歌辞皆以较为写实的方式呈现。我们看一首《引牲乐》歌辞：

> 维诚洁飨，维孝奠灵。敬芬黍稷，敬涤牺牲。骍茧在豢，载溢载丰。以承宗祀，以肃皇衷。萧芳四举，华火周传。神监孔昭，嘉是柔牷。[②]

此辞先写祭祀需要以诚与孝的态度对待，再写在祭祀前以恭敬之心准备牺牲，进而描写牺牲的形貌、牺牲在祭祀中的功用，最后想象神灵歆享牺牲并对牺牲予以认可。整首歌辞基本围绕祭祀所用牺牲而展开，毫无枝蔓，体现了"即事而歌"的特点。

某些特定仪节的歌辞虽也是"即事而歌"，但其内容多为虚写，以想象之辞呈现，这集中体现在迎神、送神环节所用歌辞中。前文我们已经对迎神、送神歌辞的形式特征作过论述，其三言的形式与歌辞内容形成某种同构的关系，迎神、送神的仪式环节决定了其歌辞以描写神灵升降为主，因而必须借助想象的方式，将神灵降临及离开祭所的情形加以呈现。这种创作方式在《安世房中歌》中就已出现，至魏晋南北朝时期已经形成一种定式。需要说明的是，就诗歌体式来看，这些歌辞可能不为三言诗，但在内容上一定是想象之辞，以南齐宗庙迎神、送神歌辞为例，其迎神歌辞为《昭夏》："涓辰选气，展礼恭祇。重闱月洞，层牖烟施。载虚玉鬯，载受金枝。天歌折飨，云舞罄仪。神惟降止，泛景凝羲。帝华永蔼，泯藻方摛。"送神歌辞为《肆夏》："礼既升，乐以愉。昭序谥，幽飨余。人祇鬯，敬孝敷。神光动，灵驾翔。芬九陔，镜八乡。福无届，祚无疆。"细绎二辞我们可以发现，《昭夏》采用四言，颇为典雅，《肆夏》采用三言，颇为灵动，但二者在创作中都充分发挥了想象的作用，呈现出现实仪式中

① （宋）郭茂倩：《乐府诗集》，中华书局1979年点校本，第118—119页。

② （宋）郭茂倩：《乐府诗集》，中华书局1979年点校本，第119页。

不可能存在的仪式情境及形象。

（三）余论

从祭祀中的人、神关系来看，无论是宗庙还是郊祀仪式，仪式的一个核心问题是祭祀者对神灵所采取的态度，其具体形态表现为祈求或报飨。在仪式中，作为祭祀主体的人是实体的存在，而作为受祭的神灵则是想象的存在。从迎神、飨神、送神这一连贯的仪式环节来看，祭祀仪式是对人间飨宴之礼的模拟，对待神灵就如对待飨宴中的宾客，所谓“祭如在，祭神如神在”[①]“重祭事，如事生”[②]，当然神灵是想象中的存在。所不同者，在现实的飨宴环节中，宾主之间是一种互动的关系，而宗庙飨神环节是单方面的祭与受祭的关系。因此，在整个仪式中，进入登歌、飨神环节之后，神灵就处于一种被动的受祭状态，我们称之为“静”；而此外的其他环节，包括迎神（神灵下降）、送神（神灵离开）以及夕牲、引牲、君臣出入、祼地等仪节中，作为祭祀主体的君臣一直与虚拟的神灵处于互动之中，我们称之为“动”。

在“动”与“静”这两个不同的仪式阶段中，祭祀歌辞在其形式与内容上存在着很大的差异。在“动”的阶段，歌辞内容多是对具体仪式场景的描写，包括对神灵降临及离开的想象，对祭祀参加者的仪式行为、祭祀场所、祭品等内容的描写；在歌辞体式上，不少采用三言诗，尤其是用于迎神、送神的歌辞，借助于三言诗的特性，利用较快的节奏以营造出与神灵升降相符合的情境，在歌辞的形式与内容之间形成一种同构关系；在“静”的阶段，歌辞的内容多描写神灵受飨及对祖先功德之陈述、歌颂，借助四言诗的体式及“二二”的节拍以营造出肃穆古雅的仪式氛围，在歌辞形式与内容之间也形成了一种同构关系。

综上所论，仪式理论为我们研究宗庙歌辞的特性及结构提供了有益的视角。通过分析，我们可以发现，魏晋南北朝时期宗庙歌辞的创作与使用是以仪式环节的设置及功能的实现为导向的；在我们对宗庙仪式各阶段进行划分及明确了各阶段的仪式功能之后，宗庙歌辞与宗庙仪式环节之间相互对应的关系就呈现出来了，仪式不同阶段所使用的歌辞在形式特征及内容方面的差异也就变得一目了然。

---

① （清）阮元校刻：《十三经注疏·论语注疏》，中华书局1980年版，第2467页上栏。

② 苏舆撰，钟哲点校：《春秋繁露义证》，中华书局1992年版，第442页。

四　魏晋南北朝吉礼歌辞的形式特征——从句式、韵式等层面所作的分析

《诗经·周颂》的仪式乐歌属性很早就已被论及，朱熹《诗集传》说："若夫雅颂之篇，则皆成周之世，朝廷郊庙乐歌之词。"① 具体来说，这些诗篇分别用于祭祖、祭天、藉田、社稷等仪式。在后世看来，《诗经·周颂》作为儒家经典中的颂神歌辞，具有典范价值，尤其是在儒家思想规范之下，诗人自觉把经典作为创作的模仿对象，既表现在词汇上对"子史浅言"的舍弃和对"典诰大语"的回归，要求所用词汇源于儒家经典，同时在风格上也逐渐向典雅整饬靠拢，上述特点被称为"《周颂》体"，成为吉礼歌辞创作的重要标准，如谢庄作宋《明堂歌辞》所参照即《诗经·周颂》："歌太祖文皇帝词，依《诗经·周颂》体。"② 尽管如此，若将《诗经·周颂》与魏晋南北朝的吉礼歌辞相比较，后者在形式，主要是句式和韵式方面出现了一些新变化，在占魏晋南北朝吉礼歌辞大多数的四言与三言中表现最为明显。

（一）魏晋南北朝四言吉礼歌辞的句式、韵式之新变

在儒家乐论、文论中，四言诗常常被称为"雅音""正体"，如挚虞在《文章流别论》中说："诗虽以情志为本，而以成声为节。然则雅音之韵，四言为正；其余虽备曲折之体，而非音之正也。"③ 刘勰也认为："若夫四言正体，则雅润为本；五言流调，则清丽居宗。"④ 四言诗被称为"雅音""正体"，源于中国深厚的音乐文化传统。祭祀仪式的氛围吁求着相应的表现形式，而金石乐器的音色、旋律与四言诗歌的"二二"节拍正符合了仪式用乐的吁求，典雅庄重的音乐形式与歌辞舒缓的节奏恰能谐和一致。儒家经典《诗经》中大部分诗句为四言句，正是仪式及其用乐规范的结果，四言诗被奉为雅音典范应该在《诗经》成为经典之后。因此，在后世的官方仪式用乐中，四言诗理所当然地被作为乐歌的首选。在魏晋南北朝的吉礼歌辞创作中屡称以《诗经·周颂》作为师法对象，但将《诗经·周颂》与魏晋南北朝吉礼歌辞相比较，我们可以发现一些新变，这些新变既是文学创作

① （宋）朱熹撰，赵长征点校：《诗集传》，中华书局 2017 年版，第 2 页。

② （梁）沈约：《宋书》卷 20《乐志二》，中华书局 1974 年点校本，第 569 页。

③ （晋）挚虞：《文章流别论》，载郭绍虞等编《中国历代文论选》（第一册），上海古籍出版社 2001 年版，第 191 页。

④ 范文澜：《文心雕龙注》，人民文学出版社 1958 年版，第 67 页。

技巧发展的必然结果，也与音乐文化的发展密切相关。首先，魏晋南北朝的吉礼歌辞句式为整齐的四言，而非《诗经·周颂》的四言句与其他句式并存；其次，双音节词在四言吉礼歌辞中大量出现，《诗经·周颂》中用于补足句子"二二"节拍的虚字、衬字及叠词被省去，实词在构成句子上起着主要作用；第三，与《诗经·周颂》诗篇的不押韵或押韵不规则相比，这一时期的四言吉礼歌辞押韵有明显规则可寻，其韵式主要有四种。魏晋南北朝四言吉礼歌辞对《诗经·周颂》形式方面的发展具体表现如下。

1. 魏晋南北朝吉礼歌辞由《诗经·周颂》的齐言、杂言并陈变为齐言诗

在《诗经·周颂》的 31 首歌辞中，纯四言诗 15 篇，四言与五言、七言杂陈者 16 篇，纯四言诗只占一半左右，而魏晋南北朝吉礼歌辞的纯四言诗比例在 80% 以上，并且很少有杂言，四言诗之外的三言诗、五言诗、七言诗皆为齐言。魏晋南北朝的吉礼歌辞在诗歌体式上主动舍弃了杂言体而采用齐言体，这既受雅乐发展的制约，也是统治者对整饬、典雅诗体刻意选择的结果。从根本上说，这是礼仪用乐复古的表现形态之一。另外，在中国传统观念中对整齐、对称的追求使中国诗歌大部分为齐言诗，在齐言诗盛行的时代，礼仪乐歌的创作者们也自觉以齐言诗创作吉礼歌辞。

2. 双音节词在四言吉礼歌辞中的大量使用

汉语中的双音节词在战国时期已经大量出现，这对四言诗的创作产生了较大影响，最为明显的表现就是在四言诗创作时往往将句子中用于凑足"二二"节拍的叠字、虚字及衬字等省去。因为在四言诗中，两个双音节词正好构成一个"二二"节拍，不但不需要叠字、衬字、虚字，而且解决了虚字、衬字产生的问题，即意义节拍与朗读节拍不合拍的问题[①]，试以下面两首诗为例作对比。

> 嗟嗟臣工，敬尔在公。王釐尔成，来咨来茹。嗟嗟保介，维莫之春，亦又何求？如何新畬？于皇来牟，将受厥明。明昭上帝，迄用康年。命我众人：庤乃钱镈，奄观铚艾。[②]

---

① 葛晓音：《汉魏两晋四言诗的新变和体式的重构》，《北京大学学报》（哲学社会科学版）2006 年第 5 期。

② （清）阮元校刻：《十三经注疏·毛诗正义》，中华书局 1980 年版，第 590 页下栏—591 页中栏。

在整首诗中，用“嗟嗟”“于”“奄”等来补足音节构成“二二”节拍。

> 昭事上祀，飨荐具陈。回銮转翠，拂景翔宸。缀悬敷畅，钟石昭融。羽炫深晷，籥暳行风。肆序辍度，肃礼停文。四金耸卫，六驭齐轮。[①]

此诗全部由实词构成，典型的“二二”节拍，节奏鲜明。

通过这两首诗的比较可以看出，四言诗中实词代替虚词使诗句更加紧凑，较《诗经·周颂》中的诗篇更少有变化，从而使风格表现得更为典雅。但是，当四言诗的朗读节奏与意义节奏趋向一致时，四言诗的表现力就大大下降，缺乏生动灵活之气了。正如葛晓音先生所说：“当四言体全部变成二二节奏以后，这种诗体也已经僵化。”[②] 这就是我们今天读魏晋以后的吉礼歌辞时感觉板滞乏味、毫无生气，似词语堆砌的原因所在。其实，四言诗中的双音节词的大量使用并不仅仅限于国家礼仪中的歌辞，在文人四言诗中也存在这样的情况，这是语言发展带来的结果。

3. 魏晋南北朝吉礼歌辞的主要韵式及其对《诗经》韵式的继承与发展

顾炎武《日知录》卷21云：“(《诗经》) 又有全篇无韵者，周颂《清庙》《维天之命》《昊天有成命》《时迈》《武》诸篇是也。”[③] 这说明，在《诗经·周颂》中，歌辞是否用韵及如何用韵并无严格限制。

魏晋南北朝的诗歌创作已经开始自觉，不但注重情感的抒发，也注重诗歌形式的创造，对诗歌用韵的刻意安排是其表现之一。朱光潜先生在《诗论》中梳理了从《诗经》到齐梁时代诗歌用韵的变化情况：“古诗用韵变化最多，尤其是《诗经》。江永在《古韵标准》里统计《诗经》用韵方法有数十种之多。……汉魏古风用韵方法已渐窄狭，惟转韵仍甚自由，平韵与仄韵仍可兼用。齐梁声律风气盛行以后，诗人遂逐渐向窄路上走，以至于隔句押韵、韵必平声。”[④] 这种用韵情况在吉礼歌辞中也有表现，

---

① （梁）萧子显：《南齐书》卷11《乐志》，中华书局1972年点校本，第170页。

② 葛晓音：《四言体的形成及其与辞赋的关系》，《中国社会科学》2002年第6期。

③ （清）顾炎武著，黄汝成集释，栾保群、吕宗力校点：《日知录集释》，上海古籍出版社2006年版，第1173页。

④ 朱光潜：《诗论》，中华书局2012年版，第179页。

程章灿先生曾经借用王力《汉语诗律学》中的西洋记韵法来研究唐代碑志铭辞之韵式[①]，这里也不妨借用来研究魏晋南北朝吉礼歌辞的韵式，其规则如下："这种记韵法是用 a，b，c，d 等字母来表示的""字母相同，表示韵脚相同"[②]。由于吉礼歌辞不同于《诗经》中的《国风》《小雅》《大雅》，是不分章的，但四言诗存在四句一转韵的特点，正如《文心雕龙》所说："陆云亦称四言转句，以四句为佳，观彼制韵，志同枚贾，然两韵辄易，则声韵微躁。"[③] 对于四言诗来说，四句一转韵是最好的选择，与其和缓典重的风格相适应。因此我们在进行韵式分析的时候对完整的一首吉礼歌辞进行划分，一般是把一组四句歌辞作为韵式分析的单位。我们可以将魏晋南北朝吉礼歌辞韵式归纳为以下几类。

第一类，abcb 式。这是魏晋南北朝吉礼歌辞中使用最多的韵式，即第二句与第四句押韵而第一句与第三句不押韵。这符合唐及唐之前诗歌押韵的一般规则，即韵脚的位置一般在偶数句，奇数句通常不押韵[④]，如南齐北郊乐歌《登歌》就是典型的 abcb 式：

> 伫灵敬享，禋肃彝文。悬动声仪，荐洁牲芬。阴祇以贶，昭司式庆。九服熙度，六农祥正。[⑤]

这种韵式在当时诗歌创作中非常普遍，如陶渊明《饮酒》之一：

> 结庐在人境，而无车马喧。问君何能尔，心远地自偏。采菊东篱下，悠然见南山。此中有真意，欲辨已忘言。[⑥]

两诗都是在偶数句押韵，不同的是前者四言，四句一转韵，而后者五言，一韵到底。

第二类，aaba 式。即第一句借用邻韵。王力先生认为，在盛唐以前这

---

① 程章灿：《汉语诗律学研究的新材料与新问题——论唐代碑志铭词韵式之新变》，载陈洪、张洪明主编《文学和语言的界面研究》，南开大学出版社 2008 年版，第 3 页。

② 王力：《汉语诗律学》，上海教育出版社 2005 年版，第 847 页。

③ 范文澜：《文心雕龙注》，人民文学出版社 1958 年版，第 571 页。

④ 王力：《诗经韵读》，上海古籍出版社 1980 年版，第 57—74 页。

⑤ （梁）萧子显：《南齐书》卷 11《乐志》，中华书局 1972 年点校本，第 171 页。

⑥ 逯钦立：《先秦汉魏晋南北朝诗》，中华书局 1983 年版，第 998 页。

种韵式较少，直到中晚唐之后才渐渐多起来，虽然王力先生所指为近体诗的用韵情况，但这种首句用韵的例子在这一时期的吉礼歌辞中也有存在，如北齐南郊乐歌《武德乐》：

> 配神登圣，主极尊灵。敬宣昭烛，咸达窅冥。礼弘化定，乐赞功成。穰穰介福，下被群生。①

第三类，aaaa 式。此为逐句押韵，最有代表性的诗歌是汉代《柏梁诗》②，即刘勰所谓“《柏梁》列韵”，此后曹丕《燕歌行》也采用柏梁体韵式。以四句为单位来考察吉礼歌辞，我们发现在四言吉礼歌辞中也存在这种 aaaa 的韵式，如：

> 得一惟清，于万斯宁。受兹景命，于天告成。③

需要注意的是，庾信所创作的周祀圜丘歌《昭夏》则与《柏梁诗》韵式完全一致，全诗七言八句，前四句一韵，后四句一韵，其诗如下：

> 重阳禋祀大报天，丙午封坛肃且圆。孤竹之管云和弦，神光来下风肃然。王城七里通天台，紫微斜照影徘徊。连珠合璧重光来，天策暂转钩陈开。④

这样的韵式安排使整首诗读起来顺畅流利，朗朗上口，毫无一般吉礼歌辞的板滞凝重之感，但这类歌辞在魏晋南北朝并不多见。此外尚有 abbb 等韵式，数量较少，此处不再论述。

以上是对魏晋南北朝吉礼歌辞的几种主要韵式所作的分析，这些韵式在《诗经》中都曾出现过：abcb 式，如《桃夭》《雄雉》《有狐》等；aaba 式，如《关雎》《羔羊》《击鼓》等；abab 式，如《静女》《兔罝》《下泉》；

---

① （唐）魏征、令狐德棻：《隋书》卷 14《音乐志中》，中华书局 1973 年点校本，第 316 页。

② 《柏梁诗》是否为汉代作品，颇多争议，魏晋南北朝时期未有疑其伪者，直到清代初期顾炎武对此提出疑问，沈德潜《古诗源》也认为是后人拟作，逯钦立先生对此辨析最明，见逯钦立遗著《汉魏六朝文学论集》，陕西人民出版社 1984 年版，第 39—54 页。

③ （唐）魏征、令狐德棻：《隋书》卷 14《音乐志中》，中华书局 1973 年点校本，第 335 页。

④ （唐）魏征、令狐德棻：《隋书》卷 14《音乐志中》，中华书局 1973 年点校本，第 333 页。

aaaa 式，如《竹竿》《终风》等。这些具有复杂韵式的诗歌大多出自《诗经》的《国风》《小雅》《大雅》，不属于国家礼仪用乐歌辞，反映的或是普通人的喜怒哀乐，或是上层社会的享乐生活。其创作者及使用场合决定了这些诗歌必须具备灵动活泼的特点，而用于国家祭祀仪式的诗歌——《诗经·周颂》，就没有如此多的韵式，许多诗篇，如《清庙》《昊天有成命》《噫嘻》《时迈》《武》等全不用韵，又如《维天之命》《烈文》《我将》《思文》等诗中用韵与不用韵相间杂。这说明，在《诗经》时代，作为国家祭祀仪式的歌辞在用韵与否上并无太多要求。吉礼歌辞的创作发展到汉魏六朝时期，在韵式上已经开始改变《诗经·周颂》的用韵习惯，形成了固定的韵式。这种改变，在很大程度上是由吉礼歌辞的创作者多为当时著名文人这一点决定的，如《郊祀歌十九章》作者为司马相如等人，晋吉礼歌辞作者为傅玄，宋吉礼歌辞作者为颜延之，梁吉礼歌辞作者为沈约等人。他们将文学创作的技巧应用到仪式乐歌的创作当中，使得严肃的国家仪式乐歌具有了不少文学色彩。

（二）汉魏六朝三言吉礼歌辞的特点、成因及功能

1. 西汉以来吉礼歌辞创作中的三言诗传统及其形式特点

从西汉开始，三言诗成为郊祀、宗庙歌辞所采用的重要诗歌体式。在《安世房中歌》中，全篇为三言者三篇，在《郊祀歌十九章》中，全篇为三言者七篇。西汉以后，历代郊祀歌辞中有不少三言诗出现，在宗庙、飨宴等礼仪歌辞中也存在大量三言诗。魏晋南北朝时期的吉礼不断被统治者纳入儒家规范之下，吉礼已经不再用来候神、娱神，但这种三言歌辞在历代吉礼歌辞中依然大量存在，形成了吉礼歌辞创作中的三言诗传统，三言诗已经成为一种官方话语形式。另外在童谣与民歌谚语及文人创作中也有不少三言诗。日本学者松浦友久早就注意到这一特点，他在《中国诗歌原理》中说："三言诗的仅有的系统只限于政治、社会或宗教的童谣、谣谚类和仪礼歌、宗教歌类。"[①] 三言诗作为一种用语简短，声节短促的诗歌体式，比较适合表达或轻快活泼、或情思沉潜而迫促的题材[②]，而在国家祭祀等庄严肃穆的场合使用三言诗似乎难以讲通。挚虞《文章流别论》说："古诗之三言者，'振振鹭，鹭于飞'之属是也，汉郊

① ［日］松浦友久：《中国诗歌原理》，孙昌武、郑天刚译，辽宁教育出版社 1990 年版，第 121 页。

② 周远斌：《论三言诗》，《文学评论》2007 年第 4 期。

庙歌多用之。"[①] 将三言诗的创制传统追溯到《诗经》时代，葛晓音先生也认为："在《诗经》中，以三言为主的诗很少，主要用于赞美祝颂。汉代三言诗多赞颂，或许继承了《诗经》三言的这种特点。"[②] 同样是把《诗经》三言诗作为汉三言吉礼歌辞的源头。事实上在《诗经》中并无纯粹的三言诗，《诗经》中的三言句多是镶嵌在四言诗当中，或者三言加一语气词构成四言形式，前者如《召南·江有汜》《鄘风·墙有茨》《郑风·扬之水》等，后者如《陈风·月出》等。尤其是在《小雅》《大雅》及《周颂》中，三言句更不多见。因此，说三言诗用于赞美祝颂是继承《诗经》的结果，笔者并不赞同。那么《诗经》的三言句与汉吉礼歌辞的三言句有何区别呢？据冯胜利统计，在《诗经》中共有三十多首诗含有三言句式，在这三十多首诗篇中，大部分三言句均采用［A△B］的格式[③]，他认为，《诗经》三言句中［A△B］的形式说明这种三言格式还带有明显的散文特征，与后世三言诗大相异趣[④]。下面再来看一下汉代吉礼歌辞中的三言句，在七首三言郊祀歌辞中，除了《练时日》《华烨烨》两首采用"神之○""灵之○"的形式，与《诗经》三言［A△B］的形式相符合以外，其他诗句与《诗经》的这种句式差别很大。在《诗经》中"△"的两端分别为一个单音节词，而在《郊祀歌十九章》中则基本上将中间由虚词充当的功能词省去而代之以［双音节实词+单音节实词］或者［单音节实词+双音节实词］，即［2+1］或［1+2］的形式，具体可以划分为以下几类：

［名词+动词词组］，如"露夜零""旗逶迤"等。

［名词词组+动词或形容词］，如"天马下""九夷服"等。

［动词+名词词组］，如"沾赤汗""登蓬莱""延寿命"等。

---

① （晋）挚虞：《文章流别论》，载郭绍虞等编《中国历代文论选》（第一册），上海古籍出版社2001年版，第191页。

② 葛晓音：《论汉魏三言体的发展及其与七言的关系》，《上海大学学报》（社会科学版）2006年第3期。

③ A和B代表节律实词成分，△代表节律功能词，一般为虚词。参见冯胜利《论三音节音部的历史来源与秦汉诗歌的同步发展》，载陈洪、张洪明主编《文学和语言的界面研究》，南开大学出版社2008年版，第103页。

④ 冯胜利：《论三音节音部的历史来源与秦汉诗歌的同步发展》，载陈洪、张洪明主编《文学和语言的界面研究》，南开大学出版社2008年版，第103页。

这几类三言诗在《郊祀歌十九章》中所占比例最大。有学者认为，三言诗中减省的足句句式决定了虚词极难进入①。通过以上分析，我们可以知道，这种说法用在《诗经》时代还是不合适的。朱广祁认为，在《诗经》时代汉语词汇还是以单音词为主的②，因此只有双音节词开始大量出现以后才可能出现上述情况。由此更加说明了，《郊祀歌十九章》中的三言歌辞并非对《诗经》的继承，而是语言发展的产物，和《郊祀歌十九章》同时期产生的汉人作品中的三言句已经具备了相同的句式，如司马相如《子虚赋》："榜人歌，声流喝，水虫骇，波鸿沸。"这与汉郊祀歌辞之三言句式完全相同。在更早的楚辞中就已经包含着这种［2+1］或［1+2］的句式，如《湘君》"采薜荔兮水中，搴芙蓉兮木末"中的"采薜荔""搴芙蓉"，尤其是《山鬼》中"兮"字左右的两个三言句基本都符合这种句式。另外，在《东皇太一》《湘夫人》《东君》《河伯》《国殇》中都有大量的例子。很显然，这种包含在长句中的三言形式为吉礼歌辞的创作提供了借鉴。

2. 西汉以来吉礼歌辞中三言诗传统的成因及其功能

以上从诗歌形式上说明了汉代吉礼歌辞并非取法于《诗经》，这种三言句式在战国就已经存在，在汉初已经形成了与郊祀歌辞基本相同的句式。三言诗作为一种较为短促、节奏感强的诗歌形式，与吉礼歌辞中庄严肃穆的氛围相违背，但自汉之后，历代吉礼歌辞中三言诗都占有一定的比重，应该说，自魏晋以后的吉礼歌辞制作者们已经把三言诗作为一种与四言诗一样典雅的诗体，这是继承汉吉礼歌辞的重要表现。为什么这种三言吉礼歌辞如此受创作者青睐呢？笔者认为，应该从吉礼歌辞的表现内容与形式的关系入手来寻找答案。详观自汉至隋的三言吉礼歌辞，我们可以发现，它与四言吉礼歌辞在描写内容上有着很大的区别，汉及魏晋南北朝四言吉礼歌辞所写的大部分是祭祀仪式的场面以及歌颂祖先功德之类，比如在祭祀中用何祭品、具体仪式操作等，多是写实，我们称之为"仪式叙述"；但三言吉礼歌辞却与之大不相同，三言吉礼歌辞所描写的是神灵下降直到歆享完祭品离开的情景，多想象之辞，充满奇幻色彩。这跟《离骚》《九歌》中描写神灵的场面非常相似，如《华烨烨》：

① 王富仁：《四言诗与曹操的〈短歌行〉（其一）》，《名作欣赏》1995 年第 3 期。

② 朱广祁：《〈诗经〉双音词论稿》，河南人民出版社 1985 年版，第 2 页。

> 神之游，过天门，车千乘，敦昆仑。神之出，排玉房，周流杂，拔兰堂。神之行，旌容容，骑沓沓，般纵纵。神之来，泛翊翊，甘露降，庆云集。神之揄，临坛宇，九疑宾，夔龙舞。神安坐，翔吉时，共翊翊，合所思。①

这与《离骚》中屈原求女、叩阍时众灵杂沓的场面何其相似。三言诗与楚辞的关系前人已有论述，孙作云《九歌非民歌说》："我以为汉《郊祀歌》十九章……原文皆应有'兮'字，格调与《九歌》全同。"② 萧涤非在《汉魏六朝乐府文学史》中对楚辞与三言诗的关系有过专门论述："今传世三言诗之入乐者，不得不首推《安世房中歌》，而其渊源则楚辞之《山鬼》《国殇》也。……《国殇》全篇句法皆如此。如将句腰之'兮'字省去，即成《房中歌》之三言体。或将《房中歌》于句腰增一'兮'字，亦即成《国殇》体矣。"③ 萧涤非先生是从句法上来阐释楚辞与《安世房中歌》之关系的，这种关系也适合《郊祀歌十九章》。

汉代郊祀歌辞的创作在很大程度上是为了满足汉武帝个人求仙长生的愿望，这种求仙活动就使得汉武帝时期的郊祀仪式有别于儒家正统的郊祀仪式而变成娱神、候神的活动，人神交接成为这种仪式中必不可少的内容，在创作郊祀歌辞时自然也会把这种娱神的场面通过想象、夸张的手法写入其中。西汉时期楚风犹甚，统治者颇好楚风，而在楚辞中恰好有大量描写神灵的内容，这就为郊祀歌辞的创作提供了范本，因此郊祀歌辞在神灵场面的描写上颇类楚辞；另一方面，在汉代，这种有别于《诗经》[A△B] 的 [1+2] 或 [2+1] 式三言句已经成熟，这种句式整齐的三言句与楚辞"□□□兮○○○"的形式相比，它们在表现力上相似而前者显得更为雅致，更适合郊祀仪式配乐的需要。这两个因素使得三言诗成为后世吉礼歌辞创作的一种传统，从汉至唐这种形式的吉礼歌辞在国家礼乐系统中都占有一席之地，如北齐北郊乐歌《高明乐》：

---

① （汉）班固：《汉书》卷22《礼乐志》，中华书局1962年点校本，第1066页。

② 孙作云：《楚辞研究·九歌非民歌说》，《孙作云文集》（第一卷），河南大学出版社2002年版，第295页。

③ 萧涤非著，萧海川辑补：《汉魏六朝乐府文学史》（增补本），人民文学出版社2011年版，第37页。

献享毕，悬佾周。神之驾，将上游。超斗极，绝河流。怀万国，宁九州。欣帝道，心顾留。匝上下，荷皇休。[①]

其思想内容与形式都与汉代吉礼歌辞中的三言诗十分相似。

以上是从句式、韵式等层面对魏晋南北朝吉礼歌辞所作的分析，魏晋南北朝吉礼歌辞作为一种用于国家仪式的重要诗歌样式，它在儒家思想的规范下不断趋于正统，歌辞的语言表现力已经大大下降。同时，其自身发展不可避免地受到了时代因素的影响，在形式上出现了此前吉礼歌辞所没有的特点。

① （唐）魏征、令狐德棻：《隋书》卷14《音乐志中》，中华书局1973年点校本，第316—317页。

第五章　魏晋南北朝的宾礼、嘉礼用乐

——以元会用乐为中心

第一节　宾礼、嘉礼的仪式特点及魏晋南北朝宾礼、嘉礼的新变

在五礼体系中，与吉礼主要处理人神关系不同，宾礼、嘉礼是用于人事之礼，从国家政治层面而言是协调统治者各阶层之间关系的礼仪。

一　先秦礼乐活动中的宾礼、嘉礼及其用乐

（一）宾礼的仪式内容

宾的意思是“所敬”，即“宾客之礼主于敬，故谓之宾礼”①。礼经中的宾礼与后世所指有所不同，礼经中的宾礼是处理周天子与分封诸侯国之间关系的礼仪形式，建立在分封制基础上。《周礼》将宾礼限定为诸侯朝见天下共主周天子之礼，其仪式目的在于“亲邦国”，郑玄认为“亲，谓使之相亲附”，这种“亲邦国”，既包括诸侯亲附周天子，也包括诸侯自相亲附。宾礼之别有八，具体如下：

> 春见曰朝，夏见曰宗，秋见曰觐，冬见曰遇，时见曰会，殷见曰同，时聘曰问，殷頫曰视。②

这八种类型，最主要的区别是朝见天子的时间，前六礼是按照规定的时间朝见天子，郑玄注：“此六礼者，以诸侯见王为文，六服之内，四方以时

① （清）孙诒让撰，王文锦、陈玉霞点校：《周礼正义》，中华书局1987年版，第1348页。

② （清）阮元校刻：《十三经注疏·周礼注疏》，中华书局1980年版，第759下栏—760页上栏。

分来，或朝春，或宗夏，或觐秋，或遇冬，名殊礼异，更递而遍。”[①] 时聘为无常期之聘，殷頫为甸服之国在十二年一个周期的巡狩期内，于元年、七年、十一年遣卿以大礼聘于天子[②]。事实上这几种形式的宾礼在本质上并无差别[③]。在具体的礼仪实践中，诸侯国之间的交往也是一种重要的宾礼形式。

（二）嘉礼的仪式内容

何为嘉礼？“嘉”的意思是“善”，郑玄注：“嘉，善也，所以因人心之所善者而为之制。”[④] 孙诒让也说：“饮食婚冠等礼，并人心所嘉善者，故顺而制设其礼，使相亲乐也。”[⑤] 其仪式主体为包括统治者在内的广大民众，其仪式目的在于“以嘉礼亲万民”，使其“相亲乐”，具体来说就是协调人与人之间的关系。那么，嘉礼的具体内容有哪些？这在《周礼》及相关注解中可以找到答案，《周礼·大宗伯》云：

> 以饮食之礼，亲宗族兄弟；以昏冠之礼，亲成男女；以宾射之礼，亲故旧朋友；以飨燕之礼，亲四方之宾客；以脤膰之礼，亲兄弟之国；以贺庆之礼，亲异姓之国。[⑥]

由《周礼》可知，在嘉礼中，存在饮食、婚冠、宾射、飨宴、脤膰、贺庆六种具体的礼仪形式，即郑玄所谓“嘉礼之别有六”。具体而言，饮食礼者，郑玄注：“人君有食宗族饮酒之礼，所以亲之也。”[⑦] 婚冠之礼为成人礼，《礼记·冠义》：“已冠而字之，成人之道也。”[⑧]《礼记·婚义》：“婚礼者，将合二姓之好，上以事宗庙，而下以继后世也。”[⑨] 宾射之礼为天

---

① （清）阮元校刻：《十三经注疏·周礼注疏》，中华书局 1980 年版，第 759 页下栏。

② （清）阮元校刻：《十三经注疏·周礼注疏》，中华书局 1980 年版，第 760 页上栏。

③ 郑玄认为这八种礼仪类型“名殊礼异”，即每一种礼仪在内容上有所不同，后世对此礼的解释更是纷繁复杂，但如果就诸侯见王这一点来说当是没有差异的。关于这八种礼仪的辨析详见（清）孙诒让撰，王文锦、陈玉霞点校《周礼正义》，中华书局 1987 年版，第 1348—1357 页。

④ （清）阮元校刻：《十三经注疏·周礼注疏》，中华书局 1980 年版，第 760 页上栏。

⑤ （清）孙诒让撰，王文锦、陈玉霞点校：《周礼正义》，中华书局 1987 年版，第 1359 页。

⑥ （清）阮元校刻：《十三经注疏·周礼注疏》，中华书局 1980 年版，第 760 页中栏—761 页上栏。

⑦ （清）阮元校刻：《十三经注疏·周礼注疏》，中华书局 1980 年版，第 760 页中栏。

⑧ （清）阮元校刻：《十三经注疏·礼记正义》，中华书局 1980 年版，第 1679 页下栏。

⑨ （清）阮元校刻：《十三经注疏·礼记正义》，中华书局 1980 年版，第 1680 页中栏。

子与来朝诸侯进行的射箭比赛："诸侯来朝，天子入而与之射也，或诸侯相朝而与之射也。"[①] 飨宴之礼包含的内容比较广泛，飨与宴也有所区别，皇侃认为，飨礼有四种含义：一为诸侯来朝，天子飨之；二为王亲戚及诸侯之臣来朝，王飨之；三为四裔之使来，王飨之；四为飨宿卫及耆老孤子[②]。脤膰之礼，郑玄注："脤膰，社稷宗庙之肉，以赐同姓之国，同福禄也。"[③] 贺庆之礼，贾公彦疏："谓诸侯之国有喜可贺可庆之事，王使人往，以物贺庆之，可施及异姓之国，所以亲之也。"[④]

从以上对嘉礼的分析可知，其仪式的主体既包括各等级的统治者，也包括下层民众，可见嘉礼的施用范围较宾礼为广。在春官所掌管的五礼系统中，吉、凶、宾、军四礼的施用对象都指向"邦国"，在仪式的功用上是"事邦国之鬼神示""哀邦国之忧""亲邦国""同邦国"，是侧重于政治功能及处理诸侯国关系的礼仪形式。而嘉礼则用来"亲万民"，此处涉及嘉礼的施用范围，贾公彦认为："余四礼皆云'邦国'，独此云'万民'者，余四礼万民所行者少，故举邦国而言；此嘉礼六者，万民所行者多，故举万民。"[⑤] 也就是说，这一类型的礼仪并非统治阶层独享，而是各阶层都可使用，例如饮食之礼，就是一种自天子至士各阶层通行的礼仪形式，只不过其仪节因等级差异而有所不同，贾公彦认为："郑《注》引《文王世子》，据人君法；引《大传》，据大夫、士法，则万民亦有此饮食之礼也。"[⑥] 又如冠礼、婚礼，也是自天子达于庶人，现今存留的关于二礼的仪制仅有士礼，即《仪礼》中所保存的"士婚礼""士冠礼"，而天子之礼在汉代就已失传，汉代在制定帝王之礼时反而从士礼中寻求依据——"推士礼以及天子"。当然，在秦汉以后，士庶之礼作为礼仪制度的"小传统"，其与国家礼仪的"大传统"相比，受关注的程度较小，在历代礼志中所记载的嘉礼均为帝王所行之礼，对其他阶层的礼仪较少涉及。

（三）作为嘉礼的饮食之礼、飨宴之礼、宾射之礼在宾礼中的施用

在《周礼》所设计的五礼体系中，吉礼、军礼、凶礼所施用的仪式对

---

① （清）阮元校刻：《十三经注疏·礼记正义》，中华书局1980年版，第1688页上栏。
② （清）黄以周撰，王文锦点校：《礼书通故》，中华书局2007年版，第1066页。
③ （清）阮元校刻：《十三经注疏·周礼注疏》，中华书局1980年版，第760页下栏。
④ （清）阮元校刻：《十三经注疏·周礼注疏》，中华书局1980年版，第761页上栏。
⑤ （清）阮元校刻：《十三经注疏·周礼注疏》，中华书局1980年版，第760页中栏。
⑥ （清）阮元校刻：《十三经注疏·周礼注疏》，中华书局1980年版，第760页中栏。

象都有明确的界限，唯独宾礼与嘉礼二礼在仪式的施用对象上存在重合之处，二者有交集，即属于嘉礼的礼仪类型往往作为宾礼的组成部分而存在，孙诒让对此已有所认识，他在为“以饮食之礼亲宗族兄弟”作疏时说：“此饮食、宾射、燕飨之礼，皆宗族兄弟、故旧朋友、四方之宾客所通有。”[①] 认为嘉礼中的饮食、宾射、飨宴三礼普遍施用于为宗族兄弟、故旧朋友、四方宾客所举行的礼仪之中，其中，“四方宾客”就是前来朝聘的诸侯或卿大夫，为四方宾客所举行的礼仪为宾礼，而属于嘉礼的飨宴之礼是宾礼的组成部分。也就是说，饮食、宾射及飨宴之礼就具有了双重仪式属性，既是嘉礼，也是宾礼。循绎孙诒让所提供的思路，我们将分别探讨饮食、飨宴、宾射之礼的双重仪式属性。

关于饮食之礼，《周礼·大宗伯》云：“以饮食之礼亲宗族兄弟”，即饮食之礼是用于宗族成员的一种仪式，但此礼也常用于接待来朝宾客，《周礼·宰夫》云：“凡朝觐、会同、宾客，以牢礼之法，掌其牢礼、委积、膳献、饮食、宾赐之飧牵，与其陈数。”[②]《周礼·掌客》云：“掌客掌四方宾客之牢礼、饩、献、饮食之等数，与其政治。”[③] 周天子对来朝的四方宾客亦行饮食之礼。其原因在于，在分封制的政治制度中，朝觐、会同、宾客等宾礼的主要参加者为周天子所封同姓诸侯，是属于宗族兄弟范畴的。

关于飨宴之礼，《周礼·大宗伯》云：“以飨燕之礼亲四方之宾客”，很明显是指向宾礼的，郑玄注：“宾客，谓朝聘者。”[④] 是诸侯或诸侯之卿大夫在朝见天子时，天子行飨宴之礼以待宾客。飨宴之礼并非专为来朝聘之宾客而设，有更为广泛的使用范围，但对来朝聘者说，飨宴之礼是必不可少的待宾之礼。关于待宾之礼，褚寅亮云：

> 待宾之礼有三：飨也，食也，燕也。飨重于食，食重于燕。飨主于敬，燕主于欢，而食以明养贤之礼。飨则体荐而不食，爵盈而不饮，设几而不倚，至肃静也。食以饭为主，虽设酒浆，以漱，不以饮，故无献仪。燕以饮为主，有折俎而无饭，行一献之礼，脱屦升坐以尽欢。此三者之别也。飨、食于庙，燕则于寝，其

① （清）孙诒让撰，王文锦、陈玉霞点校：《周礼正义》，中华书局 1987 年版，第 1360 页。
② （清）阮元校刻：《十三经注疏·周礼注疏》，中华书局 1980 年版，第 656 页上栏。
③ （清）阮元校刻：《十三经注疏·周礼注疏》，中华书局 1980 年版，第 900 页上栏。
④ （清）阮元校刻：《十三经注疏·周礼注疏》，中华书局 1980 年版，第 760 页下栏。

处亦不同矣。[①]

由此可知，饮食、飨宴之礼是作为宾礼的重要组成部分而存在的，只不过这几种礼仪的具体仪节存在差异。

作为嘉礼的宾射之礼亦是宾礼的一个组成部分，即《周礼·大宗伯》所谓："以宾射之礼亲故旧朋友"，此故旧朋友实为同姓之诸侯、卿大夫，郑玄注："王之故旧朋友，为世子时，共在学者，天子亦有友诸侯之义。"又《周礼·小臣》注："宾射，与诸侯来朝者射。"可见故旧朋友主要是指来朝的诸侯，此礼是宾礼的重要组成部分，在宴饮之后举行，贾公彦疏："王与诸侯射于朝也……以此宾射之礼，谓行燕饮之礼，乃与之射，所以申欢乐之情。"[②] 仪式以"申欢乐之情"为主要目的，当然也要体现君臣之等级次序，宾射礼亦亡，据郑玄注及贾公彦疏，此礼的仪式场合为朝中，其礼仪形式与大射礼基本相同[③]。

尽管宾礼之数有六，名目繁多，涉及范围较广，但是饮食、飨宴、宾射三礼是与宾礼紧密结合在一起的，宾射之礼专为待宾而设，其他二礼则不拘于宾礼。也要指出，这三种礼仪形式作为宾礼的组成部分，分封制是其得以施行的政治基础，在分封制消亡或变形、皇权专制制度确立、中央和地方关系发生改变之后，宾礼在内容和形式上有了根本的变化，但在宾礼中行飨宴、饮食之礼仍然是一项重要内容。同时，在魏晋南北朝，宾礼式微，一些本属于宾礼的会礼逐渐归入嘉礼，因此将宾礼、嘉礼的用乐放在一起讨论非常有必要。

需要注意的是，我们对宾礼、嘉礼的讨论是从国家礼制的视角出发，由于嘉礼施用对象的广泛性，有些礼仪如婚礼、冠礼，不仅在统治阶层举行，在普通民众那里也有使用，所以这是一个涉及面非常广的问题，非笔者能力所及，基于此我们将讨论重点放在属于国家礼制层面的嘉礼上，着重探讨这些仪式及其用乐的政治功用，对于其他形形色色的礼仪则不涉及。

---

① （清）褚寅亮：《仪礼管见》卷上之六《燕礼第六》，《丛书集成初编》，商务印书馆 1936 年据粤雅堂丛书本排印，第 45 页。

② （清）阮元校刻：《十三经注疏·周礼注疏》，中华书局 1980 年版，第 760 页下栏。

③ 见郑玄注，贾公彦疏《周礼·射人》，（清）阮元校刻《十三经注疏·周礼注疏》，中华书局 1980 年版，第 845 页。

二　秦汉以来政治制度的变革与宾礼、嘉礼的变化

从战国开始，在国家政治制度方面已经孕育着新的变革，至秦汉时期始确定下来，这就是皇权专制取代分封制。这必然导致以分封制为基础的宾礼、嘉礼在仪式的内容和形式上发生很大的变化，这一变化延及魏晋南北朝，直至隋唐，体现了政治制度对礼仪及其用乐的决定作用。

我们先讨论宾礼的变化。在《周礼》中对宾礼的内容有详细的规定，凡朝、宗、觐、遇、会、同、问、视八种，这八种礼仪是建立在分封制基础之上的，是受封的同姓或异姓诸侯对周天子的定期或不定期朝见。随着春秋战国时期分封制度的瓦解、周天子力量的削弱，诸侯对天子的朝见已失去原初的意义[①]。因此，在《周礼》中所规定的宾礼也就名存实亡。

秦汉皇权专制的政治制度及中央与地方关系的确立，使得宾礼以一种全新的形式呈现出来，礼仪的精神内涵发生了巨大的改变。秦汉至魏晋南北朝时期宾礼的名目及仪节较先秦时期的宾礼大为简略，宾礼的主要形式有州郡长官及四夷对皇帝的朝见、受封诸王对皇帝的朝见。同时，随着时代的推移，宾礼的内容也有逐渐萎缩的趋势，如《晋书·礼志下》所说："五礼之别，三曰宾，盖朝宗、觐遇、会同之制是也。"这是对《周礼》的概括，又补充说："自周以下，其礼弥繁。自秦灭学之后，旧典残缺。汉兴，始使叔孙通制礼，参用先代之仪，然亦往往改异焉。"[②] 而《隋书·礼仪志》所记载的宾礼只有藩王对其宗主国的朝见一礼。从数量及内容上看，此时的宾礼与礼经所规定的宾礼相比已经发生了根本性的变化。

秦汉以来朝廷所施行的嘉礼也较先秦时期有了很大的改变。《晋书·礼志下》对周以后的嘉礼变迁情况概括为："五礼之别，其五曰嘉，宴飨冠婚之道于是乎备。周末崩离，宾射宴飨之则罕复能行，冠婚饮食之法又多迁变。"[③] 这一概括十分恰当。具体到魏晋南北朝时期的嘉礼施行情况，梁满仓先生将其总结为以下几点："饮食与飨宴的区分失去意义""宾射

---

① 在后世，分封只能表示被封者与皇室之间的特殊密切关系，徐复观认为："但若就周代封建最重要的意义，乃在于分封建国的分权统治，则列侯对中央政府的朝廷而言，完全没有分权统治的意义。"见徐复观《两汉思想史》（第一卷），华东师范大学出版社 2001 年版，第 96 页。

② （唐）房玄龄等：《晋书》卷 21《礼志下》，中华书局 1974 年点校本，第 649 页。

③ （唐）房玄龄等：《晋书》卷 21《礼志下》，中华书局 1974 年点校本，第 662 页。

的礼仪色彩日益淡化”“脤膰之礼不见实行”“贺庆的意义泛化，失去其独立性”[①]。嘉礼的变化，其根源也在于政治制度的变革，在皇权专制政治中，仪式的“亲亲”之义为“尊尊”之义所取代。

魏晋南北朝时期，不同朝代对宾礼与嘉礼的划分存在差异，有些礼仪形式或被归入宾礼或被纳入嘉礼。出现这一现象的原因也与宾礼、嘉礼两种礼仪在内容上存在交叉有关。这一现象体现最明显的是在晋、宋、南齐、隋四代，《晋书》《宋书》《南齐书》《隋书》这四部史书都有《礼志》或《礼仪志》来记载礼仪施行情况，这些记载大体是对各代礼制的如实反映，且基本涵盖了这一时期施行的各种礼仪。在对礼的划分上，基本遵循《周礼》中所规定的“五礼”原则，但对具体礼仪的划分，尤其是在嘉礼与宾礼的划分上存在分歧。在《晋书·礼志》中，宾礼的仪式类型包括元会、朝覲之礼、巡狩之礼[②]、尊太后太妃之礼、尊崇皇太子之礼、二王三恪之礼、拜太傅太尉司空之礼，但到《隋书·礼仪志》则数量大大缩减，只余朝覲之礼[③]，其他礼仪或归入嘉礼，如元会，或者不再举行，如二王三恪之礼，这种变化从东晋末年就已经开始出现[④]。

宾礼与嘉礼在新的政治制度下呈现出全新的形态。自秦统一六国之后，所建立的是以皇权专制为基础的中央集权制度，取代了宗法制度主导下的封建制度[⑤]。虽然分封制仍然作为一种政治制度存在，不少朝代都有封同姓或异姓为诸侯之举，但分封大多是在未影响皇权的前提下进行的。“亲亲”向“尊尊”的转变使得建立在血缘宗法之上的宾礼和嘉礼发生变化或消失。发生变化者，如宾礼中的朝聘之礼、嘉礼中的饮食飨宴之礼；消失者，如嘉礼中的宾射、贺庆、脤膰之礼。它们或直接消失，或变为一

---

① 梁满仓：《魏晋南北朝五礼制度考论》，社会科学文献出版社 2009 年版，第 279—282 页。

② 帝王外出巡行，在巡行所到之处接受朝见。

③ 此朝覲之礼与晋时朝覲也有所不同，不是分封诸王对帝王的朝覲，而是藩国对其宗主国的朝覲。《晋书》与《隋书》虽均为唐人所编，但修史者“并没有根据自己的习惯改变两晋时的实际情况”，见梁满仓《魏晋南北朝五礼制度考论》，社会科学文献出版社 2009 年版，第 495 页的相关论述。

④ 梁满仓：《魏晋南北朝五礼制度考论》，社会科学文献出版社 2009 年版，第 497 页。

⑤ 根据宗法制度，把文王、武王、成王、康王等未继承王位的别子，有计划地分封到旧有的政治势力中去，作为自己政治势力扩张的据点，以联络、监督、同化旧有的政治势力，由此而逐渐达到“普天之下，莫非王土”的目的。见徐复观《两汉思想史》（第一卷），华东师范大学出版社 2001 年版，第 12 页。

种失去政治功能的仪式，为各阶层普遍使用。这种变化已为唐代史学家杜佑所注意并指出了背后的原因：

> 自古至周，天下封建，故盛朝聘之礼，重宾主之仪，天子诸侯，卿大夫士，礼数服章，皆降杀以两。秦皇帝荡平九国，宇内一家，以田氏篡齐，六卿分晋，由是臣强君弱，终成上替下凌，所以尊君抑臣，列置郡县，易于临统，便俗适时。①

“尊君抑臣，列置郡县”是秦汉之后中央与地方关系的最主要特点，其背后所涉及的则是权力存在基础变化这一核心问题：将建立在血缘宗法基础之上的周天子与分封诸侯的兄弟关系转变为不依血缘关系而存在的中央与地方的关系或君臣关系。

这种变化在礼仪形式上有所体现，在宾礼中，朝聘之礼已经式微，杜佑在《通典》中将宾礼分为：天子受诸侯藩国朝宗觐遇、天子受诸侯遣使来聘、天子遣使迎劳诸侯、三恪二王后、天子朝位、天子上公及诸侯卿大夫士等贽、信节共七礼，其中，在魏晋南北朝时期真正举行的只有天子受诸侯藩国朝宗觐遇、三恪二王后、天子上公及诸侯卿大夫士等贽三种。杜佑在“天子受诸侯藩国朝宗觐遇”条论到：

> 殷周以前，天子有迎劳飨燕诸侯之礼。至秦罢侯置守，无复古仪。及魏，以三国分裂，粗有其礼。东晋末，又废。洎梁崔灵恩，采摭《三礼》遗文，咸序其义。唯后梁主萧詧、岿称帝荆襄，为后周及隋附庸国，朝觐采据周制，并立仪注焉。②

通过这一论述可知，在魏晋南北朝三百六十余年中，只有曹魏、西晋、东晋前期及后梁等朝曾施行过朝觐之礼，各政权施行另外两种宾礼者更是寥落，“三恪二王后”在魏晋及宋曾经施行过，而天子上公及诸侯卿大夫士等贽仅在曹魏一朝施行过。

---

① （唐）杜佑撰，王文锦、王永兴等点校：《通典》卷74《宾礼一》，中华书局1988年版，第2015页。

② （唐）杜佑撰，王文锦、王永兴等点校：《通典》卷74《宾礼一》，中华书局1988年版，第2015—2016页。

宾礼的罕行与这一仪式的变化也有密切关系，在国家制度层面，其单独施行的依据已经消失，但其有向不属于国家礼制的其他阶层所用礼仪渗透的倾向，有的已经转变为其他等级或群体之间的交往之礼①。最值得强调的是，由于宾礼与嘉礼在仪式内容上存在交叉，魏晋南北朝时期宾礼与嘉礼已经融合成为一种新的礼仪形式，如宾礼中的藩国朝会、君臣交接之礼在很大程度上与嘉礼中的飨宴之礼融合，形成了元会。

元会的起点是汉初刘邦命叔孙通所制定的朝会仪，元会的真正施行是在西汉末东汉初。东汉以后都城布局从坐西朝东改为坐北朝南，杨宽认为"就是为了适应举行盛大的元旦朝贺皇帝仪式的需要，其目的在于进一步推崇皇权和巩固全国的统一"②。从元会的仪式构成来看，这一礼仪形式兼具宾礼与嘉礼的双重性质——朝与会。元会的第一项仪式内容是群臣百官于三元③之日大会京师，朝拜帝王，具有宾礼的特点。如西晋时期，诸侯王、文武百官及"蛮夷胡客"大会京师，朝见皇帝，与《周礼》中对宾礼的规定十分相似④。据晋咸宁年间所制定的元会仪注，在行礼之时，群臣百官大会殿上，参加此会的既包括常在京城的公卿等中央官员，也包括地方郡守、刺史、分封诸王及"蛮夷胡客"。参加会礼的诸侯王、公卿、地方长官、"蛮夷胡客"等分别拜见皇帝，并献以贺礼，这与礼经中的诸侯朝聘十分接近。其次，在元会中，还举行考察地方政绩——上计、颁布诏令等仪式活动，《晋书·王浑传》载晋武帝向王浑咨询行元会时考察地方政绩之事：

> 帝尝访浑元会问郡国计吏方俗之宜，浑奏曰："……旧三朝元会前计吏诣轩下，侍中读诏，计吏跪受。……可令中书指宣明诏，问方土异同，贤才秀异，风俗好尚，农桑本务，刑狱得无冤滥，守长得无侵虐。其勤心政化兴利除害者，授以纸笔，尽意陈闻。以明圣指垂心四远，不复因循常辞。且察其答对文义，以观计吏人才之实。"⑤

---

① 梁满仓先生认为，这一时期的宾礼主要有三种形式：一为君臣上下交往的主客之礼；一为臣民之间的交往之礼；一为不同政权之间的交往之礼。见梁满仓《魏晋南北朝五礼制度考论》，社会科学文献出版社 2009 年版，第 498 页。

② 杨宽：《中国古代都城制度史研究》，上海古籍出版社 1993 年版，第 196 页。

③ 夏历正月初一，这一天为年、季、月之首日，故称。

④ 朝见时间、地点以及在朝见时都遵循着固定的仪式规范，参见李无未《周代朝聘制度研究》，吉林人民出版社 2005 年版，第 85—122 页。

⑤ （唐）房玄龄等：《晋书》卷 42《王浑传》，中华书局 1974 年点校本，第 1204 页。

在元会中举行上计等活动，将一年之中地方治理情况向皇帝报告，既实现了帝王对地方官长的直接了解，也以仪式的形式重新确认了帝王与地方的主从关系，这一仪式“成为象征以皇帝为代表的中央政府和地方郡国之间贡纳—从属关系更新的场所”①。

元会的第二个仪式环节为会礼——在拜贺帝王完毕之后举行上寿、饮食、宴会等活动，这些礼仪活动既实现了确认等级尊卑、尊君抑臣的目的，也兼顾了元会的娱乐功能②，将庄严典雅的朝见仪式与轻松活泼的飨宴相结合。可以说魏晋南北朝时期的元会是嘉礼与宾礼的一种结合形态，正是由于此点，才会出现这一时期的史书将元会先置于宾礼、后置于嘉礼的情况，这也是我们将元会作为嘉礼与宾礼的结合体进行研究的依据。

在本章中，我们将元会及其用乐作为主要研究对象基于以下原因：第一，史书中对这一时期宾礼、嘉礼的记载以元会最为详尽；第二，元会融合了宾礼与嘉礼的因素，是一种与国家政治关系最为密切的礼仪形式，对于皇权的确认及巩固皇权专制制度有至关重要的作用；第三，作为元会用乐的歌辞，历代“燕射歌辞”的保存最为完善，为研究这一时期的仪式与用乐、音乐与歌辞的关系提供了便利。

以下我们将重点围绕着魏晋南北朝元会的仪式过程与用乐的关系、元会用乐的历代沿革、元会歌辞的思想内容、诗乐关系等问题展开论述。

第二节　魏晋南北朝宾礼、嘉礼的用乐与沿革
——以元会用乐为中心

魏晋南北朝时期宾礼、嘉礼的仪式类型较多，并且在仪式使用主体上存在较大差异，有些礼仪，如会礼中的元会，其主体为皇帝，而各种形式的小会则为各阶层所用，我们在这里所研究的宾礼、嘉礼用乐仅限定在国家上层，即与皇帝有关的礼仪形式之用乐。在第一节中，我们已经讨论了宾礼、嘉礼在秦汉以后，尤其是魏晋南北朝时期的演变情况，我们认为，秦汉以后，由于政治制度的变革，致使许多礼仪形式，尤其是宾礼中的许

① ［日］渡边信一郎：《元会的建构——中国古代帝国的朝政与礼仪》，载［日］沟口雄三、小岛毅主编《中国的思维世界》，孙歌等译，江苏人民出版社2006年版，第376页。

② 在元会结束之时所举行的乐舞百戏表演，以娱乐为主要目的。

多仪式发生变化，或消亡，或与嘉礼相结合，而宾礼与嘉礼内容存在交叉重合是它们能够结合的重要原因，这种结合以汉代开始施行的元会最具代表性。

在魏晋南北朝时期，元会很受统治者重视，并且这一礼仪形式被史书重点记载。在元会的归类上，史书先将其置于宾礼，后归于嘉礼，这也体现了这一礼仪形式所具有的宾礼、嘉礼双重属性。因此，本节将对具有宾礼、嘉礼双重属性的元会作重点探讨，旁及其他宾礼、嘉礼。下面我们就结合史书中的相关记载，讨论魏晋南北朝时期这一具有双重属性的礼仪形式的用乐沿革情况及其功能。

一　魏晋南北朝元会的仪式内容及其用乐

元会是秦汉以来施行的一种确认皇帝权威的礼仪形式，群臣百官于三元之日（即岁首之第一天）会于京师，朝拜皇帝，并举行盛大宴会。元会颇似先秦的宾礼，但从其仪式的具体内容来看则有很大的差异。元会始于叔孙通“采古礼与秦仪杂就之”的朝会仪，西汉时期元会的具体形式史料记载较少，从东汉时期开始才有了比较完整的记载，我们以东汉以后的史料为主分析这一礼仪的内容及其用乐情况。

（一）魏晋南北朝元会的仪式内容

元会是秦汉以来朝廷所举行的盛大典礼之一，是以确认皇权及地方对中央的服从为目的而举行的仪式。《后汉书志·礼仪志中》注引蔡质《汉仪》：“正月旦，天子幸德阳殿，临轩。公、卿、将、大夫、百官各陪位朝贺。蛮、貊、胡、羌朝贡毕，见属郡计吏，皆陛觐，庭燎。宗室诸刘亲会，万人以上，立西面。”[①] 据此注，元会的参加者不但有公、卿等常驻京师的中央官员，还包括分封诸王、郡太守、刺史及“蛮夷胡客”，规模庞大，往往在万人以上。史载曹魏初建，洛阳宫室尚未建成，在许昌举行元会，由于宫殿狭小，不能容纳朝会者，只好在许昌城南临时设置场所举行元会，可见此礼规模之大。

汉魏晋南北朝时期，元会的仪式过程基本一致，由两个阶段构成：晨贺与昼会，即《通典》所谓：“（夜漏）未尽七刻谓之晨贺，昼漏上三刻

---

① （晋）司马彪撰，（梁）刘昭注补：《后汉书志》第5《礼仪志中》，中华书局1965年点校本，第3131页。

更出，百官奉寿酒，谓之昼会。”[①] 晨贺是仪式的中心，以确认皇帝权威及地方对中央的臣属为主，也是仪式举行的目的所在，而昼会以飨宴为主，在飨宴之中亦体现君臣之别。对这两个仪式过程下文分而述之。

在元会中，最重要的仪式环节当属晨贺。晨贺之礼的仪式过程，据《后汉书志》载：“每月朔岁首，为大朝受贺。其仪：夜漏未尽七刻，钟鸣，受贺。”[②] 晨贺包括群臣的拜见及依次行委贽礼：皇帝在接受群臣集体朝拜之后，还要接受各级官员所奉献之贽，百官依等级依次进献：“及贽，公、侯璧，中二千石、二千石羔，千石、六百石雁，四百石以下雉。”[③] 在周礼中，贽见礼是一种普遍施行的礼仪形式，“被广泛应用于贵族各个阶层的社会活动和政治活动中”[④]，尤其在作为宾礼的朝聘仪式中，行贽见礼是不可缺少的环节。晨贺环节中的委贽礼与朝聘礼中的贽见礼在性质上有相同之处，都是通过这一方式来表明朝见者的身份及确立上下之间的等级关系。文武百官的集体朝拜以群体的方式宣布了君与臣之间截然分立的地位及臣对皇权的绝对承认及拜服，而依次献贽则以个体的方式表明了对皇权的服从，这两种方式的叠加，强化了君与臣地位的悬殊，对于确立皇帝的权威具有重要作用。

行晨贺礼之后的仪式称为昼会，这一环节以飨宴及演奏音乐为主。从这一环节的仪式内容来看，很明显是继承了周礼中天子对朝聘者行飨宴之礼的传统，《周礼·春官》：“以飨燕之礼亲四方之宾客”，郑玄注：“宾客，谓朝聘者。”[⑤] 秦汉以来元会中宾主关系发生了根本性变化，其飨宴并非仅仅为了合和君臣关系，而是以突出皇帝的独尊地位为主要目的，与周代飨宴之礼明显不同。具体表现为，在元会的昼会环节，宾主之礼的仪式次序与先秦古礼相比发生反转，百官先依次向皇帝行上寿酒，之后皇帝还礼；上寿酒之后为食礼，食礼中，皇帝先食，群臣再食。这与周代宾礼中的飨宴之礼完全相反，其时的飨宴之礼以宾为尊，在行饮酒礼时，仪式

---

① （唐）杜佑撰，王文锦、王永兴等点校：《通典》卷70《嘉十五》，中华书局1988年版，第1930页。

② （晋）司马彪撰，（梁）刘昭注补：《后汉书志》第5《礼仪志中》，中华书局1965年点校本，第3130页。

③ （晋）司马彪撰，（梁）刘昭注补：《后汉书志》第5《礼仪志中》，中华书局1965年点校本，第3130页。

④ 杨宽：《西周史》，上海人民出版社2003年版，第790页。

⑤ （清）阮元校刻：《十三经注疏·周礼注疏》，中华书局1980年版，第760页下栏。

顺序为主人献宾—宾酬主人—主人再先饮以劝宾饮，此谓一献；而在食礼中，也以尊宾为主。可见，在秦汉之后的元会中，臣与君之间已经不能构成宾主关系，而完全是一种尊卑等级关系。

元会是朝会礼的一种，只不过其举行的时间特殊，规模也较一般会礼为大，举行元会的目的在于以一种仪式的形式明确君臣之关系，尤其是确认皇帝在国家统治中至高无上的地位。晨贺与昼会的仪节表明，元会中，皇帝是仪式的中心，所有的仪式行为都围绕着皇帝展开，以表达对皇帝的服从、确立皇帝的权威为主要内容。秦汉以来元会飨宴环节中宾主关系的改变，是皇权专制制度确立之后“皇权至上”“尊君抑臣”等思想在礼仪中的反映。

从此礼的创设开始，就已经明确将确认、维护皇权作为根本目的。元会的原始形态为汉初叔孙通所制朝会仪，而此仪的制定也缘于朝会中刘邦的权威受到威胁：“高帝初，百度草创，未有仪法，群臣饮酒争功，醉或叫呼，拔剑起击柱，帝患之。”[①] 汉朝初建，群臣争功，不尊礼法，刘邦的权威受到严重威胁，于是命叔孙通制定朝会仪，这一礼法于高祖七年（前200）朝会时付诸施行，并且达到既定的效果，朝会之时“群臣莫不振恐肃静”。从叔孙通所制礼仪的行礼规范及仪式过程来看，与元会非常相似，可以说是后世元会的初始形态，达到了很好的确认帝王权威的效果。

除了确认皇帝的个人权威之外，此礼还有确认中央与地方关系的功能，在元会中，中央、地方以及少数民族政权的藩王大会于朝，他们不仅作为个体向皇帝表示臣服，也代表他们所管辖的行政区域，即地方，这与皇帝所代表的中央构成了“地方—中央”的关系，这是一种从属关系而非对立或并列的关系，在百官及藩王向皇帝行晨贺礼、委贽礼、上寿酒的仪式过程中，这一关系得到确认。这对确保中央对地方郡、国及藩国的绝对统属地位具有重要意义。

除了晨贺和昼会的礼仪性环节，元会中还举行宣布诏令、考察地方政绩等与政务相关的活动。其一是向上计吏宣布诏书，这一活动在举行元会之前完成，《晋书·王浑传》载晋武帝就行元会时考察地方政绩之事咨询

---

① （唐）杜佑撰，王文锦、王永兴等点校：《通典》卷70《嘉十五》，中华书局1988年版，第1927页。

王浑，王浑认为："旧三朝元会前计吏诣轩下，侍中读诏，计吏跪受。"[①]即这一任务是由侍中承担。晋时所读诏书称为"五条诏书"，其内容多为督促地方官员劝课农桑、为政清廉等内容。其二是"天下郡国奉计最贡献"，《玉海》引卫宏《汉旧仪》："常以正月旦，受群臣朝贺，天下郡国奉计最贡献。"[②] 所谓"计最"是"地方郡国对中央政府所作的有关本地一年间财务、政务的报告"[③]。上计吏将本郡的财政等信息以上计簿的形式呈报给皇帝，并且也要接受皇帝的询问，内容包括"方土异同，贤才秀异，风俗好尚，农桑本务，刑狱得无冤滥，守长得无侵虐"[④] 等。所谓"贡献"，即将本郡特产、方物进贡给皇帝。此与《两都赋》中"春王三朝，会同汉京。是日也，天子受四海之图籍，膺万国之贡珍。内抚诸夏，外绥百蛮"的描写相一致，所谓"受四海之图籍"即"各郡国上呈所辖户籍和领域地图"[⑤]，为计最；而"膺万国之贡珍"则是向皇帝贡献地方所产奇珍异物，象征着地方对中央的归属。关于计最贡献仪式的举行时间，据《汉旧仪》的记载，似乎是在元会时，但事实上该仪式应分两个阶段举行[⑥]，受计应于元会之前，上计吏谒见皇帝应于元会之中，贡献则很可能在谒见时进行。

在元会中施行的上计制度，一方面上计吏将一年中地方的治理情况以上计簿的形式向皇帝报告，是为"下情上传"；同时，皇帝以诏书的形式向地方郡县颁布政令，是为"上令下达"。以一种仪式化的方式实现了皇帝与地方的直接沟通与互动，增进了中央与地方的联系，同时加强了中央对地方的控制，正如渡边信一郎所说，这一仪式"成为象征以皇帝为代表的中央政府和地方郡国之间贡纳—从属关系更新的场所"[⑦]。另一方面，通过贡献这一象征化的仪式行为表明地方对中央的服从关系，从功能上

---

① （唐）房玄龄等：《晋书》卷42《王浑传》，中华书局1974年点校本，第1204页。

② （宋）王应麟辑：《玉海》卷185《食货》，广陵书社2003年影印版，第3386页上栏。

③ ［日］渡边信一郎：《元会的建构——中国古代帝国的朝政与礼仪》，载［日］沟口雄三、小岛毅主编《中国的思维世界》，孙歌等译，江苏人民出版社2006年版，第374页。

④ （唐）房玄龄等：《晋书》卷42《王浑传》，中华书局1974年点校本，第1204页。

⑤ ［日］渡边信一郎：《元会的建构——中国古代帝国的朝政与礼仪》，载［日］沟口雄三、小岛毅主编《中国的思维世界》，孙歌等译，江苏人民出版社2006年版，第374页。

⑥ ［日］渡边信一郎：《元会的建构——中国古代帝国的朝政与礼仪》，载［日］沟口雄三、小岛毅主编《中国的思维世界》，孙歌等译，江苏人民出版社2006年版，第374页。

⑦ ［日］渡边信一郎：《元会的建构——中国古代帝国的朝政与礼仪》，载［日］沟口雄三、小岛毅主编《中国的思维世界》，孙歌等译，江苏人民出版社2006年版，第376页。

说，这与在元会中所施行的委贽之礼是相同的。

总之，元会是在新的政治制度下，为了“尊君抑臣”及实现中央对地方的掌控而举行的仪式。这一礼仪形式以仪式化、象征化的方式将君臣之间的臣属关系呈现，进而加以确认，而此仪式周而复始地举行则将这种关系不断强化，使其成为一种符号式的存在。

（二）魏晋南北朝各代的元会用乐

魏晋南北朝时期，元会作为一种重要的国家礼仪形式得到较为普遍地施行，这一礼仪形式始于西汉初年所制定的朝会仪，而在皇权专制体制酝酿的战国时期为诸侯国君而设的大朝之礼已经有了元会的萌芽[①]。西汉建立之初，由叔孙通制定朝会仪，奠定了后世元会的基础[②]。至东汉，元会已经发展成为较为成熟的礼仪形式，形成了由朝与会两个相互独立的环节组成的仪式过程[③]，这两个环节的功能各不相同，与两个环节相配的乐舞也呈现为雅与俗的分立。

元会用乐是东汉以来的传统，汉代元会的用乐，已经形成了雅乐及俗乐并陈的局面。魏晋以后，元会日益朝着确认皇帝权威的方向发展，在元会用乐上也逐渐“变俗为雅”或“以俗为雅”，突出音乐的政治功能。西晋《咸宁注》对元会的仪式过程记载最为详尽，其用乐方式是魏晋南北朝元会用乐较为典型的形态，我们发现其用乐程序明显地分为行礼乐与飨宴乐两个部分，其中行礼乐主要用于晨贺及昼会的祝酒环节，以雅乐为主；飨宴乐主要用于昼会祝酒之后的飨宴环节，以俗乐为主，都与仪式环节紧密配合。关于元会用乐的情况在这一时期的文学作品中也有所反映，曹植《正会诗》：“笙磬既设，筝瑟俱张，悲歌厉响，咀嚼清商。”[④] 王沈《正会赋》：“备六代之象舞兮，鳌箫韶于九成。”[⑤] 傅玄《元日朝会赋》：“六钟隐其骇奋，鼓吹作乎云中。”[⑥] 都是对这一礼仪形式用乐情况的描述。

在魏晋南北朝时期，大多数政权举行过元会，但不同朝代在具体仪节

① 杨宽：《中国古代都城制度史研究》，上海古籍出版社 1993 年版，第 89 页。

② ［日］渡边信一郎：《元会的建构——中国古代帝国的朝政与礼仪》，载［日］沟口雄三、小岛毅主编《中国的思维世界》，孙歌等译，江苏人民出版社 2006 年版，第 367 页。

③ ［日］渡边信一郎：《元会的建构——中国古代帝国的朝政与礼仪》，载［日］沟口雄三、小岛毅主编《中国的思维世界》，孙歌等译，江苏人民出版社 2006 年版，第 367 页。

④ （魏）曹植著，赵幼文校注：《曹植集校注》，中华书局 2016 年版，第 731 页。

⑤ （清）严可均：《全上古三代秦汉三国六朝文》，中华书局 1958 年影印版，第 1618 页上栏。

⑥ （清）严可均：《全上古三代秦汉三国六朝文》，中华书局 1958 年影印版，第 1714 页下栏。

上存在一定差异，这使元会用乐也有所不同。我们以“礼乐相协”的原则，从“雅乐”与“俗乐”两个方面来考察魏晋南北朝各代的元会用乐特点及功能。

1. 魏晋南北朝元会中的雅乐

（1）曹魏元会中的行礼乐对前代的继承

曹魏代汉，基本沿袭了东汉时期元会的仪节，而在用乐上，也是在东汉的基础上有所增益，因此要探讨曹魏时期元会用乐的情况，很有必要先分析一下东汉元会用乐的情况。

据我们目前所掌握的史料，东汉时期的晨贺阶段并无乐舞的演奏，元会用乐主要在昼会阶段，已经具备了后世元会用乐的基本要素。《后汉书志·礼仪志中》载：“每岁首正月，为大朝受贺。其仪：夜漏未尽七刻，钟鸣，受贺。及贽，公、侯璧，中二千石、二千石羔，千石、六百石雁，四百石以下雉。百官贺正月。二千石以上上殿称万岁。举觞御坐前。司空奉羹，大司农奉饭，奏食举之乐。百官受赐宴飨，大作乐。”① 注引蔡质《汉仪》：“正月旦，天子幸德阳殿，临轩。公、卿、将、大夫、百官各陪位朝贺。蛮、貊、胡、羌朝贡毕，见属郡计吏，皆陛觐，庭燎。宗室诸刘亲会，万人以上，立西面。位既定，上寿。群计吏中庭北面立，太官上食，赐群臣酒食，西入东出，御史四人执法殿下，虎贲、羽林张弓挟矢，陛戟左右，戎头逼胫陪前向后，左右中郎将位东南，羽林、虎贲将位东北，五官将位中央，悉坐就赐。作九宾散乐。”②《南齐书·礼志上》总结东汉时期元会的基本仪式过程为：“东京以后，正旦夜漏未尽七刻，鸣钟受贺，公侯以下执贽来庭，二千石以上升殿称万岁，然后作乐宴飨。”③ 以上都不言晨贺之用乐，用乐是在委贽礼之后的会礼中；又班固《两都赋》：“尔乃盛礼兴乐，供帐置乎云龙之庭。陈百僚而赞群后，究皇仪而展帝容。于是庭实千品，旨酒万钟。列金罍，班玉觞。嘉珍御，太牢飨。尔乃食举雍撤，太师奏乐。陈金石，布丝竹。钟鼓铿锵，管弦烨煜。抗五声，极六律。歌九功，舞八佾。韶武备，泰古毕。四夷间奏，德广所

① （晋）司马彪撰，（梁）刘昭注补：《后汉书志》第5《礼仪志中》，中华书局1965年点校本，第3130页。

② （晋）司马彪撰，（梁）刘昭注补：《后汉书志》第5《礼仪志中》，中华书局1965年点校本，第3131页。

③ （梁）萧子显：《南齐书》卷9《礼志上》，中华书局1972年点校本，第148页。

及。”[①] 此段文字充满了夸张的描写，但也基本反映了东汉元会用乐的情况。据此，东汉元会用乐主要为食举乐及飨宴阶段的民间及四夷乐舞百戏的表演[②]，其中民间乐舞的表演占了很大比例。

我们主要分析元会中的食举乐。食举乐起源甚早，在先秦礼制中饮食时用乐是一种定制。在会礼中，“食礼”只是象征性的仪式行为[③]，其用乐为雅乐，而真正的饮食是在会礼之后的宴饮环节，其用乐以俗乐为主。郭茂倩认为：

> 《王制》曰：“天子食，举以乐。”《大司乐》：“王大食，三宥，皆令奏钟鼓。”汉鲍业曰：“古者天子食饮，必顺四时五味，故有食举之乐，所以顺天地、养神明、求福应也。”此食举之有乐也。[④]

《宋书·乐志一》比较全面地记载了东汉时期食举乐的演变情况：

> 章帝元和二年，宗庙乐，故事，食举有《鹿鸣》《承元气》二曲。三年，自作诗四篇，一曰《思齐皇姚》，二曰《六骐驎》，三曰《竭肃雍》，四曰《陟叱根》。合前六曲，以为宗庙食举。加宗庙食举《重来》《上陵》二曲，合八曲为上陵食举。减宗庙食举《承元气》一曲，加《惟天之命》《天之历数》二曲，合七曲为殿中御饭食举。[⑤]

章帝元和二年（85）的食举乐包括：宗庙食举、上陵食举以及殿中御饭食举三类，不少乐曲为三类食举乐通用，如《鹿鸣》《思齐皇姚》《六骐

---

① （梁）萧统编，（唐）李善注：《文选》，中华书局 1977 年版，第 33 页下栏。

② 在食举乐与飨宴乐之外，元会中还应该有“上寿酒乐”。关于上寿酒乐的内容及演奏方式，可依据的材料甚少，《通典·乐典》引《汉故事》：“上寿《四会曲》。”在上寿酒时演奏《四会曲》可能从西汉时就已经开始，据《汉书·礼乐志》记载，在西汉哀帝罢乐府前乐府中有“四会员”这一乐职：“郑四会员六十二人……楚四会员十七人，巴四会员十二人，铫四会员十二人，齐四会员十九人。”郑、楚、巴、铫、齐均为地名，这些“四会员”所掌管的乐曲应是具有较强地方风味的民间乐，故在罢乐府时被归于应罢之列，用于上寿酒乐的《四会曲》是用于普通宴会的上寿酒仪式还是用于元会中的上寿酒仪式目前还未找到明证。

③ （清）孙诒让撰，王文锦、陈玉霞点校：《周礼正义》，中华书局 1987 年版，第 1784 页。

④ （宋）郭茂倩：《乐府诗集》，中华书局 1979 年点校本，第 181 页。

⑤ 御饭食举，点校本《宋书》作“御食饭举”，见（梁）沈约《宋书》卷 19《乐志一》，中华书局 1974 年点校本，第 538 页。

骕》。除殿中御饭食举与元会有关外，在东汉尚有太乐食举十三曲，可能也是用于元会的食举乐。据《宋书·乐志一》所载，这十三曲为：

> 一曰《鹿鸣》，二曰《重来》，三曰《初造》，四曰《侠安》，五曰《归来》，六曰《远期》，七曰《有所思》，八曰《明星》，九曰《清凉》，十曰《涉大海》，十一曰《大置酒》，十二曰《承元气》，十三曰《海淡淡》。①

我们根据东汉食举乐所适用的仪式列出下表。

表 2　　东汉食举乐分类统计表

仪式	乐曲	数量
宗庙食举	《鹿鸣》《承元气》《思齐皇姚》《六骐骥》《竭肃雍》《陟叱根》	六曲
上陵食举	《鹿鸣》《承元气》《思齐皇姚》《六骐骥》《竭肃雍》《陟叱根》《重来》《上陵》	八曲
殿中御饭食举	《鹿鸣》《思齐皇姚》《六骐骥》《竭肃雍》《陟叱根》《惟天之命》《天之历数》	七曲
太乐食举	《鹿鸣》《重来》《初造》《侠安》《归来》《远期》《有所思》《明星》《清凉》《涉大海》《大置酒》《承元气》《海淡淡》	十三曲

在汉代，主要是东汉时期，元会用乐以俗乐为主，一方面其中充斥着大量的民间乐，另一方面即使那些非民间乐也表现出较浓厚的娱乐色彩。东汉时期的四品乐，基本将各种礼仪用乐包含于其中。据《后汉书志》注引蔡邕《礼乐志》：

> 汉乐四品：一曰太予乐，典郊庙、上陵、殿诸食举之乐。……二曰周颂雅乐，典辟雍、飨射、六宗、社稷之乐。……三曰黄门鼓吹，天子所以宴乐群臣……其短箫、铙歌，军乐也②。

关于短箫铙歌的从属，晋代崔豹《古今注》认为："汉乐有黄门鼓

---

① （梁）沈约：《宋书》卷 19《乐志一》，中华书局 1974 年点校本，第 539 页。

② （晋）司马彪撰，（梁）刘昭注补：《后汉书志》第 5《礼仪志中》，中华书局 1965 年点校本，第 3131 页。

吹，天子所以宴乐群臣。短箫铙歌，鼓吹之一章尔，亦以赐有功诸侯。"① 萧亢达也认为短箫铙歌不是汉乐四品之一，而应从属于黄门鼓吹乐②。但沈约《宋书·乐志二》却将短箫铙歌作为汉乐四品之一，《隋书·音乐志上》承袭此说③。李鹜认为，短箫铙歌和黄门鼓吹乐应在四品乐中各占一品④，仅从音乐的功用上来说，黄门鼓吹乐作为飨宴乐，短箫铙歌作为军乐，这是讲得通的，我们赞同李鹜的观点。但二者又存在着密切的联系，短箫铙歌的演奏也是依靠黄门鼓吹乐人来完成，在以上四品乐中，与元会用乐相关者为第一品太予乐、第三品黄门鼓吹乐与第四品短箫铙歌。

东汉时元会行朝见委贽之礼时无用乐，在昼会阶段的用乐都具有比较明显的俗乐性质。王运熙先生认为，东汉食举乐共有四种，包括宗庙、上陵、殿中御饭及太乐食举等乐，都应属于汉乐四品中的第一品太予乐⑤，但在这四种食举乐中存在着雅俗并陈的情况，其中就有先秦雅乐《鹿鸣》，郭茂倩在《乐府诗集·燕射歌辞序》中说："汉有殿中御饭食举七曲，太乐食举十三曲，魏有雅乐四曲，皆取周诗《鹿鸣》。"⑥ 也有章帝自作乐："一曰《思齐皇姚》，二曰《六骐驎》，三曰《竭肃雍》，四曰《陟叱根》"，这些可以视为雅乐。此外尚有民间俗乐，如在太乐食举十三曲中有《汉鼓吹铙歌十八曲》中的乐曲。上表所列太乐食举十三曲中，《上陵》《有所思》《远期》三曲均属于《汉鼓吹铙歌十八曲》，属第四品短箫铙歌。如前所论，在汉代短箫铙歌属于军乐，由黄门鼓吹乐人演奏，其所掌管多为来自民间的俗乐⑦。可见在东汉时期，尽管食举乐用于比较典雅的仪式场合，但这种雅俗并存的情况与后世所谓的雅乐相去甚远。

① （晋）崔豹：《古今注》，《文渊阁四库全书》第 850 册，台湾商务印书馆 1986 年版，第 105 页下栏。

② 萧亢达：《汉代乐舞百戏艺术研究》，文物出版社 2010 年版，第 28 页。

③ （梁）沈约：《宋书》卷 20《乐志二》，中华书局 1974 年点校本，第 565 页；（唐）魏征、令狐德棻：《隋书》卷 13《音乐志上》，中华书局 1973 年点校本，第 285 页。

④ 李鹜：《汉四品乐文献考辨——兼论黄门鼓吹乐和短箫铙歌乐的关系》，《文献》2013 年第 4 期。

⑤ 王运熙：《说黄门鼓吹乐》，《乐府诗述论》（增补本），上海古籍出版社 2006 年版，第 226 页。

⑥ （宋）郭茂倩：《乐府诗集》，中华书局 1979 年点校本，第 182 页。

⑦ 王运熙：《说黄门鼓吹乐》，《乐府诗述论》（增补本），上海古籍出版社 2006 年版，第 227 页。

从曹魏开始，元会用乐在基本程式上有对汉代的继承，但已经开始逐步走向雅化，西晋时期元会用乐的雅化基本完成，确立了后世元会用乐的典范形态。

在分析了东汉元会用乐的基本情况之后，我们再来考察曹魏元会用乐。曹魏时期的元会基本上承袭了东汉的制度，据《南齐书》载："魏武都邺，正会文昌殿，用汉仪，又设百华灯。后魏文修洛阳宫室，权都许昌，宫殿狭小，元日于城南立毡殿，青帷以为门，设乐飨会。后还洛阳，依汉旧事。"[①]所谓"用汉仪""依汉旧事"即在元会仪节上遵循东汉旧制。曹魏元会用乐的具体情况史无明载，据《三国志》记载，曹操于建安十一年（206）左右都邺，此时东汉雅乐已毁于董卓之乱，乐人流亡于南方，不具备元会用乐的条件。此后，曹操大举南征，在平荆州刘表后获汉雅乐郎杜夔，并命其以东汉乐为基础创制雅乐，然而曹魏雅乐的创制完成是在建安二十二年（217）左右[②]，此时距曹操去世只有三年时间，也就是说曹魏邺城元会用乐至迟为建安二十二年（217），至早是在建安十三年（208），其元会用乐很可能就是《晋书·乐志上》所载魏雅乐四曲，是汉雅乐郎杜夔等乐人所传东汉旧曲："杜夔传旧雅乐四曲，一曰《鹿鸣》，二曰《驺虞》，三曰《伐檀》，四曰《文王》，皆古声辞。"[③] 这也是东汉以来所传周代雅乐[④]，经杜夔等人才使其免于失传。在杜夔依汉乐所创制的曹魏雅乐中，这四曲被原封不动地保存下来，很可能被用于元会的飨宴环节[⑤]，后经左延年等改造，正式成为元会行礼乐：

> 魏雅乐四曲：一曰《鹿鸣》，后改曰《于赫》，咏武帝。二曰《驺虞》，后改曰《巍巍》，咏文帝。三曰《伐檀》，后省除。四曰《文王》，后改曰《洋洋》，咏明帝。《驺虞》《伐檀》《文王》并左延年改其声。正旦大会，太尉奉璧，群后行礼，东厢雅乐郎作者是也。

---

① （梁）萧子显：《南齐书》卷9《礼志上》，中华书局1972年点校本，第148页。

② 王青：《曹操〈短歌行〉的写作时间及其他》，《南京师范大学文学院学报》2008年第1期。

③ （唐）房玄龄等：《晋书》卷22《乐志上》，中华书局1974年点校本，第684页。

④ 王国维：《观堂集林·汉以后所传周乐考》，载谢维扬等主编《王国维全集》（第八卷），浙江教育出版社2009年版，第63—66页。

⑤ 据上文，《鹿鸣》一曲本为食举所奏，杜夔在创制曹魏雅乐时可能仍将其作为食举乐使用。

> 今谓之行礼曲，姑洗厢所奏。[①]

类似的记载见于《晋书·乐志上》：

> 及太和中，左延年改夔《驺虞》《伐檀》《文王》三曲，更自作声节，其名虽存，而声实异。唯因夔《鹿鸣》，全不改易。每正旦大会，太尉奉璧，群后行礼，东厢雅乐郎作者是也。后又改三篇之行礼诗。第一曰《于赫篇》，咏武帝，声节与古《鹿鸣》同。第二曰《巍巍篇》，咏文帝，用延年所改《驺虞》声。第三曰《洋洋篇》，咏明帝，用延年所改《文王》声。第四曰复用《鹿鸣》。《鹿鸣》之声重用，而除古《伐檀》。[②]

我们认为，在东汉元会的晨贺阶段并不用乐，而在昼会的上寿酒、食举及飨宴阶段伴有雅俗音乐的演奏。曹魏时期元会用乐发生了很大的变化，明帝太和（227—233）年间，开创了在晨贺朝见时用乐的传统，所用音乐为左延年改制的《鹿鸣》等四曲，并配以歌辞，这四曲的演奏是在晨贺"太尉奉璧，群后行礼"之时，再结合西晋《咸宁注》中百官奉璧朝贺时"太乐令跪请奏雅乐，乐以次作"来看，元会的晨贺阶段用乐在曹魏时期已经成为一种定制。从以上两段记载可以看出，这四曲用乐所配歌辞的内容是对帝王功德的歌颂，这也符合元会晨贺环节所具有的确认帝王权威的功能。

在曹魏时期，昼会阶段的用乐较东汉更为复杂，基本上具备了与昼会仪式过程相配合的上寿酒乐、食举乐及飨宴乐。上寿酒乐及食举乐在继承东汉的基础上发生了较大改变，杜佑《通典·乐典》中载东汉上寿酒及食举乐在曹魏以后的演变情况：

> 《汉故事》"上寿《四会》曲"，注言"但有钟鼓，而无歌诗"。魏初作《四会》，有琴筑，但无诗。雅乐郎郭琼云："明帝青龙二年，以长笛食举第十二古《大置酒曲》代《四会》，又易古诗名曰《羽觞

① （梁）沈约：《宋书》卷19《乐志一》，中华书局1974年点校本，第539页。

② （唐）房玄龄等：《晋书》卷22《乐志上》，中华书局1974年点校本，第684页。

行》，用为上寿曲，施用最在前，《鹿鸣》以下十二曲名食举乐，而《四会》之曲遂废。”①

相似的记载又见于《乐府诗集》引《古今乐录》：

汉故事，上寿用《四会》曲。魏明帝青龙二年，以长笛食举第十一古《大置酒曲》代《四会》，又易古诗名曰《羽觞行》，用为上寿曲，施用最在前。《鹿鸣》以下十二曲名食举乐，而《四会》之曲遂废。②

所不同者为《大置酒曲》的次序问题，《通典》为第十二，而《乐府诗集》为第十一，对照《宋书·乐志一》的记载，《大置酒曲》应为第十一曲，《通典》误。这十三曲长笛食举乐应是在章帝时的太乐食举十三曲的基础上改造而来，属于汉乐四品之首的太予乐。西晋时期荀勖创制了食举乐十二曲，分别为：《煌煌》《宾之初筵》《三后》《赫矣》《烈文》《猗欤》《隆化》《振鹭》《翼翼》《既宴》《时邕》《嘉会》③，这十二曲是在魏明帝青龙二年（234）所用十二曲食举乐的基础之上改制而成。由此我们可以推知，在魏明帝青龙二年（234）之前的元会中行上寿酒时可能一直使用《四会》曲，直到次年才将《四会》曲废除，而将长笛食举乐中的《大置酒曲》单独拿出来作为上寿曲，并配以歌辞名《羽觞行》。其余十二曲作为食举乐，这十二曲食举乐亦应有辞，据张华《上雅乐诗表》：“魏上寿、食举诗及汉氏所施用，其文句长短不齐，皆未合于古雅。”④ 但其辞并未保存下来，内容为何不得而知，很可能与晨贺行礼乐歌辞相似，以歌颂魏德为主。可以说，魏明帝时期是曹魏元会用乐发展的成熟期，曹植在《元会》诗中描写元会的盛大场面，而此诗正是创作于明帝时期：

① （唐）杜佑撰，王文锦、王永兴等点校：《通典》卷147《乐七》，中华书局1988年版，第3758页。此处中华书局点校本《通典》作“名曰《羽觞》，行用为上寿曲”，误，此据《乐府诗集》点校本。

② （宋）郭茂倩：《乐府诗集》，中华书局1979年点校本，第184页。

③ （宋）郭茂倩：《乐府诗集》，中华书局1979年点校本，第184—185页。

④ （梁）沈约：《宋书》卷19《乐志一》，中华书局1974年点校本，第539页。

初岁元祚，吉日惟良。乃为嘉会，燕此高堂。……笙磬既设，筝瑟俱张。悲歌厉响，咀嚼清商。俯视文轩，仰瞻华梁。愿保兹善，千载为常。欢笑尽娱，乐哉未央！皇室荣贵，寿考无疆。[①]

其中用较多的笔墨描写了仪式用乐的场面，可以作为曹魏元会用乐走向成熟的旁证。我们据相关资料将曹魏时期的元会用乐情况列为下表。

表 3　曹魏时期的元会用乐

改造时间	太和中	青龙二年	
所用仪式环节	行礼	上寿酒乐	食举乐
用乐名称	《于赫》《巍巍》《洋洋》	曲为《大置酒》，辞为《羽觞行》	《鹿鸣》《于穆》《昭昭》《华华》《朝宴》《盛德》《绥万邦》《朝朝》《顺天》《陟天庭》《参两仪》《嘉会》

综上所述，曹魏的元会用乐较东汉发生了很大变化，这种变化主要有两点：其一是将元会的晨贺环节配以音乐，并且在汉代乐曲的基础上创制新的歌辞，以此来歌颂统治者的功德，这开创了后世元会用乐创制与使用的传统。其二是将十三曲长笛食举乐中的《大置酒曲》单独作为上寿酒乐，进一步强化了昼会阶段上寿酒、食举分别用乐的模式，并在歌辞上进行改造，使其进一步雅化。曹魏元会用乐的日益雅化意义重大，形成了后世元会中音乐密切参与行礼、上寿酒、食举诸仪式环节的传统。

（2）两晋元会用乐的建设

西晋时期，元会日益完善，仪注对仪节的规定更为细致，统治者对元会用乐十分重视，如西晋初年，曾命朝廷大臣针对元会创制歌辞。同时，在西晋时期基本确立了与各仪节紧密相配的用乐传统。我们通过对西晋元会的用乐情况进行梳理，发现这一时期元会用乐的特点基本上可以概括为：在继承前代元会用乐基础上的进一步雅化。就元会行礼环节的用乐来说，雅乐已经完全取代俗乐，成为用乐的主要内容，具体表现为以下三个方面。

第一，礼乐相协：音乐密切参与行礼、上寿酒、食举诸仪式环节的建构。西晋时期的元会已经具备非常复杂、完整的仪式过程，而其用乐也是完全严格配合仪式的过程展开的，分析西晋《咸宁注》中有关元会仪式环

① （魏）曹植著，赵幼文校注：《曹植集校注》，中华书局 2016 年版，第 731 页。

节的资料就可以说明这一点，《咸宁注》是晋武帝咸宁三年（277）所制定的朝廷礼仪规范，其中有元会仪式环节的完整记载：

先正一日，有司各宿设。夜漏未尽十刻，群臣集到，庭燎起火。上贺，起，谒报，又贺皇后。还，从云龙、东中华门入，诣东阁下，便坐。漏未尽七刻，百官及受贽郎官以下至计吏皆入立其次，其陛卫者如临轩仪。

漏未尽五刻，谒者、仆射、大鸿胪各各奏群臣就位定。漏尽，侍中奏外办。皇帝出，钟鼓作，百官皆拜伏。太常导皇帝升御坐，钟鼓止，百官起。大鸿胪跪奏“请朝贺”。掌礼郎赞“皇帝延王登”。大鸿胪跪赞“藩王臣某等奉白璧各一，再拜贺”。太常报“王悉登”。谒者引上殿，当御坐。皇帝兴，王再拜。皇帝坐，复再拜。跪置璧御坐前，复再拜。成礼讫，谒者引下殿，还故位。掌礼郎赞“皇帝延太尉等”。于是公、特进、匈奴南单于、金紫将军当大鸿胪西，中二千石、二千石、千石、六百石当大行令西，皆北面伏。鸿胪跪赞“太尉、中二千石等奉璧、皮、帛、羔、雁、雉，再拜贺”。太常赞“皇帝延公等登”。掌礼引公至金紫将军上殿。皇帝兴，皆再拜。皇帝坐，又再拜。跪置璧皮帛御坐前，复再拜。成礼讫，谒者引下殿，还故位。公置璧成礼时，大行令并赞殿下，中二千石以下同。成礼讫，以贽授贽郎，郎以璧帛付谒者，羔、雁、雉付太官。太乐令跪请奏雅乐，乐以次作。乘黄令乃出车，皇帝罢入，百官皆坐。

昼漏上水六刻，诸蛮夷胡客以次入，皆再拜讫，坐。御入后三刻又出，钟鼓作。谒者、仆射跪奏“请群臣上”。谒者引王公二千石上殿，千石、六百石停本位。谒者引王诣樽酌寿酒，跪授侍中。侍中跪置御坐前，王还。王自酌置位前，谒者跪奏“藩王臣某等奉觞，再拜上千万岁寿”。四厢乐作，百官再拜。已饮，又再拜。

谒者引王等还本位。陛下者传就席，群臣皆跪诺。侍中、中书令、尚书令各于殿上上寿酒。登歌乐升，太官又行御酒。御酒升阶，太官令跪授侍郎，侍郎跪进御坐前。乃行百官酒。太乐令跪奏“奏登歌”，三终乃降。

太官令跪请具御饭，到阶，群臣皆起。太官令持羹跪授司徒，持饭跪授大司农，尚食持案并授持节，持节跪进御坐前。群臣就席。太乐令跪奏“奏食举乐”。太官行百官饭案遍。食毕，太乐令跪奏“请进乐”。乐以次作。鼓吹令又前跪奏“请以次进众伎”。乃召诸郡计吏前，受敕戒于阶下。宴乐毕，谒者一人跪奏“请罢退”。钟鼓作，群臣北面再拜，出。①

渡边信一郎将《咸宁注》中的元会仪式划分为如下几个阶段：

晨贺——再度确认君臣关系的仪式。所行为委贽之礼。

昼会——君臣合和仪式。所举行的礼仪包括：上寿、万岁之礼；宴飨——酒礼、共食；歌舞——音乐、舞、众伎；上计吏敕戒。②

在渡边信一郎的归纳中，只有昼会环节存在乐舞的演奏，且将用乐作为一个单独的环节来看待，这是值得讨论的。通过对以上材料的分析可知，元会中乐舞的演奏是贯穿整个仪式的，晨贺以器乐演奏为主，而昼会则是诗、乐、舞的综合展演。我们依据《咸宁注》，以“礼乐相协”的原则将西晋元会用乐的程序概括如下。

第一是皇帝出入仪式场所时演奏钟鼓乐。在晨贺时，“皇帝出，钟鼓作”，在晨贺完毕之后，皇帝入内换服，入内三刻后复出，此时所奏亦为钟鼓乐：“御入后三刻又出，钟鼓作。”钟、鼓均属打击乐器，其演奏呈现为节律性的声音组织，不能构成旋律，也无法配以歌辞，这是为配合皇帝出入时的行步之节而设，也能营造庄严肃穆的仪式氛围，使参加礼仪者尽快进入仪式状态。

第二是群臣晨贺时所奏行礼乐。在皇帝升御座坐定之后，配合皇帝行步之节的钟鼓乐停止演奏。诸侯王以下百官依次行拜礼，并献贽皇帝，凡再拜三次。这是元会中百官对皇帝第一次行拜礼，为元会中的委贽之礼，是确定君臣关系的重要仪节③。在行此礼时“太乐令跪请奏雅乐，乐以次

① （唐）房玄龄等：《晋书》卷21《礼志下》，中华书局1974年点校本，第649—651页。

② ［日］渡边信一郎：《元会的建构——中国古代帝国的朝政与礼仪》，载［日］沟口雄三、小岛毅主编《中国的思维世界》，孙歌等译，江苏人民出版社2006年版，第379页。

③ 甘怀真认为，先秦时期的拜礼作为一种敬礼，在礼经中并不限定为卑者礼敬尊者之仪节，而秦汉以后，拜礼的意义发生改变，君臣的聚会多具形式性意义，重在强调借助礼仪以创造或确认官人的称臣意志。拜礼已经由相互礼敬，转化为凸显君臣差异的礼仪符号。见甘怀真《中国古代君臣间的敬礼及其经典诠释》，《台大历史学报》2003年第31期。

作"，在《晋书·礼志下》所引《咸宁注》中，这句涉及用乐程序的话被置于晨贺仪的最后，但我们认为，雅乐的演奏是从藩王朝贺时就开始的，此时所演奏雅乐应为四厢乐[①]，且配以歌辞。前文已述，朝会行委贽礼时用乐的传统始于魏明帝青龙二年（234），其时所用行礼乐为《鹿鸣》等四曲，是经过左延年等改造的东汉所传周乐。关于朝贺行委贽礼时用《鹿鸣》，杜佑提出非议，其《三朝行礼乐失制议》云：

> 按《左传》："穆叔如晋，晋侯享之，工歌《鹿鸣》之三，三拜。'《鹿鸣》，所以嘉寡君也，敢不拜嘉'？"《毛诗》云："《鹿鸣》，燕群臣嘉宾也。既饮食之，又实币帛筐篚，以将其厚意，然后忠臣嘉宾得尽其心也。"《诗》《传》并无行礼。又叔孙通所制汉仪，复无别行礼事。荀氏云："魏氏行礼、食举，再取周诗《鹿鸣》以为乐章。又《鹿鸣》以宴嘉宾，无取于朝，考之旧闻，未知所应。"荀勖乃除《鹿鸣》旧歌，更作行礼诗四篇，先陈三朝朝宗之义，食举乐歌诗十二篇。三元肇发，群后奉璧，趋步拜起，莫非行礼，岂容别设一乐谓之行礼邪？[②]

杜佑认为《鹿鸣》为飨宴时所用，不应用于行礼，其云："又《鹿鸣》以宴嘉宾，无取于朝，考之旧闻，未知所应。"这是从《鹿鸣》此曲最初使用的场合来认识的，事实上，在魏晋时期《鹿鸣》已经成为委贽、飨宴等环节使用的乐曲。

第三是昼会时各仪式环节的用乐。昼会的主要仪式内容为君臣之间的飨宴，属于饮食之礼。渡边信一郎认为，在晨贺环节，仪式的主要目的是君臣关系的再度确认，表现为各级官员对皇帝的无条件服从，从而体现皇权的至高无上，其仪式以委贽礼为主。而在昼会仪式中，皇帝与群臣之间的交流成为主要内容，前一阶段是单方面的服从，后一阶段则在一定程度上显示帝王对臣子的恩典，以缓和上一阶段紧张的君臣关系，合和君臣成

---

① 在元会中，行礼、上寿酒及食举所用乐均为四厢乐。

② （唐）杜佑撰，王文锦、王永兴等点校：《通典》卷147《乐七》，中华书局1988年版，第3758页。

为主要目的[①]。由于这种转变，晨贺与昼会的仪式氛围有明显的不同，前者体现君臣之间、群臣之间严格的等级关系，表现为极度的庄严肃穆；而至昼会环节，仪式中的庄严氛围仍然存在，但较晨贺有明显的缓和，上寿酒、食举之后的飨宴中更充满了和乐气氛。昼会中的用乐包括上寿酒乐、食举乐、民间乐舞及百戏的表演，我们先探讨前两种用乐。

上寿酒乐。上寿酒与委贽礼一样都是臣子以献纳、祝福的方式表示对皇帝地位的确认与尊崇。上寿酒其源甚早，其使用范围极为广泛，既可以是地位卑下者向尊崇者上寿，也可以是年少者向年长者上寿，既可以用于一般宴会，也可用于国家仪式。对上寿酒的记载可以追溯到《诗经》，其中《大雅·江汉》之“虎拜稽首，对扬王休。作召公考，天子万寿”以及《豳风·七月》中的“为此春酒，以介眉寿”是较为原始的上寿酒，虽与后世元会上寿酒不同，却也“仿佛其事”，可以视为元会上寿酒之雏形[②]。后世元会上寿酒的真正源头是汉初叔孙通所定之礼：“七年，长乐宫成，诸侯朝，礼毕，复置法酒，侍座殿上皆伏，以尊卑次起上寿。”[③]从此上寿酒成为元会的重要仪式环节。在汉代，上寿酒乐为《四会曲》，至东汉明帝时又有所改革[④]，但均是以单纯的音乐演奏为主，无歌辞相配；直到西晋时，上寿酒乐才正式定型，分为四厢乐与登歌两个部分。四厢乐是在诸侯奉觞皇帝时演奏，而登歌是在皇帝行百官酒时演奏，在同一仪式环节中使用两种音乐，标志着仪式的不同过程，形成了礼乐相协的用乐规范，并且使用的乐曲及所配歌辞都获得进一步完善，傅玄、荀勖、成公绥等人都曾作过《上寿酒乐歌》。西晋以后，在上寿酒环节用乐并配以文人所创作的歌辞成为定制，历代相沿。

食举乐。食举乐起源甚早，《周礼·膳夫》：“以乐侑食”，《周礼·大司乐》：“王大食，三侑，皆令奏钟鼓”，说明周王在行食礼时有音乐伴奏。西晋元会中的食举乐始于皇帝及群臣行将就食之时，据《咸宁注》：“太

---

① ［日］渡边信一郎：《元会的建构——中国古代帝国的朝政与礼仪》，载［日］沟口雄三、小岛毅主编《中国的思维世界》，孙歌等译，江苏人民出版社2006年版，第405页。

② （唐）杜佑撰，王文锦、王永兴等点校：《通典》卷147《乐七》，中华书局1988年版，第3759页。

③ （唐）杜佑撰，王文锦、王永兴等点校：《通典》卷147《乐七》，中华书局1988年版，第3759页。

④ （唐）杜佑撰，王文锦、王永兴等点校：《通典》卷147《乐七》，中华书局1988年版，第3759页。

官令跪请具御饭，到阶，群臣皆起。太官令持羹跪授司徒，持饭跪授大司农，尚食持案并授持节，持节跪进御坐前。群臣就席。太乐令跪奏‘奏食举乐’。”在食礼完毕之后进入飨宴阶段。关于此点，我们将在下文作相关论述。

综上所述，在整个元会中，用乐与晨贺、昼会的仪式过程紧密配合，在晨贺行委贽礼时所奏为行礼乐，在昼会上寿酒及食举之时所奏为上寿酒及食举乐，音乐已成为每一仪式环节的重要组成部分。从魏明帝开始至此，最终确立了元会中行礼、上寿酒、食举各仪式环节完整的用乐体系。

第二，元会用乐曲调的雅化，金石乐器演奏的乐曲成为元会行礼环节用乐的主要内容。晋室初建，元会行礼环节用乐承袭曹魏而来，“晋初，食举亦用《鹿鸣》”①，但随着西晋元会仪注的制定及仪式规范的确立，元会行礼环节所用乐曲的曲调逐渐雅化，形成了向礼经所规定的用乐规范复归的用乐传统。元会用乐曲调雅化主要表现在钟、磬等成为元会行礼环节用乐的主要乐器，形成了与元会场所相适应的所谓“四厢”的乐器排列及演奏的格局。“四厢”是指金石乐器的排列方式，即在宫殿的北、东、南、西四方列置以钟、磬为主的金石乐器，其依据为《周礼·小胥》：“王宫悬，诸侯轩悬，卿大夫判悬，士特悬。”② 在周代礼乐理论及实践中，不同等级的用乐者所使用的乐器规格不同。四厢乐悬为皇帝用乐规格，相当于乐悬制度中的宫悬。据《隋书·音乐志上》，西晋四厢乐悬的排列方式为：

> 又晋及宋、齐，悬钟、磬大准相似，皆十六架。黄钟之宫：北方，北面，编磬起西，其东编钟，其东衡大于镈，不知何代所作。其东镈钟。太蔟之宫：东方，西面，起北。蕤宾之宫：南方，北面，起东。姑洗之宫：西方，东面，起南。所次皆如北面。设建鼓于四隅，悬内四面，各有柷敔。③

以黄钟、太蔟、蕤宾、姑洗为宫声的四厢乐悬分别位于北、东、南、西四

---

① （唐）房玄龄等：《晋书》卷22《乐志上》，中华书局1974年点校本，第685页。

② （清）阮元校刻：《十三经注疏·周礼注疏》，中华书局1980年版，第795页上栏。

③ （唐）魏征、令狐德棻：《隋书》卷13《音乐志上》，中华书局1973年点校本，第291页。

个方向，因此这四厢乐悬也被称为黄钟厢、太蔟厢、蕤宾厢、姑洗厢。据《咸宁注》，这四厢乐悬的演奏方式是“以次作”，也就是说，按照四厢排列的顺序，依次分别作乐。由此可见，在西晋时期由金石乐器演奏的乐曲成为元会行礼环节用乐的主要内容，而金石乐曲的旋律特点决定了其演奏效果，也就是说在元会行礼环节中，钟、鼓、磬等打击乐器所演奏的旋律性较弱的曲调取代了管弦等演奏的旋律性较强的曲调。相应地，这种旋律性较弱的曲调能很好地与庄严肃穆的仪式氛围相协调。音乐曲调的雅化也决定了与之相配的歌辞的改变，整齐的四言诗成为元会乐歌的主要形式。西晋时期形成的四厢乐悬的演奏形式被之后的不少朝代采用，成为后世元会用乐的重要参考。

第三，元会乐歌的雅化。元会乐歌的雅化表现在形式与内容两个方面。在形式上，元会乐歌在音乐规范下呈现为句式整齐的四言诗；在内容上，这些乐歌的创作由大臣完成，与仪式各环节紧密配合，以歌颂帝王功德为主旨。

西晋元会乐歌的雅化与仪式及其用乐的规范有关。在形式上，表现为以整齐的四言诗为主的创作趋向，这种四言诗的确立经历了较为曲折的过程。泰始五年（269），荀勖、张华、傅玄等奉命创制正旦大会行礼、王公上寿酒、食举乐之歌辞，在歌辞形式问题上荀勖与张华产生了分歧，《晋书·乐志上》载：

> 张华以为“魏上寿、食举诗及汉氏所施用，其文句长短不齐，未皆合古。盖以依咏弦节，本有因循，而识乐知音，足以制声度曲，法用率非凡近之所能改。二代三京，袭而不变，虽诗章辞异，兴废随时，至其韵逗留曲折，皆系于旧，有由然也。是以一皆因就，不敢有所改易。”①
>
> （荀勖）又以魏氏歌诗或二言，或三言，或四言，或五言，与古诗不类，以问司律中郎将陈颀。颀曰：“被之金石，未必皆当。”故勖造晋歌，皆为四言，唯王公上寿酒一篇为三言五言焉。②

---

① （唐）房玄龄等：《晋书》卷22《乐志上》，中华书局1974年点校本，第685页。
② （唐）房玄龄等：《晋书》卷22《乐志上》，中华书局1974年点校本，第685页。

二人的讨论是在泰始五年（269），而西晋礼仪用乐的雅化是在泰始九年（273）："泰始九年，光禄大夫荀勖以杜夔所制律吕，校太乐、总章、鼓吹八音，与律吕乖错，乃制古尺，作新律吕，以调声韵。"[①] 在此之前，在元会中所采用的可能是曹魏的元会用乐："武皇帝采汉魏之遗范，览景文之垂则，鼎鼐唯新，前音不改。"[②] 也就是说，在泰始五年（269）朝臣奉命创制元会乐歌时西晋尚未建立自己的雅乐体系，在元会中所演奏的音乐还未对与之相配的歌辞产生规范作用，因此泰始五年（269）朝臣所创制的元会乐歌就表现出不少差异。张华所创乐歌句子长短不齐，而荀勖所创乐歌皆为四言，这与当时两人对元会用乐的理解有关。张华所创乐歌依据的是二代三京之旧乐，而荀勖则是在考察、校正元会用乐律吕的基础上以雅乐的标准创制乐歌，史载荀勖娴习雅乐，精通律吕，"既掌乐事，又修律吕，并行于世"[③]，曾以汉末杜夔所定律吕为准校正当时太乐、总章及鼓吹等乐署的乐器，发现这些乐器与律吕不合，乃作古尺，制定新律吕，以调声钧；他又制作律笛十二枚"以调律吕，正雅乐，正会殿庭作之"[④]，荀勖对律吕的熟悉使其在创制元会乐歌时自然选择与雅乐声律节奏相协调的四言诗作为主要形式。荀勖认为在此之前的元会乐歌体式二言、三言、四言、五言杂陈，"与古诗不类"。所谓"古诗"，当指《诗经》的《雅》《颂》中句式较为整齐的四言诗，司律中郎将陈颀也认为这种杂言句式与金石之乐相配"未必皆当"。只有句式整齐的四言诗才能与金石乐器演奏的雅乐最为协调一致，达到诗乐相协的仪式效果。所以四言诗是元会用乐中既合古又合乐的最佳乐歌体式，荀勖的四言元会乐歌是自觉以雅乐为参照进行的创制。张华则不然，他虽也认为这些杂言句式"未皆合古"，但汉魏相承而下，在能规范乐歌创制的雅乐出现之前与其变化乐歌体式不如因循不改，无所变更，因此张华创制的元会乐歌沿袭了前代的杂言句式。

总之，荀勖、张华二人在创制元会乐歌时，对乐歌起规范作用的四厢乐尚未建立，二人所持有的不同音乐观念导致了他们选择了不同乐歌体式。通观泰始五年（269）诸臣所创制的元会乐歌，除张华所制外，其余

① （唐）房玄龄等：《晋书》卷22《乐志上》，中华书局1974年点校本，第692页。

② （唐）房玄龄等：《晋书》卷22《乐志上》，中华书局1974年点校本，第676页。

③ （唐）房玄龄等：《晋书》卷39《荀勖传》，中华书局1974年点校本，第1153页。

④ （唐）房玄龄等：《晋书》卷22《乐志上》，中华书局1974年点校本，第693页。

大都为齐言体歌诗，三言、四言、五言均句式整饬，已经比较明显地表现出雅乐复古的倾向。

正如有学者所论，元会乐歌追求形式复古的原因与西晋时期整个社会崇尚复古的思潮密不可分[①]，但是还有极为重要的一点，即用于仪式活动中的乐歌的雅化与其配乐的雅化相关，乐曲的雅化决定了乐歌形式的雅化，在四厢乐悬成为元会用乐的主要演奏乐器后，曲调雅化，乐歌也必然要做出相应的调整，从根本上说，乐歌的雅化受仪式用乐曲调的直接制约。

这一时期的元会乐歌在内容上也趋于雅化，最重要的表现就是歌颂帝王功德写作模式的形成，这是对之前元会乐歌中描写飨宴嘉宾场面及民间内容的重大变革，我们来看傅玄所创作的两首食举乐歌：

> 天命大晋，载育群生。于穆上德，随时化成。自祖配命，皇皇后辟。继天创业，宣文之绩。
>
> 丕显宣文，先知稼穑。克恭克俭，足教足食。既教食之，弘济艰难。上帝是祐，下民所安。[②]

第一首是对西晋建立合法性的肯定——受天命而来，第二首是对西晋政权的奠基者宣帝、文帝开创之功的歌颂。可见，食举乐歌不再以描写飨宴、娱乐为主要内容，而成为政治颂歌，乐歌的指向不再是嘉宾而是帝王，这与周代飨宴乐歌相比也有很大变化。这种改变与元会的变化是相一致的，在第三节我们将专门讨论这一问题。

东晋时期元会用乐衰微，主要受两方面因素的影响，首先，元会制度在此时已经受到严重破坏，与西晋相比在仪式环节上大大缩减，史载："江左多虞，不复晨贺。夜漏未尽十刻，开宣阳门，至平旦始开殿门，昼漏上五刻，皇帝乃出受贺。"[③] 晨贺环节不复存在，而其他环节也大大减省。元会的衰落除政治动荡影响之外，门阀政治致使皇权旁落也是重要的原因。仪式的减省必然使与之相配的音乐失去存在的依据。其次，晋末永

---

① 曹辛华：《论中国诗歌的补亡精神——以〈文选〉补亡诗为例》，《文史哲》2004 年第 3 期。

② （宋）郭茂倩：《乐府诗集》，中华书局 1979 年点校本，第 183 页。

③ （唐）房玄龄等：《晋书》卷 21《礼志下》，中华书局 1974 年点校本，第 651 页。

嘉之乱导致乐人、乐器的大量流失，“永嘉之乱，海内分崩，伶官乐器，皆没于刘、石”[①]，以致“于时以无雅乐器及伶人，省太乐并鼓吹令”[②]。西晋时期创建的四厢乐悬也受到严重破坏，导致在东晋建立后很长一段时间内元会无音乐相配，东晋的雅乐经过了几代的努力基本得以恢复[③]，但关于元会用乐的情况未见史籍记载。

（3）宋、南齐元会用乐的新变化

有关南朝的元会用乐，宋、南齐二代大体相同，基本继承了西晋时期所确立的用乐传统，而到梁代，梁武帝进行的雅乐改革形成了独具一格的用乐模式，陈代又继承了梁代元会用乐的模式，两代元会用乐大同小异。下面我们将宋、南齐视为一体，梁、陈视为一体，分别加以论述。

宋、南齐二代元会与西晋大体相似，“宋有天下，多仍旧仪”，所谓“旧仪”即西晋以来所建立的礼仪传统，其用乐程序、乐歌的创制及乐器的排列与西晋基本一致，但在西晋基础上有所变革。《乐府诗集·燕射歌辞》总结了宋代元会乐歌的创作情况，由乐歌与音乐相配这个一般用乐模式我们可以推知宋代元会用乐的基本情况：

> 一曰《肆夏乐歌》四章，客入，四厢振作《于铄曲》，皇帝当阳，四厢振作《将将曲》，皇帝入变服，四厢振作《于铄》《将将》二曲，又黄钟、太蔟二厢作《法章》《九功》二曲；二曰大会行礼歌二章，姑洗厢作；三曰王公上寿歌一章，黄钟厢作；四曰殿前登歌三章，别用金石；五曰食举歌十章，黄钟、太蔟二厢更作，黄钟作《晨羲》《体至和》《王道》《开元辰》《礼有容》五曲，太蔟作《五玉》《怀荒裔》《皇猷缉》《惟永初》《王道纯》五曲。[④]

上引这段材料已经比较明确地概括出元会用乐的程序，由此我们也可以推知元会的仪式过程：宋元会的仪式过程包括皇帝出入、晨贺行礼、昼会上寿酒、皇帝行百官酒、食举等环节，每一个环节都有音乐及歌辞相配，与西晋时期的元会用乐非常相似，但也有几点变化如下。

---

① （唐）房玄龄等：《晋书》卷22《乐志上》，中华书局1974年点校本，第697页。

② （唐）房玄龄等：《晋书》卷22《乐志上》，中华书局1974年点校本，第697页。

③ 参见第三章中的相关论述。

④ （宋）郭茂倩：《乐府诗集》，中华书局1979年点校本，第195页。

第一，完善了皇帝及大臣出入仪式场所的用乐。在西晋《咸宁注》中，出入仪式场所的用乐专为皇帝而设，但所奏为何乐不明确，也无歌辞相配；群臣出入无用乐。宋代增加了朝贺者的出入用乐，而且与皇帝出入用乐一起并以《肆夏》为名。《肆夏》乐为礼经所规定的群臣出入用乐，宋代却将帝王出入之乐称为《肆夏》，与礼经规定不合，因此释智匠在《古今乐录》中对此提出批评说："按《周礼》云：'王出入奏《王夏》，宾出入奏《肆夏》。'《肆夏》本施之于宾，帝王出入则不应奏《肆夏》也。"① 也就是说，宋在创制元会用乐时只是取《肆夏》用于出入行步之节的功能，而忽视了这一乐名在古礼中所蕴含的区分等级的意义。

第二，殿前登歌的变革。登歌在先秦时期普遍用于祭祀及飨宴仪式，为歌者登堂而歌，所歌为先王功德及嘉宾飨宴和乐等内容。杜佑认为，三朝元会不应用登歌，他在《三朝不宜奏登歌议》中说：

> 检以经记，悉施郊庙耳，非元日所宜奏也。若三朝大庆，百辟具陈，升工席殿，以歌祖宗，君臣相对，便应涕泪，岂可献酬举爵以申欢宴邪？若改辞易旨，苟会一时，则非古人登歌之义。②

其理由是登歌只能在郊庙祭祀中用于歌颂祖宗功绩，如果用于元会则与仪式的欢乐气氛不相协调。事实上，在礼经中，登歌并非专门用于郊庙祭祀，在君臣飨宴之礼中亦有使用，《仪礼·燕礼》："工歌《鹿鸣》《四牡》《皇皇者华》。"郑玄注曰："三者皆《小雅》篇也。《鹿鸣》，君与臣下及四方之宾宴，讲道修政之乐歌也。……《四牡》，君劳使臣之来乐歌也。……《皇皇者华》，君遣使臣之乐歌也。"③ 可见在元会中使用登歌与古礼并不相违。

西晋《咸宁注》中亦有登歌的演奏，用于上寿酒之后、食举之前皇帝行百官酒的环节。宋元会用乐的变化有两点：其一，演奏登歌所用乐器的变化，据《乐府诗集》所载，宋代的登歌是"别用金石"，与其他环节用四厢乐演奏不同。第二，登歌在西晋时期并未有歌辞相配，至宋

① （宋）郭茂倩：《乐府诗集》，中华书局1979年点校本，第195页。

② （唐）杜佑撰，王文锦、王永兴等点校：《通典》卷147《乐七》，中华书局1988年版，第3760页。

③ （清）阮元校刻：《十三经注疏·仪礼注疏》，中华书局1980年版，第1021页上栏。

时则配以歌辞，歌辞的内容也以歌颂帝王功德为主。这一点有史料可证明，《隋书·音乐志上》载梁武帝普通年间改革元会用乐："旧三朝设乐有登歌，以其颂祖宗之功烈，非君臣之所献也，于是去之。"①

第三，四厢乐悬演奏方式发生变化，形成了四厢乐悬合奏与分奏相结合的用乐方式。在西晋时已经确立了"四厢"的乐悬布置方式，在四厢乐悬的使用上，西晋时期是乐依次作，即在每一用乐环节，四厢乐悬依次演奏，而宋的四厢乐悬演奏方式在不同环节存在差异：在整个仪式中，除皇帝及群臣出入时为四厢乐悬合奏外，其余均为一厢乐悬单独承担某一仪式过程的演奏，如行礼乐及上寿酒乐分别由姑洗、黄钟二厢单独完成。或者在一项仪节中两厢乐悬协作完成演奏，如食举乐前五曲由黄钟厢完成，后五曲由太蔟厢完成。蕤宾厢并不单独演奏，只是配合其他三厢乐悬在合奏中使用。

由以上三点变化可以看出，宋的元会用乐在仪式与音乐的结合上显得更为紧密。在这些变化中，无论是将帝王、朝臣出入时的用乐命名为《肆夏》，还是为登歌创制歌辞，都体现了宋元会用乐的创作指向——在内容与形式上力求向古雅靠拢。南齐元会用乐承袭宋，无明显变革，史载"齐微改革，多仍旧辞"②，具体表现为曲调、乐名沿袭宋，且歌辞也基本袭而未改，只是将宋代歌辞中涉及朝代的字、句作了变更，无甚创新之处，此处不再详论。

（4）梁、陈元会用乐对宏大雅乐体系的建构

梁代元会用乐较前代变化很大，这主要与梁武帝天监初年对雅乐的变革有关。梁武帝的雅乐改革旨在建立符合其理想的雅乐体系。在第三章、第四章中我们已经对此进行了论述，这里仅对元会用乐的变革进行讨论，具体表现在以下几个方面。

首先，对元会所用金石乐悬的改革。据《隋书·音乐志上》，梁武帝曾指出宋、南齐乐悬存在的缺陷，进而以己意进行改革：

> 帝曰："著晋、宋史者，皆言太元、元嘉四年，四厢金石大备。今检乐府，止有黄钟、姑洗、蕤宾、太蔟四格而已。六律不具，何谓

① （唐）魏征、令狐德棻：《隋书》卷13《音乐志上》，中华书局1973年点校本，第302页。

② （梁）萧子显：《南齐书》卷11《乐志》，中华书局1972年点校本，第185页。

> 四厢？备乐之文，其义焉在？”于是除去衡钟，设十二镈钟，各依辰位，而应其律。每一镈钟，则设编钟磬各一虡，合三十六架。植建鼓于四隅。元正大会备用之。①

依梁武帝意，其乐悬具体布置方式如下：依十二辰位每位设一镈钟，并对应相应的律或吕，每一镈钟设编钟及编磬各一虡与之相配，并于四隅设置建鼓。经过这一改革，梁代建立起了与十二纪对应的、以十二律为主导的乐悬。这是梁武帝以个人所掌握的音律知识为依据，追求雅乐复古的结果。对比之前的四厢乐悬，梁武帝的改革突出地表现为将原本仅具“黄钟”“姑洗”“蕤宾”“太蔟”四格的、列于四个方向的乐悬改为具备六律六吕十二格、依十二辰位排列的乐悬，将原先方形的乐悬排列格局改为圆形的格局，使乐悬成为“镈钟和编钟、编磬，各自备具符合于十二律的十二架”②，共十二组三十六架，乐悬的规模大大增加。在变革雅乐方面，除了金石乐悬，元会中演奏的《相和》五引及郊祀、宗庙、三朝所使用的十二《雅》都是依据五音、六律与四时十二纪的关系制定的，关于十二纪与十二律的关系见于《吕氏春秋·音律》：

> 大圣至理之世，天地之气，合而生风，日至则月钟其风，以生十二律。仲冬日短至，则生黄钟，季冬生大吕，孟春生太蔟，仲春生夹钟，季春生姑洗，孟夏生仲吕；仲夏日长至，则生蕤宾，季夏生林钟，孟秋生夷则，仲秋生南吕，季秋生无射，孟冬生应钟。天地之风气正，则十二律定矣。③

---

① （唐）魏征、令狐德棻：《隋书》卷13《音乐志上》，中华书局1973年点校本，第291—292页。

② 杨荫浏：《中国古代音乐史稿》，人民音乐出版社1981年版，第156页。

③ 许维遹撰，梁运华整理：《吕氏春秋集释》，中华书局2009年版，第136页。又《周礼·大师》：“大师掌六律六同，以合阴阳之声。”郑玄注曰：“黄钟，子之气也，十一月建焉，而辰在星纪。大吕，丑之气也，十二月建焉，而辰在玄枵。太蔟，寅之气也，正月建焉，而辰在娵訾。应钟，亥之气也，十月建焉，而辰在析木。姑洗，辰之气也，三月建焉，而辰在大梁。南吕，酉之气也，八月建焉，而辰在寿星。蕤宾，午之气也，五月建焉，而辰在鹑首。林钟，未之气也，六月建焉，而辰在鹑火。夷则，申之气也，七月建焉，而辰在鹑尾。中吕，巳之气也，四月建焉，而辰在实沈。无射，戌之气也，九月建焉，而辰在大火。夹钟，卯之气也，二月建焉，而辰在降娄。”与《吕氏春秋》中乐律与十二纪的配合是相一致的。

十二纪生十二律所构建的是时间与音律的关系，而以辰位设置乐悬则是对空间中音乐的建构，梁武帝的乐悬改革将礼仪用乐纳入时空交织的宇宙图式之中，很明显体现了对建设雅乐体系的刻意追求。

其次，梁武帝在元会行礼环节所用乐曲及歌辞的创制上同样刻意追求系统的雅乐，在其雅乐观的指导下完成行礼乐曲《相和五引》《俊雅》七曲及歌辞的创制。

第一是将古《相和六引》改为《相和五引》。《相和六引》是汉魏古曲，其演奏以管弦乐器为主，据《乐府诗集》引《古今乐录》：

> 张永《技录》相和有四引，一曰箜篌，二曰商引，三曰徵引，四曰羽引……古有六引，其宫引、角引二曲阙。①

由此可知六引中的宫引、角引在宋代已经佚失，梁武帝将尚存的四引加以改造，除去箜篌引，增加宫引、角引，形成由宫、商、角、徵、羽组成的《相和五引》，将本属于民间的俗乐改造为雅乐，用于元会。这五引在演奏上所遵循的是春、夏、季夏、秋、冬的时令顺序，分别对应：角、徵、宫、商、羽，遵循了四时与五音相配的次序。在《礼记·月令》及《吕氏春秋》中都有四时与五音相配的音乐思想，其对应顺序正是春与角、夏与徵、季夏与宫、秋与商、冬与羽。从以上分析我们可以看出，梁武帝之所以采用改造后的《相和五引》作为元会用乐，正是利用五声与四时相配的音乐理论来彰显其雅乐构成的系统性，是在形式上整齐礼仪用乐的重要表现。

第二是将郊祀、宗庙以及三朝元会乐曲统一命名为“雅”，以十二为数。将属于朝廷重大礼仪活动的用乐进行了统一。其创作的原则是：“国乐以‘雅’为称，取《诗序》云：‘言天下之事，形四方之风，谓之雅。雅者，正也。’止乎十二，则天数也。”② 其乐名的命名及数量的确定都表明了梁武帝企图建立与天地四时运行相协调的用乐模式，即所谓“周有九《夏》，梁有十二《雅》，此并则天数，为一代之曲”③。这也是儒家乐论“大乐与天地同和”在礼乐实践中的体现，同时表明梁武帝企图在这种用乐模式的建构中显示其至高无上的权威。

---

① （宋）郭茂倩：《乐府诗集》，中华书局1979年点校本，第377页。

② （唐）魏征、令狐德棻：《隋书》卷13《音乐志上》，中华书局1973年点校本，第292页。

③ （唐）魏征、令狐德棻：《隋书》卷13《音乐志上》，中华书局1973年点校本，第304页。

关于梁武帝所创制的十二《雅》在仪式中的使用方式，在郊祀、宗庙、三朝等吉礼、嘉礼中，凡是相同的仪式行为主体及仪节，其用乐曲调相同、歌辞亦相同。具体到元会中，只用在皇帝出入、皇太子出入、众官出入、晨贺、上寿酒、食举、撤食等与行礼有关的仪节中，共用到十二《雅》中的七曲，其具体使用情况如下：

> 三朝，第一，奏《相和五引》；第二，众官入，奏《俊雅》；第三，皇帝入阁，奏《皇雅》；第四，皇太子发西中华门，奏《胤雅》；第五，皇帝进，王公发足；第六，王公降殿，同奏《寅雅》；第七，皇帝入储变服；第八，皇帝变服出储，同奏《皇雅》；第九，公卿上寿酒，奏《介雅》；第十，太子入预会，奏《胤雅》；十一，皇帝食举，奏《需雅》；十二，撤食，奏《雍雅》；十三，设《大壮》武舞；十四，设《大观》文舞；十五，设《雅歌》五曲；…… 四十七，皇太子起，奏《胤雅》；四十八，众官出，奏《俊雅》；四十九，皇帝兴，奏《皇雅》。①

在梁代元会用乐的过程中，共有七《雅》用于行礼环节，每一曲都与一项具体的仪式行为相配合，仪式环节与乐曲的关系十分紧密，形成了非常紧凑的元会用乐模式。

在梁代元会用乐中有几个变化需要注意：第一，在仪式环节中增加了撤食时的用乐，所奏为《雍雅》。这一用乐在前朝元会中是不存在的，而撤食用乐其来有自。杜佑曾引蔡邕对撤食之乐的观点，认为在元会用乐中应该有撤食之乐的演奏，蔡邕云："王者食举以乐，今但有食举乐，食毕则无乐。按《膳夫》职'以乐侑食'，《礼记》云：'客出，以《雍》撤，以振羽。'《论语》云：'三家者，以《雍》撤。子曰：相维辟公，天子穆穆，奚取于三家之堂。'如此，则撤食应有乐，不容同用食举也。"② 梁代元会用乐中增加了撤食用乐就是对礼经旧典的遵循。第二，仪式参加者的出入之乐更为具体，用乐依等级而定，形成了等级鲜明的用乐方式。宋、

① （唐）魏征、令狐德棻：《隋书》卷13《音乐志上》，中华书局1973年点校本，第302—303页。

② （唐）杜佑撰，王文锦、王永兴等点校：《通典》卷147《乐七》，中华书局1988年版，第3760页。

南齐的元会用乐，皇帝及群臣出入所奏均为《肆夏》。据《周礼》，《肆夏》为大臣出入时所奏，如用于王（皇帝）出入则与礼经所载相违背。梁武帝在确定元会用乐时避免了这一问题，实现了以等级为标准确定乐名的用乐方式，皇帝出入用乐为《皇雅》，从名称上显示出皇帝地位的至高无上，皇太子、大臣出入所用的乐曲依次为《胤雅》《寅雅》《俊雅》，体现出皇太子作为国之储君，大臣为国之辅佐的寓意，与元会的君臣关系再确认这一仪式功能极为相符。第三，在仪式中演奏《大壮》舞、《大观》舞，此二舞是郊祀、宗庙祭祀仪式合乐时所奏，二舞的舞容继承周代《韶》舞、《武》舞而来，以赞美统治者盛德之形容。将本用于郊祀、宗庙的乐舞用于元会实属首创，有在仪式中展示功德之目的。

梁代元会用乐中建立以十二律为基础的乐悬制度、改制《相和五引》、创制十二《雅》等，无不体现出梁武帝试图构建与元会等仪式相协调的用乐体系的努力，并将“五声十二律的声律学体系及其与天道时序的对应关系”[①] 作为构建这一体系的理论依据。此外，在雅乐的使用上也将体现皇帝至高无上的权威作为设置乐曲、乐名及演奏程序的准则，这与元会实现君臣关系的再确认这一仪式目的是一致的。

陈代元会用乐与祭祀用乐不同，基本继承了梁代用乐，变化不大，即所谓的“祠用宋曲，宴准梁乐”，在用乐的程序以及乐名的使用上基本照搬梁乐。因袭中也稍有改动，所改动者在于，陈代元会用乐在前一仪节结束、下一仪节开始之前的时间段里奏鼓吹乐[②]，鼓吹乐的加入使得整个仪

---

① 曾志安：《从“相和六引”到“相和五引”——梁代对元会仪的改革与“相和引”之变》，《乐府学》第 6 辑，学苑出版社 2010 年版，第 73 页。

② 陈代元会用乐的具体程序如下：奏《相和五引》，各随王月，则先奏其钟。唯众官入，奏《俊雅》，林钟作，太蔟参应之，取其臣道也。鼓吹作。皇帝出阁，奏《皇雅》，黄钟作，太蔟、夹钟、姑洗、大吕皆应之。鼓吹作。皇太子入至十字陛，奏《胤雅》，太蔟作，南吕参应之，取其二月少阳也。皇帝延王公登，奏《寅雅》，夷则作，夹钟应之，取其月法也。皇帝入宁变服，奏《皇雅》，黄钟作，林钟参应之。鼓吹作。皇帝出宁及升座，皆奏《皇雅》，并如变服之作。上寿酒，奏《介雅》，太蔟作，南吕参应之，取其阳气盛长，万物辐凑也。食举，奏《需雅》，蕤宾作，大吕参应之，取火主于礼，所谓“食我以礼”也。撤馔，奏《雍雅》，无射作，中吕参应之，取其津润已竭也。武舞奏《大壮》，夷则作，夹钟参应之，七月金始王，取其坚断也。鼓吹引而去来。文舞奏《大观》，姑洗作，应钟参应之，三月万物必荣，取其布惠者也。鼓吹引而去来。众官出，奏《俊雅》，蕤宾作，林钟、夷则、南吕、无射、应钟、太蔟参应之。鼓吹作。皇帝起，奏《皇雅》，黄钟作，林钟、夷则、南吕、无射参应之。鼓吹作。见（唐）魏征、令狐德棻《隋书》卷 13《音乐志上》，中华书局 1973 年点校本，第 308 页。

式过程中不同仪节之间的界限更加分明，成为区分仪式过程的标志。

（5）北朝元会用乐的施行情况

自晋室南迁直到隋灭陈，北方相继由十六国、北魏、北齐、北周等少数民族建立的政权控制，南北方政权一直处于对峙的状态。十六国时期的元会及用乐史书无载，这一时期战争频仍，统治者无暇于礼乐是自然之事，对这一时期的元会用乐情况我们略而不论。鲜卑族建立的北魏政权在政治制度、礼乐典章等方面无不向汉文化学习，如北魏孝文帝施行自上而下的汉化政策，促进了鲜卑族的汉化。陈寅恪曾对这一时期南北文化的传承演变有过总结，他说："所谓北魏、北齐之源者，凡江左承袭汉、魏、西晋之礼乐政刑典章文物，自东晋至南齐其间所发展变迁，而为北魏孝文帝及其子孙摹仿采用，传至北齐成一大结集者是也。"① 表现在元会及其用乐上就是北方政权所施行的元会及其用乐在很大程度上是对南方政权的模仿。

我们首先来看北魏的元会用乐。北魏元会的施行情况史无明文，据现存史料推测，举行元会的时间是在季冬或岁初。孝文帝太和十一年（487）废除季冬朝贺，只保留正月之贺："季冬朝贺，典无成文，以袴褶事非礼敬之谓，若置寒朝服，徒成烦浊，自今罢小岁贺，岁初一贺。"② 而对于朝贺仪节史书无明确记载。北魏元会用乐的建构是与其雅乐体系的建设同步的，在北魏时期，雅乐体系的建设都一直在持续不断地进行，直到永熙二年（533）才基本建成可用的乐器、乐悬，但此时距北魏分裂只有一年。也就是说，在整个北魏统治时期（386—534），元会中虽有雅乐，但并未形成南朝那种音乐与仪式紧密配合的用乐方式。对其使用的乐曲、用乐之法、乐章以及元会用乐与仪式如何相配，我们无从得知。并且，受拓跋鲜卑民族风习及地域文化的影响，胡乐及民歌在北魏元会用乐中使用较为普遍。北齐时祖珽曾上书，总结北魏雅乐的发展情况，在其中涉及了元会用乐：

> 魏氏来自云、朔，肇有诸华，乐操土风，未移其俗。至道武帝皇始元年，破慕容宝于中山，获晋乐器，不知采用，皆委弃之。天兴

① 陈寅恪：《隋唐制度渊源略论稿》，生活·读书·新知三联书店2001年版，第3页。

② （梁）萧子显：《南齐书》卷57《魏虏传》，中华书局1972年点校本，第991页。

初，吏部郎邓彦海，奏上庙乐，创制宫悬，而钟管不备。乐章既阙，杂以《簸逻回歌》。初用八佾，作《皇始》之舞。至太武帝平河西，得沮渠蒙逊之伎，宾嘉大礼，皆杂用焉。此声所兴，盖苻坚之末，吕光出平西域，得胡戎之乐，因又改变，杂以秦声，所谓《秦汉乐》也。至永熙中，录尚书长孙承业，共臣先人太常卿莹等，斟酌缮修，戎华兼采，至于钟律，焕然大备。①

关于天兴初邓彦海创制宫悬之事，《魏书》有载：

太祖初……正月上日，飨群臣，宣布政教，备列宫悬正乐，兼奏燕、赵、秦、吴之音，五方殊俗之曲，四时飨会亦用焉。②

长孙承业及祖莹等奉旨营造乐器的情况《魏书》中也有记载，主要见于他们的奏疏中。永熙二年（533）春，祖莹等上书：

依魏晋所用四厢宫悬，钟、磬各十六悬，埙、篪、筝、筑声韵区别。盖理三稔，于兹始就，五声有节，八音无爽，笙镛和合，不相夺伦，元日备设，百僚允瞩。虽未极万古之徽踪，实是一时之盛事。③

除此之外，刘芳也曾奉旨营造乐器，永平三年（510）冬，刘芳上书：

自献春被旨，赐令博采经传，更制金石，并教文武二舞及登歌、鼓吹诸曲。今始校就，谨依前敕，延集公卿并一时儒彦讨论终始，莫之能异。谨以申闻，请与旧者参呈。若臣等所营形合古制，击拊会节，元日大飨，则须陈列。既岁聿云暮，三朝无远，请共本曹尚书及郎中部率呈试。如蒙允许，赐垂敕判。④

① （唐）魏征、令狐德棻：《隋书》卷14《音乐志中》，中华书局1973年点校本，第313—314页。

② （北齐）魏收：《魏书》卷109《乐志》，中华书局1974年点校本，第2827—2828页。

③ （北齐）魏收：《魏书》卷109《乐志》，中华书局1974年点校本，第2839页。

④ （北齐）魏收：《魏书》卷109《乐志》，中华书局1974年点校本，第2833页。

由以上材料可知，北魏在营造乐器时一方面依据经传记载，一方面依据魏晋旧制，均希望建立起能够配合仪式且能成一代之典则的乐器。经过百余年的努力，可以说基本实现了这一目的。但是在北魏时期这些乐器很可能并未用于元会，同时，由于北魏在元会中所演奏的曲调多为胡戎之乐及江南俗乐，如得自河西的所谓《秦汉乐》以及在南北交战中所获得的《清商乐》："初，高祖讨淮、汉，世宗定寿春，收其声伎。江左所传中原旧曲，《明君》《圣主》《公莫》《白鸠》之属，及江南吴歌、荆楚四声，总谓《清商》。至于殿庭飨宴兼奏之。"[①] 由于胡戎之乐及江南俗乐的使用，又因北魏在乐器创制完成后不久就陷入分裂的局面，北魏之世最终也未能建成系统的元会用乐。

北齐、北周二代的元会用乐在遵循北魏遗制的基础上又有所创新，建立了较为成熟的元会用乐体系。

先看北齐的元会用乐。从高欢专权至高洋称帝的十几年中，元会用乐处于沉寂状态，据《隋书·音乐志中》："齐神武霸迹肇创，迁都于邺，犹曰人臣，故咸遵魏典。及文宣初禅，尚未改旧章。"[②] 其时所使用的乐悬是晋、宋与梁代乐悬的混合体，史载："宫悬各设十二镈钟，于其辰位，四面并设编钟磬各一簨虡，合二十架。"[③] 其中镈钟十二架的布置方式采用梁法，而编钟、磬的排列则依晋制。十二架镈钟与每面二架钟、磬，恰好构成二十架的乐悬规模，这一乐悬可能是在北魏末年创制的。此后又经过祖珽等人的改革，史称"始具宫悬之器，仍杂西凉之曲"[④]，说明元会用乐仍未步入正轨，但也酝酿着一些新变。到武成帝之时正式确立了北齐元会用乐的规范，《乐府诗集》据《隋书·音乐志》对其用乐程序概括如下：

> 北齐元会大飨，协律不得升陛，黄门举麾于殿上。宾入门，四厢奏《肆夏》；皇帝出阁奏《皇夏》；皇帝当扆，群臣奉贺，奏《皇夏》；皇帝入宁变服，黄钟、太蔟二厢奏《皇夏》；皇帝变服，移幄坐于西厢，帝出升御坐，姑洗厢奏《皇夏》；王公奠璧奏《肆夏》；上寿，黄钟厢奏上寿曲；皇太子入，至坐位，酒至御，殿上奏登歌，食至御

① （北齐）魏收：《魏书》卷109《乐志》，中华书局1974年点校本，第2843页。
② （唐）魏征、令狐德棻：《隋书》卷14《音乐志中》，中华书局1973年点校本，第313页。
③ （唐）魏征、令狐德棻：《隋书》卷14《音乐志中》，中华书局1973年点校本，第313页。
④ （唐）魏征、令狐德棻：《隋书》卷14《音乐志中》，中华书局1973年点校本，第314页。

前奏食举乐；文舞将作，先设阶步，次奏文舞；武舞将作，先设阶步，次奏武舞；皇帝入，钟鼓奏《皇夏》。[①]

武成帝时所确立的元会用乐方式很明显受到南朝元会用乐的影响，我们也可以由此反推北齐元会的行礼方式。对北齐元会用乐的程序及方式我们需要注意以下几点。首先，对皇帝与大臣的出入用乐进行了明确的规定，皇帝出入用《皇夏》，大臣用《肆夏》，注意仪式中不同等级用乐的区分，这是对梁代元会用乐方式的继承。其次，四厢乐悬的分奏与合奏。在出入环节，四厢乐悬的演奏方式为齐奏，而在行礼、上寿酒及食举环节则分别用乐，这与宋、南齐的四厢乐悬的演奏方式是一致的。第三，在元会中表演《文》《武》二舞，并设阶步乐。阶步乐是宋、南齐两代表演《文》《武》二舞之前演奏的音乐，《古今乐录》引何承天云："今舞出乐谓之阶步，蕤宾厢作。"[②] 于元会中奏阶步乐在梁代已经废除，在北齐时重新使用，是对宋、南齐旧制的沿用。综上所述，在北齐，元会用乐融会了南朝宋、南齐、梁三代用乐的因素，形成了其自身独特的用乐方式，这是北方政权对南朝礼乐文化主动学习的结果。

北周元会用乐也受到礼经及南朝礼乐文化的深刻影响，早在西魏时期，宇文泰就以《周礼》"六官"为依据建立本朝官职："三年春正月丁丑，初行《周礼》，建六官。"[③] 礼仪用乐上亦依《周礼》，在用乐名称上完全采用《周礼》中的乐名，其"祀四望，飨诸侯，用虞舜乐，歌南吕，舞《大韶》。""皇帝出入，奏《皇夏》。宾出入，奏《肆夏》。……蕃国客出入，奏《纳夏》。有功臣出入，奏《章夏》。……宗室会聚，奏《族夏》。上酒宴乐，奏《陔夏》。诸侯相见，奏《骜夏》。皇帝大射，歌《驺虞》，诸侯歌《狸首》，大夫歌《采蘋》，士歌《采蘩》。"但这些规定最终只是一纸空文，"虽著其文，竟未之行也"[④]。在北周武帝建德二年（573），基于《周礼》的"六代之乐"建成，这一雅乐系统集中体现了南朝元会用乐的影响。

首先，梁代乐器在战乱中流入西魏，后为北周所有，成为北周乐悬建

---

① （宋）郭茂倩：《乐府诗集》，中华书局1979年点校本，第206—207页。

② （宋）郭茂倩：《乐府诗集》，中华书局1979年点校本，第759页。

③ （唐）令狐德棻等：《周书》卷2《文帝下》，中华书局1971年点校本，第36页。

④ （唐）魏征、令狐德棻：《隋书》卷14《音乐志中》，中华书局1973年点校本，第332页。

立的基础。侯景之乱后，梁元帝萧绎定都江陵，不久为西魏宇文泰所破，梁氏乐器尽归于西魏，史载“恭帝元年，平荆州，大获梁氏乐器，以属有司”[①]，这些乐器成为北周元会用乐建立的基础。其乐悬制度一依梁代，亦为三十六架。

其次，在用乐方式上明显具有梁代用乐的特点。在建德二年（573），以《周礼》为理论依据的六代乐舞建成。这六舞分别是：《大夏》《大濩》《大武》《正德》《武德》《山云》，其在元会中的具体使用方式如下：

> 朝会则皇帝出入，奏《皇夏》。皇太子出入，奏《肆夏》。王公出入，奏《骜夏》。五等诸侯正日献玉帛，奏《纳夏》。宴族人，奏《族夏》。大会至尊执爵，奏登歌十八曲。食举，奏《深夏》，舞六代《大夏》《大濩》《大武》《正德》《武德》《山云》之舞。[②]

北周的元会用乐虽然号称以《周礼》为依据，但从用乐的命名及与仪式的关系来看，都更接近于梁代元会用乐。在用乐的命名上，与梁代以“雅”名乐相类似，将用乐以“夏”为名，共有六曲。其次，在使用方式上，这六乐在郊祀、宗庙、元会等仪式中轮番使用，每一具体的仪式环节都有一乐相配，这明显是对梁代郊祀、宗庙、三朝同乐的继承，但北周元会及其用乐的复杂程度不及梁代。

建德二年（573）确立的元会用乐在演奏金石雅乐的同时，也演奏鼓吹乐：“武帝以梁鼓吹熊罴十二案，每元正大会，列于悬间，与正乐合奏。”[③] 与陈将鼓吹乐置于雅乐演奏间隙不同，北周鼓吹十二案的演奏是与正乐同时进行的。鼓吹十二案创自梁代，与用于道路、赏赐及军事的鼓吹乐不同，鼓吹十二案是专用于飨宴的音乐，据《文献通考·乐考十二》：“熊罴架十二，悉高丈余，用木雕之，其状如床，上安版，四旁为栏，其中以登。梁武帝始设十二案鼓吹，在乐悬之外，以施殿庭，宴飨用之，图熊罴以为饰故也。”[④] 鼓吹十二案建于梁代何时，史无记载，在梁代元会

---

① （唐）魏征、令狐德棻：《隋书》卷 14《音乐志中》，中华书局 1973 年点校本，第 331 页。

② （唐）魏征、令狐德棻：《隋书》卷 14《音乐志中》，中华书局 1973 年点校本，第 332—333 页。

③ （唐）魏征、令狐德棻：《隋书》卷 14《音乐志中》，中华书局 1973 年点校本，第 342 页。

④ （元）马端临：《文献通考》卷 139《乐考十二》，中华书局 1986 年影印本，第 1233 页中栏。

用乐的四十九等乐中也并无鼓吹十二案，可能用于元会之外的飨宴，西魏攻破江陵将其带入北方，最终纳入元会用乐并与正乐合奏。有学者认为“北周武帝将十二案列于乐悬之间，并与正乐合奏的做法，应是受到了北魏重视四方之乐的影响”①，结合北魏元会用乐中常常夹杂《簸逻回歌》、沮渠蒙逊之伎的史实，这种说法是有道理的。

2. 魏晋南北朝元会中的俗乐

除与行礼环节紧密配合的雅乐之外，在元会上寿酒、食举等行礼仪式结束后仍有乐舞的表演，这些乐舞是具有较强娱乐性的民间杂舞及百戏等俗乐。

元会除了能够实现君臣尊卑关系的再度确认，也要在全国重要官员聚集的盛会上实现合和君臣之目的。因此，在仪式过程及乐舞的安排上就体现出阶段性的特征。音乐在实现了仪式的再度确认功能之后，也要发挥其合和君臣的作用，这就需要民间杂舞及百戏等具有较强娱乐色彩的俗乐参与。同时，这些俗乐在使用过程中也逐渐被赋予政治功能，在仪式中起到歌颂功德的作用。

（1）民间杂舞及百戏在元会中的使用

总体来说，杂舞与雅舞不同，雅舞传自先秦，舞容整齐典重，所谓“进旅退旅”，多用于郊祀、宗庙等典雅庄重的仪式场合。梁、南齐及北齐、北周等政权在元会用乐中也曾使用雅舞，如《文》《武》二舞。杂舞起自民间，舞姿杂乱亵慢，所谓“进俯退俯”②，多用于宴会等场合，是具有较强娱乐功能的舞蹈形式，在元会的娱宾环节常奏杂舞。自汉代以来，流传的杂舞主要有《公莫》《巴渝》《槃舞》《鞞舞》《铎舞》《拂舞》《白纻》诸舞，郭茂倩在《乐府诗集·舞曲歌辞》中总结这些舞蹈的演变及使用情况：

> 杂舞者，《公莫》《巴渝》《槃舞》《鞞舞》《铎舞》《拂舞》《白纻》之类是也。始皆出自方俗，后浸陈于殿庭。盖自周有缦乐散乐，秦汉因之增广，宴会所奏，率非雅舞。汉、魏已后，并以鞞、铎、巾、拂四舞，用之宴飨。③

① 许继起：《鼓吹十二案考释》，《中国音乐学》2004 年第 4 期。

② （清）阮元校刻：《十三经注疏·礼记正义》，中华书局 1980 年版，第 1540 页中栏。

③ （宋）郭茂倩：《乐府诗集》，中华书局 1979 年点校本，第 766 页。

可见这些杂舞在魏晋之前已经被广泛地运用于宴会场合，这在汉代画像中也可以找到证据[①]。元会作为国家礼仪中级别最高的一种会礼，杂舞也参与到其用乐的建构之中，在晋、宋、南齐、梁诸代得到广泛使用。北朝元会中亦用杂舞，但多为胡戎之舞，与从汉代相传而来的中原杂舞差异很大。晋元会所用杂舞，据《晋书·乐志下》所载为："《铎舞歌》一篇，《幡舞歌》一篇，《鼓舞伎》六曲，并陈于元会。"[②] 宋代元会中的杂舞使用情况《宋书·乐志一》也有记载："孝武大明中，以《鞞》《拂》、杂舞合之钟石，施于殿庭。"[③] 梁代元会用乐共分四十九等乐，第十七至二十即为杂舞："十七，设《鞞舞》；十八，设《铎舞》；十九，设《拂舞》；二十，设《巾舞》并《白纻》。"[④]

百戏又名散乐，从起源上来看应是异域之乐而非中国本土产物："大抵散乐杂戏多幻术，皆出西域，始于善幻人入中国。"[⑤] 与中国本土乐舞艺术有很大的差异："非部伍之声，俳优歌舞杂奏。"[⑥] 在东汉元会中就已经有百戏的表演：

> 后汉正旦，天子临德阳殿受朝贺，舍利从西方来，戏于殿前，激水化成比目鱼，跳跃嗽水，作雾翳日。毕，又化成龙，长八九丈，出水游戏，炫耀日光。以两大丝绳系两柱头，相去数丈，两倡女对舞，行于绳上，相逢切肩而不倾。[⑦]

在东汉，百戏在元会中的表演要远比上寿酒、食举时的用乐隆重，在《后汉书》中有不少关于在元会中表演百戏的记载：

> 永宁元年，掸国王雍由调复遣使者诣阙朝贺，献乐及幻人，能变

① 萧亢达：《汉代乐舞百戏艺术研究》，文物出版社 2010 年版，第 153—190 页。

② （唐）房玄龄等：《晋书》卷 23《乐志下》，中华书局 1974 年点校本，第 718 页。

③ （梁）沈约：《宋书》卷 19《乐志一》，中华书局 1974 年点校本，第 552 页。

④ （唐）魏征、令狐德棻：《隋书》卷 13《音乐志上》，中华书局 1973 年点校本，第 303 页。

⑤ （唐）杜佑撰，王文锦、王永兴等点校：《通典》卷 146《乐六》，中华书局 1988 年版，第 3729 页。

⑥ （唐）杜佑撰，王文锦、王永兴等点校：《通典》卷 146《乐六》，中华书局 1988 年版，第 3727 页。

⑦ （唐）房玄龄等：《晋书》卷 23《乐志下》，中华书局 1974 年点校本，第 718 页。

化吐火，自支解，易牛马头。又善跳丸，数乃至千。[①]

永宁元年，西南夷掸国王献乐及幻人，能吐火，自支解，易牛马头。明年元会，作之于庭，安帝与群臣共观，大奇之。[②]

《后汉书志》注引蔡质《汉仪》：

正月旦，天子幸德阳殿，临轩。公、卿、将、大夫、百官各陪位朝贺。……悉坐就赐。作九宾散乐。[③]

汉代以后，百戏艺术在元会中一直都有使用，据《晋书·乐志下》载："魏晋讫江左，犹有《夏育扛鼎》《巨象行乳》《神龟抃舞》《背负灵岳》《桂树白雪》《画地成川》之乐。"[④] 宋、南齐、梁和北齐、北周诸代元会中也都有百戏艺术的表演。对此不断有朝臣出来反对，统治者也曾下诏禁绝，如西晋时期顾臻曾上表反对元会中使用百戏："加四海朝觐，言观帝庭，耳聆雅颂之声，目睹威仪之序，足以蹋天，头以履地，反天地之至顺，伤彝伦之大方。"[⑤] 在此建议下，晋武帝将《高緪》《紫鹿》《跂行》《鳖食》及《齐王卷衣》《笮儿》等百戏废除，但后来又恢复了《高緪》《紫鹿》二乐；陈代太建（569—582）初年悉废百戏，但六年（574）复设诸伎；北周武帝保定元年（561），诏罢百戏，但至宣帝即位，却广招杂伎、增修百戏。可见，这一用乐虽不合雅乐规范却具有很强的生命力，一方面是因为其有较强的娱乐性，在元会之飨宴环节表演具有娱乐百官的功能；另一方面，在元会中表演四夷之乐也表明中央王朝对四夷的统属以及对周边国家的威慑力。是以经久不衰。

（2）俗乐在元会中的功能

首先，这些俗乐具有娱乐功能。与行礼乐不同，元会中杂舞与百戏的

---

① （宋）范晔撰，（唐）李贤等注：《后汉书》卷86《西南夷传》，中华书局1965年点校本，第2851页。

② （宋）范晔撰，（唐）李贤等注：《后汉书》卷51《陈禅传》，中华书局1965年点校本，第1685页。

③ （晋）司马彪撰，（梁）刘昭注补：《后汉书志》第5《礼仪志中》，中华书局1965年点校本，第3131页。

④ （唐）房玄龄等：《晋书》卷23《乐志下》，中华书局1974年点校本，第718页。

⑤ （唐）房玄龄等：《晋书》卷23《乐志下》，中华书局1974年点校本，第719页。

表演并不与各种行礼仪式相配合，而是在元会行礼环节结束之后的飨宴环节进行表演。据西晋《咸宁注》中所规定的用乐之法："食毕，太乐令跪奏'请进乐'。乐以次作。鼓吹令又前跪奏'请以次进众伎'。"① 这些俗乐在表演时作为仪式的附属功能已经变弱，娱乐成为主要功能。《隋书·音乐志上》中记载的关于梁代元会用乐的程序能让我们更容易理解杂舞、百戏在仪式中的表演方式：

> 十六，设俳伎；十七，设《鞞舞》；十八，设《铎舞》；十九，设《拂舞》；二十，设《巾舞》并《白纻》；二十一，设舞盘伎；二十二，设舞轮伎；二十三，设刺长追花幢伎；二十四，设受猾伎；二十五，设车轮折头伎；二十六，设长跻伎；二十七，设须弥山、黄山、三峡等伎；二十八，设跳铃伎；二十九，设跳剑伎；三十，设掷倒伎；三十一，设掷倒案伎；三十二，设青丝幢伎；三十三，设一伞花幢伎；三十四，设雷幢伎；三十五，设金轮幢伎；三十六，设白兽幢伎；三十七，设掷跻伎；三十八，设猕猴幢伎；三十九，设啄木幢伎；四十，设五案幢咒愿伎；四十一，设辟邪伎；四十二，设青紫鹿伎；四十三，设白武伎，作讫，将白鹿来迎下；四十四，设寺子导安息孔雀、凤凰、文鹿胡舞登连《上云乐》歌舞伎；四十五，设缘高絙伎；四十六，设变黄龙弄龟伎。②

梁代元会将行礼乐与杂舞、百戏的使用界限进行了明确地区分，梁代元会用乐共有四十九等，一至十五、四十七至四十九为行礼乐，与仪式关系紧密，每一仪式环节都有音乐相配合，这是为了诠释与强化仪式的功能，行礼结束，音乐的演奏也随之停止，进入杂舞、百戏表演阶段。从第十六至四十六均为杂舞、百戏的表演，在整个元会用乐中所占的比例相当大，其表演情况如上文所引。表演结束之后，皇太子起、百官退出、皇帝起立，仪式结束。在表演杂舞、百戏时并没有任何仪节的展演，这清楚地表明了这些表演是单纯作为观赏而设的。

其次，俗乐在元会中也具有教化及歌颂功能，这主要是通过与这些俗

① （唐）房玄龄等：《晋书》卷21《礼志下》，中华书局1974年点校本，第651页。
② （唐）魏征、令狐德棻：《隋书》卷13《音乐志上》，中华书局1973年点校本，第303页。

乐相配的歌辞来实现的。西晋已经开始对杂舞的歌辞进行改造，将其由民歌变为歌颂功德的诗篇，这种变化是由这些杂舞的使用场合——元会决定的。我们以《鼙舞歌》中的《明君》为例，《南齐书·乐志》载："右一曲，汉章帝造。《鼙舞歌》云'关东有贤女'。魏明帝代汉曲云'明明魏皇帝'。傅玄代魏曲作晋《洪业篇》云：'宣文创洪业，盛德存泰始。圣皇应灵符，受命君四海。'"[①] 至南齐改为《明君辞》，歌颂圣明君主。至梁代又进行改造，《旧唐书·音乐志二》："《明之君》，本汉世《鞞舞曲》也。梁武时，改其辞以歌君德。"[②] 其歌辞如下：

> 大梁七百始，天监三元初。圣功澄宇县，帝德总车书。熙熙亿兆臣，其志皆欢愉。[③]

这首歌辞很明显是对梁武帝功德的歌颂，《鼙舞歌》经过历代统治者的改造，歌辞的原本意义湮没无闻，成为单纯歌颂功德的乐歌，对歌辞的改革正是为了凸显、实现元会的功能。在元会中使用的其他诸乐舞的创制、改作无不是按照这一模式进行的。总之，这一时期，俗乐在元会中承担娱乐功能的同时也成为一种具有歌颂与教化作用的音乐形式。

二　魏晋南北朝宾礼、嘉礼中其他礼仪形式的用乐简论

在魏晋南北朝时期，由于元会综合了宾礼与嘉礼的因素，形成了体系完整、规模宏大的礼仪形式，与之相配的用乐体系也极为完整、成熟，可以说元会用乐是最具代表性的宾礼、嘉礼用乐形式。除此之外，还存在着婚礼、冠礼及其他会礼的用乐。这些礼仪用乐并不像元会用乐一样有一种较为固定的、为历代所通用的模式，且这些礼仪用乐只在个别朝代施行过。我们根据零散的史料记载，对这些礼仪的用乐情况作一大体勾勒。

在魏晋南北朝时期的宾礼、嘉礼中，并不是所有的仪式均有钟、磬等金石乐器的使用，只有皇帝亲临的仪式才演奏金石雅乐。除元会以外，皇帝参与宾礼、嘉礼的一种重要形式就是临轩仪式。例如，皇帝对婚礼、冠

---

① （梁）萧子显：《南齐书》卷 11《乐志》，中华书局 1972 年点校本，第 191 页。

② （后晋）刘昫等：《旧唐书》卷 29《音乐志二》，中华书局 1975 年点校本，第 1064 页。

③ （宋）郭茂倩：《乐府诗集》，中华书局 1979 年点校本，第 783 页。

礼以及册拜大臣、派遣使臣等仪式的参与主要是通过临轩仪式来完成的。皇帝临轩奏金石雅乐始于东晋，《晋书·礼志下》载：

> 咸康四年，成帝临轩，遣使拜太傅、太尉、司空。《仪注》，太乐宿悬于殿庭。门下奏，非祭祀宴飨，则无设乐之制。太常蔡谟议曰："凡敬其事则备其礼，礼备则制有乐。乐者，所以敬事而明义，非为耳目之娱，故冠亦用之，不惟宴飨。宴飨之有乐，亦所以敬宾也。故郤至使楚，楚子飨之，郤至辞曰：'不忘先君之好，贶之以大礼，重之以备乐。'寻斯辞也，则宴乐之意可知矣。公侯大臣，人君所重，故御坐为起，在舆为下，言称伯舅。《传》曰'国卿，君之贰也'，是以命使之日，御亲临轩，百僚陪列，此即敬事之意也。古者，天王飨下国之使，及命将帅，遣使臣，皆有乐。故《诗序》曰：'《皇皇者华》，君遣使臣也。'又曰：'《采薇》以遣之，《出车》以劳还，《杕杜》以勤归。'皆作乐而歌之。今命大使，拜辅相，比于下国之臣，轻重殊矣。轻诚有之，重亦宜然。故谓临轩遣使，宜有金石之乐。"议奏从焉。①

从上述材料中的门下所奏"非祭祀宴飨，则无设乐之制"来看，在东晋成帝之前的国家礼仪中，在吉礼、元会及其他类型的宴会之外并无演奏金石雅乐之制。蔡谟以古典为依据，提出了临轩遣使需设置金石乐悬的建议，而据《晋书·蔡谟传》："谟议临轩遣使宜有金石之乐，遂从之。临轩作乐，自此始也。"② 东晋时期所有的临轩仪式用乐都是在蔡谟提出这一建议后开始施行的，这一建议扩大了宾礼、嘉礼用乐的范围，使得凡有皇帝临轩的仪式都有金石雅乐的演奏。对比先秦时期的金石乐悬使用情况可以发现，先秦时期金石乐悬是统治阶层自上而下均可使用的乐器形式，而此时已经为最高统治者所独享。《宋书·礼志一》载宋时需要帝王临轩的仪式类型及其仪式的施行情况，其中有金石雅乐的演奏：

---

① （唐）房玄龄等：《晋书》卷21《礼志下》，中华书局1974年点校本，第660—661页。
② （唐）房玄龄等：《晋书》卷77《蔡谟传》，中华书局1974年点校本，第2035页。

> 凡遣大使拜皇后、三公，及冠皇太子，及拜蕃王，帝皆临轩。其仪，太乐令宿设金石四厢之乐于殿前。漏上二刻，侍中、侍臣、冗从仆射、中谒者、节骑郎、虎贲，旄头遮列，五牛旗皆入。虎贲中郎将、羽林监分陛端门内。侍御史、谒者各一人监端门。廷尉监、平分陛东、西中华门。漏上三刻，殿中侍御史奏开殿之殿门、南止车门、宣阳城门。军校、侍中、散骑常侍、给事黄门侍郎、散骑侍郎升殿夹御座。尚书令以下应阶者以次入。治礼引大鸿胪入，陈九宾。漏上四刻，侍中奏："外办。"皇帝服衮冕之服，升太极殿，临轩南面。谒者前北面一拜，跪奏："大鸿胪臣某稽首言，群臣就位。谨具。"侍中称制曰："可。"谒者赞拜，在位皆再拜。大鸿胪称臣一拜，仰奏："请行事。"侍中称制曰："可。"鸿胪举手曰："可行事。"谒者引护当使者当拜者入就拜位。四厢乐作。将拜，乐止。礼毕出。[①]

宋时，需要皇帝临轩的嘉礼、宾礼有拜皇后、三公、冠皇太子及藩王，属于嘉礼中的婚礼、冠礼以及宾礼中的藩国交往之礼。这些仪式的规模显然不能与元会相比，但在使用乐器的规格上与元会同为四厢乐悬。

《宋书》的这一记载为我们了解临轩用乐的情况提供了相关资料，但魏晋南北朝时期的史料中关于宾礼、嘉礼用乐的具体内容、方式的记载较少。如冠礼用乐，仅《晋书·礼志下》几句简短的记载："江左诸帝将冠，金石宿设，百僚陪位。"[②] 这些宾礼、嘉礼的用乐在魏晋南北朝时期是否有所变化也并不明确。另外也要注意，这些仪式用乐的歌辞及舞蹈表演等并不见于史书记载，可能在用乐中仅有乐曲的演奏而无歌舞。

在这一节中，我们主要分析了魏晋南北朝时期宾礼、嘉礼中最具代表性的元会的用乐内容、方式及其在历代的沿革情况。可以说，在魏晋南北朝时期的国家礼仪用乐中，元会用乐之所以受到如此重视，是因为这一用乐所依附的仪式。元会作为皇权专制政体中施行的一种仪式类型，在维护专制皇帝的绝对权威中所起的作用是不可替代的。纵观历代乐志，元会用乐是与郊祀、宗庙等吉礼用乐并重的音乐形式，它们一是祭祀天地、鬼神，以证明君权天授的仪式用乐，一是维护皇帝权威、调整君臣关系的仪

---

① （梁）沈约：《宋书》卷14《礼志一》，中华书局1974年点校本，第341—342页。

② （唐）房玄龄等：《晋书》卷21《礼志下》，中华书局1974年点校本，第663页。

式用乐。虽然二者在用乐的内容与方式上存在很大差异，但其目的是相同的，即通过礼仪用乐强化仪式的功能，最终以礼乐相协的形式凸显君权的合法性及君臣等级关系的合理性。当然在本节中还有许多统治者使用的音乐未被讨论，如各种宴会用乐，无论是公宴还是私宴，都不可避免地使用各种音乐，但这些宴会并不能称为严格意义上的国家礼仪，故在本节中略而不论。

第三节　魏晋南北朝宾礼、嘉礼乐歌的主体内容与思想倾向

一　名与实——“燕射歌辞”与元会乐歌

（一）何为“燕射歌辞”

郭茂倩在《乐府诗集》中设置“燕射歌辞”一类，收录了魏晋南北朝及隋用于宾礼、嘉礼等礼仪中的歌辞。在“燕射歌辞”题解中，郭茂倩引用礼经中的相关记载，分别分析了燕礼与射礼在先秦时期的用乐情况，认为在先秦时期，燕礼与射礼等礼仪中均有音乐的演奏，燕射歌辞即为燕礼与射礼中所用的乐歌，其首先述燕礼之有乐：

> 《仪·燕礼》曰：“工歌《鹿鸣》《四牡》《皇皇者华》。……遂歌乡乐：《周南》，《关雎》《葛覃》《卷耳》；《召南》，《鹊巢》《采蘩》《采蘋》。”此燕飨之有乐也。[①]

所谓“燕礼”，据郑玄《目录》：“诸侯无事，若卿大夫有勤劳之功，与群臣燕饮以乐之。燕礼于五礼属嘉礼。”[②] 燕礼的举行场所在路寝，是诸侯与其卿大夫进行的飨宴仪式。就其用乐来说，包括了工歌、笙入、间歌、合乐四个环节，此所谓燕礼仪式之正乐。但从周代礼仪实践或礼经记载来看，从天子至士各阶层的燕礼中均有用乐，如《仪礼》中记载最为详细的乡饮酒礼中的用乐与燕礼用乐程序基本一致，也包括了上述四个用乐环节，而乡饮酒礼为士礼。

① （宋）郭茂倩：《乐府诗集》，中华书局1979年点校本，第181页。
② （清）阮元校刻：《十三经注疏·仪礼注疏》，中华书局1980年版，第1014页下栏。

其次述射礼之有乐：

> 《大司乐》曰："大射，王出入奏《王夏》，及射令奏《驺虞》，诏诸侯以弓矢舞。"《乐师》："燕射，帅射夫以弓矢舞。"《大师》："大射，帅瞽而歌射节。"此大射之有乐也。[①]

射礼是古代重要的礼仪形式，主要有大射、燕射、乡射诸礼。先看大射，郭茂倩所引《大司乐》之"大射"实为祭礼之附属仪式，据贾公彦疏："大射，谓将祭祀择士而射于西郊虞庠学中，王有出入之时，奏《王夏》。"[②] 孙诒让认为："谓将祭郊庙，择士而与诸侯卿大夫士射，王出入于大学辟雍之乐。"[③] 无论如何，《大司乐》中的"王大射"并非飨宴中的射礼。再看"燕射"，孙诒让《周礼正义》："'燕射'者，王与诸侯诸臣因燕而射，《梓人》注云'燕谓劳使臣，若与群臣饮酒而射'是也。"[④] 即燕射礼是因燕礼而行，在行射礼之前要先举行燕礼，其射法如乡射之射。在射礼之前所举行的燕礼中亦有用乐，不过其规模较小。燕射共三番，据贾公彦疏："凡射有三番。又天子六耦，畿内诸侯四耦，畿外诸侯三耦。前番直六耦、三耦等射，所以诱射故也。第二番六耦与众耦俱射，第三番又兼作乐。"[⑤] 关于这三番射中的乐舞表演，《乐师》所谓"燕射，帅射夫以弓矢舞"，郑玄将"舞"解释为"执弓挟矢揖让进退之仪"，贾公彦认为三番射皆有舞，而王引之认为"舞"为乐舞，在"歌乐之时，则唯第三番以乐射乃有舞"[⑥]。

王之燕射今已不存，我们以《仪礼》之《大射仪》为参考，大射为诸侯举行的射礼，与燕射较为相似，也是在行射礼之前先行飨宴，其飨宴仪节与燕礼基本一致，而其射节则与乡射礼基本一致。其用乐主要起到控制射节的作用，我们认为，在射礼中的用乐并不是贯穿仪式始终的，其用乐主要在第三番射时，并且只有乐曲演奏而无舞蹈表演，也就是说在行射礼时用乐主要是为了使动作应节。这从射时的用乐方式可以看出，在第三

---

① （宋）郭茂倩：《乐府诗集》，中华书局1979年点校本，第181页。
② （清）阮元校刻：《十三经注疏·周礼注疏》，中华书局1980年版，第791页上栏。
③ （清）孙诒让撰，王文锦、陈玉霞点校：《周礼正义》，中华书局1987年版，第1783页。
④ （清）孙诒让撰，王文锦、陈玉霞点校：《周礼正义》，中华书局1987年版，第1811页。
⑤ （清）阮元校刻：《十三经注疏·周礼注疏》，中华书局1980年版，第794页中栏。
⑥ （清）孙诒让撰，王文锦、陈玉霞点校：《周礼正义》，中华书局1987年版，第1812页。

番射时乐正命大师曰："奏《狸首》，间若一。"从"间若一"的用乐方式来看，其演奏不止一次，并且间隔时间完全相等。又《周礼·大师》："大射，帅瞽而歌射节。"与此正好相对应，再结合射礼中三耦轮番射的仪式过程来看，这一用乐方式就是为了节制轮番射箭的仪式行为。同样，在乡射礼中，第三番射箭之前乐正东面命大师曰："奏《驺虞》，间若一。"又结合《礼记·射义》："其节：天子以《驺虞》为节，诸侯以《狸首》为节，卿大夫以《采蘋》为节，士以《采蘩》为节。"[①] 的记载，射箭中用乐的节礼功能是非常确定的。

再述食举有乐，其引《礼记·王制》《周礼·大司乐》及汉人之说以证明食举有乐：

> 《王制》曰："天子食，举以乐。"《大司乐》："王大食，三宥，皆令奏钟鼓。"汉鲍业曰："古者天子食饮，必顺四时五味，故有食举之乐，所以顺天地、养神明、求福应也。"此食举之有乐也。[②]

确切地说，食举并非一种独立的仪式类型，而是仪式中的一个环节。《礼记·王制》所谓"天子食，日举以乐"，其说与《周礼·膳夫》接近："王日一举，鼎十有二，物皆有俎，以乐侑食。膳夫授祭，品尝食，王乃食。"[③] 所谓"举"乃杀牲盛馔，太牢、少牢、特牲皆可言举，天子日常饮食之举当为少牢。杀牲盛馔必用乐，膳夫此职与大司乐为官联，此为盛馔时之用乐，其演奏应在食前，《礼记·玉藻》："奏而食"，郑玄注云："奏，奏乐也。"《白虎通义·礼乐》分析了食前用乐的原因："王者食所以有乐何？乐食天下之太平，富积之饶也。明天子至尊，非功不食，非德不饱，故《传》曰：'天子食，时举乐。'"[④] 也就是说，此处食举乐的演奏是在食前，以表明饮食者之功德，与鲍业对食举用乐的原因分析可各备一说。此处的用乐是在盛馔时，与《大司乐》中用来侑食的钟鼓乐有所不同，我们看《大司乐》中的食举乐。

---

① （清）阮元校刻：《十三经注疏·礼记正义》，中华书局 1980 年版，第 1686 页下栏。

② （宋）郭茂倩：《乐府诗集》，中华书局 1979 年点校本，第 181 页。

③ 侑为今文、宥为古文，严可均云："《说文》姷或作侑，耦也。宥，宽也，以耦宽为劝助，字本假借。"见（清）孙诒让撰，王文锦、陈玉霞点校《周礼正义》，中华书局 1987 年版，第 1784 页。除引文外本书行文中"宥"字通作"侑"。

④ （清）陈立撰，吴则虞点校：《白虎通疏证》，中华书局 1994 年版，第 118 页。

《周礼·大司乐》："王大食，三宥，皆令奏钟鼓。"郑玄注："大食，朔月月半以乐宥食时也。宥犹劝也。"[①] 所谓"宥食"，即劝食，又作"侑食"。据礼学家的观点，天子诸侯之食共有四饭：正饭随意取饱，无有饭节，正饭之后飧之以三饭，亚饭则一侑，三饭则二侑，四饭则三侑[②]。在侑食之时所演奏的食举乐是与食礼中的劝食仪节相对的，是在大食之时演奏，而非日常饮食时演奏。

由此可知，郭茂倩所引《王制》和《大司乐》中的食举乐存在一定差异，《王制》中的用乐是在正食前，可以说是仪式开始的标志；《大司乐》中的用乐行于正食结束之后的侑食阶段。可见，食举乐是一种使用较为广泛的音乐形式，既可以用于天子、诸侯的日常饮食活动，也可用于较为隆重的大型飨宴仪式。在日常饮食中演奏的音乐主要是食举乐，但在较为隆重的飨宴之礼中奏食举乐则作为一个仪式环节，其歌诗即为食举乐歌诗。

在上文中，我们对郭茂倩定义"燕射歌辞"的引文作了分析，我们发现在礼经中记载的用于宾礼、嘉礼的用乐情况较为复杂，这些用乐涵盖了从天子至士的各阶层使用的仪式。从歌辞上来说，郭茂倩的定义与实际情形存在差异，即在以上列举的众多仪式用乐中，并非所有的音乐均有歌辞相配，如用以侑食的钟鼓乐应该是单纯的音乐演奏。郭茂倩用礼经来定义燕射歌辞，而其所收录的燕射歌辞均是魏晋南北朝时期的歌辞，那么在政治制度发生重大变化后的魏晋南北朝所举行的宾礼、嘉礼的歌辞是否能够与郭茂倩的定义相符合？我们将在下文予以探讨。

（二）《乐府诗集》中所载"燕射歌辞"主体实为魏晋南北朝的元会乐歌

《乐府诗集》"燕射歌辞"一类所收录的诗篇，从时间段上来说主要为魏晋南北朝和隋代（包括五代之后晋、后周），与郊庙歌辞的时间段为两汉、魏晋南北朝、隋、唐、五代有所不同；在歌辞内容方面主要与元会有关，由其题名可知：《晋四厢乐歌》（52 首）、《晋冬至初岁小会歌》（1 首）、《晋宴会歌》（1 首）、《晋中宫所歌》（1 首）、《晋宗亲会歌》（1 首）、《宋四厢乐歌》（5 首）、《南齐四厢乐歌》（5 首）、《梁三朝雅乐歌》

---

① （清）阮元校刻：《十三经注疏·周礼注疏》，中华书局 1980 年版，第 791 页上栏。

② （清）孙诒让撰，王文锦、陈玉霞点校：《周礼正义》，中华书局 1987 年版，第 1784—1785 页。

（38首）、《北齐元会大飨歌》（10首）、《北周五声调曲》（24首）、《隋元会大飨歌》（11首）、《隋宴群臣登歌》（1首）、《隋皇后房内歌》（1首）、《后晋朝飨乐章》（7首）、《后周朝飨乐章》（7首）、《隋大射登歌》（1首）。在以上统计数据中，属于西晋的元会乐歌数量最多，其次为梁，再次为北周、隋、北齐。至于这些歌辞所使用的仪式场合，部分可以从题名中获知，如梁、隋、北齐等歌辞都有明确的题名，标明了与其相关联的仪式，而数量最多的《晋四厢乐歌》，据《晋书·乐志上》等史料记载亦可知为元会所用："及晋初，食举亦用《鹿鸣》。至泰始五年，尚书奏，使太仆傅玄、中书监荀勖、黄门侍郎张华各造正旦行礼及王公上寿酒、食举乐歌诗。"① 数量居于第三的北周五声调曲，据其《曲序》："元正飨会大礼，宾至食举，称觞荐玉。六律既从，八风斯畅。以歌大业，以舞成功。"② 亦可知为元会乐歌。至于宋、南齐所用四厢乐歌，从相关史料记载及歌辞内容来看亦为元会乐歌无疑。除此之外，在"燕射歌辞"中所收录的还包括一些小型飨宴使用的歌诗，数量极为有限，可能元会之外的小型飨宴用乐并不太受重视。除此之外，"燕射歌辞"还收录《隋大射登歌》一首，这是"燕射歌辞"这一类目中仅有的一首与射礼有关的歌辞。

通过对以上数据的分析可知，郭茂倩在《乐府诗集》中所定义的"燕射歌辞"的涵盖范围要远远大于其实际收录的歌辞范围，也就是说《乐府诗集》所收录的"燕射歌辞"基本上是魏晋南北朝时期元会所使用的乐歌，而在其定义中所涉及的各阶层宴会所用歌辞则不包括在内，尤其在射礼用乐方面，无一首魏晋南北朝时期的射礼歌辞。

由此可以看出，在《乐府诗集》中，"燕射"之名是对礼经中的燕礼与射礼的借用，但先秦礼经中的燕礼、射礼与魏晋南北朝的宾礼、嘉礼已经关系不大，尽管它们可以划归为同一类目，但礼仪的性质已经发生了实质的变化。郭茂倩以"燕射歌辞"之名来指称《乐府诗集》卷13至卷15中以元会乐歌为主体的歌辞可能是基于以下考虑：先秦礼经中的燕礼、射礼均属于宾、嘉二礼，而元会作为兼具宾礼与嘉礼特点的仪式类型，二者在仪式的性质上是相通的。也就是说，这一命名方式是基于先秦燕射歌辞与元会乐歌所依附的礼仪形式有共通之处，同时这些乐歌都以反映人际交

① （唐）房玄龄等：《晋书》卷22《乐志上》，中华书局1974年点校本，第684—685页。
② （宋）郭茂倩：《乐府诗集》，中华书局1979年点校本，第211页。

接为主，而非赞颂、祈求神灵之辞。作为燕射歌辞，在先秦时期用于王飨诸侯、诸侯互飨等仪式中，其功用在于协调天子与诸侯、诸侯与诸侯之间关系，以维护自上而下的等级制度。燕射歌辞的使用者不仅有周天子，也包括诸侯甚至于大夫。如果按照五礼制度来划分的话，燕礼、射礼等礼仪正是属于“亲故旧朋友”“亲四方之宾客”的嘉礼。郭茂倩以“燕射歌辞”来命名魏晋南北朝各代元会乐歌，其实是注意到了秦汉以来因政治制度的变迁而造成的礼仪制度的改变，因为作为融合宾礼、嘉礼的元会在五礼中不易找到一个合适的名称以与其使用仪式、歌辞内容等方面完全相符，所以郭茂倩只能借用礼经中的燕礼、射礼等礼仪乐歌来指代元会乐歌（简称“燕射歌辞”），但从本质上说，因歌辞所依附的礼仪内容、形式等已经发生了根本的变化，二者已经不是同一类型的乐歌了。

二　魏晋南北朝元会乐歌与先秦燕射歌辞使用方式的差异

前文已述，《乐府诗集》所收“燕射歌辞”的主体是魏晋南北朝时期的元会乐歌，与礼经所载燕射歌辞有着明显的区别，我们依据歌辞对仪式及其用乐的依附性质，将二者在使用方式上的差异归纳为以下两点：其一，歌辞使用对象不同；其二，演奏中与仪节关系的差异。下面具体论述之。

（一）歌辞使用对象不同

1. 先秦燕射歌辞的使用对象：天子至于士

“燕”与“射”在礼经中所涵盖的范围极为广泛，从使用这些仪式的主体上来说，涵盖了从天子至于士的各个阶层。就燕礼来说，既有天子与诸侯之燕礼，又有诸侯间之燕礼，在士阶层也行燕礼。天子之燕礼于礼经无载，但诸侯及士之燕礼在礼经中记载甚详，《仪礼》的《燕礼》《乡饮酒礼》中有关于这些仪式的明确记载，《礼记》中亦有《乡饮酒义》《射义》《燕义》等对这些礼仪形式进行解释，而在诸侯所用的燕礼、射礼及士所用的乡射礼中有明确的用乐规定，其中都有歌辞的使用。可见，在礼经中燕射歌辞的使用范围是覆盖各个阶层的，只不过在所用音乐及歌辞上刻意作了区分，以显示仪式主体的等级差异。同时要说明的是，各阶层的用乐是与周代施行的乐悬制度联系在一起的。

2. 元会乐歌的使用对象：皇帝之三朝大会

就元会乐歌来说，其使用对象则变得极为单一，这是由其所依附的仪式决定的。秦汉以来，皇权专制政体的施行及皇帝权威的确立，使元会的施行并不以合和君臣为主要目的，而是围绕着维护皇帝的绝对权威展开，关于此点可以参看日本学者渡边信一郎的《元会的建构——中国古代帝国的朝政与礼仪》一文。在皇权专制政治制度下，形成了以皇帝为中心的元会，这一仪式兼具了宾礼、嘉礼的因素，同时也突出了仪式的核心目的——确认皇帝权威为主、合和君臣关系为辅。在元会中，皇帝处于至高无上的地位，但凡行礼、上寿酒、食举等仪式过程，都将皇帝置于首位，而不再像先秦礼经所规定的那样“敬宾”，由此形成了以皇帝为中心的用乐方式。

从历代乐志所记载的会礼歌辞及《乐府诗集·燕射歌辞》所收录的歌辞来看，元会乐歌所占的比重是最大的，在90%以上。需要补充的是，由于在皇权专制政体之下，分封制退居次要位置，周代的乐悬制度已经不再施行或为其他形式所替代[①]，对各级官员已经不再以乐悬的形式区分等级，也并无专门针对各级官员设计的礼仪用乐。从国家礼制设计层面来说，重心已经完全转向了皇庭礼仪用乐，这与周代各个阶层均有会礼用乐形成了明显的区别。

（二）演奏中与仪节关系的差异

1. 燕射歌辞既用于仪节间隙，也与仪节同时展演

先说用于仪节间隙，即使用歌辞时并无其他仪式活动的展演，这主要存在于仪式的正乐阶段。先秦礼乐文化中对燕射等礼仪的用乐程序是有特殊规定的，如燕礼、乡饮酒礼，其大体过程基本相似，包括正乐与无算乐。飨宴之礼的正乐，基本是由工歌、笙入、间歌、合乐四个环节构成，在这四个环节中，工歌、间歌、合乐三个环节中都有歌辞的使用，其中工歌阶段是以献歌为主，无乐器伴奏，其歌为《鹿鸣》《四牡》《皇皇者华》，笙入阶段是堂上之笙与堂下之钟、磬齐奏，所奏都为《南陔》《白华》《华黍》，即所谓笙乐。再次为间歌，笙奏与间歌交替进行，“间歌《鱼丽》，笙《由庚》；歌《南有嘉鱼》，笙《崇丘》；歌《南山有台》，笙《由仪》”，所歌有辞，而所笙无辞。最后为合乐阶段，所用为《周南》及《召南》中的乐歌，即《周南》中的《关雎》《葛覃》《卷耳》；《召南》中的《鹊巢》《采蘩》《采蘋》。

---

① 关于此点，可以参见项阳《重器功能，合礼演化——从金石乐悬到本品鼓吹》（《以乐观礼》，北京时代华文书局 2015 年版，第 128—139 页）的相关论述。

对射礼来说，其正乐的演奏也有特殊的规定，行射礼之前的飨宾环节用乐为正乐，其程序较燕礼、乡饮酒礼更为简略，如乡射礼中，只有合乐环节与燕礼、乡饮酒礼一致，其他环节均被省略。大射礼中的飨宾环节也仅歌《鹿鸣》三终、管《新宫》三终。对以上燕礼、射礼的正乐来说，其用乐是独立进行的。也就是说在燕礼、射礼中，正乐的演奏并不配合任何仪节。从另一角度来看，正乐的演奏就是整个仪式的一个重要环节，尽管在正乐四个环节的某两个环节的间隙会有一些仪式行为，如工歌之后的献工、笙奏之后的献笙、工歌笙奏之间的献酬，但都是“卒歌”之后，即音乐停止之后进行的。间歌与合乐是非常连贯的，中间无任何仪式行为加入。并且在合乐之后，有太师告于乐正“正歌备”，乐正再将其告之于公，此时用乐正式完成。从这里可以看出，燕礼、射礼中的正歌并非作为某一仪节的配乐而存在，而是一个独立的仪式环节。

其次，我们再看与仪节同时展演的乐歌，主要是乡射、大射等礼中用作射节的乐歌。在乡射礼中，作为射节者为《驺虞》①，在大射礼中作为射节者为《狸首》，从《仪礼》所载“乃奏《驺虞》以射”来看，射箭与用乐是同时进行的，其用乐方式为“间若一”，指“调其声之疏数重节”②，这种对节奏的强调与射礼中比耦而射的礼仪形式有关，体现出其用乐目的是配合射箭之节奏。

2. 元会乐歌多与相关仪节同时展演

在元会中，无阶段性用乐，其用乐与仪式相伴而行，音乐的从属性质更为明显。魏晋南北朝时期的元会乐歌与仪节的关系从其歌名就可以看出，如西晋荀勖所创制的《晋四厢乐歌》十七首，其中包括《正旦大会行礼歌》四首、《王公上寿酒歌》一首、《食举乐东西厢歌》十二首。在这十七首乐歌中，乐歌之名正好对应了元会的晨贺行礼、昼会王公上寿酒及食举三个仪式环节。梁元会乐名为《三朝雅乐歌》，包括《俊雅》六首、《胤雅》二首、《寅雅》二首、《介雅》二首、《需雅》十六首、《雍雅》六首，这些乐歌分别用于众官入、皇太子发西中华门（太子入预会，亦奏《胤雅》）、王公降殿、公卿上寿酒、皇帝食举、撤食等环节，这六首雅乐只是乐曲之总名，在每一乐名之下所包含的歌辞有多首，这应该是视仪式环节的长短而定，是在

---

① 《驺虞》本为天子之射节，用在乡射礼中是取此诗有“乐贤之志”。

② （清）阮元校刻：《十三经注疏·仪礼注疏》，中华书局1980年版，第1042页上栏。

仪式进行时演唱这些歌辞，如《胤雅》为皇太子用乐，是与太子的出入仪节相配的，因此，此乐演奏时间较短，与之相配的歌辞也只有两首。而用于众官之入、食举的《俊雅》《需雅》，因涉及的官员人数较多，仪式过程较为缓慢，这两个仪式环节中用乐时间较长，同一乐曲可能会反复演奏，与其相配的歌辞数量也较多。由此可见，在魏晋南北朝时期的元会用乐中，歌辞的创作、使用与仪式环节是紧密关联在一起的。

魏晋南北朝时期元会乐歌与仪节的关系受用乐方式决定，而用乐方式又受仪式的制约。从根本上说，元会作为秦汉以来出现的、融合了宾礼与嘉礼两类礼仪特点的仪式，其仪式目的之改变是导致歌辞与仪节关系改变的根本原因。先秦礼乐中的“敬宾”“乐宾”与秦汉以后的“尊君抑臣”形成了鲜明的对比。在先秦礼乐文化语境中，仪式的举行尽管注重等级的区分，但“敬宾”是非常重要的仪式宗旨，因此强调在仪式过程中营造和乐的仪式氛围，这就需要在仪式中专辟一个环节用于“乐宾”，而由诗、乐、舞构成的正乐则理所当然地承担了这一功能，这就是《荀子·乐论》所谓的“乐合同”，以达到《礼记·乐记》所谓的“同则相亲”的目的。而秦汉以后的元会用乐，其举行重在突出皇帝的至尊地位，重在强调礼仪的“别异”功能，以达到“异则相敬”的目的，各仪式环节都是围绕实现这一目的而设计的，单独的用乐环节对实现仪式的这一功能并无太大帮助，也就只能作为仪式的附属而存在，用以强化仪式的效果，促成仪式功能的实现。这种区别在这两个时代的元会乐歌的主旨上也有明显的体现。

三　魏晋南北朝元会乐歌主旨的变化趋向

在先秦礼乐实践中，对燕、射等礼的用乐程序有着明确的规定，如《仪礼·燕礼》的用乐程序为工歌、笙入、间歌、合乐四个环节。在这四个环节中的用乐存在着歌与奏的差别，所谓“歌”就是歌辞的演唱，所谓“奏”就是乐曲的演奏，燕礼的用乐程序如下：

> 工歌《鹿鸣》《四牡》《皇皇者华》。……笙入，立于悬中，奏《南陔》《白华》《华黍》。……乃间歌《鱼丽》，笙《由庚》；歌《南有嘉鱼》，笙《崇丘》；歌《南山有台》，笙《由仪》。遂歌乡乐。《周

南》：《关雎》《葛覃》《卷耳》；《召南》：《鹊巢》《采蘩》《采蘋》。①

乡饮酒礼中使用的歌、乐大体如此，乡射礼、大射礼等用乐程序则较为简略。于燕、射之礼中使用的歌辞大多为《诗经》中的乐歌，如燕礼正歌中所使用的十八首乐歌，除六笙诗无文本之外，其余十二首均为《诗经》中的诗篇。对这十二首乐歌的含义，郑玄在《仪礼》注中分别作了解释，其注“工歌”三曲曰：

> 三者皆《小雅》篇也。《鹿鸣》，君与臣下及四方之宾宴，讲道修政之乐歌也。此采其己有旨酒，以召嘉宾，嘉宾既来，示我以善道。又乐嘉宾有孔昭之明德，可则效也；《四牡》，君劳使臣之来乐歌也。此采其勤苦王事，念将父母，怀归伤悲，忠孝之至，以劳宾也；《皇皇者华》，君遣使臣之乐歌也。此采其更是劳苦，自以为不及，欲谘谋于贤知而以自光明也。②

又注“间歌”三曲曰：

> 六者皆《小雅》篇也。《鱼丽》，言大平年丰物多也，此采其物多酒旨，所以优宾也；《南有嘉鱼》，言大平君子有酒，乐与贤者共之也，此采其能以礼下贤者，贤者累蔓而归之，与之宴乐也；《南山有台》，言大平之治以贤者为本也，此采其爱友贤者，为邦家之基，民之父母，既欲其身之寿考，又欲其名德之长也。《由庚》《崇丘》《由仪》今亡，其义未闻。③

又注“合乡乐”六曲曰：

> 《周南》《召南》，《国风》篇也。王后、国君夫人房中之乐歌也。《关雎》言后妃之德，《葛覃》言后妃之职，《卷耳》言后妃之志，《鹊巢》言国君夫人之德，《采蘩》言国君夫人不失职也，《采蘋》言

---

① （清）阮元校刻：《十三经注疏·仪礼注疏》，中华书局1980年版，第1021页上栏—中栏。

② （清）阮元校刻：《十三经注疏·仪礼注疏》，中华书局1980年版，第1021页上栏。

③ （清）阮元校刻：《十三经注疏·仪礼注疏》，中华书局1980年版，第1021页中栏。

卿大夫之妻能修其法度也。[①]

根据郑玄的解释，在《仪礼》中所规定的用于燕礼的众多乐歌，有些乐歌可能就是为宴会而制，如《鹿鸣》；有的则可能是后来被纳入用乐体系中，总之歌辞的指向是宴会中的嘉宾，表达的多为飨宴嘉宾之意：《鹿鸣》乐嘉宾之来并示我以善道，《四牡》劳使臣之来，《皇皇者华》则为遣使臣时所歌。我们能从歌辞的语言层面看出其描写的内容，即韩高年先生所说的："内容主要是描写贵族宴会的欢乐场面，铺排宴会上美味佳肴的丰盛，显示主人的盛情和好客之意，表达主、宾之间欢畅尽兴的情怀，以情感的沟通为前提，宣扬宗族的团结、异姓的合作，最终达到协调人际关系，化解矛盾的关系。"[②] 在这类飨宴歌辞中，主、宾之间的关系是融洽、和谐的，在飨宴仪式中，主人甚至对宾客优礼有加而至于"敬"的地步。我们以《小雅·鹿鸣》为例来分析歌辞中所体现的宾、主双方协调融洽的关系：

呦呦鹿鸣，食野之苹。我有嘉宾，鼓瑟吹笙。吹笙鼓簧，承筐是将。人之好我，示我周行。……呦呦鹿鸣，食野之芩。我有嘉宾，鼓瑟鼓琴。鼓瑟鼓琴，和乐且湛。我有旨酒，以燕乐嘉宾之心。[③]

关于此诗，《毛诗序》认为："燕群臣嘉宾也。既饮食之，又实币帛筐篚以将其厚意，然后忠臣嘉宾得尽其心矣。"[④] 孔颖达疏："作《鹿鸣》诗者，燕群臣嘉宾也。言人君之于群臣嘉宾，既设飨以饮之，陈馔以食之，又实币帛于筐篚而酬侑之，以行其厚意，然后忠臣嘉宾佩荷恩德，皆得尽其忠诚之心以事上焉，明上隆下报，君臣尽诚，所以为政之美也。"[⑤] 从歌辞内容上看，《毛诗序》及孔颖达疏是比较符合实际的，此诗主要描写主人飨宴嘉宾、嘉宾饮酒尽欢的融洽场面。所谓宴会中的主、宾，在现实中实为君、臣，

---

① （清）阮元校刻：《十三经注疏·仪礼注疏》，中华书局 1980 年版，第 1021 页中栏。

② 韩高年：《礼俗仪式与先秦诗歌演变》，中华书局 2006 年版，第 243 页。

③ （清）阮元校刻：《十三经注疏·毛诗正义》，中华书局 1980 年版，第 405 下栏—406 页上栏。

④ （清）阮元校刻：《十三经注疏·毛诗正义》，中华书局 1980 年版，第 405 页中栏。

⑤ （清）阮元校刻：《十三经注疏·毛诗正义》，中华书局 1980 年版，第 405 页中栏。

此即孔颖达疏所谓："言群臣嘉宾者，群臣，君所飨燕，则谓之宾。"[①] 全诗围绕嘉宾而展开，诗人将嘉宾置于首要位置，以野外群鹿和声相鸣招呼同伴譬喻主人对嘉宾的诚挚态度，又赞美嘉宾的美好品德："德音孔昭，视民不恌"，这些品德是君子学习的榜样："君子是则是效"，进而劝嘉宾尽欢饮酒："我有旨酒，以燕乐嘉宾之心"。在这首诗中，主宾关系是融洽的，主人敬宾、反复劝宾饮酒，实是以此乐合和君臣，使臣能够尽其力以辅佐君主，此即毛传所谓："夫不能致其乐，则不能得其志，不能得其志，则嘉宾不能竭其力。"[②] 也即朱熹所云："盖其所望于群臣嘉宾者，唯在于示我以大道，则必不以私惠为德而自留矣。"[③] 亦即范祖禹所云："食之以礼，乐之以乐，将之以实，求之以诚，此所以得其心也。"[④]

以上是先秦飨宴歌辞的内容及风格方面的基本特点，但秦汉以后，在朝廷飨宴中，尤其是作为大会的元会中，歌辞的内容及风格发生了很大变化。朱熹在《诗集传》中分析了《小雅》《大雅》的风格："以今考之，正《小雅》，燕飨之乐也。正《大雅》，会朝之乐，受釐陈戒之辞也。故或欢欣和悦，以尽群下之情；或恭敬齐庄，以发先王之德。"[⑤] 朱熹根据歌辞的风格特点对《小雅》《大雅》所使用的仪式场合进行分类，其依据是"以今考之"，即宋代所施行的礼仪制度，其结论是《小雅》的风格与宋代的飨宴乐相似，而《大雅》的风格与朝会乐相似，表现出"欢欣和悦"与"恭敬齐庄"的差别，这是颇为允当的。魏晋南北朝时期的元会乐歌明显表现出似《大雅》的风格特点，某些方面更接近于《诗经·周颂》。方玉润在《诗经原始》中将《鹿鸣》中融洽的宾主关系和后世等级森严的君臣关系相对比，不禁有"时世升降，臣道隆污之感"，他说：

> 《序》谓"燕群臣嘉宾"。夫嘉宾即群臣，以名分言曰臣，以礼意言曰宾。文、武之待群臣如待大宾，情意既洽而节文又敬，故能成一时盛治也。《传》曰："宾臣者帝，师臣者王。"周之宾臣，周之所以王耳。若后世则直以奴隶视之，何宾之有？无怪其治不古若矣。虽赐宴饮

---

① （清）阮元校刻：《十三经注疏·毛诗正义》，中华书局1980年版，第405页中栏。

② （清）阮元校刻：《十三经注疏·毛诗正义》，中华书局1980年版，第406页中栏。

③ （宋）朱熹撰，赵长征点校：《诗集传》，中华书局2017年版，第156页。

④ （宋）朱熹撰，赵长征点校：《诗集传》，中华书局2017年版，第157页。

⑤ （宋）朱熹撰，赵长征点校：《诗集传》，中华书局2017年版，第155页。

宾，赐爵赋诗，未尝不仿古遗意，而上下之情则多隔而不通矣。且其所赋之诗，非沉酣即贡谀，求如周之宾臣，望其周行示好，则效不恌者盖寡。君子读《诗》至此，不能无时世升降，臣道隆污之感焉！[①]

在这段引文中，方玉润主要分析了周代与秦汉以后飨宴礼仪中君臣关系的差别，进而探讨了这两种不同君臣关系主导下的乐歌内容、情感与风格上的差异。方氏认为，在西周时期，文王、武王待群臣如大宾，则其歌辞"情意既洽而节文又敬"，而后世皇帝对大臣则"以奴隶视之"，故其歌辞"非沉酣即贡谀"。显然，不同时代君臣关系的差异是出现两种截然不同的诗风、诗旨的重要原因。

从西晋开始，元会乐歌的风格、主旨发生了根本上的转变，其肇始则在曹魏。在汉魏时期，尚有周代雅乐的留存，为《鹿鸣》《驺虞》《文王》《伐檀》四曲，这四曲雅乐"皆古声辞"，不但其辞与我们今天所见歌诗文本相同，其声调亦为周代旧曲。通过稽考礼经所载周代飨宴用乐情况我们发现，除《伐檀》外，其他三首旧曲及其歌辞均为先秦燕射礼仪所用。据《仪礼》，《鹿鸣》在乡饮酒礼、燕礼、大射礼中都有使用，用于"工歌"阶段；《驺虞》在大射礼中用来节射，《周礼·乐师》："凡射，王以《驺虞》为节，诸侯以《狸首》为节，大夫以《采蘋》为节，士以《采蘩》为节。"[②] 也用于乡射礼中；《文王》亦是飨宴环节所用，据《左传》襄公四年所载，穆叔对韩献子说："《文王》，两君相见之乐也，臣不敢及。"杜预注："《文王》之三皆称文王之德，受命作周，故诸侯会同以相乐。"[③]《伐檀》出自《魏风》，在礼经中没有其用于何种仪式的明确记载，郑樵认为《诗经》中的诗篇均为配乐可歌之辞："仲尼编《诗》，为燕飨祀之时用以歌，而非用以说义也。古之诗，今之辞曲也，若不能歌之，但能颂其文而说其义，可乎？"[④] 肯定了在先秦时期辞、乐的一体性，也强调不能以辞废乐，不能以辞义来限制乐歌的使用范围，《伐檀》作为先秦旧曲，辞、乐一体的特征说明其必然与特定仪式相关联，很可能也是宴会所奏。这几首传自西周的雅乐在曹魏时经过左延年等一番改制后用于元会

① （清）方玉润：《诗经原始》，中华书局1986年版，第328页。
② （清）阮元校刻：《十三经注疏·周礼注疏》，中华书局1980年版，第793页下栏。
③ （清）阮元校刻：《十三经注疏·春秋左传正义》，中华书局1980年版，第1932页上栏。
④ （宋）郑樵撰，王树民点校：《通志二十略》，中华书局1995年版，第883页。

中,《晋书·乐志上》对此有明确记载:

> 杜夔传旧雅乐四曲,一曰《鹿鸣》,二曰《驺虞》,三曰《伐檀》,四曰《文王》,皆古声辞。及太和中,左延年改夔《驺虞》《伐檀》《文王》三曲,更自作声节,其名虽存,而声实异。唯因夔《鹿鸣》,全不改易。每正旦大会,太尉奉璧,群后行礼,东厢雅乐常作者是也。后又改三篇之行礼诗。第一曰《于赫篇》,咏武帝,声节与古《鹿鸣》同。第二曰《巍巍篇》,咏文帝,用延年所改《驺虞》声。第三曰《洋洋篇》,咏明帝,用延年所改《文王》声。第四曰复用《鹿鸣》。《鹿鸣》之声重用,而除古《伐檀》。①

对这四首雅乐的改制主要在以下方面。首先是太和年间左延年对其声调曲折的变革,除《鹿鸣》外,其余三曲的曲调都有所变易,即"自作声节",最终导致"其名虽存,而声实异",这三曲的曲调因之失传。此时乐曲虽异,但歌辞尚存,且仍被用于仪式;其次,魏明帝之后,对这四曲雅乐又有所改制,主要是自作新辞以与之前左延年所创新声曲相配。此时所改制歌辞的主旨是歌颂帝王功德,与之前所用《诗经》中的乐歌有明显不同,开后世自创元会乐歌的先河。

至西晋时期,元会乐歌的改作倾向更为明显,对此《晋书·乐志上》有载:

> 至泰始五年,尚书奏,使太仆傅玄、中书监荀勖、黄门侍郎张华各造正旦行礼及王公上寿酒、食举乐歌诗。荀勖云:"魏氏行礼、食举,再取周诗《鹿鸣》以为乐章。又《鹿鸣》以宴嘉宾,无取于朝,考之旧闻,未知所应。"勖乃除《鹿鸣》旧歌,更作行礼诗四篇,先陈三朝朝宗之义。又为正旦大会、王公上寿歌诗并食举乐歌诗,合十三篇。②

荀勖对《鹿鸣》的态度说明新的礼仪制度确立之后,在乐歌上必须做出变革。《鹿鸣》自曹魏以来一直用于元会,此时传自周代的其他三曲屡经变

---

① (唐)房玄龄等:《晋书》卷22《乐志上》,中华书局1974年点校本,第684页。
② (唐)房玄龄等:《晋书》卷22《乐志上》,中华书局1974年点校本,第685页。

化，已经完成了由先秦飨宴用乐向魏晋元会用乐的转变，唯有《鹿鸣》一曲未经变革。西晋所确立的元会要求其辞、乐必须进行变革，由于《鹿鸣》一曲的辞义与元会的功能指向存在的抵牾，所以荀勖提出“《鹿鸣》以宴嘉宾，无取于朝，考之旧闻，未知所应”的诘难，进而不用《鹿鸣》之辞而代以《行礼诗》四篇，这四首新制乐歌的主题为“陈三朝朝宗之义”，在歌辞内容上与元会行委贽礼的仪式环节及确认皇帝独尊地位的仪式目的一致。荀勖等人的创作实践使这种歌辞模式最终定型，成为后世元会乐歌的固有范式。

因此，融洽的宾、主关系在西晋及以后的元会乐歌中不复存在，我们选取几首西晋朝臣奉命创制的元会乐歌与《小雅》中的歌辞做一比较：

《天鉴》（正旦大会行礼歌，傅玄作）：

> 天鉴有晋，世祚圣皇。时齐七政，朝此万方。钟鼓斯震，九宾备礼。正位在朝，穆穆济济。煌煌三辰，实丽于天。君后是象，威仪孔虔。率礼无愆，莫匪迈德。仪刑圣皇，万邦惟则。①

《三后》（食举乐东西厢歌，荀勖作）：

> 昔我三后，大业是维。今我圣皇，焜耀前晖。奕世重规，明照九畿。思辑用光，时罔有违。陟禹之迹，莫不来威。天被显禄，福履是绥。②

《猗欤》（食举乐东西厢歌，荀勖作）：

> 猗欤盛欤，先皇圣文。则天作孚，大哉为君。慎徽五典，帝载是勤。文武发挥，茂建嘉勋。修己济治，民用宁殷。怀远烛幽，玄教氛氲。善世不伐，服事参分。德博化隆，道冒无垠。③

上引三首西晋元会乐歌，在内容上已经全无《小雅》飨宴诗所呈现的融

① （宋）郭茂倩：《乐府诗集》，中华书局1979年点校本，第183页。
② （宋）郭茂倩：《乐府诗集》，中华书局1979年点校本，第186页。
③ （宋）郭茂倩：《乐府诗集》，中华书局1979年点校本，第186页。

洽君臣关系，宴会的和乐氛围被朝会大仪的庄严肃穆所代替。更突出的变化是，在歌辞中，帝王已经成为描写的中心，整首歌辞都在强调皇帝地位的重要性，其创作遵循如下的思维方式：先追述晋代秉天命而建立的过程，进而赞颂今上治世的功绩，最后突出晋代强盛的国力对方国、四夷的影响力，所谓“陟禹之迹，莫不来威”“怀远烛幽，玄教氛氲”。以上几首元会乐歌可以说是整个魏晋南北朝元会乐歌的典范，我们由此概括出这一时期元会乐歌的主要内容：对国家建立历史的追述以及对开国者的赞颂；对皇帝至尊地位的极力维护；对仪式参加者尊卑有别的等级秩序的强调；对天下莫不来附的影响力的宣扬。从内容上看，已与《诗经》中的飨宴诗有了根本性的差异。

总之，我们通过对这一时期的元会乐歌与先秦时期嘉礼、宾礼乐歌的比较，可以发现这一时期元会乐歌主旨的变化非常明显。在歌辞的指向上，先秦燕射歌辞的指向为宾而非主人，或者说这些歌辞的内容本身与飨宴仪式并无确定的关联。魏晋南北朝的元会乐歌一改先秦燕射歌辞娱乐嘉宾的创作主旨，歌颂功德成为元会乐歌的主题，这些乐歌不同于《诗经·小雅》中的《鹿鸣》等飨宴歌辞，而更接近于《大雅》及三《颂》中的某些“史诗”。这种变化是政治制度的变迁在礼仪形式上的反映。

四　余论

郭茂倩用“燕射歌辞”来指代魏晋南北朝时期的元会乐歌，主要是因为在先秦礼乐制度中，燕礼、射礼等礼仪形式是宾礼、嘉礼中最具代表性的仪式种类，而魏晋南北朝时期的元会兼具宾、嘉二礼的特点，所以将两个时代的乐歌牵合在一起，但此时元会的意义和功能已经与先秦燕礼、射礼有所不同。

元会作为新的政治制度中的礼仪，在形式与功能上已经发生了根本变化。早在唐代，杜佑已经认识到了这种变化，并且明确指出了导致这种变化的原因，其在《通典·宾礼总叙》中认为：

自古至周，天下封建，故盛朝聘之礼，重宾主之仪，天子诸侯，卿大夫士，礼数服章，皆降杀以两。秦皇帝荡平九国，宇内一家，以田氏篡齐，六卿分晋，由是臣强君弱，终成上替下凌，所以尊君抑臣，列置郡县，易于临统，便俗适时。滞儒常情，非今是古。[①]

“尊君抑臣，列置郡县”，是秦汉以后君与臣、中央与地方关系的最显著特点，将建立在宗法制基础之上的天下共主周天子与分封诸侯的关系，改造成为脱离血缘关系而存在的君与臣、中央与地方的关系。元会作为一种确认君臣关系的重要仪式，大臣通过一系列的仪式行为来表明对帝王的无条件服从。因此，在元会中营造的是一种尊君抑臣的紧张气氛，这些变化从根本上决定了魏晋南北朝元会乐歌内容的变化。

尽管在元会的最后环节中存在乐舞百戏以及群臣飨宴等活动，作为帝王对群臣委贽的酬答，即“通过委贽和宴飨、歌舞的互酬，以实现君臣关系的更新和调和”[②]，但通过分析魏晋南北朝的元会乐歌可以发现，在这种相互关系中，君主的权威始终处于主导地位，仪式的娱乐功能已经大大削弱，先秦时期飨宴中的那种“欢欣和悦”的君臣关系再也无法重现。

---

① （唐）杜佑撰，王文锦、王永兴等点校：《通典》卷74《宾礼一》，中华书局1988年版，第2015页。

② ［日］渡边信一郎：《元会的建构——中国古代帝国的朝政与礼仪》，载［日］沟口雄三、小岛毅主编《中国的思维世界》，孙歌等译，江苏人民出版社2006年版，第405页。

第六章　魏晋南北朝的军乐

第一节　军礼及军乐

一　《周礼》中的军礼和实践中军礼的差异

（一）《周礼》中的军礼

军礼是《周礼》所载五礼之一，在《周礼》的礼仪系统中占有重要地位。在《周礼》中，军礼并非单纯指后世所谓与军事有关的礼仪，而是一种周天子使用民众、忧恤民众、聚合民众的礼仪形式。

《周礼·春官》规定了军礼的内容："以军礼同邦国"，"同"指以众"威其不协僭差者"，所谓军礼，据郑玄注："军，众名也。军旅田役皆兴起徒众，故谓之军礼。"① 其别有五："大师之礼，用众也；大均之礼，恤众也；大田之礼，简众也；大役之礼，任众也；大封之礼，合众也。"② 所谓"大师之礼"，据《周礼·大司马》郑玄注："大师，王出征伐也。"③《周礼·大宗伯》贾公彦疏云："大师者，谓天子六军，诸侯大国三军，次国二军，小国一军。"④ 所谓"大均之礼"，郑玄注："均其地政、地守、地职之赋，所以忧民。"孙诒让认为："盖欲均地政、地守、地职之等，须属聚众庶，大平计其事，故属军礼。"⑤ 所谓"大田之礼"，郑玄注："古者因田习兵，阅其车徒之数。"⑥ 所谓"大役之礼"，郑玄注："筑宫邑，

---

① （清）阮元校刻：《十三经注疏·周礼注疏》，中华书局1980年版，第760页上栏。

② （清）阮元校刻：《十三经注疏·周礼注疏》，中华书局1980年版，第760页上栏—中栏。

③ （清）阮元校刻：《十三经注疏·周礼注疏》，中华书局1980年版，第839页中栏。

④ （清）阮元校刻：《十三经注疏·周礼注疏》，中华书局1980年版，第760页上栏。

⑤ （清）孙诒让撰，王文锦、陈玉霞点校：《周礼正义》，中华书局1987年版，第1358页。

⑥ （清）阮元校刻：《十三经注疏·周礼注疏》，中华书局1980年版，第760页中栏。

所以事民力强弱。”孙诒让云：“筑宫邑即匠人建国营国之事，大兴徒役，亦以军法部署之，故属军礼也。”[①] 所谓“大封之礼”，郑玄注：“正封疆沟涂之固，所以合聚其民。”[②] 根据以上礼学家对军礼各类别的解释可知，这一礼仪形式与周天子及诸侯国对民众的支配、使用有关，而这与周制中的兵、农合一以及井田制等有直接的关系，秦蕙田《五礼通考·军制》云：“成周之制，以田定赋，以赋出兵，征伐隶之司马而伍籍属之司徒，居则为比、闾、族、党、州、乡，出则为伍、两、卒、旅、师、军，故兵即农也，吏即将也，国不知有养兵之费，而将亦不得擅兵之权。”[③] 由于兵农合一制度的存在，举凡出师、劳役、赋税所使用的都是同一批民众，于是在《周礼·地官》中有封人、均人以行军礼之大役、大均等礼，在《周礼·夏官》中有大司马等“以九伐之法以正邦国”，以行大师之礼。

由此可见，《周礼》中的军礼是一个非常庞杂的体系，不仅涉及军事方面的礼仪，举凡正疆域、纳赋税、兴劳役以及田猎、出师等都包括在内，与其说是一种礼制，毋宁说是一种行政、军事相结合的政治制度。同时，通过梳理先秦时期的相关文献，我们发现，先秦时期的军礼实践与《周礼》的规定并不完全相符，而是主要指向与军事有关的仪式活动。

（二）先秦时期的军礼实践

郑定国认为：“军礼原有五种，即大师、大田、大均、大役、大封。战国以后，井田制度溃毁，大封的礼制就名存实亡。大均属于赋税制度，而大役属于劳役制度，这二类后来也都脱离军礼。所以军礼仅剩田猎的大田制度，用兵的大师制度。”[④] 事实上，在先秦礼制中可能并未真正施行过《周礼》中所规定的军礼。在先秦史籍中，“军礼”一词较为少见，一见于《国语·晋语》[⑤]，

---

① （清）孙诒让撰，王文锦、陈玉霞点校：《周礼正义》，中华书局1987年版，第1358页。

② （清）阮元校刻：《十三经注疏·周礼注疏》，中华书局1980年版，第760页中栏。

③ （清）秦蕙田：《五礼通考》，《文渊阁四库全书》第141册，台湾商务印书馆1986年版，第336页。

④ 郑定国：《周礼夏官的军礼思想》，文史哲出版社1995年版，第2页。

⑤ 《国语·晋语》：鄢之战，郤至以韎韦之跗注，三逐楚平王卒，见王必下奔，退战。王使工尹襄问之以弓，曰：“方事之殷也，有韎韦之跗注，君子也。属见不穀而下，无乃伤乎？”郤至甲胄而见客，免胄而听命，曰：“君之外臣至，以寡君之灵，间蒙甲胄，不敢当拜君命之辱，为使者故，敢三肃之。”君子曰：“勇以知礼。”此处之“礼”指军事活动中的拜礼，即前文的“三肃之”之礼，拜时下手至地。见徐元诰撰，王树民、沈长云点校《国语集解》，中华书局2002年版，第390—391页。

一见于《左传》襄公三年[①]，有军法与个体仪节的意思，与《周礼》的规定并不相合。事实上，在先秦时期，围绕军事活动的确存在一系列的礼仪形式，任慧峰在《先秦军礼研究》一书中，以战争之前、战争中、战争后为划分标准，系统讨论了军礼的构成[②]，尽管这种分类方法较为系统整齐，却并不全面，忽略了具有军事演习性质的蒐狩礼，作为一种以田猎形式举行的军事演习，其仪式性更为明显。我们拟采取另一种划分方式，即以仪式的功能为主要标准，以仪式性为衡量的重要尺度，将军事活动中属于兵法或军容的部分与具有象征性、虚拟性的礼仪区分开来，由此我们可以划分出观兵、致师、振旅等属于兵法的军礼以及类、宜、造、祃、献俘、饮至、册勋、数军实等仪式性较强的军礼，后者大多以祭礼、燕礼的形式展开，属于具有祭祀、飨宴性质的仪式。

1. 军事活动中具有祭祀、飨宴性质的仪式

这一类型主要有类、宜、造、祃及献俘、饮至、册勋、数军实等仪式，从本质上说这几种仪式类型的施行仍然是以神灵观、宗族观为思维基础的，是对于神灵的祈求，属于祭礼、燕礼的范畴，但因其所求是与军事有关的事项且往往在战争之前后举行，故归入军礼之中。

关于军事行动之前的类、宜、造、祃，在《礼记》中有明确记载，即《王制》所云："天子将出征，类乎上帝，宜乎社，造乎祢，祃于所征之地。受命于祖，受成于学。"[③] 对类、宜、造、祃这几种仪式的解释，前代学者并未达成一致意见，郑玄认为宜、类、造这几种均为祭名，其礼已亡；"祃"为师祭，其礼亦亡；"受命于祖"为告祖，"受成于学"为定兵谋。对《王制》中的这段话，孙希旦将其总结为："受命于祖，告于太祖之庙而卜之也；受成于学，在太学之中定其谋也。卜吉然后定谋，谋定而

---

① 《左传》襄公三年：晋侯之弟扬干，乱行于曲梁，魏绛戮其仆。晋侯怒，谓羊舌赤曰："合诸侯以为荣也，扬干为戮，何辱如之？必杀魏绛，无失也！"对曰："绛无贰志，事君不辟难，有罪不逃刑，其将来辞，何辱命焉？"言终，魏绛至，授仆人书，将伏剑。士鲂、张老止之。公读其书，曰："日君乏使，使臣斯司马。臣闻'师众以顺为武，军事有死无犯为敬'。君合诸侯，臣敢不敬？君师不武，执事不敬，罪莫大焉。臣惧其死，以及扬干，无所逃罪。不能致训，至于用钺，臣之罪重，敢有不从以怒君心？请归死于司寇。"公跣而出，曰："寡人之言，亲爱也；吾子之讨，军礼也。寡人有弟，弗能教训，使干大命，寡人之过也。子无重寡人之过，敢以为请。"此处之"军礼"类似于后世之军法。见（清）阮元校刻《十三经注疏·春秋左传正义》，中华书局1980年版，第1930页下栏—1931页上栏。

② 参看任慧峰《先秦军礼研究》，商务印书馆2015年版。

③ （清）阮元校刻：《十三经注疏·礼记正义》，中华书局1980年版，第1333页上栏。

后行类、宜、造之祭，而奉社主与迁庙主以行也。"[1] 此说逻辑上是能够讲得通的，但《王制》的性质与《周礼》极为相似，都是儒家的治国构想，虽有一定的现实依据，也有理想化的成分。此外，在战前还有"吹律听声"的仪式，即《周礼·大师》"执同律以听军声，而诏吉凶"，当是一种通过音律占卜战争胜负的仪式活动。

总体来说，这几种仪式是在出征之前对祖先、上帝及造军法者[2]的祭祀，目的在于求得各方的庇佑，祈求战事顺利、出师必捷。并且告庙、类祭、宜社等并非专属于军事活动的礼仪，如告庙，《左传》桓公二年："冬，公至自唐。告于庙也。凡公行，告于宗庙；反，行饮至，舍爵策勋焉，礼也。"孔颖达正义云："'凡公行'者，或朝或会或盟或伐，皆是也，孝子之事亲也，出必告，反必面，事死如事生，故出必告庙，反必告至。"[3] 也就是说，告庙不仅仅是与战争有关的礼仪，凡是国君离开国都，外出从事军、宾诸事，均要行告庙之礼；又如类祭，是一种在特殊情况下的临时之祭[4]；再如宜社，本身是一种祭社礼仪，在军事行动之前祭社则为军礼。

根据"出必告庙，反必告至"这一原则以及礼的报本反始、有祈求必有答报的思想，那么在战争结束之后尚有献俘、饮至、册勋等仪式。献俘礼是一种报答神灵庇佑兼庆祝战胜的礼仪，其举行的地点，对天子来说是明堂、太庙及太学等场所，在《逸周书·世俘》及《礼记·王制》等文献中有相关记载。对诸侯来说是在宗庙、泮宫，如《鲁颂·泮水》所云："矫矫虎臣，在泮献馘。"在战事之后，旨在通过这一仪式将战胜的消息告知上帝及祖先，以答谢他们对战事的庇佑。献俘之后，尚有饮至礼，此礼是一种高级的飨礼，重在褒扬出征诸将士的战绩；饮至礼之后，还要行册勋礼，以军功多寡确定赏赐等级[5]。

总而言之，这些具有祭祀、飨宴性质的仪式主要集中在军事活动的首尾，是天神观念、宗族观念等在军事活动中的反映，战争之前的各种祭礼对战争的胜负本无实质上的影响，但在一定程度上能起到鼓舞士气的作用，而战争之后的飨宴则具有奖励军功的性质，是对出征将士战功的一种

---

① （清）孙希旦撰，沈啸寰、王星贤点校：《礼记集解》，中华书局1989年版，第333页。

② 郑玄认为祃祭为祭造军法者："祭造军法者，其神盖蚩尤，或曰黄帝。"

③ （清）阮元校刻：《十三经注疏·春秋左传正义》，中华书局1980年版，第1743页中栏。

④ 任慧峰：《先秦军礼研究》，商务印书馆2015年版，第51页。

⑤ 高智群：《献俘礼研究》（上），《文史》第35辑，中华书局1992年版，第1—21页。

肯定。

2. 属于兵法的军礼

所谓“属于兵法的军礼”，是指这些仪式是直接服务于战争的，本身就作为战事的一个组成部分，在一定程度上可能与兵法存在交集，这些仪式主要有观兵、致师、振旅等。在战斗中兵戈相交，情势紧急，这种场合所需要的是兵法，而不是模拟性、象征性的礼仪活动的展演。所谓战前的观兵，是通过布列阵势的方式显示士气，从而达到不战而屈人之兵的目的①；所谓致师，是指通过规定的行为向敌方表现己方的豪勇，而引对方行动，与自己进行公平较量②。所谓振旅，是一种具有多重含义的仪式，一般认为振旅是战斗结束后的班师之礼，但它还有战前通过金、鼓和士卒的呐喊以振奋士气的含义③，另外尚有军事演习之义，如《周礼·大司马》：“中春，教振旅，司马以旗致民，平列阵，如战之阵。”④ 此处的振旅显然指的是排兵布阵、军事演习。杨宽认为，《周礼·大司马》中的“振旅”实际上是大蒐礼的一个组成部分。这些与兵法存在交集的仪式活动，是军事活动的有机组成部分，虽然从形式上看与我们对仪式的界定有一定的差距，但在传统礼学文献中被视为礼仪；同时，从功能上说，它们与其他仪式一样都围绕着取得战事胜利这一目的展开，具有很强的仪式性，所以我们也将其作为本章的研究对象。

3. 作为军事演习的大蒐礼

“大蒐礼”见于《周礼》《左传》《穀梁传》《国语》等先秦文献，实际上是一种借助田猎而进行的军事检阅和军事演习。此礼于农隙举行，即《左传》隐公五年，臧僖伯所谓：“故春蒐，夏苗，秋狝，冬狩，皆于农隙以讲事也。”⑤ 杨宽先生认为，《周礼·大司马》所载大蒐礼分前、后两个部分，前半部分是教练和检阅之礼，后半部分是借助田猎演习之礼，此礼在四季均有施行，我们依杨宽先生的观点，根据《周礼》将此礼的施行情况列为下表⑥：

---

① 任慧峰：《先秦军礼研究》，商务印书馆 2015 年版，第 100 页。

② 任慧峰：《先秦军礼研究》，商务印书馆 2015 年版，第 120 页。

③ 任慧峰：《先秦军礼研究》，商务印书馆 2015 年版，第 168 页。

④ （清）阮元校刻：《十三经注疏·周礼注疏》，中华书局 1980 年版，第 836 页上栏。

⑤ （清）阮元校刻：《十三经注疏·春秋左传正义》，中华书局 1980 年版，第 1726 下栏—1727 页上栏。

⑥ 杨宽：《“大蒐礼”新探》，《西周史》，上海人民出版社 2003 年版，第 693—697 页。

表 4　　《周礼》大蒐礼仪节

按季节 按功能	春蒐	夏苗	秋狝	冬狩
教练、检阅	教振旅，司马以旗致民，平列陈，如战之陈。辨鼓、铎、镯、铙之用：王执路鼓，诸侯执贲鼓，军将执晋鼓，师帅执提，旅帅执鼙，卒长执铙，两司马执铎，公司马执镯。以教坐作、进退、疾徐、疏数之节。	教茇舍，如振旅之陈。群吏撰车徒，读书契。辨号名之用：帅以门名，县鄙各以其名，家以号名，乡以州名，野以邑名，百官各象其事，以辨军之夜事。其他皆如振旅。	教治兵，如振旅之陈。辨旗物之用：王载大常，诸侯载旂，军吏载旗，师都载旃，乡遂载物，郊野载旐，百官载旟，各书其事与其号焉。其他皆如振旅。	教大阅，前期，群吏戒众庶，修战法。虞人莱所田之野为表，百步则一，为三表，又五十步为一表。田之日，司马建旗于后表之中，群吏以旗、物、鼓、铎、镯、铙各帅其民而致。质明弊旗，诛后至者。乃陈车徒，如战之陈，皆坐。群吏听誓于陈前，斩牲以左右徇陈，曰："不用命者，斩之!"中军以鼙令鼓，鼓人皆三鼓。司马振铎，群吏作旗，车徒皆作。鼓行，鸣镯，车徒皆行，及表乃止。三鼓，摝铎，群吏弊旗，车徒皆坐。又三鼓，振铎，作旗，车徒皆作。鼓进，鸣镯，车骤，徒趋。及表乃止，坐、作如初。乃鼓，车驰，徒走，及表乃止。鼓戒三阕。车三发，徒三刺，乃鼓退，鸣铙，且却，及表乃止，坐、作如初。
田猎演习	有司表貉，誓民，鼓，遂围禁。火弊，献禽以祭社。	如蒐之法。车弊，献禽以享礿。	如蒐田之法。罗弊，致禽以祀祊。	以旌为左右和之门，群吏各帅其车徒以叙和出，左右陈车徒，有司平之。旗居卒间以分地，前后有屯百步，有司巡其前后。险野人为主；易野车为主。既陈，乃设驱逆之车，有司表貉于陈前。中军以鼙令鼓，鼓人皆三鼓，群司马振铎，车徒皆作，遂鼓行，徒衔枚而进。大兽公之，小禽私之，获者取左耳。及所弊，鼓皆𫓧，车徒皆噪。徒乃弊，致禽馌兽于郊；入献禽以享烝。

从上表可见，大蒐礼虽以田猎为名，却只有在"冬狩"时才进行大规模的围猎活动，在其他季节，田猎只是象征性的仪式行为。除了阅兵式和军事演习外，大蒐礼还具有"建置和变更军制""选定和任命将帅与执政""制定和颁布法律""对违法者处罚""救济贫穷和选拔人才及处理重大问题"等功能①，从这一点上看，其与《春官》所谓"以军礼和邦国"是相通的，可见大蒐礼是一种在内容与功能等方面超出军事范围的礼仪形式。大蒐礼至春秋时期已经衰落，不再严格按照季节举行，仅在政治军事

① 杨宽：《"大蒐礼"新探》，《西周史》，上海人民出版社 2003 年版，第 706—710 页。

需要时才会举行。

二　军礼用乐及军中用乐

(一) 军礼有乐，但军事活动中的用乐不局限于军礼

如上所述，除大蒐礼自始至终是对战争的模拟，具有较强的仪式特性之外，先秦时期的军礼实践中其他各礼仪都是服务于军事行动的，呈现为零碎的、片段式的仪式过程。在众多的军礼类型中，音乐的使用并非贯穿仪式的始终，也不存在单独的用乐环节。同时，军礼中的用乐也不像嘉礼的升歌、笙入、间歌、合乐一样形成了完整的体系，而只是以金、鼓等乐器的演奏为主；其演奏并没有对仪式环节的意义进行阐述，而只是营造一种氛围，或鼓舞士气，或威慑敌人，或庆祝胜利。在礼经及先秦史料中，关于军礼用乐的资料不是很多，主要见于《周礼》及《左传》，我们将相关者摘录如下，《周礼·乐师》："凡军大献，教凯歌，遂倡之。"[①]《周礼·大师》："大师，执同律以听军声，而诏吉凶。"[②]《周礼·视瞭》："宾射皆奏其钟鼓，鼜，凯献亦如之。"[③]《周礼·镈师》："掌金奏之鼓。……军大献，则鼓其恺乐；凡军之夜三鼜，皆鼓之，守鼜亦如之。"[④]《左传》僖公二十八年："城濮之战……秋，七月，丙申，振旅，凯以入于晋。献俘授馘，饮至大赏，征会讨贰。"[⑤] 以上资料所载多涉及战后告庙的凯乐，这是一种和乐的歌唱，是用来欢庆胜利的音乐。凯乐、凯歌的演奏所涉及的职官较多，乐师掌歌辞，视瞭、镈师掌乐器，由此可知凯乐的演奏可能以钟、鼓等乐器为主，具有较强的节奏感。以上所引资料中较为特别的是"执同律以听军声"，严格地说，这并不能算军礼用乐，而是一种以音乐占卜的巫术仪式，用吹律管的方式来占卜战事之胜负，这种占卜方式也见于先秦兵法当中。

我们知道，在周礼的理论与实践中，礼仪用乐是由乐官所执掌的，即《周礼》之大司乐及其众属官。军事活动与其他礼仪活动相比，其范围要广得多，就吉、宾、嘉等礼来说，其仪式场所是固定的，军礼不但涉及的

---

① （清）阮元校刻：《十三经注疏·周礼注疏》，中华书局 1980 年版，第 794 页中栏。

② （清）阮元校刻：《十三经注疏·周礼注疏》，中华书局 1980 年版，第 796 页下栏。

③ （清）阮元校刻：《十三经注疏·周礼注疏》，中华书局 1980 年版，第 797 页下栏。

④ （清）阮元校刻：《十三经注疏·周礼注疏》，中华书局 1980 年版，第 801 页上栏—中栏。

⑤ （清）阮元校刻：《十三经注疏·春秋左传正义》，中华书局 1980 年版，第 1826 页下栏—1827 页上栏。

人员众多，而且要在一个广阔的空间展开，且战事过程中险象环生，定无暇顾及礼仪，不可能像其他礼仪形式一样进行平和庄重、和乐且湛、不疾不徐的音乐演奏，但在战事进行时，声音作为一种信号或作为一种振奋军心的语言也发挥着重要作用。因此，除了在具有仪式性的军礼中需要音乐演奏外，在战争中也有音乐的使用，主要为金、鼓乐。严格地说，这些音乐并非礼仪用乐，但从功用上看是与礼仪用乐一致的。所以在本章中我们将扩大讨论范围，不仅讨论军礼中的用乐，也讨论军中用乐，凡与军事有关的音乐均被纳入研究范围。

（二）军礼用乐及军中用乐的功能

1. 占卜胜负

以音乐占卜胜负的代表性仪式为战前进行的“吹律听声”。较早记载以律占卜出师顺利与否的是《周易·师》：“初六，出师以律，否藏凶”，对于此处的“律”字，一般解为法律，但作“乐律”解似乎更为合适[①]。“吹律听声”在《周礼·大师》中有明确记载：“大师，执同律以听军声，而诏吉凶。”“同律”，谓铜制之律管，其吹律之法据郑玄注引《兵书》如下：

> 王者行师出军之日，授将弓矢，士卒振旅，将张弓大呼，大师吹律合音。商则战胜，军士强；角则军扰多变，失士心；宫则军和，士卒同心；徵则将急数怒，军士劳；羽则兵弱，少威明。[②]

据相传为太公望所著之《六韬·五音》记载，吹律之法如下：

> 武王问太公曰：“律音之声，可以知三军之消息，胜负之决乎？”太公曰：“深哉！王之问也。夫律管十二，其要有五音：宫、商、角、徵、羽，此其正声也，万代不易。……其法以天清净，无阴云风雨，夜半遣轻骑，往至敌人之垒，去九百步外，遍持律管当耳，大呼惊之。有声应管，其来甚微。角声应管，当以白虎；徵声应管，当以玄武；商声应管，当以朱雀；羽声应管，当以勾陈；五管声尽不应者，

① 黎国韬：《师出以律补解》，《暨南学报》（哲学社会科学版）2008 年第 5 期。

② （清）阮元校刻：《十三经注疏·周礼注疏》，中华书局 1980 年版，第 796 页下栏。

宫也，当以青龙。此五行之符，佐胜之征，成败之机也。”①

尽管“吹律听声”的方法在细节上存在差异，尤其是《六韬》的吹律之法中杂有阴阳五行思想，但基本原则是一致的，即以吹律管之声与军士之声相应，以军士之声应和五声中的某声来占卜胜负，既可占己亦可占人。此法在具体战事中也曾应用，《左传》襄公十八年：“晋人闻有楚师，师旷曰：‘不害。吾骤歌北风，又歌南风，南风不竞，多死声。楚必无功。”②所谓“歌”，杜预注以为“吹律以咏八风”。此处“以”当解为“且”意，即在吹律管的同时歌咏南、北二风。师旷仅歌南风、北风，是由于交战双方一为晋，处北，一为楚，处南。南、北二风为晋、楚二地音曲，实为两军之象征。“南风不竞”，即歌南风与吹律并不能相应，或感应微弱，这预示着楚国此战必败，这是一种具有模拟巫术性质的占卜仪式。司马迁在《律书》中阐述了吹律听声的机理，将其上升到宇宙运行规律的高度：“六律为万事根本焉。其于兵械尤所重，故云‘望敌知吉凶，闻声效胜负’，百王不易之道也。武王伐纣，吹律听声，推孟春以至于季冬，杀气相并，而音尚宫。同声相从，物之自然，何足怪哉？”③ 既然“律”为宇宙万事之根本，那么通过吹律听声可以达到与宇宙普遍规律的合一，能预测胜负也是自然之事。

2. 振奋士气、威慑敌人

音乐具有振奋士气、威慑敌人的作用是毋庸置疑的，军事行动中特别注重相关乐器的使用。就振奋士气来说，音乐人类学家艾伦·帕·梅里亚姆从人类生理、心理的角度进行了探讨，认为音乐具有“身体反应的功能”，具体来说“音乐也引起、激发和引导集体行为；它促使战士和猎手的身体反应；它唤起对舞蹈的身体反应，这可能对于即将到来的场合是非常必要的。”④ 林惠祥也指出：“音乐在战争上的价值便被普遍认识，原始民族常利用音乐以辅助战争，如澳洲土人在出战的前夜唱歌以激起勇气。”⑤ 不仅原始民族，在整个冷兵器时代，音乐在战争中一直发挥着这

---

① 曹胜高、安娜译注：《六韬》，中华书局 2007 年版，第 118—119 页。

② （清）阮元校刻：《十三经注疏·春秋左传正义》，中华书局 1980 年版，第 1966 页上栏。

③ （汉）司马迁：《史记》卷 25《律书》，中华书局 1959 年点校本，第 1239—1240 页。

④ ［美］艾伦·帕·梅里亚姆：《音乐人类学》，穆谦译，人民音乐出版社 2010 年版，第 232 页。

⑤ 林惠祥：《文化人类学》，商务印书馆 2017 年版，第 432 页。

一功用，因为冷兵器时代的战争是交战双方的直接接触，鼓声能够及于整个战场，在战斗中战士的冲锋声、厮杀声及兵戈相击之声只能增添战士的恐惧，而隆隆的伐鼓之声则能使参战者更加勇敢，斗志增强。

的确，鼓乐是战斗中最能鼓舞士气、威慑敌人的音乐。鼓乐振奋士气的作用在先秦时期已被认识，《礼记·乐记》："鼓鼙之声欢，欢以立动，动以进众。君子听鼓鼙之声，则思将帅之臣。"[①] 兵法中也有论述，《管子·兵法》："鼓所以任也，所以起也，所以进也。"[②] 古代军事活动中特别重视鼓乐的使用。在《周礼·地官》中专设"鼓人"一职："鼓人掌教六鼓、四金之音声，以节声乐，以和军旅，以正田役。……以鼖鼓鼓军事，以鼛鼓鼓役事，以晋鼓鼓金奏，以金錞和鼓，以金镯节鼓，以金铙止鼓，以金铎通鼓。……凡军旅，夜鼓鼜。军动，则鼓其众。田役亦如之。"[③] 在先秦史料中，鼓用于军事之实例不胜枚举，仅《左传》一书中就有几十例，最著名者就是曹刿的"一鼓作气"之说。鼓声还有威慑敌人的作用，这也是一种重要的兵法，《司马法》云："车上立旍鼓，兵法谓之震骇。陷坚阵，败强敌。"汪宁生认为："远古战争讲究先声夺人之法，认为是取胜的必要条件。临阵时有人大声呐喊、高唱战歌或发出可怖声音；手执武器，作出各种恫吓性的刺杀动作。这就是所谓'锐气'。史载巴人'锐气喜舞'，即指他们擅长这种令敌人害怕的动作。"[④] 事实上振奋士气与威吓敌人是相辅相成的，隆隆的鼓声于己方可以振奋士气，于敌方则挫其锐气。

3. 作为行动信号

音乐作为信号广泛用于大蒐礼及战争，此即《左传》成公二年鞌之战中，张侯所谓"师之耳目，在吾旗鼓，进退从之"。发挥信号作用的主要也是金、鼓等打击乐器。这是由战场的客观情形决定的，战事需要将帅与士卒的协同才能完成，这种协同需要信息的传递，从信息的接收方式来说，无非视觉与听觉两种。就视觉来说为旗帜、烽烟等，就听觉来说则为金、鼓之声等。从严格意义上来讲，打击金、鼓等发出的声音并不能构成

---

① （清）阮元校刻：《十三经注疏·礼记正义》，中华书局1980年版，第1541页中栏。

② 黎翔凤撰，梁运华整理：《管子校注》，中华书局2004年版，第319页。

③ （清）阮元校刻：《十三经注疏·周礼注疏》，中华书局1980年版，第720页中栏—721页上栏。

④ 汪宁生：《释"武王伐纣前歌后舞"》，《历史研究》1981年第4期。

旋律，不是严格意义上的音乐，在这里我们从功能方面考虑将其纳入军乐的范畴。以金、鼓之声作为行动信号在兵书中多有记载，《孙子·军争》云："《军政》曰：'言不相闻，故为金鼓；视不相见，故为旌旗。'夫金鼓旌旗者，所以一人之耳目也；人既专一，则勇者不得独进，怯者不得独退，此用众之法也。故夜战多火鼓，昼战多旌旗，所以变人之耳目也。"[①]《孙膑兵法·陈忌问垒》云："夜则举鼓，昼则举旗。"[②]《孙膑兵法·势备》云："昼多旗，夜多鼓，所以送战也。"[③]《吴子·应变》云："凡战之法，昼以旌旗幡麾为节，夜以金鼓笳笛为节。麾左而左，麾右而右。鼓之则进，金之则止。"[④] 金、鼓之声作为信号在大蒐礼中得到最充分的应用。大蒐礼作为一种阅兵及演习仪式，是按照既定程序展开的，演习中士卒的进退举止都是依据金、鼓的指挥，这在《周礼·大司马》中有详细记载，前文已引，此不赘述。

4. 班师庆贺

根据"出必告庙，反必告至"的军礼原则，战事获胜后要举行班师献捷仪式，其中也有音乐的使用，一般称为"凯乐"，歌辞称为"凯歌"，用以表达战胜后的喜悦之情，这一音乐形式的使用明确载于礼经。《周礼·乐师》："凡军大献，教凯歌，遂倡之。"所谓"大献"乃"师克胜献捷于祖庙也。""教凯歌者，凯谓凯诗，师还未至之时，预教瞽矇，入祖庙，遂使乐师倡导为之。"[⑤] 大司马之职："若师有功，则左执律，右秉钺，以先，凯乐献于社。"[⑥] 郑玄注"凯"曰："兵乐曰凯"，引《司马法》曰："得意则凯乐、凯歌，示喜也。"[⑦] 凯乐、凯歌应是一种歌、乐相协的音乐形式，其演奏方式可能较为灵活。就《司马法》所载来看，凯乐是一种在军中演奏的音乐形式，由士兵演唱，较为自由，重在表达喜悦之情；就《周礼·乐师》所载来看，凯乐是一种由专职乐人演奏的音乐形式，用于祖庙献捷仪式。

---

① （春秋）孙武撰，（三国）曹操等注，杨丙安校理：《十一家注孙子校理》，中华书局 1999 年版，第 146—147 页。

② 张震泽：《孙膑兵法校理》，中华书局 1984 年版，第 43 页。

③ 张震泽：《孙膑兵法校理》，中华书局 1984 年版，第 80 页。

④ 娄熙元、吴树平译注：《吴子译注》，河北人民出版社 1992 年版，第 33 页。

⑤ （清）阮元校刻：《十三经注疏·周礼注疏》，中华书局 1980 年版，第 793 页中栏。

⑥ （清）阮元校刻：《十三经注疏·周礼注疏》，中华书局 1980 年版，第 839 页中栏。

⑦ （清）阮元校刻：《十三经注疏·周礼注疏》，中华书局 1980 年版，第 839 页中栏。

此外，金、鼓作为军事活动中不可或缺的乐器，也是重要的礼器，具有区分等级的作用，《周礼·大司马》："辨鼓、铎、镯、铙之用。王执路鼓，诸侯执贲鼓，军将执晋鼓，师帅执提，旅帅执鼙，卒长执铙，两司马执铎，公司马执镯。以教坐、作、进、退、疾、徐、疏、数之节，遂以蒐田。"① 这种以乐器区分等级的方法是与宗周礼乐精神相合的。

综上所述，在先秦的礼仪实践中，就军礼的内容来看，并不完全与《周礼·春官》所规定的用以同邦国的"大师、大均、大田、大役、大封"之礼相符合，而是一种主要指向军事活动的礼仪形式，贯穿于战争之前、之中、之后。严格地说，战事中的许多活动并不能归入仪式之列，但从军礼实践的传统及其功能方面考虑我们将其纳入研究范畴。就军礼用乐来说，其构成也是较为复杂的，既有严格意义上的仪式用乐，如献捷祖庙时所奏之凯乐、凯歌；也有无旋律构成仅能称为声音节奏的金、鼓之声，其实用功能远大于其仪式功能。在本章接下来的研究中，我们将循此思路，把以上两大类型的军礼及其用乐均纳入研究范畴，重点考察音乐在魏晋南北朝军事活动中的使用方式及功能。

第二节　魏晋南北朝的军礼类型及其用乐

一　魏晋南北朝的军礼内容及军礼用乐的界定

（一）五礼制度下的军礼

魏晋南北朝时期，在依照《周礼》所确立的五礼制度中，军礼是一个重要的组成部分。在第一节中我们已经提及，《周礼·春官》中用以"同邦国"的军礼可能是出于编撰者的理想，因为在先秦时期的礼仪实践中，真正被视为军礼的是与军事、战争密切相关者，而大均、大役、大封等并未得到广泛认同与实践。魏晋南北朝时期的军礼制度之创设虽依《周礼》，但具体礼仪名目的设立则是继承了先秦时期的礼仪实践。

对这一问题的认识，可以从魏晋南北朝时期军礼仪注的编纂及军礼实践中找到相关线索，我们以朝代为序进行梳理。三国军礼的编纂未见史籍记载，在军礼实践上，据《三国会要》，此时以校猎为主；西晋时期的军礼编纂虽未载于史籍，但从相关记载中可以窥知端倪，如《晋书·礼志

---

① （清）阮元校刻：《十三经注疏·周礼注疏》，中华书局 1980 年版，第 836 页上栏—中栏。

下》载："五礼之别，其四曰军，所以和外宁内，保大定功者也。但兵者凶事，故因蒐狩而习之。"[①] 这里所谓的军礼单纯指与军事活动有关的礼仪制度，仅包括以蒐狩为名义的阅兵之礼及战争之前的遣将出征之礼。两晋的军礼实践主要包括讲武、校猎和遣将帅三种。《宋书・礼志》并没有明确以五礼来区分宋的礼制，但沈约作史时有意识地将与军事有关的礼仪活动归为一类，实际上就是军礼部分，其内容包括以军事演习为目的的蒐狩，也包括讲武、亲征、校猎、献捷等。南齐之军礼编撰不见史载，但其所行之礼也包括讲武、献捷、犒军劳军、遣送将帅等[②]。

梁代五礼仪注的编纂情况最能反映这一时期对军礼的认知。梁武帝天监初年召集礼学家编纂以五礼为框架的仪注，《梁书・徐勉传》载："乃以旧学士右军记室参军明山宾掌吉礼，中军骑兵参军严植之掌凶礼，中军田曹行参军兼太常丞贺玚掌宾礼，征虏记室参军陆琏掌军礼，右军参军司马褧掌嘉礼，尚书左丞何佟之总参其事。"[③] 其中"《军礼仪注》以天监九年十月二十九日上尚书，合十有八秩，一百八十九卷，二百四十条"[④]。在议定军礼时所围绕的也是与军事有关的内容，《隋书・礼仪卷三》有梁武帝君臣讨论军礼的记载，主要围绕宜、造、类诸礼的含义及其施行情况："古者天子征伐，则宜于社，造于祖，类于上帝。还亦以牲遍告。梁天监初，陆琏议定军礼，遵其制。帝曰：'宜者请征讨之宜，造者禀谋于庙，类者奉天时以明伐，并明不敢自专。陈币承命可也。'琏不能对。严植之又争之，于是告用牲币，反亦如之。"[⑤] 梁代军事活动主动选择以军礼作为指导："自今春舆驾将亲六师，搜寻军礼，阅其条章，靡不该备。所谓郁郁文哉，焕乎洋溢，信可以悬诸日月，颁之天下者矣。"[⑥] 在实践上，据《梁会要》，梁代所行军礼包括讲武、射、亲征、劳军馈军、巡军、献捷、受降等。陈朝也有军礼仪注的编撰，载于《隋书・经籍志》的有《陈军礼》六卷，在实践上主要有讲武、献捷二种。

魏晋南北朝时期军礼仪注的编纂说明，此时的军礼基本围绕军事活动

---

① （唐）房玄龄等：《晋书》卷21《礼志下》，中华书局1974年点校本，第661页。

② 参见《南朝齐会要》中的相关史料，（清）朱铭盘《南朝齐会要》，上海古籍出版社1984年版。

③ （唐）姚思廉：《梁书》卷25《徐勉传》，中华书局1973年点校本，第381页。

④ （唐）姚思廉：《梁书》卷25《徐勉传》，中华书局1973年点校本，第382页。

⑤ （唐）魏征、令狐德棻：《隋书》卷8《礼仪志三》，中华书局1973年点校本，第159页。

⑥ （唐）姚思廉：《梁书》卷25《徐勉传》，中华书局1973年点校本，第383页。

展开，并未涉及《周礼·春官》中除大师、大田之外的三种礼仪形式。杜佑在《通典》中设军礼一项，总结唐之前各代的军礼施行情况，其所涉及的军礼有“天子诸侯将出征类宜造祃并祭所过山川”“軷祭”“天子诸侯四时田猎”“出师”“命将出征”“宣露布”等。这些仪式在所指涉的对象上也未超出军事活动的范围。可见，在魏晋南北朝时期，军礼主要是围绕军事活动而展开的，其范围要远远小于《周礼》的规定，此时期军礼仪注编纂及实践并非完全以《周礼》为蓝本。魏晋南北朝时期军礼的编纂及实践情况决定了我们在研究军礼用乐时，必须要将重点放在军礼仪注及军礼实践所涉及的方面，即被这一时期的正史之礼志及后世政书视为军礼的仪式上，具体包括讲武练兵、命将出征及四时田猎等用乐。我们也要对礼志、政书未涉及的部分进行论述，如军队行进中所用的鼓吹乐、凯旋用乐、战斗中作为信号及鼓舞士气威慑敌军的金、鼓乐等。

（二）对魏晋南北朝军礼及用乐的界定

魏晋南北朝时期的军礼施行与这一时期战争频仍有着密切的关系。众所周知，魏晋南北朝是我国历史上大分裂、大动荡的时期，一个重要的表现就是各政权间的战争、冲突频繁发生。据《中国历代战争年表》统计，从曹魏建立的 220 年至司马氏代魏的 265 年，46 年中共有大小战争 71 次；在西晋统治的短短 51 年中发生战争多达 84 次；东晋时期南、北共发生战争 272 次；南北朝时期共有 178 次[①]。这些战争包括汉族政权内部的战争，如西晋八王之乱；汉族与少数民族政权的冲突，如东晋时期的桓温北伐、刘裕北伐、拓跋焘南侵等；少数民族政权之间的军事斗争，如十六国之间的攻伐、北周灭北齐之战等，可谓兵革互兴、战事连绵。

面对频仍的战事，统治者必须在军事上采取各种措施以确保己方的胜利，军礼、军法就显得十分重要。无论是和平时期以蒐狩形式实践的讲武练兵，抑或战前的排兵布阵、战中的冲锋击刺以及战后的奖赏黜陟、告庙饮至等，都受到高度重视，被反复演练，这些与军事有关的仪式活动都属于军礼的范畴。就本章的研究重点“军礼用乐”来说，如果仅仅局限于礼志、政书的记载则过于狭窄。我们认为，军礼用乐是与军事活动有关的音乐，涉及军事活动的各个方面，要远远超过礼志、政书的范围。尽管在史志中，这些军事活动中的仪式行为并未被称为军礼，但本章在研究这一时

① 中国军事史编写组：《中国历代战争年表》，解放军出版社 2003 年版，第 1 页。

期的军礼用乐时将研究视野扩大到整个军事活动中，凡与军事活动有关的音乐形式都被纳入研究范畴中。

我们以“与军事活动有关的行为”为划分标准，以“国家军事活动的运作方式”为划分依据，将军礼分为：非战争时期的讲武练兵和战事前后的相关礼仪。其中，后者又可以分为战争前的命将出征之礼、战争中的相关礼仪及战后还师之礼等。我们也相应地将军礼中的用乐划分为讲武练兵中的用乐、命将出征之礼中的用乐、战争中的用乐以及战后还师之礼用乐，下文即循此思路展开论述。

二　魏晋南北朝的讲武练兵仪式及其用乐

（一）魏晋南北朝讲武练兵仪式的沿革

我们首先来看讲武练兵，这是在非战时的军事演练。魏晋南北朝时期的讲武练兵，受汉代军礼影响较大，但也在汉代礼仪的基础上做了较大改革。汉代的讲武练兵相比礼经之规定已经有所突破，由春、夏、秋、冬的四时讲武制度变为十月的讲武练兵，军事演练成为主要目的，皇帝以一种象征性的方式亲自参与仪式，《晋书·礼志下》中有对汉代讲武练兵仪式过程的记载：

> 汉仪，立秋之日，自郊礼毕，始扬威武，斩牲于东门，以荐陵庙。其仪，乘舆御戎路，白马朱鬣，躬执弩射牲，牲以鹿麛。太宰令谒者各一人载以获车，驰送陵庙。还宫，遣使者赍束帛以赐武官。武官肄兵，习战阵之仪。斩牲之礼，名曰貙刘。兵官皆肄孙吴兵法六十四阵。既还，公卿已下陈洛阳前街，乘舆到，公卿已下拜，天子下车，公卿亲识颜色，然后还宫。……汉世率以为常。①

从“汉世率以为常”的说法来看，这已经成为汉代通行的讲武练兵之法。具体来说，汉代的讲武练兵是在秋季郊礼完毕之后举行的，仪式过程主要由三部分构成：一为帝王的象征性仪式行为，包括射牲、祭宗庙及赏赐武官；二为武官指挥军士排兵布阵，进行军事演练，这是仪式的主体；三为讲武练兵仪式结束后皇帝还宫，公卿下拜。在这一仪式过程中，直接与军

① （唐）房玄龄等：《晋书》卷21《礼志下》，中华书局1974年点校本，第661页。

事有关者是第二部分，首尾的仪式内容主要是关于宗庙祭祀以及君臣之间交往的礼仪，从性质上来说更接近于五礼中的吉礼与嘉礼。

至东汉末年，讲武练兵仪式发生了较大变化，宗庙祭祀及君臣之间交往的礼仪被省去，更加强调其军事训练的功能：

> 至献帝建安二十一年，魏国有司奏："古四时讲武，皆于农隙。汉西京承秦制，三时不讲，惟十月都试。今兵革未偃，士民素习，可无四时讲武。但以立秋择吉日大朝车骑，号曰治兵。上合礼名，下承汉制。"奏可。是冬，治兵。魏王亲金鼓以令进退。①

制礼者将讲武之名改为治兵，并且曹操亲自参与军事演练，指挥军队的进退，与军事无关的细节被省去，这种以军事训练为主的讲武练兵仪式在曹魏、西晋时期最为通行。从《宋书·礼志一》记载的这一时期的讲武练兵来看，皇帝往往亲自参与仪式，或亲自指挥，或亲临观摩：

> 延康元年，魏文帝为魏王。是年六月立秋，治兵于东郊，公卿相仪。王御华盖，亲令金鼓之节。
>
> 明帝太和元年十月，治兵于东郊。
>
> 晋武帝泰始四年、九年、咸宁元年、太康四年、六年冬，皆自临宣武观，大习众军。然不自令进退也。自惠帝以后，其礼遂废。②

至东晋时期，门阀士族力量崛起，掌控朝政，皇权旁落，讲武练兵权逐渐落入藩镇将领手中，《宋书·礼志一》载：

> 元帝太兴四年，诏左右卫及诸营教习，依大习仪作雁羽仗。成帝咸和中，诏内外诸军戏兵于南郊之场，故其地因名斗场。自后藩镇桓、庾诸方伯，往往阅习，然朝廷无事焉。③

讲武练兵权的旁落与东晋时期皇权的极度衰落有关："西晋中央各级军事

---

① （梁）沈约：《宋书》卷14《礼志一》，中华书局1974年点校本，第368页。
② （梁）沈约：《宋书》卷14《礼志一》，中华书局1974年点校本，第368—369页。
③ （梁）沈约：《宋书》卷14《礼志一》，中华书局1974年点校本，第369页。

领导机构，都要按照君主的诏令行事，即便都督中外诸军事一职，从名义上也是代替皇帝行使军事权力。至东晋时，门阀轮替执政，权臣任都督中外诸军事，任凭其掌握中外军事大权，独掌朝政，皇帝反而变为傀儡。”[①]东晋政权的建立本身即为强族与皇权的联姻，皇权的维持必须依赖门阀士族的力量。因此，掌握军权成为既能维持皇权，又能维护门阀士族自身利益的最佳选择。在整个东晋时期，朝政先后由琅琊王氏、颍川庾氏、谯国桓氏、陈郡谢氏等门阀士族控制，最高军事权屡经转换，讲武练兵的权力往往由这些门阀士族所掌控。东晋成帝之后，皇帝很少有讲武练兵之举。

南北朝时期，讲武练兵更趋于礼制化。在宋代形成了较为成熟的讲武练兵制度，其仪式过程见于《宋书·礼志一》，文长不录[②]。总体来说，与魏晋时期的讲武练兵相比，宋不但注重这一礼仪的军事功能，而且强化了其象征意义，正如梁满仓先生所说，此一制度“把讲武练兵纳入礼制体系，寓武于礼，把二者有机结合”[③]。其中“寓武于礼”的说法是指，在宋代的讲武练兵中，具有象征意义的仪节成为此礼的主体部分。以军事训练为目的的讲武练兵仪式被称为“大蒐”，这是对礼经中“春蒐”之礼名称的借鉴，《左传》隐公五年：“故春蒐、夏苗、秋狝、冬狩，皆于农隙以讲事也。”杜预注：“蒐，索，择取不孕者。”[④] 春蒐是借助狩猎形式进行的军事演习，在形式上体现了上古时期围猎与战争之间的密切关系[⑤]。《宋书·礼志一》将“大蒐”大体分为三个阶段：第一，大蒐前的准备布置；第二，象征性的射猎禽兽，皇帝亲自参与射猎；第三，射猎完毕，皇帝还宫。从以上三个阶段来看，宋代的大蒐与汉代的讲武练兵存在一致性，但相比之下，宋大蒐的礼仪属性更为明显，整个仪式过程中皇帝与百官的射猎表演作为主体内容，军事训练处于次要位置。事实上，在南北朝战争频繁的时期，统治者更看重的是讲武练兵的实用功能，以大蒐的形式进行的军事演习未必能有效提高军队的战斗力，这一礼仪形式本身就具有很强的象征性、模拟性。南

---

① 朱大渭、张文强：《两晋南北朝军事史》，载军事科学院主编《中国军事通史》（第八卷），军事科学出版社 1998 年版，第 34 页。

② 关于宋代“春蒐”的仪注在《宋书·礼志一》中有完整的记载，文长不录，见（梁）沈约《宋书》卷 14《礼志一》，中华书局 1974 年点校本，第 369—370 页。

③ 梁满仓：《魏晋南北朝五礼制度考论》，社会科学文献出版社 2009 年版，第 435 页。

④ （清）阮元校刻：《十三经注疏·春秋左传正义》，中华书局 1980 年版，第 1726 页下栏—1727 页上栏。

⑤ 杨宽：《“大蒐礼”新探》，《西周史》，上海人民出版社 2003 年版，第 699 页。

齐、梁、陈时期的讲武练兵多是对宋制的继承，《隋书·礼仪志三》载：

> 梁、陈时，依宋元嘉二十五年蒐宣武场。其法，置行军殿于幕府山南冈，并设王公百官幕。先猎一日，遣马骑布围。右领军将军督右，左领军将军督左，大司马董正诸军。猎日，侍中三奏，一奏，捶一鼓为严，三严讫，引仗为小驾卤簿。皇帝乘马戎服，从者悉绛衫帻，黄麾警跸，鼓吹如常仪。猎讫，宴会享劳，比校多少。戮一人以惩乱法。会毕，还宫。①

由此可见，南朝的大蒐并非为了军事训练，由参与射猎者主要是皇帝与王公百官这一点来看，这更类似于一种皇帝、王公假军事之名而举行的射猎游戏。

北朝作为少数民族政权，尤其注重讲武练兵仪式。与南朝借大蒐以讲武不同，北魏、北齐的讲武与大蒐往往是单独举行的：讲武重在排兵布阵、模拟击刺杀伐，以提高军队的战斗力；大蒐则作为一种单纯的狩猎活动，与南朝的皇帝、百官射猎相似②。北魏尤重讲武练兵，体现了统治者对军事训练的重视。在《魏书》各本纪中有北魏诸帝举行讲武练兵仪式的记载，这些仪式大都在大规模的征伐之前举行：北魏建立之前，平文帝郁律五年（321），与西晋关系交恶，于是"治兵讲武，有平南夏之意"③；太武帝始光四年（427）夏四月丁未在出征宋之前曾"治兵讲武"，为战争做好准备④；太延五年（439）秋七月己巳"讲武马射"，壬午就大举南征⑤。至孝文帝迁都洛阳，施行汉化政策以后，讲武练兵仍以提高军队战斗力为目的：太和十九年（495）春正月壬午讲武于汝水之西，为进攻梁作准备⑥。可见，北魏的讲武练兵围绕军事训练而展开，在形式上则是排兵布阵的实战演练，如《魏书·礼志四》中记载的北魏讲武练兵之法，与借助大蒐而举行的讲武练兵有明显的区别：

---

① （唐）魏征、令狐德棻：《隋书》卷8《礼仪志三》，中华书局1973年点校本，第163—164页。

② 梁满仓：《魏晋南北朝五礼制度考论》，社会科学文献出版社2009年版，第439页。

③ （北齐）魏收：《魏书》卷1《序纪》，中华书局1974年点校本，第10页。

④ （北齐）魏收：《魏书》卷4《世祖纪》，中华书局1974年点校本，第72页。

⑤ （北齐）魏收：《魏书》卷4《世祖纪》，中华书局1974年点校本，第89页。

⑥ （北齐）魏收：《魏书》卷7《高祖纪》，中华书局1974年点校本，第176页。

高宗和平三年十二月，因岁除大傩之礼，遂耀兵示武。更为制，令步兵陈于南，骑士陈于北，各击钟鼓，以为节度。其步兵所衣，青赤黄黑别为部队。盾矟矛戟相次周回转易，以相赴就。有飞龙腾蛇之变，为函箱鱼鳞四门之阵，凡十余法。跽起前却，莫不应节。陈毕，南北二军皆鸣鼓角，众尽大噪。各令骑将六人去来挑战，步兵更进退以相拒击，南败北捷，以为盛观。自后踵以为常。①

北齐也重讲武练兵仪式，史载："后齐常以季秋，皇帝讲武于都外"，以军事训练为主，其仪式内容为："有司先莱野为场，为二军进止之节。又别墠于北场，舆驾停观。遂命将简士教众，为战阵之法。"② 同时也举行大蒐，于春季举行，是遵照礼经及南朝制度而设立的，其仪式过程也分为三个阶段，与南朝相似：仪式的准备布置、皇帝象征性地射猎禽兽、射猎完毕皇帝还宫③，此时的大蒐已经成为象征性的礼仪。因此，北齐的讲武练兵与大蒐二礼单独举行，不是在同一时间、地点举行的仪式，前者重实用，后者重形式、重象征意义。至北周时期，大蒐与讲武练兵重新结合，其仪式如下：

后周仲春教振旅，大司马建大麾于莱田之所。乡稍之官，以旗物鼓铎钲铙，各帅其人而致。诛其后至者。建麾于后表之中，以集众庶。质明，偃麾，诛其不及者。乃陈徒骑，如战之阵。大司马北面誓之。军中皆听鼓角，以为进止之节。田之日，于所莱之北，建旗为和门。诸将帅徒骑序入其门。有司居门，以平其人。既入而分其地，险野则徒前而骑后，易野则骑前而徒后。既阵，皆坐，乃设驱逆骑，有司表貉于阵前。以太牢祭黄帝轩辕氏，于狩地为墠，建二旗，列五兵于坐侧，行三献礼。遂蒐田致禽以祭社。④

北周的春蒐之法很明显遵从了《周礼·大司马》的规定，因此其讲武练兵

---

① （北齐）魏收：《魏书》卷108《礼志四》，中华书局1974年点校本，第2810页。

② （唐）魏征、令狐德棻：《隋书》卷8《礼仪志三》，中华书局1973年点校本，第164页。

③ 关于大蒐的记载，参见（唐）魏征、令狐德棻《隋书》卷8《礼仪志三》，中华书局1973年点校本，第164—165页。

④ （唐）魏征、令狐德棻：《隋书》卷8《礼仪志三》，中华书局1973年点校本，第166—167页。

不仅包括春蒐，还有夏苗、秋狝、冬狩等，这与《周礼》及《左传》在四时农隙讲武练兵的记载相一致："后周仲春教振旅……遂蒐田致禽以祭社。仲夏教茇舍，如振旅之阵，遂以苗田如蒐法，致禽以享礿。仲秋教练兵，如振旅之阵，遂以狝田如蒐法，致禽以祀方。仲冬教大阅，如振旅之阵，遂以狩田如蒐法，致禽以享烝。"[①] 所谓"致禽以祭社""致禽以享礿""致禽以祀方""致禽以享烝"，就是将四时蒐狩所获猎物作为牺牲奉献于宗庙，这就在军礼中加入了吉礼的因素，是与《周礼·大司马》的一致之处。

通过上文对魏晋南北朝各代讲武练兵仪式沿革情况的梳理，我们可以看出这一仪式表现为两种主要形式：其一，以"阅兵""阅武""讲武"等名称命名，这些仪式多以军事训练为目的，在曹魏、两晋及北魏、北齐等政权中常用[②]；其二，以"大蒐"等名称命名，其仪式内容主要是田猎活动，是具有象征意义的仪式，并不能真正提高战斗力，在其中融合了许多军礼之外的仪式，如属于吉礼的祭祀仪式、属嘉礼的飨宴群臣仪式，宋、南齐、梁、陈及北齐、北周等政权常用。

在礼经中，讲武练兵仪式是以蒐、苗、田、狩等形式表现出来的。魏晋南北朝时期由于战争的需要，有些朝代讲武练兵仪式与田猎出现了分离，但在礼经的规范下其礼仪形态发展的总趋向是以大蒐的形式进行讲武练兵。秦蕙田在《五礼通考》中认为，讲武练兵中的田猎只是一种表现形式，其最终目的还是训练军士："大阅非徒以馌禽取兽，供宾客宗庙之用而已。盖安不忘危，讲武之仪即寓于游田之内，故校阅即田猎，田猎即校阅，二者不可分也。"[③] 他强调的就是二者内容与形式的关系。在后世礼学家那里有"兵者凶事，故因蒐狩而习之"[④] 的观念，这也是礼经中军礼思想的重要方面。因此，在礼制建设中，以礼学思想为指导创制的军礼自然就选择了大蒐等田猎仪式代替真正的军事作战，这就使得讲武练兵这一军礼类型带有很强的模拟性、象征性。同时，在讲武练兵中还融合了属于祭礼的荐庙、属于嘉礼的飨宴仪式，使得其仪式性更为明显。同时，讲武练兵仪式以田猎代替实际军事作战的模拟性也催生了这样的要求，即通过

---

① （唐）魏征、令狐德棻：《隋书》卷8《礼仪志三》，中华书局1973年点校本，第167页。

② 同时存在着蒐狩仪式。

③ 秦蕙田：《五礼通考》，《文渊阁四库全书》第141册，台湾商务印书馆1986年版，第545页下栏。

④ （唐）房玄龄等：《晋书》卷21《礼志下》，中华书局1974年点校本，第661页。

各种仪式环节的建构以丰富其含义，荐庙、飨宴就是对实际战争胜利之后告庙、饮至之礼的模拟，吉礼、嘉礼因素的加入进一步增强了讲武练兵仪式的象征性。

在讲武练兵仪式中，这些因素的加入，形成了融合祭祀、出行、田猎等仪式为一体的军礼类型，这种趋势在唐代《开元礼》中得到集中体现，日本学者丸桥充拓在研究了魏晋南北朝隋唐时期军礼的确立过程后认为，唐代《开元礼·军礼》"以讲武等训练仪式为核心，是汇集'吉礼'系统、'嘉礼'系统等来源各异的诸礼而形成的"①。这也进一步说明了礼经在礼仪建构中的规范作用。

（二）魏晋南北朝讲武练兵仪式的用乐

在讲武练兵仪式中，音乐起着非常重要的作用。西晋时期以《汉鼓吹铙歌十八曲》为范本创制了鼓吹曲辞以歌颂圣德，其中《仲春振旅》《夏苗田》《仲秋狝田》《顺天道》四首的主要内容就是对四时讲武练兵仪式场面的描写，歌辞描写了仪式中音乐的使用情况，如"师执提，工执鼓""雷霆震威曜，进退由钲鼓""鸣镯振鼓铎，旌旗象虹霓"等。结合上文对魏晋南北朝时期讲武练兵仪式的论述，我们对这一仪式中音乐的使用情况进行探讨。

仪式用乐本身就是仪式的重要组成部分，其演奏是为了更好地实现仪式的功能。对于讲武练兵来说，其仪式的功能主要在于提高军队的战斗力，无论是单纯的讲武练兵，还是通过大蒐的形式讲武练兵，都需要大量将士的参与，音乐的信号作用非常关键。而且，皇帝往往亲自参与讲武练兵仪式，与帝王身份相匹配的音乐演奏也是必不可少的。我们根据这一思路将讲武练兵仪式中音乐的使用情况分为两类：其一，皇帝出行的卤簿用乐；其二，讲武练兵时作为信号的金、鼓乐。我们先看第一种用乐。

1. 讲武练兵时皇帝小驾卤簿的用乐

如前文所述，在魏晋南北朝时期存在着或以四时田猎为形式或是直接阅兵的讲武练兵仪式，皇帝与百官都要亲自参与此仪式。这两种仪式的举行地或位于远离皇宫的园囿，或位于专门用来排兵布阵的宣武场——西晋

---

① ［日］丸桥充拓：《唐代军事财政与礼制》，张桦译，西北大学出版社 2017 年版，第217 页。

时期有专门用于讲武练兵的固定场所——宣武场，其地位于洛阳城北大厦门东，据《水经注·穀水》载："其一水自大夏门东径宣武观，凭城结构……南望天渊池，北瞩宣武场。"[①] 东晋成帝时讲武练兵于南郊斗场[②]；宋时依西晋洛阳旧制设立宣武场，《资治通鉴·宋纪七》"元嘉二十五年"："闰月，己酉，帝大蒐于宣武场"，其地所在，胡三省注："建康仿洛都之制，筑宣武场于台城北。"[③] 北朝诸政权的讲武练兵仪式也均于城外举行，北魏讲武练兵场所不甚固定，东、西、南、北郊都曾行讲武练兵仪式，甚至于出征过程中也行此礼，北齐、北周情况类似。

讲武练兵场所远离都城，皇帝行进中需用特定的仪仗凸显其身份。这一时期皇帝前往讲武场时基本以小驾卤簿作为仪仗。宋时"殿中侍御史奏开东中华云龙门，引仗为小驾卤簿。"南齐、梁、陈承宋制，为小驾；北齐时亦为小驾，在大蒐时："后齐春蒐礼……天子陈小驾，服通天冠，乘木辂，诣行宫。"[④] 在行讲武练兵仪式时："有司陈小驾卤簿，皇帝武弁，乘革辂，大司马介胄乘，奉引入行殿。"[⑤] 北周讲武练兵所用卤簿不详，从隋唐时期的讲武练兵所用卤簿来看，其所用也应为小驾卤簿。

因此，配合小驾卤簿的用乐成为讲武练兵仪式中一种重要的用乐形式。汉代的大蒐中就有卤簿用乐，司马相如《子虚赋》中的"鼓严簿，纵猎者"，说的就是在大蒐前先行警戒，继而奏乐；在两晋史料中没有找到讲武练兵时卤簿用乐的记载，但西晋宣武场位于皇都之北，皇帝前往仪式场所的途中很可能有卤簿用乐；宋、南齐、梁、陈四朝的卤簿用乐方式基本相同："三严讫，引仗为小驾卤簿。皇帝乘马戎服，从者悉绛衫帻，黄麾警跸，鼓吹如常仪。"[⑥] 也是先行警戒，继而小驾卤簿出。在用乐类型上，为鼓吹乐，这与行吉礼时皇帝前往祭所的大驾卤簿用乐基本相同。在大驾卤簿中，所备鼓吹乐有十几部之多，不但有步行鼓吹，还有骑吹以

① （北魏）郦道元著，陈桥驿校证：《水经注校证》，中华书局2007年版，第395页。

② （唐）杜佑撰，王文锦、王永兴等点校：《通典》卷76《军礼一》，中华书局1988年版，第2078页。

③ （宋）司马光编著，（元）胡三省音注：《资治通鉴》卷125《宋纪七》，中华书局1956年点校本，第3932页。

④ （唐）魏征、令狐德棻：《隋书》卷8《礼仪志三》，中华书局1973年点校本，第164—165页。

⑤ （唐）魏征、令狐德棻：《隋书》卷8《礼仪志三》，中华书局1973年点校本，第164页。

⑥ （唐）魏征、令狐德棻：《隋书》卷8《礼仪志三》，中华书局1973年点校本，第164页。

及车载鼓吹[①]。在小驾卤簿中使用的鼓吹乐队数量及规模史料并无详细记载，但小驾卤簿的规模要小得多，作为卤簿组成部分的鼓吹乐队可能有所减损。

讲武练兵的卤簿用乐以鼓吹乐为主，这是由皇帝所用卤簿对声势的要求及鼓吹乐的特点两方面决定的。首先，在皇帝的出行道路中设置千乘万骑的宏大卤簿仪仗能体现皇权的威势。我们看一下汉代卤簿，《汉官仪》载："天子车驾次第谓之卤簿。有大驾、法驾、小驾。大驾公卿奉引，大将军参乘，太仆御，属车八十一乘，备千乘万骑，侍御史在左驾马，询问不法者。"[②]"汉乘舆大驾仪，公卿奉引，太仆御，大将军参乘。属车八十一乘，备千乘万骑。"[③] 可谓规模宏大。西晋时期的大驾卤簿，其车、马及步行跟从者不下千人，其鼓吹乐队人数多达134人[④]。在卤簿中的用乐，其功能与千乘万骑的仪仗一样，也是为了体现卤簿的使用者——皇帝的威势。其次，鼓吹乐能成为卤簿用乐由其自身的特点决定。鼓吹乐原为军乐，《通典》云："鼓吹本军旅之音，马上奏之。"[⑤] 警戒、威仪是其基本功能，所使用的乐器有鼓、角、笳等，这些乐器演奏的音声宏大而嘹亮。仪仗车马之盛从视觉上体现其威势，而鼓吹乐宏大而嘹亮的音声又从听觉上强化了这种威势。再次，鼓吹乐本为马上所奏之乐，其乐器与金石乐悬相比更轻便，易于携带，更适合道路出行使用。因此，鼓吹乐成为卤簿用乐的不二选择。在规模宏大的卤簿中演奏起声音响亮的鼓吹乐，其威仪、声势自然呈现无遗，这与讲武练兵的仪式氛围是相一致的。除此之外，鼓乐在卤簿仪仗中"还以抑扬顿挫、舒疾有致的鼓点，有效地控制着乐队演奏的节律"[⑥]，控制着小驾卤薄的行进节奏。

2. 讲武练兵过程中的金、鼓乐

在讲武练兵过程中也有音乐的演奏，最重要的是作为信号的金、鼓乐。《周礼·大司马》对仲冬大阅时金、鼓的使用方式有明确记载，见表4。整个仪式都是在旗与金、鼓的指挥下进行的。兵书《百战奇略·教战》

---

① （唐）房玄龄等：《晋书》卷25《舆服志》，中华书局1974年点校本，第757—761页。

② （清）孙星衍等辑，周天游点校：《汉官六种》，中华书局1990年版，第184页。

③ （清）孙星衍等辑，周天游点校：《汉官六种》，中华书局1990年版，第184页。

④ 孙晓晖：《唐代的卤簿鼓吹》，《黄钟》（武汉音乐学院学报）2001年第4期。

⑤ （唐）杜佑撰，王文锦、王永兴等点校：《通典》卷146《乐六》，中华书局1988年版，第3725页。

⑥ 严昌洪、蒲亨强：《中国鼓文化研究》，广西教育出版社1997年版，第94页。

对训练中金、鼓的使用也作了精彩描述："凡欲兴师，必先教战。三军之士，素习离、合、聚、散之法，备谙坐、作、进、退之令，使之遇敌，视旌、麾以应变，听金、鼓而进退。如此，则战无不胜。"[①] 整场训练都是在旌、麾与金、鼓声的指挥下完成的，金、鼓之声作为信号的作用是显而易见的。

魏晋时期的讲武练兵仪式中，金、鼓如何运用，仪注不详，史载汉献帝建安二十一年（216）冬讲武练兵，曹操"亲执金鼓，以令进退"[②]，曹丕也曾亲执金、鼓，操练士兵："延康元年，曹丕嗣魏王，其年秋，阅兵于郊，公卿相仪，王御华盖，亲执金鼓之节。"[③] 晋鼓吹曲辞《仲秋狝田》有"雷霆震威曜，进退由钲鼓"之句，《顺天道》有"冬大阅，鸣镯振鼓铎，旌旗象虹霓"之句，可以肯定，在这两个朝代，金、鼓乐在讲武练兵中占有重要地位。

南朝讲武练兵的模式创设于宋，其他各代基本承袭不改。宋的讲武练兵仪式名为大蒐，这一仪式主要是皇帝、王公百官的狩猎而非战阵之事，不存在退兵之举，因此整个仪式过程中，使用的乐器主要为鼓，共奏鼓三次：第一次，皇帝卤簿仪仗行进前鸣鼓，共捶鼓三通，之后皇帝卤簿出发，其作用与卤簿中的鼓吹乐相似，一为警戒，一为宣示威仪。第二次，在"甄会"，即狩猎合围时奏鼓，"大司马鸣鼓蹙围，众军鼓噪警角，至宣武场止。""鸣鼓"的作用在于"蹙围"，即命令军士缩小包围圈，以便皇帝与王公百官于此围中射猎，鼓声在这里也是作为信号，标志着狩猎活动正式开始；第三次，王公百官射猎完毕，再次鸣鼓，这是解围的信号。之后就进入收载猎物的阶段。南齐、梁、陈基本继承了元嘉时期的大蒐礼仪："梁、陈时，依宋元嘉二十五年蒐宣武场。"[④] 其鼓乐的使用应与宋基本相同。

北朝的讲武练兵仪式以军事训练为主要目的，金、鼓的演奏既作为将士的行动信号，也是讲武练兵的训练课目之一，即所谓"教士耳"。通过讲武练兵仪式，让参训将士能够熟悉金、鼓所指示的信号含义。这是为实

① 李远喜：《百战奇略译注、评点》，国防科技大学出版社 1996 年版，第 46 页。

② （晋）陈寿撰，（宋）裴松之注：《三国志》卷 1《武帝操》，中华书局 1959 年点校本，第 49 页。

③ （唐）杜佑撰，王文锦、王永兴等点校：《通典》卷 76《军礼一》，中华书局 1988 年版，第 2078 页。

④ （唐）魏征、令狐德棻：《隋书》卷 8《礼仪志三》，中华书局 1973 年点校本，第 163 页。

战中金、鼓能够充分地发挥其信号作用所作的预演。在北魏、北齐、北周等政权举行的讲武练兵仪式中，金、鼓的演奏受到格外地重视，北齐、北周二代体现最为明显。北齐季秋讲武练兵时就将金、鼓乐作为教习内容之一："教士耳，使习金鼓动止之节，声鼓则进，鸣金则止。"[①] 军士在鼓声的指挥下排兵布阵："戒鼓一通，军士皆严备。二通，将士贯甲。三通，步军各为直阵，以相俟。"[②] 北周讲武练兵时"军中皆听鼓角，以为进止之节"[③]。

通过对魏晋南北朝时期讲武练兵仪式中金、鼓等乐器使用的考察可知，这些乐器的演奏发挥的是指挥、统摄仪式过程的作用，参加讲武练兵的将士在金、鼓的指挥下遵循其既定的信号含义以进退举止。金、鼓作为信号在战事中也发挥了至关重要的作用，我们将在下文详论。

三　魏晋南北朝的命将出征之礼及其用乐

战前的命将出征之礼既是一种礼仪形式，也是军事活动的重要组成部分。

命将出征之礼是出征之前皇帝对统兵将领的任命，将专任一方的权力赋予统兵出征的将领。礼经中的命将出征之礼在立秋之后举行，《礼记·月令》载："天子乃命将帅，选士厉兵，简练桀俊，专任有功，以征不义，诘诛暴慢，以明好恶，顺彼远方。"[④] 以季节行军事，显然是儒者的构想，不能适应现实中军事斗争的需要，在大多数情况下，命将出征是因战争而举行的礼仪，战事随时可能发生，迫于情势，其举行不必拘于立秋之后。

三国时期战事频仍，命将出征之礼必定广泛施行，在题名为诸葛亮的兵书《将苑》中，有对命将出征之礼仪节的明确规定：

> 古者国有危难，君简贤能而任之。齐三日，入太庙，南面而立；将北面，太师进钺于君。君持钺柄以授将，曰："从此至军，将军其裁之。"复命曰："见其虚则进，见其实则退。勿以身贵而贱人，勿以独见而违众，勿恃功能而失忠信。士未坐，勿坐，士未食，勿食，同

① （唐）魏征、令狐德棻：《隋书》卷8《礼仪志三》，中华书局1973年点校本，第164页。
② （唐）魏征、令狐德棻：《隋书》卷8《礼仪志三》，中华书局1973年点校本，第164页。
③ （唐）魏征、令狐德棻：《隋书》卷8《礼仪志三》，中华书局1973年点校本，第167页。
④ （清）阮元校刻：《十三经注疏·礼记正义》，中华书局1980年版，第1373页上栏。

> 寒暑，等劳逸，齐甘苦，均危患；如此，则士必尽死，敌必可亡。”将受词，凿凶门，引军而出。君送之，跪而推毂，曰：“进退惟时，军中事，不由君命，皆由将出。”①

《将苑》可能非诸葛亮所作，四库馆臣斥其为“妄人所伪作”，但其中命将出征之礼与先秦、汉魏晋时期的礼仪程序及内容颇多相似之处。如授斧钺之礼，据《晋书·礼志下》：“汉魏故事，遣将出征，符节郎授节钺于朝堂。”② 这与《将苑》中所规定的“入太庙……君持钺柄以授将”是基本一致的。又如推毂之礼，先秦命将出征时亦有推毂之礼，《史记·张释之冯唐列传》：“臣闻上古王者之遣将也，跪而推毂，曰：‘阃以内者，寡人制之；阃以外者，将军制之’。”③ 命将出征之礼的程序大致包括两个环节，其一，在朝堂（太庙）中向所命之将授以符节、斧钺，表明将领可以专征一方④；其次，在将领出征之时行“跪而推毂”之礼。授斧钺及推毂是命将出征之礼中最关键的两个仪式环节，也是最具象征意义的仪式环节，在这两个仪式环节中，实现了皇帝部分权力的暂时转移，所命之将成为实际的出征者。帝王行推毂之礼也表明其对所命之将的信任，以亲自推动车轮的象征方式对将领进行劝勉。这一礼仪在魏晋南北朝的某些政权中被继承，但在一些朝代被改造，下面我们对此进行具体分析。

西晋时期荀颢所定新礼基本沿袭了汉魏旧制，命将出征在朝堂举行，皇帝临轩，授予所命之将以符节、斧钺，行推毂之礼：“其后荀颢等所定新礼，遣将，御临轩，尚书受节钺，依古兵书跪而推毂之义也。”⑤ 这里需要注意，西晋在命将出征之时的授节钺及推毂，可能不是由皇帝亲自完成，而是由尚书代为完成。在命将出征之礼中，授节钺及推毂是两个核心的仪式环节。这一时期并非所有战事之前都行此礼，只有在大的军事行动

① （三国）诸葛亮著，张连科、管淑珍校注：《诸葛亮集校注》，天津古籍出版社2008年版，第286页。

② （唐）房玄龄等：《晋书》卷21《礼志下》，中华书局1974年点校本，第662页。

③ （汉）司马迁：《史记》卷102《张释之冯唐列传》，中华书局1959年点校本，第2758页。

④ 授斧钺的地点有时在太庙，将领受皇命出征，实际上是皇帝出征的代替方式，按照“出必告庙”的原则，于太庙举行命将之礼是理所当然的。

⑤ （唐）房玄龄等：《晋书》卷21《礼志下》，中华书局1974年点校本，第662页。

时才有命将出征之礼。如西晋，最具代表性的是太康“伐吴之役”，时以贾充总领其事：“诏充为使持节、假黄钺、大都督，总统六师，给羽葆、鼓吹、缇幢、兵万人、骑二千，置左右长史、司马、从事中郎，增参军、骑司马各十人，帐下司马二十人，大车、官骑各三十人。”[①] 永嘉二年（308），石勒、王弥寇京师，晋怀帝“以衍都督征讨诸军事、持节、假黄钺以距之。”[②] 以上两则材料中均提到了皇帝授予主帅节钺、命其都督诸军事，这应是在命将出征仪式上完成的。

宋、南齐、梁、陈四代命将出征的仪注史料记载简略，但命将出征之礼在此时常有施行。《宋书·蛮夷传》载元嘉中期“寇慝弥广，遂盘结数州，摇乱邦邑。于是命将出师，恣行诛讨，自江汉以北，庐江以南，搜山荡谷，穷兵罄武，系颈囚俘，盖以数百万计。”[③]《宋书·良吏传》也述及此礼：“太祖幼而宽仁，入纂大业，及难兴陕方，六戎薄伐，命将动师，经略司、兖，费由府实，役不及民。”[④] 梁元帝承圣二年（553）八月戊戌“尉迟迥陷益州。庚子，诏曰：‘……仍以潇、湘作乱，庸、蜀阻兵，命将授律，指期克定。’”[⑤] 北魏太和元年（477）曾下诏褒奖都将皮喜、梁丑奴：“夫忠臣生于德义之门，智勇出于将相之族。往年氐羌放命，侵窃边戍，都将皮喜、梁丑奴等，或资父旧勋，或身建殊效，威名著于庸汉，公义列于天府，故授以节钺，委阃外之任。”[⑥] 可见，北魏在出征之前也行命将之礼。这一时期有关命将出征之礼的资料保存最完备者当为北齐，其仪式过程与前引《将苑》基本一致：

> 后齐命将出征，则太卜诣太庙，灼灵龟，授鼓旗于庙。皇帝陈法驾，服衮冕，至庙，拜于太祖。遍告讫，降就中阶，引上将，操钺授柯，曰：“从此上至天，将军制之。”又操斧授柯，曰：“从此下至泉，将军制之。”将军既受斧钺，对曰：“国不可从外理，军不可从中制。臣既受命，有鼓旗斧钺之威，愿假一言之命于臣。”帝曰：“苟利社稷，将军裁之。”将军就车，载斧钺而出。皇帝推毂度阃，曰：“从

① （唐）房玄龄等：《晋书》卷 40《贾充传》，中华书局 1974 年点校本，第 1169 页。
② （唐）房玄龄等：《晋书》卷 43《王戎传附从弟衍传》，中华书局 1974 年点校本，第 1238 页。
③ （梁）沈约：《宋书》卷 97《蛮夷传》，中华书局 1974 年点校本，第 2399 页。
④ （梁）沈约：《宋书》卷 92《良吏传》，中华书局 1974 年点校本，第 2261 页。
⑤ （唐）姚思廉：《梁书》卷 5《元帝纪》，中华书局 1973 年点校本，第 133 页。
⑥ （北齐）魏收：《魏书》卷 51《皮豹子传附皮喜传》，中华书局 1974 年点校本，第 1133 页。

此以外，将军制之。”[①]

北周之礼也大致相同：

> 周大将出征，遣太祝，以羊一，祭所过名山大川。明帝武成元年，吐谷浑寇边。帝常服乘马，遣大司马贺兰祥于太祖之庙，司宪奉钺，进授大将。大将拜受，以授从者。礼毕，出受甲兵。[②]

由此可知，北齐的命将出征之礼也是由授节钺与推毂两部分组成。与西晋时期于殿堂举行命将出征之礼不同，北齐此礼于太庙举行。北周时期此礼也于太庙举行，保定四年（564）十月：“甲子，诏大将军、大冢宰、晋国公护率军伐齐，帝于太庙庭授以斧钺。于是护总大军出潼关，大将军权景宣率山南诸军出豫州，少师杨檦出轵关。”[③] 可见在北朝时期于太庙行此礼已经成为一种惯例，这也是与礼经规定相一致的。

从魏晋南北朝命将出征之礼的举行场所来看，存在宫殿临轩命将与太庙命将的区别，但其功能无太大差别。下面我们来看一下命将出征之礼的用乐情况。

命将出征用乐在先秦时期已有其例，《诗经·小雅》的《采薇》《出车》等篇就被解《诗经》者视为命将出征时所歌，《毛诗序》：“《采薇》，遣戍役也。文王之时，西有昆夷之患，北有猃狁之难。以天子之命，命将率，遣戍役，以守卫中国，故歌《采薇》以遣之，《出车》以劳还，《杕杜》以勤归也。”[④] 我们根据相关材料来分析魏晋南北朝时期命将出征仪式的用乐情况。

晋代命将出征，皇帝临轩。据《晋书·礼志下》载，皇帝临轩时要设乐悬并演奏音乐，但在西晋时期这种用乐方式仅限于祭祀、飨宴等仪式，史载：“咸康四年，成帝临轩，遣使拜太傅、太尉、司空。《仪注》，太乐

---

① （唐）魏征、令狐德棻：《隋书》卷8《礼仪志三》，中华书局1973年点校本，第163页。

② （唐）魏征、令狐德棻：《隋书》卷8《礼仪志三》，中华书局1973年点校本，第163页。

③ （唐）令狐德棻等：《周书》卷5《武帝上》，中华书局1971年点校本，第70页。

④ （清）阮元校刻：《十三经注疏·毛诗正义》，中华书局1980年版，第412页下栏—413页上栏。此诗之创作年代当于宣王时，参见孙作云《论二雅》，《诗经与周代社会研究》，中华书局1966年版，第383页。

宿悬于殿庭。门下奏，非祭祀宴飨，则无设乐之制。”① 可见，行命将出征之礼临轩是不用乐的。到东晋时，命大使、拜辅相等仪式临轩也开始用乐，其依据即为《毛诗序》，《晋书·礼志下》载：

> 太常蔡谟议曰：“凡敬其事则备其礼，礼备则制有乐。乐者，所以敬事而明义，非为耳目之娱，故冠亦用之，不惟宴飨。宴飨之有乐，亦所以敬宾也。……是以命使之日，御亲临轩，百僚陪列，此即敬事之意也。古者，天王飨下国之使，及命将帅，遣使臣，皆有乐。故《诗序》曰：‘《皇皇者华》，君遣使臣也。’又曰：‘《采薇》以遣之，《出车》以劳还，《杕杜》以勤归。’皆作乐而歌之。今命大使，拜辅相，比于下国之臣，轻重殊矣。轻诚有之，重亦宜然。故谓临轩遣使，宜有金石之乐。”议奏从焉。②

可见，东晋时期举行命将出征仪式时皇帝临轩使用的音乐与举行祭祀、飨宴等仪式时皇帝临轩的规格相同，均为宫悬。南朝命将出征之礼的仪注史书无载，此礼在南朝的施行情况只见于《陈书》，陈太建五年（573）北伐，大将吴明彻总督其事，北伐连战克捷，陈宣帝遣谒者萧淳风册拜其为“都督豫合建光朔北徐六州诸军事、车骑大将军、豫州刺史，增封并前三千五百户”，其册封仪式“于城南设坛，士卒二十万，陈旗鼓戈甲，明彻登坛拜受，成礼而退，将卒莫不踊跃焉。”③ 时吴明彻驻扎在寿阳，册封仪式是由谒者代行，并且这也不是出征命将，只是奖励性质的策赏，但此仪式中的登坛册拜环节与命将于太庙的古制颇为相似。就史书所记载的“陈旗鼓戈甲”“将卒莫不踊跃”的仪式场面来看，气氛热烈，可能是有鼓乐演奏的缘故。对于在太庙中举行的命将出征仪式，我们并未找到相关资料，姑且不论。

在命将出征之后的出师行军过程中也有用乐，其用乐以单纯的鼓乐及鼓吹乐为主。

首先是单纯的击鼓。出师行军过程中的击鼓主要用于壮大军威。《晋书·陆机传》载八王之乱中陆机督大军进攻洛阳：“列军自朝歌至于河桥，

---

① （唐）房玄龄等：《晋书》卷21《礼志下》，中华书局1974年点校本，第660页。

② （唐）房玄龄等：《晋书》卷21《礼志下》，中华书局1974年点校本，第660—661页。

③ （唐）姚思廉：《陈书》卷9《吴明彻传》，中华书局1972年点校本，第163页。

鼓声闻数百里，汉魏以来，出师之盛未尝有也。”① 淝水之战时，苻坚发兵大举进攻东晋：“坚发长安，戎卒六十余万，骑二十七万，前后千里，旗鼓相望。”② 由于鼓乐的参与，营造出声势浩大的军威。

其次是鼓吹乐的使用。早在东汉时期，鼓吹乐已经作为行军用乐：“段颎起于徒中，为并州刺史，有功，征还京师。颎乘轻车，介士鼓吹，曲盖朱旗，马骑五万余匹，殷天蔽日，钲铎金鼓，雷振动地，连骑继迹，弥数十里。”③ 鼓吹乐及金、鼓打击乐器使段颎行军队伍的威势得到充分展现。魏晋南北朝时期，鼓吹乐还具有礼乐重器的性质④。在行命将出征之礼时，除了授予出征将帅节钺，使其能专征一方，还授以鼓吹乐，或一部或二部，因此鼓吹乐具有礼乐与军乐的双重性质。

魏晋南北朝赏赐出征将帅的鼓吹乐，被称为前部鼓吹、后部鼓吹或前后部鼓吹。很明显，这些鼓吹乐是在出行道路仪仗队伍中使用的，即卤簿用乐。前部鼓吹为整个仪仗队伍的导从，如西晋大驾卤簿最前列的就是“象车鼓吹”一部。在一般的军事仪仗中，鼓吹乐队也作为导从，如东吴时孙权拜诸葛恪为抚越将军、领丹扬太守后就命其以鼓吹乐队作为仪仗导从：“授棨戟武骑三百。拜毕，命恪备威仪，作鼓吹，导引归家，时年三十二。”⑤

魏晋南北朝时期，鼓吹乐的功用存在一个由军乐向“礼乐”的演化过程。作为军乐的鼓吹乐，其作用主要在于鼓舞士气、壮大军威，这在三国、西晋时期表现最为明显。西晋以后，鼓吹乐直接用于军事的情况较少，多是作为礼乐重器用于赏赐，相对于魏晋时期的“给鼓吹甚轻”，此时的鼓吹乐多赏赐出征将帅及有功之臣，作为身份的象征。我们通过对魏晋南北朝鼓吹乐赏赐的考察发现⑥，在命将出征或任命大臣为一方征镇时都有鼓吹乐的赏赐，或前部，或后部，或前后二部兼具，这些鼓吹乐往往在出师、还师的道路中作为卤簿用乐。

---

① （唐）房玄龄等：《晋书》卷54《陆机传》，中华书局1974年点校本，第1480页。

② （唐）房玄龄等：《晋书》卷114《苻坚载记》，中华书局1974年点校本，第2917页。

③ 吴树平：《东观汉记校注》，中州古籍出版社1987年版，第752页。

④ 项阳：《重器功能，合礼演化——从金石乐悬到本品鼓吹》，《以乐观礼》，北京时代华文书局2015年版，第155—168页。

⑤ （晋）陈寿撰，（宋）裴松之注：《三国志》卷64《诸葛恪传》，中华书局1959年点校本，第1431页。

⑥ 关于鼓吹乐的赏赐我们将在第三节中作详细论述。

四 魏晋南北朝战争过程中的用乐

战争中的用乐与军礼用乐并不相同。军礼中，用乐主要是作为仪式的从属发挥作用，如讲武练兵仪式中皇帝前往讲武场地的卤簿用乐，命将出征之礼的临轩用乐以及出师途中的卤簿用乐，都是为了强调、突出皇权的独尊以及将帅和军队的威势。战争过程中用乐的礼仪功能退居次要地位，辅助将士以取得战事胜利是其主要功能。

在战事中使用的乐器有金、鼓等，金、鼓等打击乐器出现较早，传说时代，鼓已经与军事发生了联系，《帝王世纪》载黄帝“杀夔，以其皮为鼓，声闻五百”①。在考古发掘中也有新石器时代及商代的鼍鼓出土②。先秦时期，金、鼓被广泛用于各种礼仪之中，《周礼》有专掌金、鼓乐器之“鼓人”：“鼓人掌教六鼓、四金之音声”③，所谓“六鼓、四金”，是指《周官·大司马》中按等级划分的金、鼓乐器：“王执路鼓，诸侯执贲鼓，军将执晋鼓，师帅执提，旅帅执鼙，卒长执铙，两司马执铎，公司马执镯。”④ 金、鼓等打击乐器不仅用于军礼，也广泛使用于吉礼、凶礼等仪式：“凡祭祀百物之神，鼓兵舞帔舞者；凡军旅，夜鼓鼜，军动则鼓其众，田役亦如之；救日月，则诏王鼓；大丧，则诏大仆鼓。”⑤ 在古人观念中，金、鼓等乐器与战争密切相关，在某种程度上已经成为战争的象征，金、鼓自鸣成为战争爆发的征兆，如《宋书·五行志四》载：“苏峻在历阳，外营将军鼓自鸣，如人弄鼓者。峻手自斫之，曰：‘我乡土时有此，则城空矣。’俄而作乱夷灭。此听不聪之罚，鼓妖先作也。”⑥ 同书又载：“吴兴长城县夏架山有石鼓，长丈余，面径三尺所，下有盘石为足，鸣则声如金鼓，三吴有兵。晋安帝隆安中大鸣，后有孙灵秀之乱。”⑦ 金、鼓之声之所以成为战争的象征，主要原因在于金、鼓等打击乐器在战

---

① （宋）李昉：《太平御览》卷582引《帝王世纪》，中华书局1960年影印本，第2624页下栏。

② 中国社会科学院考古研究所山西工作队、临汾地区文化局：《1978—1980年山西襄汾陶寺墓地发掘简报》，《考古》1983年第1期。

③ （清）阮元校刻：《十三经注疏·周礼注疏》，中华书局1980年版，第720页中栏。

④ （清）阮元校刻：《十三经注疏·周礼注疏》，中华书局1980年版，第836页上栏。

⑤ （清）阮元校刻：《十三经注疏·周礼注疏》，中华书局1980年版，第721页上栏—中栏。

⑥ （梁）沈约：《宋书》卷33《五行志四》，中华书局1974年点校本，第969—970页。

⑦ （梁）沈约：《宋书》卷33《五行志四》，中华书局1974年点校本，第970页。

争中具有至关重要的作用，北宋许洞所著《虎铃经》对其功用有所论述[①]，其发出的声音在战争中既作为指挥军队的信号，也能起到振奋士气的作用，而这些功能主要与金、鼓等乐器的发声特点有关。金、鼓作为打击乐器，其最重要的特点是声音洪亮、传播范围广且节奏感非常明显。这些特点决定了其成为战斗中的最佳信号传播手段。鼓作为打击乐器，不能构成旋律，其声音节奏感强烈，且能够传播到很远的距离——黄帝以蚩尤之皮为鼓，声闻五百里就是最好的说明。这一特点使其很适合用于战场。金、鼓作为传递信号的工具，历来为兵家所重视。《吴子·治兵》曰："教战之令：短者持矛戟，长者持弓弩，强者持旌旗，勇者持金鼓，弱者给厮养，智者为谋主。乡里相比，什伍相保。一鼓整兵，二鼓习陈，三鼓趋食，四鼓严辨，五鼓就行。闻鼓声合，然后举旗。"[②] 《孙子·军争》曰："军政曰：言不相闻，故为金鼓；视不相见，故为旌旗。夫金鼓旌旗者，所以一人之耳目也。"[③] 都强调了金、鼓在战争中的信号功能。

---

① 《虎铃经》记载了几种战斗中使用的乐器及其作用："金鼓：《周礼》六鼓，乐人掌教六鼓，以节乐和军旅。一曰铜鼓，二曰铙鼓。一在军中，金之制有四。《司马法》曰：卒长执铙，两司马长执铎，进军鸣铎，退军鸣铙。大战之时，击鼓以进，击金以退。三曰錞，《周礼》曰：以金錞和鼓。四曰镯，以节鼓。郑玄曰：镯，钲也，军行鸣之，以节鼓也。五曰铎，《周礼》曰：以金铎通鼓。铎，铃也。刁斗，按《黄帝大传》曰：与蚩尤战，击之以警夜也。六曰钲，《乐志》曰：钲形如半钟，旁有小柄，乐师持之以和乐节制。钲者，进退用之，有征之义也。""蠡角：黄帝战蚩尤，吹角，长六尺，声甚呜。后有涿鹿之败，帝问曰：所吹何物？蚩尤曰：角也，吹之则风雾俱集。后以六尺曰角，五尺曰蠡。近世列阵，金鼓之外，余无他声号。或阵形长为山谷所掩映，虑不能照，宜于阵两稍为蠡角。值敌攻稍，则吹之为号，中军吹而应焉。""鼓角：鼓角者，大将之威德。十万兵已上，大角二十四具，大鼓六十四面；五万兵已上，大角一十六具，大鼓四十二面；三万兵已上，大角八具，大鼓二十四面；一万兵已上，大角六具，大鼓一十四面。或深入敌境，欲敌人畏，谓我师旅大盛，但多著之，不用此法也。动鼓角之时，日没前二刻先吹小角，次吹大角，一会十六声，三会计四十八声，为一曲毕。暮击鼓，三会间，第一会五十六声六迭一间。三间毕，吹大角一十六声，引第二会鼓五十六声六迭一间。三间毕，发钲一百五十声毕，军门掣锁，诸将各按部静，吏士无敢喧哗，传刁斗，报更漏，谨巡警。晚起角在四更二点，吹小角毕，四更三点过吹大角，引第一会鼓四十五声六迭一间，三间毕吹。四更四点过吹大角，引第二会鼓四十五声六迭一间，三间毕吹。四更五点过吹大角，引第三会鼓四十五声六迭一间，三间毕叫。五更一点过吹泊，五更四点转鼓，至天晓一十八转叫，五更五点过击钲一百五十声。绝声，击鼓三百。声绝，军门锁开，大将军严装坐牙帐之上，引诸将以次朝。"此书为北宋人许洞所作，其中对各种乐器功用的描述不一定符合历代实际情况，但这些可以视作战争中最基本的乐器。见（宋）许洞《虎铃经》卷7，《文渊阁四库全书》第727册，台湾商务印书馆1986年版，第42页下栏—43页下栏。

② 娄熙元、吴树平译注：《吴子译注》，河北人民出版社1992年版，第23页。

③ （春秋）孙武撰，（三国）曹操等注，杨丙安校理：《十一家注孙子校理》，中华书局1999年版，第146页。

在战争中，金、鼓两种乐器的声音具有完全相反的信号含义，鼓声是前进的信号，而金声则是后退的信号，这在兵书记载及战争应用中都有所体现。《吴子·应变篇》："鼓之则进，金之则止。"[①]《尉缭子》："伍长教其四人，以板为鼓，以瓦为金，以竿为旗。击鼓而进，低旗则趋，击金而退，麾而左之，麾而右之，金鼓俱击而坐。"[②]《孙膑兵法》："孙子曰：'鼓而坐之，十而揄之。'田忌曰：'行阵已定，动而令士必听，奈何？'孙子曰：'严而示之利。'"[③]《吕氏春秋·审分览》："有金鼓所以一耳。"高诱注："金，钟也。击金则退，击鼓则进。"[④] 单就击鼓和鸣金来说，也存在着鼓（金）点与鼓（金）调的差异，不同鼓（金）点与鼓（金）调代表不同的命令[⑤]。《尉缭子·勒卒令》："鼓之则进，重鼓则击。金之则止，重金则退。""一鼓一击而左，一鼓一击而右。一步一鼓，步鼓也。十步一鼓，趋鼓也。音不绝，骛鼓也。"[⑥] 对士兵来说，熟悉鼓（金）点与鼓（金）调的差异是非常重要的，因此讲武练兵中的习金、鼓之声显得尤为必要。

在魏晋南北朝时期的战争中，金、鼓之声的信号功能受到充分重视，我们先讨论鼓声的信号作用。首先，鼓声作为进攻的信号。对此史书有载，《三国志》卷57裴松之注引《江表传》："策讨黄祖，旋军欲过取豫章。特请翻语曰：'华子鱼自有名字，然非吾敌也。如闻其战具甚少，若不开门让城，金鼓一震，不得无所伤害。'"[⑦] 鼓声也可以作为伏军出击的信号，据《周书·文帝纪》载，大统三年（537）十月高欢进攻西魏，宇文泰设伏以待之："遂进军至渭曲，背水东西为阵。李弼为右拒，赵贵为左拒。命将士皆偃戈于葭芦中，闻鼓声而起。"[⑧] 此事在《北史》中也有记载，并被《百战奇法》作为经典战例收录。

其次，鼓声作为退军信号。《宋书·鲁爽传》："元凶（刘劭）之为逆

---

① 娄熙元、吴树平译注：《吴子译注》，河北人民出版社1992年版，第33页。

② 李解民译注：《尉缭子译注》，河北人民出版社1992年版，第120页。

③ 张震泽：《孙膑兵法校理》，中华书局1984年版，第27页。

④ 许维遹撰，梁运华整理：《吕氏春秋集释》，中华书局2009年版，第468页。

⑤ 严昌洪、蒲亨强：《中国鼓文化研究》，广西教育出版社1997年版，第203页。

⑥ 李解民译注：《尉缭子译注》，河北人民出版社1992年版，第109页。

⑦ （晋）陈寿撰，（宋）裴松之注：《三国志》卷57《虞翻传》，中华书局1959年点校本，第1318页。

⑧ （唐）令狐德棻等：《周书》卷2《文帝下》，中华书局1971年点校本，第24页。

也，秀在京师，谓秀曰：‘我为卿诛徐湛之矣。方相委任。’以为右军将军，配精兵五千，使攻新亭垒。将战，秀命打退军鼓，因此归顺。”[①] 刘劭本以为鲁秀能助己守新亭垒，鲁秀反而鸣鼓倒戈退军，这也是利用了鼓声传递信号的功能。

再次，鼓声可以作为召集将士的信号。这在史书中也有记载，当然有些并非发生在战场之上。《魏书》载拓跋珪于皇始元年（396）陷于慕容宝之围，以击鼓召集士兵：“二月己巳，帝进幸杨城。丁丑，军于钜鹿之柏肆坞，临呼沱水。其夜，宝悉众犯营，燎及行宫，兵人骇散。帝惊起，不及衣冠，跣出击鼓。俄而左右及中军将士，稍稍来集。帝设奇阵，列烽营外，纵骑冲之，宝众大败，斩首万余级，擒其将军高长等四千余人。”[②]《北齐书·封隆之传》载封子绣因宴会时与司空娄定远产生龃龉而鸣鼓聚兵：“司空娄定远，子绣兄之婿也，为瀛州刺史。子绣在渤海，定远过之，对妻及诸女宴集，言戏微有亵慢，子绣大怒，鸣鼓集众将攻之。俄顷，兵至数千，马将千匹。定远免冠拜谢，久乃释之。”[③] 类似的事例在同书同卷中也有记载：高昂与侯景治兵于武牢，与御史中尉刘贵“小有忿争”，高昂怒，“鸣鼓会兵而攻之”[④]，这都是利用了鼓声的信号功能以召集将士。

在军事行动中，除鼓之外，金类，如铎、铙等打击乐器也起着传递信号的作用。《宋书·礼志一》载：“凡师出曰治兵，入曰振旅，皆战陈之事，辨鼓铎镯铙之用，以教坐作进退疾徐疏数之节。”[⑤] 在练兵中熟悉鼓、铎、镯、铙各乐器的功用，就是为了使将士在战事中能熟练地辨识这些器乐的信号含义。角也是战事中常用的传递信号工具，《三国志》卷 57 裴松之注引《吴书》载孙策讨伐山越时与部下分散：“策讨山越，斩其渠帅。悉令左右分行逐贼，独骑与翻相得山中。”后通过鸣角使部曲重新聚集：“行及大道，得一鼓吏。策取角自鸣之，部曲识声，小大皆出，遂从周旋，平定三郡。”[⑥] 可见，鼓、角、金一类的乐器在视野受限制时对传递信息

---

① （梁）沈约：《宋书》卷 74《鲁爽传》，中华书局 1974 年点校本，第 1925 页。

② （北齐）魏收：《魏书》卷 2《太祖纪》，中华书局 1974 年点校本，第 29 页。

③ （唐）李百药：《北齐书》卷 21《封隆之传》，中华书局 1972 年点校本，第 306 页。

④ （唐）李百药：《北齐书》卷 21《封隆之传》，中华书局 1972 年点校本，第 295 页。

⑤ （梁）沈约：《宋书》卷 14《礼志一》，中华书局 1974 年点校本，第 368 页。

⑥ （晋）陈寿撰，（宋）裴松之注：《三国志》卷 57《虞翻传》，中华书局 1959 年点校本，第 1318 页。

有重要作用。

我们再来讨论鼓声振奋士气的作用。鼓声振奋士气是由于其能使人产生一种奋发的情感冲动，对此古人有明确的认识：《礼记·乐记》所谓“鼓鼙之声欢，欢以立动，动以进众，君子听鼓鼙之声，则思将帅之臣。”[①]《左传》僖公二十二年：“金鼓以声气也”，孔颖达曰：“谓金鼓佐士众之声气”[②]。在战争中使用鼓乐就是充分利用了这一点。《左传》载曹刿通过对敌方鼓声的判断准确把握住了战机，使鲁国获胜，成为军事史上著名的战例，曹刿的“一鼓作气”说是对鼓声这一作用的最好论断。兵书中对鼓声的这一功能也有所讨论，《六韬》记载了武王与姜尚关于两军对垒时如何取得优势的一段问答：

> 武王问太公曰：“引兵深入诸侯之地，与敌之军相当。两阵相望，众寡强弱相等，未敢先举。吾欲令敌人将帅恐惧，士卒心伤，行阵不固，后阵欲走，前阵数顾。鼓噪而乘之，敌人遂走。为之奈何？”太公曰：“如此者，发我兵，去寇十里而伏其两旁，车骑百里而越其前后。多其旌旂，益其金鼓。战合，鼓噪而俱起。敌将必恐，其军惊骇。众寡不相救，贵贱不相待，敌人必败。”[③]

这段对话不但对金、鼓使用之法有所描述，还道出了金、鼓在战事中发挥作用的心理机制，即“欲敌人将帅恐惧，士卒心伤”。敲击金、鼓所造成的震撼人心的效果在文学作品中也有描写。曹魏时期，缪袭根据《汉鼓吹铙歌十八曲》创作的魏鼓吹曲辞中有《初之平》及《平南荆》两首，分别歌颂曹操兴兵讨董卓、南征荆襄等历史功绩，《初之平》云：“初之平，义兵征。神武奋，金鼓鸣。”《平南荆》云：“南荆何辽辽，江汉浊不清。菁茅久不贡，王师赫南征。刘琮据襄阳，贼备屯樊城。六军庐新野，金鼓震天庭。”[④] 这些记载都有对战争中金、鼓等乐器使用效果的描写，再现了金、鼓等乐器在战争中使用时造成的威势煊赫的场面。

在史料中以鼓声振奋军威的战例也不少见，曹魏正元二年（255），

① （清）阮元校刻：《十三经注疏·礼记正义》，中华书局1980年版，第1541页中栏。
② （清）阮元校刻：《十三经注疏·春秋左传正义》，中华书局1980年版，第1814页上栏。
③ 曹胜高、安娜译注：《六韬》，中华书局2007年版，第159页。
④ （梁）沈约：《宋书》卷22《乐志四》，中华书局1974年点校本，第646页。

毌丘俭、文钦等起兵讨伐司马师，司马师亲率大军征讨，驻军于汝阳，毌丘俭、文钦驻军于项城。司马师先遣邓艾进屯乐嘉以诱文钦，而他则潜军衔枚，径造乐嘉。文钦将攻邓艾，与司马师遭遇。在此战中，文钦之子文鸯认为应趁司马师军马未定之时“登城鼓噪，击之可破”，但文鸯的击鼓未得到响应，“三噪而钦不能应”，文鸯只得退兵东去。司马师命精兵追击文鸯，诸将以为不可，司马师却认为：“一鼓作气，再而衰，三而竭。鸯三鼓，钦不应，其势已屈，不走何待？”[①] 最终大破文钦、文鸯军，这成为平定淮南的关键之战。在此战中，双方都认识到击鼓在交战时对振奋士气的重要作用，文鸯想趁司马师军马未定之时以击鼓喊噪的方式壮大己方声势、先声夺人，因未得到文钦的配合而丧失战机，而司马师正是从“三鼓而不应”中得知彼方士气已失，准确把握住了战机而取胜。

在战争中击鼓不仅可以壮大军威，威慑敌方，还能用鼓声制造兵势浩大的假象来迷惑对方，取得以少胜多的战果。《三国志》卷8裴松之注引《世说新语》，曹操征张鲁，张鲁弟张卫拒降，筑阳平城以自守，曹操欲还师，西曹掾郭谌以为宜攻取阳平后还师，曹操犹疑不决。其夜“有野麋数千突坏卫营，军大惊”，曹操大将高祚与张卫军遭遇，“祚等多鸣鼓角会众。卫惧，以为大军见掩，遂降”[②]。此次战役中，张卫军据守孤城，本已军心涣散，与曹军猝然相遇，并且曹军鸣鼓吹角以集士众使张卫军斗志更加衰弱，故能取得“不战而屈人之兵”的战果。同为这一时期的战例，蜀汉建兴六年（228），诸葛亮北伐，命马谡为先锋，但马谡舍水上山，裨将王平“规谏谡，谡不能用，大败于街亭”，以致“众尽星散”，此时唯余王平所领千人，王平“鸣鼓自持，魏将张郃疑其伏兵，不往逼也”[③]。此战中，王平鸣鼓以为疑兵，使张郃不能探其虚实，从而成功脱险。宋元嘉二十七年（450），拓跋焘率军大举南侵，占据兖州邹县、阳平等地。后遣楚王树洛真、南康侯杜道俊进军清西，占据萧城；步尼公进军清东，占据留城。宋积极应战，镇守彭城的安北将军、徐州

---

① （唐）房玄龄等：《晋书》卷2《景帝纪》，中华书局1974年点校本，第31页。

② （晋）陈寿撰，（宋）裴松之注：《三国志》卷8《张鲁传》，中华书局1959年点校本，第265页。

③ （晋）陈寿撰，（宋）裴松之注：《三国志》卷43《王平传》，中华书局1959年点校本，第1049—1050页。

刺史刘骏派遣参军马文恭至萧城，江夏王刘义恭派遣军主嵇玄敬至留城，以窥伺北魏军行动。前往萧城的马文恭未做好战前侦察，与北魏军相遇，被围而败；嵇玄敬前往留城，幢主华钦继其后，途中也与北魏军相遇，北魏将领看到嵇玄敬后有援军而不敢接战，匆忙退军，欲从苞桥渡清河而西，此时“沛县民烧苞桥，夜于林中击鼓。虏谓官军大至，争渡苞水，水深，溺死殆半”[①]。百姓夜晚于林中击鼓，使北魏军疑为伏兵，对于撤退中的北魏军来说，是颇具威慑效果的。东晋末孙恩之乱中，刘裕被困海盐故城，兵少食尽：“是夜，高祖多设伏兵，兼置旗鼓，然一处不过数人。明日，贼率众万余迎战。前驱既交，诸伏皆出，举旗鸣鼓。贼谓四面有军，乃退。”[②] 这也是以举旗鸣鼓兼设伏军的方式使乱军不能知其虚实而退军。

在战争中，除了单纯的击鼓、鸣金等用乐形式外，鼓吹乐也发挥着重要功能。鼓吹乐的演奏是以乐队为单位进行的，其演奏的音乐是有旋律的曲调，这就决定了其与单纯的金、鼓的演奏有所区别。首先，鼓吹乐在战争中主要是用来制造声势浩大的气氛，以壮大军威，增加士兵斗志，这与单纯的金、鼓演奏功能是一致的，但鼓吹乐无金、鼓的信号功能。其次，鼓吹乐是兼具礼仪用乐性质的音乐类型。魏晋之后，在军事活动中，尤其是在战争进行时，使用越来越少，它已经逐渐转变为一种单纯的礼仪用乐。沈约在《宋书·乐志一》中对其功能的演变作了总结：“魏、晋世给鼓吹甚轻，牙门督将五校，悉有鼓吹……今则甚重矣。”[③] 魏晋时期鼓吹乐在战争中壮大军威的作用仍然受到重视，因其实用性，普通将领就能获赐鼓吹乐。鼓吹乐在战争中的使用多见于汉末三国时期，我们通过相关材料来看一下鼓吹乐是如何在战争中发挥作用的。

《三国志》卷15《张既传》裴松之注引《魏略》：

> （夏侯）儒字俊林，夏侯尚从弟。初为鄢陵侯彰骁骑司马。……正始二年，朱然围樊城，城中守将乙修等求救甚急。儒进屯邓塞，以兵少不敢进，但作鼓吹，设导从，去然六七里，翱翔而还，使修等遥

① （梁）沈约：《宋书》卷95《索虏传》，中华书局1974年点校本，第2350页。

② （梁）沈约：《宋书》卷1《武帝纪》，中华书局1974年点校本，第2—3页。

③ （梁）沈约：《宋书》卷19《乐志一》，中华书局1974年点校本，第559页。

见之，数数如是。月余，及太傅到，乃俱进，然等走。时谓儒为怯，或以为晓以少疑众，得声救之宜。儒犹以此召还，为太仆。[①]

《三国志》卷47《吴主传》裴松之注引《吴历》：

曹公出濡须，作油船，夜渡洲上。权以水军围取，得三千余人，其没溺者亦数千人。权数挑战，公坚守不出。权乃自来，乘轻船，从濡须口入公军。……权行五六里，回还作鼓吹。公见舟船器仗军伍整肃，喟然叹曰："生子当如孙仲谋，刘景升儿子若豚犬耳！"[②]

《三国志》卷55《甘宁传》：

宁虽粗猛好杀，然开爽有计略，轻财敬士，能厚养健儿，健儿亦乐为用命。建安二十年，从攻合肥，会疫疾，军旅皆已引出，唯车下虎士千余人，并吕蒙、蒋钦、凌统及宁，从权逍遥津北。张辽觇望知之，即将步骑奄至。宁引弓射敌，与统等死战。宁厉声问鼓吹何以不作，壮气毅然，权尤嘉之。[③]

由上引材料可知，鼓吹乐在战争中的功能主要在于壮大军威，或营造声势，尤其是在战斗最为激烈之时，演奏鼓吹乐对于士气的重振具有重要作用。

魏晋之后，鼓吹乐的礼仪性质不断强化，礼器的身份得到凸显，作为皇帝对臣子的赏赐，只授予功勋卓著者及担负军事重任的将领，普通将领难以获得，其壮大军威、鼓舞士气的作用被逐渐弱化。战争中以鼓吹乐壮大军威、鼓舞士气的例子在魏晋之后的史料记载中很少见到。关于鼓吹乐的赏赐及其使用情况，我们将在第三节中进行专门讨论。

---

① （晋）陈寿撰，（宋）裴松之注：《三国志》卷15《张既传》，中华书局1959年点校本，第477页。

② （晋）陈寿撰，（宋）裴松之注：《三国志》卷47《吴主传》，中华书局1959年点校本，第1119页。

③ （晋）陈寿撰，（宋）裴松之注：《三国志》卷55《甘宁传》，中华书局1959年点校本，第1294—1295页。

五　魏晋南北朝战争结束之后的还师之礼及其用乐

师出有乐，师还亦有乐。与还师之礼相关的音乐在《诗经》时代就已存在。《诗经·小雅》有《出车》篇，毛传曰："《出车》，劳还率也。"[①]是为还师之将领所作的乐歌。西晋张华曾经创作《劳还师歌》，其所据即为《诗经》中的《采薇》《出车》。战后的还师仪式中的确存在用乐的情况，其乐名为愷乐，又名凯乐、恺乐。愷，据《说文解字》："愷，乐也。从心，豈声。"[②]"愷"乃高兴、快乐的意思。此乐用于军队战胜还师之时，正与还师仪式的情境、氛围相吻合——为庆贺战争取得胜利而演奏。在儒家经典及相关史料中我们能找到还师奏凯乐的记载，且古兵书中也有此规定。《周礼·大司乐》："王师大献，则令奏凯乐"，注云："凯乐，献功之乐。"[③]《周礼·乐师》："凡军大献，教凯歌，遂倡之。"[④]《周礼·镈师》："镈师掌金奏之鼓。凡祭祀，鼓其金奏之乐，飨食宾射亦如之。军大献，则鼓其凯乐。"[⑤]《周礼·大司马》："若师有功，则左执律，右秉钺，以先，凯乐献于社。"[⑥]《司马法》："得意则凯歌，示喜也。"[⑦]除此之外，《左传》僖公二十八年："城濮之战，晋中军风于泽，亡大旆之左旃，祁瞒奸命，司马杀之，以徇于诸侯。使茅茷代之，师还。壬午，济河，舟之侨先归，士会摄右。秋，七月，丙申，振旅，凯以入于晋。"[⑧]由经典及相关史料记载可知，在先秦时期战胜还师之时有用乐之事。具体来说，还师用乐有两种表现形式：其一，凯乐的演奏常常与振旅相结合，《左传》僖公二十八年晋师"振旅凯入"即为代表。振旅多行于战争或讲武练兵仪式之后班师时。《穀梁传》庄公八年："出曰治兵，习战也；入曰振旅，习战也。"[⑨]《左传》隐公五年："三年而治兵，入而振旅，归而饮至，以

---

① （清）阮元校刻：《十三经注疏·毛诗正义》，中华书局1980年版，第415页下栏。

② （汉）许慎撰，（清）段玉裁注：《说文解字注》，上海古籍出版社1981年版，第207页上栏。为了行文上的统一，除引文外本书中的"恺""愷"通作"凯"。

③ （清）阮元校刻：《十三经注疏·周礼注疏》，中华书局1980年版，第791页上栏。

④ （清）阮元校刻：《十三经注疏·周礼注疏》，中华书局1980年版，第794页中栏。

⑤ （清）阮元校刻：《十三经注疏·周礼注疏》，中华书局1980年版，第801页上栏—中栏。

⑥ （清）阮元校刻：《十三经注疏·周礼注疏》，中华书局1980年版，第839页中栏。

⑦ 王震撰：《司马法集释》，中华书局2018年版，第89页。

⑧ （清）阮元校刻：《十三经注疏·春秋左传正义》，中华书局1980年版，第1826页下栏—1827页上栏。

⑨ （清）阮元校刻：《十三经注疏·春秋穀梁传正义》，中华书局1980年版，第2382页中栏。

数军实，昭文章。”杜预注：“振，整也。”[①]《春秋繁露·重政》：“金者秋，杀气之始也。建立旗鼓，杖把旄钺，以诛贼残，禁暴虐，安集，故动众兴师，必应义理，出则祠兵，入则振旅，以闲习之。因于蒐狩，存不忘亡，安不忘危。”[②]《尔雅·释天》：“出为治兵，尚威武也。入为振旅，反尊卑也。”[③] 可见，所谓“振旅”，是指在讲武练兵完毕之后或战争结束后的整顿军队。

从史料记载可以看出，振旅与凯入是先后进行的两个部分。首先是振旅，即在进入都城之前整顿军队，使军士按照一定的队列、队形排列成阵势，即沈约所谓“凡师出曰治兵，入曰振旅，皆战陈之事”，振旅之后即为入城仪式，入城之时所奏之乐即为凯乐。其次，献捷于太庙时在太庙中用乐，孙诒让认为就是《周礼·乐师》中的“军大献，教凯歌”：“此凯歌盖亦以琴瑟歌诗，若升歌间歌诸节，皆乐师先发以为导，而后众工和之。”[④] 其用乐方式与祭祀、飨宴中的升歌、间歌相同。献捷于太庙而奏凯乐的形式，并不具有太多的军事方面的意义，由于献捷的对象是祖先，与其说是军礼，毋宁说是吉礼的一部分。

据史书记载，魏晋南北朝时期这两种仪式中都有凯乐的使用。我们先看这一时期战后还师、军队振旅入城时的凯乐演奏。太康平吴之役是西晋统一的重大战役，杜预是力主平吴者，在此役中厥功甚伟，其还师时就是“振旅凯入”。据《晋书·杜预传》记载：“孙皓既平，振旅凯入，以功进爵当阳县侯，增邑并前九千六百户，封子耽为亭侯，千户，赐绢八千匹。”[⑤] 东晋末何承天曾经据《汉鼓吹铙歌十八曲》私造《鼓吹饶歌》十五篇，其中有《战城南》篇，描写战阵之事，此诗是对整个战争场面的描写，其中也写到战争之后的还师情况，就包括凯乐的演奏，其诗曰：“奏凯乐，归皇都。班爵献俘，邦国娱。”[⑥] 这应该是对当时振旅还师用乐的反映。据《南齐书》，宋元徽二年（474）刘休范为乱，萧道成出兵平叛，遣其部将黄回、张敬儿诈降，刘休范中计，为黄回所杀，刘休范死后萧道成又“遣众军击杜姥宅、宣阳门诸贼，皆破平之”。在平定叛乱之后“太祖振

---

① （清）阮元校刻：《十三经注疏·春秋左传正义》，中华书局 1980 年版，第 1727 页上栏。
② 苏舆撰，钟哲点校：《春秋繁露义证》，中华书局 1992 年版，第 375—376 页。
③ （清）阮元校刻：《十三经注疏·尔雅注疏》，中华书局 1980 年版，第 2610 页中栏。
④ （清）孙诒让撰，王文锦、陈玉霞点校：《周礼正义》，中华书局 1987 年版，第 1813 页。
⑤ （唐）房玄龄等：《晋书》卷 34《杜预传》，中华书局 1974 年点校本，第 1030 页。
⑥ （梁）沈约：《宋书》卷 22《乐志四》，中华书局 1974 年点校本，第 663 页。

旅凯入，百姓缘道聚观，曰：‘全国家者此公也。’”① 另据《梁书》载，天监五年（506），魏将拓跋英、杨大眼寇钟离，围徐州刺史昌义之。萧衍诏曹景宗督众军救援昌义之，于次年大破拓拔英，在战胜之后“景宗乃搜军所得生口万余人，马千匹，遣献捷，高祖诏还本军，景宗振旅凯入，增封四百，并前为二千户，进爵为公。诏拜侍中、领军将军，给鼓吹一部。”② 以上为战胜后入城时所奏之乐。对四时讲武练兵仪式来说，振旅凯入的例子在这一时期史料中较少见，这主要是因为凯乐是表欢庆的音乐，与战事的胜利密不可分，故对这一音乐形式的选择是有针对性的，只有在战胜时才会使用。

除在战胜之后的入城仪式中奏凯乐之外，这一时期献俘于太庙时也有凯乐的演奏，据笔者所见资料，仅北周建德五年（576）一次：

> 夏四月乙巳，至自东伐。列齐主于前，其王公等并从，车辇旗帜及器物以次陈于其后。大驾布六军，备凯乐，献俘于太庙。京邑观者皆称万岁。③

魏晋南北朝时期有关献俘仪式的记载仅有五次，其中两次是在北周。可见这一军礼形式在此时有式微的趋势，在献俘时无凯乐演奏更是不难索解了。正如《魏书·礼志四》封祖胄所议：“案鼓吹之制，盖古之军声，献捷之乐，不常用也。”④ 从此议中我们还可以得到如下信息：凯乐的表现形式同样是借助于鼓吹乐，这是由凯乐的演奏场合及其本身的特点决定的。首先，其用于胜利后还师，要求通过音乐的演奏营造一种欢快、喜悦的仪式氛围，鼓吹乐的演奏使用打击及吹奏乐器，正能营造出这种氛围。其次，凯乐的演奏是在振旅入城时，是在行军过程中完成的，因此必须由便于携带、可在行进中演奏的乐器来完成，这也决定了必须采用鼓吹乐作为凯乐。

从以上论述可知，魏晋南北朝时期的还师用乐主要是在战后军队振旅入城之时演奏，意在表明将士得胜而还。总体来说，这一时期战事中凯乐使用并不频繁，我们只能根据所掌握的材料对其做粗浅的探讨。

---

① （梁）萧子显：《南齐书》卷1《高帝纪》，中华书局1972年点校本，第9页。
② （唐）姚思廉：《梁书》卷9《曹景宗传》，中华书局1973年点校本，第180—181页。
③ （唐）令狐德棻等：《周书》卷6《武帝下》，中华书局1971年点校本，第102页。
④ （北齐）魏收：《魏书》卷108《礼志四》，中华书局1974年点校本，第2800页。

第三节 鼓吹乐在魏晋南北朝军礼及军事活动中的使用

一 鼓吹乐的军乐属性

第二节我们对魏晋南北朝时期军礼及军事活动中的用乐做了较为系统的梳理，主要讨论了金、鼓等乐器在军礼及战争中的功能。在军礼及战争中，金、鼓等乐器发出的声音既是军队的行动信号，也能壮大军威、鼓舞士气，由于不具备曲调旋律，鸣金击鼓之声并不属于严格意义上的音乐。魏晋南北朝时期的军礼及军事活动中还存在着其他形式的用乐，其中最受统治者重视的就是鼓吹乐。鼓吹乐的演奏与金、鼓有明显的区别，它不是单一乐器的敲击，而是多种乐器合奏以构成特定的旋律，形成相应的曲调。此外，与主要用于传递信号的金、鼓相比，鼓吹乐是由特定的乐队演奏的，它们在军队行进行列中的位置与金、鼓也不相同①。

鼓吹乐是中国古代重要的音乐类型。西汉以后，鼓吹乐成为国家礼仪活动中不可或缺的部分，在一定程度上具备了先秦时期乐悬的功能。魏晋南北朝时期的鼓吹乐既继承了先秦传统的鼓吹乐②，也囊括了后来出现的鼓吹乐以及横吹乐③。郭茂倩认为："黄门鼓吹、短箫铙歌与横吹曲，得通名鼓吹，但所用异尔。"④ 从其得名来看，三者均可称为"鼓吹"，与他们最初隶属于黄门乐署有关⑤。从"黄门鼓吹、短箫铙歌与横吹曲，得通名'鼓吹'"的说法可知其使用范围之广，是祭祀飨宴、卤簿仪仗、军事

---

① 杨泓《汉魏六朝的军乐——"鼓吹"和"横吹"》云："东晋永和十三年（升平元年，357）冬寿墓内的壁画中，有一幅描绘他统军出行的图像。部队以身着甲胄手执盾戟的步兵为前导，主力是重铠的骑兵——甲骑具装，均执长柄的马稍。在军阵中央是坐在牛车中执麈尾指挥的冬寿，车后簇拥着手执节幢的骑吏，车前和两侧列有手执幡、弓矢、刀盾及钺斧的卫士。在车前执幡武士的前面，排列着二鼓一钲，上面张有四角朱伞，鼓、钲均用二人扛抬，另随一人执桴敲击。这当为军中指挥用的金鼓。在车后骑吏的后边，又排列着一组骑马的乐队，乐器包括敲击的鼓、铙和吹奏的箫、笳；鼓为建鼓，上树羽葆。这就是'鼓吹'。"见杨泓《中国古兵器论丛》（增订本），文物出版社 1985 年版，第 290 页。

② 宋新：《汉代鼓吹乐的渊源》，《中国音乐学》2005 年第 3 期。

③ 孙尚勇：《论汉代鼓吹的类别及流变》，《中国文化研究》2011 年夏之卷；另见李骜《汉四品乐文献考辨——兼论黄门鼓吹乐和短箫铙歌乐的关系》一文中的相关考辨，《文献》2013 年第 4 期。

④ （宋）郭茂倩：《乐府诗集》，中华书局 1979 年点校本，第 224 页。

⑤ 刘怀荣、宋亚莉：《魏晋南北朝乐府制度与歌诗研究》，商务印书馆 2010 年版，第 259 页。

活动及丧葬仪式中都使用的音乐形式，鼓吹乐的军乐属性主要体现在短箫铙歌与横吹乐上。

（一）短箫铙歌的军乐属性

下面我们讨论短箫铙歌的军乐属性。最早肯定短箫铙歌为军乐的是蔡邕，其《礼乐志》论汉乐四品曰："汉乐四品……三曰黄门鼓吹，天子所以宴乐群臣，《诗》所谓'坎坎鼓我，蹲蹲舞我'者也。其短箫、铙歌，军乐也。其传曰'黄帝、岐伯所作，以建威扬德，风劝士'也。盖《周官》所谓'王大师大献则令凯乐，军大献则令凯歌'也。"[①] 通过"其短箫、铙歌，军乐也"的表述可知，蔡邕认为短箫铙歌为黄门鼓吹乐的组成部分，属于军乐，主要功能在于"建威扬德，风劝士"及战后班师庆祝。这一观点被崔豹《古今注》所继承：

> 短箫铙歌，军乐也。黄帝使岐伯所作也，所以建武扬德，风劝战士也。《周礼》所谓"王大捷则令凯乐，军大献则令凯歌"者也。汉乐有黄门鼓吹，天子所以宴乐群臣。短箫铙歌，鼓吹之一章耳，亦以赐有功诸侯。[②]

《古今注》所谓"短箫铙歌，鼓吹之一章耳"，据学者考证，此处之"一章"当为"常"字之误[③]。若如此，则崔豹与蔡邕的观点毫无二致。但从沈约的《宋书》开始，短箫铙歌与鼓吹乐的关系发生了很大的变化，由从属关系一变而成为并列的乐种。《宋书·乐志一》载："蔡邕论叙汉乐曰：一曰郊庙神灵，二曰天子享宴，三曰大射辟雍，四曰短箫铙歌。"[④] 又说："鼓吹，盖短箫铙歌。蔡邕曰：'军乐也，黄帝岐伯所作，以扬德建武，劝士讽敌也。'"[⑤]《隋书》及以后讨论此问题者多从《宋书》，《隋书·音乐志上》记载汉乐四品：

---

① （晋）司马彪撰，（梁）刘昭注补：《后汉书志》第5《礼仪志中》，中华书局1965年点校本，第3131—3132页。

② （晋）崔豹：《古今注》，《文渊阁四库全书》第850册，台湾商务印书馆1986年版，第105页下栏。

③ 李骜：《汉四品乐文献考辨——兼论黄门鼓吹乐和短箫铙歌乐的关系》，《文献》2013年第4期。

④ （梁）沈约：《宋书》卷19《乐志一》，中华书局1974年点校本，第565页。

⑤ （梁）沈约：《宋书》卷19《乐志一》，中华书局1974年点校本，第558页。

> 一曰太予乐……三曰黄门鼓吹乐……其四曰短箫铙歌乐，军中之所用焉。黄帝时，岐伯所造，以建武扬德，风敌励兵，则《周官》所谓“王师大捷，则令凯歌”者也。[①]

《乐府诗集》在引用蔡邕《礼乐志》时增“四曰”二字，也将短箫铙歌置于第四品，其文曰：“蔡邕《礼乐志》曰：‘汉乐四品，其四曰短箫铙歌，军乐也。黄帝岐伯所作，以建威扬德、风敌劝士也。’”[②] 陈旸《乐书》同样肯定了其军乐性质：“东汉章帝（笔者按：‘章帝’应为‘明帝’）作乐四品……四曰短箫铙歌，军旅用之。”[③] 从以上对短箫铙歌资料的梳理可知，其与鼓吹乐是否为从属关系存在争议，其军乐性质却得到古代学者一致肯定。当今学者普遍认为短箫铙歌属于鼓吹乐，同时短箫铙歌是魏晋南北朝鼓吹乐的最主要构成[④]。

对于短箫铙歌的起源，已有许多学者做过专门讨论，常任侠从所使用的乐器角度讨论其起源，认为短箫铙歌所用的短箫即排箫，为二十一管之箫，而非中国本土纵吹之洞箫，其他金钲、铙、笳等乐器，也均是从西域传入，属于胡乐的范畴[⑤]；薛克翘认为，作为军乐的短箫铙歌是受印度军乐的影响而出现的[⑥]，也肯定了其异域音乐的性质。

（二）横吹曲的军乐属性

横吹曲也属于军乐的范畴。横吹曲与少数民族音乐关系密切，据《晋书·乐志下》载：“胡角者，本以应胡笳之声，后渐用之横吹，有双角，即胡乐也。张博望入西域，传其法于西京，惟得《摩诃兜勒》一曲。李延年因胡曲更造新声二十八解，乘舆以为武乐。后汉以给边将，和帝时，万人将军得用之。”[⑦] 从“乘舆以为武乐”可知，横吹曲在成为军乐之前曾被用作歌颂帝王武功的乐歌[⑧]。横吹曲从黄门武乐转变为军乐并不是偶然

① （唐）魏征、令狐德棻：《隋书》卷13《音乐志上》，中华书局1973年点校本，第286页。

② （宋）郭茂倩：《乐府诗集》，中华书局1979年点校本，第223页。

③ （宋）陈旸：《乐书》，《文渊阁四库全书》第211册，台湾商务印书馆1986年版，第805页上栏。

④ 李鹜：《汉四品乐文献考辨——兼论黄门鼓吹乐和短箫铙歌乐的关系》，《文献》2013年第4期。

⑤ 常任侠：《汉唐间西域音乐艺术的东渐》，《音乐研究》1980年第2期。

⑥ 薛克翘：《佛教与中国文化》，昆仑出版社2006年版，第199页。

⑦ （唐）房玄龄等：《晋书》卷23《乐志下》，中华书局1974年点校本，第715页。

⑧ 孙尚勇：《乐府文学文献研究》，人民文学出版社2007年版，第210页。

的，“马上作乐”的演奏方式决定了它是适合在军事活动中使用的音乐类型。从其传入中国开始就被改造，作为帝王所用的乘舆武乐，进而转变成为赏赐边将的军乐，这与“马上作乐”的演奏方式是密不可分的。关于横吹曲与鼓吹乐的关系，郭茂倩在《乐府诗集·鼓吹曲辞序》中说得较为明确：

> 横吹曲，其始亦谓之鼓吹，马上奏之，盖军中之乐也。北狄诸国，皆马上作乐，故自汉已来，北狄乐总归鼓吹署。其后分为二部，有箫笳者为鼓吹，用之朝会、道路，亦以给赐。汉武帝时，南越七郡，皆给鼓吹是也。有鼓角者为横吹，用之军中，马上所奏者是也。[①]

由此可知，用于朝会、道路与赏赐的鼓吹乐以及用于军中的横吹曲本同属于鼓吹署，所以“其始亦谓之鼓吹”，其区别主要在使用的乐器上，这导致二者的使用场合有所差异。从“箫、笳”与“鼓、角”的区别来看，前者多出现于朝会、道路，即下文所讨论的用于赏赐的鼓吹乐；后者多出现于战阵，下文讨论的用于战斗及行军之中者当有之。出土文物也可以为横吹曲在魏晋南北朝时期军事中的广泛应用提供佐证，河北磁县北齐冯翊王高润墓鼓吹陶俑（图2）以及河南邓州画像砖（图3）中的乐队所用的主要乐器就是鼓与角，生动再现了南北朝时期横吹曲演奏的状况。

图2　河北磁县北齐冯翊王高润墓出土鼓吹陶俑[②]

① （宋）郭茂倩：《乐府诗集》，中华书局1979年点校本，第309页。

② 见磁县文化馆《河北磁县北齐高润墓》，《考古》1979年第3期。

图 3　河南邓州画像砖[①]

二　魏晋南北朝军事活动中使用的鼓吹乐[②]

（一）作为行军导从之乐的鼓吹乐

前文已述，鼓吹乐在魏晋南北朝的国家礼仪中使用较为普遍，就鼓吹乐的使用场合来说，主要是作为帝王、文武百官出行时的卤簿用乐，在这一时期的史料与文学作品中对鼓吹乐的这一功用有较多记载，以下略举几例以作说明。

曹丕《与吴质书》：

> 方今蕤宾纪时，景风扇物，天气和暖，众果具繁。时驾而游，北遵河曲，从者鸣笳以启路，文学托乘于后车，节同时异，物是人非，我劳如何！今遣骑到邺，故使枉道相过。行矣，自爱！[③]

曹植《圣皇篇》：

> 车服齐整设，韡晔耀天精。武骑卫前后，鼓吹箫笳声。[④]

---

① 笔者摄于中国国家博物馆。

② 梁满仓先生在《魏晋南北朝五礼制度考论》一书中提出了“军礼鼓吹”的概念，并指出，这一乐类在军事中用于各种军事目的，但并未就这些鼓吹乐的使用情况作具体说明，我们在这里就针对其具体的使用情况做相应的论述。

③ （清）严可均：《全上古三代秦汉三国六朝文》，中华书局 1958 年影印版，第 1089 页上栏。

④ （魏）曹植著，赵幼文校注：《曹植集校注》，中华书局 2016 年版，第 482 页。

《三国志·诸葛恪传》：

> 权拜恪抚越将军，领丹扬太守，授棨戟武骑三百。拜毕，命恪备威仪，作鼓吹，导引归家，时年三十二。①

宋明帝《与刘勔、张兴世、萧道成诏暴吴喜罪》：

> 故上古象刑，民淳不犯，后圣惩伪，易以黥墨。唐尧至仁，不赦四凶之罪；汉高大度，而急三杰之诛。且太公为治，先华士之刑；宣尼作宰，肆少正之戮。自昔力安社稷，功济苍生，班剑引前，笳鼓陪后，不能保此者，历代无数。养之以福，十分有一耳。至若喜之深罪，其得免乎?②

《陈书·高祖纪下》：

> 二年春正月乙未，诏曰："夫设官分职，因事重轻，羽仪车马，随时隆替。晋之五校，鸣笳启途……朕膺兹宝历，代是天工，留念官方，庶允时衷。③

由上引资料可知，鼓吹乐的一项重要应用是在道路行进中演奏，以彰显皇帝与官员等出行仪仗的威势。在这里我们有必要对导从鼓吹乐与战争所用鼓吹乐进行一下区分。作为导从鼓吹乐，所使用的乐器主要为鼓、箫与笳，也就是郭茂倩所说的用于朝会、道路、赏赐的鼓吹乐。关于导从鼓吹乐队的构成，《隋书·音乐志上》载陈代鼓吹乐队的乐器及人员构成："其制，鼓吹一部十六人，则箫十三人，笳二人，鼓一人。东宫一部，降三人，箫减二人，笳减一人。诸王一部，又降一人，减箫一。庶姓一部，又降一人，复减箫一。"④ 在这一时期的史料中，经常用鼓、箫、笳等乐

---

① （晋）陈寿撰，（宋）裴松之注：《三国志》卷64《诸葛恪传》，中华书局1959年点校本，第1431页。

② （清）严可均：《全上古三代秦汉三国六朝文》，中华书局1958年影印版，第2488页下栏。

③ （唐）姚思廉：《陈书》卷2《高祖纪下》，中华书局1972年点校本，第35页。

④ （唐）魏征、令狐德棻：《隋书》卷13《音乐志上》，中华书局1973年点校本，第309页。

器来代指鼓吹乐。陈代导从鼓吹乐队的构成情况，可以作为整个魏晋南北朝时期同一类型鼓吹乐队构成的参照。

在魏晋南北朝时期，使用鼓、箫、笳等乐器演奏的鼓吹乐也常用于行军道路之中，作为导从之乐以显示将帅的威仪与军队的声势，也可用作班师回朝的凯乐。鼓吹乐作为行军导从之用，与这一时期以鼓吹乐赏赐将领有密切关系，对此我们在后文详论。据《三国志》载，士燮为交阯太守，其弟士壹为合浦太守，兄弟二人“并为列郡，雄长一州，偏在万里，威尊无上。出入鸣钟磬，备具威仪，笳箫鼓吹，车骑满道”[①]。三国时期，刺史、太守领州并郡，掌控军队，其在出行道路时奏鼓吹乐以自重，显然具有军乐性质。《三国志》注引《魏略》：“正始二年，朱然围樊城，城中守将乙修等求救甚急。儒进屯邓塞，以兵少不敢进，但作鼓吹，设导从，去然六七里，翱翔而还，使修等遥见之，数数如是。月余，及太傅到，乃俱进，然等走。”[②] 此处的鼓吹乐在军事中作为导从之乐，也能体现军队威势、威慑敌军。这一时期将鼓吹乐作为军队导从之乐的事例还有很多，兹举较有代表性者如下：

《晋书·陶璜传》：

> 元有勇将解系同在城内，璜诱其弟象，使为书与系，又使象乘璜轺车，鼓吹导从而行。[③]

《宋书·邓琬传》：

> 尚书下符曰：……使持节、骠骑大将军、豫州刺史山阳王休祐，总勒步师，连旗百万，河舟代马，遄骛江渍，越棘吴钩，交曜畿服，笳鼓动坤维，金甲震云汉，掎角相望，水陆俱发。[④]

《册陈公九锡文》：

---

① （晋）陈寿撰，（宋）裴松之注：《三国志》卷 49《士燮传》，中华书局 1959 年点校本，第 1192 页。

② （晋）陈寿撰，（宋）裴松之注：《三国志》卷 15《张既传》，中华书局 1959 年点校本，第 477 页。

③ （唐）房玄龄等：《晋书》卷 57《陶璜传》，中华书局 1974 年点校本，第 1558 页。

④ （梁）沈约：《宋书》卷 84《邓琬传》，中华书局 1974 年点校本，第 2136 页。

> 内难初静，诸侯出关，外郡传烽，鲜卑犯塞，莫非且渠、当户，中贵名王，冀马迥于淮南，胡笳动于徐北。公舟师步甲，亘野横江，歼厥群羝，遂殚封狶，莫不绁木而止，戎车靡遗，遇泞而旋，归骖尽殪。此又公之功也。[①]

在以上诸例中，鼓吹乐均作为导从之乐以体现主将的威势。何承天在东晋末曾私造《鼓吹铙歌》十五篇，其《朱路》篇描写鼓吹乐在行军中的演奏："朱路扬和鸾，翠盖耀金华。玄牡饰樊缨，流旌拂飞霞。雄戟辟旷涂，班剑翼高车。三军且莫喧，听我奏铙歌。清鞞惊短箫，朗鼓节鸣笳。"[②]从歌辞中涉及的鞞、短箫、鼓、笳等乐器来看，这是在朝会、道路、赏赐等仪式中作为导从之用的鼓吹乐。

（二）鼓吹乐在战斗中的使用

除以鼓、箫、笳为主的导从鼓吹乐在军事活动中的运用外，另一种鼓吹乐——以鼓、角为主要演奏乐器的横吹乐在这一时期的军事活动中也得到使用，主要用于战斗之中，以振奋军心，激励士气，在上节中我们已经有所论述，此处再做一些补充。《三国志·田豫传》：

> 文帝初，北狄强盛，侵扰边塞，乃使豫持节护乌丸校尉，牵招、解俊并护鲜卑。……豫以戎狄为一，非中国之利，乃先构离之，使自为仇敌，互相攻伐。素利违盟，出马千匹与官，为比能所攻，求救于豫。豫恐遂相兼并，为害滋深，宜救善讨恶，示信众狄。单将锐卒，深入虏庭，胡人众多，钞军前后，断截归路。豫乃进军，去虏十余里结屯营，多聚牛马粪然之，从他道引去。胡见烟火不绝，以为尚在，去，行数十里乃知之。追豫到马城，围之十重，豫密严，使司马建旌旗，鸣鼓吹，将步骑从南门出，胡人皆属目往赴之。豫将精锐自北门出，鼓噪而起，两头俱发，出虏不意，虏众散乱，皆弃弓马步走，追讨二十余里，僵尸蔽地。[③]

---

① （唐）姚思廉：《陈书》卷1《高祖纪》，中华书局1972年点校本，第17页。

② （梁）沈约：《宋书》卷22《乐志四》，中华书局1974年点校本，第661—662页。

③ （晋）陈寿撰，（宋）裴松之注：《三国志》卷26《田豫传》，中华书局1959年点校本，第727页。

《资治通鉴》载，在侯景之乱中，王僧辩据守巴陵，侯景大军围城，于是：

> 僧辩遣轻兵出战，凡十余返，皆捷。景被甲在城下督战，僧辩著绶、乘舆、奏鼓吹巡城，景望之，服其胆勇。①

由以上几个战例可知，这种鼓吹乐往往是在战争过程中演奏的，起到振奋士气的作用。这与单纯作为信号的鸣金、击鼓及作为导从的鼓吹乐是有所区别的。又据《陈书》，天嘉四年（563），陆子隆随都督章昭达讨周迪，迪退走，因随章昭达逾东兴岭讨陈宝应，“军至建安，以子隆监郡。宝应据建安之湖际以拒官军，陆子隆与章昭达各据一营，昭达先与贼战，不利，亡其鼓角，子隆闻之，率兵来救，大破贼徒，尽获昭达所亡羽仪甲仗”②。鼓、角是在军事活动中发号施令的乐器，也是演奏鼓吹乐的主要乐器，鼓、角的丢失可能会导致整个战事的失利。

需要注意的是，鼓吹乐用于战斗之中，往往不注重音乐的旋律，而是要营造声势，以取得振奋军心、威慑敌军的效果。

三　作为赏赐的鼓吹乐对军事活动的参与

（一）魏晋南北朝时期鼓吹乐的“礼乐”地位之确立

魏晋南北朝时期，鼓吹乐已经逐渐具备了“礼乐”的性质，作为“礼乐”，其在军事活动中的功能主要体现在以下两个方面。

首先，对军事活动的实际参与，表现为：作为军队行进之导从乐以增强军队的威势、在战斗过程中奏鼓吹乐以增进士气、还师之时奏鼓吹乐以为凯乐。据前文所述可知，史书与文学作品对这一时期鼓吹乐的演奏有较多的描写，鼓吹乐大多用于皇帝、官员、将领的出行仪仗之中，从帝王前往祭祀场所卤簿鼓吹乐的演奏到州郡长官以鼓吹乐导从，无不如此。在鼓吹乐中，鼓、箫、笳等乐器的合奏能营造出气势宏大的氛围，其最主要的作用在于凸显出行者所用卤簿的威仪及增强军队的威势。

其次，作为地位与军功的象征形式，在战前、战后赏赐统军将领，以

---

①（宋）司马光编著，（元）胡三省音注：《资治通鉴》卷164《梁纪二十》，中华书局1956年点校本，第5066页。

②（唐）姚思廉：《陈书》卷22《陆子隆传》，中华书局1972年点校本，第294页。

实现对将领身份、地位的确认。鼓吹乐的规模及演奏效果能够显示使用者的身份、地位，统治者准确地把握住了这一点，用以赏赐百官。这类乐器所具有的便携、机动的特点，也能更好地适应魏晋南北朝礼仪用乐的实际情况，在效果上优于金石乐悬，故逐渐取代金石乐悬，成为国家礼乐制度的重要组成部分[①]。

魏晋以后，与战争中的实际应用相比，鼓吹乐更频繁地作为皇帝赏赐之物出现在史料记载中，这是两汉以来一直存在的礼乐传统："有箫笳者为鼓吹，用之朝会、道路，亦以给赐"，汉武帝时南越七郡皆给鼓吹乐；班超为将兵长史，章帝假以鼓吹乐，都是以鼓吹乐的形式来确认受赐者的身份。在魏晋南北朝，鼓吹乐作为身份与地位的象征形式已经成为一种固有观念。北魏延昌三年（514）七月，"司空、清河王怿第七叔母北海王妃刘氏薨，司徒、平原郡开国公高肇兄子太子洗马员外亡，并上言，未知出入犹作鼓吹不，请下礼官议决。"当时参与议决的有国子助教韩神固、兼仪曹郎中房景先、秘书监国子祭酒孙惠蔚，三人虽然对丧礼是否作乐存在争议，但对鼓吹乐的看法相当一致，即鼓吹乐主要用于确认被赏赐者的身份，如孙惠蔚认为："案鼓吹之制，盖古之军声，献捷之乐，不常用也。有重位茂勋，乃得备作。方之金石，准之管弦，其为音奏，虽曰小殊，然其大体，与乐无异。"韩神固以为："鸣铙以警众，声笳以清路者，所以辨等列，明贵贱，非措哀乐于其间矣。"[②] 此处所谓"重位茂勋，乃得备作"的规定及"辨等列，明贵贱"的作用表明，鼓吹乐的功能已远远超出了单纯的军事用乐的范畴，成为与先秦金石乐悬一样的礼乐重器，具有区分等级、贵贱的作用。

在魏晋南北朝时期的军事活动中，鼓吹乐的"礼乐"功能已经充分体现。赏赐将领鼓吹乐成为十分重要的赏赐形式，而作为军队将领，获赐鼓吹乐也是确认自己身份与地位的最好方式。在军事活动中赏赐鼓吹乐始于汉代，延续至魏晋，其时鼓吹乐的赏赐条件较为宽松。沈约《宋书·乐志一》对鼓吹乐的赏赐情况有所记载："魏、晋世给鼓吹甚轻，牙门督将五校，悉有鼓吹。……今则甚重矣。"[③] 在曹魏灭蜀时，"斩牙门数人，便加

---

① 项阳：《重器功能，合礼演化——从金石乐悬到本品鼓吹》，《以乐观礼》，北京时代华文书局2015年版，第155—168页。

② （北齐）魏收：《魏书》卷108《礼志四》，中华书局1974年点校本，第2800—2801页。

③ （梁）沈约：《宋书》卷19《乐志一》，中华书局1974年点校本，第559页。

鼓吹”，此时赏赐鼓吹乐的条件比较宽松，将士只需立下较小的军功就可获赐鼓吹乐，牙门、督将、五校等军中地位较低的将领均可获赐，这正与沈约所说的“魏晋给鼓吹甚轻”相符合。西晋以后，赏赐鼓吹乐的条件更严苛，即沈约所说“今则甚重矣”，如《陈书·蔡征传》载：“（蔡征）初拜吏部尚书，启后主借鼓吹，后主谓所司曰：‘鼓吹军乐，有功乃授。蔡征不自量揆，紊我朝章。然其父景历既有缔构之功，宜且如所启，拜讫即追还。’”[①] 陈后主以“鼓吹军乐，有功乃授”的借口拒绝了蔡征的请求，鉴于其父蔡景历的开国之功才勉强授予，但也是“拜讫即追还”，可见此时鼓吹乐之不易得。

从魏晋的给鼓吹乐甚轻至晋之后的甚重，说明在军事活动中鼓吹乐的性质与地位已经发生变化，它由单纯的军乐转变为显示受赐者身份与地位的重要“礼乐”，其在军事中所发挥的作用不断削弱。因此，在魏晋南北朝时期，鼓吹乐在军事中具有军乐与“礼乐”的双重属性，鼓吹乐对军事活动的参与与其向“礼乐”的转化密不可分。下面通过史料的梳理探讨作为赏赐的鼓吹乐在军事活动中是如何发挥作用的。

（二）作为赏赐的鼓吹乐在军事活动中发挥作用的机制

在先秦时期，金石乐悬是确认统治者等级的重要标志，到魏晋南北朝时期，以金石乐悬作为身份标志的记载几乎不见踪影，此时鼓吹乐已经取代了金石乐悬成为一种重要的身份象征。这种情况在军事活动中体现得尤为明显，这一时期获赐鼓吹乐者尤以军事将领为多，具体来看，军事将领获赐鼓吹乐的情况又分为三种：出征、军功、委以军事重任，下文我们进行具体分析。

1. 出征时赏赐鼓吹乐，以确认将领的军事指挥权、激励将士

有学者指出：“秦、汉以降，皇帝亲征之事少而命将出征之事繁”[②]，这表明，自秦、汉以来的对内、对外战争中，承担领军重任的多为皇帝所任命的军事将领。魏晋南北朝时期，尤其是魏晋之后，在将领出征之时赏赐鼓吹乐所蕴含的意义与授节钺是一致的，即用以确认将领在战争中的军事指挥权。

这一时期，在出征之时赏赐鼓吹乐的事例屡见于文献，并且往往与其

---

① （唐）姚思廉：《陈书》卷29《蔡征传》，中华书局1972年点校本，第392—393页。

② 任爽：《唐代礼制研究》，东北师范大学出版社1999年版，第97页。

他确认将领身份的器物一同赏赐。所赐鼓吹乐依据出征主将级别的不同以及战争的规模分为不同的等次。第一等次为“羽葆鼓吹”。所谓“羽葆鼓吹”，即在鼓吹乐队中有以鸟羽为饰的伞盖，类似纛[①]，以表明使用者的身份。羽葆鼓吹的赏赐多是在发动大规模军事征伐之时，获赐者多为朝中地位极高的大臣。《三国志·诸葛亮传》载，建兴三年（225）春，诸葛亮率众南征，刘禅“诏赐亮金斧钺一具，曲盖一，前后羽葆鼓吹各一部，虎贲六十人”[②]。此次征伐是诸葛亮平定南中诸郡叛乱的重要战役，当时刘禅刚刚即位，国内政局不稳，蜀汉内忧外患，此次出征对稳定蜀汉政权，消除南顾之忧，专心北伐，恢复中原有重要意义，朝廷对此次出征极为重视。另外，此时诸葛亮位高权重，史称“政事无巨细，咸决于亮”[③]，在出征前获赐羽葆鼓吹两部并其他礼器是理所当然的。又如西晋统一全国的大规模军事行动——伐吴之役，此役由贾充总督其事，出征前晋武帝“诏充为使持节、假黄钺、大都督，总统六师，给羽葆鼓吹、缇幢、兵万人、骑二千”[④]。此次征伐，贾充身份为大都督，伐吴的诸路大军，包括镇军将军司马伷、镇南大将军杜预、建威将军王戎、平南将军胡奋、龙骧将军王濬、巴东监军鲁国唐彬、安东将军王浑等都受其节度。在战前赐贾充羽葆鼓吹，有确认其都督身份与指挥权的重要意义。

在这一时期，大多数将领出征前获赐的鼓吹乐是无羽葆的。鼓吹乐的赏赐旨在表明军事将领的身份与地位，也用以激励将士，前文所述的行军及战争中演奏的鼓吹乐很可能是在出征之时获赐的。出征前赏赐鼓吹乐的事例史书记载颇夥，《宋书·黄回传》载：“沈攸之反，以回为使持节、督郢州司州之义阳诸军事、平西将军、郢州刺史，给鼓吹一部，率众出新亭为前锋。”[⑤]《南齐书·李安民传》：“虏寇寿春，至马头。诏安民出征，加鼓吹一

---

① 《汉书·韩延寿传》载：“建幢棨，植羽葆。”颜师古注：“羽葆，聚翟尾为之，亦今纛之类也。”见（汉）班固《汉书》卷76《韩延寿传》，中华书局1962年点校本，第3214—3215页。

② （晋）陈寿撰，（宋）裴松之注：《三国志》卷35《诸葛亮传》，中华书局1959年点校本，第920页。

③ （晋）陈寿撰，（宋）裴松之注：《三国志》卷35《诸葛亮传》，中华书局1959年点校本，第918页。

④ （唐）房玄龄等：《晋书》卷40《贾充传》，中华书局1974年点校本，第1169页。

⑤ （梁）沈约：《宋书》卷83《黄回传》，中华书局1974年点校本，第2123页。

部。"[①]《梁书·王茂传》:"是岁,江州刺史陈伯之举兵叛,茂出为使持节、散骑常侍、都督江州诸军事、征南将军、江州刺史,给鼓吹一部,南讨伯之。"[②]《陈书·徐世谱传》:"西魏来寇荆州,世谱镇马头岸,据有龙洲。元帝授侍中、使持节、都督江南诸军事、镇南将军、护军将军,给鼓吹一部。"[③]《北史·于栗磾传附于烈传》:"诏除领军将军,以本官从征荆沔,加鼓吹一部。"[④] 将领出征时获赐的鼓吹乐既可以在行军时演奏,以壮大军威,也可以在战争中演奏,以鼓舞士气,最重要的是获赐鼓吹乐所具有的象征意义,其实用价值是附着在"礼乐"价值上的。

2. 因军功而赏赐鼓吹乐

战后赏赐有军功的将领也是这一时期鼓吹乐在军事中发挥作用的重要方式,获赐鼓吹乐也成为军事将领的一种至高荣誉。西晋王浑有《请赐綦毋倪鼓吹表》,为骑督綦毋倪求鼓吹乐:"吴国临战牙门将张秦、黄辰,骑督綦毋倪,勇捷效武,破贼制胜,此三人之所致也。秦、辰已亡,今倪独在。昔伐蜀有小战功,牙门数人,便加鼓吹,至于灭吴一国而有未得鼓吹者。以臣愚昧,谓圣诏赐倪鼓吹,存录猛将,以尽武人之力也。"[⑤] 王浑先陈述綦毋倪所立军功,认为以綦毋倪之功应得鼓吹乐,又说赐鼓吹乐有利于"存录猛将,以尽武人之力"。也就是说,战后赐鼓吹乐可以表彰将领的战功,以提高武将的地位,使其能够在战争中竭尽心力。作为魏晋南北朝时期奖励军功的一项重要措施,赐鼓吹乐的记载屡见于史书,兹择其要者罗列如下:吕蒙以破荆州、擒关羽而获赐鼓吹乐[⑥];刘聪以石勒平幽州之功,赏赐其前后二部鼓吹乐[⑦];陶侃因平苏峻之乱而获赐羽葆鼓吹乐[⑧];谢尚讨破苻秦许

① (梁)萧子显:《南齐书》卷27《李安民传》,中华书局1972年点校本,第507页。

② (唐)姚思廉:《梁书》卷9《王茂传》,中华书局1973年点校本,第176页。

③ (唐)姚思廉:《陈书》卷13《徐世谱传》,中华书局1972年点校本,第198页。

④ (唐)李延寿:《北史》卷23《于栗磾传附于烈传》,中华书局1974年点校本,第839页。

⑤ (宋)李昉:《太平御览》卷567,中华书局1960年影印本,第2563页上栏—下栏。

⑥ 《三国志》注引《江表传》曰:"权于公安大会,吕蒙以疾辞,权笑曰:'擒羽之功,子明谋也。今大功已捷,庆赏未行,岂邑邑邪?'乃增给步骑鼓吹,敕选虎威将军官属,并南郡、庐江二郡威仪。拜毕还营,兵马导从,前后鼓吹,光耀于路。"见(晋)陈寿撰,(宋)裴松之注《三国志》,中华书局1959年点校本,第1280页。

⑦ 《晋书·石勒载记上》:"遣其使人柳纯持节署勒大都督陕东诸军事、骠骑大将军、东单于,侍中、使持节、开府、校尉、二州牧、公如故,加金钲黄钺,前后鼓吹二部,增封十二郡。"见(唐)房玄龄等《晋书》卷104《石勒载记上》,中华书局1974年点校本,第2723—2724页。

⑧ 王隐《晋书》载:陶侃平苏峻,除侍中太尉,加羽葆鼓吹。见(宋)李昉《太平御览》卷567,中华书局1960年影印本,第2562页上栏。

昌守将杨平，也获赐鼓吹乐①；北魏时王肃破齐将裴叔业，得鼓吹乐一部②；南齐建元二年（480），北魏围攻寿春，桓崇祖破之，以军功求鼓吹乐，最终如愿③；王僧辩破侯景大将宋子仙，得鼓吹乐一部，侯景之乱平后，得鼓吹乐如故④。陈后主“鼓吹军乐，有功乃授”的说法是建立在这一时期所施行的以鼓吹乐奖励军功的实践基础之上的。

在这一时期，因军功而获赐鼓吹乐的例子尚有很多，鼓吹乐已经成为奖励军功的特定赏赐物品，已经超出了其本身所具有的实用功能，转变为地位和荣誉的象征形式，与士兵的关系渐疏而与将领的关系益密。通过鼓吹乐的赏赐以确认、肯定军事将领的功绩，调动其统兵的积极性、主动性，进而取得战事的胜利，这成为军事活动中赏赐鼓吹乐的重要目的。

3. 因委以军事重任而赏赐鼓吹乐

魏晋南北朝时期，将领在被委以军事重任时也会获赐鼓吹乐。这一时期，军队的构成主要为负责地方军事的外军和京城内的中军。外军与中军的将领往往获赐鼓吹乐，这些鼓吹乐与战争无直接关系，是一种表明军事将领身份与地位的象征物。我们可以通过这一时期外军、中军将领获赐鼓吹乐的情况来探讨这一问题。以下是对这一时期外军将领与中军将领获赐鼓吹乐情况的统计。

表 5　　魏晋南北朝时期外军将领获赐鼓吹乐情况统计表

朝代	将领	所委重任	鼓吹种类	所据史料
晋	郭弈	雍州刺史，鹰扬将军	鼓吹	《晋书》卷45《郭弈传》
晋	周访	振武将军，寻阳太守	鼓吹	《晋书》卷58《周访传》

① 《晋书》卷79《谢尚传》：“时苻健将杨平戍许昌，尚遣兵袭破之，征授给事中，赐轺车、鼓吹，戍石头。”见（唐）房玄龄等《晋书》卷79《谢尚传》，中华书局1974年点校本，第2071页。

② 《北史·王肃传》：“以破齐将裴叔业功，进号镇南将军，加都督四州诸军事，封汝阳县子。肃频表固让，不许，诏加鼓吹一部。”见（唐）李延寿《北史》卷42《王肃传》，中华书局1974年点校本，第1538页。

③ 建元二年，魏攻寿春，崇祖破之。启至，上谓朝臣曰：“崇祖恒自拟韩、白，今真人也。”进为都督。崇祖闻陈显达、李安人皆增给军仪，乃启求鼓吹。上敕曰：“韩、白何可不与众异？给鼓吹乐一部。”见（宋）李昉《太平御览》卷567，中华书局1960年影印本，第2562页上栏。

④ （唐）姚思廉：《梁书》卷54《王僧辩传》，中华书局1973年点校本，第629页。

续表

朝代	将领	所委重任	鼓吹种类	所据史料
晋	司马祐	领兵三千守许昌	鼓吹	《晋书》卷59《汝南王亮传附祐传》
晋	刘毅	都督豫州、扬州之淮南、历阳、庐江、安丰、堂邑五郡军事，豫州刺史，都督宣城军事	鼓吹一部	《晋书》卷85《刘毅传》
宋	刘义隆	督荆、益、宁、雍、梁、秦、北秦七州，进号镇西将军	鼓吹一部	《宋书》卷5《文帝纪》
宋	刘彧	使持节，都督徐、兖二州、豫州之梁郡诸军事，镇北将军，徐州刺史	鼓吹一部	《宋书》卷8《明帝纪》
宋	刘准	车骑将军，都督杨、南豫二州诸军事	鼓吹一部	《宋书》卷10《顺帝纪》
宋	刘义欣	监豫、司、雍、并四州诸军，豫州刺史，将军	鼓吹一部	《宋书》卷51《宗室传》
宋	蔡廓	都督会稽、东阳、新安、永嘉、临海五郡诸军事	鼓吹一部	《宋书》卷57《蔡廓传》
宋	刘义恭	都督扬、南徐二州诸军事，南徐、徐二州刺史	鼓吹一部	《宋书》卷61《武三王传》
宋	刘义宣	都督扬、豫二州，扬州刺史	羽葆鼓吹	《宋书》卷68《武二王传》
宋	刘铄	豫州刺史，领安蛮校尉	鼓吹一部	《宋书》卷72《文九王传》
宋	刘休若	督吴、吴兴、晋陵三郡	鼓吹一部	《宋书》卷72《文九王传》
宋	沈庆之	镇北大将军，进督青、冀、幽三州	鼓吹一部	《宋书》卷77《沈庆之传》
宋	萧思话	使持节，都督徐、兖、青、冀、幽五州、豫州之梁郡诸军事，安北将军，徐州刺史	鼓吹一部	《宋书》卷78《萧思话传》
宋	刘诞	都督会稽、东阳、新安、临海、永嘉五郡诸军事	鼓吹一部	《宋书》卷79《文五王传》
宋	刘休范	都督南徐、徐、南兖、兖四州诸军事，镇北将军，南徐州刺史	鼓吹一部	《宋书》卷79《文五王传》

续表

朝代	将领	所委重任	鼓吹种类	所据史料
宋	刘尚	都督扬州、江州之鄱阳、晋安、建安三郡诸军事，扬州刺史	鼓吹一部	《宋书》卷80《孝武十四王传》
南齐	萧嶷	都督江州、豫州之新蔡、晋熙二郡军事，左将军，江州刺史	鼓吹一部	《南齐书》卷22《豫章文献王传》
南齐	王敬则	都督会稽、东阳、新安、临海、永嘉五郡军事，镇东将军，会稽太守	鼓吹一部	《南齐书》卷26《王敬则传》
南齐	陈显达	都督江州诸军事，征南大将军，江州刺史	鼓吹一部	《南齐书》卷26《陈显达传》
南齐	萧映	都督荆、湘、雍、益、梁、巴、宁、南北秦九州诸军事，镇西将军，荆州刺史	鼓吹一部	《南齐书》卷35《高帝十二王传》
南齐	萧子良	护军将军，兼司徒，领兵置佐，侍中如故，镇西州	鼓吹一部	《南齐书》卷40《武十七王传》
南齐	萧子隆	使持节，都督荆、雍、梁、宁、南北秦六州，镇西将军，荆州刺史	鼓吹一部	《南齐书》卷40《武十七王传》
梁	王茂	都督江州诸军事，镇南将军，江州刺史	鼓吹一部	《梁书》卷9《王茂传》
梁	萧宏	都督扬、南徐州诸军事，后将军，扬州刺史	鼓吹一部	《梁书》卷22《太祖五王传》
梁	萧恢	都督荆、湘、雍、益、宁、南北梁、南北秦九州诸军事，平西将军，荆州刺史	鼓吹一部	《梁书》卷22《太祖五王传》
梁	萧范	为益州刺史，开通剑道，克复华阳	鼓吹一部	《梁书》卷22《太祖五王传》
梁	裴之横	使持节，镇北将军，徐州刺史，都督众军	鼓吹一部	《梁书》卷28《裴邃传附裴之横传》
梁	杜龛	镇南将军，都督南豫州诸军事，南豫州刺史，溧阳县侯	鼓吹一部	《梁书》卷46《杜崱传附杜龛传》
梁	萧综	使持节，都督南兖、兖、徐、青、冀五州诸军事，平北将军，南兖州刺史	鼓吹一部	《梁书》卷55《豫章王综传》
梁	萧纪	持节，都督益、梁等十三州诸军事，安西将军，益州刺史	鼓吹一部	《梁书》卷55《武陵王纪传》

续表

朝代	将领	所委重任	鼓吹种类	所据史料
梁	杨乾运	潼、南、梁三州刺史	鼓吹一部	《周书》卷44《杨乾运传》
陈	徐度	镇右将军，领军将军，徐州缘江诸军事，镇北将军，南徐州刺史	鼓吹一部	《陈书》卷12《徐度传》
陈	鲁悉达	征西将军，江州刺史	鼓吹女乐	《陈书》卷13《鲁悉达传》
陈	周敷	持节，都督南豫、北江二州诸军事，镇南将军，南豫州刺史	鼓吹一部	《陈书》卷13《周敷传》
陈	孙玚	散骑常侍，都督荆、郢、巴、武、湘五州诸军事，郢州刺史	鼓吹一部	《陈书》卷25《孙玚传》
陈	陈叔陵	使持节，都督扬、徐、东扬、南豫四州诸军事，扬州刺史	鼓吹一部	《陈书》卷36《始兴王叔陵传》
北魏	元干	都督中外诸军事	鼓吹一部	《魏书》卷21《献文六王传》
北魏	长孙翰	都督北部诸军事，平北将军，真定侯	旌旗鼓吹	《魏书》卷26《长孙肥传附长孙翰传》
北魏	贺拔岳	都督二岐、东秦三州诸军事，仪同三司，岐州刺史，寻加侍中	后部鼓吹	《魏书》卷80《贺拔胜传附贺拔岳传》
西魏	李寔	滑州刺史	鼓吹一部	《周书》卷15《李弼传附李寔传》
西魏	苏亮	岐州刺史	鼓吹	《周书》卷38《苏亮传》
北齐	冯子琮	郑州刺史	后部鼓吹	《北齐书》卷40《冯子琮传》
北齐	源彪	秦州刺史	后部鼓吹	《北齐书》卷43《源彪传》
北齐	毕义云	兖州刺史	后部鼓吹	《北齐书》卷47《毕义云传》

表 6　　魏晋南北朝时期中军将领获赐鼓吹乐情况统计表

朝代	将领	所任职位	鼓吹种类	所据史料
宋	檀道济	征北将军，加散骑常侍	鼓吹一部	《宋书》卷 43《檀道济传》
宋	谢晦	散骑常侍，将军，寻进号卫将军	鼓吹一部	《宋书》卷 44《谢晦传》
宋	刘道怜	中军将军，加散骑常侍	鼓吹一部	《宋书》卷 51《宗室传》
宋	张永	护军将军，领石头戍事	鼓吹一部	《宋书》卷 53《张茂度传附子永传》
宋	刘义恭	加使持节，抚军将军	鼓吹一部	《宋书》卷 61《武三王传》
宋	刘义康	骠骑将军，加散骑常侍	鼓吹一部	《宋书》卷 68《武二王传》
宋	刘义宣	中军将军，加散骑常侍	鼓吹一部	《宋书》卷 68《武二王传》
宋	刘昶	护军将军	鼓吹一部	《宋书》卷 72《文九王传》
宋	刘夔	镇西将军	鼓吹一部	《宋书》卷 72《文九王传》
宋	刘休仁	散骑常侍，护军将军，又加特进、左光禄大夫	鼓吹一部	《宋书》卷 72《文九王传》
宋	刘休若	散骑常侍，进号卫将军	鼓吹一部	《宋书》卷 72《文九王传》
宋	刘袆	散骑常侍，中书令，领骁骑将军	鼓吹一部	《宋书》卷 72《文九王传》
南齐	萧子敬	车骑将军	鼓吹一部	《南齐书》卷 40《武十七王传》
南齐	王晏	后将军，侍中，中正	鼓吹一部	《南齐书》卷 42《王晏传》
梁	萧大器	侍中，中卫将军	鼓吹一部	《梁书》卷 8《哀太子传》
梁	萧方矩	侍中，中卫将军	鼓吹一部	《梁书》卷 8《愍怀太子传》
梁	吕僧珍	领军将军，寻加散骑常侍	鼓吹一部	《梁书》卷 11《吕僧珍传》
梁	韦睿	散骑常侍，护军将军	鼓吹一部	《梁书》卷 12《韦睿传》
梁	王莹	左卫将军，散骑常侍，云麾将军，左中权将军	鼓吹一部	《梁书》卷 16《王莹传》
梁	萧秀	领军，中书令	鼓吹一部	《梁书》卷 22《太祖五王传》
梁	萧恢	护军，石头戍军事，侍中，将军	鼓吹	《梁书》卷 22《太祖五王传》
梁	胡僧祐	领军将军	鼓吹	《南史》卷 64《胡僧祐传》
陈	周文育	使持节，散骑常侍，镇南将军，开府仪同三司	鼓吹一部	《陈书》卷 8《周文育传》
陈	欧阳頠	征南将军，阳山郡公	鼓吹一部	《陈书》卷 9《欧阳頠传》
陈	孙玚	散骑常侍，中护军	鼓吹	《陈书》卷 25《孙玚传》
陈	陈伯山	护军将军，加开府仪同三司	鼓吹	《陈书》卷 28《世祖九王传》
陈	陈叔坚	侍中，镇左将军	鼓吹	《陈书》卷 28《高宗二十九王传》

续表

朝代	将领	所任职位	鼓吹种类	所据史料
陈	任忠	镇南将军	鼓吹一部	《陈书》卷31《任忠传》
北魏	拓跋譿	中军大将军	鼓吹一部	《魏书》卷21《献文六王传》

由统计可知，魏晋南北朝时期赏赐外军和中军将领鼓吹乐的规模较大，获赐者人数众多，具备礼制化的特点，成为一种较为稳定的、被长期遵循的制度。首先，这一时期鼓吹乐的赏赐往往与任命将领同时进行，无论是任命外军将领还是中军将领，在授予官职时也会赏赐鼓吹乐，这既不同于战前的赏赐也不同于战后的奖赏，实际上这已经不是因战事而赏赐鼓吹乐，而是通过鼓吹乐的赏赐表明其身份。其次，获赐鼓吹乐者往往位高权重。上表所统计的获赐鼓吹乐者，无论是外军将领还是中军将领，他们的军事职务往往极高，以州刺史身份而获赐鼓吹乐者也有人在，但并不占多数。外军将领获赐鼓吹乐者，往往都督数州军事，如梁代萧纪在获赐鼓吹乐时担任“持节、都督益梁等十三州诸军事、安西将军、益州刺史”，可以说把持着梁半壁江山的军政大权[①]。获赐鼓吹乐的中军将领往往身兼侍中、散骑常侍、中书令等职，为皇帝的近侍。同时，这些获赐鼓吹乐者往往为宗室诸王，皇帝将都督诸军事与中军将领的官职授予宗室，本身就表明了这些职位的重要，而鼓吹乐更成为确认、强调这些职位重要性的标志，这与沈约所说“今则甚重矣”的论断是相一致的。

梁满仓先生曾就魏晋南北朝时期军礼鼓吹乐的作用做过探讨，他认为，就南朝来说，鼓吹乐意在提高武人的地位，抵消这一时期轻视武人、武事的风气[②]。以此衡量出征及战后的鼓吹乐赏赐是非常有道理的，但是南北朝时期，尤其南朝存在着如此众多的赏赐高级军事将领甚至是宗室诸王鼓吹乐的情况就很难解释了。从本质上说，这种鼓吹乐与礼经中所规定的周代乐悬有相同的功能，即表明身份与地位。这在北朝时期鼓吹乐的赏赐中有着明显的体现，据载，北齐时“诸州镇戍，各给鼓吹乐，多少各以

① 都督诸军事者位高权重：“南朝都督概兼刺史，下设府、州两套办事机构，有参军、长史、别驾、治中等僚佐，分头治理军政事宜。因而都督不仅领兵，掌管一州或数州的军政，成为高踞于州之上的地方军政长官，其都督府实质上成为一方最高军政领导机关。”见朱大渭、张文强《两晋南北朝军事史》，载军事科学院主编《中国军事通史》（第八卷），军事科学出版社1998年版，第256页。

② 梁满仓：《魏晋南北朝五礼制度考论》，社会科学文献出版社2009年版，第412页。

大小等级为差。诸王为州，皆给赤鼓、赤角，皇子则增给吴鼓、长鸣角，上州刺史皆给青鼓、青角，中州已下及诸镇戍，皆给黑鼓、黑角。乐器皆有衣，并同鼓色。”① 鼓吹乐很明显具有了区分等级与地位的作用。至唐代，以鼓吹乐表明等级的制度更为完善，形成了更加系统的等级化的鼓吹乐使用制度②。

总之，魏晋南北朝时期，鼓吹乐成为重要的军事用乐，它用于战争中以鼓舞士气、壮大军威的同时渐渐开始转变。从魏晋时期的给鼓吹乐甚轻，到南朝的甚重，其“礼乐”的身份渐渐被统治者接受，进而作为赏赐之物取代了金石乐悬，成为表明获赐者身份与地位的重要形式，赏赐将领鼓吹乐实际上彰显了皇权对其身份与地位的肯定。在魏晋南北朝时期，鼓吹乐的赏赐大多还是与军事活动密切相关的，到唐代，形成了百官按品第使用鼓吹乐的制度，魏晋南北朝时期军事中的鼓吹乐赏赐制度则为其提供了实践经验。

---

① （唐）魏征、令狐德棻：《隋书》卷 14《音乐志中》，中华书局 1973 年点校本，第 331 页。

② 据《唐六典》，皇帝、诸王所使用的鼓吹乐器各不相同，不同等级的官员也存在等级差别：第一品鼓吹：㧊鼓、金钲各一，大鼓十六，长鸣十六；铙吹一部：铙一，箫、笳各四；横吹一部：横吹六，节鼓一，笛、箫、觱篥、笳各四。二品鼓吹：㧊鼓、金钲各一，大鼓十四；铙吹一部：铙一，箫，笳各二，横吹一部：横吹四，笛、箫、觱篥、笳各一。三品鼓吹减二品大鼓之四，横吹之二。四品鼓吹又减大鼓之二，而去其横吹。见（唐）李林甫等撰，陈仲夫点校《唐六典》，中华书局 1992 年版，第 407—408 页。

第七章　魏晋南北朝凶礼的禁乐与用乐

第一节　凶礼的内容及凶礼禁乐、用乐之辨析

一　凶礼的内容、特点及本章的研究对象

（一）何为凶礼

凶礼为五礼之一，见于《周礼·大宗伯》："以凶礼哀邦国之忧。"孙诒让认为："灾丧皆凶恶之事，故哀吊之礼谓之凶礼。"① 从此规定的"邦国"来看，凶礼亦是与国家政治密切相关的礼仪形式。凶是"恶"的意思，许慎释"凶"云："恶也，象地穿交陷其中也。"段玉裁注："凶者，吉之反。"②《释名·释言语》云："凶，空也，就空亡也。"③ 从凶礼的对象上来看，为"邦国之忧"，包括死亡、灾荒、战乱、瘟疫等；从方式上来看，为"哀"，按郑玄的解释，"哀"的意思是"救患分灾"，即应对邦国之忧的措施。

学术界对凶礼概念的界定也未达成一致。杨志刚先生认为："凶礼，是指遭遇凶丧祸患时哀悯吊唁、救患分灾的礼仪。"④ 顾希佳先生认为："当别人遭遇不幸的时候，表示同情，给予必要的帮助，或是吊唁哀悼，这就是古代的凶礼。"⑤ 他们对凶礼概念的界定都不周全，杨志刚先生的界定过分强调了其礼仪性质，若以仪式作为核心要素进行考察，则《周礼》所规定的诸凶礼，有些不能算作礼仪，只能视为救灾赈灾的措施，仪

---

① （清）孙诒让撰，王文锦、陈玉霞点校：《周礼正义》，中华书局1987年版，第1345页。

② （汉）许慎撰，（清）段玉裁注：《说文解字注》，上海古籍出版社1981年版，第334页下栏。

③ （汉）刘熙：《释名》卷4《释言语》，《丛书集成初编》，商务印书馆1939年据小学汇函本影印，第57页。

④ 杨志刚：《中国礼仪制度研究》，华东师范大学出版社2000年版，第461页。

⑤ 顾希佳：《礼仪与中国文化》，人民出版社2001年版，第173页。

式的象征性、符号性无从体现；在顾希佳先生的界定中，礼仪的对象是“别人”，这与《周礼》所规定的“邦国”不合。当然，凶礼中的丧礼，主要是针对个人而言的，但荒礼、吊礼、襘礼、恤礼等都是以“国家之忧”为对象。因此，对这一礼仪类型进行定义时要注意两点：其一，凶礼是作为国家礼仪而存在的，要突出其礼制意义；其二，凶礼是一种应对灾难、祸患的方式，其具体方式既包含仪式化的形式，也包括非仪式化的形式，二者在指向及功能上是相同的。基于以上几点，我们认为所谓的“凶礼”，就是指在国家层面以仪式化的形式或非仪式化的形式应对包括死亡、灾荒、战乱、瘟疫等灾患的方式。

（二）凶礼的内容

我们再来看一下凶礼的内容。凶礼作为《周礼》所规定的五礼之一，就其所包含的内容来看，主要为丧礼、荒礼、吊礼、襘礼、恤礼，即《周礼·大宗伯》所载：“以凶礼哀邦国之忧。以丧礼哀死亡，以荒礼哀凶札，以吊礼哀祸灾，以襘礼哀围败，以恤礼哀寇乱。”[①] 所谓丧礼，就是生者（主要是死者的亲属）对死亡者所施行的一系列仪式活动，包括治丧、下葬、守丧等仪节。荒礼是在一国遭遇自然灾害之后统治者所采取的限制、反省自身及对受灾者予以救援的行为。郑玄注“荒”：“人物有害也。”孙诒让认为：“遭凶札贬损振救之礼，谓之荒礼。若《大司徒》十二荒政及《周书·大匡》《籴匡》二篇所纪，是其略也。”[②] 荒礼包括两方面的内容：首先为自我贬损，如《礼记·曲礼》规定：“岁凶，年谷不登，君膳不祭肺，马不食谷，驰道不除，祭事不悬，大夫不食粱，士饮酒不乐。”[③] 即通过降低相应阶层的礼仪规格的方式来应对灾害；其次是“振救”，通过颁布相应的政令来减轻灾害所造成的损失、恢复生产，此即《大司徒》之十二荒政[④]。吊礼是在他人或他国遭遇灾祸时进行的慰问，此处的“祸灾”专指水火之灾。襘礼是指“同盟者合会财货，以更其所丧”[⑤]，即诸

① （清）阮元校刻：《十三经注疏·周礼注疏》，中华书局1980年版，第759页上栏—下栏。

② （清）孙诒让撰，王文锦、陈玉霞点校：《周礼正义》，中华书局1987年版，第1346页。

③ （清）阮元校刻：《十三经注疏·礼记正义》，中华书局1980年版，第1259页中栏。

④ 《周礼·大司徒》云：“以荒政十有二聚万民：一曰散利，二曰薄征，三曰缓刑，四曰弛力，五曰舍禁，六曰去几，七曰眚礼，八曰杀哀，九曰蕃乐，十曰多昏，十有一曰索鬼神，十有二曰除盗贼。”见（清）阮元校刻《十三经注疏·周礼注疏》，中华书局1980年版，第706页上栏。

⑤ （清）阮元校刻：《十三经注疏·周礼注疏》，中华书局1980年版，第759页中栏。

侯以财物接济同盟国。恤礼也是针对他国而言的，当邻国遭遇外寇或内乱时，本国派使臣慰问①。这三种礼仪与前二者有所不同，前面所述二礼是死亡或灾害祸患发生时，遭受祸患的个人或国家自身所采取的应对措施，后三礼却是一方（或一国）发生灾祸时另一方（他国）所采取的应对方式，并且主要是指诸侯国之间的邦交行为。

（三）凶礼的特点

概括地说，与《周礼》所记载的吉、宾、军、嘉等四种礼仪形式相比，凶礼的施行具有以下特点。

1. 凶礼在举行时间、地点上具有不确定性，无规律可循

其他四礼中的大部分仪式都是按照既定的时间、地点举行，是统治者按照既定的节律设置的礼仪，随季节交替周而复始，吉礼的冬至南郊祭天、夏至北郊祭地以及三元之日在朝堂举行的元会无不如此。凶礼却是在发生自然灾害或祸患之后才举行，是被动的应对措施，因此凶礼的举行无节律性可言。

2. 仪式参加者的群体范围有所不同

吉、宾、军、嘉等四种礼仪的仪式主体是国家上层统治者，礼仪的主持者与参与主体为帝王及其所属的各级官员，即这些礼仪的举行主要集中在统治阶层内部。凶礼不仅在统治阶层内部施行，也是一种为统治阶层之外各阶层所接受与遵守的礼仪形式，尤其是其中的丧礼，在国家礼仪制度的“大传统”之外，形成了具有地域性、民族性的丧葬礼俗的“小传统”。

3. 凶礼的情感基调是消极的

这一礼仪举行的前提是国家（包括个人）发生忧患，其目的在于应对各种灾患所造成的损失。从名称上来看，凶礼是与吉礼、嘉礼等有美好、吉祥含义的礼仪相对立的，其情感基调是消极的，以哀伤为主。因此在灾患发生之后，按礼经规定需要禁乐，即停止其他礼仪活动用乐，同时采取自我贬损、减膳等措施，其初衷就是迎合凶礼的消极情感基调。我们也要注意，在凶礼过程中，并非完全禁乐，能够强化这种消极情感基调的音乐也是能在礼仪中使用的，如丧葬礼仪中的挽歌，我们将在后文进行论述。

---

① 贾公彦认为：“哀之者，既不损财物，当遣使往咨问安否而已。”见（清）阮元校刻《十三经注疏·周礼注疏》，中华书局1980年版，第759页下栏。

（四）本章的研究对象

《周礼》所规定的凶礼内容包括丧礼、荒礼、吊礼、襘礼、恤礼，基本上涵盖了政权运行中可能遭遇的各种祸患的应对措施，这些规定在后世得到广泛施行。由于秦汉以后“随着新的政治体制和‘大一统’格局的形成，凶礼的内容和结构发生了很大的变化”[①]，尤其是“列置郡县”的行政制度的形成，使以分封制为基础的礼仪形式发生了巨大的变化。就凶礼而言，荒礼为本国发生灾难时的自我贬损与赈济，吊礼、襘礼、恤礼本为诸侯国间在灾难祸患时的救援或慰问。在皇权专制政治制度形成之后，这些礼仪形式已经转变成统治者在灾难发生时对受灾民众的救援，这种转变并未改变凶礼应对祸患灾难的本质属性，只是在使用对象上发生了变化。

魏晋南北朝各代正史礼志无荒礼、吊礼、襘礼、恤礼等礼仪的记载，属凶礼者仅有丧礼，包括治丧、葬仪及丧服等制度，前四礼大多分载于本纪与列传之中。前文已述，这一时期的正史礼志已经基本形成了按照吉、凶、宾、军、嘉五礼来分类编排史料的传统，也就是说，在史官那里这些应对祸患的措施已经不属于凶礼的范畴。在政书中也是这种情况，《通典》的“凶礼”一项仅记载了唐代之前的丧礼制度，未涉及其他四礼。事实上，魏晋南北朝时期，统治者面对灾患时所采取的措施与《周礼》所载相合，荒、吊、襘、恤诸礼在这一时期虽无礼仪之名却有施行之实[②]。考察魏晋南北朝荒、吊、襘、恤诸礼的实施情况，无论是减膳、禁乐、减免赋税、抚恤鳏寡还是开仓赈济百姓，都无法称之为礼仪，而更接近于一种行政措施，更确切地说，可以称之为灾患应对制度，是帝王及各级官吏应对灾患的措施。

笔者认为，秦汉以后，荒礼、吊礼、襘礼、恤礼不再作为凶礼载入礼志，主要原因在于：这四礼与五礼中的吉、宾、军、嘉诸礼及凶礼中的丧礼相比较，无具体的仪式、仪节，它不同于有着固定举行时间、地点的吉、宾、嘉等礼仪，也没有举行仪式需要遵循的仪轨、仪节——这是礼仪最核心的要素。因此，本章的主要研究对象为丧礼用乐，对于更接近于灾患应

---

① 杨志刚：《中国礼仪制度研究》，华东师范大学出版社 2000 年版，第 464 页。

② 梁满仓先生《魏晋南北朝五礼制度考论》第八章《魏晋南北朝的凶礼》第一、第二节论述了魏晋南北朝时期凶礼中的荒、吊、襘、恤诸礼的施行情况及其作用，可参见梁满仓《魏晋南北朝五礼制度考论》，社会科学文献出版社 2009 年版，第 591—631 页。

对措施的荒、吊、襘、恤诸礼的用乐，我们仅在必要时会论及。

二 凶礼的禁乐、用乐辨析

凶礼的举行是在灾难祸患发生后，是针对灾难祸患所采取的应对措施。举行凶礼时的情感以哀戚为主，是消极的情感态度，在古人观念中，音乐往往是欢乐情感的表达，这与凶礼是相冲突的，因此礼经有凶礼禁乐的规定。在这一部分中，我们着重探讨以下几个问题：其一，在凶礼发生时，统治者对音乐的态度如何？其二，凶礼禁乐的心理机制是什么？第三，在凶礼中是否有音乐的使用？

据礼经及相关文献，统治者对凶礼发生时是否用乐的态度非常明确：禁止作乐。较早记载凶礼禁乐的文献为《尚书》，《尚书·舜典》云："二十有八载，帝乃殂落，百姓如丧考妣。三载，四海遏密八音。"[①] 所谓"八音"，是制造乐器的八种材料"金、石、丝、竹、革、土、匏、木"，代指音乐，此处当指在尧死后天下禁乐三年。又，《周礼·膳夫》："以乐撤于造，王齐日三举，大丧则不举，大荒则不举，大札则不举，天地有灾则不举，邦有大故则不举。"[②] 规定了凶礼发生时，王要停止食举乐的演奏。除此之外，礼经中还有对凶礼禁乐的具体规定。我们根据凶礼的内容，依据相关资料探讨统治者面对自然灾害和丧礼时是如何禁乐的。

（一）统治者在发生自然灾害时对音乐的态度

对于国家政权来说，自然灾害的发生可能会导致政权的覆亡，统治者应对天灾的积极态度是稳定民心的重要手段，除了采取必要的赈济之外，停止作乐也是一项重要措施，礼经称为"减膳、撤乐"。这是应对自然灾害所采取的众多措施之一，音乐所依附的礼仪也可能因此而废止。

《周礼·大司乐》有因自然灾害而禁乐的规定，根据灾患程度的不同，禁乐的方式也存在差异：当日月食、四镇五岳崩、大傀异灾这几种自然异象或灾患发生时，所采取的禁乐方式为"去乐"。所谓"去乐"，孙诒让认为："国遇非常大灾，则命乐官尽屏藏诸乐悬乐器，示不举也。"[③] 也就是说将仪式中所使用的乐器藏于府库，这也就意味着这些乐器在一段时期内不再使用，在"礼乐相须以为用"的礼乐文化背景下，使用这些乐器的仪

① （清）阮元校刻：《十三经注疏·尚书正义》，中华书局1980年版，第129页下栏。

② （清）阮元校刻：《十三经注疏·周礼注疏》，中华书局1980年版，第660页上栏—中栏。

③ （清）孙诒让撰，王文锦、陈玉霞点校：《周礼正义》，中华书局1987年版，第1786页。

式也可能废止。当大札、大凶、大灾等灾患发生时，所采取的禁乐方式是"弛悬"，郑玄注："札，疫疠也。凶，凶年也。灾，水火也。弛，释下之。若今休兵鼓之为。"[①] 也是针对乐器而言的，与"去乐"存在程度上的差异。对于"去乐"与"弛悬"的差异，孙诒让认为："窃谓去乐者，敛凡乐器，一切尽藏之府库；弛悬则直弛金石之悬而已，不必尽藏去也。"[②] 这很可能是依据灾患造成损失程度的不同而采取的有差别的禁乐方式。《礼记·曲礼》也规定了发生饥荒，即"大凶"时应当采取的应对措施，其中包括禁乐："岁凶，年谷不登，君膳不祭肺，马不食谷，驰道不除，祭事不悬，大夫不食粱，士饮酒不乐。"[③] 在此规定中，音乐被废止，但音乐所依附的礼仪并未因此而废。除了天灾，战争造成祸乱时也要禁乐，《礼记·檀弓》："国亡大县邑，公卿大夫士皆厌冠，哭于大庙三日，君不举。"[④] 以上为礼经对灾患发生时的禁乐规定。先秦史料也记载了因灾患禁乐的事例，《逸周书》："维周王宅程三年，遭天之大荒，作《大匡》，以诏牧其方。……国不乡射，乐不墙合。"卢文弨云："墙合，即所谓宫悬是也。"[⑤] 此处废礼与禁乐并行。《左传》昭公十七年记载了鲁国发生日食时所采取的措施，其中就包括去乐：

> 夏六月甲戌朔，日有食之。祝史请所用币。昭子曰："日有食之，天子不举，伐鼓于社；诸侯用币于社，伐鼓于朝，礼也。"平子御之，曰："止也。唯正月朔，慝未作，日有食之，于是乎有伐鼓用币，礼也。其余则否。"大史曰："在此月也。日过分而未至，三辰有灾。于是乎百官降物，君不举，辟移时，乐奏鼓，祝用币，史用辞。"[⑥]

在中国古代，日食一直被视为重大灾异，对待日食的举措当属于凶礼，上段文字中的"天子不举""君不举"就是应对日食的措施之一——禁

① （清）阮元校刻：《十三经注疏·周礼注疏》，中华书局1980年版，第791页中栏。

② （清）孙诒让撰，王文锦、陈玉霞点校：《周礼正义》，中华书局1987年版，第1791页。

③ （清）阮元校刻：《十三经注疏·礼记正义》，中华书局1980年版，第1259页中栏。

④ （清）阮元校刻：《十三经注疏·礼记正义》，中华书局1980年版，第1294页上栏。

⑤ 黄怀信等撰：《逸周书汇校集注》（修订本），上海古籍出版社2007年版，第144—161页。

⑥ （清）阮元校刻：《十三经注疏·春秋左传正义》，中华书局1980年版，第2082页中栏—下栏，此处规定涉及伐鼓，是在日食发生后所采取的救日巫术。

乐。所谓“举”，杜预释为盛馔，班固释为用乐[①]。其实，这两种解释只是侧重点不同，所指则一。《礼记·王制》载：“天子食，举以乐”，即在飨宴进食时用乐，此处的“不举”应该包含撤撰与禁乐的双重意义。因天灾而禁乐的做法在后世成为一种传统，被严格地遵循，魏晋南北朝时期因自然灾害而禁乐的事例不在少数，我们将在下文中进行讨论。

（二）丧礼中的禁乐

丧礼中的禁乐规定基本是建立在以血缘关系为基础的宗法制度之上，包括了面对不同等级及不同亲疏关系的丧礼时应当采取的禁乐方式，主要体现在君臣关系以及直系亲属、旁系亲属、外亲、姻亲这四大关系为主的亲属关系上。从根本上来说，丧礼的禁乐与丧服制度保持着高度的一致。此外，不处于这些关系中的旁观者，面对他人丧礼时应该对音乐采取何种态度？礼经也有所规定。

我们先看以君臣关系为主的等级关系中，礼经对丧礼禁乐是如何规定的。据相关记载，这一关系中的每一方有丧事时都会禁乐。先看君一方的丧礼，天子、王后及世子有丧事时要禁乐，其丧礼称为“大丧”，《周礼·宰夫》：“大丧小丧，掌小官之戒令，帅执事而治之。”郑玄注：“大丧，王、后、世子也。”[②] 大丧时的禁乐规格最高，是统治阶层自上而下的禁乐，对此《周礼·大司乐》有明确的规定。在《周礼》中，大司乐为乐官之首，其统领下的各职司分工明确，协作完成各项礼仪用乐的演奏。在大丧时，这些乐官却将乐器陈而不用，以示停止作乐，使四海遏密八音。我们来看一下各乐官在大丧时的执掌，《周礼·大司乐》：“大丧，涖廞乐器。”[③]《周礼·乐师》：“凡丧，陈乐器，则帅乐官；及序哭，亦如之。”[④]《周礼·大师》：“大丧，帅瞽而廞。”[⑤]《周礼·小师》：“大丧，与廞。”[⑥]《周礼·瞽矇》：“大丧廞乐器，大旅亦如之。”[⑦]《周礼·笙师》：“大丧，廞其乐器；及葬，奉而藏之。”[⑧]《周礼·镈师》：“大丧，廞其乐

① （汉）班固：《汉书》卷27《五行志》，中华书局1962年点校本，第1496页。
② （清）阮元校刻：《十三经注疏·周礼注疏》，中华书局1980年版，第656页下栏。
③ （清）阮元校刻：《十三经注疏·周礼注疏》，中华书局1980年版，第791页下栏。
④ （清）阮元校刻：《十三经注疏·周礼注疏》，中华书局1980年版，第794页中栏。
⑤ （清）阮元校刻：《十三经注疏·周礼注疏》，中华书局1980年版，第796页下栏。
⑥ （清）阮元校刻：《十三经注疏·周礼注疏》，中华书局1980年版，第797页上栏—中栏。
⑦ （清）阮元校刻：《十三经注疏·周礼注疏》，中华书局1980年版，第797页下栏。
⑧ （清）阮元校刻：《十三经注疏·周礼注疏》，中华书局1980年版，第801页上栏。

器，奉而藏之。"[①]《周礼·典庸器》："大丧，廞筍虡。"[②]《周礼·司干》："司干掌舞器……大丧，廞舞器；及葬，奉而藏之。"[③]"廞乐器"实为陈列乐器而不奏，这些乐器本为死者生时所用，此时陈列而不奏，作为丧葬时的明器，随死者葬于墓中，以表征其生时的权势和地位。

其次是处于君臣关系另一端的大臣丧礼时的禁乐。天子或诸侯在大臣丧礼时也要遵循禁乐之制，但会根据大臣的官阶品位而执行不同的禁乐规格。礼经及史传对此记载颇为详细。《周礼·大司乐》云："大臣死，凡国之大忧，令弛悬。"[④]《礼记·杂记》规定了诸侯在遇卿大夫及士丧礼时采取不同的禁乐方式："卿大夫疾，君问之无算，士壹问之。君于卿大夫，比葬不食肉，比卒哭不举乐，为士，比殡不举乐。"[⑤]对于卿大夫之丧礼，国君在"卒哭"之前禁乐，对于士之丧礼，国君在"殡"之前禁乐。

在先秦史料中也有大臣死后君主禁乐的记载。《左传》昭公十五年载："二月癸酉，有事于武宫。籥入，叔弓卒，去乐卒事。"[⑥]也就是说，当鲁国祭祀武公之庙，正当籥入将表演舞蹈之时，叔弓暴卒，对此鲁君的做法是"去乐卒事"，停止音乐演奏，但仍然完成了祭祀仪式。对此做法，三《传》无异辞，均认为合于礼法。《公羊传》认为："君有事于庙，闻大夫之丧，去乐卒事。大夫闻君之丧，摄主而往。"[⑦]《穀梁传》认为："君在祭乐之中，闻大夫之丧，则去乐卒事，礼也。"[⑧]《左传》也认为："去乐，卒事，礼也。"杜预注："大臣卒，故为之去乐。"[⑨]这种禁乐方式在后世仍然受到重视，汉代贾山对此极力推崇，其在《至言》中回顾了古之君王对大臣丧礼的态度，其中包括禁乐：

> 故古之贤君于其臣也，尊其爵禄而亲之；疾则临视之亡数，死则往吊哭之，临其小敛大敛，已棺涂而后为之服锡衰麻绖，而三临

① （清）阮元校刻：《十三经注疏·周礼注疏》，中华书局1980年版，第801页中栏。
② （清）阮元校刻：《十三经注疏·周礼注疏》，中华书局1980年版，第802页中栏。
③ （清）阮元校刻：《十三经注疏·周礼注疏》，中华书局1980年版，第802页中栏。
④ （清）阮元校刻：《十三经注疏·周礼注疏》，中华书局1980年版，第791页中栏。
⑤ （清）阮元校刻：《十三经注疏·礼记正义》，中华书局1980年版，第1566页下栏。
⑥ （清）阮元校刻：《十三经注疏·春秋左传正义》，中华书局1980年版，第2077页上栏。
⑦ （清）阮元校刻：《十三经注疏·春秋公羊传正义》，中华书局1980年版，第2323页下栏。
⑧ （清）阮元校刻：《十三经注疏·春秋穀梁传正义》，中华书局1980年版，第2438页中栏。
⑨ （清）阮元校刻：《十三经注疏·春秋左传正义》，中华书局1980年版，第2077页中栏。

其丧；未敛不饮酒食肉，未葬不举乐，当宗庙之祭而死，为之废乐。……故臣下莫敢不竭力尽死以报其上，功德立于后世，而令闻不忘也。①

在大臣丧礼时的禁乐实为处理君臣关系的重要方式之一，以此向大臣之在世者表明其爱敬之心，笼络臣心，如此方能使群臣“竭力尽死以报其上”，从而辅佐君主建立功业；这也是一种带有较强人文关怀色彩的仪式，相似的仪式现在仍然有所施行。

在礼经中，对亲属丧礼时的禁乐亦有严格的要求，《孝经·丧亲》系统规定了孝子在父母死亡后的态度、行为：

子曰：“孝子之丧亲也，哭不偯，礼无容，言不文，服美不安，闻乐不乐，食旨不甘，此哀戚之情也。三日而食，教民无以死伤生，毁不灭性，此圣人之政也。丧不过三年，示民有终也。为之棺、椁、衣、衾而举之；陈其簠簋而哀戚之；擗踊哭泣，哀以送之；卜其宅兆，而安措之；为之宗庙，以鬼享之；春秋祭祀，以时思之。生事爱敬，死事哀戚，生民之本尽矣，死生之义备矣，孝子之事亲终矣。”②

在此段文字中，重点强调了事亲之义，父母生时重在“爱敬”，父母死亡后重在哀戚。也就是说，在父母死后，对待丧礼的态度以哀戚为主，一切行为举止要围绕哀戚展开，因此必须禁乐。具体来说，孝子需按如下规则禁乐。首先，在父母病危之际，要停止音乐演奏。《礼记·丧大记》：“疾病，外内皆扫，君大夫撤悬，士去琴瑟。”③《礼记·曲礼》：“父母有疾，冠者不栉，行不翔，言不惰，琴瑟不御。”④ 其次，服丧期间要禁乐。《礼记·曲礼》：“居丧不言乐，祭事不言凶，公庭不言妇女。”⑤《礼记·丧大记》：“九月之丧，食饮犹期之丧也，食肉饮酒，不与人乐之。”⑥ 父母丧礼的禁乐要一直持续到三年丧结束，但丧期结束后逢忌日也禁乐：“子思曰：

① （汉）班固：《汉书》卷51《贾山传》，中华书局1962年点校本，第2334页。
② （清）阮元校刻：《十三经注疏·孝经注疏》，中华书局1980年版，第2651页上栏—下栏。
③ （清）阮元校刻：《十三经注疏·礼记正义》，中华书局1980年版，第1571页下栏。
④ （清）阮元校刻：《十三经注疏·礼记正义》，中华书局1980年版，第1243页下栏。
⑤ （清）阮元校刻：《十三经注疏·礼记正义》，中华书局1980年版，第1257页下栏。
⑥ （清）阮元校刻：《十三经注疏·礼记正义》，中华书局1980年版，第1576页下栏。

丧三日而殡，凡附于身者，必诚，必信，勿之有悔焉耳矣。三月而葬，凡附于棺者，必诚，必信，勿之有悔焉耳矣。丧三年以为极，亡则弗之忘矣，故君子有终身之忧，而无一朝之患，故忌日不乐。"①

由此可见，丧礼的禁乐是与丧服制度相联系的，可以说就是丧服制度的一个组成部分。这涉及仪式的阈限及通过问题，丧礼的仪式阈限以亲缘为基础确定，在丧礼的仪式阈限之内必须遵从相应的禁忌，只有超出这一阈限之后，禁忌才能解除："丧礼期间，守丧之人与亡者形成特别群体，处于生者世界与亡者世界之间。守丧人离开这个群体之早晚取决于他与亡者亲缘关系之近疏。守丧要基于亲缘关系程度，且此亲缘关系对应于该群体对亲缘关系之界定（依父系、母系或双系等）。"②

除了在君臣关系与亲属关系下的丧礼禁乐之外，还存在另一种禁乐的情形。在面对他人丧礼时，尽管不是亲属关系，也非君臣，但无论是旁观者还是丧事辅助者，都应保持一种哀戚的心态，避免流露出欢乐的情感。如果说君臣丧礼的禁乐是基于政治及等级因素的话，那么这种情形的禁乐应该更多的是基于情感因素，这是与儒家思想中的推己及人的"仁"的思想相一致的，也是一种人类普遍具有的情感认同，《礼记·曲礼》对此有具体规定：

> 适墓不登垄，助葬必执绋，临丧不笑，揖人必违其位。望柩不歌，入临不翔，当食不叹。邻有丧，舂不相，里有殡，不巷歌，适墓不歌，哭日不歌，送丧不由径，送葬不辟途潦，临丧则必有哀色，执绋不笑，临乐不叹。③

此段文字从行为、态度两个方面规定了面对他人丧礼时的做法。其中，"适墓不登垄""助葬必执绋""舂不相""送丧不由径""送葬不辟途潦"属于行为方面的规定，"临丧不笑""适墓不歌""哭日不歌""临丧则必有哀色""执绋不笑"等则属于态度方面的要求。郑玄之注反复强调这些

① （清）阮元校刻：《十三经注疏·礼记正义》，中华书局1980年版，第1275页中栏。

② ［法］阿诺尔德·范热内普：《过渡礼仪：门与门坎、待客、收养、怀孕与分娩、诞生、童年、青春期、成人、圣职受任、加冕、订婚与结婚、丧葬、岁时等礼仪之系统研究》，张举文译，商务印书馆2010年版，第108页。

③ （清）阮元校刻：《十三经注疏·礼记正义》，中华书局1980年版，第1249页中栏。

规定是为了与丧礼的哀戚氛围相一致，其注“临丧不笑”云“临丧宜有哀色”，注“望柩不歌，入临不翔”云“哀伤之无容乐”，注“适墓不歌”云“非乐所”，注“哭日不歌”云“哀未忘也”[①]，均是从情感的角度指出欢乐的音乐（行为）与丧礼氛围的矛盾。《论语·述而》载孔子与有丧者的相处：“子食于有丧者之侧，未尝饱也。于是日哭，则不歌。”[②] 同样也是持哀戚的态度。也就是说，在丧葬的场合，作为旁观者或丧事的辅助者，在行为上要保持恭敬、肃穆，在情感态度上要呈现哀戚之色。

（三）情与礼的统一——凶礼禁乐的作用

上文论述了凶礼禁乐的各种情形。凶礼禁乐从表面上看是对礼仪的贬损，破坏了礼仪发挥作用的机制。事实上，凶礼禁乐体现的却是情与礼的统一。凶礼发生的基础是情，面对灾害、死亡，产生哀戚是人共有的情绪、情感反应。无论是面对天灾还是面对血亲的死亡，其作用于人心，所引发的必定是负面的情感，在凶礼的仪式阈限之内，这一情感逐渐衰减，却一直保持。凶礼的最终指向在于礼，也就是说，凶礼中因哀戚之情所采取的各种措施，包括禁乐与废礼，最终达到了礼制的目的，情与礼在这里并没有形成明显的矛盾，而是实现了和谐统一。

自然灾害对国家和人民造成的损失是普遍的，在灾害发生之后所施行的荒礼、吊礼、襘礼、恤礼要减膳、禁乐，降低各等级的用乐规格，以此作为自我贬损的方式，以达到与民同哀的情感认同效果，这种自我贬损的方式是建立在民本思想基础之上的，在寻求情感认同的同时，统治者也实现了对治理国家策略的自我反省，对于缓解社会矛盾起到重要作用。

在凶礼中，所禁者不仅是音乐，音乐所依附的仪式有时也会被废。在丧礼中，当国君或大臣死亡时，常常废礼，并因此而禁乐，如《礼记·曾子问》所载：“曾子问：‘诸侯相见，揖让入门，不得终礼，废者几?’孔子曰：‘六’，‘请问之’，曰：‘天子崩，大庙火，日食，后夫人之丧，雨沾服失容，则废。’”[③] 诸侯相见礼属宾礼，废此礼的情况有六种，其中四种是灾患发生。也有不废礼者，前文所引《春秋》的例子中，鲁国禘祭武公，正当籥人之时，叔弓卒，于是“废乐卒事”，停止用乐但继续举行仪式。在后世的礼仪实践中，遇大丧废礼成为一种传统，《春秋繁露》卷

① （清）阮元校刻：《十三经注疏·礼记正义》，中华书局1980年版，第1249页中栏。
② （清）阮元校刻：《十三经注疏·论语注疏》，中华书局1980年版，第2482页上栏。
③ （清）阮元校刻：《十三经注疏·礼记正义》，中华书局1980年版，第1394页上栏。

15："《春秋》之义，国有大丧者，止宗庙之祭，而不止郊祭，不敢以父母之丧，废事天地之礼也。"[①] 在董仲舒那里，祭祀天地的郊祀仪式被置于至高无上的位置，是唯一遇大丧不废的礼仪形式，这是建构在其"天人感应"思想上的，天为至高无上的权力来源，天子受命于天，不能因人君的死亡而废祭祀天地之礼。制礼作乐者正是通过禁乐与不禁乐的论证，进一步强化了皇权受命于天的思想，维护了皇权专制的合法性。

面对他人的死亡，无论是亲属还是旁观者，保持哀戚的态度与恭谨的举止是对死者的哀悼与尊重，但丧葬之礼的举行绝不仅仅是针对死者，这一礼仪形式也是面向生者的，即通过相关仪式的展演发挥维系社会集体与群体结构的重要功能[②]，对于整合人际关系也起着重要的作用[③]。在国家礼仪中，从天子丧礼到大臣丧礼中的禁乐，既表达了对死者的哀悼，也通过禁乐的方式来确认他们的地位，这从大臣死后依等级的、有差等的禁乐方式可以看出。更重要的是，通过这一禁乐手段，维系现有君臣间的密切关系，确认、强化君臣之间的主从地位，进而使大臣能够"竭力尽死以报其上"。

（四）凶礼的禁乐与用乐

上文是对礼经规定及史料记载中的凶礼禁乐所做的梳理，可以看出，凶礼，尤其是丧礼的禁乐是自上而下的、各个阶层应普遍遵守的规则。在凶礼中，并非禁绝一切音乐的演奏。所谓凶礼禁乐是指，在灾祸发生后，在一定时期内吉、宾、军、嘉诸礼中不再作乐，而不是指凶礼中不使用音乐，凶礼中仍有音乐的使用。从国家礼制的层面来看，凶礼中的禁乐与用乐均是围绕着实现礼仪的功能展开的。

首先，对荒礼、吊礼、襘礼、恤礼的禁乐来说，针对的是国家礼制中其他各种礼仪的用乐，即在灾祸发生后，其他仪式或直接废止，或只举行仪式而不用乐，但在凶礼中仍然有仪式音乐的使用，如发生日食时，往往采用伐鼓救日的原始巫术，击鼓就是仪式用乐。

其次，就丧礼禁乐来说，一方面与荒礼、吊礼、襘礼、恤礼相同，丧礼时废止其他仪式的举行或者禁乐；另一方面，禁止做出破坏丧礼哀伤气

① 苏舆撰，钟哲点校：《春秋繁露义证》，中华书局 1992 年版，第 404 页。

② 李向平：《祖宗的神灵——缺乏神性的中国人文世界》，广西人民出版社 1989 年版，第 5 页。

③ 郑志明：《中国殡葬礼仪学新论》，东方出版社 2010 年版，第 67 页。

氛的行为及演奏与哀伤情感相违背的乐歌。这在《礼记·曲礼》"适墓不登垄"一节中有明确的规定。丧礼中并不排斥哀伤情感的表达，礼经中有大量关于丧礼时行哭踊之礼的记载[①]，这种哭踊本身就具有歌曲与舞蹈的性质，是一种在丧礼中表达哀戚之情的重要方式。在先秦史料中，也有丧礼中使用音乐的记载，《吴越春秋》中载二言诗《弹歌》一首："断竹，续竹，飞土，逐肉。"对此，有学者认为："从'飞土，逐肉'的'逐'字看来，这首八个字的《弹歌》，正是我国古代最早的送终守尸之歌。"[②]除此之外，《诗经》中的几首诗歌也被视为丧葬乐歌[③]；先秦时期的《虞殡》被认为是最早的挽歌，《左传》哀公十一年："将战，公孙夏命其徒歌《虞殡》。"孔颖达疏："盖以启殡将虞之歌谓之《虞殡》……今之挽歌是也。"[④] 公孙夏在出战之前歌《虞殡》，以示必死之决心，此歌在先秦时期应该是用于丧葬仪式的乐歌[⑤]。可见，在丧葬仪式中并不完全禁止音乐的使用。

总之，在凶礼中并非完全禁绝音乐。禁乐的对象为凶礼之外的吉、宾、军、嘉诸礼。在凶礼中，与哀戚感情相违背的音乐、行为被禁止，但是有助于表达哀戚情感的音乐则可以使用。这就出现了凶礼中禁乐与用乐并存的现象，这一现象在秦汉以后的丧礼中体现得尤为明显。统治者一方面在丧礼发生时禁绝其他礼仪用乐，另一方面这一时期的丧葬仪式中却出现了专职从事丧葬歌曲——挽歌表演的乐人。挽歌不仅成为统治阶层普遍使用的丧礼音乐形式，在其他社会阶层也得到了广泛的应用，且挽歌使用开始表现出制度化的特点，成为身份与地位的象征。在魏晋南北朝时期，国家上层在面对凶礼时，基本上严格遵守礼经禁乐的规定，也继承了秦汉以来丧葬仪式中的用乐传统。魏晋南北朝时期的丧礼用乐，尤其是送葬中的挽歌，在很大程度上继承了汉代传统，并且逐渐制度化。以下我们就从

---

① 杨华：《踊辟礼综考》，载冯天瑜编《人文论丛》（2001 年卷），武汉大学出版社 2002 年版，第 119—133 页。

② 丘述尧：《〈挽歌考〉辨》（下），《文史》第 44 辑，中华书局 1998 年版，第 220 页。

③ 杜瑞平：《挽歌考》，《中北大学学报》（社会科学版）2005 年第 4 期。此文认为，《诗经》中的《南陔》三章、《黄鸟》《蓼莪》诸诗为挽歌，笔者认为，这几首诗作为哀悼性质的歌曲，是针对丧事而发无疑，视为哀悼歌曲比较恰当。

④ （清）阮元校刻：《十三经注疏·春秋左传正义》，中华书局 1980 年版，第 2166 页下栏。

⑤ 在先秦时期是否有挽歌存在，古今学者都有所讨论，孔颖达、何焯、闻一多等力主先秦有挽歌存在，齐天举认为先秦丧礼排斥音乐，否定了先秦挽歌的存在，丘述尧又力证其非。在先秦丧礼中是否使用挽歌，本书不予探讨，但在丧礼中有音乐的使用是肯定的。

禁乐与用乐两个方面来讨论魏晋南北朝统治者遇凶礼时对音乐采取的不同态度。

第二节　魏晋南北朝的凶礼禁乐

在第一节中我们已经明确，从国家礼制层面来看，遇凶礼时要禁止凶礼之外的仪式音乐的演奏，甚至停止仪式的展演。从禁乐发生的情形来看，主要有两种情况：一种是上层统治者面对水旱、地震、日食等较大的灾害（异）时通过禁乐及其他措施以自我贬损，是一种具有自我反省意味的禁乐，也与阴阳灾异思想有密切关系；另一种是遇丧礼时禁止其他仪式音乐的演奏，当然这种情形的禁乐并不局限于上层统治者，各阶层在面对丧礼时均要禁乐。

一　禁乐是魏晋南北朝的统治者应对自然灾害、灾异的措施之一

魏晋南北朝时期的自然灾害（异）发生异常频繁。据邓云特统计，在三国两晋的200年中，黄河、长江流域发生的灾害（异）共计304次，在南北朝割据的169年中，其发生次数更是高达315次[①]。面对频繁发生的灾害（异）造成的巨大破坏，统治者大都采取了积极的应对措施。以仪式理论进行衡量，这些应对举措并不能归入礼仪的范畴，但与《周礼》所规定的凶礼在内容上具有高度的一致性——它们属于凶礼之中的荒礼[②]。按照《周礼》的规定，在荒礼时应该禁止各类礼仪中的音乐演奏，这在魏晋南北朝时期得到了较为严格的遵守，并且形成了制度化的特点。

（一）魏晋南北朝荒礼时的禁乐

魏晋南北朝时期不但改朝易代频繁，自然灾害（异）也频频发生。自然灾害（异）是影响统治稳定的重要因素，作为统治阶层，必须采取积极的应对措施来减轻灾害（异）带来的破坏，以维护政权的稳定，这

---

① 邓云特：《中国救荒史》，生活·读书·新知三联书店1958年版，第8—12页。

② 梁满仓先生将其视为凶礼的内容之一，见梁满仓《魏晋南北朝五礼制度考论》，社会科学文献出版社2009年版，第592页。在秦汉之后，凶礼中的襘礼、吊礼、恤礼从本为诸侯之间发生灾祸时的相互救援转变成为统治阶级对下层民众的救助，因此，荒礼在功能上可以包括以上诸礼的内容。

些措施即为《周礼》规定的荒礼，亦可称为荒政。荒礼或荒政是由一系列具体的行为方式构成的，既包括灾害（异）发生后统治者所采取的赈济灾民、减免赋税、澄清吏治等措施[①]，也包括对其他礼仪规格的贬损，旨在通过特定的行为方式补救灾害（异）造成的损失，从而达到缓和社会矛盾的目的，其中贬损礼乐仪式的规格是一种富有特色的灾害（异）应对方式。

概括地说，这一时期的荒礼中对礼仪规格的贬损包括两种形式：其一，因灾害（异）的发生而终止重大礼仪活动的举行，并因此禁乐；其二，因灾害（异）的发生禁乐并降低相关礼仪的规格。通过对史料的梳理，我们发现并非遇到任何灾害（异）时均要禁乐，史书中着重记载的是遇日食及旱灾时的禁乐，而其他灾害（异）发生时是否禁乐并未提及，下面详述这两种灾害（异）发生时的禁乐情况。

1. 发生日食时停止举行重大礼仪活动而禁乐

日食作为一种天文现象，其发生虽不会造成重大损失，但被视为重大灾异。先秦时期，日食发生的记载屡见于《春秋》；汉代以来，统治者对这一天文现象更加重视，赵翼《廿二史札记》“汉重日食”条指出，两汉皇帝普遍重视日食，不但文帝、光武帝、明帝等“有道之君，太平之世，尚遇灾而重如此”[②]，成帝、哀帝、和帝等庸主“亦以灾异为忧”[③]。这一现象与汉代天人感应及阴阳灾异思想盛行密切相关。在古人观念中，太阳被认为是“人君之象”，是人间帝王权力的象征：“日为太阳之精，主生养恩德，人君之象也。”[④] 因此，在天人感应思想作用下，统治者认为日食是君权削弱或人君被蒙蔽的反映。同时，日食也是阴阳失和、政治昏乱的征兆，是君权被削弱后上天以灾异的形式发出的谴告。关于此点，汉代纬书中有较为详细的论证，《后汉书》卷2《孝明帝纪》注引《春秋感精符》：“人主含天光，据机衡，齐七政，操八极。”并进一步解释说：“故君明圣，天道得正，则日月光明，五星有度。日明则道正，不明则政乱，故常戒以自敕厉。日食皆象君之进退为盈缩。当春秋拨乱，日食三十六，

① 邓云特：《中国救荒史》第三编“历代救荒政策的实施”；杨钰侠：《试论南北朝时期的赈灾之政》，《中国农史》2000年第2期；黄平芳：《六朝荒政研究》第二章“六朝的备荒、救荒措施”，硕士学位论文，南京师范大学，2004年。

② （清）赵翼著，王树民校证：《廿二史札记校证》，中华书局1984年版，第41页。

③ （清）赵翼著，王树民校证：《廿二史札记校证》，中华书局1984年版，第41页。

④ （唐）房玄龄等：《晋书》卷12《天文志中》，中华书局1974年点校本，第317页。

故曰至谴也。”① 受日食影响最大的礼仪形式为元会，此礼在三元之日举行，亦即每年的正月初一，而日食一定是在朔日发生，因此举行元会时有可能发生日食。对此，统治者最常用的应对措施是“却会”，以避开日食，同时采取各种巫术仪式来禳灾。

在魏晋南北朝，因日食而废元会已成为定制，即使日月合朔，有出现日食的可能时也会取消元会。晋、宋二代尤为明显，西晋武帝咸宁三年（277）、四年（278），并以正旦合朔却元会；东晋康帝建元元年（343），庾冰辅政，太史预测在元会之日将有日食，群臣讨论是否取消将要举行的元会。庾冰认为不可取消，并援引汉末刘邵日食不禁乐的观点为据，群臣认为当取消，蔡谟最为坚决，其云：“邵论灾消异伏……而云圣人垂制，不为变异豫废朝礼，此则谬矣。灾祥之发，所以谴告人君，王者所重诫。故素服废乐，退避正寝，百官降物，用币伐鼓，躬亲而救之。夫敬诫之事，与其疑而废之，宁慎而行之。”② 他还援引《春秋》所载鲁桓公日食时行宗庙之礼被讥刺之事，以证日食发生时应当废礼、禁乐。他认为“闻天眚将至，行庆乐之会，于礼乖矣”③，庾冰最终接受了群臣的建议，此年不举行元会。至永和年间④，又遇举行元会发生日食的情况，此时殷浩辅政，也拟不废元会，但王彪之据咸宁、建元故事，力主不举行元会，最终此礼也未能施行。在此之后，发生日食不举行元会可能成为定制⑤。

2. 发生旱灾时的禁乐

魏晋南北朝时期另一种导致大规模禁乐的灾害为旱灾，旱灾往往伴随有虫灾，在虫灾时也曾禁乐。旱灾发生时，统治者除了采取赈济、减免徭役赋税措施外，还常常采取减膳、禁乐等方式来应对。东晋时期逢旱灾时有减膳之制，《晋书·成帝纪》载，咸康二年（336）“三月，旱，诏太官

---

① （宋）范晔撰，（唐）李贤等注：《后汉书》卷2《孝明帝纪》，中华书局1965年点校本，第111—112页。

② （梁）沈约：《宋书》卷14《礼志一》，中华书局1974年点校本，第352页。

③ （梁）沈约：《宋书》卷14《礼志一》，中华书局1974年点校本，第352—353页。

④ 据（唐）房玄龄等《晋书》卷12《天文志中》载，在穆帝永和年间，发生在正月的日食仅七年正月丁酉、八年正月辛卯两次。

⑤ 见《宋书》卷14。南齐、梁、陈及北朝面对日食时是否采用却会的方式来应对，史书中并未明言，但《隋书·经籍志》载：“梁有《验日食法》三卷，何承天撰；又有《论频月合朔法》五卷。”此外尚有不知名所作《君失政大云雨日月占》二卷等关于日食测算的著作，这说明统治者对于日食测算的重视，很可能逢日食时废礼之举在这一时期得以延续。

减膳，免所旱郡县徭役”[①]。降低了礼仪规格，从历代减膳必禁乐的惯例推测，其音乐也可能废而不作。前秦也曾行减膳、禁乐之制，苻坚永兴元年(357)：“是秋，大旱，坚减膳撤悬，金玉绮绣皆散之戎士，后宫悉去罗纨，衣不曳地。开山泽之利，公私共之，偃甲息兵，与境内休息。”[②] 梁代已经形成了发生旱灾时系统化的应对措施，《隋书》记载梁代应对旱灾的“七事”：“《春秋》‘龙见而雩’，梁制不为恒祀。四月后旱，则祈雨，行七事：一，理冤狱及失职者；二，振鳏寡孤独者；三，省徭轻赋；四，举进贤良；五，黜退贪邪；六，命会男女，恤怨旷；七，撤膳羞，弛乐悬而不作。天子又降法服。”[③] 所谓“七事”实为应对旱灾的七种措施，这七事中，前六事是以具体行政措施的形式对旱灾展开赈济，而第七事的“撤膳羞，弛乐悬而不作”是统治者对自身所用礼仪规格的贬损。可见，在梁代遇旱灾时所采取的包括禁乐在内的补救措施已经形成了制度化的特点。北朝时期因旱灾而禁乐的事例也频繁见诸史书，如北魏宣武帝元恪在位时期屡次因旱灾而减膳、禁乐：

> 景明四年夏四月己亥，帝以旱减膳撤悬。辛丑，澍雨大洽。[④]
>
> 正始元年六月，以亢阳，诏撤乐减膳。[⑤]
>
> 永平元年五月……辛卯，帝以旱故，减膳撤悬。[⑥]
>
> 永平二年五月……辛丑，帝以旱故，减膳撤悬，禁断屠杀。[⑦]
>
> 延昌元年夏四月，诏以旱故，食粟之畜皆断之。……戊辰，以旱，诏尚书与群司鞫理狱讼，诏河北民就谷燕、恒二州。辛未，诏饥民就谷六镇。丁丑，帝以旱故，减膳撤悬。[⑧]
>
> 正光三年六月己巳，诏曰：“朕以冲昧，夙纂宝历，不能祗奉上灵，感延和气，致令炎旱频岁，嘉雨弗洽，百稼焦萎，晚种未下，将

---

① （唐）房玄龄等：《晋书》卷7《成帝纪》，中华书局1974年点校本，第180页。

② （唐）房玄龄等：《晋书》卷113《苻坚载记》，中华书局1974年点校本，第2885页。

③ （唐）魏征、令狐德棻：《隋书》卷7《礼仪志二》，中华书局1973年点校本，第125页。

④ （北齐）魏收：《魏书》卷8《世宗纪》，中华书局1974年点校本，第196页。

⑤ （北齐）魏收：《魏书》卷105《天象志》，中华书局1974年点校本，第2431页。《魏书》卷8《世宗纪》亦载：“正始元年（504）六月，以旱，撤乐减膳。”见（北齐）魏收《魏书》卷8《世宗纪》，中华书局1974年点校本，第197页。

⑥ （北齐）魏收：《魏书》卷8《世宗纪》，中华书局1974年点校本，第205页。

⑦ （北齐）魏收：《魏书》卷8《世宗纪》，中华书局1974年点校本，第208页。

⑧ （北齐）魏收：《魏书》卷8《世宗纪》，中华书局1974年点校本，第211—212页。

成灾年，秋稔莫觊。在予之责，忧惧震怀。今可依旧分遣有司，驰祈岳渎及诸山川百神能兴云雨者，尽其虔肃，必令感降，玉帛牲牢，随应荐享。上下群官，侧躬自厉，理冤狱，止土功，减膳撤悬，禁止屠杀。"①

此外，还存在因虫灾而禁乐的情况，《晋书》卷112《苻健载记》："蝗虫大起，自华泽至陇山，食百草无遗。牛马相啖毛，猛兽及狼食人，行路断绝。健自蠲百姓租税，减膳撤悬，素服避正殿。"② 虫灾往往是在大旱之年发生，此时减膳、禁乐仍与旱灾存在关联。

魏晋南北朝时期，作为应对措施，灾害（异）发生之后的减膳、禁乐已与礼经的规定有所不同。笔者通过对相关资料的梳理发现，其与礼经所规定的禁乐制度的差异主要表现在：按礼经的规定，禁乐是针对各种类型的灾害（异）而言的，在日月食、四镇五岳崩、大傀异灾、大札、大凶、大灾等各类灾害（异）发生时都应禁乐，而这一时期的禁乐主要是在日食和旱灾发生时，其他灾害（异）发生时几乎无禁乐之举。究其缘由，这固然与魏晋南北朝灾害（异）频发有关，统治者不可能做到每逢灾害（异）都要行禁乐之礼，这样会使整个国家的礼仪及其用乐一直处于停滞状态。更为重要的原因是，日食、旱灾时的禁乐是在阴阳灾异理论影响下采取的禳灾措施。

（二）凶礼的禁乐方式所体现出的天人感应及调和阴阳思想

在发生重大灾害（异）时，统治者往往采取赈济、减免赋税及澄清吏治等措施加以应对，这些措施对于减少重大灾害（异）所造成的损失、缓解社会矛盾、稳定统治有着重要的意义。虽然减膳、禁乐也经常在应对措施之列，但这只是统治者遵循了遇灾害（异）时禁乐、弛悬的礼仪规范。在礼乐层面对自身行为采取的限制措施，从根本上说对减轻灾害（异）的损失、恢复生产并不能产生实际的效用，但其所具备的符号意义要远远大于这一礼仪形式本身。这些措施实际上是统治者以自我约束、自我贬抑、自我反省的方式向其臣属、百姓传达其与百姓同甘苦的态度，也表明自身对上天的敬畏，是汉代逐渐兴盛的阴阳灾异、天人感应思想在礼制层面的反映。

---

① （北齐）魏收：《魏书》卷9《肃宗纪》，中华书局1974年点校本，第233页。
② （唐）房玄龄等：《晋书》卷112《苻健载记》，中华书局1974年点校本，第2871页。

汉代以来统治者面对灾害（异）的发生，礼乐上的自我贬损是众多自我约束、自我反省措施中极为重要的一种，这些措施已经不仅是对礼经规定的实践，而是受到了天人感应及阴阳灾异思想的影响。在天灾发生时，统治者所面对的不仅有臣民，也有其权力来源的上天。在阴阳灾异理论中，帝王的各种为政举措必然要得到上天的回应，而灾害（异）则是对恶政的回应，是上天对人间帝王的谴告。因此当灾害（异）发生时统治者也必须采取一定的措施应对上天的谴告，用一种近乎自我惩罚的方式对自身过错进行反省。

两汉时期，当灾害（异）发生时统治者常举贤良方正，且往往以策问的形式探究灾害（异）发生的原因及应对措施，被策问者多以敬天、戒奢、修德、安民等应对①。这种做法在后世被继承，晋武帝时逢日食、水旱之灾，曾以“顷日食正阳，水旱为灾，将何所修，以变大眚?”策问贤良方正，挚虞对曰：“其有日月之眚，水旱之灾，则反听内视，求其所由，远观诸物，近验诸身。”② 也是告诫统治者通过抑制自身行为以消弭灾害（异），这些举措对于抑制统治者的过度奢靡、促使其进行自我反省有积极的作用。

禁乐作为统治者遇灾害（异）时自我贬损的方式之一并不具有普遍

① 《后汉书》载：阳嘉三年，司隶校尉左雄荐举，征拜尚书。……是岁河南、三辅大旱，五谷灾伤……特下策问曰：“朕以不德，仰承三统，夙兴夜寐，思协大中。顷年以来，旱灾屡应，稼穑焦枯，民食困乏。五品不训，王泽未流，群司素餐，据非其位。审所贬黜，变复之征，厥效何由？分别具对，勿有所讳。”举对曰：“臣闻《易》称‘天尊地卑，乾坤以定。’二仪交构，乃生万物，万物之中，以人为贵。故圣人养之以君，成之以化，顺四节之宜，适阴阳之和，使男女婚娶不过其时。包之以仁恩，导之以德教，示之以灾异，训之以嘉祥。此先圣承乾养物之始也。夫阴阳闭隔，则二气否塞；二气否塞，则人物不昌；人物不昌，则风雨不时；风雨不时，则水旱成灾。陛下处唐虞之位，未行尧舜之政，近废文帝、光武之法，而循亡秦奢侈之欲，内积怨女，外有旷夫。今皇嗣不兴，东宫未立，伤和逆理，断绝人伦之所致也。非但陛下行此而已，竖宦之人，亦复虚以形势，威侮良家，取女闭之，至有白首殁无配偶，逆于天心。昔武王入殷，出倾宫之女；成汤遭灾，以六事克己；鲁僖遇旱，而自责祈雨，皆以精诚转祸为福。自枯旱以来，弥历年岁，未闻陛下改过之效，徒劳至尊暴露风尘，诚无益也。又下州郡祈神致请。昔齐有大旱，景公欲祀河伯，晏子谏曰：‘不可。夫河伯以水为城国，鱼鳖为民庶。水尽鱼枯，岂不欲雨？自是不能致也。’陛下所行，但务其华，不寻其实，犹缘木希鱼，却行求前。诚宜推信革政，崇道变惑，出后宫不御之女，理天下冤枉之狱，除太官重膳之费。夫五品不训，责在司徒，有非其位，宜急黜斥。臣自藩外擢典纳言，学薄智浅，不足以对。《易传》曰：‘阳感天，不旋日。’惟陛下留神裁察。”见（宋）范晔撰，（唐）李贤等注《后汉书》卷61《周举传》，中华书局1965年点校本，第2025—2026页。

② （唐）房玄龄等：《晋书》卷51《挚虞传》，中华书局1974年点校本，第1423页。

性，也就是说，并非在面对所有灾害（异）时的自我贬损中都包含禁乐。禁乐只有在日食与旱灾发生时才会施行，且这两种禁乐也存在不同的发挥作用的机制。就日食时的禁乐来说，主要是与元会相关联，当发生日食时往往却会、废礼，元会的废止自然会导致仪式用乐不再演奏，因此禁乐是废礼的从属效应。在旱灾发生时并无废礼之举，仅仅是停止作乐。因旱灾而禁乐不仅遵循了礼经的规定，也是阴阳观念及天人感应思想在礼制层面的反映，从魏晋南北朝时期各种灾害（异）禁乐与不禁乐的对比中就能明确这一点。

魏晋南北朝时期，水灾、旱灾等自然灾害（异）发生频繁，据学者统计，东吴、东晋、宋、南齐、梁、陈六朝，共发生水灾 106 次，占所有灾害（异）的 21.9%，旱灾 79 次，占所有灾害（异）的 14.9%[①]，北朝 196 年中共发生旱灾 90 次，占总年份的 45%，水灾 71 次，占总年份的 36%[②]。从这一统计可以看出，水灾要远远多于旱灾，相比之下，水灾的破坏程度也更高，我们略举几例以见其破坏之大：魏明帝景初元年（237）九月，“淫雨过常，冀、兖、徐、豫四州水出，没溺杀人，漂失财产”[③]；晋武帝泰始四年（268）九月，“青、徐、兖、豫四州大水”[④]；咸宁三年（277）九月，青、徐、兖、豫、荆、益、梁七州大水[⑤]；宋元嘉十九年（442）、二十年（443），东诸郡大水[⑥]；北魏永平二年（509）秋，州郡二十大水，冀定旱饥[⑦]；南齐建元二年（480），吴、吴兴、义兴三郡大水[⑧]；北齐河清二年（563）十二月，兖、赵、魏三州大水，河清三年（564）九月，“山东大水，饥死者不可胜计”[⑨]。按照礼经的规定，发生破坏如此之大的水灾应当禁乐，但在这一时期的史料中，我们很难找到因水灾而禁乐的记载。除此之外，发生其他破坏严重的地震、暴风等自然灾害（异）时也未见禁乐之举。这说明，魏晋南北朝时期的禁乐之制并非完全遵从礼

① 黄平芳：《六朝荒政研究》，硕士学位论文，南京师范大学，2004 年，第 6 页。

② 李辉：《北朝时期的自然灾害及国家与民间救灾措施研究》，博士学位论文，吉林大学，2006 年，第 32 页。

③ （梁）沈约：《宋书》卷 33《五行志四》，中华书局 1974 年点校本，第 950 页。

④ （梁）沈约：《宋书》卷 33《五行志四》，中华书局 1974 年点校本，第 951 页。

⑤ （唐）房玄龄等：《晋书》卷 3《武帝纪》，中华书局 1974 年点校本，第 68 页。

⑥ （梁）沈约：《宋书》卷 33《五行志四》，中华书局 1974 年点校本，第 957 页。

⑦ （北齐）魏收：《魏书》卷 105《天象志》，中华书局 1974 年点校本，第 2433 页。

⑧ （梁）萧子显：《南齐书》卷 19《五行志》，中华书局 1972 年点校本，第 384 页。

⑨ （唐）李百药：《北齐书》卷 7《武成纪》，中华书局 1972 年点校本，第 93 页。

经的规定，其禁乐是有选择性的，而这种选择性又是由特定思想观念决定的。发生旱灾而禁乐已经不单纯是基于自省之目的，而是为应对灾害（异）而采取的一种行为方式，这一行为方式本质上就是一种仪式，意在通过此举禳厌灾害（异）。

对于旱灾发生的原因，古人往往以阴阳观念进行解释，最主流的观点认为是阳气太盛之故，董仲舒认为旱灾、水灾及日食等灾害（异）是阴阳不调造成的，《春秋繁露·精华》云："大旱者，阳灭阴也……大水者，阴灭阳也……日食亦然。"[①] 在水、旱、日食等诸多灾害（异）中，唯有旱灾为阳气太盛之故。此种观点在魏晋南北朝时期仍然盛行，晋成帝咸和六年（331），天大旱，王导上疏逊位，晋成帝下诏自责："夫圣王御世，动合至道，运无不周，故能人伦攸叙，万物获宜。朕荷祖宗之重，托于王公之上，不能仰陶玄风，俯洽宇宙，亢阳逾时，兆庶胥怨，邦之不臧，惟予一人。"[②] 所谓亢阳逾时，即指阳气太盛并持续时间较长；《晋书·五行志上》载："海西公太和中，郗愔为会稽太守。六月大旱灾，火烧数千家，延及山阴仓米数百万斛，炎烟蔽天，不可扑灭。"史官认为此乃"桓温强盛，将废海西，极阴生阳之应"[③]；北魏正始元年（504）六月，"以亢阳，诏撤乐减膳"，也认为旱灾的发生是因阳气太盛；《隋书·五行志上》引《洪范五行传》："君持亢阳之节，兴师动众，劳人过度，以起城邑，不顾百姓，臣下悲怨。然而心不能从，故阳气盛而失度，阴气沉而不附。阳气盛，旱灾应也。"[④] 既然旱灾是因阳气太盛，那么就需要调节阴阳的比例以达到降雨之目的。在阴阳思想体系中，乐属于阳的范畴，《礼记·郊特牲》："凡声，阳也。""乐由阳来者也，礼由阴作者也。"[⑤]《白虎通义》："乐言作，礼言制何？乐者，阳也，动作倡始，故言作。礼者，阴也。系制于阳，故言制。乐象阳也，礼法阴也。"[⑥] 乐所具有的阳的特质，使减少或停止音乐的使用成为一种减少阳气进而使天降甘雨的重要仪式。以音乐助长阳气也是应对灾害（异）的重要方式，这主要表现在应对日食的伐鼓用币等仪式中，日食发生时虽废元会，但会通过伐鼓的形

---

① 苏舆撰，钟哲点校：《春秋繁露义证》，中华书局 1992 年版，第 86 页。

② （唐）房玄龄等：《晋书》卷 65《王导传》，中华书局 1974 年点校本，第 1751—1752 页。

③ （唐）房玄龄等：《晋书》卷 27《五行志上》，中华书局 1974 年点校本，第 806 页。

④ （唐）魏征、令狐德棻：《隋书》卷 22《五行志上》，中华书局 1973 年点校本，第 635 页。

⑤ （清）阮元校刻：《十三经注疏·礼记正义》，中华书局 1980 年版，第 1446 页中栏—下栏。

⑥ （清）陈立撰，吴则虞点校：《白虎通疏证》，中华书局 1994 年版，第 98—99 页。

式助长阳气，消禳灾异。这在史书中有较多的记载：

> 挚虞《决疑》曰："凡救蚀者，皆著赤帻，以助阳也。日将蚀，天子素服避正殿，内外严警，太史登灵台，伺候日变。更伐鼓于门，闻鼓音，侍臣皆著赤帻，带剑入侍。三台令史以上，皆各持剑立其户前。卫尉卿驰绕宫，伺察守备，周而复始。日复常，乃皆罢。"鲁昭公十七年，六月朔，日有蚀之。祝史请所用币，叔孙昭子曰："日有蚀之，天子不举乐，伐鼓于社；诸侯用币于社，伐鼓于朝，礼也。"又以赤丝为绳系社，祝史陈辞以责之。社，勾龙之神，天子之上公，故责之。合朔，官有其注。[①]

魏晋南北朝时期，禁乐只是应对旱灾众多措施中的一种，这是一种具有较强仪式感的应对方式，除此之外尚有较强实效性的措施，如前述梁代干旱祈雨时要"行七事"，这些措施影响到了北朝，《魏书》卷 8 载北魏宣武帝元恪面对旱灾时所下诏书，其中也要求"祗行六事"，与梁代的"七事"基本相同[②]。隋代载祈雨之法，先用雩祭求雨，如果雩祭后二旬仍不雨，则"徙市禁屠。皇帝御素服，避正殿，减膳撤乐，或露坐听政。百官断伞扇。令人家造土龙"[③]。从表面上看，遇旱灾禁乐与礼经中所规定的凶礼禁乐相符合，但本质上已大不相同，无论是禁乐的理论依据还是禁乐的目的都已发生变化，这也是此一时期面对众多的灾害（异）只有旱灾禁乐的重要原因。

二　魏晋南北朝丧礼的禁乐

魏晋南北朝时期大多数政权在遇丧礼时都会禁乐，这是对礼经的遵守及对前代丧礼禁乐传统的继承。禁乐并不仅针对丧礼，也涉及其他礼仪。我们通过对相关资料的考察发现，在整个丧礼过程中，丧礼之外的吉礼、

---

① （梁）沈约：《宋书》卷 14《礼志一》，中华书局 1974 年点校本，第 351 页。

② 北朝六事包括："囹圄冤滞，平处决之；庶尹废职，量加修举；鳏寡困穷，在所存恤；役赋殷烦，咸加蠲省；贤良谠直，以礼进之，贪残佞谀，时加屏黜；男女怨旷，务令媾会。"见（北齐）魏收《魏书》卷 8《宣武帝纪》，中华书局 1974 年点校本，第 197 页。此处少禁乐一项，但魏宣武帝在位时曾多次因旱灾而禁乐，我们可以确定这明显是受到了梁代制度的影响。

③ （唐）魏征、令狐德棻：《隋书》卷 7《礼仪志二》，中华书局 1973 年点校本，第 128 页。

嘉礼用乐常被禁止[①]。

（一）魏晋南北朝时期因丧礼而被禁的礼仪用乐类型

曹魏时期，丧礼无禁乐之制，在守丧期间并不禁止音乐的演奏，《晋书·礼志中》载："魏武以正月崩，魏文以其年七月设伎乐百戏，是则魏不以丧废乐也。"[②] 这种情况从西晋开始发生了根本变化："武帝以来，国有大丧，辄废乐终三年。"[③] 不但在大丧时要行禁乐之礼，大臣丧礼也在禁乐之列，西晋是施行丧礼禁乐最为严格的朝代，此时期朝臣有不少讨论丧礼禁乐的奏议，涉及何种等级的人死后其丧礼要禁乐、如何禁乐、禁乐时间等问题，具体包括"遏密不设悬""大丧而弟嗣位未三年废乐""大丧在寇梓宫未返废乐""皇后崩服未终废乐""太后父丧废乐""皇后母丧废乐""公主丧废乐""太子所生丧废乐""大臣丧废乐"等[④]。西晋之后，历代都会自觉遵守这种禁乐制度，如宋代"大丧则废乐"[⑤]。因丧礼而被禁的礼仪用乐类型主要是吉礼、嘉礼等国家礼仪的用乐[⑥]。

1. 因丧礼而禁吉礼用乐

西晋及以后的诸朝，逢大丧时常禁吉礼用乐，其禁乐主要针对庙祭，依据是《春秋》昭公十五年行宗庙之祭时叔弓暴卒而"去乐卒事"，即在遇丧礼时庙祭仪式继续举行，而不再用乐。《春秋》所载的禁乐是针对大臣之丧礼而言的，但在魏晋南北朝时期，因丧礼而废宗庙用乐却是针对皇帝、皇后、世子之丧礼而言的。这一时期因大丧而禁吉礼用乐的事例并不太多，见于史书记载者如下：晋武帝咸宁五年（279）十一月己酉，弘训羊太后崩，宗庙废一时之祀，天地明堂去乐，且不上胙[⑦]；东晋升平五年（361）十月己卯，因穆帝崩而废殷祠，不作乐[⑧]；宋代，"国有故，庙祠

---

① 关于葬礼中音乐的使用我们将在下一节进行讨论。

② （唐）房玄龄等：《晋书》卷20《礼志中》，中华书局1974年点校本，第618页。

③ （唐）房玄龄等：《晋书》卷20《礼志中》，中华书局1974年点校本，第618页。

④ （唐）杜佑撰，王文锦、王永兴等点校：《通典》卷147《乐七》，中华书局1988年版，第3764—3769页。

⑤ （梁）沈约：《宋书》卷15《礼志二》，中华书局1974年点校本，第404页。

⑥ 在此我们所要讨论的是面对从帝王到大臣等上层统治者的丧礼时，在国家礼仪即五礼中的礼仪用乐的禁乐情况。

⑦ （唐）房玄龄等：《晋书》卷19《礼志上》，中华书局1974年点校本，第608页。

⑧ （唐）房玄龄等：《晋书》卷19《礼志上》，中华书局1974年点校本，第608页。

皆悬而不乐"[①]。与吉礼禁乐的记载较少相比，因丧礼而禁嘉礼用乐的事例则较多。

2. 因丧礼而禁嘉礼用乐

两晋南北朝时期，因大丧而禁嘉礼用乐的事例最为常见。其中受大丧影响最大的为元会用乐。在遇大丧时，尽管还会举行元会，但与正常情况下的元会有很大的区别，此时的元会称为"素会"，《通典·乐典》："晋有司下太常曰：'朝廷遏密则素会'。"[②] 所谓素会，可能是指在元会中不行饮酒、用乐等与哀戚情感相违背的仪节，只是"奉贺而已"。

《宋书·礼志二》对晋、宋因丧礼而废元会用乐的情况有所概括："晋武帝以来，国有大丧未除，正会亦废乐。太安元年，太子丧未除，正会亦废乐。穆帝永和中，为中原山陵未修复，频年会，辄废乐。是时太后临朝，后父褚裒薨，元会又废乐。晋世孝武太元六年，为皇后王氏丧，亦废乐。宋大丧则废乐。"[③] 除此之外，两晋南北朝因丧礼而禁元会用乐的事例尚有不少，晋惠帝永宁元年（301）冬，愍怀太子之母三年丧未终，大司马府参军江统议以为明年元会中不宜用乐；晋怀帝永嘉元年（307）冬，晋惠帝三年丧未终，虽然晋怀帝与晋惠帝非父子关系，江统亦以为明年元会中不宜用乐，其理由是："自古帝王相承，虽生及有异，而受重同礼。礼，王侯尊殊，得臣诸父兄弟。故以僖嗣闵，左氏谓之逆祀。虽代变时殊，质文不同，至于受重尊祖敬宗，其义一也。"[④] 永嘉五年（311），晋怀帝为石勒所俘，六年（312）为刘聪所杀，建兴元年（313）晋愍帝登帝位，此时晋怀帝"大丧在寇""梓宫未返"。司马睿为丞相，在建业，在次年十二月讨论元会用乐与否时，主簿熊远认为："怀帝梓宫未返，正会不宜作乐。"[⑤] 南齐明帝建武二年（495）朝会，当时萧赜之丧礼未终，朝

---

① （梁）沈约：《宋书》卷16《礼志三》，中华书局1974年点校本，第457页。梁代之后遇国家大丧时吉礼是否禁乐在史料中记载较少，北朝因丧礼废吉礼用乐者也较少见于记载，但从西晋以后，南北朝的统治者在施行三年丧上是不遗余力的，因丧礼而废乐作为丧礼制度的一项重要内容，梁、陈及北朝施行的可能性是较大的。

② （唐）杜佑撰，王文锦、王永兴等点校：《通典》卷147《乐七》，中华书局1988年版，第3764页。

③ （梁）沈约：《宋书》卷15《礼志二》，中华书局1974年点校本，第404页。

④ （唐）杜佑撰，王文锦、王永兴等点校：《通典》卷147《乐七》，中华书局1988年版，第3765页。

⑤ （唐）杜佑撰，王文锦、王永兴等点校：《通典》卷147《乐七》，中华书局1988年版，第3765—3766页。

臣讨论元会是否用乐，祠部郎何佟之援引前代丧礼禁乐故事，极力主张禁止元会用乐，其云："昔舜受终文祖，义非胤尧，及放勋徂落，遏密三祀。近代晋康帝继成帝，于时亦不作乐。怀帝永嘉元年，惠帝丧制未终，于时江充议云，古帝王相承，虽世及有异，而轻重同礼。"① 朝廷最终从何佟之议，此年元会不用乐。北魏时期也曾因丧礼而禁元会用乐，神龟二年（519）元会，当时灵太后临朝，灵太后之父胡国珍丧制未毕，在朝会时禁百戏丝竹之乐②。

元会之外，其他属于嘉礼的礼仪形式遇丧礼时也要禁乐。首先，朝廷所举行的各种小会常因丧礼而禁乐。东晋元帝因其姨母广昌乡君丧礼，冬至之后的小会禁乐③；宋文帝元嘉十五年（438）四月，皇太子纳妃，于太极殿西堂举行宴会，文武百官与会，因临川曹太妃服未终，此次宴会未演奏伎乐④；北魏南平王之子元霄，特受孝文帝钦重，太和十七年（493）薨，在其死后"高祖缌衰临霄丧，哀恸左右，宴不举乐"⑤。其次，遇大丧时，临轩拜官不用乐。宋大明五年（461），皇太子妃薨，当时群臣讨论临轩拜官是否用乐及鼓吹，参与讨论的博士司马兴之、右丞徐爰均认为"皇太子期服内，不合作乐及鼓吹"⑥。再次，遇丧礼时婚礼禁乐。婚礼是一种涉及各阶层的礼仪形式，其禁乐也具有广泛的针对性，如晋孝武帝崩，太傅录尚书会稽王道子认为："山陵之后，通婚嫁不得作乐，以一期为

---

① （梁）萧子显：《南齐书》卷10《礼志下》，中华书局1972年点校本，第163页。

② 《魏书》卷108《礼志四》载："二年正月二日元会，高阳王雍以灵太后临朝，太上秦公丧制未毕，欲罢百戏丝竹之乐。清河王怿以为万国庆集，天子临享，宜应备设。太后访之于侍中崔光，光从雍所执。怿谓光曰：'宜以经典为证。'光据《礼记》'缟冠玄武，子姓之冠'，父母有重丧，子不纯吉。安定公亲为外祖，又有师恩，太后不许公除，衰麻在体。正月朔日，还家哭临，至尊舆驾奉慰。《记》云：'朋友之墓，有宿草焉而不哭。'是则朋友有期年之哀。子贡云：夫子丧颜渊，若丧子而无服，丧子路亦然。颜渊之丧，馈练肉，夫子受之，弹琴而后食之。若子之哀，则容一期，不举乐也。孔子既大练，五日弹琴，父母之丧也。由是丧夫子若丧父而无服。心丧三年，由此而制。虽古义难追，比来发诏，每言师、祖之尊。是则一期之内，犹有余哀。且《礼》，母有丧服，声之所闻，子不举乐。今太后更无别宫，所居嘉福，去太极不为大远。鼓钟于宫，声闻于外，况在内密迩也。君之卿佐，是谓股肱，股肱或亏，何痛如之！智悼子丧未葬，杜蒉所以谏晋平公也。今相国虽已安厝，裁三月尔，陵坟未干。怿以理证为然，乃从雍议。"见（北齐）魏收《魏书》卷108《礼志四》，中华书局1974年点校本，第2808—2809页。

③ （唐）房玄龄等：《晋书》卷20《礼志中》，中华书局1974年点校本，第630页。

④ （梁）沈约：《宋书》卷14《礼志一》，中华书局1974年点校本，第340页。

⑤ （北齐）魏收：《魏书》卷16《广平王传》，中华书局1974年点校本，第400页。

⑥ （梁）沈约：《宋书》卷15《礼志二》，中华书局1974年点校本，第398页。

断。”[①] 又《南齐书·礼志下》载王宴奏议：“宋世期丧降在大功者，婚礼废乐。”[②] 前一条是针对国之大丧而言的，遇国之大丧各阶层婚礼均要禁乐，后一条是对所有阶层的丧礼而言的，凡遇此种情形婚礼均要禁乐。

魏晋南北朝时期，除曹魏外，其他政权大都施行过丧礼禁乐的制度，两晋南朝尤为严格。统治者在施行此制时，一方面以礼学经典作为依据，也根据本朝实际进行权变，因此在不少特殊情况下遇丧礼时并不禁乐，我们对此不再详论。

（二）魏晋南北朝的丧礼禁乐时限与丧服制度之关系

魏晋南北朝史料中所记载的丧礼禁乐，是在国家礼制层面对皇帝、大臣丧礼应采取的禁乐方式所作的规定。这种禁乐与礼经所规定的丧期结束之前的禁乐并不完全相同，对礼经的规定有遵从也有突破，既遵守了国家礼仪中以等级确立用乐方式的原则，也遵守了制礼作乐的“适用”原则。我们从大丧及大臣丧礼两个方面，分析这一时期丧礼的禁乐时限问题。

1. 大丧之禁乐时限

大丧是指帝王、太子、皇后等的丧事，这一时期的大丧禁乐与丧服制度有着密切的关系，实质上是丧服制度的内容之一，在大丧时的禁乐以服丧期为断。曹魏时期并未施行三年丧之制，曹操临终时遗令：“天下尚未安定，未得遵古。百官当临殿中者，十五举音，葬毕便除。其将兵屯戍者，不得离部。”[③] 曹操于正月崩，曹丕于此年七月设伎乐百戏，可见未施行禁乐之制，至少与之后各代相比在禁乐期限上宽松了许多。曹丕、曹叡等都是葬后即吉，因此也未行禁乐之礼。

丧礼禁乐是从晋武帝时开始的，《晋书·礼志中》载：“武帝以来，国有大丧，辄废乐终三年。”[④] 这与晋武帝恢复三年丧有密切的关系。司马懿、司马师死后，沿用的是曹魏时期的丧服制度；从晋武帝开始，三年丧的制度开始确立，在其刚即位的泰始元年（265），就在各级官员中推行三年丧制：“泰始元年，诏诸将吏二千石以下遭三年丧，听归终宁，庶人复除徭役。”[⑤] 但对于帝王来说，不可能守丧三年，因此须寻求一种折中

① （唐）房玄龄等：《晋书》卷20《礼志中》，中华书局1974年点校本，第618页。
② （梁）萧子显：《南齐书》卷10《礼志下》，中华书局1972年点校本，第163页。
③ （唐）房玄龄等：《晋书》卷20《礼志中》，中华书局1974年点校本，第613页。
④ （唐）房玄龄等：《晋书》卷20《礼志中》，中华书局1974年点校本，第618页。
⑤ （梁）沈约：《宋书》卷15《礼志二》，中华书局1974年点校本，第391页。

的方法来应对。司马昭的丧礼即采用折中之法："文帝之崩，国内服三日。武帝亦遵汉魏之典，既葬除丧，然犹深衣素冠，降席撤膳。"[①] 在形式上看似沿袭了曹魏葬毕即除丧的传统[②]，但又采取种种措施突出三年丧的存在，最主要的就是在除丧后采取"深衣素冠，降席撤膳"的做法，在生活上保持节制、在情感上保持哀戚，这种做法就是"心丧"。

心丧解决了皇帝这一特殊身份遇大丧时的困境：一方面礼制的施行是自上而下的，人人都要遵守三年丧的规定，因为"夫三年之丧，天下之通丧也"[③]；另一方面，帝王的身份又不允许其真正按三年丧来执行，因此必须采取折中的方式。这一时期的礼学家用心丧这种特殊守丧方式成功地解决了困境。晋武帝杨皇后崩，群臣讨论太子服丧问题，杜预以为："古者天子诸侯三年之丧始同齐斩，既葬除丧服，谅闇以居，心丧终制，不与士庶同礼。"[④] 挚虞也认为："唐称遏密，殷云谅闇，各举事以为名，非既葬有殊降。周室以来，谓之丧服。丧服者，以服表丧。今帝者一日万机，太子监抚之重，以宜夺礼，葬讫除服，变制通理，垂典将来，何必附之于古，使老儒致争哉！"[⑤] 肯定了心丧对帝王的重要性和必要性。既避免了不行三年丧而使"亲亲"的统治原则失去说服力，也使帝王的丧服与其他各社会阶层的丧服保持统一[⑥]。心丧之制在西晋确立之后为历代所遵循："西晋以后至南朝（北朝则从魏孝文帝太和之后），皇帝的丧制基本上都是三年心丧，这是当时丧服制度的一个重大发明。"[⑦]

心丧作为一种特殊的守丧方式，与一般的守丧相比，更强调守丧时情感的哀戚与生活的节制。沈约在《宋书·礼志三》中曾对心丧的折中之法做过精到的概括："史臣曰：闻乐不怡，故申情于遏密。至于谅闇夺服，虑政事之荒废，是以乘权通以设变，量轻重而降屈。若夫奏音之与寝声，非有损益于机务，纵复回疑于两端，固宜缘恩而从戚矣。"[⑧] 沈约指出，统治者"虑政事之荒废，是以乘权通以设变，量轻重而降屈"，故损益三

① （唐）房玄龄等：《晋书》卷20《礼志中》，中华书局1974年点校本，第613页。
② （唐）房玄龄等：《晋书》卷20《礼志中》，中华书局1974年点校本，第618页。
③ （清）阮元校刻：《十三经注疏·论语注疏》，中华书局1980年版，第2526页上栏。
④ （唐）房玄龄等：《晋书》卷20《礼志中》，中华书局1974年点校本，第619页。
⑤ （唐）房玄龄等：《晋书》卷51《挚虞传》，中华书局1974年点校本，第1426页。
⑥ 梁满仓：《魏晋南北朝五礼制度考论》，社会科学文献出版社2009年版，第637页。
⑦ 梁满仓：《魏晋南北朝五礼制度考论》，社会科学文献出版社2009年版，第653—654页。
⑧ （梁）沈约：《宋书》卷16《礼志三》，中华书局1974年点校本，第457页。

年丧而施行心丧；在心丧时最重要的是保持内心的哀戚，即“闻乐不怡”，因此禁乐是守心丧的一项重要内容。西晋及以后的礼学家在讨论丧礼禁乐时，常依据《尚书》中尧崩后“三载，四海遏密八音”“高宗谅闇，三年不言”的记载说明在心丧时必须禁乐。

因此，两晋、南朝及北魏太和以后的丧礼禁乐其实是心丧的内容之一。晋怀帝时晋惠帝三年丧未满，元会禁乐；晋愍帝时，晋怀帝“大丧在寇，梓宫未返”，元会禁乐，都是较有代表性的因丧礼禁乐的事例。宋时亦遵循此制：“宋大丧则废乐”。需要注意的是，大丧禁乐并非均为三年，而是随着服期的不同而不同。南齐时文惠太子萧长懋早卒，萧赜“不行三年之典，止服期制”，即服丧一年，也是采用心丧的方式，“服文惠太子期内不奏乐”①，其禁乐时限也是一年。可见，在大丧中禁乐的时限与服丧期限，也就是心丧的期限相一致。

2. 大臣丧礼的禁乐时限

遇大臣丧礼，国家礼仪亦为之禁乐，其他如皇帝之姑、舅、姨等丧礼也以大臣之礼对待。与大丧相比，禁乐的时限大为缩短，服丧期与禁乐时限并不一致。关于大臣丧礼的禁乐时限主要有两种观点。其一，以《礼记》中贵臣丧礼“比卒哭不举乐”的规定为依据，认为，大臣丧礼卒哭前应禁乐，晋贺循曾上《车骑大将军未葬不应作鼓吹表》，他认为：“鼓吹之兴，虽本为军之凯乐，有金革之音，于宫庭发明大节，以此为盛，与乐实同。按《礼》，于贵臣，比卒哭不举乐。今车骑未葬，不宜作也。”②其二，三朝发哀者，逾月举乐，其一朝发哀者，三日不举乐。晋武帝咸宁二年（276）十一月下诏规定大臣等丧礼时的禁乐期限：“诸王公大臣薨，应三朝发哀者，逾月举乐，其一朝发哀者，三日不举乐也。”③这一规定在东晋之后受到质疑。东晋元帝之姨广昌乡君遇丧未葬，群臣讨论是否举行冬至之后的小会，在这一问题上存在明显分歧，熊远以《礼记》中“君于卿大夫，比葬不食肉，比卒哭不举乐”为据，认为“群下奉贺而已，未便小会”。晋元帝又向贺循征求意见，面对礼经规定及前朝旧制的矛盾，贺循明显赞同熊远，认为熊远所议“合于古义”，不便小会，同时

① （梁）萧子显：《南齐书》卷10《礼志下》，中华书局1972年点校本，第162页。

② （唐）杜佑撰，王文锦、王永兴等点校：《通典》卷147《乐七》，中华书局1988年版，第3769页。

③ （唐）房玄龄等：《晋书》卷20《礼志中》，中华书局1974年点校本，第630页。

又承认了咸宁诏书规定的合理性，即虽违背经典，却是“随时立宜”的权宜之计，“诚非群下所得称论”[①]。在之后的东晋穆帝升平元年（357），穆帝之姑庐陵公主死后未葬，与前面两例很相似，尚书符问太常冬至小会是否作乐，博士胡讷认为：“君于卿大夫，比卒哭不举乐。公主有骨肉之亲，宜阙乐。”太常王彪之持相反的态度：“案武帝诏，三朝举哀，三旬乃举乐；其一朝举哀者，三日则举乐。泰始十年春，长乐长公主薨，太康七年秋，扶风王骏薨，武帝并举哀三日而已。中兴已后，更参论不改此制。今小会宜作乐。”[②] 关于禁乐时限问题仍然没有达成统一。此后南朝的大臣丧礼禁乐仍然徘徊在二者之间，咸宁诏书的禁乐方式在梁时被张镜所采用，其撰《东宫仪记》规定：“三朝发哀者，逾月不举乐；鼓吹寝奏，服限亦然”[③] 可见，东晋之后咸宁诏书所规定的针对大臣丧礼的禁乐制度仍然有很大的影响力。

通过以上论述可知，魏晋南北朝时期的丧礼禁乐主要是指丧礼发生时，停止五礼中的吉礼、嘉礼等礼仪类型的用乐。从死者身份上看，皇帝、太子、皇后等的大丧与大臣丧礼在禁乐的时限上有明显差别。大丧时的禁乐与西晋时期确立的心丧制度有密切的关系，在魏晋南北朝的大部分朝代，禁乐一直作为心丧的重要内容，是显示内心哀戚最直接、有效的方式。大臣丧礼禁乐时限与服丧期不一致，基本上遵从了礼经规定的卒哭之前禁乐和咸宁诏书中规定的以发哀时间确定禁乐时限的制度。

第三节　魏晋南北朝的丧礼用乐实践
——论丧葬仪式中的鼓吹乐与挽歌

尽管在礼经中有丧礼禁乐的规定，现实中的丧礼禁乐也得到严格执行，但这与丧礼中使用音乐并不矛盾，丧礼用乐也是魏晋南北朝礼乐制度的重要内容[④]。鼓吹乐与挽歌等音乐类型不但用于皇帝、大臣等的丧葬仪式中，在下层社会的丧葬仪式中也有挽歌等音乐形式的使用。事实上，在

---

① （唐）房玄龄等：《晋书》卷20《礼志中》，中华书局1974年点校本，第630页。

② （唐）房玄龄等：《晋书》卷20《礼志中》，中华书局1974年点校本，第630页。

③ （唐）姚思廉：《梁书》卷8《昭明太子传》，中华书局1973年点校本，第166页。

④ 笔者按，广义的丧礼是指与丧事有关的礼仪，据《礼记·曲礼下》孔颖达疏：“丧礼谓朝夕奠下室、朔望奠殡宫及葬等礼也。”本书在行文中依据具体语境使用的“葬礼”“丧葬仪式”等，均属于丧礼。

东汉时期，国家丧葬仪式中已经形成了“挽歌送葬”“鼓吹助丧”和“方相驱鬼”等用乐制度①，这些制度被后世继承并加以变革②，成为魏晋南北朝丧葬仪式的一项重要内容。本节我们主要讨论魏晋南北朝国家丧葬仪式中的两种重要的用乐类型：鼓吹乐与挽歌。

一　论魏晋南北朝丧葬仪式中的鼓吹乐

（一）汉魏时期丧葬仪式中鼓吹乐的使用

汉代鼓吹乐已经用于皇帝的卤簿中，鼓吹乐队是卤簿的组成部分。在丧礼卤簿中同样有鼓吹乐的使用，据《晋书·礼志中》载：“汉魏故事，将葬，设吉凶卤簿，皆以鼓吹。”③ 所谓“将葬，设吉凶卤簿，皆以鼓吹”，不是针对所有等级的葬礼而言，而是指大丧时的用乐。史书中没有汉魏时期丧礼卤簿中鼓吹乐使用方式的详细记载，笔者认为，鼓吹乐主要用于载棺柩之卤簿出发时以及卤簿行进过程中，是在送葬过程中的用乐。

首先，在装载棺柩的卤簿出发时演奏鼓吹乐，《后汉书志·礼仪志下》注引丁孚《汉仪》：

> 永平七年，阴太后崩，宴驾诏曰：“柩将发于殿，群臣百官陪位，黄门鼓吹三通，鸣钟鼓，天子举哀。女侍史官三百人皆著素，参以白素，引棺挽歌，下殿就车，黄门宦者引以出宫省。太后魂车，鸾路，青羽盖，驷马，龙旂九旒，前有方相，凤皇车，大将军妻参乘，太仆妻御，女骑夹毂悉道。公卿百官如天子郊卤簿仪。”④

此为送葬过程第一阶段的鼓吹乐演奏，主要在殿廷中由黄门鼓吹乐人演奏，从其所配合的仪式环节来看，在棺柩装车之后、出发之前，百官备位，黄门鼓吹三遍，更奏以钟鼓，此后便是天子的举哀。鼓吹乐与钟鼓乐的演奏处于百官备位和天子举哀之间，具有明显的信号性质，标志着送葬

---

① 李宏峰：《汉代丧仪音乐中礼、俗关系的演变与发展》，硕士学位论文，中国艺术研究院，2004 年，第 30 页。

② 见（唐）房玄龄等《晋书》卷 20《礼志中》，中华书局 1974 年点校本，第 626—627 页对此的讨论。

③ （唐）房玄龄等：《晋书》卷 20《礼志中》，中华书局 1974 年点校本，第 626 页。

④ （晋）司马彪撰，（梁）刘昭注补：《后汉书志》第 6《礼仪志下》，中华书局 1965 年点校本，第 3151 页。

仪式正式开始。

其次，鼓吹乐在送葬卤簿行进过程中演奏。鼓吹乐在西汉时期就已经作为卤簿用乐，《西京杂记》载："汉大驾祠甘泉、汾阴，备千乘万骑，有黄门前后部鼓吹。"[①] 东汉时期，大驾在皇帝外出时并不常用，主要用于皇帝大丧之时，据《后汉书志·舆服志上》载："东都唯大行乃大驾。大驾，太仆校驾。"[②] 所谓"大行"乃专指帝、后的送葬队伍，其具体形制《后汉书志·礼仪志下》有载："大驾，太仆御。方相氏黄金四目，蒙熊皮，玄衣朱裳，执戈扬楯，立乘四马先驱。"[③] 东汉的史料中并无皇帝大丧所用大驾卤簿奏鼓吹乐的明确记载，但通过相关资料的梳理我们可发现其中有鼓吹乐的使用。据《后汉书志·百官志四》载，东汉的北军中侯掌监北军五营，分别是屯骑、越骑、步兵、长水、射声五校尉及其统属，刘昭注云："案大驾卤簿，五校在前，各有鼓吹一部。"[④] 可见在东汉丧礼大驾卤簿中有鼓吹乐的使用，鼓吹乐队应该是与五校尉处于同一位置，在整个大驾卤簿的最前面，是丧礼卤簿的先导。据《晋书·礼志中》记载，在送葬队伍中，不但有丧礼卤簿以载棺柩，尚有吉驾以载生时之服，吉驾也备有鼓吹乐[⑤]，但对其具体情况则无明确记载。与前一阶段的信号功能不同，这一阶段的鼓吹乐演奏主要用以显示送葬队伍的声势。

皇后葬礼卤簿与生时所用相同，东汉皇后生时所用卤簿的形制见于《后汉书志·礼仪志上》注引丁孚《汉仪》：

> 皇后出，乘鸾辂，青羽盖，驾驷马，龙旂九旒，大将军妻参

---

① （宋）郭茂倩：《乐府诗集》，中华书局1979年点校本，第224页。

② 《后汉书》记载了帝王大丧时所用车的形制：大行载车，其饰如金根车，加施组连璧交络四角，金龙首衔璧，垂五采，析羽流苏前后，云气画帷裳，虡文画曲輶，长悬车等。太仆御，驾六布施马。布施马者，淳白骆马也，以黑药灼其身为虎文。既下，马斥卖，车藏城北秘宫，皆不得入城门。当用，太仆考工乃内饰治，礼吉凶不相干也。见（晋）司马彪撰，（梁）刘昭注补《后汉书志》第29《舆服志上》，中华书局1965年点校本，第3651页。

③ （晋）司马彪撰，（梁）刘昭注补：《后汉书志》第6《礼仪志下》，中华书局1965年点校本，第3144页。

④ （晋）司马彪撰，（梁）刘昭注补：《后汉书志》第27《百官志四》，中华书局1965年点校本，第3613页。

⑤ 《晋书》卷20《礼志中》载晋时群臣讨论送葬时的卤簿及鼓吹乐，从其讨论中可知汉时葬礼设有吉驾卤簿。见（唐）房玄龄等《晋书》卷20《礼志中》，中华书局1974年点校本，第626页。

> 乘，太仆妻御，前鸾旂车，皮轩阘戟，洛阳令奉引，亦千乘万骑。车府令设卤簿驾，公、卿、五营校尉、司隶校尉、河南尹妻皆乘其官车，带夫本官绶，从其官属导从皇后。置虎贲、羽林骑，戎头、黄门鼓吹，五帝车，女骑夹毂，执法御史在前后，亦有金钲黄钺，五将导。[①]

这是皇后参加先蚕礼时所乘，与前文所引阴太后葬时卤簿对比可以发现，两种卤簿的形制、参乘、御者均相同，鼓吹乐也是一个重要的组成部分。由此我们推测，在东汉时期皇后等皇室重要成员的丧礼中，其葬礼卤簿的形制、规格可能与生时所用相同，其出发点即在于“以象平生之容，明不致死之义”[②]，但生时所用卤簿与葬礼所用卤簿可能有所不同。在送葬的卤簿仪仗中仍然有鼓吹乐的演奏，以表明死者的身份地位及功绩。

不但皇帝、皇后等的大丧中有鼓吹乐的使用，大臣葬礼中也有鼓吹乐送葬。这些鼓吹乐是由皇帝赏赐，获赐鼓吹乐主要凭借其生时功绩。《后汉书·耿秉传》载耿秉死后：“赐以朱棺、玉衣，将作大匠穿冢，假鼓吹，五营骑士三百余人送葬。”[③]《后汉书·杨赐传》载杨赐死后亦获赐鼓吹乐：“及葬，又使侍御史持节送丧，兰台令史十人发羽林骑轻车介士，前后部鼓吹，又敕骠骑将军官属司空法驾，送至旧茔。公卿已下会葬。”[④]东汉时期，在大臣的葬礼中鼓吹乐并不常用，只有在皇帝赏赐时才会使用，这成为魏晋南北朝大臣葬礼鼓吹乐赏赐制度的先声。

综上所述，在东汉时期，鼓吹乐在帝王大丧中已经得到广泛使用，它主要是作为卤簿用乐出现在送葬过程之中；在大臣的葬礼中，鼓吹乐往往作为一种赏赐，以表明获赐者的身份、地位、功绩，但此时葬礼鼓吹乐的赏赐仍极为少见，未形成一种普遍施行的制度。这种做法影响了魏晋南北朝时期的葬礼鼓吹乐，开后世葬礼鼓吹乐赏赐之先声。到魏晋南北朝，葬

---

① （晋）司马彪撰，（梁）刘昭注补：《后汉书志》第4《礼仪志上》，中华书局1965年点校本，第3110页。

② （唐）房玄龄等：《晋书》卷20《礼志中》，中华书局1974年点校本，第626页。

③ （宋）范晔撰，（唐）李贤等注：《后汉书》卷19《耿秉传》，中华书局1965年点校本，第718页。

④ （宋）范晔撰，（唐）李贤等注：《后汉书》卷54《杨赐传》，中华书局1965年点校本，第1785页。

礼鼓吹乐赏赐作为褒奖功臣的重要方式，从赏赐的数量及频率上看，已经明显呈现出制度化的特点。

（二）作为葬礼用乐的鼓吹乐在两晋南北朝的使用情况

1. 皇帝大丧时的鼓吹乐送葬

汉魏时期，大丧以鼓吹乐送葬的制度已经基本确立，在大臣的丧礼中也赏赐鼓吹乐送葬。曹魏末年，由荀顗、羊祜、任恺等人制定新礼，对丧礼所设卤簿进行改革，废除吉驾卤簿，凶驾卤簿的鼓吹乐也被废除，《晋书·礼志中》载：

> 汉魏故事，将葬，设吉凶卤簿，皆以鼓吹。新礼以礼无吉驾导从之文，臣子不宜释其衰麻以服玄黄，除吉驾卤簿。又，凶事无乐，遏密八音，除凶服之鼓吹。①

新礼的制定基本依据礼经。首先，礼经所无者废除。礼经中并未明确规定帝王丧礼仪仗中设吉驾导从，因此废除吉驾卤簿。作为吉驾卤簿的组成部分，鼓吹乐也因之而废。其次，经典所禁者废除。按照礼经及相关经典的规定，皇帝大丧时四海遏密八音，禁止作乐，鼓吹乐亦为乐之一种，因此凶驾卤簿也应废除鼓吹乐。新礼对葬礼卤簿进行改革后，送葬卤簿中不再演奏鼓吹乐。但这一改革可能未得到推行，至太康初年，晋武帝令挚虞讨论荀顗等所定新礼，挚虞以为：

> 葬有祥车旷左，则今之容车也。既葬，日中反虞，逆神而还。《春秋传》，郑大夫公孙虿卒，天子追赐大路，使以行。《士丧礼》，葬有稿车乘车，以载生之服。此皆不唯载柩，兼有吉驾之明文也。既设吉驾，则宜有导从，以象平生之容，明不致死之义。臣子衰麻不得为身而释，以为君父则无不可。《顾命》之篇足以明之。宜定新礼设吉服导从如旧，其凶服鼓吹宜除。②

挚虞的这段议论也是援引经典作为礼制改革的依据，其与新礼的分歧主

---

① （唐）房玄龄等：《晋书》卷 20《礼志中》，中华书局 1974 年点校本，第 626 页。

② （唐）房玄龄等：《晋书》卷 20《礼志中》，中华书局 1974 年点校本，第 626 页。

要在于是否设置吉驾导从。挚虞依据《士丧礼》，认为送葬时应设吉驾卤簿“以象平生之容，明不致死之义”，《士丧礼》非天子之礼，挚虞以其作为设立大丧吉驾卤簿的依据，是“推士礼以及天子”的做法。他对新礼除凶服鼓吹的规定持肯定态度。从“诏从之”的记载看，晋武帝采纳了挚虞的建议。可见，从太康初年开始，大丧送葬的仪仗仍然采取汉魏吉、凶卤簿并用的方式。送葬仪仗中，吉驾卤簿的一个重要组成部分就是鼓吹乐导从，“以象平生之容”，而凶驾卤簿主要负载丧者之棺柩，无鼓吹乐。挚虞的改革打破了丧礼禁乐的规定，延续了汉代以来形成的丧礼使用鼓吹乐的传统。

两晋南北朝的相关史料对大丧的丧服之制记载较多，而对葬礼之法却少有涉及，对鼓吹乐在葬礼卤簿中使用的记载则更少，除见于《晋书·礼志中》外，《陈书·刘师知传》也有涉及：永定三年（559），高祖陈霸先驾崩，六日成服。时群臣“共议大行皇帝灵座侠御人所服衣服吉凶之制”，博士沈文阿认为应服吉服，中书舍人刘师知认为应服缞绖，沈文阿据《灵舆梓宫进止仪》所载：“‘直灵侠御吉服，在吉卤簿中。’又云：‘梓宫侠御缞服，在凶卤簿中。’”[①] 认为送葬仪仗中应吉、凶卤簿并设。此次讨论最终由徐陵决断，他以《山陵卤簿》为据，认为：

> 吉部伍中，公卿以下导引者，爰及武贲、鼓吹、执盖、奉车，并是吉服，岂容侠御独为缞绖邪？断可知矣。若言公卿胥吏并服缞苴，此与梓宫部伍有何差别？若言文物并吉，司事者凶，岂容衽绖而奉华盖，缞衣而升玉辂邪？同博士议。[②]

由永定三年（559）的这次讨论可知，陈代对太康初年所确立的送葬仪仗变革不大，基本上遵循了吉、凶卤簿并用，吉驾卤簿设有鼓吹乐的制度。由此我们也可以推知，在整个东晋南朝时期，丧葬仪仗中鼓吹乐的使用方式基本是相同的。由于相关史料中对皇帝大丧吉驾卤簿鼓吹乐的使用情况未作太多记载，我们只能据挚虞所谓的以吉驾卤簿“象平生之容”的观点进行推测，即与皇帝生时所用大驾卤簿鼓吹乐基本相似。

① （唐）姚思廉：《陈书》卷16《刘师知传》，中华书局1972年点校本，第229页。

② （唐）姚思廉：《陈书》卷16《刘师知传》，中华书局1972年点校本，第229—230页。

2. 魏晋南北朝时期大臣葬礼中鼓吹乐的赏赐与使用

与汉魏相比，西晋之后大臣葬礼鼓吹乐的使用更为频繁，大臣死后获赐鼓吹乐并用于葬礼已经成为非常普遍的现象。与军礼中赏赐鼓吹乐相似，葬礼中赏赐鼓吹乐也是一种肯定死者地位、身份及功绩的重要方式。这里我们着重讨论此时期大臣葬礼鼓吹乐的赏赐与使用情况。

魏晋南北朝时期，在军事活动中赏赐将领鼓吹乐已经成为一种普遍的现象——或因军功而赐，或因委以军事重任而赐，鼓吹乐在一定程度上取代了先秦时期的金石乐悬。大臣死后葬礼鼓吹乐的赏赐也是这一时期鼓吹乐赏赐的重要形式。葬礼鼓吹乐的赏赐在魏晋时期已较普遍，《宋书·乐志一》载："晋江左初，临川太守谢摛每寝，辄梦闻鼓吹。有人为其占之曰：'君不得生鼓吹，当得死鼓吹尔。'摛击杜韬战没，追赠长水校尉，葬给鼓吹焉。"① 从"生鼓吹"与"死鼓吹"的名称来看，无论是军事活动中的鼓吹乐赏赐还是葬礼中的鼓吹乐赏赐，均具有表彰功绩、体现身份的作用。

东汉时期，已经出现大臣死后赏赐鼓吹乐并将鼓吹乐用于送葬仪仗的事例，但此时鼓吹乐的赏赐及使用出现在极个别的情形下，并未呈现出制度化的特点。东汉时期，仅耿秉与杨赐二人死后获赐鼓吹乐，到魏晋南北朝时期，大臣死后获赐鼓吹乐的人数远超前代。据笔者统计，魏晋南北朝时期大臣死后获赐鼓吹乐者共 59 人，其中晋有 5 人，此外以南朝为多，而南朝又集中在宋、南齐、梁三朝，尤其是梁代，死后获赐鼓吹乐者共 25 人，宋、南齐两代共 16 人，其余则分布在北朝各政权。这说明，两晋以后大臣葬礼鼓吹乐的赏赐已经非常普遍，制度化特征明显，主要表现在以下方面。

第一，鼓吹乐队成为魏晋南北朝大臣送葬仪仗的重要组成部分。东汉时期，鼓吹乐主要用于帝、后葬礼，鼓吹乐队是吉、凶卤簿的组成部分，是作为导从之乐使用的。西晋时期，废除了大丧凶驾卤簿中的鼓吹乐，保留了吉驾卤簿中的鼓吹乐，仍作为导从之乐使用。对大臣的葬礼来说，魏晋继承了东汉的葬礼鼓吹乐赏赐制度，赏赐的鼓吹乐成为大臣送葬仪仗的重要组成部分。

这种葬礼鼓吹乐的赏赐肇始于西晋对两位重臣的褒奖，在西晋之后逐

---

① （梁）沈约：《宋书》卷 14《乐志一》，中华书局 1974 年点校本，第 559 页。

渐制度化。西晋权臣石苞与宗室司马孚均死于泰始八年（272）[①]，晋武帝对二人的丧事格外重视，不但赏赐钱物助丧，还亲临发哀，并为之送葬："车驾临送于东掖门外"[②]"及葬，又幸都亭，望柩而拜，哀动左右"[③]。赏赐石苞与司马孚的送葬仪仗分别是："给节幢麾、曲盖、追锋车、鼓吹、介士、大车"[④]，"给銮辂轻车，介士武贲百人，吉凶导从二千余人，前后鼓吹，配飨太庙"[⑤]。这些赏赐之物为送葬时所用，其中均有鼓吹乐。生时鼓吹乐的赏赐用来表彰、激励被赐者，死后鼓吹乐的赏赐也是为显示被赐者的身份与功绩，并用以激励生者。

第二，以赏赐鼓吹乐的形式确认受赐者的身份与地位。魏晋南北朝大臣死后获赐器物可以分为两类，一类是实物形式的助葬资财，如粟米、布帛等，为葬礼提供了物资保证；另一类是体现死者身份、地位的礼乐器，如羽葆、黄钺、班剑等，这为大臣的丧葬礼仪提供了礼器。

大臣死后获赐送葬礼器的数量、级别与生前地位、功勋的大小密切相关，此外还与是否为宗室成员有关。这一时期，死后能够获得助葬资财者多，而获得礼器赏赐者少，且获赐的礼器中更少有黄钺、羽葆、黄屋左纛——这些礼器在赏赐生者时，也仅仅赏赐功高权重者，但获赐之物中均有鼓吹乐。在宗室大臣及功勋卓著的非宗室大臣死后，赏赐包括鼓吹乐在内的一系列送葬礼器。南北朝对大臣死后赏赐送葬仪仗的规格有明确的规定：宗室大臣死后往往获赐鼓吹乐在内的一系列礼器，对于一般大臣则仅赏赐鼓吹乐作为送葬之乐器。

在大臣的葬礼中，往往将获赐礼器用于送葬仪仗，这些礼器既象征着其生前的地位与建立的功勋，也向在世者展示皇权对其功绩的赞许与褒奖。尽管这种赏赐是对死者的，却足以影响生者，使生者将获赐者作为楷模，为皇权政治尽心竭力地服务。

在大臣死后，鼓吹乐是最基本的赏赐，但并非人人可得。鼓吹乐只赏赐部分建立功勋的大臣，这是对其生时地位的再次确认。在第六章中我们已经对鼓吹乐在军事活动中的功能作了讨论，魏晋南北朝时期的鼓吹乐已

① 《晋书·石苞传》载石苞于泰始八年（272）卒，《晋书·武帝纪》及《资治通鉴》中其卒年均为泰始九年（273）二月，现从本传。

② （唐）房玄龄等：《晋书》卷33《石苞传》，中华书局1974年点校本，第1003页。

③ （唐）房玄龄等：《晋书》卷37《宗室传》，中华书局1974年点校本，第1085页。

④ （唐）房玄龄等：《晋书》卷33《石苞传》，中华书局1974年点校本，第1003页。

⑤ （唐）房玄龄等：《晋书》卷37《宗室传》，中华书局1974年点校本，第1085页。

经具备了先秦金石乐悬的功能，成为奖励军功与体现获赐者身份地位的器物，与“生鼓吹”相对应，“死鼓吹”以相似的方式实现了对获赐者功勋与地位的再次确认。具体来说，这种功能是依靠以下方式来实现的。

其一，鼓吹乐的赏赐以诏书的形式颁布，在确认大臣功勋和地位上具有至高的效力。在大臣去世时，皇帝常颁布诏书总结死者一生的功绩，并将赏赐资财与礼器的数量写入诏书。很明显，这是以法定文书的形式对大臣进行肯定与褒奖，通过诏书布告天下，实现了在全国范围内对获赐者功勋与地位的确认。如南齐王俭卒后，武帝萧赜下诏总结其功绩：“故侍中、中书令、太子少傅、领国子祭酒、卫军将军、开府仪同三司南昌公俭……草昧皇基，协隆鼎祚；宏谟盛烈，载铭彝篆。及赞朕躬，徽绩光茂。忠图令范，造次必彰……”又赏赐王俭以送葬礼器：“给节，加羽葆鼓吹，增班剑为六十人。”[①] 总之，以诏书的形式对大臣进行褒奖，在一定程度上能够使被表彰者彪炳史册，符合儒家所谓的“太上有立德，其次有立功，其次有立言，虽久不废，此之谓不朽”[②] 的人生理想，能激励群臣尽心竭力为皇权服务。

其二，通过“死鼓吹”的赏赐确认受赐者的功勋。有的大臣生时功勋较著，但并未获得鼓吹乐，“死鼓吹”赏赐是对其生时功勋确认的另一种形式。前引谢摛“生鼓吹”“死鼓吹”的典故就是明显的例子。又如梁陈庆之、兰钦二将，生时屡立战功，史家评价二人“俱有将略，战胜攻取，盖颇、牧、卫、霍之亚”[③]，陈庆之曾在大同二年（536）于楚州大破北魏将领侯景所率七万南侵大军，大通元年（527）兰钦破北魏大军二十万。据史料记载，二人生时俱未获赐鼓吹乐，死后均获赐鼓吹乐一部[④]，这是对二人所立战功的肯定与褒奖。此类情况在史料中并不少见，宋褚湛之，南齐吕安国，梁王神念、昌义之等都属于此类情形。“死鼓吹”的赏赐，既是对这些将领生前军功的肯定，也是对生者的激励，具有明显的军礼鼓吹乐的性质[⑤]，但这些鼓吹乐是作为送葬礼器赏赐的，实属于凶礼用乐。

---

① （梁）萧子显：《南齐书》卷23《王俭传》，中华书局1972年点校本，第437页。

② （清）阮元校刻：《十三经注疏·春秋左传正义》，中华书局1980年版，第1979页中栏。

③ （唐）姚思廉：《梁书》卷26《陈庆之兰钦传》，中华书局1973年点校本，第467页。

④ 陈庆之在大同五年（539）卒后，“赠散骑常侍、左卫将军，鼓吹一部。谥曰武。敕义兴郡发五百丁会丧。”兰钦在遇害后“诏赠侍中、中卫将军，鼓吹一部。”见（唐）姚思廉《梁书》卷32《陈庆之兰钦传》，中华书局1973年点校本，第464、467页。

⑤ 梁满仓：《魏晋南北朝五礼制度考论》，社会科学文献出版社2009年版，第400页。

其三，通过“死鼓吹”的赏赐再次确认大臣的地位与功勋。有些大臣在生时，或因军功、或因委以军事重任而获赐鼓吹乐，其死后再赏赐葬礼鼓吹乐。这类赏赐的对象大都是功勋卓著的大臣及宗室，西晋权臣贾充与东晋权臣王导就是最为典型的例子。贾充为西晋政权的核心人物，位高权重，在太康平吴时总督六军，受赐黄钺、羽葆、鼓吹、缇幢等礼器；在伐吴班师之后虽罢节钺，但仍假鼓吹、麾幢。其生时所获得的殊荣足以表明其在西晋官僚集团中的重要地位，在其死后，又获赐各种送葬礼器：“假节钺、前后部羽葆、鼓吹、缇麾，大路、銮路、辒辌车、帐下司马大车，椎斧文衣武贲、轻车介士。”[①] 其中鼓吹乐仍然是重要的一项。王导作为中兴之臣，拥立晋元帝，建立东晋，位居宰辅，晋元帝崩后又依诏辅佐晋明帝、晋成帝，总揽朝政，贵极一时，在其生时就曾获得过“羽葆鼓吹，班剑二十人”的赏赐，在其死后“给九游辒辌车、黄屋左纛、前后羽葆鼓吹、武贲班剑百人”，史称“中兴名臣莫与为比”[②]。在两晋南北朝时期，死后获赐鼓吹乐的大臣，往往获得过“生鼓吹”，即在生时就已功勋卓著。除西晋贾充，东晋王导、桓温等人，宋沈庆之、刘义恭，南齐萧颖胄、萧子良，梁萧宏、吕僧珍，陈孙玚等无不如此。“死鼓吹”的赏赐意在使那些功勋卓著的大臣生时的荣耀在死后获得重新确认，成为在世官员的榜样，从而激励他们尽心竭力为朝廷服务，以获得相同的荣耀。谢摛“梦闻鼓吹”，表现出对获赐鼓吹乐的向往，这使他能在平杜弢的战斗中立下战功，与这种鼓吹乐的赏赐制度不无关系。

总之，在魏晋南北朝时期，鼓吹乐作为皇室与大臣送葬仪仗的重要组成部分，得到较为广泛的应用。在大丧送葬仪仗中，鼓吹乐作为吉驾卤簿的导从之乐，以“象平生之仪”的方式显示送葬仪仗的威势。鼓吹乐在大臣葬礼中也得到广泛应用，在这一时期正式确立了葬礼鼓吹乐的赏赐制度，大臣死后赏赐鼓吹乐并在送葬仪仗中使用成为确认或再度确认其生时地位、功勋的重要方式，这也是一种处理君臣关系、笼络臣心的重要方式。

二　论魏晋南北朝丧葬仪式中的挽歌

魏晋南北朝时期，除以鼓吹乐送葬之外，还存在挽歌送葬的制度，这

---

① （唐）房玄龄等：《晋书》卷40《贾充传》，中华书局1974年点校本，第1170页。

② （唐）房玄龄等：《晋书》卷65《王导传》，中华书局1974年点校本，第1753页。

是一种比鼓吹乐使用更为广泛的送葬音乐类型。这一时期，挽歌的使用蔚然成风，进而影响到了文学创作，出现了大量以“挽歌”为题的诗歌，这些诗歌有自挽者，如陶渊明所作《挽歌》组诗最为著名；有挽他人者，如宋代丘灵鞠在宋孝武帝殷贵妃死后，进献《挽歌诗》三首，受到称赞①，北齐卢思道善为挽歌，被称为“八采卢郎”②，挽他人者多为文人奉敕或为求进取而作。对挽歌的研究，已有不少成果问世，概括来说，主要集中在几个问题上：关于挽歌起源问题的讨论、关于挽歌文体特征的讨论、挽歌创作所反映的生命悲剧意识等③。而对丧礼与挽歌的关系，即挽歌在丧礼中的使用方式、功用、发展变化等问题则讨论较少，我们对学者讨论较多的几个问题不作过多涉及，而将研究重点放在送葬仪式与挽歌的关系上。

（一）挽歌是一种送葬方式——送葬者执绋而歌

与葬礼鼓吹乐一样，挽歌也是送葬仪仗中的重要音乐形式，《文心雕龙·乐府》云：“至于轩岐鼓吹，汉世铙挽，虽戎丧殊事，而并总入乐府。”④ 明确指出了挽歌乃丧礼所用之乐。这一音乐形式之所以名为挽歌，与其在丧礼送葬中所配合的仪式行为有关：在送葬中，这一音乐是以单纯的人声呈现的，由执绋的送葬者歌唱。

对于挽歌之起源，前代学者论述较多，一般认为挽歌起源于田横之门人⑤，依据为《古今注》中对《薤露》《蒿里》二诗起源的记载：

> 《薤露》《蒿里》，并丧歌也，出田横门人。横自杀，门人伤之，为之悲歌。言人命如薤上之露，易晞灭也；亦谓人死魂魄归乎蒿里，故有二章。……至孝武时，李延年乃分为二曲，《薤露》送王公贵人，

---

① （梁）萧子显：《南齐书》卷52《丘灵鞠传》，中华书局1972年点校本，第889—890页。

② （唐）魏征、令狐德棻：《隋书》卷57《卢思道传》，中华书局1973年点校本，第1397页，“采”，中华书局点校本作“米”，《太平御览》作“采”。

③ 对这些问题的讨论，代表性成果有齐天举《挽歌考》，《文史》第29辑，中华书局1979年版；丘述尧《〈挽歌考〉辨》（上、下），《文史》第43、44辑，中华书局1997年、1998年版；［日］一海知义《文选挽歌考》，《中国文学报》第12册，1960年；［日］冈村贞雄《乐府挽歌考》，《中国中世文学研究》1967年第6号；吴承学《汉魏六朝挽歌考论》，《文学评论》2002年第3期；王宜瑗《六朝文人挽歌诗的演变和定型》，《文学遗产》2000年第5期；杜瑞平《魏晋南北朝挽歌研究》，硕士学位论文，河北师范大学，2004年；宋亚莉《汉魏六朝挽歌研究》，硕士学位论文，青岛大学，2009年。

④ 范文澜：《文心雕龙注》，人民文学出版社1958年版，第103页。

⑤ 齐天举：《挽歌考》，《文史》第29辑，中华书局1979年版，第277—285页。

《蒿里》送士大夫庶人，使挽柩者歌之，世呼为“挽歌”。[①]

另一种观点认为，在先秦时期送葬仪仗中已有挽歌[②]。先秦时期有《虞殡》之歌，在后世的解释中往往被视为挽歌，《虞殡》之歌见于《左传》哀公十一年，哀公会吴伐齐：“将战，公孙夏命其徒歌《虞殡》”，杜预注曰：“《虞殡》，送葬歌，示必死也。”[③]《史记》载周勃年轻时“常为人吹箫给丧事”，司马贞《索隐》曰：“《左传》‘歌《虞殡》’，犹今挽歌类也。”[④] 如此，则先秦时期已有挽歌。王应麟《困学纪闻》卷18也说：“《左传》有《虞殡》，《庄子》有《绋讴》，挽歌非始于田横之客。”[⑤] 同样否定了挽歌起于田横门人的看法。王应麟认为“绋讴”亦为挽歌，“绋讴”见于《庄子》逸文，刘孝标《世说新语·任诞》注：

谯子《法训》云：“有丧而歌者。或曰：‘彼为乐丧也，有不可乎?’谯子曰：‘《书》云：四海遏密八音。何乐丧之有?’曰：‘今丧有挽歌者，何以哉?’谯子曰：‘周闻之，盖高帝召齐田横至于户乡亭，自刎奉首，从者挽至于宫，不敢哭而不胜哀，故为歌以寄哀音。彼则一时之为也。邻有丧，舂不相，引挽人衔枚，孰乐丧者耶?’”按《庄子》曰：“绋讴所生，必于斥苦。”司马彪《注》曰：“绋，引柩索也。斥，舒缓也。苦，用力也。引绋所以有讴歌者，为人有用力不齐，故促急之也。”……《史记·绛侯世家》曰：“周勃以吹箫乐丧。”然则挽歌之来久矣，非始起于田横也。然谯氏引礼之文，颇有明据，非固陋者所能详闻。疑以传疑，以俟通博。[⑥]

由刘孝标的这段注文可知，谯周认为，葬礼中是不应有挽歌的，田横门人

① （晋）崔豹：《古今注》，《文渊阁四库全书》第850册，台湾商务印书馆1986年版，第105页上栏。

② 丘述尧：《〈挽歌考〉辨》（上、下），分别见《文史》第43、44辑，中华书局1997年、1998年版。

③ （清）阮元校刻：《十三经注疏·春秋左传正义》，中华书局1980年版，第2166页下栏。

④ （汉）司马迁：《史记》卷57《绛侯周勃世家》，中华书局1959年点校本，第2065页。

⑤ （宋）王应麟撰，（清）翁元圻等注，栾保群、田松青、吕宗力校点：《困学纪闻》，上海古籍出版社2008年版，第1921页。

⑥ （宋）刘义庆撰，（梁）刘孝标注，余嘉锡笺疏：《世说新语笺疏》，中华书局2006年版，第892页。

所作挽歌乃是一时之举；司马彪认为绋讴非丧歌，而是执绋者为协调引柩力量而发出的讴吟，刘孝标的态度也不甚明确，一方面认为挽歌不始于田横，而起源于先秦，又认为谯周的观点有经典为依据，对丧礼有挽歌持怀疑态度。

以上所列诸观点，尤其是对《薤露》《蒿里》《虞殡》等的认识，都是汉魏以后学者的观点，是用后世礼制对前代的推测。“挽歌”之名首次见于丁孚《汉仪》，而在之前的史料中，并无“挽歌”之名，其载永平七年（64）阴太后葬礼仪仗：“柩将发于殿……女侍史官三百人皆着素，参以白素，引棺挽歌。”[①] 而最早以“挽歌”为名创作的歌辞是曹魏缪袭的《挽歌》。本书对挽歌起源时间不作过多讨论[②]，主要就挽歌附属的仪式进行论述，考察挽歌这一音乐形式如何在仪式中使用及其在后世的演变情况。

1. 先秦文献中的丧礼送葬执绋引车

挽歌用于丧礼送葬过程中，绋为牵引殡车的绳索，《释名·释丧制》：“从前引之曰绋，绋，发也，发车使前也。”[③] 绋又称为“綍”，《周礼·遂人》：“大丧，帅六遂之役而致之，掌其政令。及葬，帅而属六綍及窆。”郑玄注：“綍，举棺索也。”绳索又有在棺与在道之别，贾公彦疏：“以其据在棺则曰綍，据在道则曰引。六遂之役不在道，故据在棺而言綍也。”[④] “在道”即送葬途中以绳索牵引殡车前进，这是送葬的一个重要环节。在礼经中有执绋送葬的规定，《礼记·檀弓》：“吊于葬者必执引，若从柩及圹，皆执绋。”郑玄注：“示助之以力，车曰引，棺曰绋，从柩羸者。”孔颖达疏：“引，柩车索也。吊葬本为助执事，故必相助引柩车也。”“绋，引棺索也。”又疏曰：“‘引’者长远之名，故在车，车行远也。‘绋’是拨举之义，故在棺，棺唯拨举，不长远也。云‘从柩羸者’，羸，余也。从柩者，是执引所余羸长者也。”引柩由人力完成：“凡执引用人，贵贱

---

① （晋）司马彪撰，（梁）刘昭注补：《后汉书志》第6《礼仪志下》，中华书局1965年点校本，第3151页。

② 关于挽歌的起源时间，高二旺先生认为：“春秋时的‘虞殡’仅为丧歌，不能称为挽歌。因此，作为一种风俗，丧歌源于周代，但其用于执绋送葬并上升到国家丧葬礼制，则开始于汉魏时期。”见高二旺《魏晋南北朝丧礼与社会》，上海古籍出版社2017年版，第63页，笔者比较同意这一观点。

③ （汉）刘熙：《释名》卷4《释丧制》，《丛书集成初编》，商务印书馆1939年据小学汇函本影印版，第134页。

④ （清）阮元校刻：《十三经注疏·周礼注疏》，中华书局1980年版，第741页中栏。

有数，若其数足，则余人不得遥行，皆散而从柩也。至圹下棺窆时，则不限人数，皆悉执绋，是助力也。”人数依葬礼级别而定：“何东山云：‘天子千人，诸侯五百人，大夫三百人，士五十人。’”① 《礼记·曲礼》云：“适墓不登垄，助葬必执绋……执绋不笑，临乐不叹。”郑玄注：“绋，引车索。引棺，本亦作引车。”孔颖达疏：“‘助葬必执绋’者，助葬本非为客，正是助事耳，故宜必执绋也。云‘绋，引车索’者，绳属棺曰绋，属车曰引。引、绋亦通名，故郑云‘绋，引车索也’。”② 可见在葬礼中的执绋是助葬者以绋牵引载柩之车，前往葬地，郑玄注、孔颖达疏均认为这是助葬之法，这在先秦史料中也有所记载。

《左传》共有两次记载送葬助执绋之事。其一为鲁昭公三十年（前512），此年夏六月晋顷公卒，八月下葬。郑国派遣游吉往吊且送葬，晋国权臣魏献子使士景伯诘问游吉，认为其一人兼吊及送葬二事不合礼法：“悼公之丧，子西吊，子蟜送葬。今吾子无贰，何故?”在游吉的回答中提到了送葬制度：“先王之制，诸侯之丧，士吊，大夫送葬。唯嘉好聘享，三军之事，于是乎使卿。晋之丧事，敝邑之间，先君有所助执绋矣。若其不间，虽士、大夫，有所不获数矣。”③ 另一次为鲁哀公二十三年（前472）春，宋景公之母景曹卒，鲁国权臣季康子因参加祭祀社稷仪式而不能往吊，使冉有吊丧且送葬，并让冉有告知景公原因：“敝邑有社稷之事，使肥与有职竞焉，是以不得助执绋，使求从舆人。”④ 舆人本为贱役，“从舆人”乃执绋之谦辞，即让冉有代为执绋送葬。季康子此举与《礼记·王制》“唯祭宗庙社稷，为越绋而行事”的规定相符合，郑玄注曰：“不敢以尊废卑。”⑤《汉书》亦引此句，李奇注曰：“引棺车谓之绋。当祭天地五祀，则越绋而行事，不以私丧废公祀。”⑥ 从《左传》“先王之制，诸侯之丧，士吊，大夫送葬”的记载来看，先秦时期的丧礼中已经有固定的吊丧及助葬制度，即在诸侯丧事时由士吊、大夫送葬，而从游吉“晋之丧

---

① （清）阮元校刻：《十三经注疏·礼记正义》，中华书局1980年版，第1299页上栏—中栏。

② （清）阮元校刻：《十三经注疏·礼记正义》，中华书局1980年版，第1249页中栏。

③ （清）阮元校刻：《十三经注疏·春秋左传正义》，中华书局1980年版，第2125页中栏—下栏。

④ （清）阮元校刻：《十三经注疏·春秋左传正义》，中华书局1980年版，第2181页上栏—中栏。

⑤ （清）阮元校刻：《十三经注疏·礼记正义》，中华书局1980年版，第1334页上栏。

⑥ （汉）班固：《汉书》卷25《郊祀志》，中华书局1962年点校本，第1269页。

事，敝邑之间，先君有所助执绋”的陈述看，可能也存在诸侯为诸侯送葬之礼，在送葬时助葬者要亲自执绋，以助丧车之行。

礼经还记载了不同等级丧礼送葬时所用绋的规格，《礼记·丧大记》：“君葬用辁，四綍二碑，御棺用羽葆；大夫葬用辁，二綍二碑，御棺用茅；士葬用国车，二綍无碑，比出宫，御棺用功布。”[①]《礼记·杂记》：“升正柩，诸侯，执綍五百人，四綍，皆衔枚，司马执铎，左八人，右八人，匠人执羽葆御柩；大夫之丧，其升正柩也，执引者三百人，执铎者左右各四人，御柩以茅。”[②]《白虎通义》卷10：“《礼稽命征》曰：‘天子舟车殡何？为避水火灾也。故棺在车上，车在舟中。’臣子更执绋，昼夜常千二百人。绋者，所以牵持棺者也。故《礼》曰：‘天子舟车殡，诸侯车殡，大夫欑涂，士瘗。尊卑之差也。’”[③]送葬途中肯定不能使用如此之多的执绋者，对此孔颖达以为：“凡执引用人，贵贱有数，若其数足，则余人不得遥行，皆散而从柩也。”[④]即余者不能远行，而是围绕在柩车周围跟从行进。

2. 汉魏时期皇帝、皇后、大臣葬礼中的执绋挽歌者

据礼经及先秦史料，执绋送葬是先秦业已得到广泛使用的礼仪形式，但先秦史料及礼经中并无执绋送葬过程中演唱挽歌的记载，唯一与执绋相关联者为《世说新语》刘孝标注所引《庄子》逸文：“绋讴所生，必于斥苦”，我们认为执绋过程中的讴谣，不能等同于汉魏以后送葬中执绋而唱的挽歌，从《庄子》逸文的字面意义去理解，这应是为舒缓牵引柩车前进时的劳累而唱，其本质是劳动的号子，因此不能据此认定挽歌在先秦时期就已出现并流行。可以说，尽管先秦时期执绋送葬已经成为一种广泛施行的送葬方式，但其中是否有挽歌的演唱则不能确定。在本书中，挽歌的起源时间问题不是讨论的重点，我们主要对有明确史料记载之后的挽歌使用与演变情况作一概述。

在史料中，最早被称为挽歌者为《薤露》《蒿里》，二者始见于晋崔豹的《古今注》，其载《薤露》《蒿里》起于田横之死，为其门人所作：“《薤露》《蒿里》，并丧歌也，出田横门人。横自杀，门人伤之，为之悲歌。言人命如薤上之露，易晞灭也；亦谓人死魂魄归乎蒿里，故有二章。”

---

① （清）阮元校刻：《十三经注疏·礼记正义》，中华书局1980年版，第1584页下栏。

② （清）阮元校刻：《十三经注疏·礼记正义》，中华书局1980年版，第1566页下栏。

③ （清）陈立撰，吴则虞点校：《白虎通疏证》，中华书局1994年版，第551页。

④ （清）阮元校刻：《十三经注疏·礼记正义》，中华书局1980年版，第1299页下栏。

此事亦载于《汉书·高帝纪》："初，田横归彭越。项羽已灭，横惧诛，与宾客亡入海。上恐其久为乱，遣使者赦横……横惧，乘传诣洛阳，未至三十里，自杀。"高祖发卒为之送葬："上壮其节，为流涕，发卒二千人，以王礼葬焉。"[①] 按《汉书》的记载，田横葬礼以王礼标准，且为之送葬者有二千人之多。门人创作的《蒿里》《薤露》是否在葬礼执绋时使用则不能确定。直到汉武帝时，李延年对这二曲进行改造，用于送葬，《薤露》送王公贵人，《蒿里》送士大夫庶人，"使挽柩者歌之，世亦呼为'挽歌'"。此时，送葬、执绋、歌唱三个关键因素真正实现了统一，挽歌与丧礼执绋送葬的关系正式确立。

在东汉时期的国家丧葬仪式中，执绋挽歌已经成为一种固定的送葬方式，《晋书·礼志中》："汉魏故事，大丧及大臣之丧，执绋者挽歌。"[②] 但对由何人执绋挽歌、挽歌在送葬过程中的使用方式等并未做出明确交代，我们通过对相关史料的梳理发现，在汉代大丧送葬时，涉及执绋挽歌者共有两个阶段，现分述如下。

第一阶段从柩发于殿至载柩于魂车，在这一过程中有执绋挽歌。东汉时期，皇帝、皇后大丧送葬时均行此礼，据《后汉书》卷9注引《续汉书》："天子葬，太仆驾四轮辀为宾车，大练为屋幪。中黄门、虎贲各二十人执绋。"[③] 此又载于《后汉书志·礼仪志下》。东汉时期，皇帝（后、妃）等崩（薨）后，经过小殓、大殓、哭临等丧礼仪节之后，送柩于墓地以安葬。其送葬的第一步即先将棺柩置于殡车之上，《后汉书志·礼仪志下》载其棺柩形制："以木为重，高九尺，广容八历，裹以苇席。"其车形制："车皆去辅辎，疏布恶轮。走卒皆布褠帻。太仆驾四轮辀为宾车，大练为屋幪。"[④] 在将棺柩从殿上停放处牵引并置于殿下殡车的过程中由"中黄门、虎贲各二十人执绋"[⑤]，这在阴太后的葬礼中有非常明确的体现，《后汉书志》注引丁孚《汉仪》曰："永平七年，阴太后崩，宴驾诏曰：'柩将发

---

① （汉）班固：《汉书》卷1《高帝纪》，中华书局1962年点校本，第57页。

② （唐）房玄龄等：《晋书》卷20《礼志中》，中华书局1974年点校本，第626页。

③ （宋）范晔撰，（唐）李贤等注：《后汉书》卷9《孝献帝纪》，中华书局1965年点校本，第391页。

④ （晋）司马彪撰，（梁）刘昭注补：《后汉书志》第6《礼仪志下》，中华书局1965年点校本，第3144页。

⑤ （晋）司马彪撰，（梁）刘昭注补：《后汉书志》第6《礼仪志下》，中华书局1965年点校本，第3144页。

于殿，群臣百官陪位，黄门鼓吹三通，鸣钟鼓，天子举哀。女侍史官三百人皆着素，参以白素，引棺挽歌，下殿就车，黄门宦者引以出宫省。”①此诏书中明确了演唱挽歌的具体时间，即在天子举哀之后，此时由女侍史官三百人引棺，将棺柩引离殿上，执绋引棺一开始便演唱挽歌，将棺柩引至殿下后挽歌结束。之后棺柩就车，引棺柩变为引车，由黄门宦者执绋。汉灵帝马贵人葬礼遵循了基本相同的仪制，据《后汉书志·礼仪志下》注引丁孚《汉仪》：“孝灵帝葬马贵人，赠步摇、赤绂葬，青羽盖、驷马。柩下殿，女侍史二百人着素衣挽歌，引木下就车，黄门宦者引出宫门。”② 据送葬后、妃第一阶段的执绋及挽歌情况推测，送葬皇帝时由殿上到殡车这一过程也应演唱挽歌。区别主要在于执绋者不同，送葬皇帝时，由殿至车这一过程的执绋由中黄门、虎贲各二十人承担，而在送葬后、妃时则由女侍史官执绋。在棺柩载入殡车之后，执绋挽送者发生了变化，进入送葬的第二阶段。

第二阶段载棺柩之车由殿下出发至葬地，此阶段全程有执绋者且演唱挽歌。《后汉书志·礼仪志下》对皇帝大丧送葬中的执绋之法有详细描述：

> 昼漏上水，请发。司徒、河南尹先引车转，太常跪曰“请拜送”。载车着白系参缪绋，长三十丈，大七寸为挽，六行，行五十人。公卿以下子弟凡三百人，皆素帻委貌冠，衣素裳。校尉三百人，皆赤帻不冠，绛科单衣，持幢幡。候司马丞为行首，皆衔枚。羽林孤儿、巴俞擢歌者六十人，为六列。铎司马八人，执铎先。③

在送葬皇帝的仪仗中，由公卿以下子弟三百人执绋牵引殡车④，从表面

① （晋）司马彪撰，（梁）刘昭注补：《后汉书志》第6《礼仪志下》，中华书局1965年点校本，第3151页。

② （晋）司马彪撰，（梁）刘昭注补：《后汉书志》第6《礼仪志下》，中华书局1965年点校本，第3152—3153页。

③ （晋）司马彪撰，（梁）刘昭注补：《后汉书志》第6《礼仪志下》，中华书局1965年点校本，第3145页。

④ 宋亚莉认为，在此过程中，执绋者除公卿子弟三百人外，尚有校尉三百人、羽林孤儿、巴俞擢歌者六十人。笔者认为，此段记载中，挽车之绋共有六条，条三十丈，似乎不能容纳六百六十人共同挽车，另外，从送葬者的服饰来看，公卿子弟所着为素衣，正与太后丧礼中三百女侍史官所着相同，校尉、羽林孤儿、巴俞擢歌者虽然也是送葬队伍的组成部分，但不应负责挽车的任务。而在晋代，皇后杜氏崩“依旧选公卿以下六品子弟六十人为挽郎”。这也是对汉代大丧时以公卿子弟为挽郎制度的继承。见（唐）房玄龄等《晋书》卷20《礼志中》，中华书局1974年点校本，第633页。

上看，似乎殡车之前进完全是靠三百人牵引，事实上，载皇帝棺柩的殡车是由六马所驾，六马足以使殡车平稳前进，应该不需要再设置如此众多的执绋者牵引殡车，执绋引车似乎是多余的。如果我们不从实用功能来看这一问题，而是从仪式象征的角度来思考，那么可能不会产生这种疑惑。也就是说，在这一过程中，执绋只是一种象征性的仪式行为，具有非常强的表演性质。由“汉魏故事，大丧及大臣之丧，执绋者挽歌”的记载来看，执绋者也要演唱挽歌。在太后等皇室丧礼送葬时，同样要执绋挽歌，前引阴太后及马贵人的丧礼送葬，先由女侍史官执绋将棺柩由殿上引至殿下就车，再由黄门宦者引殡车以出宫省，阴太后的送葬仪仗如下：

> 太后魂车，鸾路，青羽盖，驷马，龙旂九旒，前有方相，凤皇车，大将军妻参乘，太仆妻御，女骑夹毂悉道。公卿百官如天子郊卤簿仪。①

在此并没有对执绋挽歌的描述，我们根据相关史料推测这一队伍中是有执绋挽歌的，有两条旁证如下：其一，在阴太后的送葬仪仗中有方相，是送葬队伍的先驱，而天子送葬仪仗中亦有方相。《后汉书志·礼仪志下》载天子丧仪：“方相氏黄金四目，蒙熊皮，玄衣朱裳，执戈扬楯，立乘四马先驱。”② 因此我们推测，太后的送葬仪仗在构成上应与天子基本一致，如果参照前一阶段的引棺执绋挽歌，则送葬太后时的引车执绋挽歌也是必不可少的。其二，我们参以西晋时的送葬皇后之礼，亦可推出汉代送葬后、妃时有执绋挽歌。左棻曾作《悼武元杨皇后诔》，其中有对送葬杨皇后时执绋挽歌场面的描写：

> 其舆伊何？金根玉箱。其驷伊何？二骆双黄。习习容车，朱服丹章。隐隐辒轩，弁绖缌裳。华毂曜野，素盖被原。方相仡仡，旌旐翩翩。挽童引歌，白骥鸣辕。观者夹涂，士女涕涟。千乘万骑，迄

---

① （晋）司马彪撰，（梁）刘昭注补：《后汉书志》第6《礼仪志下》，中华书局1965年点校本，第3151页。

② （晋）司马彪撰，（梁）刘昭注补：《后汉书志》第6《礼仪志下》，中华书局1965年点校本，第3144页。

彼峻山。[①]

杨皇后死于泰始十年（274），在此之前的泰始元年（265）晋武帝命挚虞讨论新礼，恢复了汉魏时期大丧及大臣丧礼执绋挽歌送葬的制度。在左棻的上述诔文中有“方相仡仡，旌旐翻翻。挽童引歌，白骥鸣辕”的描写，这很可能就是恢复汉魏旧制以后所施行的送葬之礼。我们由此反推，在东汉送葬后、妃时，从棺柩载于殡车直至葬地这一过程也应该是有执绋挽歌的。

在汉代大臣葬礼中，执绋挽送也是一种重要的送葬方式。与帝王葬礼相比，执绋挽送者并不固定，或为所封国之民，或为门生，或为皇帝赏赐的执绋挽送者，此外朋友故旧也参与执绋送葬，现分而述之。首先，挽送者为封国之平民。西汉景帝中元二年（前148）下诏：“列侯薨，遣太中大夫吊祠，视丧事，因立嗣。其葬，国得发民挽丧，穿复土，治坟无过三百人毕事。”[②] 这是针对封侯者而言的，挽送人数和方式不得而知。其次，大臣死后赏赐执绋者以送葬。两汉时期，仅孔光一例[③]，《汉书》载孔光葬时情景：“公卿百官会吊送葬。载以乘舆辒辌及副各一乘，羽林孤儿诸生合四百人挽送，车万余辆，道路皆举音以过丧。”[④] 这开后世丧礼挽歌赏赐制度之先声。再次，由门生执绋挽送。东汉邓弘卒，“将葬，有司复奏发五营轻车骑士，礼仪如霍光故事，太后皆不听，但白盖双骑，门生挽送。”[⑤] 东汉乐恢为窦宪迫害而死，死后由弟子送葬：“弟子缞绖挽者数百人，众庶痛伤之。”[⑥] 此外尚有由朋友执绋者，《后汉书·范式传》载范式与张劭交好，后张劭先亡，范式千里奔丧，未至而柩已发引，将窆之时而柩不肯进，范式到后“叩丧言曰：‘行矣元伯！死生路异，永从此辞。’会葬者千人，咸为挥涕。式因执绋而引，柩于是乃

① （唐）房玄龄等：《晋书》卷31《后妃传》，中华书局1974年点校本，第960页。

② （汉）班固：《汉书》卷5《景帝纪》，中华书局1962年点校本，第145页。

③ 《汉书·霍光传》载霍光死后亦受殊遇，除赏赐大量财物以助葬外，还“发材官轻车北军五校士军陈至茂陵，以送其葬”，从此记载中我们很难得知是否以执绋挽送的方式来送葬，孔光死后所受赏赐应是对霍光丧礼的效仿。

④ （汉）班固：《汉书》卷81《孔光传》，中华书局1962年点校本，第3364页。

⑤ （宋）范晔撰，（唐）李贤等注：《后汉书》卷16《邓训传附弘传》，中华书局1965年点校本，第615页。

⑥ （宋）范晔撰，（唐）李贤等注：《后汉书》卷43《乐恢传》，中华书局1965年点校本，第1479页。

前。式遂留止冢次，为修坟树，然后乃去。”[①] 范式为张劭执绋是在将葬之时，是临时之举。

由以上分析可知，汉魏时期，为大臣执绋挽送者身份各异，未形成一种固定的制度。史书对挽歌的使用情况虽无明确记载，但在汉武帝时，经李延年改制之《薤露》已经用于王公贵人的送葬中，东汉大臣的葬礼中也应有挽歌。

（二）葬礼挽歌的风格特点及仪式功能

葬礼中以执绋牵引棺柩或殡车，从空间上看是从停棺柩之处到下葬的墓穴，中间经历了挽棺柩和挽车两种不同的牵引形式。无论是挽棺柩还是挽车时演唱挽歌，均具有较强的表演性，这与前文所分析的执绋引车的象征特性是一致的。挽歌的表演意在营造一种氛围——庄严与哀戚，也为了突出死者的身份与地位。这是由葬礼的特性决定的。葬礼是一种具有展演特性的仪式活动，尤其是送葬的过程要呈现在世人的眼中，因此通过特定的形式传达哀情、营造仪式氛围、突出死者的身份与地位就显得十分必要。事实上，葬礼中的执绋挽歌、鼓吹乐及挽歌的赏赐、卤簿的设置等无不是围绕仪式展演的“观看”与“被看”展开的。

1. 葬礼挽歌的“悼往告哀之意”及哀伤基调

送葬中使用挽歌是为了营造哀伤的氛围。汉代常用的挽歌《薤露》《蒿里》最具代表性，这两首挽歌本是为悼念死者而作，充满哀伤情调，崔豹释其本意：“言人命如薤上之露，易晞灭也；亦谓人死魂魄归乎蒿里”，《颜氏家训》也说：“挽歌辞者，或云古者《虞殡》之歌，或云出自田横之客，皆为生者悼往告哀之意。”[②] 这是对挽歌的内容、风格的概述。这种以告哀为主的仪式用乐与送葬的氛围相一致。

挽歌以表达哀情为主，也具有很强的表演性。由于这种表演性，东汉以后带有哀伤情调的歌曲常被用于宴乐场合，如《后汉书志》注引《风俗通》，东汉灵帝时“京师宾婚嘉会，皆作《魁櫑》，酒酣之后，续以挽歌”。史官认为：“《魁櫑》，丧家之乐。挽歌，执绋相偶和之者。天戒若曰：国家当急殄悴，诸贵乐皆死亡也。自灵帝崩后，京师坏灭，

① （宋）范晔撰，（唐）李贤等注：《后汉书》卷 81《范式传》，中华书局 1965 年点校本，第 2677 页。

② 王利器：《颜氏家训集解》（增补本），中华书局 1993 年版，第 285 页。

户有兼尸，虫而相食，《魁櫑》、挽歌，斯之效乎?”[①] 在宾婚等嘉会中演唱哀伤的挽歌显然与欢洽的仪式氛围格格不入，受到时人及史官的非议，时人以为“哀乐失时”，史官视此为社稷败亡之征，这也说明挽歌具有明显的哀伤基调。此外还有不少史料记载了挽歌哀婉凄凉的音声特点：东汉时期，大将军梁商三月上巳日大会宾客，于洛水举行宴会，在酣饮极欢后继之以《薤露》之歌，当时坐中闻者，皆为之掩涕[②]；东晋海西公时，庾晞“四五年中喜为挽歌，自摇大铃为唱，使左右齐和。又宴会辄令倡伎作新安人歌舞离别之辞，其声悲切”[③]。《晋书·列女传》载慕容德之女平原公主，先为段丰妻，后段丰为人谮杀，改嫁伪寿光公余炽，她秉持“贞女不更二夫”的礼法，在成礼之后自缢而亡，遗书求与段丰合葬，史书描写其葬礼：“及葬，男女观者数万人，莫不叹息曰：‘贞哉公主!’路经余炽宅前，炽闻挽歌之声，恸绝良久。”[④] 由以上几例可知，挽歌的情感基调以哀伤为主，具有强烈的感人力量，可以很好地起到渲染仪式氛围的效果。

挽歌的哀伤、悲凉气质影响到了后世的文学创作，魏晋南北朝时期文人挽歌的创作异常兴盛，无论针对他人还是自己，共同的指向都是生命的无常及送葬时的悲凉萧索氛围，最终形成了挽歌这一独特的诗歌类型。如缪袭最早以《挽歌》为题创制诗歌，其诗云：“生时游国都，死没弃中野。朝发高堂上，暮宿黄泉下。白日入虞渊，悬车息驷马。造化虽神明，安能复存我。形容稍歇灭，齿发行当堕。自古皆有然，谁能离此者。”[⑤] 又如陶渊明《挽歌辞》之三中的四句：“荒草何茫茫，白杨亦萧萧。严霜九月中，送我出远郊。”[⑥] 无不充满悲凉意味。尽管魏晋南北朝的文人挽歌存在自挽与挽人的区别，但均未脱离死亡的主题，在情感基调上也与送葬时的执绋挽歌如出一辙，这一时期的文人挽歌诗正是充分借鉴了送葬挽歌的哀伤、悲凉的风格特点，形成了别具一格的诗歌类型。

---

① （晋）司马彪撰，（梁）刘昭注补：《后汉书志》第13《五行志一》，中华书局1965年点校本，第3273页。

② （宋）范晔撰，（唐）李贤等注：《后汉书》卷61《周举传》，中华书局1965年点校本，第2028页。

③ （唐）房玄龄等：《晋书》卷28《五行志中》，中华书局1974年点校本，第836页。

④ （唐）房玄龄等：《晋书》卷96《列女传》，中华书局1974年点校本，第2525页。

⑤ （梁）萧统编，（唐）李善注：《文选》，中华书局1977年版，第406页上栏。

⑥ （梁）萧统编，（唐）李善注：《文选》，中华书局1977年版，第407页下栏。

2. 由葬礼挽歌的使用方式、规模体现死者生前地位

在帝、后大丧送葬时，执绋者分别为公卿子弟三百人、女侍史官三百人，这三百人同时牵引棺柩或殡车前进；在大臣丧礼送葬时，执绋者也有几百人之多。事实上，皇帝殡车是由六马所驾，皇后殡车是驷马所驾，其力足以牵引殡车前进，并不需要如此众多的执绋者。在很大程度上，在送葬中执绋是一种象征行为，发挥的是仪式的展演功能，最终目的是对死者生前地位与功绩的确认，而这一功能主要是通过挽歌的演唱方式和挽歌者的数量、身份来实现的。

首先，通过挽歌的演唱方式体现送葬仪仗的声势。挽歌由送葬仪仗中的执绋者演唱，其演唱的方式，据《搜神记》载："挽歌者，执绋者相偶和之声也。"[①] 又据《晋书·礼志中》："挚虞以为：'挽歌因倡和而为摧怆之声。'"[②] 即挽歌是由执绋者以相和、倡和的方式来演唱的，由众多执绋者相和而唱的挽歌必定呈现出一种宏大的气势，这正是皇家葬礼所要达到的效果，挽歌与葬礼鼓吹乐相互配合使用，有效地壮大了送葬仪仗的声势。

其次，执绋者的数量、身份要与死者地位、功绩相匹配。挽歌的表演是与执绋相配合的，在帝、后及大臣葬礼中的执绋者人数众多，如此规模的执绋队伍实际上成为他们身份与地位的象征。执绋队伍之后尚有校尉三百人，"皆赤帻不冠，绛科单衣，持幢幡。候司马丞为行首，皆衔枚。羽林孤儿、巴俞擢歌者六十人，为六列。铎司马八人，执铎先。"[③] 整个送葬仪仗备吉、凶卤簿，且演奏鼓吹乐，很好地体现了仪仗使用者的地位尊崇。除了执绋者的数量外，执绋者的身份也很特殊，为皇帝殡车执绋者是公卿子弟三百人，在汉代选官制度中，六品以上官员可以任子为郎，进而获得升迁，也就是说，这些公卿子弟可能是将来朝廷官员的人选，让他们来做挽郎也有突出皇权威势的意义。

大臣的送葬仪仗同样有这一特点。孔光葬时，"羽林孤儿诸生合四百人挽送，车万余辆，道路皆举音以过丧。"对于末句，颜师古注曰："丧到之处，行道之人皆举音哭，须过乃止。"[④] 即行路之人也要哭泣，

---

① （晋）干宝撰，李剑国辑校：《新辑搜神记》，中华书局 2007 年版，第 394 页。

② （唐）房玄龄等：《晋书》卷 20《礼志中》，中华书局 1974 年点校本，第 626 页。

③ （晋）司马彪撰，（梁）刘昭注补：《后汉书志》第 6《礼仪志下》，中华书局 1965 年点校本，第 3145 页。

④ （汉）班固：《汉书》卷 81《孔光传》，中华书局 1962 年点校本，第 3364 页。

这显然并非仅仅为了表达对死者的哀悼，而是以这种形式来确认死者的地位。帝王对大臣丧事的重视是为了通过仪式的展演肯定其生前的地位与功绩。两汉时期，逢大臣丧礼时皇帝、皇后亲临已经成为一种传统，如东汉祭尊为开国功臣，为东汉建国及平定内乱立下赫赫功勋，在其死后“至葬，车驾复临，赠以将军、侯印绶，朱轮容车，介士军陈送葬，谥曰成侯”①。皇帝亲临且以甲士送葬，足以表征其生前所建功勋。赏赐功高之臣执绋挽歌的做法到西晋时期逐渐制度化。执绋挽歌表征死者身份与地位的功能使挽歌原本具有的“悼往告哀之意”逐渐隐藏、弱化，仅作为一种送葬中的仪式展演，人们所关注的不再是执绋挽送时的悲歌，而是由挽歌、鼓吹乐、卤簿等构成的规模宏大的送葬仪仗以及由送葬仪仗所呈示的死者的身份与地位。

挽歌作为一种文体是在挽送中演唱的歌辞，在内容上表达的是对死者的哀悼，在情感上以哀伤为主要基调，实际上挽歌也是表征死者身份的重要载体，从挽歌在后世的演变就能说明这一点。任半塘先生曾对挽歌、挽诗及挽章等文体的差异做过比较，他说：“挽歌与普通之挽诗、挽章、哀辞等异，因后者主文，皆无声，而前者乃循曲哀歌之诗，主声而不主文也。……挽歌属葬仪，宾客为之，后衍为挽章，乃主文以荣主。——在主宾、哀乐之间，二者异趣，后来却渐渐交融。”② 正是因为在葬礼中挽歌表演的这些功能才使得挽歌在后世有发生演化的可能，形成挽章、挽诗等文体，而后者也以歌颂功德为主要内容。

（三）两晋南北朝葬礼挽歌对前代的继承与开拓

西晋基本上继承了汉魏时期形成的执绋挽歌送葬制度。在曹魏末年由荀顗等人所制定的新礼曾废除挽歌，但在晋武帝太康元年（280）议礼时，因挚虞的建议又恢复，《晋书·礼志中》载：

> 新礼以为挽歌出于汉武帝役人之劳歌，声哀切，遂以为送终之礼。虽音曲摧怆，非经典所制，违礼设衔枚之义。方在号慕，不宜以歌为名，除不挽歌。挚虞以为：“挽歌因倡和而为摧怆之声。衔枚所以全哀，此亦以感众。虽非经典所载，是历代故事。《诗》称

① （宋）范晔撰，（唐）李贤等注：《后汉书》卷20《祭尊传》，中华书局1965年点校本，第742页。

② 任半塘：《唐声诗》，上海古籍出版社1982年版，第419—420页。

‘君子作歌，惟以告哀’，以歌为名，亦无所嫌。宜定新礼如旧。”诏从之。①

从此之后，西晋将新礼之中有关送葬的仪制恢复为汉魏传统，执绋挽歌仍然是帝、后及大臣送葬仪仗中的重要音乐形式，但与魏晋旧制相比出现了明显的变化，主要表现在：西晋之后葬礼挽歌的制度化特征更为显著，帝、后大丧与大臣丧礼中执绋挽歌的使用分界更为明显，形成了在帝、后大丧中的挽郎执绋挽歌制度与大臣丧礼中的挽歌赏赐制度。挽郎执绋送葬实是汉魏公卿子弟、黄门宦者执绋挽歌的进一步发展，而挽歌赏赐制度则是在汉魏大臣葬礼中的普遍形态。

1. 两晋南北朝帝、后葬礼中的执绋挽歌者——挽郎

（1）挽郎的身份、地位及数量

在东汉帝、后的葬礼中，执绋挽歌者身份不同。在皇帝葬礼中执绋者为公卿子弟，后、妃葬礼中，执绋者为黄门宦者。从西晋开始，在帝、后葬礼中，挽歌者的身份逐渐得到统一，即这些挽歌者大都由六品以上官员子弟充当，被称为“挽郎”。最早见于史料记载的挽郎为任育长，《世说新语・纰漏》载：“任育长年少时，甚有令名。武帝崩，选百二十挽郎，一时之秀彦，育长亦在其中。王安丰选女婿，从挽郎搜其胜者，且择取四人，任犹在其中。”② 晋以后历代挽郎的选择都有较高的标准，除相貌出众、品行高尚之外，其出身必须家世显赫③。王戎为琅玡王氏，魏晋高门，其择婿固然要看重外貌，而家世显赫更是不可忽略的因素。这是对东汉帝、后送葬执绋者选择标准的继承和进一步细化，在东汉时，公卿子弟送葬仅局限于皇帝大丧，而皇后大丧则用黄门宦者执绋，另外，东汉时期选用挽郎的标准只要求公卿子弟一项，无品级限定，魏晋时期则具体到六品以上官员子弟。我们以史料中所载挽郎家世情况来分析帝、后葬礼中的挽郎选择标准。西晋时期的任育长为晋武帝挽郎，其家世《世说新语》无载，据刘孝标注引《晋百官名》：“任瞻，字育长，乐安人，父琨，少府卿。”而其祖也颇有功名，据《世说新语

① （唐）房玄龄等：《晋书》卷20《礼志中》，中华书局1974年点校本，第626页。

② （宋）刘义庆撰，（梁）刘孝标注，余嘉锡笺疏：《世说新语笺疏》，中华书局2006年版，第1069页。

③ 参见宋亚莉《汉魏六朝挽歌研究》，硕士学位论文，青岛大学，2009年，第35页。

考异》："瞻祖晖，字叔季，大将军掾。"[①] 其父为少府卿，少府卿乃九卿之一，官属三品，任育长很明显属公卿以下六品官员子弟。在两晋时期史料中有明确记载的挽郎仅任育长一人，而南北朝时期的史料中有关挽郎的记载则较为详赡，这一时期挽郎的选择标准与西晋基本一致，我们将南北朝时期见于史料的挽郎及其家世情况罗列如下：

刘琎，宋明帝挽郎。祖弘之，给事中。父惠，治书御史。兄瓛，儒学冠于当时。[②]

何求，宋文帝挽郎。祖尚之，宋司空，父铄，为宜都太守。[③]

谷士恢，魏世宗挽郎。高祖浑，魏太祖时，以善隶书，为内侍左右。从征赫连昌，为骁骑将军。迁侍中、安南将军，领仪曹尚书，赐爵濮阳公；曾祖阐，少侍东宫，稍迁平南将军、相州刺史。入为外都大官；祖洪，散骑常侍、南部长。迁尚书，赐爵荥阳公；父颖……除员外散骑常侍，寻转中散大夫。后除假节、镇远将军、凉州刺史，改授太府少卿，又加前将军。[④]

杜长文，魏肃宗挽郎。父杜铨，迁散骑侍郎，中书侍郎，赐爵新丰侯。卒，赠平南将军、相州刺史、魏县侯，谥曰宣。[⑤]

阴遵和，魏孝文帝挽郎。曾祖训，字处道，仕李皓为武威太守。祖华，字委文，姑臧令。叔父阴仲达，秘书著作郎。[⑥]

崔巨伦，魏世宗挽郎。父崔辩，字神通，博陵安平人。学涉经史，风仪整峻，显祖徵拜中书博士，散骑侍郎、平远将军、武邑太守。卒，赠安南将军、定州刺史，谥曰恭。[⑦]

---

① （宋）刘义庆撰，（梁）刘孝标注，杨勇校笺：《世说新语校笺》，中华书局 2006 年版，第 819 页。

② （梁）萧子显：《南齐书》卷 39《刘瓛传附弟琎传》，中华书局 1972 年点校本，第 677—680 页。

③ （梁）萧子显：《南齐书》卷 54《何求传》，中华书局 1972 年点校本，第 937 页。

④ （北齐）魏收：《魏书》卷 33《谷浑传附士恢传》，中华书局 1974 年点校本，第 780—782 页。

⑤ （北齐）魏收：《魏书》卷 45《杜铨传附长文传》，中华书局 1974 年点校本，第 1018—1020 页。

⑥ （北齐）魏收：《魏书》卷 52《阴仲达传附遵和传》，中华书局 1974 年点校本，第 1163—1164 页。

⑦ （北齐）魏收：《魏书》卷 56《崔辩传附巨伦传》，中华书局 1974 年点校本，第 1250—1251 页。

柳远，魏肃宗挽郎。父玄达，辅国将军、司徒谘议参军，封南顿县开国子，邑二百户。兄缔，东太原太守。[①]

崔悛，魏世宗挽郎。父休，魏七兵尚书，赠仆射。[②]

邢卲，魏世宗挽郎。父虬，魏光禄卿。[③]

刁柔，魏世宗挽郎。父整，魏车骑将军、赠司空。[④]

裴宽，魏孝明帝挽郎。祖德欢，魏中书郎、河内郡守。父静虑，银青光禄大夫，赠汾州刺史。[⑤]

寇俊，魏孝文帝挽郎。祖赞，魏南雍州刺史。父臻，安远将军、郢州刺史。[⑥]

檀翥。以名家子为魏明帝挽郎。六世祖毓，晋步兵校尉。父江，始还北，仕至太常少卿，赠兖州刺史。[⑦]

从史料记载来看，挽郎仅出现在皇帝之葬礼上，事实上，皇后的葬礼应该也是用挽郎执绋的，如东晋成帝咸康七年（341），“皇后杜氏崩。……有司又奏，依旧选公卿以下六品子弟六十人为挽郎，诏又停之。”[⑧] 从“依旧”来看，应该已经制度化，之所以不见皇后葬礼挽郎的记载，可能皇后大丧中的挽郎后来并未入仕，或仕途不显，未载入史籍。根据笔者的梳理，在史书中记载的挽郎的祖辈、父辈，无论在中朝还是外朝为官，品级均在六品以上，与西晋时期选六品以上官员子弟为挽郎的制度相符合，家世成为选择挽郎的重要标准。以公卿子弟作为执绋者，能凸显皇权的威势。对于挽郎来说，能够成为帝、后大丧中的执绋者就为自己取得了进身之阶。在有些朝代，担任帝、后大丧的挽郎成为入仕的必要条件，如梁、陈时规定：“年未满三十者，不得入仕。唯经学生策试得第，诸州光迎主簿，西曹左奏及经为挽郎得仕。”[⑨] 挽郎成为入仕的一条重要途径，宋亚莉认为：“南北朝对挽郎所授官

① （北齐）魏收：《魏书》卷71《裴叔业传附柳远传》，中华书局1974年点校本，第1576—1577页。

② （唐）李百药：《北齐书》卷23《崔悛传》，中华书局1972年点校本，第333页。

③ （唐）李百药：《北齐书》卷36《邢卲传》，中华书局1972年点校本，第475—476页。

④ （唐）李百药：《北齐书》卷44《刁柔传》，中华书局1972年点校本，第585页。

⑤ （唐）令狐德棻等：《周书》卷34《裴宽传》，中华书局1971年点校本，第594页。

⑥ （唐）令狐德棻等：《周书》卷37《寇俊传》，中华书局1971年点校本，第657页。

⑦ （唐）李延寿：《北史》卷70《檀翥传》，中华书局1974年点校本，第2432—2433页。

⑧ （唐）房玄龄等：《晋书》卷20《礼志中》，中华书局1974年点校本，第633页。

⑨ （唐）魏征、令狐德棻：《隋书》卷26《百官志上》，中华书局1973年点校本，第748页。

职虽有所不同，但是做挽郎被作为解褐的标志确实完全一样的。”[①] 公卿子弟执绋挽歌仅仅用于帝、后大丧，为帝、后所专享，也足以说明在送葬中由公卿子弟执绋挽歌以体现皇权威势的特殊用意。

关于挽郎的数量，《晋书》《宋书》诸史的礼志中有所涉及。东晋成帝咸康七年（341），杜后崩：“有司又奏，依旧选公卿以下六品子弟六十人为挽郎，诏又停之。”[②] 晋孝武帝太元四年（379）九月，皇后王氏崩，有司奏选挽郎二十四人，诏停之[③]。宋文帝元嘉十七年（440），元皇后崩，诏亦停选挽郎。我们发现，在史书中多是关于停用挽郎的记载，可能皇后葬礼中停用挽郎较为少见才被史官记载，而在大多数情况下是使用挽郎的。西晋武帝葬礼挽郎一百二十人，而皇后挽郎的数量，从东晋杜后大丧时有司所奏“依旧选公卿以下六品子弟六十人”来看，使用的可能是规模为六十人的挽歌队伍，遇特殊情况可能还会缩减。

（2）挽郎与挽歌的演唱

挽歌是由执绋者演唱的，“汉魏故事，大丧及大臣之丧，执绋者挽歌”，魏末曾废除执绋挽歌，挚虞讨论新礼，恢复汉魏旧制，挽歌应该仍由这些执绋的挽郎来演唱。两晋南北朝时期，在执绋时所演唱的挽歌已经不限于汉代的《薤露》《蒿里》等传统的乐歌。在这一时期，遇大丧时，文士或自献挽歌，或受命而创作挽歌以备使用，如宋代丘灵鞠曾为宋孝武帝殷贵妃创作挽歌三首，其中一首为宋孝武帝所嗟赏[④]；北齐高洋死后，“当朝文士各作挽歌十首，择其善者而用之。魏收、阳休之、祖孝徵等不过得一二首，唯思道独得八首。故时人称为‘八采卢郎’。”[⑤] 此事又载于《太平御览》卷 590 引《三国典略》：“齐文宣崩，杨愔选其挽歌，令乐署歌之。其魏收四首，阳休之、祖珽、刘逖各二首，卢思道八首入用。于是晋阳人谓思道为‘八采卢郎’。”[⑥] 从“选其挽歌，令乐署歌之”来看，这些挽歌不但在执绋时演唱，有些也会配以乐曲在乐署中表演。这表明，文士所创作的挽歌可能是两晋南北朝时期送葬挽歌的主要来源。

① 宋亚莉：《汉魏六朝挽歌研究》，硕士学位论文，青岛大学，2009 年，第 38 页。

② （唐）房玄龄等：《晋书》卷 20《礼志中》，中华书局 1974 年点校本，第 633 页。

③ （梁）沈约：《宋书》卷 15《礼志二》，中华书局 1974 年点校本，第 405 页，又（唐）房玄龄等《晋书》卷 20《礼志中》，中华书局 1974 年点校本，第 633 页。

④ （梁）萧子显：《南齐书》卷 52《文学传》，中华书局 1972 年点校本，第 889—890 页。

⑤ （唐）魏征、令狐德棻：《隋书》卷 57《卢思道传》，中华书局 1973 年点校本，第 1397 页。

⑥ （宋）李昉：《太平御览》卷 590，中华书局 1960 年影印本，第 2687 页下栏。

2. 两晋南北朝时期大臣葬礼中挽歌的赏赐与使用[1]

汉魏时期挽歌就已作为赏赐用于大臣葬礼。从史料记载来看，汉魏时期赏赐大臣的挽歌由羽林孤儿及公卿弟子演唱，是一种临时组织起来的挽歌队伍。西晋时期，大臣葬礼赏赐挽歌成为一种较为固定的制度，《太平御览》卷552引《晋公卿礼秩》载西晋时期赏赐大臣挽歌的规格："安平王葬，给挽歌六十人，诸公及开府给三十人。"[2] 安平王为司马孚，在《晋书·安平献王孚传》中无其获赐挽歌的记载，其获赐送葬仪仗如下："及葬……给銮辂轻车，介士武贲百人，吉凶导从二千余人，前后鼓吹，配飨太庙。"[3] 虽未明言赏赐挽歌，但挽歌作为葬礼仪仗的组成部分，可能就已经包含在"吉凶导从二千余人"中了。"挽歌六十人"是这一时期赏赐大臣的最高级别的送葬挽歌队伍。笔者推测，六十人的执绋挽歌队伍在规格上可能等同于此时期史料中频繁出现的"挽歌二部"。为什么这样说？南北朝时期，司马孚的葬礼被视为大臣葬礼的最高级别，许多王室及朝廷重臣的葬礼均依据司马孚的标准，如宋长沙景王刘道怜葬礼："依晋太宰安平王故事，鸾辂九旒，黄屋左纛，辒辌，挽歌二部，前后部羽葆、鼓吹，虎贲班剑百人。"[4] 南齐萧子良之葬礼："给九旒鸾辂，黄屋左纛，辒辌车，前后部羽葆鼓吹，挽歌二部，虎贲班剑百人，葬礼依晋安平王孚故事。"[5]"依晋太宰安平王故事"主要指葬礼赏赐的规模，二人葬礼赏赐之物中均有"挽歌二部"，我们再与《晋公卿礼秩》所载司马孚获赐挽歌六十人相对比可知，"挽歌二部"很可能就是指由六十人组成的挽歌队伍。

据《晋公卿礼秩》所载，在西晋公、卿葬礼中均有挽歌的赏赐，但在史料记载中，获赐挽歌者多为宗室诸王，并且其规格均为"挽歌二部"。外姓大臣获赐"挽歌二部"者仅王导与桓温二人。史载，东晋王导薨，"诏给九旒辒辌车，黄屋左纛，前后羽葆鼓吹，挽歌两部，虎贲班剑百人，

---

① 宋亚莉认为，汉代以后，有挽郎参加的葬礼基本都是皇帝的大丧，挽歌的表演似乎成为皇帝的专利。见宋亚莉《汉魏六朝挽歌研究》，硕士学位论文，青岛大学，2009年，第51页。笔者认为，在两晋南北朝时期，挽郎仅出现在帝后大丧中，但不代表挽歌成为皇帝的专享，相反，在这一时期的史料中仍存在不少赏赐大臣挽歌的例子，只不过所赏赐的挽歌者不称为挽郎，挽歌的演唱可能是由一般乐人或其他人员承担，挽歌赏赐与鼓吹乐赏赐一样成为确认死者功绩、地位的重要方式。

② （宋）李昉：《太平御览》卷552，中华书局1960年影印本，第2499页下栏。

③ （唐）房玄龄等：《晋书》卷37《宗室传》，中华书局1974年点校本，第1085页。

④ （梁）沈约：《宋书》卷51《宗室传》，中华书局1974年点校本，第1464页。

⑤ （梁）萧子显：《南齐书》卷40《武十七王传》，中华书局1972年点校本，第701页。

中兴名臣莫与为比也。”[①] 桓温死后，“及葬，一依太宰安平献王、汉大将军霍光故事，赐九旒鸾辂，黄屋左纛，辒辌车，挽歌二部，羽葆鼓吹，武贲班剑百人。”[②] 而在其他非宗室大臣的葬礼中，未见有葬礼挽歌的赏赐。我们不能因此说这一时期的外姓公卿葬礼无挽歌赏赐，出现这一现象的原因很可能如下：在葬礼中使用“挽歌二部”是最高的礼制规格，只有宗室及功勋卓著者才有资格获得，对其他大臣可能只是象征性的赏赐，无载入史书的必要。这在隋代的大臣葬礼挽歌赏赐标准中能找到依据，据《隋书·礼仪志三》载：“执绋，一品五十人，三品已上四十人，四品三十人，并布帻布深衣。”[③] 这一标准依据牛弘于隋文帝开皇（581—600）初年所编撰的《仪礼》，而此礼的撰定“悉用东齐《仪注》以为准，亦微采王俭礼”[④]。也就是说，此礼充分吸收了南北诸朝的仪注，在挽歌赏赐标准问题上必定也参考了南北诸朝的旧制，而这种按官品来确定赏赐挽歌规格的制度就始于西晋。因此，“挽歌二部”是两晋南北朝赏赐大臣挽歌的最高级别。挽歌赏赐与鼓吹乐赏赐的功能相似，葬礼作为一种仪式展演，仪式规格的高低直接体现着死者生前的地位与功勋，大臣葬礼中的鼓吹乐、挽歌作为赏赐的重要内容，在体现受赐者的地位、功勋方面起着无可替代的作用。

总之，在两晋南北朝时期，丧礼用乐既继承了汉魏旧制，也在此基础上进行了一系列的变革，无论是葬礼中使用的鼓吹乐还是挽歌，它们的使用方式都是沿着制度化的道路前进，以区分等级差别及体现生前功勋为最终目的。

① （唐）房玄龄等：《晋书》卷65《王导传》，中华书局1974年点校本，第1753页。

② （唐）房玄龄等：《晋书》卷98《桓温传》，中华书局1974年点校本，第2580页。

③ （唐）魏征、令狐德棻：《隋书》卷8《礼仪志三》，中华书局1973年点校本，第156页。

④ （唐）魏征、令狐德棻：《隋书》卷8《礼仪志三》，中华书局1973年点校本，第156页。

第八章 魏晋南北朝五礼用乐的功能指向及路径选择

第一节 服务于皇权政治是魏晋南北朝礼仪用乐实践的第一要义

在礼乐活动中，礼仪的存在状态是一种以动作、行为的展演为主要内容的行为方式，处于国家礼制的最表层。礼仪无疑是具有实践性的，它与以理论形态存在的礼经和以规则形态存在的仪注有着根本的区别。乐在礼仪中处于从属地位，是为礼而设，“用”是其最为核心的价值所在。乐在礼仪中的存在状态也是实践性的，乐的展开及其功能的实现必须依附于礼仪，它在礼仪中功能的实现实际上就是完成意义构建的过程，当然，这种意义的构建必须适应礼仪的需要。因此，礼仪用乐的实践性主要是在礼仪活动的展演中体现出来的。

众所周知，礼仪用乐作为一种艺术形式，具有诗、乐、舞三位一体的构成形态，这三个要素作为一个有机整体存在于礼仪之中，使用何种舞蹈，演奏何种音乐，创制何种乐歌必须符合礼仪展演的需要，而礼仪展演指向的又是仪式举行者所设定的目的。准确地说，在中国古代国家礼仪中，礼仪展演的指向基本不脱离政权合法性的论证及统治者权威的确认等方面。因此，礼仪用乐也必须围绕这一终极目的展开。

具体到礼仪的创制这一问题来说，影响其存在形态的因素既有传统的也有现实的。一方面，既有的礼仪传统形成了强有力的惯例，使统治者在制定礼仪时不得不加以借鉴；另一方面，现实政治的需要又要求制礼者必须从当下出发去建构适合本朝的礼仪形式。对魏晋南北朝时期的礼仪及其用乐来说，礼仪传统的构成因素既有历代的礼仪实践，更为重要的是以文本形态存在的经典以及礼学家对这些经典的阐释。这些经典及阐释成为这一时期统治者制礼作乐的重要依据，并不断付诸实践。就现实的政治需要来说，在秦代皇权专制政体确立以后，历经两汉，围绕“皇权至上”问题的论证一直没有止息，对政权合法性的论证也不断以全新的形式进行着。在政权更替频繁的魏晋南北朝，这更是统治者需要思考的现实问题。因此，不断对礼经做出新的阐释，以使其符合当下现实政治的需要，成为魏晋南北朝时期制礼作乐者的重要任务。礼经的阐释不断被付诸实践，以各种仪注、礼仪的形式表现出来，礼仪用乐自然包含其中。

魏晋南北朝是五礼制度的确立时期，从西晋开始，国家礼仪的施行被纳入吉、凶、宾、军、嘉的框架之下，从表面上看是对《周礼》中五礼体系的模仿，而从礼仪的具体施行来看，并非如此简单。西晋开始施行的五礼制度是自秦汉以来礼制建设不断探索的结果，而对《周礼》五礼体系的实践只不过是适应了统治者的现实需要。

秦汉以来皇权政治的建立及封建制的破坏呼唤新的礼仪形式的出现。一方面，封建制瓦解，中央与地方的行政关系取代了天下共主与分封诸侯的“天下一家”的格局，另一方面，选举制度的出现及士大夫社会的成立①，使皇帝之下存在一个庞大的官僚集团，而此官僚集团与皇权的关系也需要通过特定的方式加以明确。这些变化要求统治者必须对传统的礼仪形式进行变革，这些变革当然以确认皇帝的绝对权威及君臣的尊卑等级为最根本的目的。

自秦建立皇权专制以来，凸显皇帝的尊崇地位是制礼者的一贯追求，汉初叔孙通定礼，高祖乃知为天子之贵，但叔孙通所制定的礼仪是“古礼与秦仪杂就之”的产物，并不能从理论上找到制礼的依据。在汉代立为学官的经典中找不到一种能够作为天子之礼的依据，当时被列为学官的《仪礼》中只涉及了诸侯、大夫、士等阶层的礼仪，而无天子之礼，因此对天子之礼，只能由士礼推及。就是说，天子之礼与士礼只存在等级规模的差异，而无贵贱的悬隔，无法体现出皇帝的独尊地位②。这就需要从理论上重新寻找证明、体现这种独尊地位的依据，而古文经学则努力在理论上进行建构，以期能迎合皇权对“尊尊”的追求，故《左传》《周礼》中的

---

① 甘怀真：《皇权、礼仪与经典诠释：中国古代政治史研究》，华东师范大学出版社 2008 年版，第 189 页。

② 李若晖：《亲亲尊尊之间的断崖——由韦刘庙议重估西汉经学政制》，《文史哲》2017 年第 3 期。

“尊尊”之意被大量发掘。

至魏晋时期，这种理论建构最终被制礼者付诸实践，在礼仪的施行中全面体现出“尊尊”这一制礼的根本目的，在制礼的基本精神上，将“尊尊”置于“亲亲”之上。东晋太元十七年（392），车胤针对当时“庶子为后者为庶母之服同于嫡母”这一现象提出批评，认为“此末俗之弊，溺情伤教，纵而不革，则流遁忘返矣”，并说：“且夫尊尊亲亲，虽礼之大本，然厌亲于尊，由来尚矣。《礼记》曰，‘为父后，出母无服也者，不祭故也’。又，礼，天子父母之丧，未葬，越绋而祭天地社稷。斯皆崇严至敬，不敢以私废尊也。”① 肯定了“尊尊”在礼仪系统中的至高无上。在具体的礼乐实践中，如晋代施行的元会，晨贺和昼会的阶段划分以及元会中所行的委挚、上寿酒、上计等仪式环节均是围绕皇权的确认而展开的，在这些礼仪中，各种仪式环节、仪式行为等礼仪符号的呈现无不指向皇权独尊地位的确认，在礼仪的展演过程中，先秦礼仪中君臣之间双向的“敬”转变为臣对君单向的“尊”，其他如郊祀、宗庙、送葬等礼仪均是围绕这一目标的实现而展开的。

魏晋南北朝时期的礼仪用乐也表现出很强的实践性。在制礼思想发生重大变革及由这些制礼思想指导制定的礼仪已经付诸实践的背景下，作为礼仪重要组成部分的音乐也必须做出相应的变革，否则“礼乐相须以为用”的礼乐关系就会受到破坏。

在国家礼仪中，礼仪处于主导位置，仪式的构成环节、展演方式等决定了音乐的使用方式。与礼仪展演的实践性相一致，魏晋南北朝时期礼仪用乐的实践性也集中体现在对皇帝权威的尊崇及君臣尊卑等级的确认上。“依礼定乐”是礼仪用乐最为常见的创作方式，在这一时期的礼仪实践中，举凡郊祀、宗庙、元会等礼仪，皇帝作为仪式的中心，所有的仪式环节均围绕皇帝而展开，仪式中的用乐也要为突出皇帝的地位而设。在由皇帝亲自执行的仪式环节中，用乐与其他环节有明显的区别，这主要表现在乐名、舞名、乐舞的规模及演奏方式等方面。也就是说，以一种能够体现差异性的用乐方式来促成、强化仪式功能的实现。这种用乐方式的确立是基于对传统与现实双重考量和选择的结果，既要考虑到传统的影响力，也要考虑到现实礼制的需求。

---

① （唐）房玄龄等：《晋书》卷 20《礼志中》，中华书局 1974 年点校本，第 628 页。

尤其需要注意的是，尽管“五帝殊时，不相沿乐”一直是历代制乐者遵循的重要原则，但在传统基础上进行损益以创制一代之乐仍是历代制乐的最重要途径，任何时代都无法与传统完全断绝联系，追求传统与当下的恰当结合是魏晋南北朝礼仪用乐的重要实践形态。如秦汉之后，宾礼、嘉礼渐趋融合，出现了兼具宾礼、嘉礼元素的元会，这一礼仪形式及用乐可以说是兼采古今的结果，从叔孙通所定汉礼直至西晋《咸宁注》中复杂的元会仪节，其建构经历了漫长的过程，在用乐上也是围绕着皇权的确认这一核心点展开，兼顾了现实与传统两个维度。“以今为体”是其实践特性的现实表现，“以古为用”则是经典及以往的礼乐传统所形成的“范型”效应在发挥作用，其指向仍是现实中的礼仪实践。

项阳先生将秦汉至魏晋南北朝时期称为礼乐制度的演化期，并认为这一时期的礼乐制度具有转型的特征[①]，笔者非常赞同这一观点。就礼仪用乐来说，新变化是非常明显的。最为明显的是新的礼仪用乐形式的出现，如吸纳胡乐而形成的鼓吹乐，自汉代以来由用于军中到用于宫廷，进而用于丧葬，这一音乐形式逐渐被统治者认可，成为赏赐的重要内容，具有标志受赐者身份与地位的重要功能，在某些方面有取代金石乐悬之趋势，而盛行于西周的乐悬制度在这一时期逐渐小众化[②]。又如，从汉代开始出现的挽歌，打破了先秦时期丧礼不乐的传统。在大丧及大臣丧礼中使用鼓吹乐、挽歌等音乐形式，确立了丧礼鼓吹乐与丧礼挽歌的使用传统。这些新的音乐形式看似简单，反映的却是秦汉以来社会制度的转型，它们是皇权专制制度下形成的新的礼乐传统，对后世礼乐建设实有开创之功，对此我们将在后文详论。

音乐作为礼仪的重要组成部分，它既要做到“礼乐相须以为用”，起到促成礼仪功能实现、强化礼仪效果的作用；同时，音乐也以其独特的符号系统直接辅助政权合法性的论证及君臣尊卑等级的确认。在某些方面，礼仪用乐在发挥相应的功能上要比单纯的礼仪更为直接、有效，如“歌

---

① 项阳：《中国礼乐制度四阶段论纲》，《以乐观礼》，北京时代华文书局2015年版，第27页。

② 按照周代乐悬制度，从天子至于士，乐悬及舞佾规模不断缩小，以标示其身份的差异，但魏晋南北朝时期的鼓吹乐主要是对有功者的赏赐，而并不是各阶层的所有官员均会获赐（北魏永熙时，诸州镇各给鼓吹乐，多少各以大小等级为差，但这毕竟是极少数的事例，不具普遍性），在这里鼓吹乐具有标志受赐者身份的功能，突出的仍是其赏赐功能，而非区分功能。当然，在后世鼓吹乐的使用方式又发生了一些变化，应另当别论。

辞”作为礼仪用乐的重要组成部分，其语言文字的呈现形式较舞蹈、乐曲及其他各种仪式行为在表达特定的意义上更为准确、明晰。

总之，魏晋南北朝礼仪用乐的功能指向是服务于皇权政治，这也是礼乐实践的第一要义，郊庙乐、元会乐、鼓吹乐、挽歌等无不如此。

第二节　魏晋南北朝礼仪用乐实践的路径选择

一　由礼经的文本形态至礼仪用乐的实践形态

（一）礼学的发展与礼经的付诸实践

众所周知，在“礼”的含义中，存在着文本形态的礼与实践形态的礼，后者既包括制度层面的礼制，也包括由仪式动作、器物等构成的礼仪。不可否认，从秦汉开始，礼学的发展，包括其他经学的发展为礼制的建设提供了丰富的理论支持①。而礼学真正参与礼制的建设是到西汉元帝、成帝之后，此时的儒者已经较为自觉地将礼学思想运用于礼制的建设之中，其对礼制建设的参与也是“取决于他们对现有经义的阐述是否具有逻辑性和历史性，以及对改善现实政治经济状况是否具有实用性”②。实际上，西汉二百余年并未建立起系统完整的礼乐制度，王鸣盛《十七史商榷·汉书》有“汉无礼乐”条，其评《汉书·礼乐志》云：

> 《礼乐志》本当礼详乐略，今乃礼略乐详。全篇共分两大截，后一截论乐之文较之前论礼，其详几三倍之。而究之于乐，亦不过详载郊庙歌诗，无预乐事，盖汉实无所为礼乐故。两截之首，各用泛论义理，全掇《乐记》之文……以上无非反覆明汉之未尝制礼，无可志而已。……足明此志总见汉实无所为礼乐，实无可志。子长《礼》《乐》二书亦空论其理，但子长述黄帝及太初，若欲实叙，实难隐括，孟坚述西汉二百年，何难实叙？只因汉未尝制礼，乐府俱是郑声，本无可志，不得已，只可以空论了之。③

① 西汉时期经典意识形成，经典是神圣的，成为后世则法的依据，其立论的基础是经为圣人体道的文字记录，但从根本上说“汉人经典意识的产生以及对‘经’的崇拜实质上是为了自身需要而设立的”。见郜积意《经典的批判——西汉文学思想研究》，东方出版社2000年版，第2—8页。

② 汤志钧、华友根等：《西汉经学与政治》，上海古籍出版社1994年版，第241页。

③ （清）王鸣盛撰，陈文和等校点：《十七史商榷》，凤凰出版社2008年版，第60页。

与魏晋之后的礼志、乐志记载之详细相比，《汉书·礼乐志》在体系性与完整性上都远远不如，拿郊祀仪式来说，《汉书》的《郊祀志》单列，而在《后汉书》中《祭祀志》仍与《礼仪志》分立，这是非常独特的现象，说明此时尚未将郊祀仪式纳入《周礼》规定的五礼体系之中，或者说此时的五礼体系尚未建立。从整个西汉郊祀仪式的施行情况来看，此礼主要是为满足最高统治者个人喜好而已，汉武帝甚至将郊祀仪式视为一种求仙长生的仪式。

究其根本，西汉统治者对郊祀仪式的认识还处于较为模糊的阶段，统治者只知有祭祀天地之礼，并未将此礼与皇权的独尊联系在一起，直至成帝时匡衡的郊议及平帝时王莽、刘歆等的郊议才将这一礼仪形式与国家政治结合起来，在这些儒者讨论郊祀仪式时多次称引经典，大臣的郊议并未完全促成统一的、能够施行的礼仪形式，即使有的建议能够为皇帝采纳，但实施不久旋即恢复，无有定制。不但西汉的祭礼如此，就其他礼仪来看，亦是纷繁复杂，朝会、丧葬等都是这样的状态。班固《汉书》引班彪之语云："汉承亡秦绝学之后，祖宗之制因时施宜。自元、成后学者蕃滋，贡禹毁宗庙，匡衡改郊兆，何武定三公，后皆数复，故纷纷不定。何者？礼文缺微，古今异制，各为一家，未易可偏定也。"① 也就是说，从西汉末年开始，统治者已经将儒家经典作为制礼的依据，却始终纠缠于旧礼与新礼之间，反复不断，不能形成统一的礼仪制度；又由于"礼文"之残缺，儒者各执一词，不能形成定制。从西汉时期的几次议礼来看，尽管儒者在礼仪建设的细节问题上存在分歧，但在以礼制维护皇权专制的绝对权威、以礼制来适应分封制向郡县制的转变这些根本问题上则是极为一致的。

（二）礼经及其阐释之学成为制礼作乐的直接依据

西汉以后，礼学与礼制建设的关系日益密切，尤其是东汉《周礼》学的发展，使礼制的制定逐渐被纳入其规定的五礼体系之下，杨志刚先生认为："礼经学特别是《周礼》之学，在东汉经学的发展中，处于枢纽的地位。从两汉之际始，学界渐以'三礼'尤其是《周礼》移释他经。及至马融、郑玄，更突出地将其他经义纳入礼学的阐释系统。"② 从魏晋时期

---

① （汉）班固：《汉书》卷73《韦贤传》，中华书局1962年点校本，第3130—3131页。

② 杨志刚：《中国礼学史发凡》，《复旦学报》（社会科学版）1995年第6期。

逐渐开始施行的五礼制度，是“以《周礼》为特征的礼制，它反映了以《周礼》为蓝本并融合了《仪礼》体系的礼制结构”[①]，也就是说《周礼》古文经的出现及其阐释，尤其是郑玄注《三礼》，并以《周礼》统摄之，大大提高了其影响力，成为后世五礼制度的理论依据。曹魏时期王肃又遍注群经以难郑玄，在很多方面提出了与郑玄相反的观点，郑玄、王肃之礼说在魏晋南北朝时期都曾被作为制礼之依据。

总体来说，以《周礼》为主干的《三礼》结合构成了魏晋南北朝时期礼学的核心[②]。这一时期的五礼制度及其用乐的建设无不受《三礼》学发展的影响，检视各正史的礼志、乐志，各政权在制定礼乐制度时无不集礼学家议礼，而礼学家议礼又多依据经典，由于大臣论礼时出发点及角度的差异，即使依据经典相同也会出现不同的结果，笔者在第三章中已经有所讨论，此不赘述。

经典及其阐释的规范作用不仅体现在制礼上，礼仪用乐的创制也要依靠经典及其阐释。礼乐并称，礼有经典存世，而乐经已亡，汉兴，乐家有制氏，但能记其铿锵鼓舞，而不能言其义。保留在礼经中的论乐文字成为这一时期礼仪用乐制作的重要依据。魏晋南北朝时期的礼仪用乐制作在某些方面直接以礼经记载及其阐释为依据，具体表现在依据经典来论证特定礼仪是否用乐、恢复创制已失传的古乐、确立或变革用乐方式、对本朝所用乐舞的命名等方面，以下分而论之。

1. 依据经典来论证特定礼仪是否用乐

魏晋南北朝时期的大多数政权对礼乐的重要性都有较为一致的认识，所谓“六经之道同归，而《礼》《乐》之用为急”[③]，儒家经典中有专论礼乐的文字，也有仪式环节如何用乐的规定，这一时期对礼仪用乐重要性的认识来源于经典，同时将经典所载作为各朝礼仪用乐与否的依据。如有关郊祀是否有乐、三朝不宜奏登歌、撤食宜有乐、皇帝皇后丧礼废乐、太后父丧废乐、皇后母丧废乐、大臣丧礼废乐等礼仪用乐问题的讨论，议礼者立论的依据基本不出儒家经典范围[④]。

试举几例以说明之。宋孝建二年（455）九月甲午，有司援引前殿中

---

① 梁满仓：《魏晋南北朝五礼制度考论》，社会科学文献出版社 2009 年版，第 14 页。
② 梁满仓：《魏晋南北朝五礼制度考论》，社会科学文献出版社 2009 年版，第 72 页。
③ （汉）班固：《汉书》卷 22《礼乐志》，中华书局 1962 年点校本，第 1027 页。
④ 除引用经典之外，还以前代的礼仪用乐实践为依据，具体见下文的相关论述。

曹郎荀万秋的观点，认为“郊庙宜设备乐”，这是针对宋代有郊庙之礼而无郊庙之乐提出的，于是宋孝武帝让朝廷内外讨论郊祀、宗庙是否用乐。在此次议礼中，明显分为两派，一派为骠骑大将军竟陵王刘诞、左仆射建平王刘宏等五十一人，并同荀万秋议，认为郊祀、宗庙均应用乐；另一派以散骑常侍、丹阳尹建城县开国侯颜竣为代表，他认为宗庙有乐而郊祀不应有乐，并引用《周礼》《周易》《孝经》诸典籍以论证自己的观点，最后得出结论说：“考之众经，郊祀有乐，未见明证。宗庙之礼，事炳载籍。”但颜竣此议受到建平王刘宏的激烈反对，他同样征引《尚书》《周礼》《周易》《左传》《礼记》等经典中的论乐文字以论证郊祀之有乐，并得出结论“万秋谓郊宜有乐，事有典据”，最终，认为郊庙均有乐的一方获得宋孝武帝的支持。

在此次论证中，双方均依据经典来阐明自己的观点，且所据经典比较一致，但在郊祀是否有乐问题上双方得出的结论是完全相反的。从颜峻所说的“郊之有乐，盖生《周易》《周官》，历代著议，莫不援准”来看，在确定郊祀是否有乐这一问题上，历代基本是依据《周易》《周礼》等经典的相关记载。又如关于皇后丧礼禁乐与用乐的问题。东晋穆帝章皇后于元兴三年（404）崩，对“哀限未终，后主已入庙”这一特殊情况是否用乐的讨论亦依据经典：

> 晋符问：“章皇后虽哀限未终，后主已入庙，当作乐否？”博士徐虔议引：“周景王有后嫡子之丧，既葬，除服，而燕乐，叔向讥之。今宜不悬。”虔又引：“《周礼》‘有忧则弛悬’。今天子蒙尘，摄主不宜作乐。但先人血祀不可废耳。鲁庄公主已入庙，闵公二年吉禘，犹曰‘未可以吉’，是不系于入庙也。谓不宜设乐。”①

在此次议礼中，徐虔依据《周礼》及《左传》的相关记载对遇“哀限未终，后主已入庙”的情况是否用乐做出了解答。

东晋成帝咸康四年（338），临轩，遣使拜太傅、太尉、司空，门下奏，非祭祀飨宴，则无设乐之制。太常蔡谟议以《诗序》《左传》为据，

① （唐）杜佑撰，王文锦、王永兴等点校：《通典》卷147《乐七》，中华书局1988年版，第3766页。

认为命大使、拜辅相、临轩遣使宜有金石之乐[①]。东晋永和二年（346）纳后，群臣讨论是否行贺礼作乐，王彪之认为“婚礼不乐不贺，礼之明文”，其所据当为《礼记·曾子问》：“嫁女之家，三夜不息烛，思相离也；取妇之家，三日不举乐，思嗣亲也。”[②] 北魏神龟二年（519）正月二日元会，“高阳王雍以灵太后临朝，太上秦公丧制未毕，欲罢百戏丝竹之乐。清河王怿以为万国庆集，天子临享，宜应备设。”太后访之于侍中崔光，光从雍所执，肯定高阳王雍的建议，“怿谓光曰：‘宜以经典为证。’光据《礼记》‘缟冠玄武，子姓之冠’，父母有重丧，子不纯吉。”[③] 以上所举诸例，议礼者均自觉将经典作为某些礼仪用乐与否的依据，尤其是最后一例，清河王元怿明确要求崔光以经典为依据证明自己的观点，可见统治者已自觉将经典作为制礼作乐的依据。

2. 依据经典恢复创制已失传的古乐

魏晋南北朝时期的礼仪用乐受内外部因素的影响，在外部，政权的更迭及战乱的破坏使“众乐沦丧”“乐章亡缺”，新政权在建立之初面临重建礼仪用乐的任务；又有些统治者秉持“五帝殊时，不相沿乐；三王异世，不相袭礼”及“功成作乐，治定制礼”的观念，不因袭前代旧乐，而是自作新乐，将此视为显示本人功业、证明政权合法的重要方式。以上两种情况，无论是恢复旧乐还是自创新乐，基本上都以经籍记载为依据。

东汉末年的战乱对礼仪用乐造成了巨大破坏，曹操平定刘表之后，获汉雅乐郎杜夔，使其创定雅乐。杜夔恢复雅乐依据的就是经籍记载，《晋书·乐志上》载：

> 汉自东京大乱，绝无金石之乐，乐章亡缺，不可复知。及魏武平荆州，获汉雅乐郎河南杜夔，能识旧法，以为军谋祭酒，使创定雅乐。……夔悉总领之。远详经籍，近采故事，考会古乐，始设轩悬钟磬。[④]

杜夔恢复雅乐所采取的“远详经籍，近采故事”的方式是这一时期恢复或

---

① （唐）房玄龄等：《晋书》卷21《礼志下》，中华书局1974年点校本，第660—661页。

② （清）阮元校刻：《十三经注疏·礼记正义》，中华书局1980年版，第1392页中栏。

③ （北齐）魏收：《魏书》卷108《礼志一》，中华书局1974年点校本，第2808—2809页。

④ （唐）房玄龄等：《晋书》卷22《乐志上》，中华书局1974年点校本，第679页。

创制雅乐时常采用的方法，兼顾了经典与前代两个方面的传统。

梁的雅乐复古也是以经典为依据。梁代建国初期，礼仪用乐尚不完善，大多因袭南齐之旧，而无本朝的礼仪用乐，梁武帝在礼乐上推行复古，旨在建立既合于古又适于今的礼仪用乐。梁代创定雅乐实际上与梁武帝深厚的儒学修养密切相关，他在天监元年（502）下诏让群臣讨论礼仪用乐，其诏书云：

> 夫声音之道，与政通矣，所以移风易俗，明贵辨贱。而《韶》《濩》之称空传，《咸》《英》之实靡托，魏晋以来，陵替滋甚。遂使雅郑混淆，钟石斯谬，天人缺九变之节，朝宴失四悬之仪。朕昧旦坐朝，思求厥旨，而旧事匪存，未获釐正，寤寐有怀，所为叹息。卿等学术通明，可陈其所见。①

很明显，在此诏书中，梁武帝要求群臣以儒学为依据讨论礼仪用乐，而群臣也以儒学进行回应，如沈约所提出的编纂乐书的建议：

> 于是散骑常侍、尚书仆射沈约奏答曰："……汉氏以来，主非钦明，乐既非人臣急事，故言者寡。陛下以至圣之德，应乐推之符，实宜作乐崇德，殷荐上帝。而乐书沦亡，寻案无所。宜选诸生，分令寻讨经史百家，凡乐事无小大，皆别纂录。乃委一旧学，撰为乐书，以起千载绝文，以定大梁之乐。使《五英》怀惭，《六茎》兴愧。"②

---

① （唐）魏征、令狐德棻：《隋书》卷13《音乐志上》，中华书局1973年点校本，第287—288页。"学术"一词应专指儒术，《南齐书·刘瓛传》："史臣曰：儒风在世，立人之正道；圣哲微言，百代之通训。洙泗既往，义乖七十；稷下横论，屈服千人。自后专门之学兴，命氏之儒起，石渠朋党之事，白虎同异之说，六经五典，各信师言，嗣守章句，期乎勿失。西京儒士，莫有独擅；东都学术，郑贾先行。康成生炎汉之季，训义优洽，一世孔门，褒成并轨，故老以为前修，后生未之敢异。而王肃依经辩理，与硕相非，爰兴《圣证》，据用《家语》，外戚之尊，多行晋代。江左儒门，参差互出，虽于时不绝，而罕复专家。晋世以玄言方道，宋氏以文章闲业，服膺典艺，斯风不纯，二代以来，为教衰矣。建元肇运，戎警未夷，天子少为诸生，端拱以思儒业，载戢干戈，遽诏庠序。永明纂袭，克隆均校，王俭为辅，长于经礼，朝廷仰其风，胄子观其则，由是家寻孔教，人诵儒书，执卷欣欣，此焉弥盛。建武继立，因循旧绪，时不好文，辅相无术，学校虽设，前轨难追。刘瓛承马、郑之后，一时学徒以为师范。虎门初辟，法驾亲临，待问无五更之礼，充庭阙蒲轮之御，身终下秩，道义空存，斯故进贤之责也。"见（梁）萧子显《南齐书》卷39《刘瓛传》，中华书局1972年点校本，第686—687页。

② （唐）魏征、令狐德棻：《隋书》卷13《音乐志上》，中华书局1973年点校本，第288页。

《隋书·经籍志一》载梁武帝撰《乐论》三卷，存。另有《乐义》十一卷，武帝集朝臣撰，亡[①]。这两部书应该是梁代制乐的重要依据，从书名再结合上引两段资料看，这两部著作是对礼仪用乐之大义的阐释，其主旨是紧密围绕儒家经典展开的。此外，北魏、北周等政权的礼仪用乐创制也能主动从儒家经典中寻找依据，此处不再详论。

3. 依据经典确立或变革用乐方式

经典除了能在宏观上给予礼仪用乐以指导，在微观的具体操作层面也能为礼仪用乐的创制与使用提供依据。这主要表现在礼仪用乐方式的确立及变革、用乐名称的确定等细节方面。

我们先看前者。用乐方式主要是指音乐和仪节在仪式中如何配合，具体来说，主要包括乐舞乐悬的使用规模、仪式各环节使用何种音乐等问题。用乐方式关系到礼仪功能的实现，所确定或变革的用乐方式必须是一种既符合当下礼仪又具有经典效应的形式。以儒家经典为依据成为历代制乐者的共同选择，礼学家对经典的阐释也常被采用。

首先，关于乐悬及乐舞的使用。在曹魏、宋及梁有“郊庙宫悬备舞议”，即讨论在郊庙仪式上应用宫悬之乐，遍奏六舞。首先提出这一问题的是王肃，他认为郊祀（圜丘、方泽）、宗庙的用乐宜用宫悬，设八佾之舞，遍舞六代之舞。又关于六代之舞的演奏方式，当时有议者认为六代之舞应分而奏之：“说者以为，周家祀天唯舞《云门》，祭地唯舞《咸池》，宗庙唯舞《大武》。”王肃认为这一做法“似失其义”，六代之舞应在仪式中依次进行表演，他之所以得出这一认识，源于其对经典的阐释。他首先据《左传》：“王子颓享五大夫，乐及遍舞。”又据《礼记·王制》：“庶羞不逾牲，燕衣不逾祭服。”认为飨宴之礼尚且奏六代之乐，天地宗庙之祭乃礼之大者，更需遍奏六代之乐。又据《周礼》：“以六律、六同、五声、八音、六舞大合乐，以致鬼神、以和邦国、以谐万民、以安宾客、以说远人。”认为在仪式中，六律、六同、五声、八音齐奏，则六舞不应分擘而用之[②]。王肃所议定的郊祀、宗庙用宫悬之乐在晋及宋、南齐成为定制。至梁代，梁武帝却依据经典的记载否定了这一用乐方式，《隋书·音乐志上》载：“至是帝曰：‘《周官》分乐飨祀，《虞书》止鸣两悬，求之于古，

---

① （唐）魏征、令狐德棻：《隋书》卷32《经籍志一》，中华书局1973年点校本，第926页。

② （梁）沈约：《宋书》卷19《乐志一》，中华书局1974年点校本，第537页。

无宫悬之议。何？事人礼缛，事神礼简也。……大合乐者，是使六律与五声克谐，八音与万舞合节耳。……推检载籍，初无郊禋宗庙遍舞六代之文。……夫祭尚于敬，无使乐繁礼黩。……'于是不备宫悬，不遍舞六代，逐所应须。即设悬，则非宫非轩，非判非特，宜以至敬所应施用耳。"① 梁武帝认为郊祀、宗庙中无大合乐，其依据同样是经典记载。这说明，制礼作乐者面对经典中的相同记载，由于理解角度及方式的差异，反映在礼乐建设上就出现了截然不同的效果。梁武帝的建议在陈代也获得了一些礼学家的支持，《陈书·姚察传》载："迁尚书祠部侍郎。此曹职司郊庙，昔魏王肃奏祀天地，设宫悬之乐，八佾之舞，尔后因循不革。梁武帝以为事人礼缛，事神礼简，古无宫悬之文。陈初承用，莫有损益。高宗欲设备乐，付有司立议，以梁武帝为非。时硕学名儒、朝端在位者，咸希上旨，并即注同。察乃博引经籍，独违群议，据梁乐为是。当时惊骇，莫不惭服，仆射徐陵因改同察议。"② 姚察亦是依靠对经典的熟悉才能使议礼者折服，进而采纳其建议，最终采用了梁代的用乐方式。

其次，礼仪中仪式与乐舞的关系问题。由于雅乐沦丧，许多仪式中乐舞的使用方式已经失传，创制礼仪用乐时礼学家只能依据经典记载，并参以己意，所以会出现历代用乐不一致或相矛盾的情况。关于仪式中乐舞的使用方式，在《三礼》之一的《仪礼》中对礼仪各环节的用乐记载较为详细，但其中大多是关于士阶层的礼仪，至多是诸侯这一阶层，而无天子之乐，而《周礼》《礼记》中有关礼仪用乐的记载又较为模糊，无法为具体仪式环节中的用乐提供一种现成的范本，因此在制定礼仪用乐时，礼学家亦是根据对礼经的阐释。如对宗庙祭祀中迎神、送神乐的认识。迎神、送神乐是为迎神、送神仪式而设的，祭祀时神灵是否需要迎送要基于特定仪式中神灵的处所来决定。在这一问题上礼学家存在着分歧。东晋及宋前期，宗庙祭祀只有送神而无迎神之礼。部分礼学家认为，宗庙神灵恒居庙中，无须迎送，更无须迎送之仪节。宋建平王刘宏依据经典以为，神灵并无固定处所："夫神升降无常，何必恒安所处？"其依据就是儒家经典及其注解："故《祭义》云：'乐以迎来，哀以送往。'郑玄注云：'迎来而乐，乐亲之来，送往而哀，哀其享否不可知也。'《尚书》曰：

① （唐）魏征、令狐德棻：《隋书》卷13《音乐志上》，中华书局1973年点校本，第290—291页。

② （唐）姚思廉：《陈书》卷27《姚察传》，中华书局1972年点校本，第349页。

‘祖考来格’……又《诗》云：‘神保遹归。’注曰：‘归于天地也。’此并言神有去来，则有送迎明矣。即周《肆夏》之名，备迎送之乐。古以尸象神，故《仪礼》祝有迎尸送尸，近代虽无尸，岂可阙迎送之礼？又傅玄有迎神送神歌辞，明江左不迎，非旧典也。”[①]《礼记》《尚书》《诗经》《仪礼》中的相关记载都被用于佐证其观点，所谓“江左不迎，非旧典也”，就是以经典及其注解否定了东晋及宋初的宗庙礼仪用乐中无迎神之乐的做法，同时肯定了宗庙祭祀仪式中应有迎神、送神的仪式环节及用乐。因为在经典记载中，神灵的处所并不是固定的，神灵也常往来于宗庙。至梁，有司又对宗庙祭祀中的迎神、送神用乐提出质疑：“清庙严閟，此唯灵宅，主安于龛，神若是依。既无出入，何事迎送？”认为宗庙应省迎送乐，而梁武帝却依《礼记》“祭之日，乐与哀半。乐以迎来，哀以送往”以及毛传“绎宾尸”等说明神灵无所不至，应该有迎送之礼及用乐。由此可知，迎神、送神用乐是由宗庙祭祀中是否存在迎神、送神仪节来决定的，而其背后反映的是对宗庙神灵是常处于庙还是往来于庙这一根本问题的认识[②]。

4. 依据经典确定乐名、舞名

魏晋南北朝各代礼仪用乐的乐名、舞名的确定有不少是依据经典记载。这在郊祀、宗庙乐名、舞名的创制上体现最为明显。其乐名、舞名创制所依据的经典主要为《周礼》，在《周礼·大宗伯》中所载的仪式乐名、舞名主要为“九夏”及“六舞”。“九夏”为《王夏》《肆夏》《昭夏》《纳夏》《章夏》《齐夏》《族夏》《祴夏》《骜夏》；“六舞”为周所传六代之乐，为《云门》《咸池》《大韶》《大夏》《大濩》《大武》。这“九夏”及“六舞”之名经常被这一时期的统治者用以命名本朝的礼仪用乐，肇始者应为宋。魏晋时期，郊祀、宗庙用乐往往冠以仪式环节之名，如《降神歌》《牺牲歌》《天郊飨神歌》《地郊飨神歌》《明堂飨神歌》等，其与仪式环节的关系一目了然，宋之后郊庙用乐的乐名、舞名部分或全部取法于《周礼》的“九夏”及“六舞”，如宋时迎神奏《昭夏》、送

---

① （梁）沈约：《宋书》卷19《乐志一》，中华书局1974年点校本，第543页。

② 对这一问题的认识出现差异的原因，很大程度上在于宗庙祭祀中的神灵所凭附的对象发生了变化，在先秦宗庙祭祀中，神灵凭附于“尸”，“尸”通过卜筮确定，由同姓或异姓之子孙充当。因此在先秦的宗庙祭祀中有尸出入的环节及用乐，而此时宗庙祭祀中已无尸，木主代替了尸，常处于宗庙龛中，无出入宗庙的仪节。

神奏《肆夏》；南齐时，迎神、送神并奏《昭夏》[①]；至梁初进一步完善，将皇帝出入祭祀场所的用乐由《永至》改为《皇夏》，而《皇夏》实由《王夏》演变而来："乃除《永至》，还用《皇夏》。盖秦汉已来称皇，故变《王夏》为《皇夏》也。"[②]

梁武帝创制的郊祀、宗庙、三朝同用的仪式用乐，与仪式环节相配的用乐共有十二曲，其乐通以"雅"为名。梁武帝对这十二曲雅乐的命名可以分为两部分，一部分是确定其通名，这一通名规定了雅乐的基本风格："及武帝定国乐，并以'雅'为称，取《诗序》云：'言天下之事，形四方之风，谓之雅。雅者，正也。'《论语》云：'仲尼自卫反鲁，然后乐正，《雅》《颂》各得其所。'故曰雅。止乎十二，则天数也。乃去阶步之乐，增撤食之雅焉。"[③] 另一部分规定了每一具体用乐的仪式意义，这同样也是借助对经典的阐释，试举几例：如其一，"众官出入，奏《俊雅》"，"取《礼记》'司徒论选士之秀者而升之学，曰俊士'也。"以《俊雅》之名命名群臣之出入环节，意在强调参加祭祀朝会者为朝廷优秀人才。其二，"皇帝出入奏《皇雅》"，"取《诗》'皇矣上帝，临下有赫'也。"取其"皇"字，表明皇帝在仪式中的至高权威。其三，"皇太子出入奏《胤雅》"，"取《诗》'君子万年，永锡尔胤'也。"取其"胤"字，表明皇太子的皇权继承人身份。其四，"王公出入奏《寅雅》"，"取《尚书·周官》'贰公弘化，寅亮天地'也。"取其"寅"字，表明王公乃皇帝之辅弼，有敬明天地之功。其五，"上寿酒奏《介雅》"，"取《诗》'君子万年，介尔景福'也。"取其"介"字，乃表明群臣向皇帝敬酒的仪式行为。其他如"食举奏《需雅》""撤馔奏《雍雅》""牲出入奏《涤雅》""荐毛血奏《牷雅》""降神及迎送奏《諴雅》""皇帝饮福酒奏《献雅》""燎埋奏《禋雅》"等，无不是从经典中寻找相应的词汇以与仪式各环节相配，也表明本朝礼仪用乐与周代礼乐传统一脉相承。

在北齐、北周、陈等政权中，仍然延续了这一传统。北齐武成帝时，

---

① 据《乐府诗集》所载：《南齐书·乐志》曰："北郊乐，迎地神奏《昭夏之乐》，升坛奏登歌，初献奏《地德凯容之乐》，次奏《昭德凯容之乐》，送神奏《昭夏之乐》，瘗埋奏《隶幽之乐》，余辞同南郊。"《隋书·音乐志上》曰："齐氏承宋，咸用元徽旧式，宗祀朝飨，奏乐俱同。惟增北郊之礼，乃元徽所阙，永明六年之所加也。唯送神之乐，宋孝建二年秋起居注云奏《肆夏》，永明中改奏《昭夏》。"可知宋乐以"夏"命名始于元徽时期。

② （唐）魏征、令狐德棻：《隋书》卷13《音乐志上》，中华书局1973年点校本，第290页。

③ （宋）郭茂倩：《乐府诗集》，中华书局1979年点校本，第30页。

始定四郊、宗庙、三朝之乐。以郊庙乐为例，夕牲、群臣入门、进熟、群臣出奏《肆夏》，牲出入、荐毛血、紫坛既燎并奏《昭夏》，皇帝入门、皇帝升丘、当昊天上帝神座前、饮福酒、还便坐、之望燎位、自望燎还本位、还便殿并奏《皇夏》。北周的祭祀用乐名也大体相似："周祀圜丘乐：降神奏《昭夏》，皇帝将入门奏《皇夏》，俎入、奠玉帛并奏《昭夏》，皇帝升坛奏《皇夏》，初献及初献配帝并作《云门之舞》，献毕奏登歌，饮福酒奏《皇夏》，撤奠奏《雍乐》，帝就望燎位、还便坐并奏《皇夏》。""周祀方泽乐：降神及奠玉帛并奏《昭夏》，初献奏登歌，舞词同圜丘，望坎位奏《皇夏》。""周祀五帝：奠玉帛及初献并奏《皇夏》，皇帝初献五帝及初献配帝并奏《云门舞》。"① 由此看来，在魏晋南北朝时期的礼仪用乐中，经典是乐名、舞名的重要来源。这种命名方式反映了统治者试图通过对经典的尊崇来接续周代礼乐传统，其背后所隐含的还是论证政权合法性这一命题。

二　魏晋南北朝五礼用乐实践对待传统的态度

（一）传统在魏晋南北朝五礼用乐中的指导与规范作用

对魏晋南北朝五礼用乐来说，经典为其创制和使用提供了理论支持及合法性依据，构成了礼仪用乐的经典传统，形成了以儒家经典为依据创制礼仪用乐的普遍原则。在制礼作乐时，除了经典这一重要的传统需要统治者遵从之外，与其较为接近的前几代政权的礼仪用乐方式又构成了另外一种传统。这两个传统在五礼用乐中都起着指导和规范的作用，此即宋殿中曹郎荀万秋所云："夫圣王经世，异代同风，虽损益或殊，降杀迭运，未尝不执古御今，同规合矩。"②

由于传统是在历史中形成的，其容纳了历史进程中的权威性和合理性，制度、观念、思想、行为等构成了传统的外在形式，但其又不等于传统本身③。传统一旦形成，就具有了强大的规范力量。具体到中国古代的礼乐文化传统来说，也是在历史的演进中形成的，周初的制礼作乐本身是周代统治者"以神道设教"，在政治、宗教等方面进行的一场全方位的变革，这场变革对西周政权的稳固发挥了极大的作用。在这场变革之中，文

① 分别见（宋）郭茂倩《乐府诗集》，中华书局 1979 年点校本，第 45、47、48 页。

② （梁）沈约：《宋书》卷 19《乐志一》，中华书局 1974 年点校本，第 542 页。

③ 余平：《论传统的本体论维度》，《哲学研究》1993 年第 1 期。

献也随之生成。随着后来宗教意识的逐渐淡薄，文献代替仪式，成为一种有权威的话语方式[①]。又由于孔子及其后学的提倡及汉代经典意识的生成，“礼乐精神”逐渐成为一种重要传统，为历代统治者所遵从，形成了绵延两千余年的礼乐传统。希尔斯认为：“传统的持续时间长短不一。行为的传统——指导行为的范型、追求的目标、人们对达到这些目的应采用何种合宜有效之手段的认识、行动所导致和维持的结构——比行动本身要来得持久。行动实施完毕立即消失，而指导行动的信仰范型以及人们对于关系和结构的认识则可以延传。”[②] 在西周，“礼乐精神”传统的重要载体直接表现为仪式、音乐、舞蹈等，这些载体基本已经消失在历史的长河中，而在制礼作乐中生成的经典文献则得以保存，在后世，经典文献成为周代“礼乐精神”传统最直接的载体。

传统不能看作一种既定的、一成不变的存在，它在延续的过程中存在，并会发生或多或少的损益。在这一过程中，将过去的成就和智慧作为崇尚的对象，并将这种成就和智慧作为当下行为模式的有效指南[③]。对于魏晋南北朝诸政权来说，实质上就处在这一过程之中，周代的“礼乐精神”以文献为载体在秦汉之后被反复强调，成为经典并逐渐作为一种论证政治权力合法性的依据，尤其是魏晋南北朝政权中传统型权力已经不复存在，在论证政治权力的合法性时只能从经典中去寻求。周代的“礼乐精神”在经过秦汉的礼乐实践及经典阐释之后，越来越具有作为政治权力合法性来源依据的特性；并且，在魏晋南北朝这一历史进程中，对经典的诠释从未停止，这些诠释虽观点各异，但是绝不会脱离“礼乐精神”的大方向，经典阐释的过程实际上就是传统不断建构的过程。

魏晋南北朝各政权对礼乐的需求更为迫切，礼乐制度在这一时期围绕皇权政治的确立而展开，具体表现在几个方面。其一，通过郊祀、宗庙等吉礼及其用乐，从根本上论证其政治权力来源的合法性，这是自汉代以来统治者们一直要面对的问题：这一时期政权的建立者及其祖先大多无神异

① 过常宝：《西周制礼作乐与经典的生成》，《中国社会科学报》2015 年 3 月 4 日第 B05 版。

② ［美］E. 希尔斯：《论传统》，傅铿、吕乐译，上海人民出版社 1991 年版，第 33 页。

③ 在《论传统》一书中，希尔斯探讨了“实质性传统”这一概念，“所谓实质性传统也即崇尚过去的成就和智慧，崇尚蕴含传统的制度，并把从过去继承下来的行为模式视为有效指南的思想倾向。”见［美］E. 希尔斯《论传统》，傅铿、吕乐译，上海人民出版社 1991 年版，译序第 3 页。

的诞生经历，也无尊崇的家世，且他们大多是通过禅代的方式获得政权。他们为何能获得政权，如何令人信服，政权又该如何维持？这迫切需要用祭祀天地及宗庙的仪式活动加以说明，在仪式中，诗、乐、舞相互配合以“美盛德之形容”，通过祭祀仪式的展演让民众接受这一既定的事实，如北齐高洋受北魏禅，即皇帝位于南郊，升坛柴燎告天曰：

> 皇帝臣洋敢用玄牡，昭告于皇皇后帝：否泰相沿，废兴迭用，至道无亲，应运斯辅。上览唐、虞，下稽魏、晋，莫不先天揖让，考历归终。魏氏多难，年将三十，孝昌已后，内外去之。世道横流，苍生涂炭。赖我献武，拯其将溺，三建元首，再立宗祧，扫绝群凶，芟夷奸宄，德被黔黎，勋光宇宙。文襄嗣武，克构鸿基，功浃寰宇，威稜海外，穷发怀音，西寇纳款，青丘保候，丹穴来庭，扶翼危机，重匡颓运，是则有大造于魏室也。①

整篇告天祭辞基本是在论证北齐受北魏禅的合理性：从上古尧舜的禅代至魏晋的禅代，受禅者无不是上应天运。何为应运，对于受禅方来说必须有功德，而对于禅让者来说则历数已尽，而北齐是符合受禅条件的。这样一种简单的政权合法性的论证必须要借助仪式，只有在郊祀这种沟通天人的仪式中论证才更有效力。对皇权的稳固来说，也必须适应秦汉以来政体的转变，在郡县制之下，皇帝的权威如何确认？这也必须从经典中寻求答案，元会用乐、军礼鼓吹乐及葬礼鼓吹乐的赏赐等都是围绕着“礼乐精神”展开而又有所变化。

除了“礼乐精神”这一核心的传统之外，前代礼仪用乐的传统也对特定政权的礼乐建设起到指导和规范作用。前代礼仪用乐的传统，也是在“礼乐精神”这一核心传统的制约下建构的，由于时空接近，其音乐、舞蹈、仪节等基本能较为完整地保存，可以为当下制礼作乐提供直接的依据，所以这一传统对礼仪用乐的影响更为直接。魏晋南北朝历代礼仪用乐的创制，尤其是在政权初建之时，更依赖于对前代的继承，各正史礼志、乐志对此记载颇为详细。

曹魏雅乐的创制离不开杜夔的“近采故事”；西晋初年，郊祀、明堂、

---

① （唐）李百药：《北齐书》卷4《文宣纪》，中华书局1972年点校本，第49—50页。

元会等礼仪用乐无不借鉴前代："及武帝受命之初，百度草创。泰始二年，诏郊祀明堂礼乐权用魏仪，遵周室肇称殷礼之义，但改乐章而已，使傅玄为之词云。"[①] "晋氏受命，武帝更定元会仪，《咸宁注》是也。傅玄《元会赋》曰：'考夏后之遗训，综殷周之典艺，采秦汉之旧仪，定元正之嘉会。'此则兼采众代可知矣。"[②] 宋之礼仪用乐至孝建（454—456）之时仍是"朝仪国章，并循先代"；《南齐书》云："宋文帝使颜延之造《郊天夕牲》《迎送神》《飨神》歌诗三篇，是则宋初又仍晋也。"[③] 南齐之祭祀用乐在某些方面因袭了宋，梁何佟之奏言："齐氏仍宋仪注，迎神奏《昭夏》，皇帝出入奏《永至》，牲出入更奏引牲之乐。"[④] 陈周弘让奏曰："齐氏承宋，咸用元徽旧式，宗祀朝飨，奏乐俱同。"[⑤] 而梁朝初建，礼仪用乐亦是循南齐之制，"梁氏之初，乐缘齐旧"，在梁武帝的极力推动下才开始雅乐复古，实现了"三王异世，不相沿乐"的用乐理想。梁武帝创制的雅乐系统又成为新的传统被后世效法，陈太建元年（569），"定三庙之乐，采梁故事"，最终所制礼仪用乐是"祠用宋曲，宴准梁乐"，融合了前代两种不同的用乐方式。梁代用十二曲以和天数的制乐理念也被后世继承。北朝礼仪用乐创制的历程则更为曲折，在依据礼经的同时，也广泛借鉴了南朝的用乐传统。

又如鼓吹曲的创制。曹魏受命，改《汉鼓吹铙歌十八曲》中的十二曲，"使缪袭为词，述以功德代汉"。曹魏开创的以鼓吹曲"述功德受命"的传统在后世不断被继承，如东吴"是时吴亦使韦昭制十二曲名，以述功德受命"；西晋"武帝令傅玄制鼓吹曲二十二篇以代魏曲"；宋"鼓吹铙歌十五篇，何承天晋义熙末私造"；梁"梁高祖制鼓吹新歌十二曲"。这一传统影响及于唐代，"唐鼓吹铙歌十二曲，柳宗元作以纪高祖、太宗功德及征伐勤劳之事"。这种传统的延续一方面表现在形式上，歌辞以"十二"为数，另一方面表现在内容上，各代在取得政权后均新创歌辞，而歌辞均是歌颂本朝统治者的功德，以证明其政权获得的合理性。

---

① （唐）房玄龄等：《晋书》卷22《乐志上》，中华书局1974年点校本，第679页。

② （唐）房玄龄等：《晋书》卷22《礼志下》，中华书局1974年点校本，第649页。

③ （梁）萧子显：《南齐书》卷11《乐志》，中华书局1972年点校本，第167页。

④ （唐）魏征、令狐德棻：《隋书》卷13《音乐志上》，中华书局1973年点校本，第289—290页。

⑤ （唐）魏征、令狐德棻：《隋书》卷13《音乐志上》，中华书局1973年点校本，第306页。

（二）"损益"是魏晋南北朝礼仪用乐实践的重要方式

礼仪用乐具有很强的实践性，它必须立足于现实政治的发展并符合礼制建设的需要，这是统治者创制礼仪用乐时必须遵循的重要原则。也就是说，"师古""师经"是从历史中寻找依据[①]，在面对历史中的依据时也需要不断对其含义进行新的阐释和建构，只有当这种阐释和建构符合现实礼制建设的需要时，才有可能在制礼作乐时被采用并付诸实践。对前代传统来说，统治者也不可能原封不动地继承，尤其是在儒家"功成作乐""治定制礼"以及"三王异世，不相沿乐""五帝殊时，不相袭礼"的观念已经根深蒂固之后，面对这两个传统，创制礼仪用乐所采取的方式绝不是一成不变地照搬，而是要恰当处理好"师古"与"适用"的关系，要"以今为体，以古为用"，对既存的两个传统进行"损益"，此即宋散骑常侍颜峻所谓："德业殊称，则干羽异容，时无沿制，故物有损益。"[②]

"损益"前代礼仪用乐实际上也是一种传统，这在夏、商、周的礼乐实践中就已存在，《论语·为政》载："子张问：'十世可知也?'子曰：'殷因于夏礼，所损益，可知也；周因于殷礼，所损益，可知也；其或继周者，虽百世可知也。'"[③]《日知录》"子张问十世"条对"损益"的内涵有较为精到的分析："《记》曰：'……立权度量，考文章，改正朔，易服色，殊徽号，异器械，别衣服，此其所得与民变革者也。其不可得变革者则有矣，亲亲也，尊尊也，长长也，男女有别，此其不可得与民变革者也。'自春秋之并为七国，七国之并为秦，而大变先王之礼。然其所以辨上下，别亲疏，决嫌疑，定是非，则固未尝有异乎三王也。"[④]"损益"意在与前代相区别，以适应变化了的外部条件，关于这一点，希尔斯在《论传统》中有精彩的论述：

> 即使人们要达到前人已达到的目标，他们也需要去作新观察和新决定，因为他们所处的环境在不断地变化。因此，人们即使要坚

---

① 章学城认为"六经皆史"，见（清）章学诚著，叶瑛校注《文史通义校注》，中华书局1985年版，第1页。

② （梁）沈约：《宋书》卷19《乐志一》，中华书局1974年点校本，第543页。

③ （清）阮元校刻：《十三经注疏·论语注疏》，中华书局1980年版，第2463页中栏。

④ （清）顾炎武著，黄汝成集释，栾保群、吕宗力校点：《日知录集释》，上海古籍出版社2006年版，第393页。

> 持遵循已被确立的范型，也需要设计新范型，因为环境要经历各种不同的变迁；虽然，由传统传递下来的范型在那些环境中曾经是完满的。[①]

可见，对传统的“损益”是统治者为了使礼仪用乐更好地为现实政治服务而进行的调整，“损益”经典记载及前代用乐并不会使“礼乐精神”发生改变，反而会加强其实践性。

对魏晋南北朝时期的礼仪用乐来说，要做到既遵循传统，又“损益”传统，既“师古”又“适用”。从总体上来看，不仅礼仪用乐要有所损益，整个国家政治的各个部分都要进行“损益”，以适应形势的变化，与用乐不可分割的礼仪的变革就明显遵从了这一原则，此即沈约所谓的“随时之宜”。沈约《宋书·礼志一》有云：“夫有国有家者，礼仪之用尚矣。然而历代损益，每有不同，非务相改，随时之宜故也。汉文以人情季薄，国丧革三年之纪；光武以中兴崇俭，七庙有共堂之制；魏祖以侈惑宜矫，终敛去袭称之数；晋武以丘郊不异，二至并南北之祀。互相即袭，以讫于今。岂三代之典不存哉，取其应时之变而已。”[②] 在此段引文中，面对汉文帝、汉光武帝、魏武帝、晋武帝等在礼制上的变革——这些变革明显与经典这一重要传统不合，沈约以设问的方式解释了其中的矛盾之处，此非经典不存之故，而是“随时之宜”与“应时之变”。

对于这一时期的礼仪用乐来说，对两个“传统”的“损益”也是非常明显的。就“益”的方面来看，一是补经典记载之不足，由于经典记载的模糊性及片段化，关于某一礼仪的具体用乐方式从经典记载中已无法获知，只能通过对经典的阐释进行补充，对此我们上文已有所涉及。而就“损”来看，主要是针对前代礼仪用乐而言，前代礼仪用乐是本朝礼乐建设的重要资源，但在借鉴前代用乐时，有意识地进行区分，以凸显本朝的特异之处，对统治者来说也是非常必要的，这种“损”是一种建设性的“损”，在“损”之后是替换甚至重建，“损”并不会阻碍礼乐建设的进程，反而会进一步加强和巩固，形成新的礼乐传统，从根本上来说，“损”与“益”是一体的。

---

① ［美］E. 希尔斯：《论传统》，傅铿、吕乐译，上海人民出版社 1991 年版，第 38 页。

② （梁）沈约：《宋书》卷 14《礼志一》，中华书局 1974 年点校本，第 327 页。

如在西晋时，以尊崇皇权为目的，融合了宾礼、嘉礼元素的元会更加完善，形成了晨贺与昼会两个仪式过程，这两个过程中的用乐，一改先秦宾礼、嘉礼中的阶段性用乐，其用乐均与仪式相伴而行。礼经所载的宾礼、嘉礼用乐，是独立于其他仪节的，而西晋之后的元会用乐则与仪节相伴而行，音乐的从属性质更为明显，这是其一。在曲调、歌辞方面，制乐者也进行了变革。《鹿鸣》为先秦古乐，至西晋初尚作为食举乐用于元会，后荀勖提出异议，史载："荀勖云：'魏氏行礼、食举，再取周诗《鹿鸣》以为乐章。又《鹿鸣》以宴嘉宾，无取于朝，考之旧闻，未知所应。'勖乃除《鹿鸣》旧歌，更作行礼诗四篇，先陈三朝朝宗之义。"[①] 荀勖提出的异议是有道理的，《鹿鸣》为《诗经·小雅》首篇，其主旨历代解释虽有差异，但对其基本功用是飨宴嘉宾则无太大的异议。就其歌辞内容来看，宾主之间礼敬有加，仪式中充满欢洽、和乐的氛围，这与西晋元会仪注所确立的"尊君抑臣"的礼仪精神是相违背的，荀勖敏锐地认识到了此点，除《鹿鸣》旧歌不用，而改创行礼诗四篇以与整个仪式的礼乐精神相契合，将君、臣双方的"尊"与"敬"的关系改造为臣对君的单方面的"尊"，确立了仪式中皇帝的至尊地位。

又如郊祀、宗庙仪式，从宋开始，仪式中的用乐是围绕皇帝展开的："祠南郊迎神，奏《肆夏》。皇帝初登坛，奏登歌；初献，奏《凯容》《宣烈》之舞。送神，奏《肆夏》。祠庙迎神，奏《肆夏》。皇帝入庙门，奏《永至》。皇帝诣东壁，奏登歌；初献，奏《凯容》《宣烈》之舞。终献，奏《永安》。送神，奏《肆夏》。"[②] 这里省略了行为的主体，无论是初献、迎神还是送神均由皇帝执行，这明显超越了西晋时期的郊庙用乐方式。又如这一时期的挽郎制度，挽郎作为专职挽歌者仅用于帝、后大丧中，也意在表明皇权的独尊。

对礼仪用乐进行"损益"是由这一时期特殊的社会状况决定的。魏晋南北朝号称乱世，政权更替频繁，论证权力的合法性及维护政权的稳定是统治者的当务之急，他们在制礼作乐时除了要从传统寻找依据之外，当下统治的状况，如政治、军事形势等也是必须要考虑的因素。具体来看，这一时期各政权面临的最迫切的问题就在于加强皇权统治，从秦建立皇权专

① （唐）房玄龄等：《晋书》卷22《乐志上》，中华书局1974年点校本，第685页。

② （梁）沈约：《宋书》卷19《乐志一》，中华书局1974年点校本，第545页。

制政权，施行“尊君抑臣”以来，加强皇权的力量一直是统治者不懈努力的目标。从对郊祀、宗庙礼乐的重视和反复论证，到元会用乐规范的确立，再到军礼鼓吹乐的赏赐及丧礼鼓吹乐、挽歌的使用，五礼仪式及其用乐全面围绕着确立、强化皇权的目的而展开。

参考文献

一　典籍

（汉）班固：《汉书》，中华书局 1962 年版。

（汉）班固撰，（清）王先谦补注：《汉书补注》，中华书局 1983 年版。

［日］遍照金刚：《文镜秘府论》，周维德校点，人民文学出版社 1975 年版。

曹胜高、安娜译注：《六韬》，中华书局 2007 年版。

（魏）曹植著，赵幼文校注：《曹植集校注》，中华书局 2016 年版。

（清）陈本礼笺订，张耕点校：《汉诗统笺》，中华书局 2020 年版。

（清）陈立撰，吴则虞点校：《白虎通疏证》，中华书局 1994 年版。

（晋）陈寿撰，（宋）裴松之注：《三国志》，中华书局 1959 年版。

（宋）陈旸：《乐书》，《文渊阁四库全书》本。

（清）褚寅亮：《仪礼管见》，《丛书集成初编》据粤雅堂丛书本排印本。

（晋）崔豹：《古今注》，《文渊阁四库全书》本。

（清）丁福保辑：《历代诗话续编》，中华书局 1983 年版。

（汉）董仲舒撰，苏舆义证，钟哲点校：《春秋繁露义证》，中华书局 1992 年版。

（唐）杜佑撰，王文锦、王永兴等点校：《通典》，中华书局 1988 年版。

范文澜：《文心雕龙注》，人民文学出版社 1958 年版。

（宋）范晔撰，（唐）李贤等注：《后汉书》，中华书局 1965 年版。

（清）方玉润：《诗经原始》，中华书局 1986 年版。

（唐）房玄龄等：《晋书》，中华书局 1974 年版。

（晋）干宝撰，李剑国辑校：《新辑搜神记》，中华书局 2007 年版。

（清）顾炎武撰，黄汝成集释，栾宝群、吕宗力校点：《日知录集释》，上海古籍出版社 2006 年版。

（梁）顾野王：《玉篇》，中国书店 1983 年据张氏泽存堂本影印。

（宋）郭茂倩：《乐府诗集》，中华书局 1979 年版。
（清）郭庆藩撰，王孝鱼点校：《庄子集释》，中华书局 1961 年版。
（晋）皇甫谧：《帝王世纪》，齐鲁书社 2000 年版。
黄怀信等：《逸周书汇校集注》（修订本），上海古籍出版社 2007 年版。
（宋）黄士毅编，徐时仪、杨艳汇校：《朱子语类汇校》，上海古籍出版社 2016 年版。
（清）黄以周撰，王文锦点校：《礼书通故》，中华书局 2007 年版。
（北魏）郦道元著，陈桥驿校证：《水经注校证》，中华书局 2007 年版。
黎翔凤撰，梁运华整理：《管子校注》，中华书局 2004 年版。
（唐）李百药：《北齐书》，中华书局 1972 年版。
（宋）李昉：《太平御览》，中华书局 1960 年版。
李解民译注：《尉缭子译注》，河北人民出版社 1992 年版。
（唐）李林甫等撰，陈仲夫点校：《唐六典》，中华书局 1992 年版。
（唐）李延寿：《北史》，中华书局 1974 年版。
（唐）李延寿：《南史》，中华书局 1975 年版。
李远喜：《百战奇略译注、评点》，国防科技大学出版社 1996 年版。
（唐）令狐德棻等：《周书》，中华书局 1971 年版。
（汉）刘安撰，何宁集释：《淮南子集释》，中华书局 1998 年版。
（汉）刘熙：《释名》，《丛书集成初编》影印小学汇函本。
（后晋）刘昫等：《旧唐书》，中华书局 1975 年版。
娄熙元、吴树平译注：《吴子译注》，河北人民出版社 1992 年版。
（清）卢弼：《三国志集解》，中华书局 1982 年版。
逯钦立：《先秦汉魏晋南北朝诗》，中华书局 1983 年版。
（元）马端临：《文献通考》，中华书局 1986 年版。
（唐）欧阳询撰，汪绍楹校：《艺文类聚》，上海古籍出版社 1982 年版。
（清）皮锡瑞撰，吴仰湘点校：《经学通论》，中华书局 2018 年版。
（清）皮锡瑞撰，周予同注释：《经学历史》，中华书局 1959 年版。
（清）钱大昕：《廿二史考异》，上海古籍出版社 2004 年版。
（清）秦蕙田：《五礼通考》，《文渊阁四库全书》本。
（清）阮元撰，邓经元点校：《揅经室集》，中华书局 1993 年版。
（清）阮元校刻：《十三经注疏》，中华书局 1980 年版。
（清）沈德潜：《古诗源》，中华书局 1963 年版。

（梁）沈约：《宋书》，中华书局 1974 年版。
（晋）司马彪撰，（梁）刘昭注补：《后汉书志》，中华书局 1965 年点校本。
（宋）司马光编著，（元）胡三省音注：《资治通鉴》，中华书局 1956 年版。
（汉）司马迁：《史记》，中华书局 1959 年版。
（周）司马穰苴：《司马法》，《文渊阁四库全书》本。
（春秋）孙武撰，（三国）曹操等注，杨丙安校理：《十一家注孙子校理》，中华书局 1999 年版。
（清）孙星衍等辑，周天游点校：《汉官六种》，中华书局 1990 年版。
（清）孙希旦撰，沈啸寰、王星贤点校：《礼记集解》，中华书局 1989 年版。
（清）孙诒让撰，王文锦、陈玉霞点校：《周礼正义》，中华书局 1987 年版。
（清）孙诒让撰，孙启治点校：《墨子间诂》，中华书局 2001 年版。
王利器：《颜氏家训集解》（增补本），中华书局 1993 年版。
（清）王鸣盛撰，陈文和等校点：《十七史商榷》，凤凰出版社 2008 年版。
（清）王聘珍撰，王文锦点校：《大戴礼记解诂》，中华书局 1983 年版。
（清）王先谦：《合校水经注》，中华书局 2009 年版。
王震撰：《司马法集释》，中华书局 2018 年版。
（宋）王应麟撰，（清）翁元圻等注，栾保群、田松青、吕宗力校点：《困学纪闻》，上海古籍出版社 2008 年版。
（宋）王应麟：《玉海》，广陵书社 2003 年版。
（清）王照圆：《列女传补注》，华东师范大学出版社 2012 年版。
（周）尉缭：《尉缭子》，《文渊阁四库全书》本。
（北齐）魏收：《魏书》，中华书局 1974 年版。
（唐）魏征、令狐德棻：《隋书》，中华书局 1973 年版。
（周）吴起：《吴子》，《文渊阁四库全书》本。
吴树平：《东观汉记校注》，中州古籍出版社 1987 年版。
（梁）萧统编，（唐）李善注：《文选》，中华书局 1977 年版。
（梁）萧子显：《南齐书》，中华书局 1972 年版。
（明）徐师曾撰，罗根泽点校：《文体明辨序说》，人民文学出版社 1962 年版。
徐元诰撰，王树民、沈长云点校：《国语集解》，中华书局 2001 年版。
（汉）许慎撰，（清）段玉裁注：《说文解字注》，上海古籍出版社 1981 年版。
（唐）许嵩撰，张忱石点校：《建康实录》，中华书局 1986 年版。

许维遹撰，梁运华整理：《吕氏春秋集释》，中华书局2009年版。
（清）严可均：《全上古三代秦汉三国六朝文》，中华书局1958年版。
（明）杨慎：《丹铅总录》，《文渊阁四库全书》本。
（宋）刘义庆撰，（梁）刘孝标注，杨勇校笺：《世说新语校笺》，中华书局2006年版。
（唐）姚思廉：《陈书》，中华书局1972年版。
（唐）姚思廉：《梁书》，中华书局1973年版。
（宋）刘义庆撰，（梁）刘孝标注，余嘉锡笺疏：《世说新语笺疏》，中华书局2006年版。
（三国）诸葛亮著，张连科、管淑珍校注：《诸葛亮集校注》，天津古籍出版社2008年版。
张振泽：《孙膑兵法校理》，中华书局1984年版。
（清）章学诚撰，叶瑛校注：《文史通义校注》，中华书局1985年版。
（清）赵翼撰，王树民校证：《廿二史札记校证》，中华书局1984年版。
（宋）郑樵撰，王树民点校：《通志二十略》，中华书局1995年版。
（梁）钟嵘撰，曹旭集注：《诗品集注》，上海古籍出版社1994年版。
（清）朱铭盘：《南朝齐会要》，上海古籍出版社1984年版。
（宋）朱熹：《四书章句集注》，中华书局1983年版。
（宋）朱熹撰，黄灵庚点校：《楚辞集注》，上海古籍出版社2015年版。
（宋）朱熹撰，赵长征点校：《诗集传》，中华书局2017年版。

二　专著、译著

曹道衡、刘跃进：《先秦两汉文学史料学》，中华书局2005年版。
曹道衡：《南朝文学与北朝文学研究》，江苏古籍出版社1999年版。
曹锦炎、沈建华编著：《甲骨文校释总集》，上海辞书出版社2006年版。
陈洪、张洪明主编：《文学和语言的界面研究》，南开大学出版社2008年版。
陈来：《古代宗教与伦理：儒家思想的根源》，生活·读书·新知三联书店1996年版。
陈梦家：《陈梦家学术论文集》，中华书局2016年版。
陈梦家：《殷墟卜辞综述》，中华书局1988年版。
陈其泰、郭伟川、周少川编：《二十世纪中国礼学研究论集》，学苑出版社1998年版。

陈荣富：《宗教礼仪与文化》，新华出版社 1992 年版。
陈戍国：《秦汉礼制研究》，湖南教育出版社 1993 年版。
陈戍国：《魏晋南北朝礼制研究》，湖南教育出版社 1995 年版。
陈寅恪：《隋唐制度渊源略论稿》，生活·读书·新知三联书店 2001 年版。
陈元锋：《乐官文化与文学》，山东教育出版社 1999 年版。
邓云特：《中国救荒史》，生活·读书·新知三联书店 1958 年版。
方建军：《中国古代乐器概论（远古—汉代）》，陕西人民出版社 1996 年版。
方祖桑：《汉诗研究》，正中书局 1969 年版。
傅道彬：《诗可以观：礼乐文化与周代诗学精神》，中华书局 2010 年版。
傅亚庶：《中国上古祭祀文化》，东北师范大学出版社 1999 年版。
甘怀真：《皇权、礼仪与经典诠释》，华东师范大学出版社 2008 年版。
高二旺：《魏晋南北朝丧礼与社会》，上海古籍出版社 2017 年版。
高亨：《文史述林》，清华大学出版社 2004 年版。
郜积意：《经典的批判——西汉文学思想研究》，东方出版社 2000 年版。
顾颉刚：《汉代学术史略》，东方出版社 2005 年版。
顾颉刚：《秦汉的方士与儒生》，上海古籍出版社 1998 年版。
顾希佳：《礼仪与中国文化》，人民出版社 2001 年版。
郭沫若：《郭沫若全集》（考古编），科学出版社 1982 年版。
郭沫若：《郭沫若全集》（历史编），人民出版社 1982 年版。
郭善兵：《中国古代帝王宗庙礼制研究》，人民出版社 2007 年版。
郭绍虞等编：《中国历代文论选》，上海古籍出版社 2001 年版。
过常宝：《楚辞与原始宗教》，东方出版社 1997 年版。
过常宝：《制礼作乐与西周文献的生成》，中国社会科学出版社 2015 年版。
韩高年：《礼俗仪式与先秦诗歌演变》，中华书局 2006 年版。
韩宁：《鼓吹横吹曲辞研究》，北京大学出版社 2009 年版。
侯外庐等：《中国思想通史》（第二卷），人民出版社 1957 年版。
胡志毅：《神话与仪式：戏剧的原型阐释》，学林出版社 2001 年版。
黄留珠：《周秦汉唐文明》，陕西人民出版社 1999 年版。
吉联抗：《春秋战国音乐史料》，上海文艺出版社 1980 年版。
吉联抗：《两汉论乐文字辑译》，人民音乐出版社 1980 年版。
吉联抗：《魏晋南北朝音乐史料》，上海文艺出版社 1982 年版。
季旭昇：《〈诗经〉吉礼研究》，花木兰文化出版社 2010 年版。

翦伯赞：《秦汉史》，北京大学出版社 1983 年版。
姜波：《汉唐都城礼制建筑研究》，文物出版社 2003 年版。
金春峰：《汉代思想史》，中国社会科学出版社 1987 年版。
军事科学院主编：《中国军事通史》，军事科学出版社 1998 年版。
李纯一：《先秦音乐史》，人民音乐出版社 1994 年版。
李零：《中国方术续考》，中华书局 2006 年版。
李士彪：《魏晋南北朝文体学》，上海古籍出版社 2004 年版。
李书吉：《北朝礼治法系研究》，人民出版社 2002 年版。
李向平：《祖宗的神灵——缺乏神性的中国人文世界》，广西人民出版社 1989 年版。
李友谋：《裴李岗文化》，文物出版社 2003 年版。
李无未：《周代朝聘制度研究》，吉林人民出版社 2005 年版。
李泽厚：《由巫到礼　释礼归仁》，生活·读书·新知三联书店 2015 年版。
梁海燕：《舞曲歌辞研究》，北京大学出版社 2009 年版。
梁满仓：《魏晋南北朝五礼制度考论》，社会科学文献出版社 2009 年版。
梁启超：《中国之美文及其历史》，东方出版社 1996 年版。
林惠祥：《文化人类学》，商务印书馆 2017 年版。
刘怀荣、宋亚莉：《魏晋南北朝乐府制度与歌诗研究》，商务印书馆 2010 年版。
刘俊文主编：《日本中青年学者论中国史》（六朝隋唐卷），上海古籍出版社 1995 年版。
刘师培：《刘申叔遗书》，江苏古籍出版社 1997 年版。
刘源：《商周祭祖礼研究》，商务印书馆 2004 年版。
刘再生：《中国古代音乐史简述》，人民音乐出版社 1989 年版。
柳诒徵撰，蔡尚思导读：《中国文化史》，上海古籍出版社 2001 年版。
陆侃如：《乐府古辞考》，商务印书馆 1926 年版。
罗根泽：《乐府文学史》，东方出版社 1996 年版。
吕思勉：《两晋南北朝史》，上海古籍出版社 2005 年版。
吕思勉：《秦汉史》，上海古籍出版社 1983 年版。
马宗霍：《中国经学史》，商务印书馆 1998 年版。
彭林：《〈周礼〉主体思想与成书年代研究》，中国人民大学出版社 2009 年版。

彭兆荣:《人类学仪式的理论与实践》，民族出版社 2007 年版。
钱穆:《两汉经学今古文平议》，商务印书馆 2001 年版。
钱玄、钱兴奇编著:《三礼辞典》，凤凰出版社 2014 年版。
钱玄:《三礼通论》，南京师范大学出版社 1998 年版。
钱志熙:《汉魏乐府的音乐与诗》，大象出版社 2000 年版。
钱志熙:《魏晋南北朝诗歌史述》，北京大学出版社 2005 年版。
钱锺书:《管锥编》，生活·读书·新知三联书店 2008 年版。
秦序主编:《六朝音乐文化研究》，文化艺术出版社 2009 年版。
丘琼荪:《历代乐志律志校释》，人民音乐出版社 1999 年版。
任半塘:《唐声诗》，上海古籍出版社 1982 年版。
任慧峰:《先秦军礼研究》，商务印书馆 2015 年版。
任爽:《唐代礼制研究》，东北师范大学出版社 1999 年版。
沈文倬:《宗周礼乐文明考论》，浙江大学出版社 1999 年版。
苏晋仁、萧鍊子:《宋书乐志校注》，齐鲁书社 1982 年版。
孙尚勇:《乐府文学文献研究》，人民文学出版社 2007 年版。
孙作云:《孙作云文集》，河南大学出版社 2002 年版。
孙作云:《诗经与周代社会研究》，中华书局 1966 年版。
汤志钧、华友根等:《西汉经学与政治》，上海古籍出版社 1994 年版。
唐长孺:《魏晋南北朝史论丛》，生活·读书·新知三联书店 1955 年版。
王福利:《郊庙燕射歌辞研究》，北京大学出版社 2009 年版。
王光祈:《中国音乐史》，广西师范大学出版社 2005 年版。
王力:《汉语诗律学》，上海教育出版社 2005 年版。
王力:《诗经韵读》，上海古籍出版社 1980 年版。
王青:《汉朝的本土宗教与神话》，洪叶文化事业有限公司 1998 年版。
王青:《先唐神话、宗教与文学论考》，中华书局 2007 年版。
王汝弼:《乐府散论》，陕西人民出版社 1984 年版。
王霄冰主编:《仪式与信仰：当代文化人类学新视野》，民族出版社 2008 年版。
王秀臣:《三礼用诗考》，中国社会科学出版社 2007 年版。
王易:《乐府通论》，中国文化服务社 1948 年版。
王运熙:《乐府诗述论》（增补本），上海古籍出版社 2006 年版。
王仲荦:《魏晋南北朝史》，上海人民出版社 2003 年版。

王子初：《中国音乐考古学》，福建教育出版社 2003 年版。
闻一多：《闻一多全集》，湖北人民出版社 1993 年版。
翁礼明：《礼乐文化与诗学话语》，巴蜀书社 2007 年版。
吴大顺：《魏晋南北朝乐府歌辞研究》，上海古籍出版社 2009 年版。
吴泽霖总纂：《人类学词典》，上海辞书出版社 1991 年版。
项阳：《以乐观礼》，北京时代华文书局 2015 年版。
萧涤非著，萧海川辑补：《汉魏六朝乐府文学史》（增补本），人民文学出版社 2011 年版。
萧亢达：《汉代乐舞百戏艺术研究》，文物出版社 2010 年版。
谢谦：《中国古代宗教与礼乐文化》，四川人民出版社 1996 年版。
谢维扬等主编：《王国维全集》，浙江教育出版社 2009 年版。
修海林：《古乐的沉浮》，山东文艺出版社 1989 年版。
徐复观：《两汉思想史》，华东师范大学出版社 2001 年版。
徐兴无：《谶纬文献与汉代文化建构》，中华书局 2003 年版。
徐迎花：《汉魏至南北朝时期郊祀制度研究》，黑龙江人民出版社 2009 年版。
许兆昌：《先秦乐文化考论》，黑龙江人民出版社 2010 年版。
薛克翘：《佛教与中国文化》，昆仑出版社 2006 年版。
严昌洪、蒲亨强：《中国鼓文化研究》，广西教育出版社 1997 年版。
杨泓：《中国古兵器论丛》（增订本），文物出版社 1985 年版。
杨华：《先秦礼乐文化》，湖北教育出版社 1997 年版。
杨宽：《西周史》，上海人民出版社 2003 年版。
杨宽：《中国古代都城制度史研究》，上海古籍出版社 1993 年版。
杨宽：《中国古代陵寝制度史研究》，上海人民出版社 2016 年版。
杨生枝：《乐府诗史》，青海人民出版社 1985 年版。
杨天宇：《经学探研录》，上海古籍出版社 2004 年版。
杨向奎：《中国古代社会与古代思想研究》，上海人民出版社 1962 年版。
杨荫浏：《中国古代音乐史稿》，人民音乐出版社 1981 年版。
杨志刚：《中国礼仪制度研究》，华东师范大学出版社 2000 年版。
姚大业：《汉乐府小论》，百花文艺出版社 1984 年版。
姚小鸥：《诗经三颂与先秦礼乐文化》，北京广播学院出版社 2000 年版。
叶舒宪：《中国神话哲学》，中国社会科学出版社 1992 年版。
余冠英：《汉魏六朝诗论丛》，商务印书馆 2010 年版。

余英时：《论天人之际：中国古代思想起源试探》，中华书局 2014 年版。
俞建章、叶舒宪：《符号：语言与艺术》，上海人民出版社 1988 年版。
袁珂：《山海经校注》，巴蜀书社 1992 年版。
张光直：《中国考古学论文集》，生活·读书·新知三联书店 2013 年版。
张光直：《中国青铜时代》，生活·读书·新知三联书店 2013 年版。
张光直：《中国青铜时代》（二集），生活·读书·新知三联书店 2013 年版。
张鹤泉：《周代祭祀研究》，文津出版社 1993 年版。
张立文主编：《中国学术通史》，人民出版社 2004 年版。
张树国：《乐舞与仪式——中国上古祭歌形态研究》，天津古籍出版社 2003 年版。
张舜徽：《汉书艺文志通释》，湖北教育出版社 1990 年版。
张松如：《中国诗歌史论》，吉林大学出版社 1985 年版。
张永鑫：《汉乐府研究》，江苏古籍出版社 1992 年版。
赵敏俐：《汉代乐府制度与歌诗研究》，商务印书馆 2009 年版。
赵敏俐：《周汉诗歌综论》，学苑出版社 2002 年版。
赵容俊：《殷商甲骨卜辞所见之巫术》，文津出版社 2003 年版。
赵毅衡编选：《符号学文学论文集》，百花文艺出版社 2004 年版。
郑定国：《周礼夏官的军礼思想》，文史哲出版社 1995 年版。
郑志明：《中国殡葬礼仪学新论》，东方出版社 2010 年版。
中国军事史编写组：《中国历代战争年表》，解放军出版社 2003 年版。
中国科学院考古研究所、陕西省西安半坡博物馆编：《西安半坡》，文物出版社 1963 年版。
周勋初：《周勋初文集》，江苏古籍出版社 2000 年版。
朱光潜：《诗论》，中华书局 2012 年版。
朱广祁：《〈诗经〉双音词论稿》，河南人民出版社 1985 年版。
朱谦之：《中国音乐文学史》，北京大学出版社 1989 年版。
朱志荣：《商代审美意识研究》，人民出版社 2002 年版。
［英］A. R. 拉德克利夫·布朗：《原始社会的结构与功能》，潘蛟、王贤海等译，中央民族大学出版社 1999 年版。
［法］阿诺尔德·范热内普：《过渡礼仪：门与门坎、待客、收养、怀孕与分娩、诞生、童年、青春期、成人、圣职受任、加冕、订婚与结婚、丧葬、岁时等礼仪之系统研究》，张举文译，商务印书馆 2010 年版。

［英］爱德华·泰勒：《原始文化：神话、哲学、宗教、语言、艺术和习俗发展之研究》，连树声译，上海文艺出版社 1992 年版。

［法］爱弥儿·涂尔干：《宗教生活的基本形式》，渠东、汲喆译，商务印书馆 2011 年版。

［美］艾伦·帕·梅里亚姆：《音乐人类学》，穆谦译，人民音乐出版社 2010 年版。

［法］昂利·于贝尔、马塞尔·莫斯：《献祭的性质与功能》，梁永佳、赵丙祥译，广西师范大学出版社 2007 年版。

［日］本田成之：《中国经学史》，孙俍工译，上海书店出版社 2001 年版。

［美］E. 希尔斯：《论传统》，傅铿、吕乐译，上海人民出版社 1991 年版。

［德］恩斯特·卡西尔：《神话思维》，黄龙保、周振选译，中国社会科学出版社 1992 年版。

［德］恩斯特·卡西尔：《国家的神话》，张国忠译，浙江人民出版社 1988 年版。

［瑞士］费尔迪南·德·索绪尔：《普通语言学教程》，高名凯译，商务印书馆 1980 年版。

［法］葛兰言：《古代中国的节庆与歌谣》，赵丙祥、张宏明译，广西师范大学出版社 2005 年版。

［德］格罗塞：《艺术的起源》，蔡慕晖译，商务印书馆 1984 年版。

［日］沟口雄三、小岛毅主编：《中国的思维世界》，孙歌等译，江苏人民出版社 2006 年版。

［法］贾克·阿达利：《噪音——音乐的政治经济学》，宋素凤、翁桂堂译，上海人民出版社 2000 年版。

［英］简·艾伦·哈里森：《古代艺术与仪式》，刘宗迪译，生活·读书·新知三联书店 2008 年版。

［日］金子修一：《古代中国与皇帝祭祀》，肖圣中、吴思思、王曹杰译，复旦大学出版社 2017 年版。

［法］列维·布留尔：《原始思维》，丁由译，商务印书馆 1981 年版。

［美］伦纳德·迈尔：《音乐的情感与意义》，何乾三译，北京大学出版社 1991 年版。

［英］罗宾·乔治·科林伍德：《艺术原理》，王至元、陈华中译，中国社会科学出版社 1985 年版。

［美］罗伯特·芮德菲尔德：《农民社会与文化：人类学对文明的一种诠释》，王莹译，中国社会科学出版社 2013 年版。

［英］罗伯逊：《基督教的起源》，宋桂煌译，生活·读书·新知三联书店 1958 年版。

［英］马林诺夫斯基：《巫术科学宗教与神话》，李安宅译，上海社会科学院出版社 2016 年版。

［德］马克斯·韦伯：《经济与社会》，阎克文译，上海人民出版社 2010 年版。

［法］马赛尔·莫斯：《巫术的一般理论》，杨渝东译，广西师范大学出版社 2007 年版。

［日］松浦友久：《中国诗歌原理》，孙昌武、郑天刚译，辽宁教育出版社 1990 年版。

［美］苏珊·朗格：《感受与形式：自〈哲学新解〉发展出来的一种艺术理论》，高艳萍译，江苏人民出版社 2013 年版。

［日］田边尚雄：《中国音乐史》，陈清泉译，山西人民出版社 2015 年版。

［日］丸桥充拓：《唐代军事财政与礼制》，张桦译，西北大学出版社 2017 年版。

［英］维克多·特纳：《仪式过程：结构与反结构》，黄剑波、柳博赟译，中国人民大学出版社 2006 年版。

［美］巫鸿：《中国古代艺术与建筑中的“纪念碑性”》，李清泉、郑岩等译，上海人民出版社 2009 年版。

［英］詹姆斯·乔治·弗雷泽：《金枝：巫术与宗教之研究》，徐育新等译，大众文艺出版社 1998 年版。

三　期刊论文

曹辛华：《论中国诗歌的补亡精神——以〈文选〉补亡诗为例》，《文史哲》2004 年第 3 期。

常任侠：《汉唐间西域音乐艺术的东渐》，《音乐研究》1980 年第 2 期。

陈来：《殷商的祭祀宗教与西周的天命信仰》，《中原文化研究》2014 年第 2 期。

杜瑞平：《挽歌考》，《中北大学学报》（社会科学版）2005 年第 4 期。

甘怀真：《中国古代君臣间的敬礼及其经典诠释》，《台大历史学报》2003

年第 31 期。
高亨：《周代“大武”乐的考释》，《山东大学学报》1955 年第 2 期。
高智群：《献俘礼研究》（上、下），《文史》1992 年总第 35、36 辑。
葛晓音：《汉魏两晋四言诗的新变和体式的重构》，《北京大学学报》（哲学社会科学版）2006 年第 5 期。
葛晓音：《论汉魏三言体的发展及其与七言的关系》，《上海大学学报》（社会科学版）2006 年第 3 期。
葛晓音：《四言体的形成及其与辞赋的关系》，《中国社会科学》2002 年第 6 期。
龚世学：《论汉代的符瑞思想》，《文艺研究》2016 年第 2 期。
韩高年：《颂为“仪式叙述”说》，《甘肃社会科学》2002 年第 5 期。
何涛：《论先秦俗乐、雅乐的音声特征》，《江海学刊》2007 年第 2 期。
胡小林：《荆州学派王粲与杜夔交游师承考论》，《中国文化研究》2013 年冬之卷。
黎国韬：《师出以律补解》，《暨南学报》（哲学社会科学版）2008 年第 5 期。
李骜：《汉四品乐文献考辨——兼论黄门鼓吹乐和短箫铙歌乐的关系》，《文献》2013 年第 4 期。
李剑国、张玉莲：《“禹步”考论》，《求是学刊》2006 年第 5 期。
李锦山：《史前生殖崇拜及其信仰》，《中原文物》2004 年第 2 期。
李若晖：《亲亲尊尊之间的断崖——由韦刘庙议重估西汉经学政制》，《文史哲》2017 年第 3 期。
李方元、李渝梅：《北魏宫廷音乐机构考》，《音乐研究》1999 年第 2 期。
李振宏：《汉代儒学的经学化进程》，《中国史研究》2013 年第 1 期。
梁海燕：《〈武德舞歌诗〉与汉代宗庙祭仪的传承演变》，《许昌学院学报》2006 年第 6 期。
刘丰：《王肃的三〈礼〉学与“郑王之争”》，《中国哲学史》2014 年第 4 期。
刘怀荣：《南北朝及隋代乐府官署演变考》，《黄钟》（武汉音乐学院学报）2004 年第 2 期。
刘书惠：《从祭祀乐到雅乐——先秦儒家乐教传统的文化意蕴》，《中南大学学报》（社会科学版）2011 年第 2 期。
卢苇菁：《魏晋文人与挽歌》，《复旦学报》（社会科学版）1988 年第 5 期。
陆正兰：《音乐表意的符号学分析》，《南京社会科学》2014 年第 1 期。

彭文斌、郭建勋：《人类学仪式研究的理论学派述论》，《民族学刊》2010年第2期。
齐天举：《挽歌考》，《文史》1988年总第29辑。
丘述尧：《〈挽歌考〉辨》（上），《文史》1997年总第43辑。
丘述尧：《〈挽歌考〉辨》（下），《文史》1998年总第44辑。
宋新：《汉代鼓吹乐的渊源》，《中国音乐学》2005年第3期。
宋展云：《汉末荆州流寓士人学术文化与文学考论》，《中国文化研究》2014年夏之卷。
孙尚勇：《论汉代鼓吹的类别及流变》，《中国文化研究》2011年夏之卷。
孙尚勇：《黄门鼓吹考》，《黄钟》（武汉音乐学院学报）2002年第4期。
孙文辉：《古乐〈葛天氏之乐〉的文化阐释》，《文艺研究》1997年第2期。
孙晓晖：《唐代的卤簿鼓吹》，《黄钟》（武汉音乐学院学报）2001年第4期。
汪宁生：《释"武王伐纣前歌后舞"》，《历史研究》1981年第4期。
王富仁：《四言诗与曹操的〈短歌行〉》（其一），《名作欣赏》1995年第3期。
王晖：《商代卜辞中祈雨仪式的文化意蕴》，《文史知识》1999年第8期。
王青：《〈九歌〉新解》，《文学遗产》1991年第1期。
王青：《曹操〈短歌行〉的写作时间及其他》，《南京师范大学文学院学报》2008年第1期。
王宜瑗：《六朝文人挽歌诗的演变和定型》，《文学遗产》2000年第5期。
王长华、许倩：《汉〈郊祀歌〉与汉武帝时期的郊祀礼乐》，《文学评论》2007年第1期。
王真：《关于马家窑时期原始舞蹈的几个问题》，《史学月刊》1983年第6期。
王镇庚：《雅乐溯源》，《中国音乐》1987年第3期。
王志清：《论萧梁宫廷音乐文化建设与乐府诗发展》，《西南大学学报》（社会科学版）2010年第4期。
吴承学：《汉魏六朝挽歌考论》，《文学评论》2002年第3期。
项阳：《礼乐·雅乐·鼓吹乐之辨析》，《中央音乐学院学报》2010年第1期。
项阳：《重器功能，合礼演化——从金石乐悬到本品鼓吹》，《中国音乐》2011年第3期。
徐兴无：《西汉武、宣两朝的国家祀典与乐府的造作》，《文学遗产》2004

年第 5 期。
许继起：《鼓吹十二案考释》，《中国音乐学》2004 年第 4 期。
薛艺兵：《对仪式现象的人类学解释》（上、下），《广西民族研究》2003 年第 2、3 期。
薛艺兵：《论礼乐文化》，《文艺研究》1997 年第 2 期。
薛艺兵：《仪式音乐的符号特征》，《中国音乐学》2003 年第 2 期。
薛艺兵：《仪式音乐的概念界定》，《中央音乐学院学报》2003 年第 1 期。
杨永俊：《论北魏的西郊祭天制度》，《兰州大学学报》（社会科学版）2002 年第 2 期。
杨钰侠：《试论南北朝时期的赈灾之政》，《中国农史》2000 年第 2 期。
杨志刚：《中国礼学史发凡》，《复旦学报》（社会科学版）1995 年第 6 期。
余平：《论传统的本体论维度》，《哲学研究》1993 年第 1 期。
袁禾：《中国宫廷舞蹈的文化性质》，《文艺研究》2001 年第 5 期。
曾志安：《从“相和六引”到“相和五引”——梁代对元会仪的改革与“相和引”之变》，《乐府学》2010 年总第 6 辑。
张树国：《汉至唐郊祀制度沿革与郊祀歌辞研究》，《陕西师范大学学报》（哲学社会科学版）2008 年第 1 期。
张树国：《诗成何以感鬼神——汉唐乐志中的诗学观念及郊庙祭歌形态研究》，《华中师范大学学报》（人文社会科学版）2005 年第 5 期。
赵国华：《生殖崇拜文化略论》，《中国社会科学》1988 年第 1 期。
赵敏俐：《四言诗与五言诗的句法结构与语言功能比较研究》，《中州学刊》1996 年第 3 期。
赵敏俐：《音乐对先秦两汉诗歌形式的影响》，《社会科学战线》2002 年第 5 期。
周远斌：《论三言诗》，《文学评论》2007 年第 4 期。
［日］渡边信一郎：《曹魏俗乐的政治意识形态化——从鼓吹乐所见》，牟发松译，《襄樊学院学报》2010 年第 10 期。

四　学位论文

曹贞华：《西周至唐宫廷雅乐研究》，博士学位论文，中国艺术研究院，2009 年。
杜瑞平：《魏晋南北朝挽歌研究》，硕士学位论文，河北师范大学，2004 年。

黄平芳：《六朝荒政研究》，硕士学位论文，南京师范大学，2004 年。
李宏峰：《汉代丧仪音乐中礼、俗关系的演变与发展》，硕士学位论文，中国艺术研究院，2004 年。
李辉：《北朝时期的自然灾害及国家与民间救灾措施研究》，博士学位论文，吉林大学，2006 年。
刘斌：《六朝鼓吹乐及其与五礼制度的关系研究》，硕士学位论文，河南大学，2006 年。
宋亚莉：《汉魏六朝挽歌研究》，硕士学位论文，青岛大学，2009 年。

后　记

“岁月不居，时节如流”，自2013年6月获博士学位至今已逾七载，在本书将要付梓之际，我想对这本书的写作过程做一下回顾，也算对之前研究工作的一个总结。

2007年考研选方向时，因为对先秦两汉文学的喜爱，我不假思索就选择了先唐文学，希望自己能在先唐文学研究领域中有所收获。事情并非我所想象的那样简单，先唐文学有其魅力，但作为已经存在了几千年的文化瑰宝，历代学者对其研究用力最勤、成果最多，要想在此领域有所建树需付出更多的努力。之所以选择礼仪用乐作为研究对象，一是我读大学时对乐府诗歌作品有较浓厚的兴趣，阅读过较多相关的研究著作，算是一个熟悉的领域；二是受业师王青先生影响，王青先生是研究神话宗教方面的专家，对汉代的宗教研究造诣颇深，其中一个重要的点引起了我的兴趣，那就是汉代的郊祀宗庙仪式，作为汉代国家宗教礼乐的重要表现形式，其乐歌也正是《乐府诗集》首先收录的作品。这给了我很大的启发，因此在硕士学位论文选题时我将研究视野延伸到魏晋南北朝，探讨这一时期的郊祀礼制及其乐歌，在2010年1月我完成了以《魏晋南北朝郊祀礼制及乐歌研究》为题的硕士学位论文，5月通过答辩并获得了硕士学位。此论文有不少缺憾，在开题时的有关设想很多没有实现，比如对魏晋南北朝郊祀仪式与乐歌关系的研究就没能深入展开论述。

硕士毕业后，我继续师从王青先生攻读博士学位。在学位论文选题时我向王老师表达了将原先的题目继续做下去的想法，老师表示同意并建议我广泛、深入地研读原始文献，要将题目做深，将问题研究透彻。我认真阅读了魏晋南北朝时期正史的礼乐志、政书中与礼乐相关的部分及《乐府诗集》中收录的相关歌辞，理出了一些头绪。尤其是拜读了梁满仓先生的《魏晋南北朝五礼制度考论》一书之后深受启发，在反复思考之后我最终以《魏晋南北朝礼仪用乐研究》作为博士学位论文的选题。这一选题不但将研究视角扩大到魏晋南北朝时期的各种礼仪，而且将研究的重点集中在礼仪与其用乐的关系上，这是前人较少关注的领域。开题时，这一选题得到了诸位老师的肯定，也提出了许多宝贵的建议。论文初稿完成后王老师做了认真批改审阅，指出了论文中存在的诸多问题并提出了具体的修改建议，对我论文最终定稿起了关键性作用。2013 年 4 月，论文通过了三位专家的盲审，并在 5 月顺利通过了答辩。

2013 年 7 月，我到南阳师范学院文学院工作，学校虽为地方本科院校，但全校上下充满了昂扬向上的进取精神，从学校到院系都非常重视科研工作。在我刚入校工作时院系就动员新入职的博士申报国家社科基金项目，我以博士学位论文为基础填报了申请书，经过学院组织的几次论证，对该论题有了更为深入的思考，加之我入职以后教授文学理论相关课程，接触了人类学仪式的相关理论，在经过反复思考后我决定以仪式理论作为研究魏晋南北朝五礼用乐的切入视角。2015 年，我以《仪式理论视域下的魏晋南北朝五礼用乐研究》为题申报国家社科基金项目并获得了立项。在项目推进过程中，我发现以仪式理论为视角的确能为传统礼乐文化研究开拓新的思路，但如何以西方的理论分析中国传统礼仪用乐，如何将两者进行有机结合？这是我研究中遇到的最大困难。尽管在准备环节阅读了大量的研究文献，结项成果的篇幅也比博士学位论文增加了近一倍，但由于我学力有限，在仪式理论的运用上并不尽如人意，往往给人以生搬硬套之感，成果中的部分章节论述也颇为粗疏，不少观点有值得商榷之处，希望读者不吝赐教。

在此书将要付梓之际，我要感谢每一位帮助过我的人。感谢导师王青教授，自从进入随园就在王门受学，王门融洽的师生关系让我受益匪浅，王老师对我的指导总是循循善诱，从不疾言厉色。在向王老师请教时，王老师总是耐心解答并由此及彼地对我加以引导，使我最终找到解决问题的思路，将问题进一步深入研究下去，形成自己的观点，是王老师给了我坚持学术之路的信心和勇气。感谢在博士学位论文开题与答辩中提出宝贵意见的程章灿教授、徐兴无教授、钟振振教授、徐克谦教授、程杰教授、高峰教授，他们提出的意见对我论文写作思路的形成及论文完成后的修改、完善都有莫大帮助。同门师兄龚世学、师姐张瑞芳在我项目申报和写作期间常给我以鼓励、指导，提供了不少研究思路。感谢中国社会科学出版社给了我出版第一本学术专著的机会，责任编辑杨康女士也为本书的出版付出了很多辛劳，一并深表感谢。最后，感谢妻子和母亲，为了使我有充足的时间做研究，她们承担了照顾孩子和打理家务的工作，她们的付出我永远无以为报。

李敦庆

庚子年仲冬于南阳卧龙岗上